OPENKID
CHILDREN'S
ENCYCLOPEDIA

교과서와 함께 보는
어린이
사회사전

OPENKID
CHILDREN'S ENCYCLOPEDIA

교과서와 함께 보는

어린이 사회사전

오픈키드 어린이사전 편찬위원회 지음

열린어린이

차례

발간사 · · · · · · · · · · · 6
일러두기 · · · · · · · · · · · 8

가 · · · · · · · · · · · 11
나 · · · · · · · · · · · 79
다 · · · · · · · · · · · 93
라 · · · · · · · · · · · 117
마 · · · · · · · · · · · 121
바 · · · · · · · · · · · 135
사 · · · · · · · · · · · 165
아 · · · · · · · · · · · 221
자 · · · · · · · · · · · 285
차 · · · · · · · · · · · 319
카 · · · · · · · · · · · 335
타 · · · · · · · · · · · 341
파 · · · · · · · · · · · 353
하 · · · · · · · · · · · 361

찾아보기 · · · · · · · · · · · 395
교과 관련 찾아보기 · · · · · · · · · · · 405
교과 관련 참고 자료 · · · · · · · · · · · 419
감사의 말 · · · · · · · · · · · 430

발간사

스스로 배우고 익히는 즐거운 어린이 사전

　어린이들은 초등학교에서 훌륭한 선생님과 좋은 친구들과 함께 많은 것을 배웁니다. '우리들은 1학년'부터 '슬기로운 생활', '즐거운 생활', '읽기', '쓰기', '말하기', '듣기', '수학', '영어', '사회', '과학', '미술', '음악' 등 여러 교과에서 자율적이고 창의적인 한국인으로 자라기 위해 필요한 많은 것들을 배웁니다. 끝없는 호기심으로 가득 차 있는 어린이들은 친구들과 노는 것만큼이나 새로 배우는 것을 즐겁고 재미있어 합니다. 하지만 학년이 올라갈수록 점점 공부하는 것을 힘들어하기도 합니다. 배우는 내용이 점점 어려워져서 그렇기도 하지만, 새로 바뀐 교과서와 교육 과정이 학습자 중심의 교육과 자기 주도적 학습을 중요하게 여겨 어린이들 스스로가 배우고 익혀야 하는 것이 많아서이기도 합니다. 새로운 교육 과정은 교실에서 단순히 지식을 전달받는 획일적인 교육 내용에서 벗어나 실천 중심의 다양한 체험 교육과 토론 학습을 이끌어 냅니다. 주제 탐구와 소집단 공동 연구 등을 통해 어린이들의 자기 주도적 학습 능력을 키우고, 실험·관찰·조사·수집·토론·견학 등 학습자 중심의 직접적인 체험 활동을 중요하게 여기기 때문에 학년이 올라갈수록 어린이들 스스로 배우고 익혀야 하는 것들은 점점 많아질 수밖에 없습니다.

　이런 학습자 중심의 교육과 자기 주도적 학습을 위해서는 다양한 체험 활동과 폭넓은 독서 등 필요한 것이 많지만 그 가운데에서도 어린이들에게 꼭 필요한 것이 사전입니다. 모르는 것이나 궁금한 것이 있으면 찾아보고, 학교에서 배운 내용을 체계적으로 이해하고 더 깊이 알아보기 위해 사전을 찾아보는 것은 스스로 배우고 익히는 데 있어서 무엇보다 중요합니다. 그래서 선생님과 부모님들은 모르는 것이 있으면 사전을 찾아보라고 자주 말합니다. 그런데 막상 사전을 찾으면 제대로 된 사전이 없어서 어려움을 겪는 경우가 많습니다. 주변에 여러 사전이 있지만 대부분 어른을 위한 것이어서 너무 어렵고, 간혹 있는 어린이 사전은 내용이 너무 간략하거나 외국의 것을 번역한 것이어서 우리의 상황과 맞지 않는 경우가 많습니다. 그래서 사전 대신 흔히 정보의 바다라고 하는 인터넷을 찾아보지만 어려움을 겪기는 마찬가지입니다. 인터넷에는 아주 많은 정보가 있지만 꼭 필요한 정보보다는 쓸모없는 정보가 더 많고, 더러 잘못된 사실도 있어서 혼란을 겪기도 합니다.

어린이들이 공부하면서 겪는 이런 어려움을 해결하고 어린이 스스로 배우고 익히는 데 도움이 되고자 오픈키드 어린이사전 편찬위원회에서 이번에 새로운 사전을 펴냅니다. '교과서와 함께 보는 어린이 사전'은 초등학교 전학년 전과목 교과서에 나오는 모든 단어들과 어린이들이 일상 생활에서 자주 접하는 말들을 사회, 문화, 역사, 과학, 자연, 예술, 인물 등 분야별로 나누어 각각 한 권의 사전으로 펴낸 것입니다. 혼자서 책을 읽을 줄 아는 어린이라면 누구나 재미있게 지식의 세계를 넓혀갈 수 있는 사전을 펴내기 위해서, 먼저 50여 명의 젊은 학자들과 선생님들이 3년여에 걸쳐 어린이들이 꼭 알아야 할 내용을 쉽게 풀어쓴 뒤, 각 사전마다 1000장 이상의 천연색 사진과 그림, 지도, 도표 등을 넣어 기본적인 개념을 쉽게 이해할 수 있도록 구성하였습니다. 또 단순한 개념과 지식을 전하는 데 그치지 않고, 어린이들이 주제 탐구나 소집단 공동 연구를 해 나가는 데 필요한 내용들은 별도의 항목으로 정리하여 자연스럽게 탐구 학습을 할 수 있도록 하였습니다. 어린이들이 많이 찾는 〈교과 관련 참고 자료〉는 각 사전의 끝에 부록으로 실었고, 〈찾아보기〉와 함께 〈교과 관련 찾아보기〉를 두어 어린이들이 교과와 관련된 내용을 한눈에 찾아볼 수 있게 하였습니다.

'교과서와 함께 보는 어린이 사전'은 스스로 배우고 익히려는 어린이들의 벗이 되고자 합니다. 학교와 도서관, 집 어디에서든지 배우고 익히려는 어린이 곁에서 지식의 바다를 헤쳐 나가는 어린이들의 든든한 벗이 되고자 합니다. 아무쪼록 교과서 옆에 두고 모르는 것이나 궁금한 것들을 찾아보면서 스스로 배우고 익히고, 스스로 문제를 해결하는 능력을 길러 어린이 여러분이 밝고 튼튼하고 지혜로운 어린이로 자라기를 기원합니다.

2005년 8월
오픈키드 어린이사전 편찬위원회

일러두기

표제어 선정

1. 어린이 사전에서 다룰 표제어를 선정하기 위해 먼저 초등학교 전학년 전과목에서 다루고 있는 모든 단어를 뽑아 정리하였다. 다음으로 초등학교 어린이들이 중학교 교육 과정과 연계하여 꼭 알아야 할 중요 항목을 선정하였다. 또 일상 생활에서나 사회 전반에서 사용되는 용어 중에서 어린이들이 자주 접하고 궁금해하는 항목을 뽑아 정리하였다. 이 항목들을 모두 모아 사회, 과학, 문화, 역사, 인물, 예술 등 주제별로 항목을 나눈 뒤 각각 한 권의 '오픈키드 어린이사전'의 사전별 표제어로 삼았다.
2. 『교과서와 함께 보는 어린이 사회사전』에는 '사회'라는 큰 주제로 분류된 750여 항목이 표제어로 실려 있다. 표제어들은 초등학교 1~2학년의 '슬기로운 생활'과 3~6학년의 '사회'와 '사회탐구' 교과에서 다루는 내용을 중심으로 정치, 경제, 법, 산업, 사회일반, 문화일반, 역사일반, 종교, 지리일반, 한국지리, 외국지리 등 여러 분과 학문의 내용을 다루고 있다.
3. 초등학교 사회 교과의 내용 가운데 역사와 문화에 관련된 일반적인 내용은 이 사전에 포함되어 있지만, 역사에 대한 세세한 부분은 『교과서와 함께 보는 어린이 역사사전』에서, 문화에 대한 세세한 부분은 『교과서와 함께 보는 어린이 문화사전』에서 따로 자세하게 다루었다.
4. 표제어들은 사회의 여러 현상과 특성을 그 사회의 지리적 환경, 역사적 발전, 정치·경제·사회적 제도 등과 관련시켜 통합적으로 이해할 수 있게 서술하였다. 또 초등학교 사회 관련 교육 과정과 어린이들이 사회 현상을 이해하는 데 꼭 알아야 할 중요도에 따라 항목 서술의 길이를 정하였다.
5. 초등학교 사회 교과에서 주제 탐구와 소집단 공동 연구로 진행되는 부분은 표제어와 관련하여 〈탐구학습〉으로 따로 제목을 달아 설명하였다. 또 학교에서 배운 내용 가운데서 궁금하거나 체계적으로 깊이 있게 이해해야 하는 부분은 표제어와 관련하여 따로 제목을 달아 설명하였다.

표제어 표기 및 배열

1. 표제어는 한글로 표기하였다. 외래어보다는 우리말을 우선하였으며, 외래어가 이미 널리 사용되어 굳어진 경우에는 외래어를 표제어로 삼았다.
   예 : 유네스코 - 국제연합 교육과학문화기구, 유엔 - 국제연합, 그린벨트, 디플레이션
2. 표제어가 외래어일 경우, 단어식으로 「외래어 표기법」에 따라 표기하였다. 단 일반적으로 많이 사용되는 경우에 한해 알파벳 표기를 한글로 바꾸어 표기했다.
   예 : 그린피스(단어식), 디노미네이션(단어식), 시이오(알파벳)
3. 표제어 배열은 아래의 가나다순에 따라 정리하였다.
   초성 : ㄱ ㄲ ㄴ ㄷ ㄸ ㄹ ㅁ ㅂ ㅃ ㅅ ㅆ ㅇ ㅈ ㅉ ㅊ ㅋ ㅌ ㅍ ㅎ
   중성(모음) : ㅏ ㅐ ㅑ ㅒ ㅓ ㅔ ㅕ ㅖ ㅗ ㅘ ㅙ ㅚ ㅛ ㅜ ㅝ ㅞ ㅟ ㅠ ㅡ ㅢ ㅣ
   종성(받침) : ㄱ ㄲ ㄳ ㄴ ㄵ ㄶ ㄷ ㄹ ㄺ ㄻ ㄼ ㄽ ㄾ ㄿ ㅀ ㅁ ㅂ ㅄ ㅅ ㅆ ㅇ ㅈ ㅊ ㅋ ㅌ ㅍ ㅎ
4. 별면이 들어갔을 경우에 앞의 표제어 본문이 바로 다음 페이지로 연결되지 않고 별면을 사이에 두고 그 다음 페이지로 연결된 것도 있다.

용어의 표기와 선택

1. 『교과서와 함께 보는 어린이 사회사전』에서 사용하는 모든 용어의 표기는 교육인적자원부에서 고시한 「한글맞춤법」('문교부 고시 제88-1호' : 1988. 1. 19) 과 「표준어 규정」('문교부 고시 제88-2호' : 1988. 1. 19) 에 따랐다. 「한글맞춤법」과 「표준어 규정」에 불충분한 용례는 국립국어원의 『표준국어대사전』에 따랐다.
2. 외래어 표기는 교육인적자원부에서 고시한 「외래어 표기법」('문교부 고시 제85-11호' : 1986. 1. 7) 에 따랐다. 「외래어 표기법」에 불충분한 용례는 국립국어원의 『외래어표기용례집』에 따랐다.
3. 인명과 지명은 「한글맞춤법」 및 「표준어 규정」과 「외래어 표기법」에 따랐다. 구체적인 용례는 다음과 같다.
   ① 한자권 인명은 성과 이름을 다 표기하되, 아호 및 법명 등이 널리 알려져 있는 경우에는 호도 함께 표기하였다. 중국 인명은 신해혁명(1911년)을 기준으로 하여 그 이전의 사망자는 이전대로 한자음대로 표기하고, 그 이후의 사망자는 중국어 표기법에 따라 표기하였다.
   예 : 방정환 - 소파 방정환, 손문 - 쑨원
   ② 우리 나라의 지명은 원래의 지명을 줄이지 않고 다 표기하였다. 행정 지명은 행정 단위를 붙여 표기하였다.
   예 : 경상남도, 대구광역시, 전라북도 장수읍 수분리
   ③ 중국의 지명 중 오늘날 쓰이지 않는 것은 우리 한자음으로 읽어 표기하고, 오늘날의 지명과 같은 것은 「외래어 표기법」에 따라 표기하였다.
   예 : 중국 지린성, 얼다오바이 강, 베이징
   ④ 한자권 인명을 제외한 외래어 인명과 지명은 「외래어 표기법」에 따랐다. 「외래어 표기법」에 불충분한 용례는 국립국어원의 『외래어표기용례집』에 따랐다. 한자권 인명을 제외한 외래어 인명은 성만을 표기하는 것을 원칙으로 하였다. 단, 성과 이름이 함께 널리 쓰일 경우에는 모두 표기하였다.
   예 : 니카라과, 뒤낭, 레오나르도 다 빈치, 들라크루아, 막사이사이, 도쿄, 모스크바, 와트
   ⑤ 고유명사의 번역명이 쓰일 경우에는 번역명을 따랐다.
   예 : Pacific Ocean - 태평양, Black Sea - 흑해

4. 용어의 선택 기준은 다음과 같다.
① 같은 개념을 나타내는 말이나 용어가 여럿일 경우에는 좀더 널리 쓰이고, 되도록 쉬운 말을 선택해 표기하였다.
예 : 가전기기-가전 제품, 님비-지역 이기주의

② 일반적으로 외래어는 단어식 표기를 하였으나, 많이 사용되는 경우에 한해 알파벳 표기를 한글로 바꾸어 표기하였다.
예 : 디플레이션, 볼셰비키, 엘리베이터, 에프에이오(FAO)

③ 전문 용어는 해당 분야의 학계나 학회 등에서 일반적으로 사용하는 표기와 사회에서 널리 사용되는 용어를 따랐다.
예 : 트랜지스터, 후천성면역결핍증

띄어쓰기

1. 표제어 및 본문에 나오는 용어의 띄어쓰기는 교육인적자원부에서 고시한 「한글맞춤법」(「문교부 고시 제88-1호」: 1988. 1. 19)에 따랐다. 「한글맞춤법」에 불충분한 용례는 국립국어원의 『표준국어대사전』에 따랐다.

2. 그 외에는 다음과 같은 원칙에 따라 띄어쓰기 용례를 정하였다.
① 고유명사는 붙여 쓰되, 단위별로 띄어 썼다.
예 : 국제연합 식량농업기구, 국경없는의사회, 지리산국립공원

② 고유명사를 제외한 복합명사는 띄어 썼다.
예 : 교통 혼잡, 배수 시설, 원예 식물, 사회 보장 권리

③ 보조용언은 띄어 썼다.
예 : 빌려 주다, 흘러 들어간다, 둘러싸여 있다

④ 표제어와 본문의 띄어쓰기를 통일하여 표제어에서 붙여 쓴 용어는 본문에서도 붙여 쓰고 표제어에 띄어 쓴 용어는 본문에서도 띄어 썼다.

⑤ 단음절로 된 단어가 연이어 나타날 때에는 붙여 썼다.
예 : 이곳 저곳 → 이곳저곳

⑥ 국명을 비롯한 모든 지명은 붙여 썼다. 단, 외래어 뒤에 붙는 산, 강, 산맥, 제도, 반도 등은 띄어 썼다.
예 : 태백산맥, 낙동강, 남아프리카공화국, 광주광역시, 인더스 강, 몽블랑 산, 히말라야 산맥, 발칸 반도

⑦ 전문용어와 한 단어로 굳어져 널리 쓰이는 말은 모두 붙여 썼다.
예 : 국민총생산, 부가가치, 체감온도, 한국전쟁, 초등학교

⑧ 관광지, 유적지, 문화재, 축제 이름은 붙여 썼다. 단, 앞에 지역명을 따로 표시할 때에는 지역명 다음에 띄어 썼다.
예 : 고창 수박축제, 강릉 굴산사지, 월출산 마애여래좌상

각종 부호와 기호

1. 문장 부호는 교육인적자원부에서 고시한 「한글맞춤법」(「교육부 고시 제88-1호」: 1988. 1. 19) 과 국립국어원의 『표준국어대사전』에 실린 '문장부호 규정'에 따랐다.

2. 그 구체적인 용례는 다음과 같다.

책, 신문, 잡지	겹낫표(『 』)
논문 이름, 작품 이름, 지도 이름, 법, 법령	낫표(「 」)
규정, 규약, 규칙, 슬로건	작은따옴표(' ')

본문 서술 방식

1. 어린이들이 이해하기 쉽도록 명확하고 간결한 문장과 한글 전용을 원칙으로 했으며, 의미가 혼동될 수 있거나 특수한 경우에만 원어(한자 또는 로마자)를 괄호 안에 넣어 이해에 도움이 되도록 하였다.
예 : 독일의 탈러(Thaler), 사서(四書), 샤먼(shaman), 툰자(Tunza)

2. 숫자는 아라비아 숫자를 쓰되, 이해가 편하도록 네 자리마다 끊어서 한글을 섞어 표기하였다. 단, 관용적으로 널리 쓰는 것은 한글로 썼다.
예 : 1707만 5400제곱킬로미터, 1234만 명, 삼강오륜

3. 계량 단위는 「계량 및 측정에 관한 법률」에 따랐으며, 우리말 표기대로 적었다.
예 : km² - 제곱킬로미터, % - 퍼센트

4. 연대는 서기로 쓰고, 기원전(B.C.)의 표시는 기원전으로 하며, 기원후(A.D.)는 꼭 필요한 경우가 아니면 따로 표기하지 않았다.
예 : 1980년, 기원전 5세기

시각 자료

1. 표제어의 이해를 돕기 위해 사진, 일러스트, 그래프, 도표, 지도 등 다양한 시각 자료를 곁들였다.

2. 시각 자료는 되도록 표제어 또는 본문에서 서술하는 내용과 가까운 곳에 두었다.

3. 모든 시각 자료에는 제목과 설명을 덧붙였다. 시각 자료의 제목이나 설명문 중에는 되도록 표제어와 관련된 말이 들어가게 하여 어느 표제어에 해당하는 시각 자료인지 알 수 있게 하였다.

4. 시각자료 가운데에서 도표와 그래프는 우리 나라의 경우에는 2004년, 다른 나라의 경우에는 2003년과 2004년을 기준으로 하여 새롭게 만들고, 각각의 자료에 기준 연도를 표시하였다.

부록

1. 찾아보기 : 사전에서 쉽게 찾아볼 수 있도록 표제어 및 관련 항목을 정리하였다.

2. 교과 관련 찾아보기 : 교과와 관련된 내용 전체를 한눈에 알아볼 수 있게 전학년 사회 관련 과목을 단원별로 정리하고, 단원과 관련 있는 표제어를 중요도에 따라 나열하였다.

3. 교과 관련 참고 자료 : 어린이들이 교과 과정에서 자주 접하고 자주 찾는 참고 자료를 도표 형식으로 정리하였다.

가격

물건의 가치를 화폐 단위로 표시한 것이다. 시장에서 팔리는 물건에는 모두 각각의 값이 정해져 있다. 보통 물건 값은 올랐다가 떨어지기도 하지만, 일정 시점에서 보면 연필 한 자루에 150원, 배추 한 포기에 1000원, 운동화 한 켤레에 2만 5000원 하는 것처럼 각각의 물건에는 일정한 값인 가격이 정해져 있다. 이처럼 일상적인 뜻의 가격은 물건 한 개를 구입할 때 지불하는 화폐의 수량을 뜻하지만, 넓은 뜻으로는 물건 간의 교환 비율을 말한다. 이를 구별하기 위해 화폐 단위로 표시되는 일상적인 뜻의 가격을 절대가격이라고 하고, 물건 간의 교환 비율을 나타내는 넓은 뜻의 가격을 상대가격이라고 한다.

물건의 가격은 물건을 팔고자 하는 사람과 사고자 하는 사람이 만나는 장소인 시장에서 결정된다. 시장에서 물건을 사려는 사람이 많으면 가격이 오르고, 사려는 사람에 비해 물건이 많으면 가격은 떨어진다. 이렇듯 팔려는 사람과 사려는 사람의 가격이 서로 맞을 때 시장에서 거래가 이루어지고 물건의 가격이 결정된다. 시장에서 수요와 공급이 만나 결정되는 가격을 균형가격 혹은 시장가격이라고 한다.

가계부

집안 살림의 수입과 지출을 기록하는 장부를 말한다. 집안 살림을 위해 버는 돈과 쓰는 돈은 기업의 회계나 나라 살림과는 비교할 수 없을 정도로 적다. 그렇더라도 쓰임새를 항목별로 기록하지 않으면 집안 살림이 제대로 되는지 알 수가 없다. 적은 돈이라도 좀더 잘 쓰기 위해 계획을 세우고, 계획에 따라 쓰고, 쓰임새를 기록하여 쓰임새를 재검토해 볼 필요가 있다. 가계부란 이러한 목적을 위하여 사용하는 장부이다. 가계부에 수입과 지출, 가족 재산의 늘고 줄어드는 것을 꾸준히 기록함으로써 집안 살림에 어떠한 변화가 일어났는가를 한눈에 알 수 있다.

가계부는 기록하는 방식에 따라 일기장 형식, 1일 수지집계표 형식, 특수 현금 출납부 형식 등이 있다. 이 가운데 1일 수지집계표 형식이 실용적이어서 우리 나라에서 많이 사용되고 있다. 1일 수지집계표 형식은 그날그날마다 번 돈과 쓴 돈을 항목별로 기록하여 집계한다.

가나

아프리카 서부, 대서양 연안에 있는 나라이다. 국토의 대부분이 볼타 강 유역의 낮은 지대를 차지하고 있다.

1890년대에 영국의 식민지가 되었고, 1957년에 영국으로부터 독립하였다. 정부 형태는 대통령 중심제이며, 수도는 아크라이다. 면적은 23만 8533제곱킬로미터이다. 인구는 2003년 말 기준으로 2090만 명 정도이다. 공용어는 영어이다. 주요 종교는 크리스트교와 이슬람교이다. 기후는 열대 우림 기후이다. 계속된 쿠데타와 군부 독재로 많은 혼란을 겪었다. 1인당 국내총생산은 2003년 기준으로 290달러이다.

가내 공업

생산자가 집에서 단순한 기술과 도구로 물건을 만드는 수공업을 가리킨다. 주문자로부터 직접 또는 간접으로 원료를 공급받고, 기계나 도구를 받아 물건을 만드는 공업의 한 형태이다. 생산자는 물건을 만들고 주문자로부터 양과 질에 따라 성과급 방식으로 대가를 받는다. 산업 혁명이 진행되면서 가내 공업은 대부분 공장제 공업으로 바뀌었다. 그러나 여전히 오늘날에도 몇몇 산업의 생산 과정에서는 이 방식이 이용되고 있다. 스위스의 시계 제조업과 독일의 장난감 제조업을 비롯해 저개발 국가의 많은 산업 부문에 이 형태가 남아 있다. 우리 나라의 일부 수공예 분야에도 독자적인 형태의 가내 공업이 남아 있다.

가봉

아프리카 서부, 대서양 연안의 적도선상에 있는 나라이다. 콩고, 카메룬, 적도기니와 국경을 접하고 있다. 1839년에 프랑스의 보호령이 되었고, 1960년에 프랑스로부터 독립하였다. 정부 형태는 대통령 중심제이며, 수도는 리브르빌이다. 면적은 26만 7667제곱킬로미터로, 한반도의 약 1.2배이다. 인구는 2003년 말 기준으로 약 135만 명이다. 공용어는 프랑스어이다. 주요 종교는 토속 신앙, 가톨릭, 크리스트교이다. 기후는 일 년 내내 고온 다습한 열대 우림 기후이다. 1인당 국내총생산은 2003년 말 기준으로 3160달러이다.

가야산

경상남도 합천군과 경상북도 성주군에 걸쳐 있는 산이다. 우두산·상왕산·중향산·지달산·설산이라고도 한다. 제일 높은 상왕봉의 높이는 1430미터이며, 주위에 두리봉·깃대봉·의상봉·단지봉·남산제일봉 등 해발 고도 1000미터가 넘는 높은 산들이 연이어 있다. 옛날부터 해동의 10승지 또는 조선 팔경의 하나로 이름이 나 있는 산이다. 붉은 소나무 숲이 울창한 이 산에는 홍류동 계곡, 백운동계곡, 용문폭포, 관음폭포 등 경치가 아름다운 계곡과 폭포가 많다.

가야산에는 해인사를 비롯해 청량사, 원당암, 홍제암 등 오래 된 절과 암자가 있다. 법보사찰로 불리는 해인사에는 1237년에서 1249년까지 제작된 8만여 장의 대장경 목판이 장경판전에 보관되어 있다. 대장경 목판과 장경판전은 각각 국보 32호와 52호로 지정되어 있으며, 장경판전은 1995년에 세계문화유산으로 등록되어 보호되고 있다. 이 외에도 고려각판, 마애불입상, 청량사 석등, 해인사 길상탑 등 많은 문화 유산이 있다. 1966년에 가야산

일부 수공업 분야에만 남아 있는 가내 공업의 한 형태인 길쌈

해인사의 장경판전에 보관되어 있는 팔만대장경

해인사를 비롯한 오래 된 절과 문화 유산이 많은 가야산

과 해인사 일원이 사적 및 명승지 5호로 지정되었으며, 1972년에 산 전체가 국립공원으로 지정되었다.

가정 법원

호적의 문제나 상속, 이혼 등 가정에서 일어나는 사건과 12세 이상 20세 미만의 소년에 관한 사건을 맡아 처리하는 법원이다. 특허 법원·행정 법원과 함께 특수 법원에 속한다. 지방 법원과 지위가 동등하다. 서울에만 서울 가정 법원이 있고, 다른 지역에서는 해당 지방 법원 및 지원이 가정 법원의 역할을 맡는다.

서울 가정 법원에는 가사 심판부 5부와 소년 심판부 5부가 구성되어 있다. 가사 심판부는 가사 조정과 가사 심판을 한다. 특히 가사 조정은 재판 없이 당사자들끼리 합의하여 가정 분규를 해결하게 하는 절차이다. 소년 심판부는 소년이 저지른 범죄 사건과 범죄를 저지를 우려가 있는 비행 사건을 다룬다.

가정의례

가족 구성원의 출생·혼인·사망 등과 관련해 가족을 중심으로 이루어지는 의식 절차를 말한다. 예전에는 성년례인 관례, 혼인에 따르는 혼례, 상제로서의 예절인 상례, 제사를 지내는 예절인 제례의 관혼상제를 중요한 가정의례로 여겼다. 오늘날에는 혼례·상례·제례 등과 관례 대신 출생과 관련한 백일·돌·생일·회갑 등을 중요하게 여긴다. 1960년대 이후 경제가 급성장하면서 상례·혼례·회갑례 등의 가정의례가 사치스러워져 급기야 그 폐단이 사회 문제로까지 떠오르자, 정부는 1973년에 가정의례의 허례허식을 막고 건전한 사회 기풍을 만들기 위해 가정의례 준칙을 제정하였다.

가족

부부, 부모, 형제자매 등 혈연이나 혼인 관계를 통해 한 집안을 이룬 사람들의 집단을 말한다. 혈연이나 혼인 관계가 아니어도 가족 구성원으로서 유대감이나 연대감이 형성되는 관계도 가족에 포함한다. 가족은 사회를 이루는 최소 단위이며, 사회를 존속시키는 중요한 기능을 한다. 즉 가족은 결혼을 한 부부가 아이를 낳고, 기르고, 가르쳐 사회의 구성원을 재생산하고, 사회의 구성원에게 소비와 휴식과 오락을 제공함으로써 사회 전체에 활력을 불어넣는다.

가족은 크게 핵가족과 확대 가족 또는 대가족으로 나눈다. 핵가족이란 부부만으로 이루어져 있거나 부부와 미혼 자녀로 이루어진 소가족을 말하며, 가족의 가장 기본 형태이다. 확대 가족은 미혼 자녀가 결혼한 후에도 부모를 비롯한 다른 친지들과 함께 사는 가족을 말한다. 조부

간척 사업

> **탐구학습**
>
> **가족은 구성 세대의 수에 따라 어떻게 나눌까요?**
> 조부모와 부모와 자녀가 함께 사는 3세대 가족, 부부와 미혼 자녀가 함께 사는 2세대 가족, 아이가 없는 부부나 자녀를 출가시킨 노부부만 사는 1세대 가족, 결혼을 하지 않고 혼자 살거나 자녀를 출가시키고 배우자가 사망한 후에 혼자 사는 가족도 있다.
>
> **옛날과 오늘날, 가족 구성원들의 역할은 어떻게 변했을까요?**
> 옛날에는 집안의 중요한 결정이나 경제 문제는 할아버지나 아버지가 맡았고, 집안 살림은 할머니와 어머니가 맡아서 하는 등 남자와 여자의 역할이 확실히 구분되어 있었다. 요즘에는 집안의 중요한 결정은 온 가족이 함께 의논해서 결정하고, 집안 살림도 남자와 여자가 함께 꾸려 가는 모습으로 바뀌고 있다.

거대한 인공 호수와 3500만 평의 간척지가 생긴 시화호 간척지

모, 부모, 자녀, 삼촌, 고모, 이모 등으로 구성된다. 전통적인 농경 사회에서는 가족이 먹고 사는 데에 많은 노동력이 필요했기 때문에 확대 가족이 일반적인 가족의 형태였다. 오늘날에는 산업화와 도시화가 이루어지면서 부부 중심의 핵가족이 일반적인 가족의 형태로 자리잡고 있다.

간척 사업

호수나 바닷가에 둑을 쌓고 물을 빼내어 육지를 만드는 사업을 말한다. 간척 사업으로 만든 땅을 간척지라고 한다. 간척지를 만들기 위해서는 조석 간만의 차이가 크고 갯벌의 경사가 완만하며 해안선의 굴곡이 심한 지형이 좋다. 그리고 바닷물의 흐름이 느리고 바람이 세지 않은 곳, 민물이 풍부하여 저수지를 만들 수 있는 곳이 적당하다. 간척지는 논, 밭, 염전, 목장, 주택 부지, 공장 부지로 이용된다. 그러나 간척 사업은 갯벌의 생태계를 파괴할 뿐만 아니라 많은 시간과 비용을 필요로 한다. 일단 개발하기 시작하면 갯벌을 원래대로 되돌릴 수 없으므로, 시작하기 전에 국가 차원에서 경제 가치와 사회 가치를 충분히 검토해야 한다.

전 세계에서 간척 사업으로 가장 유명한 나라는 네덜란드다. 네덜란드는 원래 국토의 대부분이 바다에 잠긴 나라였으나, 간척 사업을 통해 국토를 확장하고 세계적인 농업국으로 발전하였다. 우리 나라에서는 간척지를 만들기에 유리한 조건을 갖추고 있는 황해와 남해에서 일찍이 간척 사업이 활발하게 이루어졌다. 특히 김해, 대천, 목포, 삽교천 등지에 간척 사업을 통해 상당한 면적의 간척지가 만들어졌다.

강

넓고 길게 흐르는 큰 물길과 그 물길에 흐르는 물을 말한다. 하천이라고도 한다. 하늘에서 내린 빗물이나 지하수가 지표면을 따라 흐르면서 저절로 물길이 생기고 강이 된다. 강가에서는 먹을 물을 쉽게 구할 수 있고, 흙이 기름져서 농사가 잘되며, 교통이 편리해 옛날부터 사람들이 모여 살았다. 그래서 인류의 고대 문명은 모두 인더스 강, 갠지스 강, 황허 강 등 큰 강을 중심으로 시작되었다. 우리 나라도 한강, 금강 등 큰 강의 하류 평야 지대에 신석기 시대부터 사람들이 모여 살았다.

우리 나라의 강은 길이에 비하여 발원지의 고도가 높기 때문에 다른 나라의 강에 비해 경사가 심한 편이며, 산지가 많아 굽이굽이 흐르기에 강 하구에서 발원지까지의 직선거리에 비해 강의 길이가 훨씬 길다. 또 우리 나라는 여름에 집중적으로 비가 많이 와 강물의 계절적 변화가 심하다. 여름철에는 홍수가 나서 주변에 침수 피해가 생기고, 다른 계절에는 강물이 적고 수질 오염이 심해 수자원으로 이용하기 어렵다. 우리 나라의 강은 동쪽이 높고 서쪽이 낮은 한반도의 지형 때문에 대부분이 황해와 남해로 흘러 들어간다. 한강, 대동강, 금강, 낙동강 등 황해와 남해로 흘러 들어가는 강들은 강의 길이가 길고 유역 면적이 넓으며 강물의 양이 많다. 중·상류에는 침식 분지가 발달해 있고 하류에는 넓은 평야가 펼쳐져 있어 큰 도시가 발달하였다. 양양 남대천, 삼척 오십천 등 동해로 흘러 들어가는 강들은 강의 경사가 급하고 길이가 짧으며 유역 면적이 좁다.

오늘날 강은 도로 교통과 철도가 발달하면서 교통 수단으로서의 중요성이 많이 떨어졌지만, 수력 발전에 이용되고 농업 용수와 공업 용수, 상수도의 공급원으로 이용되고 있다. 특히 1960년대 이후 한강·낙동강·금강·영산강 등 4대 강을 중심으로 소양강댐·충주댐·팔당댐·안동댐·대청댐·합천댐·주암댐 등 많은 다목적 댐을 건설하여 홍수 피해를 줄이고, 수자원 이용의 효율을 높이고 있다. 또 인구 증가와 산업화에 따르는 공장 폐수와 생활 하수가 강물로 흘러 들어가 수질 오염이 심각해지면서 국가와 지방 자치 단체들은 강의 수질 보호를 위해 애쓰고 있다. 국토 보전상 또는 국민 경제상 중요한 강은 국가 하천으로 지정하여 국가에서 관리하고, 지방의 공공 이해에 밀접한 관계가 있는 강은 지방 1급 하천과 지방 2급 하천으로 지정하여 지방 자치 단체에서 관리하고 있다. 2004년 말 기준으로 국가 하천으로는 한강·낙동강 등 61개의 강이 지정되어 있으며, 지방 1급 하천으로 52개, 지방 2급 하천으로 3773개가 지정되어 관리되고 있다.

강릉 남대천

강원도 두리봉 남서쪽 계곡에서 시작되어 강릉시 남쪽을 지나 동해로 흘러 들어가는 강이다. 길이는 32.86킬로미터이고, 유역 면적은 258.65제곱킬로미터이다. 주요한 지류로 왕산천, 도마천, 군선천 등이 있다. 상류의 산지에는 산골짜기 평야가 띠처럼 좁고 긴 모양으로 형성되어 있고, 하류의 해안에는 해안 평야가 형성되어 있으며, 그 부근에 영동 제일의 도시 강릉시가 있다. 상류에 우거진 소나무 숲은 강릉시의 경관을 돋보이게 할 뿐 아니라 농업 용수와 상수도의 수원지 역할을 하고 있다. 대관령

> **? 강과 천은 어떻게 다를까요?**
> 우리 나라에서는 강에 이름을 붙일 때 강 또는 천이라는 어미를 붙이고 있다. 대체로 규모가 큰 강이나 본류를 강이라 부르고, 그보다 규모가 작거나 지류인 강을 천이라 부른다. 하지만 이러한 구분에 일정한 기준이 있는 것은 아니다. 실제로 동진강과 형산강, 태화강 등은 안성천과 삽교천보다 길이도 짧고 수량이 훨씬 적은데도 강이라고 한다.

전라북도 진안군에서 시작하여 전라남도를 거쳐 경상남도 하동을 지나 남해로 흘러 들어가는 섬진강

강원도

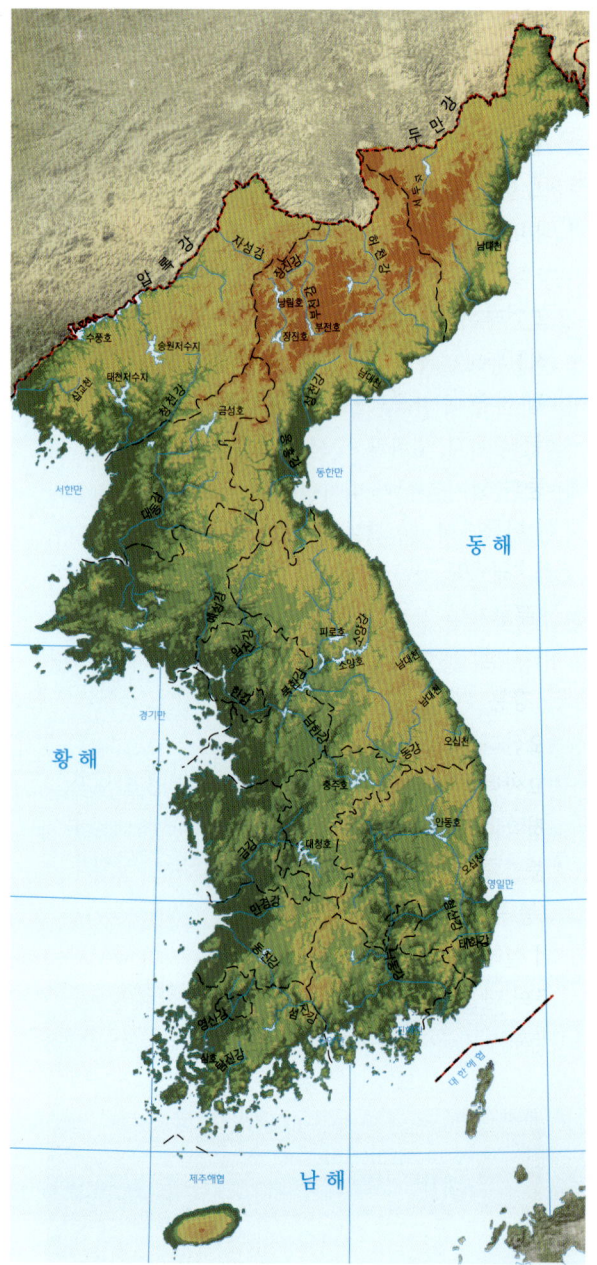

우리 나라의 강과 호수

강원도의 동강

을 넘는 영동고속도로가 이 강의 옆을 따라 달리고 있다.

강원도

우리 나라 중부 지방의 동쪽에 있는 도이다. 동쪽은 동해, 서쪽은 경기도와 황해도, 남쪽은 경상북도와 충청북도와 접해 있다. 휴전선이 지나가는 북쪽은 북한의 강원도와 나뉜다. 면적은 2만 569제곱킬로미터이며, 휴전선 이남 지역이 1만 6873제곱킬로미터이다. 도청 소재지는 춘천시이다. 인구는 2004년 말 기준으로 152만 8640명이며, 여러 시·군 중에서 원주시의 인구가 약 28만 명으로 가장 많다. 그 다음이 춘천시, 강릉시, 동해시, 속초시 순이며, 양구군의 인구가 약 2만 1000명으로 가장 적다.

부족 국가 시대에는 예맥의 땅이었다가 고구려의 광개토대왕 때 정복되었으며, 신라 진흥왕에 의하여 신라의 영토가 되었고, 901년부터 궁예의 후고구려에 속하였다가, 918년에 고려의 건국으로 고려의 영토가 되었다. 이후 삭방도·춘주도·명주도·강릉도·교주도·회양도 등으로 불리다가, 조선 태조 때인 1395년부터 강원도라고 하였고, 1896년에 13도제가 실시되면서 지금과 비슷한 지역의 도가 되었다. 2004년 말 기준으로 행정 구역은 춘천·원주·동해·강릉·속초 등 7시와 홍천·횡성·인제·고성·양양 등 16군으로 이루어져 있다. 이 중 통천·회양·평강 등 5군은 전부가 북한에 속해 있으며, 철원·양구·고성 등 4군은 남북으로 나뉘어 있다.

대부분이 산지로 이루어진 강원도는 태백산맥을 분수

> **우리 나라의 강에 남대천이라는 이름이 많은 이유는 무엇일까요?**
> 우리 나라는 풍수지리설에 따라 배산임수의 지형에 마을이 많이 들어섰다. 뒤쪽으로는 산을 등지고, 앞쪽으로 강이나 천이 있는 곳을 좋은 지형으로 본 것이다. 그래서 마을마다 자연스럽게 남쪽에 강이 많다. 그 강을 남쪽에 있는 큰 강이라는 뜻으로 남대천이라 불렀다. 우리 나라에는 강릉 남대천, 양양 남대천, 무주 남대천, 철원 남대천, 북청 남대천 등 남대천이라는 이름의 강이 많다.

령으로 동쪽은 영동, 서쪽은 영서 지방으로 크게 나뉜다. 영동 지방은 가파른 산자락이 동해와 맞닿아 평야가 적고, 영서 지방은 산악과 분지가 완만하게 서쪽으로 퍼져 있는 고원 지대이다. 전국 임야의 21퍼센트 정도가 도내에 있으며, 면적은 약 1만 3800제곱킬로미터이다. 금강산·설악산·오대산·가리왕산·함백산·태백산 등이 있고, 한강과 낙동강이 시작되는 곳이다. 한강의 지류인 소양강·홍천강·동강 등이 서쪽으로 흐르고, 낙동강의 지류인 황지천이 남쪽으로 흐르며, 양양 남대천·강릉 남대천·삼척 오십천 등이 동해로 흘러 들어간다. 겨울에는 춥고 건조하며 여름에는 고온 다습하고 비가 많이 내린다.

평야가 적어 논농사보다 밭농사가 발달하였으며, 많이 나는 곡물은 쌀·옥수수·감자·채소·홉 등이다. 대관령 부근과 진부, 임계 등지에 고랭지 농업이 발달하였으며, 배추·무·당근 등을 많이 재배한다. 특산물로는 송이버섯·꿀·녹용·인삼·잣 등이 있다. 동해는 한류와 난류가 교차하기 때문에 어족이 풍부하며, 거진·속초·주문진·동해·삼척 등을 중심으로 수산업이 발달하였다. 명태·오징어·꽁치 등이 많이 잡힌다. 각종 지하 자원이 풍부하지만 대도시와 거리가 멀고 노동력과 자본 등이 부족해 공업은 다른 지역에 비해 덜 발달하였다. 강원도 내에는 전국 매장량의 76퍼센트에 가까운 무연탄이 묻혀 있고, 이 외에도 철·중석·석회석·납·아연 등 많은 지하 자원이 묻혀 있다. 장성·황지·도계·철암·사북·고한·함백 등에서 광업이 발달하였으나, 1989년부터 시작된 석탄산업합리화계획에 따라 많은 탄광이 폐광하였다. 삼척과 동해에서 시멘트·슬레이트·석회질소·카바이드 등 중화학 공업이 발달하였고, 춘천·원주·강릉에서 경공업이 발달하였다. 춘천의 바이오 산업, 원주의 의료 기기 산업, 강릉의 해양 생물 및 신소재 산업 등은 강원도의 특화 산업으로 육성되고 있다. 도내에는 북평국가산업단지를 비롯하여 8개의 지방산업단지가 있다.

관광 자원과 삼림 자원이 풍부한 강원도에는 설악산·오대산·치악산 등의 국립공원과 태백산·낙산·경포대 등의 도립공원, 경포·낙산·주문진·하조대·망상 등의 이름난 해수욕장이 있다. 이 외에도 춘천 호반·남이섬·구곡폭포·고씨동굴·화암약수·파로호·송지호·무릉계곡 등 많은 국민관광지가 있다. 또 도내에는 국가 지정 문화재로 강릉 객사문과 상원사 동종 등 국보 8점, 강릉 오죽헌과 선림원지 삼층석탑 등 보물 56점, 양양 오산리 선사 유적과 강릉 굴산사지 등 사적 12곳, 영월 고씨동굴과 설악동의 소나무 등 천연기념물 29종, 명주 청학동의 소금강 등 명승지 1곳, 삼척 대이리 굴피집 등 중요 민속 자료 11점, 강릉 단오제 등 중요 무형 문화재 1종 등 많은 문화재가 있다. 해마다 춘천의 소양제, 속초의 설악제, 원주의 치악문화제, 정선의 정선아리랑제, 강릉의 단오제, 양양의 남대천연어축제, 평창의 대관령 눈꽃축제 등 많은 문화 행사와 축제가 열린다. 강원도를

강원도 강릉의 오죽헌

겨울에 눈이 많이 내리는 강원도 대관령의 눈꽃축제

개마고원

강원도의 설악산

개성공단에서 처음으로 만들어진 제품을 둘러보는 시민들

상징하는 꽃은 철쭉이고, 나무는 잣나무이며, 새는 두루미이고, 동물은 반달곰이다.

개마고원

백두산의 남서쪽, 함경남도와 평안북도 일대에 있는 고원이다. 1954년에 바뀐 북한의 행정 구역상으로는 양강도와 함경남도, 자강도에 속한다. 북쪽은 완만하고 남쪽은 가파른 지형이다. 화산이 폭발할 때 흘러나온 용암이 식어 만들어진 용암 대지이다. 면적은 약 4만 제곱킬로미터이고 평균 높이는 1340미터로 우리 나라에서 가장 높고 넓은 고원이다. 장진강·허천강·부전강 등이 고원 지대에서 압록강 쪽으로 흘러가며, 수력 발전에 좋은 조건을 갖추고 있어서 부전강 발전소와 장진강 발전소가 건설되어 있다. 해발 1000미터까지는 참나무·신갈나무 등의 활엽수가 자라고 그 위로는 이깔나무·가문비나무 등의 아한대 침엽수가 자란다.

개발 제한 구역

도시의 무질서한 확산을 막고, 도시 주변의 자연 환경을 보전하거나 군사 보안을 위해 도시 둘레에 설정한 녹지대이다. 그린벨트(greenbelt)라고도 한다. 개발 제한 구역에서는 목적에 맞지 않는 건축물을 지을 수 없고, 토지를 이용하는 목적을 함부로 바꿀 수 없으며, 도시 계획 사업 등을 벌일 수 없다. 우리 나라는 1971년 7월에 처음으로 서울에 개발 제한 구역을 지정하였으며, 이후 부산·대구·춘천·청주·대전·울산·마산·진해·통영·전주·광주·제주 등의 도시 주변에 개발 제한 구역을 지정하였다.

개성

경기도의 북서부에 있는 시이다. 해방 이후에는 북위 38도선 바로 남쪽에 있었으나, 한국전쟁 이후 휴전선 북쪽의 북한 지역에 위치하게 되었다. 고구려 때에는 부소갑이라 하였으며, 신라 때에는 송악으로 불리다가, 919년에 고려의 태조 왕건이 이곳을 도읍으로 정하고 개주라고 하였다. 960년에 개경이 되었으며, 이후 개성부, 송도면, 개성시로 이름과 행정 구역이 바뀌었다. 1955년에 북한의 행정 구역 개편으로 개성직할시가 되었다가, 2003년에 다시 개성시가 되었다.

북쪽에는 송악산을 중심으로 좌우에 천마산·용수산·진봉산 등이 솟아 있고, 서남쪽에는 풍덕평야·삼성평야·신광평야 등 넓고 비옥한 평야가 펼쳐져 있다. 시내에는 임진강의 지류인 사천이 흐르고, 시의 남쪽에서 한강·임진강·예성강이 합류한다.

특산품으로 개성 인삼이 유명하고, 고려의 왕궁 터인 만월대 터를 비롯하여 개성 남대문, 선죽교, 숭양서원 등 고려 시대의 문화재가 많이 남아 있다. 또 조선이 세워진 후 조선을 섬기기를 거부한 고려의 충신 72인이 숨어 살던 두문동과 아름다운 경치를 자랑하는 채하동이 있으며, 그 밖에 이름난 곳으로 경덕궁·대흥산성·천마산성·박연폭포 등이 있다. 2000년부터 개성시 판문군 평화리 일대에 총 800만 평의 개성공단을 남북이 함께 만들어 우리 나라의 많은 공장이 들어가 있다.

개천절

우리 나라의 건국을 기념하는 국경일이다. 기원전 2333년 음력 10월 3일에 우리 나라의 시조 단군이 왕검성을 도읍으로 정하고 나라 이름을 조선이라 한 것을 기리는 날이다. 개천절은 단군을 섬기는 대종교의 신자들이 1900년부터 지켜 왔다. 이 행사가 일제 강점기에 민족 의식을 고취하는 데 기여하자, 대한민국 임시정부는 개천절을 정식 국경일로 정하여 매년 기념 행사를 가졌다. 이 전통이 지금까지도 계속 이어지고 있다. 다만 음력 10월 3일로 지내던 것을 1949년에 「국경일에 관한 법률」을 제정하면서 양력 10월 3일로 바꾸었다.

건강 진단

의사가 건강 상태와 질병이 있는지 없는지를 살피는 것을 말한다. 질병에 걸린 사람에 대한 진단은 건강 진단이라 하지 않고 진찰이라고 한다. 개인이 필요에 따라 건강 진단을 받는 경우와 국가나 행정 기관이 국민들에게 의무적으로 건강 진단을 받게 하는 경우가 있다. 의무적인 건강 진단에는 「근로기준법」에 의한 근로자의 건강 진단, 공무원 및 사립 학교 교직원의 「의료보험법」에 의한 건강 진단 등이 있다. 학교에서도 학생들을 대상으로 건강 진단을 시행하여 발육 상태, 결핵의 유무, 감각기와 치아의 건강 상태 등을 살핀다.

건국 신화

처음 나라를 세운 시조의 탄생과 활동, 건국의 역사나 설화를 담은 이야기이다. 건국 신화를 통해 국가 제도가 어떻게 성립되었는지 알 수 있으며, 그 시대의 모습이나 형편도 알 수 있다. 우리 나라에는 단군 신화와 동명왕 설화, 북부여의 해모수, 동부여의 금와, 백제의 온조왕, 가야의 수로왕, 신라의 박혁거세 건국 신화가 전해지고 있다. 대부분의 건국 신화들은 나라의 시조를 신적인 인물이자 어려움을 극복해 내는 영웅으로 그리고 있다.

건설업

집, 다리, 항구 등과 같이 생활에 필요한 시설을 만드는 산업을 말한다. 토목 및 건축과 그에 따른 공사로 나눌 수 있다. 토목은 도로·항만·교량·철도·공항·댐·관개 수로·하천·택지 조성·상하수도·사방·간척·매립 공사 등 국토 개발이나 환경 정비 및 재해 예방을 위한 공사를 말하고, 건축은 집과 건물, 공장 등을 짓거나 그에 따른 부대 시설물을 짓는 공사를 말한다. 건설업의 생산 활동은 주로 바깥에서 이루어지며, 공사 현장도 여러 부분으로 나뉘어 동시에 진행된다. 그러다 보니 원재료나 기계, 기구, 노동력 등의 효율적인 관리와 운영이 필요하다. 기후와 같은 자연의 변화에 영향을 받는다.

검사

국가를 대표해 검찰권을 행사하는 공무원이다. 국가가 정한 법률을 어긴 범죄 사건을 수사하고, 증거를 수집하며, 사법 경찰관을 지휘·감독한다. 그리고 법원에 재판을 신청하고 재판 과정에 참여한다. 검사는 국가가 실시하는 사법 시험에 합격하여 일정한 연수 과정을 마친 사

아파트를 짓고 있는 건설 현장

검찰청

탐구학습

우리 나라에는 어떤 건국 신화들이 전해 내려올까요?

단군 신화

환인의 아들 환웅은 인간 세계를 다스리고 싶어서 하늘 아래를 자주 내려다 보았다. 이를 알게 된 환인은 환웅에게 거울, 칼, 방울 등 천부인 세 개를 주고 태백산 지역을 다스리게 하였다. 거울은 둥그렇고 원만한 성품으로 한 나라의 태양이 될 것이며, 자신을 비추어 반성하라는 뜻을 담고 있다. 칼은 외적들로부터 백성을 지키라는 뜻이고, 방울은 만천하에 목소리가 울린다는 뜻이다.

환웅은 3,000여 명의 무리를 이끌고 태백산 꼭대기 신단수 아래로 내려와 그곳을 신시라 부르고, 스스로를 환웅천왕이라 하였다. 그는 비, 바람, 구름을 주관하는 풍백·우사·운사를 거느리고 내려와 농사와 생명, 질병, 형벌과 선악을 맡게 하였고, 인간의 세상살이에 관한 360여 가지 일을 맡아 다스리고 교화하였다. 그러던 중 곰 한 마리와 호랑이 한 마리가 찾아와 환웅에게 사람이 되기를 빌었다. 환웅은 영험 있는 쑥과 마늘 스무 톨을 주면서 그것을 먹고 백 일 동안 햇빛을 보지 않으면 사람이 될 수 있다고 하였다. 호랑이는 동굴 생활을 견디지 못하였지만, 곰은 참고 견디어 사람이 되었다. 여인이 된 곰, 즉 웅녀는 혼인할 상대가 없어 신단수에 아이를 낳게 해 달라고 빌었고, 환웅은 잠시 인간의 모습으로 변해 웅녀와 혼인하여 단군을 낳았다. 단군은 자라서 나라를 열고 나라 이름을 조선이라고 하였다. 이 나라가 우리 민족 최초의 나라인 고조선이다.

단군

고구려의 건국 신화

물을 다스리는 신인 하백의 딸 유화는 천제의 아들 해모수와 마음이 맞아 도망쳤다. 그런데 같이 살던 해모수가 어디론가 사라지자 유화는 어쩔 수 없이 부모에게로 돌아가지만 쫓겨나고 만다. 태백산 우발수에서 만난 북부여의 왕 금와가 유화를 거두어 주었다. 유화는 빛이 들지 않는 어두운 방에서 지냈는데, 신기하게도 햇빛이 들어와 유화의 몸을 비추었고, 이어 아이를 갖게 되었다. 아이를 낳고 보니 사람이 아닌 큰 알이었다. 금와왕은 사람이 알을 낳은 것을 꺼림칙하게 여겨 그 알을 내다 버리게 했다. 하지만 지나가던 말과 소들은 알을 깨기는커녕 피해 갔고, 새와 짐승들은 알을 덮어 보호해 주었다. 할 수 없이 다시 가져와 따뜻한 곳에 잘 감싸 두자 한 사내아이가 껍질을 깨고 나왔다. 아이는 일곱 살이 되자, 스스로 활과 화살을 만들어 쏘았는데 항상 백발백중이었다.

당시 동부여에서는 활을 잘 쏘는 사람을 주몽이라 불렀다. 그래서 사내아이의 이름을 주몽이라 하였다. 금와왕의 일곱 왕자가 주몽의 총명함과 뛰어난 재주를 시기하여 그를 죽이려 하였다. 주몽은 화를 피해 남쪽으로 도망가 졸본에 이르렀다. 그곳에서 졸본부여의 왕을 만났고, 그의 둘째딸과 혼인하였다. 그곳에 도읍을 정하고 나라 이름을 고구려라 하였고 성을 고라 하였다. 대략 기원전 37년의 일이다.

백제의 건국 신화

백제의 시조는 온조다. 그의 아버지는 주몽으로, 졸본으로 도망온 후 졸본부여 왕의 둘째딸과 혼인하여 아들 둘을 낳았다. 첫째아들이 비류이고, 둘째아들이 온조다. 그런데 부여에 두고 온 첫부인의 아들 유리가 나타났다. 유리가 주몽의 뒤를 이어 태자로 오르자, 비류와 온조는 간과 마려 등 부하 열 명과 함께 고구려를 떠나 남쪽으로 내려왔다.

북한산에서 자리잡을 곳을 살펴보던 중 의견이 갈라져 비류는 지금의 인천인 미추홀로 가고, 온조는 한강 유역에 자리를 잡았다. 온조는 그 땅에 도읍을 정하여 하남 위례성이라 하고, 신하 열 명의 도움으로 나라를 세웠다 하여 나라 이름을 십제(十濟)라 하였다. 비류가 자리잡은 곳은 소금과 해산물이 풍부하긴 하지만 습하고 물맛이 짜 농사를 지을 수 없었고, 온조가 자리잡은 곳은 땅이 기름지고 농사도 잘 되어 해마다 풍년이었다. 비류가 자신의 잘못을 깨닫고 괴로워하면서 죽자 그를 따르던 사람들까지 모여들어 만백성이 온조를 따르고 즐거워했다. 나라의 세력도 커지자 이름을 십제에서 백제로 바꾸었다. 조상이 고구려와 마찬가지로 부여에서 나왔기 때문에 성을 부여 씨라고 하였다.

신라의 건국 신화

기원전 69년에 지금의 경주 지역을 중심으로 알천의 양산촌·돌산의 고허촌·취산의 진지촌·무산의 대수촌·금산의 가리촌·명활산의 고야촌 등 여섯 부족이 사이좋게 살았다. 어느 날 돌산의 고허촌장인 소벌공이 양산 기슭의 나정이라는 샘가를 지나가고 있는데, 어디선가 말 울음소리가 들려 가보니 눈처럼 흰 말이 울고 있었다. 흰 말은 소벌공을 보자마자 하늘로 올라가 버렸다. 그런데 말이 있던 자리에 박처럼 생긴 알이 하나 놓여 있었다. 조심스럽게 알을 깨고 보니 눈부시게 아름다운 빛을 내는 사내아이가 있었다. 그때 주위에 있던 짐승들이 마치 축제를 벌이듯 춤을 추었다. 이 일을 여섯 부족장이 모여 함께 의논한 끝에 박처럼 생긴 알에서 태어났다고 해서 아이의 성을 박이라 하고, 이름은 세상을 밝게 다스린다는 뜻인 혁거세라고 지었다. 열세 살에 왕이 된 혁거세는 나라 이름을 서라벌로 정하고 21년에는 수도를 금성으로 옮겨 궁성을 쌓는 등 국가의 기초를 쌓는 데 온 힘을 쏟았다.

경주의 나정

람 중에서 대통령이 임명한다. 검찰 총장의 정년은 63세이고, 그 외 검사의 정년은 60세이다. 탄핵이나 금고 이상의 형을 받거나 징계 처분을 받는 경우가 아니면 파면·정직·감봉 등의 불이익을 당하지 않는다.

검찰

범죄를 수사하고, 증거를 모으며, 재판을 신청·진행·감독하는 일을 하는 기관이다. 이러한 검찰의 업무를 맡은 공무원을 검사라 하고, 그 업무를 맡은 관청을 검찰청이라 한다. 검찰청은 법무부에 속하며, 대검찰청 아래 고등 검찰청과 지방 검찰청이 있다.

견학

학생들의 교육 활동의 하나로, 근처의 지역 사회나 특정 현장에 가서 관찰하거나 참가하여 체험하는 활동을 말한다. 현장 체험 학습 또는 지역 사회 연구라고도 한다. 견학은 학생들이 직접 사회 속으로 들어가 현장 그 자체를 종합적으로 체험하고 학습한다든지, 교실에서 배운 이론들을 실제로 적용해 본다는 점에서 시각·청각의 학습 활동으로서 중요한 의의가 있다. 또한 견학을 통해 지식뿐 아니라 참가 그 자체만으로도 새로운 경험을 얻을 수 있다.

결혼

남자와 여자가 정식으로 부부 관계가 되거나 부부 관계에 있는 상태를 말한다. 혼인이라고도 한다. 결혼은 결혼하는 사람들의 성적·심리적·경제적인 결합을 뜻한다. 또 결혼은 사회의 기초 단위인 가정을 형성하고 종족을 보존하는 역할을 한다. 어느 사회에서든 결혼을 인정하는 정식 절차와 규제가 있으며, 각 사회의 경제·종교·민족에 따라 절차나 방식이 다르다. 대부분의 근대 국가에서는 교회나 국가 기관의 승인을 합법적인 결혼의 조건으로 삼는다. 오늘날 우리 나라의 민법에 따르면, 결혼을 하기 위해서는 우선 결혼 당사자들의 의사가 일치해야 한다. 남녀의 나이가 만 20세 이상이면 부모의 동의 없이 결혼할 수 있다. 미성년자인 경우에 남자의 나이가 18세 이상, 여자의 나이가 16세 이상이면 부모의 동의를 얻어 결혼할 수 있다.

결혼식

남자와 여자가 공식적으로 부부가 되는 의식을 말한다. 신랑과 신부는 양쪽 집안의 친지들과 주위의 어른들, 친구들에게 두 사람이 부부가 됨을 알리기 위해 결혼식을 올린다. 결혼식은 나라와 민족 또는 종교에 따라 방법과 절차가 다르다. 우리 나라의 전통 결혼식에서는 사모관대 차림의 신랑이 조랑말을 타고 신부의 집으로 와서 초례상을 사이에 두고, 원삼을 입고 족두리를 쓴 신부와 마주 서서 초례를 치렀다. 오늘날에는 복잡하고 까다로운 절차의 전통 결혼식 대신 예식장이나 회관 등에서 간소한 절차에 따라 짧게 진행된다. 교회나 절에서 종교 의식에 따라 결혼식을 올리기도 한다.

경공업

크기에 비해 상대적으로 무게가 가벼운 물건을 만드는 공업을 말한다. 중공업, 중화학 공업에 대비되는 공업으로 일상 생활에서 쓰는 소비재를 주로 만드는 공업이다. 식품·섬유·종이·인쇄·피혁 공업 등이 포함된다.

경공업은 공장의 건물이나 설비에 쓰이는 자본이 중화학 공업보다 훨씬 적으며, 생산 과정도 단순하다. 그래서

탐구학습

견학 계획서와 견학 보고서

견학을 할 때는 우선 견학 계획서를 만든다. 가장 먼저 견학할 장소를 정한다. 장소가 정해지면 그곳의 위치나 교통편, 전시물 등을 조사한다. 그리고 견학할 때 필요한 준비물과 주의할 점을 알아 본다. 그 다음 그곳에서 모을 수 있는 자료를 알아 보고 '무엇을 조사할지, 어떤 점을 중심으로 볼 것인지'를 확인한다. 이를 바탕으로 주제와 목적이 뚜렷한 견학 계획서를 만든다.

견학이 끝나면 견학 보고서를 작성한다. 견학 보고서는 서술 중심으로 할 것인지, 사진이나 그림 중심으로 할 것인지, 만화 형식으로 할 것인지 등을 정한 후, 형식에 따라 견학한 곳과 날짜, 참가한 사람을 정리한다. 다음으로 그곳으로 견학을 간 이유와 그곳에서 견학한 내용을 정리한다. 견학을 통해 알게 된 점이나 느낀 점도 정리한다. 마지막으로 견학한 곳에서 얻은 자료나 찍은 사진을 덧붙이면 생생한 견학 보고서가 된다.

경기

탐구학습

옛날과 오늘날의 결혼식 모습은 어떻게 달라졌을까요?

옛날이나 오늘날이나 결혼식 때 가족을 비롯하여 친척이나 주위 사람들이 모여 신랑과 신부가 부부됨을 축복해 주고 공식적으로 인정해 준다는 점은 같다. 하지만 형식과 절차에서는 많은 차이가 있다. 옛날에는 결혼식을 올리는 데 결혼 당사자들보다는 집안 어른들의 의사가 중요했지만 오늘날에는 결혼하는 당사자들의 의견이 가장 중요하다. 옛날에는 집안끼리 결혼 날짜를 잡으면 신랑이 말을 타고 신부의 집으로 와서 결혼식을 올렸으나 오늘날에는 주로 결혼식장이나 마을회관 등에서 하고, 종교를 가진 사람들은 교회나 절에서 한다.
옛날에는 기러기를 주는 전안례, 신랑과 신부가 서로 얼굴을 보고 절을 하는 교배례, 신랑과 신부가 함께 술을 나눠 마시는 합근례 과정의 긴 초례를 치렀다. 하지만 오늘날에는 간소한 절차에 따라 결혼식을 치른다. 먼저 신랑 신부가 입장한 다음 맞절을 하고, 혼인 서약과 성혼 선언문 낭독에 이어 주례사가 진행된다. 마지막으로 결혼식장에 오신 손님들께 인사를 한 다음 마친다.
결혼식 예복도 옛날에는 신랑은 사모를 쓰고 단령포를 입은 다음 각대를 끼고 목화를 신었다. 신부는 원삼을 입고 족두리를 썼다. 하지만 오늘날에는 이런 전통 혼례 복장 대신 각자 개성에 맞는 옷을 입는다. 대부분의 신랑은 양복을 입고 신부는 드레스를 입는다. 결혼식이 끝나면 옛날에는 신랑이 신부 집에서 며칠 지내고 본가로 돌아갔으나 오늘날에는 대부분의 신랑 신부가 신혼 여행을 떠난다.

전통 혼례

공업화의 초기에는 중공업보다 경공업이 먼저 발달한다. 경공업이 발전하면서 경공업에 필요한 기계나 원재료의 생산을 촉진하여 중공업이 발전한다.

경기

나라 경제 전체의 활동 수준 또는 상태를 말한다. 흔히 '경기가 좋다 혹은 나쁘다'는 말을 자주 듣는데, 경기란 '경제의 활동 기운'을 줄인 말로 생산, 소비, 투자와 같은 전체적인 경제 활동의 수준이나 상태를 뜻한다. 경기가 좋은 상태를 호황이라 하고, 반대로 경기가 나쁜 상태를 불황이라고 한다.

경기도

우리 나라 중부 지방의 서쪽에 있는 도이다. 서울특별시와 인천광역시를 둘러싸고 있으며, 북쪽으로는 휴전선이 지나가고, 동쪽으로는 강원도, 남쪽으로는 충청남도·충청북도와 각각 접하고, 서쪽으로는 황해가 있다. 휴전선 이북에 있는 개성시·개풍군·장단군·옹진군·연백군을 제외한 휴전선 이남 지역의 면적은 1만 184제곱킬로미터이다. 도청 소재지는 수원시이다. 인구는 2004년 말 기준으로 1062만 8842명이며, 수원시의 인구가 약 105만 명으로 가장 많고, 연천군의 인구가 약 4만 9000명으로 가장 적다.

동쪽이 높고 서쪽이 낮은 지형이며, 황해안에 가까워질수록 고도가 낮아져 평야나 구릉성 산지로 바뀐다. 북부에는 마식령산맥이 뻗어 있고, 남부에는 광주산맥과 차령산맥이 뻗어 있으며, 높은 산으로는 국망봉·화악산·광덕산·용문산·천마산·수락산·현등산 등이 있다. 한강을 비롯하여 임진강, 예성강, 안성천 등의 큰 강이 흐른다. 이 하천들의 중·하류에 김포평야·일산평야·평택평야 등 넓은 충적 평야가 발달하였다. 황해안은 조석 간만의 차가 커서 갯벌이 발달했으며, 김포 및 남양만, 아산만 일대에는 간척 사업으로 이루어진 넓은 간척지가 있다. 강화만·인천만·남양만·아산만 등 큰 만이 많고, 덕적도와 영흥도 등 65개의 섬이 있다. 연평균기온은 섭씨 12도 내외이며, 연강수량은 1100밀리미터 내외로 비가 많은 지역이다. 해안에서 내륙으로 갈수록 한랭하고 기온차가 크다.

평야가 많아 일찍부터 논농사가 발달하였으며, 농산물 생산량의 94퍼센트가 쌀이다. 근교 농업이 발달하였으며, 배추·호박·시금치·무·오이·토마토·파 등이 많이 난다. 과수 재배도 활발하여 배·복숭아·포도·사과가 재배된다. 특산물로는 가평의 잣, 군포의 방짜유기, 남양주의 먹골배, 이천의 쌀, 평택의 오이, 포천의 막걸리 등이 있다. 강화만과 인천만을 중심으로 어업이 발달하였고, 연평도의 조기를 비롯하여 가자미와 대구 등이 많이 잡히며, 특히 꽃게와 새우가 유명하다.

교통이 편리하고 인구가 많아 일찍부터 공업이 발달하였다. 영등포·광명·부천·인천을 연결하는 경인공업지대와 인천·안산·안양·수원·시흥을 연결하는 수인공업지대를 따라 발달하였다. 부천은 전기·기계·금속·화학, 안산은 기계·화학, 성남은 전기·섬유·전자·피혁, 수원은 전자·섬유·도자기, 안양·시흥은 전자·전기·기계·제지·페인트·고무·섬유, 화성은 전기·기계·화학, 용인은 전기·기계·섬유 공업 등이 발달하였다. 도내에는 반월·시화국가산업단지 등 4개의 국가산업단지와 58개의 지방산업단지가 있다.

도내에는 국가 지정 문화재로 용주사 범종과 고달사지 부도 등 국보 43점이 있고, 팔달문과 신륵사 조사당 등 보물 160점이 있으며, 수원 화성과 동구릉 등 사적 56곳 이 있다. 또 천연기념물 12종, 중요 무형 문화재 5종, 중요 민속 자료 8점 등 많은 문화재가 있다. 이 중에 수원의 화성은 세계에서 가장 과학적으로 지은 성곽 중의 하나로 평가되어 1997년에 세계문화유산으로 등록되었다. 북한산국립공원과 남한산성도립공원이 있으며, 이름난 관광지로는 용인시의 한국민속촌과 에버랜드, 고양시의 행주산성, 가평군의 청평유원지, 양평군의 용문사, 파주시의 임진각과 판문점 등이 있다. 해마다 고양시의 행주대첩제, 이천시의 도자기축제, 양주시의 양주별산대놀이, 양평군의 은행나무축제, 안성시의 포도축제 등 많은 문화 행사와 축제가 열린다. 경기도를 상징하는 꽃은 개나리이고, 나무는 은행나무이며, 새는 비둘기이다.

경기 순환

경기가 일정한 움직임을 되풀이하는 것을 말한다. 사람

과학적이고 실용적인 군사 건축물인 경기도 수원 화성의 화서문

2002년 한일 월드컵축구대회를 치른 경기도 월드컵 경기장

탐구학습

경기도의 어제와 오늘

경기도에서는 한강을 끼고 비옥한 평야가 발달해 선사 시대부터 사람들이 정착해서 살았다. 오늘날에도 연천군 전곡리에 구석기 시대의 유적지가 남아 있고, 하남시 미사동에 신석기 시대의 유적지가 남아 있으며, 여주시 흔암리에 청동기 시대의 유적이 남아 있다.

부족 국가 시대에는 마한의 땅이었으며, 서기 18년에 백제의 시조 온조가 광주를 도읍지로 건국한 이래 400년 동안 백제의 땅이었다. 이후 고구려와 신라가 이 땅을 나누어 차지하였으며, 신라가 삼국을 통일한 뒤에는 9행정 구역의 하나인 한주에 속하였다. 고려 시대인 1069년에 개성을 중심으로 50현을 합쳐 경기라 하였다. 1106년에 5도양계제가 실시되면서 양광도로 이름을 바꾸었고, 1390년에 경기좌도와 경기우도로 나뉘었다. 조선 시대에 들어와 1413년에 전국 8도제가 실시되면서 좌도와 우도를 합쳐 경기도라 부르게 되었다. 1895년에 전국을 23부로 고치면서 경기도가 폐지되었고, 한성부·인천부·개성부 등으로 분할되었다가 이듬해에 13도제가 실시되면서 다시 경기도가 되었다. 1946년에 경성부가 서울특별시로 승격하여 경기도에서 분리되었으며, 한국전쟁 이후 개성시·개풍군·장단군·옹진군·연백군이 휴전선 이북에 있게 되었다. 1981년에는 인구 증가로 인천시가 직할시로 바뀌면서 경기도에서 분리되었고, 1995년에 강화군·옹진군·김포군 검단면이 인천광역시에 통합되어 분리되었다.

근대 이후 행정 구역이 개편되는 과정에서 경기도의 가장 큰 변화는 서울과 인천이 경기도에서 분리되었다는 것과 수도권 지역에 인구가 급격히 증가하면서 많은 읍이 시로 바뀌었다는 것이다. 1980년대와 1990년대에 정부의 행정 구역 개편이 계속되면서 규모가 적은 시가 다시 주변의 군을 통합하여 2004년 말 기준으로 행정 구역은 수원시·성남시·고양시·부천시·안산시 등 27개의 시와 연천군·가평군·양평군 등 4개의 군으로 나누어져 있다. 시·군 아래에는 모두 16구와 29읍, 116면, 370동이 있다.

경로당

한려해상국립공원의 거문도

충무공 이순신의 사당인 충렬사

의 기분이 좋을 때도 있고 나쁠 때도 있는 것처럼 경제 전체의 활동 수준, 즉 경기도 계속 변화한다. 경제학자들은 이런 경제의 움직임을 연구한 결과를 통해 호황기 → 후퇴기 → 불황기 → 회복기 → 호황기가 되풀이해서 나타난다는 것을 발견했다. 경기가 이렇게 일정한 움직임을 되풀이하는 것을 경기 순환이라고 한다.

경로당

노인들이 모여 담소, 오락, 취미 생활 등을 하며 시간을 보낼 수 있도록 마련한 건물이나 방을 말한다. 옛날부터 우리 나라는 고을마다 경치가 좋은 곳에 정자를 지어 노인들이 여가를 즐길 수 있게 하였다. 이를 노인정이라고 한다. 이러한 노인들의 여가 시설은 급격한 산업화와 사회의 변화 속에서 점점 사라졌다가, 사회 전체적으로 생활이 안정되면서 다시 다양한 형태의 경로당이 생기기 시작하였다. 경로당은 보통 지방 자치 단체나 주민들의 힘으로 운영된다.

경로 사상

노인을 공경하는 생각이나 마음가짐을 가리킨다. 본래 경로(敬老)와 효친(孝親)의 정신에서 나온 말이다. 효친이란 자신의 어버이를 공경하고 봉양하는 것이고, 경로란 효친의 마음을 이웃의 어른이나 노인에게로 넓히는 것이다. 노인은 가족과 사회를 위해 평생 애썼지만, 늙어 힘이 없고 일할 수 있는 능력도 줄어들어 가정이나 사회에서 소외되기도 한다. 또 수명이 늘어나면서 노인 인구는 점점 빠르게 늘어나고 있다. 이제 노인 문제는 개인의 문제를 떠나 사회 문제가 되었으며, 이를 바라보고 해결하는 데 가장 필요한 것이 바로 경로 사상이라 할 수 있다.

경상남도

우리 나라의 남동쪽 끝에 있는 도이다. 동쪽으로는 부산광역시와 울산광역시와 접해 있고, 남쪽으로는 남해, 북쪽으로는 대구광역시와 경상북도, 서쪽으로는 전라북도와 전라남도와 접해 있다. 도청 소재지는 창원시이다. 면적은 약 1만 518제곱킬로미터이다. 섬이 많은 도로 거제와 남해를 비롯한 400여 개의 섬이 전체 면적의 약 8.5퍼센트를 차지한다. 인구는 2004년 말 기준으로 314만 3814명이며, 시·군 중에서 창원시가 약 52만 명으로 가장 많고, 의령군이 약 3만 1000명으로 가장 적다.

삼한 시대에는 변한과 마한의 땅이었으며, 변한의 옛땅에 가락국이 세워져 가야 또는 금관국이라 불렀다. 그 뒤 562년에 신라의 땅이 되었으며, 고려 시대인 995년에 전국을 10도로 나눌 때에 영동도와 산양도에 속하였다. 1314년에 경상도가 되었으며, 1896년에 13도제가 실시되면서 경상도가 남북으로 분리되어 남쪽이 지금의 경상남도가 되었다. 1963년에 부산시가 직할시로 바뀌면서 경상남도에서 분리되었고, 1997년에는 울산시가 광역시로 바뀌면서 분리되었다. 2004년 말 기준으로 행정 구역은 창원·마산·진주·통영·진해 등 10시와 의령·함안·남해·산청·하동 등 10군으로 이루어져 있다.

도의 동쪽에는 태백산맥이 뻗어 있고, 중앙부에는 낙동

강이 흐르며, 서쪽에는 비교적 험준한 소백산맥이 호남 지방과 경계를 이루고 있다. 높은 산으로는 지리산·덕유산·가야산·백운산·천황산·신불산 등이 있으며, 낙동강과 그 지류인 남강·황강·밀양강·양산천 등과 섬진강이 남해로 흐르고 있다. 남쪽 해안은 리아스식 해안으로 해안선이 매우 복잡하다. 전라남도 다음으로 섬이 많아 거제도·남해도·매물도 등 사람이 사는 유인도 80개와 무인도 345개 등 모두 425개의 섬이 있다. 북서쪽에 높은 산맥이 있어 겨울의 차가운 바람을 막아 주어 기후는 우리 나라에서 가장 온화한 편이다. 1월의 평균 기온은 섭씨 2.5도 내외이고, 8월은 25도 내외이며, 연 강수량은 1300밀리미터 내외이다.

낙동강 유역의 비옥한 김해평야를 중심으로 논농사가 발달하였다. 전국 쌀 생산량의 약 9퍼센트를 생산하며, 최근에는 채소·과수·화훼 등 근교 농업이 활발하다. 특산물로는 진영의 단감, 욕지도의 감귤, 남해도의 유자, 거제도의 비파 등이 있다. 통영·사천·진해·장승포 등의 어항을 중심으로 어업이 발달하였다. 멸치·고등어·갈치·쥐치·도미·정어리 등 난류성 어류가 주로 잡히고, 이 가운데 멸치가 남해 어장의 대표 어종이다. 연안에는 연중 난류가 흐르고 수심이 얕아 굴·미역·김·피조개 등을 많이 양식한다. 1970년대 중반 이후 동남해안 임해공업지대가 만들어지면서 금속·조선·화학 공업이 발달하였다. 특히 창원의 기계 공업, 진해의 비료 공업, 진주의 농기계 공업, 거제의 조선업 등이 발달하였다. 이 밖에 마산과 김해는 섬유 공업, 통영과 사천은 수산 가공업이 활발하다. 도내에는 창원국가산업단지 등 6개의 국가산업단지를 비롯하여 9개의 지방산업단지가 있다.

도내에는 국가 지정 문화재로 해인사의 장경판전과 통영의 세병관 등 국보 10점, 쌍계사 부도와 율곡사 대웅전 등 보물 100점, 김해의 수로왕릉과 진주성 등 사적 45곳, 낙동강 하류 철새 도래지와 의령 유곡면의 은행나무 등 천연기념물 34종, 통영오광대와 밀양백중놀이 등 중요 무형 문화재 10종, 창녕의 하병수 씨 가옥 등 중요 민속 자료 11점 등 많은 문화재가 있다. 이 중에 가야산 해인사의 장경판전은 팔만대장경을 보관하기 위해 자연 환경을 최대한 고려하여 지은 건축물로 높이 평가되어 1995년에 세계문화유산으로 등록되었다. 통영을 중심으로 한 한려수도 일대는 바다가 맑고 깨끗해 해상 국립공원으로 지정되었으며, 지리산·가야산·덕유산 등의 국립공원과 가지산과 연화산도립공원이 있다. 이 외에도 이름난 관광지로 통영의 충렬사, 진주의 촉석루, 양산의 통도사, 밀양의 표충사, 남해의 상주해수욕장, 창녕의 부곡온천 등이 있다. 문화 행사로는 진해의 군항제, 진주의 개천예술제, 밀양의 아랑제, 통영의 한산대첩기념제, 산청의 지리산평화제 등이 유명하다. 경상남도를 상징하는 꽃은 장미이고, 나무는 느티나무이며, 새는 백로이다.

경상북도
우리 나라 남부 지방의 동쪽에 있는 도이다. 죽령·조

경상남도 해인사

경상남도 마산

경상북도

령·추풍령 등 큰 고개의 남쪽에 있어서 옛날부터 영남 지방이라고 불렸다. 동쪽은 동해, 북쪽은 강원도와 충청북도, 서쪽은 충청북도와 전라북도, 남쪽은 경상남도와 울산광역시와 접해 있으며, 대구광역시를 둘러싸고 있다. 도청 소재지는 대구시이다. 면적은 1만 9025제곱킬로미터로 우리 나라에서 가장 큰 도이다. 인구는 2003년 말 기준으로 274만 2123명이며, 시·군 중에서 포항시가 약 52만 명으로 가장 많고, 울릉군이 약 1만 1000명으로 가장 적다. 삼한 시대에는 진한의 땅이었고, 삼국 시대에는 신라의 중심지였으며, 삼국 통일 뒤에 통일신라를 9주로 나눌 때는 상주와 양주에 속했다. 고려 시대인 995년에 전국을 10도로 나눌 때는 영남도·영동도·산남도에 속하였다. 1314년에 경상도가 되었으며, 1896년에 13도제가 실시되면서 경상도가 남북으로 나뉘고 그 북쪽이 지금의 경상북도가 되었다. 1981년에 대구시가 직할시로 바뀌면서 경상북도에서 분리되었으며, 2004년 말 기준으로 행정 구역은 포항·경주·김천·안동·구미 등 10시와 군위·의성·청송·칠곡·봉화·울릉 등 13군으로 이루어져 있다.

산지가 많고 고도가 높은 편이며, 특히 북부와 서부의 높고 험준한 소백산맥이 낙동강 유역의 광활한 평야를 병풍처럼 둘러싸고, 남쪽으로는 운문산과 비슬산 등이 있어 전체적으로 거대한 분지 모양의 지형이다. 높은 산으로는 소백산·속리산·가야산·주왕산·왕두산·문수산·가지산 등이 있다. 낙동강과 그 지류인 반변천·내성천·위천·감천·금호강 등이 남쪽으로 흐르고, 형산강·태화강·영덕 오십천 등이 동해로 흐르고 있다. 해안선은 단조롭고 울릉도와 독도를 비롯해 47개의 섬이 있다. 연평균 기온이 섭씨 14도 내외로 기후는 온난하며, 연강수량은 900에서 1300밀리미터 내외이다. 내륙 지방은 여름철에 아주 덥고 비가 적게 오며, 울릉도는 해양성 기후의 영향으로 여름에는 시원하고 겨울에는 온난한 특수한 기후이다.

낙동강과 그 지류 연안의 평야를 중심으로 논농사가 발달하였다. 쌀 외에도 보리·콩 등의 잡곡과 사과·담배·고추 등을 많이 재배한다. 1903년부터 과일의 상업적 재배가 시작되어 사과·포도·복숭아·배·감 등을 많이 생산한다. 특히 금호강 유역인 경산시와 영천시에서 사과가 많이 난다. 특산물로는 사과 외에도 성주군의 수박과 참외, 의성군의 마늘, 영양군의 고추, 풍기읍의 인삼 등이 있다. 축산항·강구항·포항·구룡포항·감포항·저동항 등을 중심으로 어업이 발달하였으며, 오징어·꽁치·명태·쥐치 등이 많이 잡힌다. 공업은 포항시를 중심으로 제철 공업과 금속 공업이 발달하였으며, 구미시와 경산시를 중심으로 섬유 및 화학 공업, 전자 공업, 기계 공업이 발달하였고, 문경시에서는 시멘트 제조업이 발달하였다. 도내에는 구미국가산업단지 등 3개의 국가산업단지와 21개의 지방산업단지가 있다.

경상북도는 전국 문화재의 약 20퍼센트를 보유하고 있으며, 국가 지정 문화재로 부석사 무량수전과 불국사 다

경상북도 포항의 제철소

경상북도 구룡포항

전자 산업이 발달한 구미시

모든 해양 자원에 대해 배타적인 권리를 행사하는 경제수역

보탑 등 국보 53점, 봉정사 대웅전과 석빙고 등 보물 260점, 경주 포석정지와 신라성덕왕릉 등 사적 96곳, 경주 불국사 경내 등 사적 및 명승 3곳, 청송 주왕산 주왕계곡 일원 등 명승 2곳, 울릉도 나리동의 울릉국화 등 천연기념물 56종, 안동차전놀이와 하회별신굿탈놀이 등 중요 무형 문화재 7종, 안동 하회마을 등 중요 민속 자료 60점 등 많은 문화재가 있다. 특히 경주를 중심으로 신라 시대의 유적이 많이 있으며, 2000년에 경주 지구는 세계문화유산으로 등록되었다. 주왕산을 비롯하여 가야산·속리산·월악산·경주국립공원 등 5개의 국립공원이 있고, 금오산·팔공산·청량산·가지산 등의 도립공원이 있다. 이 외에도 경주의 보문관광단지, 김천시의 직지사, 청도군의 운문사와 삼계리계곡, 안동의 도산서원, 울진군의 불영계곡과 백암온천, 성류굴 등이 관광지로 유명하다. 해마다 경주의 신라문화제, 고령의 대가야문화제, 풍기의 풍기인삼축제, 청도의 소싸움축제, 안동의 안동국제탈춤페스티벌 등 많은 문화 행사와 축제가 열린다. 경상북도를 상징하는 꽃은 백일홍이고, 나무는 느티나무이며, 새는 왜가리이다.

경영

기업이나 관청, 학교, 교회, 노동조합, 군대 등 어떤 목적을 가지고 만들어진 조직체를 목적에 맞게 운영하는 것을 말한다. 일반적으로 경영이라 할 때는 기업을 운영하는 것을 말한다. 기업이 이익을 내기 위해 계획을 세우고, 회사의 조직과 인력을 그에 맞게 편성하며, 생산과 판매를 계획적으로 해 나가는 기업 운영의 전 과정이 경영이다.

경제 성장률

국내총생산의 변화를 퍼센트로 나타낸 값이다. 나라의 경제 규모를 나타내는 국내총생산이 일정 기간 동안 얼마나 변했나를 퍼센트로 나타낸 값을 가리킨다. 예를 들어 어떤 나라의 국내총생산이 지난해 100억 원에서 올해 120억 원으로 늘었다면, 그 나라의 올해 경제 성장률은 20퍼센트이다.

경제수역

연안국이 해양 자원에 대해 배타적인 권리를 행사하는 바다를 가리킨다. 자원 영해라고도 한다. 경제수역은 해안에서 약 370킬로미터 안에 있는 바다이다. 연안국은 경제수역에 있는 어패류, 광물, 석유, 풍력, 조력 등 모든 해양 자원에 대해 배타적인 권리를 행사한다. 단, 어패류의 양이 연안국의 어획 능력보다 많을 때는 일정한 조건으로 다른 나라의 어업 활동을 인정하여야 한다. 한편 경제수역은 철저하게 배타적인 영해와 달리, 타국의 선박과 항공기의 통행 및 해저 전선과 파이프라인 설치가 허용된다. 경제수역은 1935년에 미국이 자기 나라의 연안에 외국 어선이 들어오는 것을 막고 멕시코 만의 석유를 개발하기 위해 처음으로 설정하였다. 그 후 풍부한 해양자원을 가진 나라들이 미국을 뒤따라 경제수역을 발표하면서 국제 관례가 되었다. 1982년 5월에 국제연합해양법회의에서 채택한 해양법 조약에 따라 경제수역은 국제법의 관리를 받는다.

경제협력개발기구

회원국의 경제 성장과 세계 무역 확대 등을 위해 설립된 국제 기구이다. 오이시디(OECD)라고도 한다. 1961년에 서유럽의 여러 나라와 미국, 캐나다 등 20나라가 유럽경제협력기구를 확대 개편하여 발족하였다. 회원국의 경제 성장 촉진 및 세계 경제 발전의 기여, 다자간 자유 무역 원칙에 의한 세계 무역의 확대, 개발도상국에 대한 원조 등을 정책 방향으로 삼고 있다. 조직은 최고 의사 결정 기구인 이사회와 집행위원회 · 전문위원회 · 자문기구 등으로 구성되어 있으며, 본부는 프랑스 파리에 있다. 우리 나라는 1996년 12월에 회원국으로 가입하였으며, 2004년 말 기준으로 회원국은 30나라이다.

경주

경상북도의 남동부에 있는 시이다. 2003년 말 기준으로 면적은 1323.85제곱킬로미터이고, 인구는 28만 1177명이다. 동부 해안 지대는 대체로 경사가 급하고 태백산맥의 산지가 이어지며, 서부는 단석산을 중심으로 구릉 지대가 이어진다. 그 사이로 형산강과 그 지류가 흐르고, 안강 · 건천 · 내남 등 3대 평야가 펼쳐져 있다. 삼한 시대에는 진한의 12나라 가운데 사로국이 있었던 지역이다. 57년에 이 지역에 있던 여섯 부족의 촌장들이 박혁거세를 왕으로 추대하면서 신라가 세워지고, 이후 경주는 992년 간 신라의 도읍지 역할을 하였다. 신라 시대에는 서라벌 또는 계림이라 하였으며, 고려 시대인 935년에 처음으로 경주라 하였다. 이후 동경, 계림부, 경주부, 경주군, 경주읍 등으로 이름과 행정 구역이 바뀌었다가 1995년에 경주시와 경주군이 합쳐져 경주시로 통합되었다. 경주는 수많은 문화재와 유적이 살아 숨쉬는 역사적인 도시이다. 시내에는 불국사 · 다보탑과 성덕대왕 신종 등 국보 31점이 있으며, 경주 석빙고와 굴불사지 석불상 등 보물 76점, 포석정지와 황룡사지 등 사적 74곳, 불국사 경내와 계림 월성 지대 등 사적 및 명승 2곳, 오류리의 등나무와 안강읍의 회화나무 등 천연기념물 3종, 경주 교동법주와 누비옷 등 중요 무형 문화재 2종 등 많은 문화 유산이 있다. 남산과 토함산을 중심으로 문화 유산이 많은 시 지역이 1968년에 경주국립공원으로 지정되었다. 또 불국사와 석굴암이 1995년에 함께 세계문화유산으로 등록되었으며, 2000년에 경주 역사 유적 지구가 세계문화유산으로 등록되었다.

경찰

국민의 생명 · 신체 · 재산을 보호하고, 범죄를 예방 · 진압 · 수사하며, 교통 · 소방 등 공공의 안녕과 질서를 유지하기 위한 국가의 행정 기관이다. 우리 나라의 경찰 제도는 1948년에 대한민국 정부가 수립되고 내무부에 치안국이 설치되면서 확립되었다. 내무부의 보조 기관이었다가 1991년 8월에 내무부의 외청으로 독립하였다. 현재 행정자치부 장관 소속이지만 실질적인 운영은 경찰청 체제로 운영되고 있다. 중앙 경찰 기구인 경찰청을 중심으로 서울 · 경기 · 인천 · 경남 · 경북 · 대구 · 부

도로를 순찰 중인 경찰

파출소

산의 능선 모양이 닭볏을 쓴 용의 형상 같은 계룡산

산·울산·강원·전남·전북·충북·충남·제주에 각각 지방 경찰청이 있으며, 그 밑에 경찰서와 파출소를 두었다. 부속 기관으로 경찰대학·경찰종합학교·중앙경찰학교·경찰병원·운전면허시험관리단이 있다. 이 밖에 경찰의 정치적 중립과 자율성을 확보하기 위하여 행정자치부에 경찰위원회를 두어 경찰 행정에 관해 심의·의결하는 역할을 하고 있다.

계룡산

충청남도 공주시와 논산시에 걸쳐 있는 산이다. 1968년에 국립공원으로 지정되었다. 제일 높은 천황봉은 높이가 845미터이고, 연천봉·삼불봉·관음봉·형제봉 등 20여 개의 봉우리로 이루어져 있다. 전체 능선의 모양이 마치 닭 볏을 쓴 용의 모습과 비슷하다고 하여 계룡산이라 한다. 지질은 화강암으로 구성되어 있으며, 차령산맥이 금강에 의해 침식되면서 형성된 산지로 산세가 웅장하고 경관이 뛰어나다. 계룡산 동쪽에 있는 동학사 계곡과 서북쪽에 있는 갑사 계곡이 아름답고 용문폭포 등이 유명하다. 갑사, 신원사, 동학사 등의 오래된 절이 있다.

고등 법원

사법권을 행사하는 국가 기관의 하나이다. 지방 법원의 상급 기관이며, 대법원의 하급 기관이다. 고등 법원은 지방 법원의 1심 재판 판결이나 가정 법원 1심 재판 판결을 받아들일 수 없어 다시 재판을 신청하는 항소 사건과 지방 법원 합의부나 가정 법원 합의부의 1심에 대한 심판이나 결정, 명령에 복종할 수 없어 재판을 다시 신청하는 항고 사건의 재판을 맡는다. 그리고 행정 소송의 1심을 맡는다. 재판은 3명의 판사가 맡는다. 서울, 대전, 대구, 광주, 부산에 있다.

고등학교

중학교 교육 과정을 마친 사람들에게 고등 보통 교육 및 전문 교육을 실시하는 학교이다. 수업 과정은 3년이고, 중학교 졸업자나 고등학교 입학 자격 검정 고시에 합격한 사람이 입학할 수 있다. 국가 사회에 대한 바른 이해, 건전한 비판력, 책임감을 갖게 하며, 자신의 개성에 맞는 진로를 선택하여 기초적인 교양과 전문 기술을 익히도록 한다. 교육 과정에 따라 보통 교육을 실시하는 인문 고등학교와 농업·공업·상업 등 전문 기술을 가르치는 실업 고등학교, 인문계와 실업계를 동시에 운영하는 종합 고등학교로 나뉜다. 그 밖에 특수 목적 고등학교인 과학 고등학교, 외국어 고등학교, 예술 고등학교, 체육 고등학교 등이 있다. 또 근로 학생을 위한 산업체 부설 학교가 있고, 인문 고등학교 내에 근로 학생을 위한 야간 특별 학급이 따로 마련된 곳도 있다. 한편 방송통신 고등학교에서는 고등학교를 다니지 못하는 청소년들에게 방송으로 고등학교 과정을 교육하기도 한다.

고속도로

자동차가 빠르고 안전하고 쾌적하게 달릴 수 있도록 특별히 만든 자동차 전용 도로이다. 대도시, 산업 도시, 항만, 공항 등 주요한 지역을 연결하는 국가의 대동맥이다. 고속도로는 일반 도로나 철도와 교차 부분이 입체 교차로로 되어 있고, 중앙 분리대로 왕복 차선이 분리되어 있으며, 인터체인지를 통해서만 고속도로로 출입할 수 있다. 또 도로의 너비와 곡선, 기울기 등이 자동차의 고속 운전에 적합하도록 설계되어야 하며, 설계 속도는 시속 80킬로미터이다. 고속도로를 통해 사람뿐 아니라 지역과 지역 간의 문화와 교육의 교류가 이루어지고 이동이 활발해지면서 국토의 균형 있는 발전과 생활의 편의를 꾀할 수 있다. 또한 산업의 기초 토대가 되어 물자의 수송을 원활하게 해 산업 발달에 도움을 준다.

세계의 고속도로

세계 최초의 고속도로는 1933년에 독일의 히틀러가 정치 · 군사 목적으로 건설한 아우토반이다. 독일이 1933년부터 1942년까지 완성한 아우토반은 총 3869킬로미터로, 독일이 전쟁의 피해를 복구하고 산업을 부흥시키는 데 큰 공헌을 하였다. 이탈리아는 1956년에 도로정비15년계획을 세우고 아우토스트라다를 건설하였는데, 유럽에서 아우토반 다음으로 긴 고속도로이다. 오늘날 세계에서 가장 긴 고속도로를 가진 나라는 미국이다.

우리 나라의 고속도로

우리 나라 최초의 고속도로는 1968년 12월 12일에 서울과 인천 사이에 개통된 경인고속도로이다. 1969년에 「한국도로공사법」이 제정되었고, 그에 따라 한국도로공사가 설립되었다. 그 해 12월 29일에 언양과 울산 간의 고속도로가 완공되었다. 1970년 7월 7일에 서울과 부산을 잇는 경부고속도로가 완공되면서 전국이 일일 생활권으로 바뀌게 되었다. 1973년에는 호남고속도로와 남해고속도로, 1975년에는 영동고속도로와 동해고속도로, 1977년에는 구마고속도로, 1984년에는 88올림픽고속도로가 완공되었다. 한편 1987년에는 중부고속도로가 완공되어 서울과 대전 간의 교통량을 분산하고 중부 내륙 지방을 발전시키는 데 공헌하였다. 1991년에는 서울외곽순환고속도로, 1995년에는 중앙고속도로, 2001년에는 서해안고속도로가 각각 완공되었다. 2003년 말 기준으로 총 노선 24개인 2778킬로미터의 고속도로가 완공되었다.

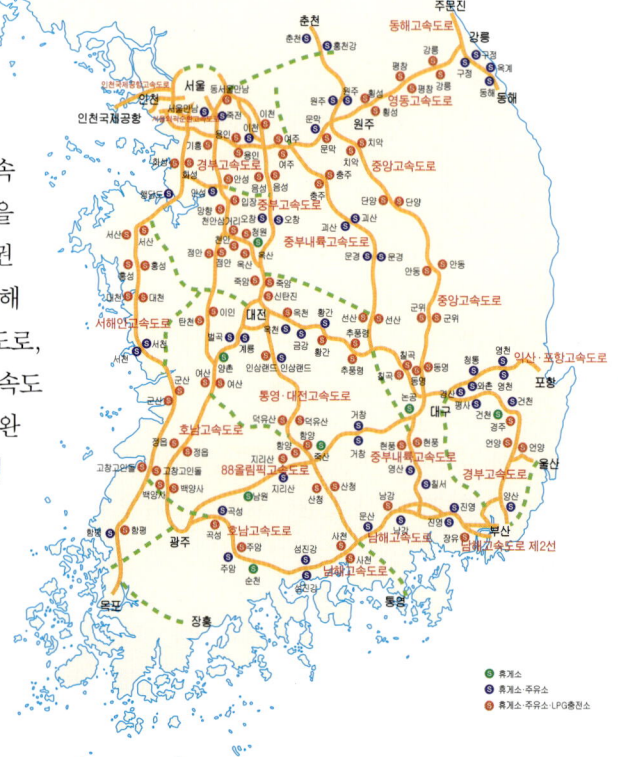

우리 나라 최초의 고속도로인 경인고속도로

서울과 대전 간의 교통량을 분산하고 중부 내륙 지방을 발전시킨 중부고속도로

고랭지 농업

대관령 부근에서 이루어지는 고랭지 농업

2004년 4월 1일부터 경부선과 호남선이 운행되고 있는 고속철도

고랭지 농업

해발 고도가 600~700미터 이상인 높고 평평한 고원인 고랭지에서 이루어지는 농업이다. 고랭지는 여름철에는 고도가 낮은 평지보다 기온이 선선하고 강우량도 많아서 채소, 감자, 꽃 등을 기르기에 유리하다. 또한 7월에서 8월의 평균 기온이 섭씨 20도 안팎이고 낮과 밤의 기온차가 비교적 커서, 진딧물이나 바이러스로 인한 질병이 잘 생기지 않는다. 고랭지에서 재배되는 채소를 고랭지 채소라고 하는데, 가을에 나는 채소를 한여름에도 팔 수 있어서 소득성이 높다. 우리 나라는 대관령 부근에서 목초, 약초, 채소, 감자, 홉의 재배가 활발하다.

고문

어떤 사실을 강제로 알아 내기 위해 육체와 정신에 고통을 주면서 신문하는 것을 말한다. 현재 우리 나라를 비롯하여 대부분의 나라에서 고문을 금하고 있다. 우리 나라 헌법에는 '피고인의 자백이 스스로의 의지가 아니고 고문·폭행·협박·장기적인 신체 구속 등에 의해 진술된 것이라고 의심될 때에는 이를 유죄의 증거로 삼지 못한다'고 규정하고 있다. 또한 고문 행위를 형법상 범죄로 정의하고 있다.

고발

범죄의 피해자 및 피해자의 친족이나 배우자가 아닌 제3자가 수사 기관에 범죄 사실을 신고하여 수사와 재판을 청구하는 행위이다. 서면이나 구술로 수사 기관에 고발하면 검사는 고발 내용을 검토한 후 재판을 청구할지 말지를 결정한다. 고발이 받아들여지지 않은 경우에는 상급 기관에 다시 신청할 수 있다. 고발에는 시간 제약이 없다. 고발인은 고발을 취소하거나, 취소했다가 다시 고발할 수 있다.

고소

범죄의 피해자 및 피해자의 친족이나 배우자인 고소권을 가진 사람이 수사 기관에 범죄 사실을 신고하여 수사와 재판을 청구하는 행위이다. 피해자나 법정 대리인은 서면이나 구술로 고소한다. 서면이나 구술로 수사 기관에 고소하면, 검사가 고소 내용을 검토하여 재판을 청구할지 말지를 결정한다. 고소가 받아들여지지 않으면 상급 기관에 다시 신청할 수 있다. 고소는 1심 판결 전까지 취소할 수 있다. 하지만 고발과 달리 일단 고소를 취소하면 그 사건에 대해서는 다시 고소할 수 없다.

고속철도

시속 200킬로미터 이상의 속도로 달리는 철도를 말한다. 빠르고 안전하며 대량 수송이 가능하다. 속도 면에서는 비행기 다음으로 빠르고, 수송 면에서는 선박 다음으로 많은 물자와 사람을 나른다. 또 비행기나 선박에 비해 기후의 영향을 덜 받기 때문에 정확하게 운행하고, 전기로 움직이기 때문에 배기 가스에 의한 대기 오염도 없다.

세계 최초의 고속철도는 1964년에 개통된 일본의 신칸센이다. 일본에서는 제2차 세계대전 후 고도의 경제 성장으로 인구와 산업이 대도시에 집중되자, 교통 혼잡과 수송력의 한계를 극복하기 위해 고속철도를 개발하였다. 프랑스, 독일, 에스파냐, 이탈리아, 스웨덴 등에서도 고속철도를 운행하고 있다.

우리 나라는 1989년에 경부고속철도의 건설을 결정한 후, 1994년에 프랑스의 테제베(TGV)와 차량 도입을 위한 계약을 체결하고 고속철도의 건설 사업을 추진하였다. 2004년 4월 1일부터 고속철도 케이티엑스(KTX)가 경부선과 호남선에서 운행되고 있다.

고용보험

실업을 예방하고, 기업에게 직업 훈련 등을 위한 장려금을 지원해 근로자의 직업 능력을 개발하고 향상시키며, 직장을 잃은 근로자에게 실업 급여를 주어 생활 안정 및 재취업을 지원하는 사회 보험 제도이다. 의료보험·국민연금·산업재해보상보험 등과 함께 4대 사회 보장 제도의 하나로, 우리 나라에서는 1995년 7월 1일부터 시행하고 있다. 이에 따라 사업주와 근로자는 각각 월정 급여액의 일정 비율을 보험료로 납부한 후 보험 혜택을 받고 있다.

공공 시설

국가나 지방 자치 단체가 국민 생활의 복지를 위하여 만든 시설이다. 「지방자치법」에 따라 지방 자치 단체는 법률이 정한 범위 내에서 주민의 복지를 위해 공공 시설을 만들고, 공공 시설의 사용료를 징수할 수 있다. 또한 주민의 일부가 공공 시설 덕분에 이익을 받는 경우에는 분담금을 걷을 수 있다. 하지만 공공 시설의 관리자는 정당한 이유 없이 시설의 이용을 막아서는 안 되며, 이용하는 데 차별해서도 안 된다. 공공 시설은 여러 사람이 편리하게 이용할 수 있도록 차례를 지키고 깨끗하게 사용해야 한다. 그리고 노인이나 몸이 불편한 사람에게 순서나 자리를 양보하는 마음도 잊지 말아야 한다.

공무원

국가나 지방 자치 단체의 공무를 맡아 하는 사람이다. 공무원은 국민 전체에 대한 봉사자이며 국민에 대해 책임을 지는 사람이다. 공무원은 사무 범위에 따라 국가의 임명으로 국가의 사무를 맡는 국가 공무원과 지방 자치 단체의 임명으로 지방 자치 단체의 사무를 보는 지방 공무원으로 나눈다. 또 공무원은 자신이 소속된 권력 기관에 따라 입법 공무원, 사법 공무원, 행정 공무원으로 나눈다.

공무원은 임무 수행을 위해 신분 보장 및 권익을 보호받는다. 그리고 봉급과 퇴직 연금을 지급받으며, 질병·부상·사망·재해 등을 입었을 때 본인이나 유족은 법률이 정하는 바에 따라 급여를 지급받는다. 공무원은 「국가공무원법」이 규정하는 의무인 성실의 의무, 복종의 의무, 직장 이탈의 금지, 친절 공정의 의무, 비밀 엄수의 의무, 청렴의 의무, 외국 정부로부터 영예나 증여를 받을 때 대통령의 허가를 받을 의무, 품위 유지의 의무, 영리 업무 및 겸직 금지·정치 운동의 금지·집단 행동의 금지의 의무가 있다.

> **준공무원은 어떤 곳에서 일하는 사람일까요?**
> 국가나 지방 자치 단체가 출자한 공사나 공단에 근무하는 사람들이다. 즉 한국조폐공사, 한국도로공사, 한국은행, 대한석탄공사, 대한주택공사, 대한광업진흥공사, 한국관광공사, 농어촌진흥공사, 한국가스공사, 한국방송공사, 국립공원관리공단, 지하철공사, 금융통화운영위원회의 직원들을 말한다.

공산권 국가

제2차 세계대전 후 소련의 영향으로 공산주의 정권을 수립한 국가를 가리킨다. 대표적인 국가로는 동유럽의 폴란드·루마니아·헝가리·불가리아, 아시아의 중국·몽골·북한·베트남·라오스, 아메리카 대륙의 쿠바 등이 있다. 이들은 사회주의 노선에 따르면서 정치·경제·군사·외교 등 각 분야에서 소련이나 중국과 긴밀한 관계를 맺었다. 그러나 소련과 중국이 대립하고 1980년대 말부터 동유럽 국가의 자유화 정책이 진행되자, 공산권 국가들은 흔들리기 시작했다. 1991년에 소련의 공산주의 정권이 붕괴하자, 동유럽 국가 및 소련에 속해 있던 공산권 국가들은 각각 독립하여 자유주의의 길을 걷고 있다. 오늘날에는 중국, 북한, 베트남, 쿠바 등 몇몇 국가만이 공산권 국가로 남아 있다.

공산주의

사유 재산 제도를 철폐하고 사회의 모든 구성원이 재산을 공유하게 함으로써 빈부의 차이를 없애려는 사상이다. 공산주의를 뜻하는 코뮤니즘(communism)은 원래 공유 재산 혹은 공동체를 뜻하는 라틴어 '코뮤네(commune)'에서 비롯되었다. 오늘날 공산주의라고 할 때는 보통 마르크스와 엥겔스가 주창하고 레닌이 발전시킨 마르크스-레닌주의를 가리킨다. 마르크스와 엥겔스는 인류 역사의 과정을 원시 공산주의 사회, 고대 노예 사회, 중세 봉건 사회, 근대 자본주의 사회로 구분하고, 각 사회 제도의 출현과 붕괴를 생산력과 생산 관계의 모순으로 설명하였다. 그들은 자본주의 사회도 생산력과 생산 관계의 모순을 안고 있다고 본다. 따라서 반드시 프롤레타리아, 즉 노동자의 혁명이 일어나 자본주의는 붕괴되며, 뒤이어 생산 수단을 공유하는 공산주의 사회가 실현된다고 보았다.

공업

농업·수산업·광업 등에서 생산된 생산물이나 다른 공업에서 생산된 제품을 원료나 부품으로 사용하여 사람들에게 필요한 물건을 만들어 내는 산업이다. 농림 수산업은 주로 자연을 이용하여 생산물을 얻지만, 공업은 노동력을 이용하여 다른 생산물을 가공하거나 조립해 새로운 생산물을 만들기 때문에 제조업이라고도 한다. 또 공업은 산업을 제1차·제2차·제3차 산업으로 분류하는 경우에는 제2차 산업에 해당한다.

가내 수공업 혹은 공장제 수공업 형태로 물건을 만들어 내던 공업은 산업혁명을 거치면서 공장제 공업으로 발전한다. 한 지붕 아래에서 많은 노동자들이 엄격한 노동 통제를 받으며 작업하는 생산 조직인 공장 제도는 공정의 단순화와 분업 체제로 대량 생산을 가능하게 하였다. 산업혁명을 통해 많은 나라의 경제는 농업 생산 위주의 경제에서 공업 생산 위주의 경제로 탈바꿈했다.

공업은 기계·도구·장치 등의 생산 수단을 이용한 분업과 협업이 가능하고, 모든 생산 공정에서 기계로 자동화를 실현할 수 있다는 점에서 다른 산업과 구분된다. 공업은 나누는 기   에 따라 여러 가지로 분류하지만 일반적으로는 경공업과 중화학 공업으로 나눈다. 경공업은

대표적인 공업인 자동차 산업

일상 생활에서 쓰는 소비재를 주로 만드는 공업이고, 중화학 공업은 주로 경공업 생산에 필요한 기계나 원재료를 생산하는 공업이다.

공업 도시

일반적으로 공업이 발달하고, 도시 인구 중에서 제조업 종사자가 60퍼센트 이상인 도시를 말한다. 하지만 서울, 부산, 대구처럼 공업의 중심지이면서 상업·행정 등의 기능이 복합적으로 발달한 대도시도 있다. 공업 도시는 지리적 위치에 따라 바다에 인접한 임해 공업 도시와 내륙에 위치한 내륙 공업 도시로 나누며, 업종에 따라 기계 공업 도시, 섬유 공업 도시, 조선 공업 도시, 복합 공업 도시로 나눈다. 울산·포항·구미·창원·여천·부천·안산 등이 우리 나라의 대표적인 공업 도시이다.

공원

국가나 지방 자치 단체가 자연 보호 및 도시민의 휴식과 보건 등을 위해 마련한 장소나 공간을 말한다. 공원에는 자연공원과 도시공원이 있다. 자연공원은 자연 보호를 위해 마련한 공원으로, 설립하고 관리하는 주체에 따라 국립공원과 도립공원으로 나눈다. 도시공원은 도시민의 휴식과 보건을 위해 마련한 공원으로, 도시 계획에서 매우 중요한 부분이다. 어린이공원, 근린공원, 식물공원, 동물공원 등이 있다.

우리 나라 최초의 공원은 1897년에 설립된 파고다공원이다. 1910년에 남산도 시민공원으로 개발되어 한양공원이라 불리기도 했다. 한편 1967년부터 시행된 「공원

> **산업혁명**
> 18세기 후반부터 약 100년 동안 유럽에서 급속하게 발전한 생산 기술과 그에 따른 사회의 큰 변화를 말한다. 산업혁명은 영국에서 개량된 방적 기계를 시작으로 1760~1840년에 유럽의 여러 나라에서 연달아 일어났다. 수공업 형태의 작업장이 기계화 생산 설비와 분업 형태의 큰 공장으로 바뀌었으며, 자본주의 경제가 확립되었다.

도시공원인 경기도 일산시의 호수공원

> **공원은 처음에 어떻게 생겼을까요?**
> 공원은 19세기에 영국의 귀족들이 자신의 정원을 사람들에게 개방한 데서 시작되었다. 이는 산업혁명으로 더러워진 도시 환경에서 시민들을 벗어나게 해 주고 깨끗한 공기와 녹지의 중요성을 일깨우기 위해서였다. 그 후 영국의 하이드 파크, 독일의 티르가르텐처럼 귀족들이 자신의 대정원을 개방하거나 미국의 센트럴 파크처럼 국가가 도시에 공원을 만들면서 공원은 유럽과 미국 전역으로 확대되었다.

법」에 따라 지리산국립공원을 비롯한 20개의 국립공원과 금오산도립공원을 비롯한 22개의 도립공원이 지정되었다. 「공원법」은 1980년에 「자연공원법」과 「도시공원법」으로 세분화되었고, 그에 따라 전문적이고 체계적으로 공원이 운영되고 있다.

공정거래법

독점을 규제하고 공정한 거래를 유지하기 위해 제정한 법률이다. 독점이나 점유율이 높은 기업이 시장에서 자신들의 지위를 남용하거나, 경제력이 몇몇 기업에 과도하게 집중되는 것을 방지하고, 부당한 공동 행위와 불공정 거래 행위를 규제하여 공정하고 자유로운 경쟁을 촉진하기 위해 제정되었다. 경쟁촉진법·독점금지법이라고도 한다. 1890년에 제정된 미국의 「서먼법」이 대표적이다. 우리 나라에서는 1980년에 제정된 후 1990년에 전면 개정된 「독점 규제 및 공정 거래에 관한 법률」이 공정거래법으로 기능하고 있다.

공정거래위원회

「독점 규제 및 공정 거래에 관한 법률」에 위반되는 사항을 심의·의결하는 중앙 행정 기관이다. 소수의 사람이나 기업에 경제력이 집중되는 것을 막고, 중소 기업이 경쟁에서 살아남을 수 있도록 독점이나 과점을 규제하고 불공정 거래 행위를 못하도록 한다. 그리고 소비자의 주권을 확립하는 데에도 노력하고 있다. 1981년 5월에 발족할 때는 경제기획원 소속이었으나, 1994년 12월에 국무총리의 직속 기관으로 바뀌었다. 경기도 과천시에 자리잡고 있다.

공주

충청남도 동부의 중앙에 있는 시이다. 2003년 말 기준으로 면적은 940.71제곱킬로미터이고, 인구는 13만 957명이다. 북쪽으로 차령산맥이 뻗어 있고, 남동쪽은 계룡산이 둘러싸고 있으며, 동서 방향으로 금강이 흐른다. 금강의 지류인 유구천, 정안천, 대교천, 제민천, 혈저천 등 크고 작은 하천이 시내를 흐르고 있다.

삼한 시대에는 마한의 땅이었으며, 백제가 475년에 위례성에서 웅진이라 부르던 이곳으로 도읍을 옮긴 이후 538년까지 약 60년 간 백제의 도읍지였다. 백제가 멸망한 후 중국의 당나라가 웅진도독부를 두었고, 670년에 신라가 차지한 후 686년에 웅천주를 설치하였으며, 757년에는 웅주로 이름을 바꾸었다. 고려 시대인 940년에 지금의 이름인 공주로 바뀌었으며, 조선 시대인 1598년에 충청감영이 충주에서 이곳으로 이전되었다. 1896년부터 충청남도의 도청 소재지였으나, 1931년에 도청이 대전시로 이전하였다. 그 후 공주읍으로 있다가, 1986년에 공주시로 승격하였다.

공주는 백제의 옛 도읍지였고, 조선 시대까지 지방 행정의 중심지여서 많은 문화 유산이 남아 있다. 국보 16점, 보물 18점, 사적 6곳 등 국가 지정 문화재와 지방 유형 문화재 31점, 지방 무형 문화재 3종 등 많은 도 지정 문화재가 있는데, 공산성, 무령왕릉, 송산리 제5·6호 고분 등 백제의 문화 유산이 대표적이다. 공산성은 백제 동성왕 무렵에 공산의 능선과 계곡을 따라 쌓은 토성이었으나, 조선 선조와 인조 때에 현재와 같은 석성으로 대부분 고쳐 쌓았다. 성에는 진남루와 공북루와 같은 문루와 장대, 수구문 등의 방어 시설이 남아 있으며, 이 외에 쌍수정, 쌍수산성사적비, 영은사, 연지, 임류각지, 군창지 등이 남아 있다. 무령왕릉은 1971년에 송산리 제5·6호

공중 도덕

백제 시대의 무덤인 공주 송산리 고분

고분의 배수로 공사를 하던 중에 우연히 발견된 왕릉으로, 무덤의 주인이 무령왕 부부라는 사실이 명백히 기록되어 있는 왕릉이다. 금제관식, 금동제신발, 금제팔찌, 청동거울 등 무령왕릉에서 발굴된 문화재들은 오늘날 국립공주박물관에서 전시 보관하고 있다. 이 외에도 선화당, 충렬사, 공주향교 등 조선 시대의 문화 유산이 남아 있다.

공중 도덕

공중의 복리를 위하여 여러 사람이 지켜야 할 도덕을 말한다. 사회 도덕이라고도 한다. 사람은 사회의 구성원으로서 사회가 요구하는 제도 및 질서, 도덕 규범, 윤리, 법률 등을 지켜야 한다. 민주주의 사회에서 제시하는 공중 도덕이란 사회 질서를 유지하면서 인간의 기본적인 권리를 보장하는 인도적 규범을 가리킨다.

공화제

개인 또는 집단에 의해 통치되는 정치 체제로, 군주제와 상대되는 의미이다. 일반적으로 대통령 중심제나 내각 책임제 형태로 정부가 운영된다. 군주제에서는 국가의 원수가 혈통으로 세습되지만 공화제에서는 출생에 따라 차별하지 않고, 국민 투표로 선출한다. 국민 주권·자유·평등·민주주의를 원리로 삼는다. 공화제가 확립되는 데에는 영국의 청교도혁명·미국의 독립전쟁·프랑스혁명·러시아혁명 등이 큰 역할을 하였다.

과테말라

중앙아메리카 북서부에 있는 나라이다. 멕시코, 엘살바도르, 온두라스, 벨리세와 국경을 접하고 있다. 정부 형태는 대통령 중심제이며, 수도는 과테말라이다. 면적은 10만 8889제곱킬로미터로 한반도의 약 2분의 1이다. 인구는 2003년 말 기준으로 약 1234만 명이다. 공용어는 에스파냐어이다. 주요 종교는 가톨릭과 크리스트교이다. 기후는 고원 지대는 온대성 기후이고, 해안 지대는 열대성 기후이다. 1인당 국민총생산은 2003년 말 기준으로 1680달러이다. 마야 문명의 중심지였으며 1524년에 에스파냐에게 정복당했다. 1821년에 에스파냐로부터 독립했지만 독재 정치와 쿠데타가 반복되는 불안정한 정치 상황이 계속되고 있다.

관광업

다른 지방이나 다른 나라의 자연이나 풍속 등 여러 가지 볼 거리를 제공하여 사람들에게 즐거움을 주는 활동과 관련된 산업을 말한다. 관광업은 국민들의 휴식과 복리 후생에 도움을 줄 뿐 아니라 다른 나라와의 문화 교류나 국제 친선에도 큰 도움이 된다. 또 경제적으로는 보이지 않는 무역으로서 무역외수지에서 높은 비중을 차지하고 있다. 세계의 여러 나라들이 관광업이 갖는 중요성을 인식하고 나라의 주요 정책으로 내세운 것은 20세기에 들어와서부터다. 우리 나라의 경우에 1970년에서 1980년대의 빠른 경제 성장과 1988년의 서울 올림픽경기 대회 그리고 해외 여행 자유화를 거치면서 1990년대에 큰 호황을 누렸다. 하지만 1999년의 외환 위기를 거치면서 침체기로 접어들었다. 2002년의 한일 월드컵경기대회와 한류 열풍, 주 5일제 근무제에 힘입어 다시 한번 관광업이 부흥을 맞이하고 있다.

관세 및 무역에 관한 일반 협정

관세 장벽과 수출입 제한을 없애기 위한 국제 무역 협정을 가리킨다. 국제 무역과 물자 교류를 늘리기 위해 1947년에 제네바에서 미국을 비롯한 23나라가 조인한 국제 무역 협정이다. 제네바 관세 협정이라고도 하며, 가트(GATT)라고도 한다. 이 협정은 1995년 1월에 세계무역기구가 공식 출범할 때까지 국제 통상 질서를 유지하는 역할을 하였다.

관혼상제

관례·혼례·상례·제례를 통틀어 일컫는 말로서, 사례라고도 한다. 유교를 기본으로 하는 예법이어서 통치 이념이 유교였던 조선 시대에 중요하게 여겼다. 관례는 머리에 관을 씌운다는 뜻으로 성인식을 가리킨다. 혼례는 혼인과 관련된 예법, 상례는 상(喪)을 치르는 예법, 제례는 제사 지내는 예법이다. 관혼상제는 우리 나라 예법의 중심이다. 이 가운데 관례는 없어졌지만, 혼례·상례·제례는 오늘날까지 여전히 중요한 의식으로 자리잡고 있다. 조선 전기까지는 가문마다 예법이 달라 일정한 기준이 없었지만, 영조 때 이재가 『주문공가례』를 바탕으로 예법을 만들어 『사례편람』으로 정리하였다. 이 책은 관혼상제의 표준이 되었다.

광고

기업이나 개인, 단체 등의 광고주가 상품이나 서비스, 이념, 정책 등을 사람들에게 알리기 위해 돈을 들여 여러 광고 매체를 활용하는 모든 정보 활동을 말한다. 광고주는 신문, 잡지, 라디오, 텔레비전, 인터넷, 광고탑 등의 광고 매체에 대가를 지불하고 광고하려는 내용을 글·그림·음성 등을 활용해 여러 사람에게 널리 알린다.

현대 사회에서 광고는 대량 판매와 대량 소비를 가능하게 해 주어 경제 발전에 많은 기여를 한다. 광고를 통해 기업은 자신이 만든 상품이나 서비스를 널리 알려 판매를 늘리고, 소비자는 많은 상품 정보와 생활 정보를 얻어 상품 선택의 범위를 넓힐 수 있다. 그러나 광고는 소비자의 욕구를 부채질하여 불필요한 구매를 부추기거나 소비 형태를 획일화하여 문화를 저속화시키기도 한다.

광복절

우리 나라가 1945년 8월 15일에 일본으로부터 국권을 되찾은 것과 1948년 8월 15일에 대한민국 정부를 수립한 것을 기리는 날이다. 광복절은 1949년 10월 1일에 제정된 「국경일에 관한 법률」에 따라 국경일로 지정되었다. 이 날엔 전국에서 경축 행사를 하며, 각 가정에서는 태극기를 게양하도록 되어 있다.

광업

땅 속에 있는 철, 구리, 석유, 석탄 등의 자원을 찾아 캐내 불필요한 부분을 없애 원료나 연료로 쓰일 수 있도록 하는 산업을 말한다. 농업과 더불어 인간 문명의 토대를 이루는 2대 산업이다. 농업이 인간에게 생명을 유지할 음식을 제공한다면, 광업은 생활을 영위할 자재, 원료, 연료 등을 제공한다. 광업은 돌·시멘트·철 같은 건축 자재, 구리·철·납·아연·황·흑연 같은 공업용 원료, 석탄·석유·천연 가스 같은 연료, 칼륨·인산·질소 같은 비료 원료, 금·은·다이아몬드·루비 같은 보석류, 우라늄 같은 핵분열 물질 등을 인간에게 공급해 준다.

캐내려는 자원에 따라서 광업의 범위가 조금씩 다르긴

탄광에서 석탄을 캐는 광부

호남 지방의 대표 도시인 광주광역시의 청사

경관이 뛰어난 무등산도립공원

하지만, 일반적으로 자원을 발견하고 캐낸 뒤 필요한 부분을 골라 내는 선광 작업까지를 광업이라 한다. 석유의 경우에는 땅 속에 있는 원유를 탐사하여 뽑아 내기까지를 광업이라 부르고, 원유에서부터 휘발유·등유·중유 등으로 정제하는 과정은 석유 정제업이라고 한다.

광주광역시

전라남도의 북서쪽에 있는 광역시로, 호남 지방의 대표 도시이다. 면적은 501.3제곱킬로미터이다. 인구는 2004년 말 기준으로 140만 1172명이며, 북구의 인구가 약 45만 명으로 가장 많고, 남구가 약 21만 명으로 가장 적다.

시의 남쪽은 무등산에서 뻗어 내린 산지와 구릉으로 이루어져 있고, 북쪽은 전남평야를 향해 있는 평야 지대이다. 무등산에서부터 흘러 내려오는 광주천이 시가지를 가로질러 흐르다가, 서쪽의 극락강과 합류하여 영산강으로 흘러간다. 연평균 기온은 섭씨 14도 내외로 비교적 온난하고, 연강수량은 1500밀리미터 내외이다.

호남고속도로의 개통으로 서울·순천 등지와 연결되며, 88올림픽고속도로로 영남 지방과 연결된다. 산업은 서비스업이 중심을 이루고 있다. 도시 발전이 제조업보다는 행정·군사·교육·문화 등의 사회 간접 자본 및 기타 서비스업 중심으로 이루어졌기 때문에 그 비중이 전국의 도시 가운데 비교적 높은 편이다. 화순 탄광이 가까워 기계 공업과 금속 공업이 발달하였다. 시내에는 국가 단지로 첨단산업단지와 평동외국인전용단지가 있고, 지방 단지로 하남·본촌·송암·소촌·평동산업단지가 있다. 부근의 전남평야에서는 쌀·면화·고치가 많이 난다.

시내에는 국가 지정 문화재로 중흥산성 쌍사자석등 등 국보 2점, 광주동 오층석탑 등 보물 6점, 사적 2곳, 천연기념물 34종, 중요 무형 문화재 1종, 중요 민속 자료 3점 등이 있다. 판소리와 남종화의 본고장이며, 1997년부터 2년마다 열리는 광주비엔날레는 중요한 국제 문화 행사이다. 5·18민주화운동을 기념하여 상무 신도심 지구 안에 1999년에 만든 5·18기념공원은 망월동 5·18묘지와 함께 민주 성지의 순례지가 되었다. 이 외에도 무등산, 증심사, 원효사 등이 유명하다. 광주광역시를 상징하는

탐구학습

광주광역시의 어제와 오늘

부족 국가 시대에는 마한의 땅이었고, 삼국 시대에는 백제의 땅이었다. 통일신라 때인 686년에 무진주라 하였고, 9행정 구역의 하나인 무주에 속하였다. 고려 시대인 940년에는 무진주를 광주로 개편하고 도독부를 두었다. 조선 시대에는 전라좌도에 속해 있다가, 1896년에 13도제가 실시되면서 전라남도에 소속되었다. 1910년에 조선총독부의 새로운 지방 제도에 따라 광주면이 되었으며, 1931년에 광주읍으로, 1935년에 광주부로 바뀌었다. 1949년에 광주시가 되었으며, 1986년 11월 1일에 광주직할시가 되어 전라남도에서 분리되었다. 이때만 해도 행정 구역이 3구 72동이었으며, 면적은 215.1제곱킬로미터에 불과했다. 1988년에 송정시와 광산군 전역이 다시 광주직할시에 편입되면서 면적은 501.3제곱킬로미터로 크게 늘어나고, 행정 구역도 4구 83동 9출장소로 늘어났다. 1995년 1월 1일에 직할시에서 광역시로 이름이 바뀌었으며, 2004년 말 기준으로 북구·동구·광산구 등 5자치구와 치평동·마륵동·오룡동·쌍암동 등 90동으로 이루어져 있다.

꽃은 철쭉이고, 나무는 은행나무이며, 새는 비둘기이다.

광통신

빛을 이용하여 정보를 주고받는 통신 방법을 말한다. 전화할 때의 소리와 텔레비전의 영상, 컴퓨터의 데이터와 같은 정보를 주고받을 때 사용한다. 광통신은 구리선을 이용한 전기 통신보다 수만 배 이상의 큰 정보를 동시에 처리할 수 있으며, 통신 상태도 훨씬 깨끗하다. 또한 전자기 장애가 전혀 발생하지 않으며, 기후의 영향도 받지 않는다.

교통 법규

사람이나 화물을 안전하게 수송하기 위해 항공기·선박·철도·자동차 등의 운행을 규율하는 모든 법규를 말한다. 좁은 뜻으로는 도로 교통에 대한 법규를 가리킨다. 교통 법규 가운데 가장 종류가 많은 것은 육상 교통 법규이다. 육상 교통 법규에는 「교통안전법」, 도로의 관리와 노선에 관한 「도로법」, 「도로교통법」, 「자동차 안전 기준에 관한 규칙」 등이 있다. 이 가운데 일반인과 가장 관련이 많은 것은 「도로교통법」이다. 「도로교통법」에는 교통의 안전과 원활한 소통을 위해 보행자와 자동차의 통행 방법 및 도로의 사용과 운전 면허에 관한 사항 등이 있다.

교통 사고

자동차·기차·비행기·선박 등의 교통 기관의 충돌·탈선·추락·침몰 등으로 사람이 다치거나 죽는 일 혹은 운송 물자에 피해를 입는 일을 가리킨다. 보통 교통

탐구학습

어린이들에게 자주 일어나는 10가지 교통 사고와 예방법

어린이들이 겪는 대부분의 교통 사고는 학교나 집 주변에서 신호등을 지키지 않고 도로에 뛰어들기 때문에 일어난다.

1. **무단 횡단 사고**
   길을 건널 때는 반드시 횡단보도나 육교, 지하도 등의 횡단 시설로 건너고, 절대로 무단 횡단하지 않는다.

2. **신호등이 있는 횡단보도 사고**
   신호등이 빨간색일 때 길을 건너거나 초록색 불이 들어오자마자 뛰어들면 안 된다. 언제나 횡단보도 오른쪽에 서서 손을 들어 차량이 멈추었는지 확인한 후에 건넌다.

3. **신호등이 없는 횡단보도 사고**
   '내가 먼저 갈까?', '저 차를 먼저 보낼까?' 하다가 서로 양보할 것이라는 생각으로 먼저 가려다 사고가 일어난다. 반드시 손을 들어 차가 멈추었는지 확인하고 건너간다.

4. **주차나 정차된 차 사이의 횡단 사고**
   세워 둔 자동차 사이로 지나가면 차에 가려 어린이가 보이지 않아 사고 위험이 18배나 높다. 자동차 사이로 걷거나 뛰지 않는다.

5. **갑자기 뛰어나오다 일어나는 사고**
   공이 찻길로 굴러가거나, 길 건너편에서 친구가 불러도 갑자기 뛰어들면 안 된다. 항상 차가 오는지 확인한 다음 손을 들고 건넌다.

6. **버스 바로 앞과 뒤의 횡단 사고**
   버스의 앞이나 뒤에서 길을 건너면 어린이가 보이지 않아 사고가 나기 쉽다. 반드시 버스가 지나간 후에 길을 건넌다.

7. **큰 차가 돌 때 일어나는 사고**
   트럭이나 버스 같이 큰 차가 돌 때, 안쪽에 어린이가 있으면 앞바퀴에는 치이지 않더라도 뒷바퀴에 치일 수 있다. 큰 차가 지나갈 때는 차와 멀리 떨어져 있어야 한다.

8. **차 주변에서 놀다 일어나는 사고**
   운전자가 운전석에 앉아 있으면 차 밖의 뒤나 옆에 있는 어린이가 보이지 않는다. 멈취 있는 차는 항상 뒤로 움직이므로, 차의 뒤나 옆에서 놀지 말아야 한다.

9. **보호 장구를 하지 않아서 일어나는 사고**
   어린이는 자동차를 탈 때 앞좌석이 위험하니 뒷좌석에 앉아야 하며, 언제나 안전벨트를 매거나 보호 장구를 한다.

10. **자전거와 킥보드, 인라인 스케이트 사고**
    헬멧과 보호대를 착용하고 차가 다니지 않는 안전한 장소에서 타야 한다. 자전거는 안장에 앉아서 발끝이 땅에 닿을 수 있는 크기의 자전거를 타야 한다.

119구조대원들이 시민을 구조하고 있는 교통 사고 현장

사고라고 하면 도로에서 일어나는 사고를 말하며, 그 밖의 사고는 철도 사고, 항공기 사고, 해난 사고라고 한다. 도로에서 일어나는 교통 사고는 보행자나 운전자의 과실로 일어나는 경우가 많지만, 도로의 폭이 좁거나 안전 시설이 불충분한 경우에도 일어난다.

교통

사람이나 재화 등이 오고가는 것을 가리킨다. 넓은 뜻으로는 의사나 정보 등이 오고가는 것을 포함하기도 한다. 옛날에는 주로 걸어다녔고, 물건을 옮길 때에도 직접 들거나 지게나 등짐을 이용하였다. 기원전 3200년경 바퀴가 발명되었고, 바퀴 달린 수레를 동물이 끌게 되면서 교통 수단에 커다란 변화가 일어났다. 마차와 자전거의 수레 시대를 거쳐 증기 기관차와 증기 자동차가 발명되었고, 이어 디젤 기관차와 휘발유를 연료로 사용하는 자동차가 등장했다. 1863년에 영국에서 지하철에 증기 기관차가 운행되었고, 1890년에 전기 철도 방식이 탄생하였다. 1964년 일본의 신칸센을 시작으로 시속 200킬로미터 이상의 고속철도 시대가 열렸다.

해상 교통은 통나무배, 가죽배, 뗏목 등을 이용하다가 차츰 노와 돛을 이용하였다. 바람의 힘을 이용한 범선이 등장한 후, 18세기 후반에는 철선, 19세기 후반에는 대형 선박이 등장했다. 항공 교통은 1783년에 기구가 발명되었고, 19세기 말에 글라이더를 이용하였다. 1903년에 라이트 형제가 처음으로 동력 비행기를 이용한 비행에 성공하였으며, 1957년에 인공 위성을 발사하였다.

수레

축에 설치한 둥근 바퀴와 축의 회전 운동으로 사람이나 물건을 나를 수 있게 만든 기구이다. 동력의 종류에 따라 달구지, 마차, 인력거 등이 있다. 기원전 2500년경 수메르 시대의 도시 국가인 우르의 왕묘에서 2륜식·4륜식 영구차가 발굴된 것으로 미루어 보아 수레의 역사는 오래 되었을 것으로 추측된다. 우리 나라에서도 신라나 가야의 고분에서 수레 모양의 토기가 출토되었는데, 형태가 매우 정교한 것으로 보아 일찍부터 수레를 사용했다는 것을 알 수 있다. 그러나 조선 말기까지 수레의 보급률이 매우 낮아서 북학파 학자들이 수레의 사용을 강조하기도 하였다.

자동차

1769년에 프랑스의 니콜라 조셉 퀴뇨가 대포를 끌고 갈 목적으로 바퀴가 세 개 달린 증기 자동차를 만들면서 자동차 시대의 막이 올랐다. 1886년에 독일의 고트리프 다임러와 칼 벤츠가 각각 휘발유를 연료로 사용하는 자동차를 발명하였다. 이 차는 무겁고 느린 증기 자동차에 비해 강한 엔진, 멋진 스타일, 가벼운 차체로 사람들의 마음을 사로잡았다. 1900년대 초까지는 대부분 수공업으로 자동차를 만들었기 때문에 가격이 비싸 누구나 자동차를 가질 수 없었다. 헨리 포드가 처음으로 대량 생산 방식을 도입하여 서민용 자동차인 포드 T형을 만들면서, 자동차가 널리 보급되기 시작하였다. 이후 두 차례의 세계대전을 거치면서 자동차 기술은 급성장했고 디자인은 다양해졌다. 우리 나라에 처음 등장한 자동차는 고종 황제가 타던 어차 포드였다. 1955년 3월에 우리 나라 최초의 자동차인 시발이 탄생했다.

기차

1765년에 와트가 증기 기관을 발명한 이래 동력을 철도에 이용하려는 시도가 이어졌다. 1804년에 영국의 트레비식이 증기 기관차를 발명하여 철광석을 싣고 달리기도 하였다. 최초의 공공용 기차는 1825년 9월 27일에 영국의 스티븐슨이 제작한 증기 기관차이다. 스티븐슨의 증기 기관차는 스톡톤과 달링톤 간의 약 40킬로미터를 승객과 석탄을 싣고 시속 16킬로미터로 주행하였다. 제2차 세계대전 이후 자동차와 항공기에 밀려났지만 1960년대 초반부터 프랑스의 테제베, 일본의 신칸센 등 고속철도의 개발로 다시 각광받고 있다. 우리 나라의 기차는 대한제국 정부로부터 경인철도 부설권을 얻은 모스가 서울과 인천 사이에 철도를 건설하면서 시작되었다. 1945년에 우리의 기술로 기관차를 만들었고 1979년에 우리 나라에서 최초로 제작한 디젤 전기 기관차가 등장했다. 1986년에는 경부선에 최신 유선형 새마을호 열차가 운행을 시작하였으며, 2004년부터는 고속철도가 운행중이다.

전차

전기로 달리는 모든 종류의 차량, 즉 전기 철도, 지하철, 모노레일, 케이블카 등을 말한다. 좁은 의미에서는 전동기가 달려 있고, 거리에 설치된 궤도나 공중에 가설된 전선으로부터 전력을 공급받아 궤도 위를 달리는 차량을 가리킨다. 1834년에 미국의 대번포트가 전지를 쓰는 모형 전차를 발명한 후 전차는 점차 대중화되었다. 1860년대 이후 발전기의 발명으로 전선을 통해 전차에 동력을 공급할 수 있게 되자, 미국과 유럽에서 전차의 사용이 확산되었다. 그러나 제1차 세계대전 이후 임금 및 원료비의 상승으로 운영이 어려워지자, 버스와 자동차가 전차를 대신하게 되었다. 우리 나라에서는 1899년 5월에 처음으로 동대문과 흥화문 사이를 오가는 전차가 개통되었다. 전차의 등장으로 우리 나라에도 근대적 대중 교통이 시작되었다. 해방 후 버스가 주요 교통 수단이 되면서 1969년에 전차 궤도는 완전히 철거되었다.

비행기

1903년에 미국의 라이트 형제는 직접 만든 비행기로 12초 동안 36미터를 비행함으로써 세계 최초로 비행에 성공하였다. 그 후 제1차 세계대전 중에 비행기는 전쟁 무기로 이용되면서 많은 발전을 하였다. 전쟁 후에는 여객과 물자를 수송하는 데 주로 이용하였다. 이후 비행기의 성능과 항속 거리 등이 급속도로 발전하였다. 제2차 세계대전을 치르면서 전투기를 포함한 비행기의 성능과 실용성은 거의 완벽해졌다. 각종 전자 장치를 이용한 항법 장치가 만들어졌고, 제트기도 빠르게 실용화되었다. 현재 최대의 수송기인 보잉 747은 최대 500명의 승객을 태울 수 있다.

탐구학습

교통이 발달하면서 우리의 생활은 어떻게 달라졌을까요?

1899년에 서울 노량진과 인천 제물포 사이의 경인선이 놓이고 1905년에 경부선 철도가 건설되면서 우리 나라 철도 교통은 산업과 화물 수송에 크게 기여하였다. 하지만 1968년부터 경인고속도로를 시작으로 많은 고속도로가 만들어지면서 도로가 교통의 중심 역할을 하기 시작했다. 최근에는 비행기나 헬리콥터의 항공 교통이 급속히 발달하면서 전 세계가 지구촌을 형성하게 되었다. 또한 시속 200킬로미터 이상의 고속철도가 운행되면서 우리 나라 전국은 반나절 생활권으로 바뀌었다. 교통이 발달하면서 사람들은 자유롭게 이동하게 되었고, 많은 사람들이 서로 접촉하면서 물품이나 정보를 활발하게 교환하였다. 교통의 발달은 사람들의 이동 범위와 사회 규모를 확대시켰으며, 국내뿐 아니라 전 세계를 한 울타리로 만들어 놓았다. 더불어 인류가 발명하고 발견한 우수한 사상이나 학문, 원리나 기계, 기구 등이 교통 수단을 통해 전 세계에 전파됨으로써 인류의 정신 문화가 향상되고 물질 문명이 확산되었다.

교통 안전 시설

도로를 이용하는 사람들에게 필요한 정보를 미리 전달함으로써 도로에서의 위험을 방지하고 교통 흐름을 원활하게 하기 위하여 설치한 시설을 말한다. 「도로교통법」에 따르면, 교통 안전 시설에는 안전 표지, 노면 표지, 신호등 및 신호기 등이 있다.

안전 표지에는 도로의 위험 상태나 필요한 주의를 예고하는 주의 표지, 보행자나 차량의 행동을 규제하는 규제 표지, 행동이나 지점을 지시하는 지시 표지, 거리·시간·방향 및 차량의 종류를 알려 주는 보조 표지가 있다. 주의 표지는 노란색 바탕에 검정색 그림이 그려져 있으며, 이는 앞으로의 상황이 위험한 곳이거나 위험할 수 있으니 주의·조심하라는 뜻이다. 규제 표지는 빨간색 또는 하얀색 바탕에 검정색·하얀색 그림과 글자가 그려져 있으며, 이는 그렇게 하면 위험하니 해서는 안 된다는 뜻이다. 지시 표지는 파란색 바탕에 하얀색 그림이 그려져 있으며, 이는 그렇게 해도 좋다는 뜻이다.

노면 표시는 도로에서의 안전과 교통의 흐름을 원활하게 하기 위해 도로 바닥에 표시한 것이다. 안전 표지를 보완하거나 도로를 이용하는 사람들에게 규제 또는 지시의 정보를 복합적으로 전달한다. 안전을 위하여 각종 제한, 금지 등의 규제 내용을 알리는 규제 표시와 안전을 위하여 도로의 통행 방법, 통행 구분 등 필요한 지시를 알리는 지시 표지가 있다.

신호기는 도로 교통에서 진행·정지·방향 전환·주의 등의 신호를 표시하기 위하여 사람이나 전기로 조작하는 교통 통제 시설이다. 차량이나 사람 등에 대하여 지정된 행동을 취하도록 지시하거나 경고한다. 주로 빨강·파랑·노랑의 3색으로 표현한다.

교통 안전 시설은 권한이 있는 사람만이 설치·관리하여야 하며, 설치 및 관리 권한이 없는 사람이 임의로 설치한 교통 안전 시설은 즉시 없애야 한다. 또한 함부로 교통 안전 시설을 조작·철거·이전하거나 손상을 낸 사람은 처벌을 받는다.

교통 안전 표지는 각 나라의 자연과 사회의 특징에 따라 나름의 특색이 있다. 오스트레일리아의 교통 안전 표지 중에는 코알라나 캥거루 그림 밑에 거리가 적혀 있는 것이 있다. 예를 들어 캥거루 그림이 있고 그 밑에 '14km'라고 적혀 있으면 그 14킬로미터 내에 캥거루가 차도로 뛰어들 수 있으니 조심하라는 뜻이다.

주의 표지

위험
DANGER
고인물 튐
횡단보도
어린이 보호
자전거
도로 공사중
비행기
횡풍
터널
야생동물보호
위험

규제 표지

통행금지
통행금지
승용자동차 통행금지
화물자동차 통행금지
승합자동차 통행금지
2륜자동차 및 원동기장치 자전거 통행금지
승용자동차 및 2륜자동차 원동기장치자전거 통행금지
트랙터 및 경운기 통행금지
우마차 통행금지
손수레 통행금지
자전거 통행금지
진입금지
진입금지
직진금지
우회전금지
좌회전금지
횡단금지
유턴금지
앞지르기금지
주 정차금지
정차주차금지
주차금지
주차금지
5.5 t
차 중량 제한
3.5m
차 높이 제한
50m
차간 거리 확보
50
최고 속도 제한
30
최저 속도 제한
천천히 SLOW
서행
정 지 STOP
일시 정지
양보 YIELD
양보
횡단금지
보행자 횡단금지
보행금지
보행자 보행금지
위험물 적재 차량 통행금지

지시 표지

자동차 전용도로
자전거 전용도로
자전거 및 보행자 겸용 도로
회전교차로
직진
우회전
좌회전
직진 및 우회전
좌우회전
유턴
양측방통행
우측면통행
좌측면통행
진행방향별 통행구분
우회로
스노우타이어 또는 체인 사용
안전지대
안전지대
주차 P
주차장
주차
자전거 주차장
보행자전용도로
보행자 전용도로
횡단보도
횡단보도
어린이보호
어린이 보호
어린이보호
어린이 보호 (어린이 보호구역 안)
자전거횡단
자전거 횡단도
일방통행
일방통행
일방통행
일방통행
비보호
비보호 좌회전
전 용
버스전용차로
다인승 전용
다인승 차량 전용차로
통행 우선

보조 표지

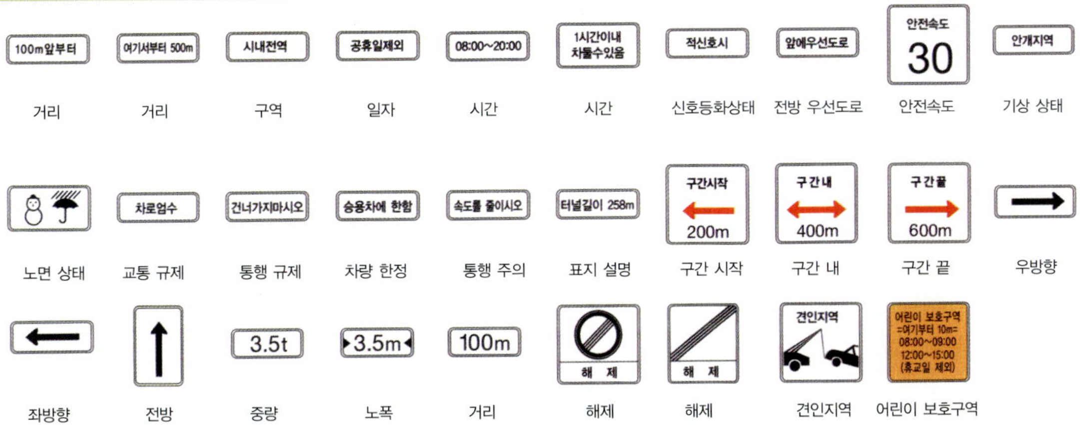
100m앞부터
거리
여기서부터 500m
거리
시내전역
구역
공휴일제외
일자
08:00~20:00
시간
1시간이내 차둘수있음
시간
적신호시
신호등화상태
앞에우선도로
전방 우선도로
안전속도 30
안전속도
안개지역
기상 상태
노면 상태
차로엄수
교통 규제
건너가지마시오
통행 규제
승용차에 한함
차량 한정
속도를 줄이시오
통행 주의
터널길이 258m
표지 설명
구간시작 200m
구간 시작
구간내 400m
구간 내
구간끝 600m
구간 끝
우방향
좌방향
전방
3.5t
중량
3.5m
노폭
100m
거리
해 제
해제
해 제
해제
견인지역
견인지역
어린이 보호구역 =여기부터 10m= 08:00~09:00 12:00~15:00 (휴교일 제외)
어린이 보호구역

표지판

주의   규제   지시   보조

노면 표지

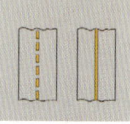	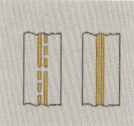		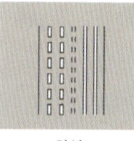	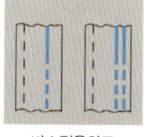		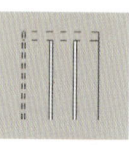
중앙선	중앙선	유턴 구역선	차선	버스전용차로	길가장자리 구역선	진로 변경 제한선

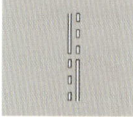	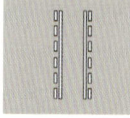	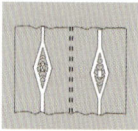		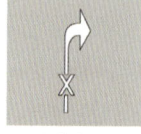	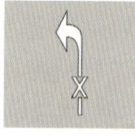	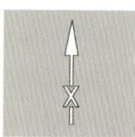
진로 변경 제한선	진로 변경 제한선	노상 장애물	노상 장애물	우회전 금지	좌회전 금지	직진 금지

	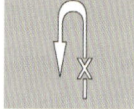	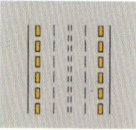	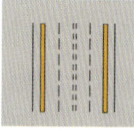		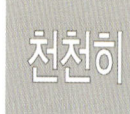	
좌우회전 금지	유턴 금지	주차 금지	정차 주차 금지	속도 제한	서행	일시 정지

	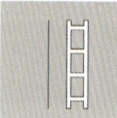		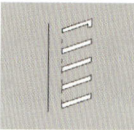	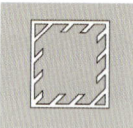	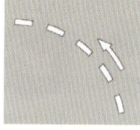	
양보	평행 주차	직각 주차	경사 주차	정차 금지 지대	유도선	유도

		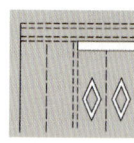	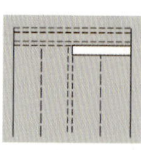		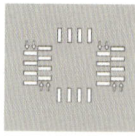	
유도	유도	횡단보도 예고	정지선	안전 지대	횡단보도	횡단보도

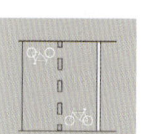					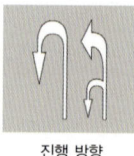	
자전거 횡단도	자전거 전용도로	어린이 보호구역	진행 방향	진행 방향	진행 방향	진행 방향 및 방면

진행 방향 및 방면	비보호좌회전

신호등

횡형 2색등 · 횡형 3색등 · 횡형 4색등 · 종형 2색등 · 종형 3색등 · 종형 4색등 · 가변형 가변등 · 경보형 경보등 · 보행등

여러 가지 도로 안내 표지

하천 · 터널 · 비상 주차장 · 종합 휴게소 · 간이매점 · 긴급 신고

자동차 전용 도로 및 해제 · 오르막차로 예고 · 자동차 전용도로 끝 · 시종점

매표소 예고 · 매표소 예고 · 고속도로 유도 · 3지명 이정 · 1차 출구 예고 표지(2방향)

출구점 예고(1지명) · 출구점(1지명) · 3차 출구 예고(2방향) · 3차 출구 예고 · 나가는 곳

3방향 1차 예고 · 방향(1지명과 2지명) · 방향 · 분기점 · 노선

    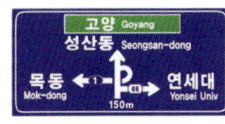

2방향 예고 · 노선 · 관광지 · 박물관 · 3방향 예고

국가산업단지

비슷한 분야의 산업을 중심으로 생산력과 경쟁력을 키우고, 수출 성과를 높이며, 지역 경제의 균형 발전과 고용 창출의 원동력을 마련하고자 국가에서 만든 산업 계획 단지를 가리킨다. 같은 산업이나 비슷한 산업이 한 지역에 모이면 정보와 기술을 교환하기가 쉽고, 노동력을 확보하기가 쉬우며, 다량의 원료를 공동 구매할 수 있어서 원료 확보에 유리하다. 그러나 토지와 용수의 부족, 환경 오염, 인구 집중 등의 문제가 발생할 수 있다. 따라서 한 산업 단지의 규모가 지나치게 커지면, 공장을 다른 곳으로 분산시켜 새로운 산업 단지를 만들기도 한다.

경인 지역 산업단지(서울특별시, 인천광역시, 경기 북부, 강원도)

서울디지털산업단지, 부평산업단지, 주안산업단지, 남동산업단지, 북평국가산업단지, 북평지방산업단지, 파주출판문화정보산업단지, 파주탄현중소기업전용산업단지

한국 최초의 공업 단지이면서 한강의 기적을 일군 옛 구로공단이 2000년 12월 서울디지털산업단지로 명칭을 변경하고 벤처·정보 통신·지식 산업 중심의 첨단 산업단지로 탈바꿈하고 있다. 또한 21세기 출판 영상 문화의 메카로 부상하게 될 파주출판문화정보산업단지와 파주탄현중소기업전용산업단지가 건설 중에 있다.

서부 지역 산업단지(경기도, 충청남도)

반월산업단지, 시화산업단지, 아산산업단지, 천안외국인산업단지, 석문산업단지

수도권의 과밀 인구와 산업 시설의 분산 수용을 위하여 조성된 국내 최대의 중소 기업 전문 단지인 반월산업단지와 시화산업단지가 있다. 우리 경제의 중소 기업 시대를 열고 있는 중소 기업의 요람지이다. 또한 수도권의 항만 부족과 신규 산업 용지 수요에 대처하기 위해 조성 중인 아산산업단지 및 석문산업단지와 연결되어 서해안 임해 산업 벨트권을 형성하고 있다.

서남 지역 산업단지(광주광역시, 전라남도, 전라북도)

여수산업단지, 군산산업단지, 군장산업단지, 광주첨단산업단지, 평동외국인산업단지, 대불산업단지, 대불외국인산업단지, 광양산업단지

국내 최대 규모의 종합 석유 화학 단지인 여수산업단지, POSCO 광양제철소와 비슷한 업종이 들어선 광양산업단지가 첨단 기술을 통한 신소재 개발로 고도 산업 사회를 이룩하는 데 중추 역할을 담당하고 있다. 또한 광산업 및 첨단 산업의 미래형 산업단지인 광주첨단산업단지와 21세기 동북아 국제 교역의 중심지를 목표로 한 대불산업단지가 만들어졌다.

동남 지역 산업단지(경상남도, 부산광역시, 울산광역시)

창원산업단지, 울산산업단지, 온산산업단지, 안정산업단지, 명지논산산업단지, 진사외국인산업단지

한국 기계 산업의 요람인 창원산업단지, 자동차·조선·석유 화학 공업 중심의 울산산업단지, 비철금속 소재를 공급하는 온산산업단지가 상호 협력 체계를 갖추고 한국 경제 발전의 견인차 역할을 하고 있다. 그리고 경상남도 통영시의 안정산업단지는 에너지 및 조선 업종 단지로 건설된다. 또한 경상남도 사천시에 진사외국인산업단지가 조성 중이다.

중부 지역 산업단지(경상북도, 충청북도, 대구광역시, 대전광역시)

구미산업단지, 구미외국인산업단지, 오창외국인산업단지

반도체·정보 통신·전자·섬유 산업이 집중되어 있는 구미산업단지가 있다. 세계적인 패션 섬유 도시로 성장할 대구 지역과 인접 지역에 신소재 섬유 산업의 투자가 매우 활발하며, 컴퓨터와 반도체 관련 산업을 집중적으로 유치할 계획으로 한국의 실리콘 밸리를 추구한다.

> **❓ 산업단지를 정하는 데는 어떤 기준이 있을까요?**
>
> 기업은 원료를 공장에서 가공하여 제품을 만들고 시장에서 판매한다. 기업들은 생산 비용을 최대한 줄일 수 있는 곳에 공장을 지어야 많은 이윤을 얻을 수 있기 때문에 원료 공급지와 시장을 연결하는 중간 지점에 많이 짓는다. 또한 공장을 지을 땐 정부의 공업 정책이나 고용 노동자들의 주거 환경도 고려해야 한다. 예전에는 원료, 노동력, 동력이 풍부한 내륙이나 도시를 공장 지역으로 삼았으나, 오늘날에는 원료 수입과 제품 수출에 유리한 해안 지대를 선호한다.
>
> 공업의 종류에 따라 공장의 부지를 선택하는 기준도 다 다르다. 원료 지향성 산업으로 특정 지역에서만 구할 수 있는 분야나 제조 과정에서 원료의 무게와 부피가 줄어드는 분야, 원료가 부패하고 파손될 위험이 있는 분야는 원료의 산지에 공장을 짓는다. 시멘트 공업이나 통조림 공업 등이 이에 해당된다. 시장 지향성 산업으로 제조 과정에서 제품의 무게나 부피가 늘어나는 분야나 제품이 변질되거나 파손되기 쉬운 분야는 주요 시장인 도시 부근에 짓는다. 음료 공업, 식료품 공업, 연탄 공업, 출판업, 가구 공업 등이 이에 해당된다. 노동력 지향성 산업으로 원료 수송비나 제품 수송비가 비교적 적게 드는 대신 노동력이 많이 필요한 분야는 노동 인구가 많은 지역에 공장을 짓는다. 섬유 공업이나 전자 공업 등이 이에 해당된다. 동력 지향성 공업으로 많은 에너지가 필요한 공업은 발전소가 있는 지역에 공장을 짓는다. 제련 공장이 여기에 해당된다.

OPENKID CHILDREN's ENCYCLOPEDIA

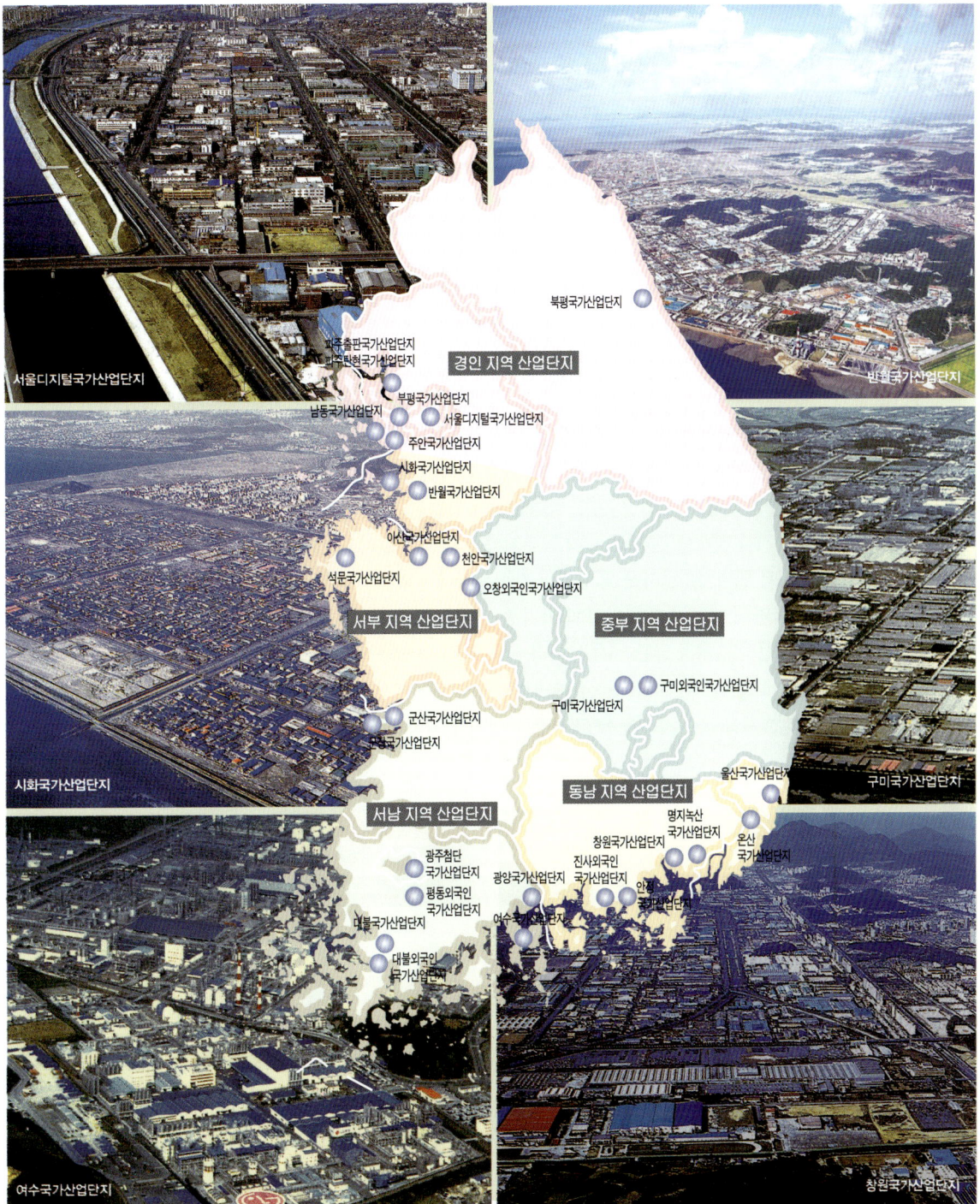

탐구학습

철광석이 나지 않는 포항에 제철소를 만든 까닭은 무엇일까요?

철을 만드는 데는 석탄, 철광석, 석회석이 필요하다. 우리 나라에는 지하 자원이 부족하여 대부분의 석탄과 철광석을 외국에서 수입해야 한다. 포항 앞바다는 수심이 깊어 이런 자원을 실은 큰 배가 드나들기에 유리하다. 이렇게 외국에서 엄청난 양의 석탄과 철광석이 항구를 통해 들어오면 제철소로 옮겨 가서 철로 만든다. 완성된 철은 전국 각지의 시장에 공급되거나 해외로 수출된다. 이 과정에서 비용을 줄일 수 있는 방법은 각 단계의 운송 비용을 줄이는 것이다. 그래서 자원이 드나들기 편리하고 해외로 보내기도 유리한 항구 가까운 곳에 제철소를 짓는 것이다.

국기

한 나라를 상징하고, 국권과 국위를 나타내는 표지를 가리킨다. 부족이나 집단을 나타내던 깃발이 근대 이후 한 나라를 상징하는 깃발로 발전된 것으로, 보통 직사각형이나 정사각형 모양의 천에다 여러 가지 도안을 그려 한 나라의 역사나 이상 등을 나타낸다.

국기의 도안은 매우 다양하다. 태양·별·달 등 천체를 그려 넣거나, 십자가·왕관·국장들을 그려 넣기도 하며, 글자를 써 넣기도 한다. 또 프랑스의 3색기처럼 특별한 도안 없이 단순히 색깔만으로 나타내기도 한다. 보통 국기에 사용하는 색깔은 흰색·빨강·파랑·노랑·초록 등 선명하고 눈에 잘 띄는 색을 사용한다. 국기의 색은 색깔마다 자유·평화·진리·순결·번영·자연의 아름다움 등을 상징하며, 같은 색이라도 나라마다 그 색이 상징하는 내용은 서로 다르다.

국기를 만들거나 걸고 다루는 방법은 대개 법률로 정해 놓는다. 국기에 관한 법률에는 대개 제작 방법·치수·거는 장소·거는 날·보관 방법·접는 방법·국기에 대한 금지 사항 및 형벌량까지 자세하게 규정되어 있다. 국기의 제작 방법이나 치수 등을 제외한 내용들은 나라마다 조금씩 차이는 있지만 거의 비슷하다. 국기는 관공서나 학교, 공공 건물에는 매일 걸고, 국경일이나 특별한 날에는 집이나 거리에 건다. 깃대와 깃봉의 형식은 일정하다. 국기를 깃대에 걸 때는 깃대 꼭대기까지 완전히 올리고, 깨끗하게 다루어야 하며, 다루는 도중에 땅에 닿지 않도록 한다. 또 글자를 써 넣거나 장식용이나 상업적인 목적으로 사용해서는 안 된다.

국제법에서는 각 국가에 대하여 다른 나라의 국기를 상호 존중하고 보호하도록 지정하고 있다. 국제 관습상 각 나라의 군함이나 선박과 외국 공관은 자기 나라 국기를 걸 수 있는 권리를 인정받고 있으며, 외국인의 개인적인 사무실이나 집에도 자기 나라 국기를 걸 수 있다. 특히 해상에서는 국기가 본래의 목적 외에 국적을 나타내기 위한 중요한 신호로도 쓰이기 때문에 그 사용 규정이 엄격하게 지켜지고 있다.

국립공원

　자연 경치와 문화적 가치가 뛰어난 지역을 보호하기 위하여 나라에서 지정하여 관리하는 공원을 말한다. 자연의 보존 상태가 좋고 경치가 뛰어난 곳이거나, 야생 동물과 희귀 식물이 사는 곳, 문화재나 역사적 유물이 자연 경관과 조화되어 보존의 가치가 있는 곳 등이 국립공원으로 지정되어 있다. 지정 절차는 다음과 같다. 우선 건설교통부 장관이 국립공원 후보지를 놓고 관계 부처의 책임자와 협의를 거친 후 관할 도지사의 의견을 검토한다. 그런 다음 국토건설종합계획 심의회에서 심의를 받은 후 후보지를 국립공원으로 지정한다. 일단 국립공원으로 지정된 곳은 자연 보존 구역, 자연 환경 구역, 농어촌 및 집단 시설 구역으로 구분되어 순차적으로 개발된다.

세계의 국립공원

　1872년에 미국이 최초로 옐로스톤 국립공원을 지정한 후, 세계 각국에서는 자연 환경이 뛰어난 곳, 희귀 동물이 사는 곳, 유서 깊은 유적지 등을 보존하고 국민의 휴양지를 마련하기 위해 국립공원을 설립해 왔다. 나라마다 국립공원의 기능에 조금씩 차이가 있는데, 미국이나 스위스의 경우에는 자연의 원시 상태를 철저히 보존하는 경향이 강하고, 우리 나라를 비롯하여 영국 등은 보존 외에 국민 휴양지로서의 기능도 중요하게 여긴다. 미국의 옐로스톤 국립공원·요세미티 국립공원·그랜드캐니언 국립공원, 캐나다의 밴프 국립공원·재스퍼 국립공원, 탄자니아의 세렝게티 국립공원, 케냐의 차보 국립공원, 일본의 다이세츠잔 국립공원·아칸 국립공원 등이 세계적으로 유명하다.

우리 나라의 국립공원

　1967년 3월에 제정된 「공원법」에 따라 1967년 12월에 우리 나라 최초로 지리산이 국립공원으로 지정되었다. 그 후 1968년에 경주·계룡산·한려해상이, 1970년에 설악산·속리산·한라산이, 1971년에 내장산이, 1972년에 가야산이, 1975년에 덕유산·오대산이, 1976년에 주왕산이, 1978년에 태안해안이, 1981년에 다도해해상이, 1983년에 북한산이, 1984년에 치악산·월악산이, 1987년에 소백산이, 1988년에 변산반도의 월출산이 국립공원으로 지정되었다.
　2004년 말 기준으로 우리 나라의 국립공원은 모두 20개이며, 총면적이 6579제곱킬로미터로 남한 국토 면적의 약 6.6퍼센트를 차지한다.

제주도 한라산국립공원과 서귀포시

경주국립공원 안압지

지리산국립공원 화엄사 각황전

내장산국립공원 백양사

한려해상국립공원

교회

예수를 믿는 크리스트교의 신앙 공동체나 그들이 모이는 장소를 가리킨다. 보통은 크리스트교인 들이 예배를 위해 모이는 특정한 장소를 가리키며, 천주교에서는 성당이라고 한다. 교회의 가장 중요한 활동은 예배와 선교, 교육을 통해 복음을 전하는 것이다. 교회는 이웃 사랑을 실천하기 위하여 다양한 분야에서 사회 복지 사업에도 힘쓰고 있다.

국가

일정한 영토와 거기에 사는 사람들로 이루어져 있고, 주권에 의한 하나의 통치 조직을 가지고 있는 사회 집단을 가리킨다. 국가는 서로 다른 이해를 가진 구성원들의 이해 관계를 조정하여 사회 질서를 유지하고 외적의 침입에 대항해 국민과 영토와 주권을 지킨다. 일반적으로 국민·영토·주권을 국가의 3대 요소라고 한다. 한편 주권을 누가 행사하느냐에 따라 국가의 체제를 군주제, 귀족제, 공화제 등으로 나눈다.

국가 권력

국가가 통치 기구로서 합법적으로 사용하는 물리적 강제력을 말한다. 국가는 군인이나 경찰 등의 강제력을 독점하며, 이를 배경으로 국가의 정책을 세우고 세금을 거두는 행정 권력, 국민 간의 분쟁이나 국민과 국가 간의 분쟁을 해결하는 사법 권력, 통치의 지침인 법률을 제정하는 입법 권력을 행사한다. 현대의 국가 권력의 특징은 행정 기능이 비대해지고 전문 관료들이 정책을 결정하는 비중이 높아졌다는 것이다.

> **탐구학습**
>
> **국가가 경제 분야에서 하는 일은 무엇일까요?**
>
> 국가는 국가 전체의 이익이나 공공의 편리함을 위해 개인이나 기업이 하기 힘든 일을 진행한다. 예를 들어 도로를 건설하는 사업은 많은 돈이 필요하기 때문에 개인이나 기업이 하기에 힘들다. 따라서 이런 공공 사업을 국가가 맡아 진행한다. 국가는 공공 업무 수행에 필요한 재화를 국민이 낸 세금으로 충당하기 때문에 소비의 주체이기도 하다. 경기 순환 과정에서 국가는 적극적으로 소비의 주체로 나서기도 한다. 또한 국가는 기업과 기업, 기업과 소비자 간의 갈등을 해결하는 역할을 한다. 더 나아가 우리 나라 기업이 해외에 나가서 잘 활동할 수 있도록 우리 기업을 소개하거나 어려움을 해결해 주고, 다른 나라 기업이 우리 나라에 많은 투자를 할 수 있게 여건을 마련해 준다.

국가정보원

국가 안전 보장에 관련된 정보·보안 및 범죄 수사를 담당하는 대통령 직속의 국가 정보 기관이다. 국정원이라고도 한다. 1961년에 설립된 중앙정보부가 1982년 12월에 국가안전기획부로 확대·개편되었다가, 1999년 1월에 국가정보원으로 이름을 바꾸었다. 주로 국외 정보 및 국내 보안 정보를 수집하고 작성하며 배포하고, 국가 기밀에 속하는 문서·자재·시설·지역에 대한 보안 업무를 맡으며, 내란의 죄·외적의 침입을 부른 죄·반란의 죄·암호 부정 사용죄·「군사기밀보호법」에 규정된 죄·「국가보안법」에 규정된 죄에 대한 수사권이 있고, 국가정보원 직원의 직무와 관련된 범죄 수사를 진행하며, 정보와 보안 업무의 기획 및 조정 등의 업무를 맡는다. 서울특별시 서초구 내곡동에 자리잡고 있다.

국경없는의사회

전쟁·기아·질병·자연 재해 등으로 고통 받는 세계 각 나라의 주민들에게 구호 활동을 펼쳐 온 국제 민간 의료 구호 단체이다. 1968년에 나이지리아의 비아프라 내전에서 구호 활동을 한 의사들을 중심으로 1971년에 파리에서 국경없는의사회가 설립되었다. 국경없는의사회는 중립·공평·자원의 3대 원칙을 내걸고 인종, 종교, 정치적 신념을 떠나 차별 없는 구호 활동을 벌이고 있다. 이 단체는 1972년의 니카라과의 지진, 1976년의 레바논 내전, 1979년의 아프가니스탄 전쟁, 1988년의 아르메니아의 지진, 1995년의 체첸 사태, 1996년과 1998년의 북한 기근 사태 등의 희생자에게 의료 활동을 펼치고 난민 문제를 해결하기 위해 노력하였다. 1999년에 노벨 평화상을 받았으며, 본부는 스위스의 제네바에 있다.

국경일

나라의 경사를 기념하기 위하여 국가에서 법률로 정한 경축일이다. 우리 나라는 「국경일에 관한 법률」에 따라 국경일이 정해지며, 삼일절, 제헌절, 광복절, 개천절, 한글날이 국경일이다. 우리 나라뿐 아니라 세계의 여러 나라들도 건국 기념일, 혁명 기념일, 국왕과 여왕의 탄생일, 종교와 관련된 축제일 등을 국경일로 정하여 기념 행사를 펼친다.

국군의 날

우리 나라 국군의 창설과 발전을 기념하는 날이며, 매년 10월 1일이다. 1956년 9월 21일 대통령령 제1173호로 제정되었다. 그 전에는 10월 1일을 공군 기념일, 10월 2일을 육군 기념일, 10월 3일을 해군 기념일로 각각 정해 각 군별로 기념 행사를 하였다. 10월 1일을 국군의 날로 정한 것은 한국전쟁이 치열하던 1950년 10월 1일에 3사단 23연대 병사들이 강원도 양양 지역에서 최초로 38선을 넘어 북진한 것을 기념하기 위해서다. 이 날 육·해·공군 및 3군 사관학교 생도들이 사열식 등 갖가지 기념 행사를 펼친다. 법정 공휴일은 아니다.

국내총생산

일정한 기간에 한 나라 안에서 새로이 생산된 재화와 서비스의 가치인 부가가치의 합을 말한다. 자기 나라의 국민이든 외국인이든 국적에 상관 없이 한 나라 안에서 이루어진 생산 활동을 모두 포함한다. GDP라고도 한다.

국내총생산은 어떤 나라가 경제적으로 부강한 나라인가 아닌가를 나타내는 지표로 자주 사용된다. 예전에는 국민총생산을 경제 지표로 삼았으나 경제의 세계화가 활발해지면서 국민총생산을 정확하게 산출하는 것이 점

국군의 날 행사

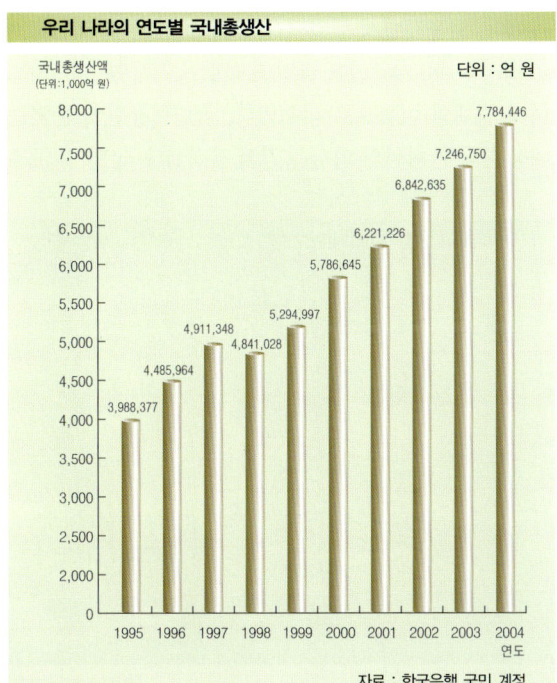

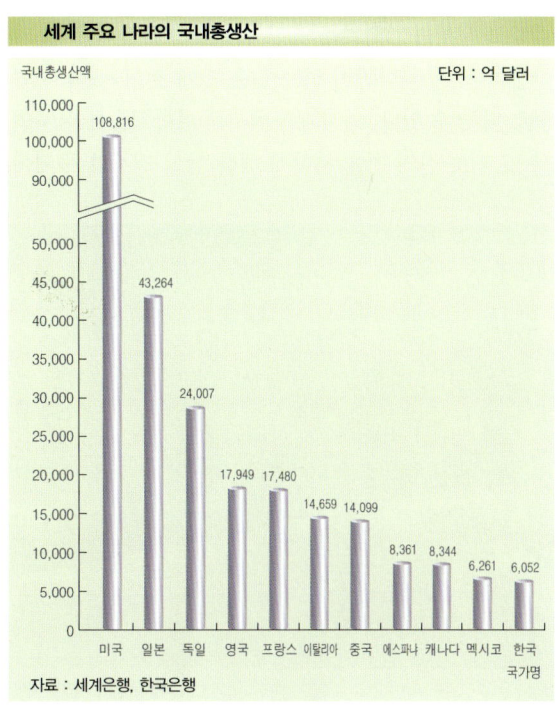

점 어려워졌다. 그에 따라 우리 나라를 비롯해 세계의 많은 나라들이 국민총생산 대신 국내총생산을 경제 지표로 삼고 있다.

국내총생산이 많다는 것은 기업이 재화와 서비스를 많이 생산했다는 뜻이다. 그에 따라 일자리도 늘고 가정은 돈을 더 많이 벌게 되어 물건도 더 많이 구입하게 된다. 또한 기업은 더 많은 물건을 생산하기 위해 기계를 구입하는 등 투자를 많이 하게 되고, 정부는 가계와 기업에서 내는 세금이 많아져 더 많은 일을 할 수 있게 된다. 이와 같이 국내총생산이 증가하는 것은 나라가 부강해진다는 것을 뜻한다.

국도

국가 행정상 중요하다고 인정되어 건설교통부가 관리하는 도로이다. 넓은 뜻으로는 고속 국도와 일반 국도 모두를 말하지만, 보통은 일반 국도를 가리킨다. 2003년 말 기준으로 우리 나라 도로의 총길이는 비포장 도로를 포함하여 9만 7252킬로미터이며, 이 가운데 2778킬로미터가 고속 국도이고, 1만 4234킬로미터가 일반 국도이다.

국립중앙과학관

과학기술사와 자연사 및 기초 산업 기술에 관한 자료를 수집하고 연구하며, 전시를 통해 과학 기술의 지식을 보급하고 생활의 과학화를 촉진하는 우리 나라의 종합 과학관이다. 이 과학관이 하는 일은 크게 전시·교육·연구로 나눌 수 있다. 전시 부분에서는 과학기술사와 자연사 및 기초 산업 기술 분야에 대한 상설 전시와 주제에

> **국립중앙과학관의 역사**
> 과학관은 1927년에 조선총독부의 구청사 자리에 과학관이 14부문을 갖춘 상설 전시관으로 문을 열었다. 1945년에 국립과학박물관으로 이름이 바뀌었고, 1949년에 다시 문교부 산하의 국립과학관으로 이름이 바뀌었다. 그 후 한국전쟁 중에 건물이 소실되었다가 1972년 9월에 서울시 종로구 와룡 2동에 다시 설립되었다. 그 사이 문교부에서 과학기술처 소속 기관으로 개편되었다. 1990년에 국립과학관은 국립중앙과학관으로 이름을 바꾸고, 본부를 대전시 유성구에 있는 대덕연구단지로 옮겼다. 한편 서울에 있는 과학관은 국립서울과학관으로 이름을 바꾸고 국립중앙과학관의 소속 기관이 되었다.

따른 특별 전시를 연다. 교육 부분에서는 어린이와 청소년을 대상으로 과학 교육 프로그램을 운영한다. 연구 부분에서는 자연과학·산업 기술·미래 과학·과학기술사 및 인류학·동물학·식물학·지구과학 분야 등 자연사에 관한 전시 자료를 조사하고 연구한다.

국립중앙과학관에는 상설 전시관, 야외 전시장, 탐구관, 특별 전시관, 자연 학습원, 아마추어 무선 전신국 등이 있다. 상설 전시관에는 자연사, 과학 기술사, 자연의 이해, 자연의 이용 등 4분야에 걸쳐 4200여 점의 전시물이 있다. 야외 전시장에는 비행기, 프로펠러, 에어보트 등의 대형 전시물이 있다.

국립현충원

나라를 위해 공을 세운 사람들의 유해를 묻는 국립 묘지이다. 서울특별시 동작구에 있다. 1955년에 국군 묘지로 창설된 후, 1965년에 국립 묘지로 승격하였으며, 1996년에 현재의 이름으로 바뀌었다. 국립현충원에 묻히는 대상은 국무 회의의 의결을 거쳐 결정된다. 군인 및 군무

강원도 산간 지방의 국도

국립현충원의 묘비들

우리 국민의 단결과 열정을 전 세계에 보여 주었던 2002년 한일 월드컵축구대회

원으로 전사하거나 순직한 사람, 장관급 장교 혹은 20년 이상 군에 복무한 군인 중에서 국방부 장관이 지정한 사람이 주로 묻혀 있다. 또 군 복무 중 전투에 참가하여 혁혁한 무공을 세운 사람, 장례를 국장 또는 국민장으로 치른 사람, 순국 선열 및 애국 지사와 임무 수행 중 순직한 경찰관 혹은 전투에서 전사한 향토예비군, 국가 또는 사회에 공로를 세운 사람 가운데 대통령이 지정한 사람, 우리 나라를 위해 많은 공로를 세운 외국인들도 현충원에 안장된다.

서울특별시 동작구에 있는 국립현충원의 공간이 부족해지자 정부는 1979년에 국립대전현충원을 새로 만들었다. 서울과 대전의 현충원에는 일반 묘역, 국가 유공자 묘역, 애국지사 묘역, 월남 묘역 등의 묘역과 현충문, 현충탑, 무명용사탑, 경찰충혼탑 등의 기념물이 있다. 그 밖에 안장식을 거행하는 현충관과 유품 및 전리품을 관리하는 기념관이 있다.

국무총리

우리 나라의 대통령제 아래에서 대통령을 보좌하는 행정부의 제2인자이다. 정부의 주요 정책을 심의하는 국무 회의의 부의장이다. 대통령이 국회의 동의를 얻어 임명한다. 국무총리는 대통령을 보좌하여 행정 각 부를 지휘·감독한다. 국무 위원과 행정 각 부 장관의 임명과 해임을 대통령에게 건의한다. 그 밖에 안건을 국회에 제출하고, 국정과 외교 관계에 대해 국회에 보고한다. 국무총리를 보좌하는 보좌 기관으로 국무총리실이 있다. 국무총리실은 정부조직법에 따라 구성된 행정 기관으로, 주로 국무총리가 행정을 지휘·감독하고 정책을 조정하는 일, 사회 위험·갈등의 관리, 규제를 개혁하는 일을 돕는다.

국무 회의

우리 나라 정부의 최고 정책 심의 기관으로서, 정부의 권한에 속하는 주요 정책을 심의한다. 대통령, 국무총리, 15~30명 이하의 국무 위원으로 구성된다. 의장은 대통령이고, 부의장은 국무총리이다. 대통령은 의장으로서 회의를 소집하고 진행할 권리가 있다. 국무총리나 국무 위원도 안건을 제출하고 회의를 소집할 수 있다. 국무 회의는 구성원 중 2분의 1의 출석이 있어야 열리며, 출석 구성원 중 3분의 2 이상의 찬성이 있어야 안건이 통과된다. 국무 회의는 정기적으로 열리지만 때때로 임시 국무 회의가 열리기도 한다.

국민의 권리

국민이 국가로부터 보호받아야 할 기본 권리를 가리킨다. 인간의 존엄성과 행복 추구가 가장 중요한 기본 이념이다. 우리 나라는 '모든 국민은 인간으로서 존엄성을 지킬 권리와 행복을 추구할 권리가 있다' 고 헌법에 정해 두었다. 이렇듯 모든 인간에게는 기본 권리가 있는데, 이를 기본권 또는 국민의 기본권이라 한다. 별도로 국가의 안전 보장, 질서 유지, 공공 복리를 위하여 필요할 경우에 국민의 기본권을 제한할 수 있다고 우리 나라 헌법은 정하고 있다. 대통령도 국가의 위기 상황에서 긴급 명령이나 비상 계엄을 통해 국민의 권리를 제한하거나 의무를 부과할 수 있다. 그러나 법률의 적용과 절차 없이 기본권을 제한할 수는 없으며, 기본권을 제한하는 경우에도 자유와 권리의 본질적인 내용은 침해할 수 없다.

국민의 기본권

국민의 기본권에는 평등권·자유권·참정권·사회권·청구권 등이 있다. 평등권이란 다른 기본권을 보장받기 위한 전제 조건으로, 누구나 법 앞에 평등하며 성별·종교·사회적 신분에 의해 정치·경제·사회·문화 생활의 영역에서 차별받지 않을 권리이다. 헌법에 규정된 평등권의 내용으로는 교육의 기회 균등, 근로의 남녀 평등, 가족 생활의 양성 평등, 선거에서의 평등, 균형 있는 국민 경제 성장 등이 있다.

자유권이란 국민이 국가의 간섭을 받지 않고 자기의 의사대로 행동할 권리로, 가장 핵심 기본권이다. 신체·사생활·정신적 활동·경제 생활 등 다양한 분야에 걸친 세부적인 항목들이 있다. 헌법에 규정된 자유권의 내용에는 생명권, 신체를 훼손당하지 않을 권리, 신체의 자유, 사생활의 비밀과 자유의 불가침, 주거의 자유, 거주 이전의 자유, 통신의 자유, 양심의 자유, 종교의 자유, 언론과 출판의 자유, 집회와 결사의 자유, 학문과 예술의 자유, 직업 선택의 자유, 재산권 등이 있다. 개인의 자유권에는 다른 사람의 권리를 침해하지 않고, 도덕률을 존중하며, 헌법을 준수해야 한다는 암묵적인 의무가 따른다.

사회권은 인간다운 생활을 보장받기 위해 국민이 국가에 요구할 수 있는 권리이다. 근로권, 교육권, 환경권, 혼인·모성·가족·보건에 관한 권리 등이 속한다. 이 중에서 인간의 생활에 필요한 절대권이자 모든 사람에게 평등하게 보장되는 권리인 환경권이 전 세계적으로 강조되고 있다. 환경권이란 모든 국민은 건강하고 쾌적한 환경에서 생활할 권리가 있으며, 국가와 국민은 환경 보전을 위해 노력해야 한다는 기본권이다.

참정권은 국민이 주권자로서 정치에 참여할 수 있는 권리이다. 직접 나라의 일을 맡거나 선거를 통해 대표를 뽑을 수 있는 권리, 정치에 참여할 수 있는 권리이다. 선거권·공무 담임권·국민 투표권 등이 참정권에 속한다. 이 중에서 선거권은 선거에 참가하여 투표할 수 있는 권리로, 포기하거나 양도할 수 없고 남을 대신하여 행사할 수도 없다. 또한 권리인 동시에 의무이기도 하다. 헌법이 보장하는 선거권에는 국회의원 선거권과 대통령 선거권이 있다. 한편 국민은 대통령이나 국회의원, 지방의원 선거에 출마하여 국가 권력에 직접 참여할 권리가 있다.

청구권은 국가가 기본권을 침해했을 때 국민이 국가에 조처나 배상을 요구할 수 있는 권리로, 기본권 보장을 위한 기본권이라 할 수 있다. 청구권에는 누구나 헌법과 법률이 정한 법관과 법률에 의한 재판을 청구하고 신속하고 공개적인 재판을 받을 수 있는 재판 청구권을 비롯하여 청원권, 손해 배상 청구권, 형사 보상 청구권, 범죄 피해 구조 청구권, 헌법 소원권 등이 있다. 재판 청구권은 적극적으로 재판을 청구할 수 있는 권리로, 법관이 아닌 사람의 재판 혹은 법률에 의하지 않은 재판은 거부하고 합법적인 재판을 청구할 수 있는 권리이다. 법을 어긴 중죄인이라고 할지라도 별다른 큰 이유가 없는 한 신속하게 공개 재판을 받을 권리가 있다.

국민의 의무

 국가의 유지와 발전을 위해 국민이 수행해야 할 기본 의무를 가리킨다. 우리 나라 헌법은 납세·국방·교육·근로·공공 복리에 적합한 재산권 행사·환경 보존 등을 국민의 의무로 규정한다. 이 가운데 교육, 근로, 환경, 재산권은 국민이 인간답게 살기 위해 누려야 할 권리이자 국가의 유지와 발전을 위해 중요한 국민의 의무이기도 하다.

 납세의 의무란 국가의 경비를 충당하기 위해 국민이 조세를 부담해야 할 의무이다. 조세의 종목과 세율은 법률로 정한다. 국방의 의무란 국가의 방위를 위하여 국민에게 부여하는 여러 가지 의무다. 우리 나라의 성인 남자는 특별한 사유가 없는 한 군대에 입대하여 병역의 의무를 수행해야 한다. 국방의 의무와 납세의 의무는 국가를 유지하기 위한 가장 기본 법으로서 고대 국가 때부터 있었다. 그래서 이 두 의무를 고전적 의무라고 한다. 교육의 의무란 모든 국민이 법률이 정한 의무 교육을 받도록 규정한 것이다. 교육은 개인의 성장뿐 아니라 국가의 발전을 위해서도 매우 필요한 일이다. 우리 나라에선 초등학교, 중학교 과정이 의무 교육 과정이다. 국민은 의무 교육 기간에 무상으로 교육을 받는다. 근로의 의무는 민주주의의 원칙에 따라 그 내용과 조건이 법률로 정해져 있다. 따라서 강제 노동이나 부역과는 다르다. 재산권 행사의 공공 복리의 의무는 공공 복리를 해치지 않으면서 재산권을 사용할 의무이다. 국가는 공공 복리를 위해 법률로써 개인의 재산권 행사를 제한할 수 있다. 환경 보전의 의무는 오늘날 대다수의 복지 국가가 받아들이는 조항이다. 이 의무는 국가와 국민 모두가 지켜야 할 조항이다.

국민의 권리인 교육권

국민의 권리인 집회결사의 자유

국민의 의무인 국방의 의무

국민

국가를 구성하는 개인 혹은 구성원 전체를 가리킨다. 주권·영토와 함께 국가의 3대 요소이다. 국가의 구성원이 한 종족이나 민족으로 이루어지는 경우도 있지만, 국민은 종족이나 민족과는 다른 개념이다. 종족은 유전적인 특성을 공유한 생물학적 단위이고, 민족은 문화적인 요소를 공유한 사회학적 단위이다. 이에 비해 국민은 국내법이 정한 요건에 따라 지위가 주어지는 법적 혹은 정치적 개념이다. 국민인 신분을 국적이라고 하는데, 보통 출생과 함께 주어진다. 국가마다 국적을 주는 기준은 다르다. 혈통이 기준인 속인주의 혹은 혈통주의와 출생지가 기준인 속지주의가 있다. 우리 나라는 속인주의를 택하고 있다. 일반적으로 국민은 법률상 자신이 속한 국가의 통치를 받고, 국내법이 정한 권리와 의무를 갖는다.

국민 경제

국가를 단위로 한 경제 활동의 총체이다. 동일한 화폐 금융 제도, 경제 정책, 사회 제도를 채택하는 한 국가를 단위로 서로 밀접하게 관련된 경제 활동의 총체를 말한다. 근대 국민 국가가 나타난 이후 국가는 경제 활동과 관련된 법률이나 제도를 자신의 영토 내에서 통일적으로 시행하였다. 기업이나 가계 등의 경제 활동은 이런 국가의 법률과 제도를 기초로 이루어지며, 국가적 영역에서 서로 밀접하게 관련되어 있다. 오늘날 한 나라의 국민 경제는 세계적으로 다른 나라의 국민 경제와 무역 등을 통하여 서로 관련을 맺고 있다. 이렇게 국민 경제를 기본 단위로 하여 국제 경제가 구성된다.

국민권익위원회

부패 방지와 국민의 권리보호 및 구제에 관한 일을 하는 중앙 행정 기관이다. 국민고충처리위원회와 국가청렴위원회, 국무총리 행정심판위원회 등의 기능을 합쳐 2008년 2월 29일에 새롭게 만든 기관이다. 국민들의 민원 처리와 이와 관련된 불합리한 행정제도 개선, 공직사회 부패 예방·부패 행위 규제를 통한 청렴한 공직 및 사회풍토 확립, 행정쟁송을 통하여 행정청의 위법·부당한 처분으로부터 국민의 권리를 보호하는 일 등을 한다.

국민성

어떤 국가의 국민에게 공통적으로 나타나는 가치관, 행동 양식, 사고 방식, 기질 등을 말한다. 이는 한 국가의 구성원이 대체로 공통된 경험을 하며 자라기 때문에 나타나는 현상이다. 국민성과 비슷한 개념으로 민족성을 들 수 있다. 민족성은 언어·인종·문화 등을 기준으로 다른 집단과 뚜렷이 구분되는 특성이다. 우리 나라처럼 단일 민족으로 구성된 국가에서는 민족성과 국민성을 같은 의미로 사용할 수 있다.

국민연금

정부나 공공 기관이 운영하는 소득 보장 제도를 가리킨다. 소득이 있을 때 조금씩 보험료를 납부하여 모아 두었다가 나이가 들거나, 갑작스런 사고나 질병으로 사망 또는 장애를 입었을 때 정부나 공공 기관이 본인이나 그 유족에게 연금을 지급하여 기본 생활을 유지할 수 있게 한 소득 보장 제도이다. 의료보험, 고용보험, 산업재해보상보험과 더불어 4대 사회 보장 제도에 속한다. 영리를 목적으로 하는 개인연금이나 보험과 달리 국민연금은 정해진 가입 요건에 해당하는 사람은 누구나 의무적으로 가입해야 한다. 우리 나라에서는 1988년에 노동자 10인 이상인 사업장에서부터 시행되었다. 국민연금은 점차 적용 범위가 넓어져 1999년부터 18세에서 60세의 전 국민을 대상으로 실시되고 있다.

국민총생산

일정한 기간에 한 나라의 국민이 국내와 국외에서 새로이 생산한 재화와 서비스의 가치, 즉 부가가치의 합을 국민총생산이라고 한다. 자기 나라의 기업들이 해외에서 생산한 부가가치는 포함되지만, 국내에 진출한 외국 기업이 생산한 부가가치는 국민총생산에 포함되지 않는다. GNP라고도 한다.

국보

우리 나라의 문화재 중 인류 문화의 관점에서 볼 때 가치가 크고 비슷한 예를 찾아 보기 힘든 유형 문화재로, 문화재청장이 「문화재보호법」에 따라 문화재위원회의 심의를 거쳐 지정한 중요 문화재를 가리킨다. 보물에 해당하는 문화재 중에서 특히 역사적·학술적·예술적 가치가 크거나, 제작 연대가 오래 되었고 그 시대를 대표하는 것으로서 특히 보존 가치가 크거나, 제작 의장이나 제작 기술이 특히 우수하여 비슷한 예를 찾아 보기 힘들거

국보 1호 서울 숭례문

국보 249호 동궐도

국보 287호 백제금동대향로    국보 31호 첨성대

나, 형태·품질·제재·용도가 현저히 특이하거나, 역사적으로 유명한 인물과 관련이 깊거나 그 인물이 제작한 것을 국보로 지정하고 있다.

1962년에 「문화재보호법」이 만들어진 후 일제 강점기 때 「조선보물고적명승 천연기념물 보존령」으로 지정되었던 728점의 지정 문화재 중 116점이 국보로 지정되었다. 그 후 많은 문화재가 국보로 지정되어 2004년 말 기준으로 국보 1호인 서울 숭례문을 비롯하여 탑골 공원에 있는 원각사지십층석탑, 법주사에 있는 쌍사자석등, 불국사에 있는 다보탑 등 모두 306점의 문화재가 국보로 지정되어 있다. 국보로 지정되면 「문화재보호법」에 따라 국가의 일정한 보호를 받는다. 국보의 지정 번호는 문화재의 가치의 높고 낮음을 표시한 것이 아니고 지정된 순서를 말한다.

국정 감사

국회가 정기적으로 행정자치부, 법무부, 재정경제부 등 모든 정부 부처의 업무 상황을 조사하고 감사하는 것을 말한다. 국회의원은 행정 부처에 자료를 요구하고 예산의 운영과 인사 등이 공정하게 이루어졌는지를 자체적으로 조사를 벌인다. 국정 감사의 본래 목적은 지난해 예산이 제대로 사용됐는지, 그리고 다음 해 예산이 적절하게 짜졌는지를 심사하기 위한 자료 수집의 절차라고 볼 수 있다. 이와 달리 국정 조사는 미심쩍은 정치 사안이 있을 때마다 국회가 검찰의 수사와 별도로 위원회 등을 만들어 조사를 벌이는 것으로, 비정기적인 활동이다. 우리 나라에서는 제헌 헌법이 만들어진 이후 국회의 국정 감사권이 유지되다가 제4공화국 헌법 때 폐지되고 말았다. 그러다가 제5공화국 때 국회의 국정 조사권만 유지되다가 제6공화국에 이르러서야 마침내 국회의 국정 감사권이 부활하였다.

국정홍보처

우리 나라의 국무총리 아래에 있는 중앙 행정 기관으로, 대통령과 행정부가 추진하는 국가 정책을 국내외에 홍보하고, 이에 대한 여론 조사 및 언론에 관한 사무를 담당하는 곳이다. 1999년에 설립되었다. 홍보기획국, 국정홍보국, 분석국, 총무과로 나누어져 있으며, 별도 기관으로 국립영상간행물 제작소와 해외 홍보원을 두고 있다. 서울특별시 종로구 수송동에 있다.

국제노동기구

노동자의 노동 조건을 개선하고 지위를 향상시키기 위해 설립한 국제 전문 기구이다. 아이엘오(ILO)라고도 한다. 1919년에 베르사유 조약에 따라 국제연맹과 더불어 설립되었으며, 1948년에 국제연합의 전문 기구가 되었다. 완전 고용과 생활 수준의 향상, 고용의 확보, 직업 훈련과 노동력 이동의 편의 제공, 최저 임금과 노동 시간 등의 노동 조건 개선, 단체교섭권과 노사 간의 협력, 사회 보장, 생명과 건강의 보호, 출산 보호, 노동자의 영양과 주택 및 레크리에이션의 향상, 교육과 직업의 기회 균등 등 10조항의 보장을 위해 노력하고 있다. 그 밖에도 「국제노동법」을 제정하고, 저개발 국가에 기술을 원조하며, 고용과 노동 조건 등 노동 문제를 조사하고 있다. 1969년에는 이러한 노력을 인정받아 노벨 평화상을 받았다. 2004년 말 기준으로 가입 국가는 177나라이고, 우리 나라는 1991년 12월에 152번째 회원국으로 가입하였다. 본부는 스위스의 제네바에 있다.

국제비정부기구

국제연합에 세계 여러 나라 민간 단체들의 여론을 반영하기 위해 설립된 자문 기구이다. 엔지오(NGO)라고도 한다. 국제비정부기구는 국제연합 헌장에 따라 국제연합 경제사회이사회의 자문 기관으로 인정받고 있다. 국제비정부기구는 국제연합 총회에서 결의된 사항을 위해 다양한 실천 프로그램을 마련하고, 국제연합 운영에 대

정부 부처의 업무 상황을 감사하는 국정 감사

국제노동기구의 날을 알리는 국제노동기구의 포스터

여성에 대한 폭력 금지를 촉구하는 국제사면위원회의 포스터

해 자문과 건의를 한다. 국제적으로 대중의 연대가 활발해지면서 인권, 환경, 빈곤 추방, 부패 방지 등의 분야에서도 큰 역할을 하고 있다. 1946년에 설립되었고, 2004년 기준으로 2613단체가 참여하여 활동하고 있다.

국제사면위원회

이데올로기・정치・종교의 차이로 투옥된 사람의 석방과 인권 보호를 위해 애쓰는 국제 인권 운동 단체이다. 앰네스티 인터내셔널이라고도 한다. 1961년 5월에 영국인 변호사 피터 베넨슨이 창설하였다. 2004년 말 기준으로 전 세계 160여 지부에서 180만 명의 회원이 활동하고 있다. 우리 나라에는 1972년에 국제사면위원회 지부가 생겼다. 정치범의 석방, 공정한 재판과 죄수에 대한 처우 개선, 고문과 사형 폐지를 위해 애써왔으며, 지금까지 2만 명의 정치범을 석방시켰다. 이에 대한 공로를 인정받아 1977년에는 노벨 평화상, 1978년에는 유엔 인권상을 받았다. 1987년 1월에 서울대학교 학생 박종철이 경찰의 고문으로 사망하자 국제사면위원회는 특별 성명을 발표하고, 한국 정부에 대하여 어떠한 경우에도 구금자에게 고문이나 가혹 행위를 금지할 것을 촉구한 바 있다. 본부는 영국의 런던에 있다.

국제수지

일정한 기간에 한 나라와 다른 나라 사이에서 일어난 모든 경제 거래의 차이를 말한다. 한 나라가 일정한 기간에 국제 거래를 하다 보면 상품의 수출입이나 해외 여행 등을 통해 외국과 재화나 서비스를 주고받는 과정에서 금액의 차이가 발생하는데, 이를 국제수지라고 한다. 국제수지 상의 경제 거래에는 외국과 재화와 서비스를 사고파는 것은 물론 외화를 빌려 오거나 빌려 주는 것도 포함된다. 그래서 국제수지는 외국과 물건이나 서비스를 팔고산 결과를 종합한 경상수지와 외화를 주고받은 자본 거래를 수치화한 자본수지로 크게 나눈다.

다른 나라와의 경제 거래에서 나라 안으로 들어온 외화가 나라 밖으로 나간 외화보다 많을 경우에는 국제수지가 흑자라고 하고, 반대로 나라 밖으로 나간 외화가 많을 경우에는 국제수지가 적자라고 한다.

국제연합

전쟁을 방지하고, 평화를 유지하며, 정치·경제·사회·문화 등의 분야에서 국제 협력을 증진시키기 위해 설립한 국제 조직이다. 유엔(UN)이라고도 한다. 1946년에 해산한 국제연맹을 계승한 조직으로, 1945년 10월 24일에 미국·영국·프랑스·중국·소련을 비롯한 총 51나라의 비준으로 발족하였다. 2004년 말 기준으로 191나라가 회원국으로 가입해 활동하고 있다. 우리 나라는 1991년 총회에서 북한과 공동 가입하였다. 1948년 총회의 결의에 따라 대한민국의 탄생이 이루어졌으며, 한국 전쟁 때는 우리 나라를 위해 국제연합군을 파병하기도 하였다. 본부는 미국의 뉴욕에 있다.

국제연합 교육과학문화기구

교육·과학·문화의 보급과 교류를 통해 국가 간의 협력을 증진시키고자 설립한 국제연합의 전문 기관이다. 유네스코(UNESCO)라고도 한다.

유네스코는 국제연합에서 맨 처음 만든 전문 기관으로, 1945년에 영국의 런던에서 채택된 유네스코 헌장에 따라 1946년에 설립되었다. 주로 문맹 퇴치, 초등 의무 교육 보급, 난민 교육, 생물학·해양학·환경 문제에 관한 연구와 정보를 교환하며, 개발도상국 통신 설비와 정보 시설을 지원하고, 세계문화유산의 지정, 가치 있는 문화 유적의 보존 및 보수 지원, 세계 각국의 전통 문화 보존 지원, 세계 각국의 문학 및 사상에 관한 책을 번역하고 소개하는 등의 활동을 하고 있다. 본부는 프랑스의 파리에 있으며, 세계 각 지역에 지역 사무소가 있다. 2004년 말 기준으로 회원국 188나라와 준회원국 6나라가 있다. 우리 나라는 1950년에 가입하였다.

국제연합 식량농업기구

국제연합 경제사회이사회의 전문 기관이다. 에프에이오(FAO)라고도 한다. 모든 사람의 영양 기준 및 생활을 향상시키고, 식량과 농산물의 생산과 분배를 능률적으로 조정하며, 개발도상국 농민의 생활 상태를 개선하여 세계 경제의 발전에 기여하는 것이 주목적이다. 1945년에 미국 루즈벨트 대통령의 제안으로 캐나다에서 1차 총회를 가졌고, 2차 총회부터 국제연합의 상설 기구가 되었다. 회원국은 2004년 말 기준으로 187나라이다. 우리 나라는 1949년에 가입했고, 북한은 1977년에 가입하였다. 본부는 이탈리아의 로마에 있다.

탐구학습

국제연합의 조직은 어떻게 구성되어 있을까요?

국제연합은 주요 기구, 보조 기구, 전문 기구로 이루어져 있다. 주요 기구에는 총회, 안전보장이사회, 경제사회이사회, 신탁통치이사회, 국제사법재판소, 사무국이 있다.

총회는 국제연합의 최고 의결 기관이다. 국제연합 헌장에 정해진 모든 문제를 토의하며, 의결할 때는 가입국 전체가 한 표씩 행사하게 되어 있다. 주요 사안에 대해서는 출석 국가의 3분의 2 이상의 찬성에 따라, 일반 사안에 대해서는 출석 국가의 2분의 1 이상의 찬성에 따라 의결한다. 매년 9월 셋째 토요일에 열리며, 사안에 따라 특별 총회를 열기도 한다.

안전보장이사회는 미국·영국·프랑스·중국·러시아의 5대 상임이사국과 총회에서 선출되는 비상임이사국(임기 2년)으로 구성된다. 국제 평화와 안전 유지에 대한 문제를 결정하는데, 상임이사국 중 한 나라만 반대해도 의결할 수 없다. 상임이사국이 행사하는 거부권은 국제연합의 기능을 떨어뜨리는 원인이기도 하다.

경제사회이사회는 경제·사회·문화·교육 등의 국제 문제를 연구하고 권고하는 기관이다. 54나라의 이사국으로 구성되며, 이사국의 임기는 3년이다.

신탁통치이사회는 총회 아래서 신탁 통치에 관한 문제를 처리한다.

국제사법재판소는 임기가 9년인 15명의 재판관으로 구성되며, 본부는 네덜란드의 헤이그에 있다.

사무국은 총회에서 임명한 사무 총장 및 직원으로 구성된다. 국제연합 각 기관의 운영에 대한 사무를 맡는다.

총회와 각 이사회는 보조 기구를 둘 수 있다. 총회의 보조 기구로는 국제연합 무역개발회의(UNCTAD), 국제연합 개발회의(UNDP), 국제연합 훈련조사연구소(UNITAR) 등이 있고, 안전보장이사회의 보조 기구로는 평화유지군(PKO), 경제사회이사회의 보조 기구로는 국제연합 환경계획(UNEP), 각 지역 경제위원회 등이 있다.

전문 기구에는 국제노동기구(ILO), 국제연합 식량농업기구(FAO), 국제연합 교육과학문화기구(UNESCO), 세계보건기구(WHO), 국제통화기금(IMF), 국제부흥개발은행(IBRD), 국제금융공사(IFC), 국제개발협회(IDA), 국제민간항공기구(ICAO), 만국우편연합(UPU), 국제해사기구(IMO), 세계기상기구(WMO), 국제전기통신연합(ITU), 세계지적소유권기구(WIPO), 국제농업개발기금(IFAD), 국제연합 공업개발기구(UNIDO), 국제원자력기구(IAEA), 세계무역기구(WTO) 등이 있다.

국제연합 본부

국제연합 세계 환경의 날 포스터

국제연합 본회의장

문맹 퇴치를 위해 노력하는 국제연합 교육과학문화기구

국제연합 안전보장이사회 회의장

국제연합 환경계획의 환경 퍼포먼스

국제연합 아동기금

전쟁의 피해를 입은 어린이를 구호하고 저개발국의 어린이 복지를 향상시키기 위해 설립한 국제연합의 특별 기구이다. 유니세프(UNICEF)라고 한다. 기금은 각 나라의 정부와 민간 단체 및 개인의 자발적인 기부금, 그 밖에 특별 제작한 카드 판매에서 나온 수익으로 마련한다. 주로 저개발국 어린이들의 긴급 구호, 보건, 영양, 교육, 직업 훈련, 가정과 어린이들의 복지 문제 등을 비롯해 저개발국에 대한 원조와 기술 지도, 자금 원조 등과 관련된 사업을 펼치고 있다. 아프리카의 기아, 레바논 내전, 캄보디아 내전 때 원조 활동을 하였다. 1965년에 생활 개선에 기여한 공로를 인정받아 노벨 평화상을 받았다. 우리 나라는 1950년부터 1993년까지 국제연합 아동기금으로부터 다양한 지원을 받았지만, 1994년부터는 지원 국가로 참여하고 있다. 우리 나라는 북한의 기아, 르완다 내전, 소말리아 내전과 관련하여 원조 활동을 펼쳤다. 본부는 미국의 뉴욕에 있으며, 전 세계에 8개의 지역 사무소가 있다.

국제연합 평화유지군

국제연합의 안전보장이사회가 평화 유지 활동을 위해 분쟁 지역에 파견하는 군대이다. 피케이오(PKO)라고도 한다. 국제연합 평화유지군은 휴전 협정이 진행중인 분쟁 지역에 들어가 평화 정착을 위한 지원 활동이나 휴전 협정 후 평화 조약이 잘 지켜지고 있는지를 감시한다.

1948년 제1차 중동전쟁 때 유엔이 국제연합 휴전감시단(UNTSO)을 파견한 것이 시초다. 이후 보스니아, 소말리아, 동티모르의 분쟁 지역에도 국제연합 평화유지군이 파견되었다. 우리 나라는 1993년의 소말리아 내전과 2000년의 동티모르 분쟁에 각각 국제연합 평화유지군으로 참여했다.

국제연합 환경계획

환경 분야의 국제 협력을 촉진하고 지구의 환경 상태를 점검하기 위해 국제연합 총회 산하에 설치한 환경 관련 종합 조정 기관이다. 국제연합 경제사회이사회의 보조 기구로 유엔이피(UNEP)라고도 한다. 1972년에 국제연합 인간환경회의가 결의한 인간환경선언에 따라 국제 협력 추진 기구로서 설립되었다. 주요 활동으로 인구 증가·도시화·환경 생태에 대한 연례보고서와 5년마다 지구 전체의 환경 추세에 대한 종합 보고서를 작성한다. 또한 지구 환경 감시 시스템을 설치하여 세계의 자원 정보에 대한 데이터베이스를 구축하고, 국제 환경 정보 조회 시스템을 운영하여 수질·대기·화학 물질 등 환경에 관한 정보를 단체나 개인에게 제공한다. 또 국제적으로 중요한 환경 문제에 대해 각 나라 정부에 주의를 환기시킨다. 우리 나라는 1972년에 가입하였다. 본부는 케냐의 나이로비에 있다.

국제올림픽위원회

국제 올림픽 대회를 주관하는 국제 기구로, 1894년에 프랑스의 쿠베르탱의 제창으로 결성되었다. 아이오시(IOC)라고도 한다. 고대 그리스에서 열린 올림픽의 전통과 이념을 계승하고 아마추어 경기를 권장하며 현대 올림픽 대회의 정기 개최를 준비하고 집행한다. IOC 위원은 올림픽운동에 공이 많은 사람 중에서 선출한다. 위원들의 임기는 처음에는 종신제였으나 1966년 이후 선출된 위원들은 72세에 퇴임한다. 총회는 1년에 1번 이상 개최하며, 보통 때는 집행위원회가 일을 처리한다. 2004년 말 기준으로 국제올림픽위원회의 위원은 117명이며, 명예 위원은 24명이다. 본부는 스위스의 로잔에 있다.

국제원자력기구

원자력을 평화적으로 이용하고 국제적으로 공동 관리하기 위해 설립한 국제연합의 전문 기구이다. 아이에이이에이(IAEA)라고도 한다. 1953년 제8차 국제연합 총회에서 미국의 아이젠하워 대통령은 핵물질의 저장과 보호 및 평화적 사용을 추구하는 국제 기구를 창설하자고 주장하였다. 1956년에 국제연합에 소속된 80나라가 국제원자력기구의 설립 헌장에 서명하였고, 1957년에 국제원자력기구가 발족하였다. 국제원자력기구는 원자력이 전력 생산 등에 평화적으로 이용되는 것을 돕고, 핵물질이 군사 목적에 이용되는 것을 막는다. 이를 위해 국제원자력기구는 핵안전 환경 보호 기준을 설치하고, 회원국들 간에 과학 기술·물질·설비·정보 등의 교환을 지원하며, 핵안전 시설의 설치와 관리를 돕는다. 우리 나라는 1957년에 가입하였고, 본부는 오스트리아의 빈에 있다.

국토종합개발계획

1970년대 이후 국토를 효율적이고 종합적으로 개발하여 국토의 생산성을 높이고 지역 주민의 생활과 생산 활동을 골고루 향상시키기 위해 시행한 각종 사업을 가리킨다. 국토가 좁고 자원이 부족한 우리 나라는 국토를 효율적으로 이용하는 것이 대단히 중요하다. 우리 나라의 국토종합개발계획은 제1차 경제개발5개년계획과 제2차 경제개발5개년계획으로 토대를 마련하였다. 그 후 1972년부터 10년 단위로 국토종합개발계획을 실시하여 지금까지 3차 국토 종합개발계획을 마치고 2002년부터 4차 국토종합개발계획을 진행하고 있다.

1차 국토종합개발계획은 1972년에서 1981년 사이에 이루어졌다. 본격적인 고도 성장을 이룬 시기로, 경제 발전을 위한 거점을 마련하고 수자원을 개발하는 데 주력했다. 전국을 한강, 낙동강, 금강, 영산강을 중심으로 4대권·8중권·17소권으로 나누고 산업 발전의 기반을 다졌다. 이 시기에는 여러 공업 지역과 산업 지구를 만들고, 호남고속도로·영동고속도로·남해고속도로 등을 개통하여 전국을 1일 생활권으로 만들었다. 또 재해를 막고 수자원을 확보하기 위해 소양강댐·안동댐·대청댐 등의 다목적댐과 아산만 방조제를 건설했다.

2차 국토종합개발계획은 1982년에서 1991년 사이에 이루어졌으며, 안정적인 경제 성장과 지역 간의 균형 있는 개발에 주력하였다. 서울과 부산 등 대도시의 성장을 억제하고, 인구를 균형 있게 분산시키기 위해 전국을 4대 지역 경제권과 4대 특수 지역권으로 나누었다. 이 시기에는 전국에 농공 단지를 만들었고, 영광과 울진에 원자력 발전소를 건설하였으며, 88올림픽 고속도로·중부고속도로 등을 건설하고 다목적댐을 건설하였다.

3차 국토종합개발계획은 1992년에서 2001년 사이에 이루어졌으며, 지방 중심의 개발을 더욱 발전시키고, 그 동안 경시되었던 국민의 복지 향상과 환경 보전에 주력하였다. 아울러 남북 통일에 대비한 국토의 기반을 구축하는 데 역점을 두었다. 이 시기에는 고속철도, 국제 공항, 첨단 산업 단지 등이 설립되었고, 지방 자치 제도를 통해 수도와 지방의 역할 분담이 이루어졌으며, 남북 합의로 서울과 신의주 간 경의선의 남쪽 구간이 복원되었다.

4차 국토종합개발계획은 2002년에서 2020년 사이의 계획이다. 목표는 환경의 보전, 통일에 대비한 남북의 통합 개발, 동북아시아의 중심 국가가 되기 위한 토대를 마련하는 것이다. 이를 위해 이전의 내륙 중심 개발에서 벗어나 연안축의 개발에 힘쓰고 있다.

4차 국토종합개발계획의 목표는 균형잡힌 국토의 개발과 자연과 어우러진 녹색 국토, 지구촌으로 열린 국토, 민족이 화합하는 통일 국토를 이루는 것이다.

국회

국민의 대표로 구성된 입법 기관이다. 민주주의 국가에서는 국민이 자신을 대표할 수 있는 사람을 직접 선출하는데, 선출된 사람들로 구성된 합의체를 의회라고 한다. 각 나라마다 의회를 부르는 고유한 이름이 있다. 우리 나라에서는 의회를 국회라고 부른다. 우리 나라의 국회는 1948년 5월 10일의 총선거를 통해 선출된 제헌 국회의원들로 처음 구성되었다. 제헌 국회는 1948년 7월 17일에 헌법을 공포하고, 같은 해 8월 15일에 이 헌법에 기초한 대한민국 정부를 출범시켰다. 국회를 구성하는 국회의원들은 국민들이 선거를 통해 뽑는다. 국민 누구나 만 25세 이상이면 국회의원 선거에 출마할 자격이 있고, 임기는 4년이다. 국회의사당은 서울의 여의도동에 있다.

국회의 권한

국민을 대표하는 국회는 입법에 관한 권한, 재정에 관한 권한, 국정에 관한 권한 등을 갖고 있다.

입법에 관한 권한은 국회의 대표적인 권한이다. 국회는 헌법 개정과정에서 제안권과 의결권을 행사하고, 모든 법률의 제정 및 개정 · 폐지하는 권한을 갖고 있다. 국회는 헌법에 규정된 개정절차에 따라 헌법의 수정과 삭제를 제안할 수 있고, 헌법 개정안을 의결한다. 국회에서 의결된 헌법 개정안은 국민투표에서 투표자의 과반수 찬성을 얻어 확정된다. 법률을 제정하려면 반드시 국회의 의결을 거쳐야 한다. 국회의원과 정부가 법률안을 제안하면, 이는 해당 상임위원회의 심사를 거쳐 본회의에 회부되고, 본회의에 회부된 법률안은 질문과 토론을 거쳐 의결된다. 의결된 법률안이 정부로 이송되면, 대통령이 이것을 15일 이내에 공포한다.

국회는 재정에 관한 권한으로 예산안의 심의 · 확정권, 결산 심사권, 국채의 모집 및 국가의 중요한 계약 체결에 대한 동의권, 예비비의 설치에 대한 동의권과 그 지출에 대한 승인권 등을 갖고 있다. 국회는 국가의 세입 · 세출에 대한 예정적 계획인 예산안을 심의하여 국민의 세금이 바르게 쓰일 수 있도록 하고, 결산안을 심사하여 정부의 예산집행이 바르게 되도록 한다.

국회는 국정에 관한 권한으로 국정감사 · 조사권, 헌법기관 구성권, 탄핵소추권 등을 갖고 있다. 국회는 국정감사 · 조사를 통해 국정운영의 실태를 정확히 파악하고 국정의 잘못된 부분을 적발 · 시정한다. 국회는 헌법기관인 헌법재판소장 · 대법원장 · 국무총리 · 감사원장 · 대법관의 임명에 대한 동의권을 갖고, 헌법재판소

매년 9월 1일에 열리는 정기 국회

국회 인사청문회

국회 상임위원회

의 재판관 9명 중 3명과 중앙선거관리위원회 위원 9명 중 3명을 직접 선출한다. 또 국회는 대통령·국무총리·국무 위원·헌법재판소 재판관·중앙선거관리위원회 의원·감사원장 등 법률이 정한 공무원이 직무를 집행하면서 헌법이나 법률에 위배된 행위를 할 때 탄핵의 소추를 의결할 수 있다.

국회는 이밖에 국무총리와 국무 의원 등을 국회나 위원회에 출석시켜 국정에 대한 보고를 받고, 질문을 할 수 있는 권한을 갖는다. 또 국무총리와 국무 위원에 대한 해임건의권, 외국에 대한 선전 포고·국군의 외국 파견·외국 군대의 주둔 등에 대한 동의권, 계엄 해제 요구권, 긴급명령 승인권 등을 갖고 있다. 더불어 국회는 운영과 사무 처리에 대해 정부나 다른 국가 기관의 지휘나 감독을 받지 않고, 헌법이나 법률이 정한 대로 스스로 일을 처리할 권한을 갖는다.

국회의 활동

국회는 입법 기관으로서 맡은 일을 하기 위해 정기 국회와 임시 국회를 연다. 정기 국회는 매년 9월 1일에 열리며, 회기는 100일을 초과할 수 없다. 주로 예산안을 심의·확정하고, 법률안을 심의·의결한다. 임시 국회는 대통령이나 국회의원의 재적 위원 가운데 4분의 1 이상의 요구가 있을 때 열리며, 회기는 30일을 넘지 못한다. 국회의원들은 정기 국회와 임시 국회가 열리면 상임위원회에서 법률안 등의 의안을 심사하고, 본회의에 참석하여 의안을 의결한다. 국회에 제출된 의안은 본회의에 앞서 상임위원회에서 심의한다. 상임위원회 외에도 특별위원회를 설치하여 특정한 사항을 심사하기도 한다. 본회의는 국회의 의사를 최종적으로 결정하는 회의로 재적 국회의원 전원으로 구성되고, 재적의원 5분의 1 이상의 출석으로 열린다. 헌법 또는 국회법에 특별한 규정이 없는 한 재적의원 과반수의 출석과 출석의원 과반수의 찬성으로 의안을 의결한다. 본회의에서는 의안에 대한 심의와 함께 대통령의 예산안 시정연설, 각 교섭단체의 대표연설 및 대정부질문 등을 한다. 국회의 본회의는 공개를 원칙으로 한다.

탐구학습

법은 어떻게 만들어질까요?

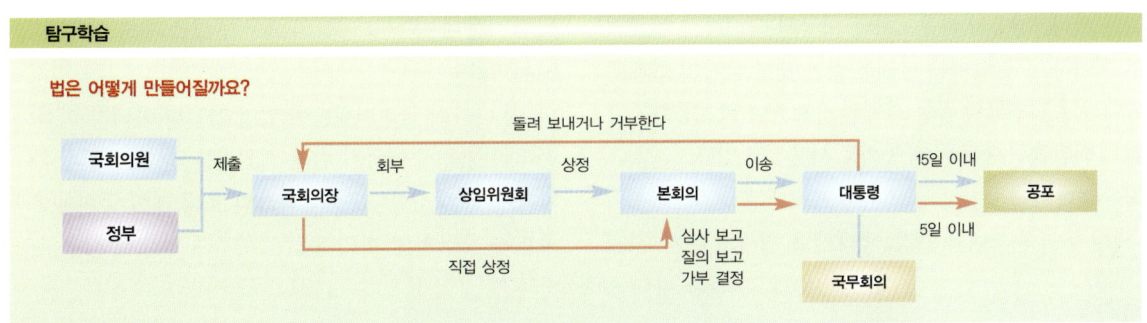

국제적십자사

적십자 조약에 따라 1864년에 설립된 국제 민간 기구이다. 크림전쟁 때 이스탄불에서 야전병원장으로 부상자를 돌보는 데 애썼던 나이팅게일의 뜻을 이어받은 앙리 뒤낭이 1863년에 전시의 부상자 구호를 위한 중립적인 민간 국제 기구를 창설하자고 주장하였다. 뒤낭의 주장 이후 1864년에 스위스 연방정부의 주최로 세계 17나라의 정부대표가 모인 국제회의가 제네바에서 열렸다. 이 회의에서 적십자 조약인 제네바 협약이 채택되었다. 협약은 전쟁 시 부상병자의 보호, 응급구호소·육군병원·의무요원·간호요원의 중립, 적십자 표장의 채택 등을 규정하고 있다. 협약에 따라 세계 여러 나라에 적십자가 설립되고, 1867년 8월에 파리에서 제1차 적십자국제회의가 개최되었다. 적십자국제회의는 국제적십자사의 최고 의결기관이며, 원칙적으로 4년마다 한 번씩 개최된다. 이 회의는 각국 적십자사, 제네바협약 가입국 정부, 국제적십자위원회 및 적십자사연맹의 각 대표자로 구성된다. 적십자는 인도·공평·중립·독립·봉사·보편 등을 기본 원칙으로 삼는다. 전시에는 아군과 적군을 가리지 않고 부상병을 돌보며, 포로의 송환과 난민과 어린이를 구호하는 일을 한다. 평화 시에는 각종 재해와 질병으로부터 인간을 보호하고 구제하는 일을 한다.

국제 통화

달러화·유로화 등 나라와 나라 간의 거래의 결제 수단으로 널리 사용되는 통화를 말한다. 처음에는 금이 유일한 국제 통화의 역할을 했다. 그러나 나라 간의 무역이 확대되면서 물품 화폐인 금은 더 이상 국제 통화의 수요를 감당할 수 없게 되었다. 그러면서 점차 몇몇 특정한 나라의 통화가 국제 거래에서 금을 대체하기 시작했다. 각 시대별로 세계 경제에 막강한 실력을 행사하면서 정치·사회가 안정된 나라의 화폐가 국제 통화의 기능을 맡아 왔다. 영국의 파운드화나 미국의 달러화가 대표적인 예이다. 오늘날에는 달러화 같은 개별 국가의 화폐뿐 아니라 유럽연합의 공동 화폐인 유로화나 국제통화기금의 특별인출권 등도 국제 통화로 사용되고 있다.

국제통화기금

세계 무역의 확대와 안정, 국제 금융 질서의 유지, 경제 성장의 촉진 등을 목적으로 설립된 국제 금융 기구이다. 국제부흥개발은행과 함께 브레튼우즈 기구라고도 하며, 아이엠에프(IMF)라고도 한다. 1944년 7월에 체결된 브레튼우즈 협정에 따라 1946년에 설립되었고, 1947년 3월부터 업무를 시작하였다. 세계적인 외환 시세의 안정, 외환 사용 제한의 철폐, 일시적인 국제수지 불균형에 직면한 나라에 대한 외환 지원 등의 활동을 주로 하고 있다.

우리 나라는 1955년 8월에 가입하였다. 1997년 11월에 우리 나라는 방만한 기업 경영에 따른 대기업의 연쇄 부도와 금융 기관의 부실, 대외 신뢰도의 하락, 단기 외채의 급증 등으로 다른 나라한테 꾼 돈을 제때 갚을 수 없는 상황에까지 이르자, 정부는 국제통화기금에 도움을 청했다. 그 해 12월부터 총 10차에 걸쳐 195억 달러를 지원받아 외환 위기의 고비를 넘겼다. 국제통화기금에서 빌린 외화는 원래의 상환 기일인 2004년보다 훨씬 빠른 2001년 8월 23일에 전액을 상환했다.

본부는 미국의 워싱턴에 있으며 총회와 이사회, 사무국, 각종 위원회 등으로 구성된다. 총회는 최고 의사 결정 기구로 각 회원국이 임명한 위원 및 대리 위원 각 1명으로 구성되며, 해마다 한 번씩 열린다. 2004년 말 기준으로 회원국 수는 184나라이며, 운영 자금은 회원국 정부의 출자금으로 이루어져 있다. 각 나라의 출자금 액수는 특별인출권(SDR)으로 표시되고, 이는 국제통화기금의 자금을 이용할 때에 대출 한도를 정하는 기준이 된다.

국회 상임위원회

국회의 본회의에 올릴 법률안, 예산안, 결의안, 청원 등을 심사하는 상설 기관이다. 분과 위원회라고도 한다. 우리 나라 국회에는 16개의 상임위원회가 있다. 모든 국회 의원은 하나의 상임위원회에서 활동해야 하며, 임기는 2년이다. 단, 국회 의장은 상임 위원이 될 수 없다. 상임위원회는 회기 중 위원장이 필요하다고 인정하거나 재적 위원 가운데 4분의 1 이상의 요구가 있을 때 열린다.

국회의사당

우리 나라의 국회의원들이 입법 활동뿐 아니라 의회의 여러 기능을 수행하기 위해 회의하는 장소로, 민주주의와 민권을 상징한다. 우리 나라의 초대 제헌 국회와 2대 국회는 중앙청의 회의실을 임시 의사당으로 사용하였고, 한국전쟁이 일어난 후에는 피난 행렬을 따라 이곳 저곳을 옮겨다녔다. 전쟁 후에는 태평로에 있는 시민 회관 별관을 고쳐서 의사당으로 사용하였다. 서울의 여의도에 있는 지금의 국회의사당은 1975년 9월에 준공되었으며, 이곳에는 본회의장과 각 상임위원회 회의장, 의원 휴게실, 국회 도서관 등이 있다.

국회의원

국민이 선거로 선출한 국민의 대표자로서 국회의 구성원으로 활동한다. 누구나 만 25세 이상이면 국회의원 선거에 출마할 자격이 있다. 임기는 4년이며, 각 지역의 주민들이 뽑아 주면 계속 할 수 있다. 국회의원은 선출 방법에 따라 지역구 의원과 비례 대표 의원으로 나눈다. 전국을 여러 선거구로 나누어 각 선거구별로 주민들이 투표하여 뽑은 의원을 지역구 의원, 정당 득표율에 따라 정당에 배정된 수만큼 뽑힌 의원을 비례 대표 의원이라고 한다.

국회의원은 국회에 안건을 제출하고, 정부를 상대로 국민들이 궁금해하는 부분을 질문하고 확인할 수 있으며, 본회나 위원회에서 열리는 표결에 참가한다. 국회의원은 청렴을 지키고, 국익을 우선하며, 지위를 남용해선 안 되고, 법이 금지하는 직업을 가져서는 안 된다. 국회의원은 현행범인 경우를 제외하고 회기 중 국회의 동의 없이 체포나 구금되지 않는다. 국회의원이 회기 전에 체포되거나 구금되어도 현행범이 아니면 국회의 요구에 따라 회기 중 석방된다. 또 국회의원에게는 국회에서 직무상 행한 발언과 표결에 관하여 국회 밖에서 책임을 지지 않는다.

국회 청문회

국회에서 국정 감사 및 조사와 같은 중요 안건을 심사하기 위해 증인, 참고인, 감정인을 채택하여 심문하는 제도를 가리킨다. 미국의 의회에서 운영되는 대표적인 제도로, 우리 나라도 1988년 8월에 「국회법」을 개정하여 이 제도를 도입하였다. 청문회가 필요할 경우에는 해당 상임위원회나 특별위원회의 의결을 거친 후 청문회 5일 전에 안건·일시·장소·증인 이름을 공고해야 한다. 청문회 과정은 공개되는 것이 원칙이다. 만약 청문회에서 위증·증언 거부·폭언 등을 할 때는 법에 의해 엄중히 처벌받는다. 청문회의 종류로는 조사 내용에 따라 특정 사건이나 사안에 대해 조사하는 조사 청문회, 특정 사안의 입법화를 위해 실시하는 입법 청문회, 정부의 활동을 감독하기 위해 실시하는 감독 청문회가 있다. 국회 청문회는 과거에 은폐되기 일쑤였던 전 정권의 비리를 폭로

우리 나라의 민주주의와 민권을 상징하는 국회의사당

해병대 군인들이 바다에서 육지로 상륙하는 훈련 모습

하는 한편, 공개 정치를 유도하여 민주 정치를 실현하는 데 큰 공헌을 하였다.

군대

일정한 규율과 질서로 조직된 군인 집단으로 국가 기관이다. 보통은 육·해·공군 같은 정규군을 가리킨다. 군대의 주된 임무는 국토의 방위이며, 대외 정책을 뒷받침하거나 재해 복구를 돕기도 한다. 제2차 세계대전부터 핵무기를 비롯한 최첨단 무기가 발명되면서 군대의 전통적 역할과 기능이 크게 달라졌다. 우선 군인보다는 무기에 대한 의존도가 높아졌고, 그에 따라 군수 산업의 비중이 커졌다. 이렇듯 인류를 파멸시킬 만큼 무기의 파괴력이 커지면서 전쟁을 억제하는 정책도 중요해질 수밖에 없다. 결국 전쟁을 억제하기 위해서는 국가 간의 힘의 균형이 필요하고, 각 나라들은 평상시에도 방대한 군대를 갖게 되었다.

우리 나라에서는 고종 18년, 즉 1881년에 현대식 군대인 별기군이 창설되었고, 일본 교관이 이 군대의 훈련을 맡았다. 그러나 일제의 국권 침탈로 별기군뿐 아니라 전통 군대마저 모두 해산되고 말았다. 광복 후 미군정이 창설한 남조선 국방 경비대와 해안 경비대가 창설되었으며, 이는 1948년 8월 15일에 정부 수립과 더불어 육군과 해군으로 개칭되었다. 1949년 4월에 해병대가, 10월에 공군이 각각 창설되었다.

군주제

군주가 나라에서 최고의 권력을 가지는 정치 형태를 말한다. 군주는 행정권에서만 최고의 권력을 가지는 것이 아니라, 모든 면에서 최고의 위치이다. 대외적으로는 국가를 대표하는 상징이며, 군주의 지위는 혈통에 따라 세습된다.

제1차 세계대전이 일어나기 전만 해도 프랑스·스위스·포르투갈을 제외한 대부분의 유럽과 아시아 국가들이 군주 정치를 행했다. 그러나 1·2차 세계대전을 거치면서 전 세계 대부분의 국가들이 공화제로 바뀌었다. 오

> **입헌 군주제**
>
> 군주의 권력이 헌법에 의해 일정한 제약을 받는 정치 체제를 말한다. 절대 군주제·전제 군주제와 대립되는 개념으로 사용된다. 시민혁명 이전의 대부분 국가에서는 군주의 권한이 절대적이었다. 하지만 시민 계급이 등장하고 성장하면서 절대 군주와의 충돌을 피할 수 없게 되었다. 그 과정에서 각각 권한을 대변하는 왕권과 의회가 성립되었고, 서로 협의하여 운영되는 입헌 군주제가 확립되었다. 현재 운영되는 입헌 군주제의 형태는 각 나라의 역사나 사회 상황에 따라 조금씩 차이가 있다.

늘날 군주제를 택한 나라는 영국·네덜란드·벨기에·룩셈부르크·모로코·일본·타이 등 소수에 불과하다.

귀족

일반적으로 문벌·재산·공적·혈통을 이유로 정치·법·경제의 특권을 누리는 사람이나 계층을 말한다. 귀족의 성립 배경이나 특권, 칭호 등은 시대와 나라에 따라 매우 다르다. 좁은 의미로는 봉건 시대에 대규모의 세습 토지를 갖고 농민을 지배하며, 대대로 특권을 누리던 영주들을 가리킨다. 귀족은 지배 계급으로서 정치와 군사 부문에서 주요한 자리를 차지하고, 귀족 가문 간의 결혼으로 혈통과 특권을 지켰다.

그루지야

아시아의 북서부에 있는 나라이다. 정부 형태는 대통령 중심제이며, 수도는 트빌리시이다. 면적은 6만 9700제곱킬로미터이다. 인구는 2003년 기준으로 약 494만 명이다. 공용어는 그루지야어이다. 1인당 국민총생산은 2003년 기준으로 590달러이다. 1991년에 옛 소련으로부터 독립하였으나 내전에 시달리다가 1994년에야 비로소 국가의 안정을 찾았다.

그리스

유럽 남동부, 발칸 반도의 남단에 있는 나라이다. 정식 명칭은 헬레니공화국이다. 정부 형태는 대통령 중심제이며, 수도는 아테네이다. 면적은 13만 1957제곱킬로미터이다. 인구는 2003년 기준으로 약 1100만 명이다. 공용어는 그리스어이다. 주요 종교는 그리스정교이다. 기후는 지중해성 기후이다. 1인당 국민총생산은 2003년 기준으로 1만 1430달러이다. 유럽 문화의 발상지로 기원전 500년경부터 약 1000년 동안 아테네를 중심으로 번영을 누렸다. 그 후 로마, 비잔틴, 오스만투르크의 지배를 받다가 1830년에 독립하였다.

그린피스

1971년, 캐나다의 밴쿠버 항구에 12명의 환경 보호 운동가들이 모여 만든 국제적인 환경 보호 단체이다. 미국 알래스카 주의 핵 실험을 반대하기 위해 출발하면서 배의 중앙에 그린피스(Greenpeace)라는 녹색 깃발을 단 이후로 그린피스라 불린다. 이들은 원자력 발전소의 건설을 반대하고, 방사선 폐기물을 바다에 버리지 못하게 막으며, 멸종 위기에 놓인 야생 동식물의 보호에 앞장선다. 본부는 네덜란드의 암스테르담에 있다.

극미세 기술 산업

나노 기술을 이용하여 새로운 특성을 갖는 소재나 소자를 만들어 내는 첨단 산업을 말한다. 10억 분의 1미터의 나노미터 정도로 아주 작은 크기의 소자를 만들고 제어하는 나노 기술을 이용하여 새로운 특성을 갖는 소재나 소자를 만든다. 재료 분야에서는 탄소 나노 튜브, 나노 자성체, 나노 화합물 등을 만들고, 기계 분야에서는 초소형 로봇, 생명 공학 분야에서는 신약 개발 등을 한다.

극미세 기술과 산업이 발전하면 환경·의료·생명 공학·신소재 등에서 상상을 초월하는 변화가 있을 것으로 기대된다. 손목시계 크기의 슈퍼 컴퓨터, 성냥개비보

거리를 행진하는 그린피스 회원들

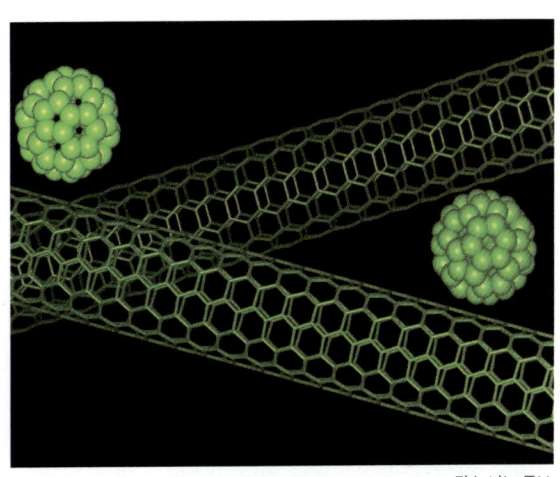

탄소 나노 튜브

금강

남한에서 세 번째로 긴 금강의 상류

다 작은 의료용 수술 가위 등이 등장할 수 있다. 이를 위해 미국·독일·일본 등에서는 이미 1990년대부터 국가적 차원에서 연구 지원 정책을 수립하여 집중적인 연구 활동을 하고 있다. 우리 나라도 2000년에 나노 기술을 국가 연구 과제로 선정한 후, 2010년까지 정부와 민간 공동으로 약 1조 4000억 원을 투입하는 내용의 나노기술종합발전계획안을 내놓고 기술 개발에 힘쓰고 있다.

금강

전라북도 장수읍 수분리의 신무산 북동쪽 계곡에서 물줄기가 시작되어 충청남·북도를 거쳐 황해의 군산만으로 흘러드는 강이다. 강경에서 금강 하구둑까지의 하류는 충청남도와 전라북도의 도 경계이다. 공주에서는 웅진강, 부여에서는 백마강이라고도 한다. 발원지에서 금강 하구둑까지의 길이는 약 395킬로미터로 남한에서 한강·낙동강에 이어 세 번째로 긴 강이다. 주요한 지류로는 정자천·주자천·무주 남대천·봉황천·보청천·미호천·유구천·논산천 등이 있다. 소백산맥에서 노령산맥이 갈라지는 상류 지역은 높이 1000미터 이상의 산들이 진안고원을 형성하고 있고, 중·하류에는 청주분지·보은분지·대전분지 등의 내륙 분지와 논산평야·미호평야 등의 충적 평야가 발달해 있다. 하천의 경사가 급하고, 강 유역을 중심으로 여름철에 많은 비가 집중적으로 와서 홍수 피해를 많이 입었다. 홍수 피해를 줄이고 안정적으로 수자원을 이용하기 위해 1980년에 신탄진 부근에 대청 다목적댐을 건설하였으며, 1990년에 충청남도 서천군 화양면과 전라북도 군산시 성산면 사이를 잇는 금강 하구둑을 건설하였다.

금강은 논산평야나 미호평야 등에 농업 용수를 공급할 뿐만 아니라 대전·청주·천안·아산·부여·공주·군산·전주 등에 하루 약 100만 톤 이상의 생활 용수를 공급하고 있다. 금강 유역은 백제문화권의 중심지로서 공주·부여를 중심으로 수많은 문화 유산이 있다. 또 금강 하구는 청둥오리·쇠기러기·흰뺨검둥오리 등 겨울 철새의 도래지로도 유명하다.

금강산

강원도 고성군과 금강군, 통천군에 걸쳐 있는 산이다. 봄에는 금강산, 여름에는 봉래산, 가을에는 풍악산, 겨울에는 개골산이라 한다. 금강산 1만 2000봉이라 할 정도로 많은 봉우리들과 기암괴석으로 이루어진 금강산의 동서 너비는 약 40킬로미터, 남북 길이는 약 60킬로미터이다. 제일 높은 비로봉의 높이는 1639미터이며, 그 북쪽에는 오봉산·옥녀봉·상등봉·선창산·금수봉, 서쪽에는 영랑봉·용허봉, 남쪽에는 월출봉·일출봉·차일봉·백마봉, 동쪽에는 세존봉 등 1500미터 내외의 높은

금강산 명경대

금강산 관광

금강산 만물상

금강산 관광으로 볼 수 있게 된 삼일포

봉우리들이 연이어 솟아 있다. 비로봉을 중심으로 서쪽은 내금강, 동쪽은 외금강, 동쪽의 해안부는 해금강이라 한다. 이름난 곳으로 내금강에는 장안사·명경대·망군대·삼불암·표훈사·정양사·만폭동·보덕암·마하연·묘길상 등이 있고, 외금강에는 만물상·육화폭포·만상정·천선대·옥류동·비봉폭포·구룡폭포·상팔담 등이 있다. 금강산 줄기가 동해 바다로 뻗어나가 바다의 금강산을 이루었다는 해금강에는 삼일포·총석정·영랑호·감호·칠성암·해만물상 등이 유명하다.

형형색색의 봉우리와 아름다운 계곡과 폭포뿐 아니라 금강산에는 표훈사·유점사·장안사·정양사·송림사·반야암·백련암·명적암 등 오래 된 절과 암자가 많다. 또 금강산에는 940여 종이나 되는 다양한 식물들이 자라고 있으며, 칼새목·딱따구리목·도요새목 등 20여 목의 새와 금강모치·열목어·어름치 등 희귀 보호 어종이 산다. 금강국수나무와 금강초롱은 금강산에서 처음 발견된 1속 1종의 희귀한 특산 식물이며, 북한에서 천연기념물로 지정하여 보호하고 있다.

남북 분단으로 50여 년 동안 금강산을 구경할 수 없었으나, 1998년부터 금강산 관광이 시작되어 이제는 남한 사람들도 볼 수 있게 되었다. 처음에는 동해항에서 북한의 장전항까지 배로 가서 관광을 하였으나, 지금은 육로로 버스를 타고 가서 관광을 한다. 금강산 관광으로 구룡연 코스와 만물상 코스, 삼일포·해금강 코스를 볼 수 있다.

금강산 관광

북한의 금강산을 둘러보는 관광 상품을 가리킨다. 1998년 1월에 현대의 고 정주영 명예 회장이 북한을 방문하여 금강산 남북 공동개발 의정서를 체결한 후, 같은 해 6월 23일에 금강산 관광 계약을 체결하였다. 계약에 따라 1998년 11월 18일에 금강산 관광이 시작되어, 분단 50여 년 만에 남한 사람들이 북한의 금강산을 여행할 수 있게 되었다. 처음에는 동해항에서 유람선을 타고 금강산 앞 바다에 있는 장전항까지 가서 낮에는 작은 배를 타고 육지로 이동하여 관광하고, 밤에는 유람선으로 돌아와 잠을 잤다. 2003년 9월부터는 버스를 타고 가서 호텔에 묵으면서 관광을 하고 있다.

금리

빌린 돈에 대한 이자의 비율을 가리킨다. 공원에서 자전거를 빌려 타면 요금을 내야 하는 것처럼 돈을 빌렸을 때도 그 돈을 사용한 값을 낸다. 돈을 사용한 값으로 내는 것이 이자이고, 빌린 돈에 대해 이자를 얼마나 내는지를 나타내는 것이 금리이다. 100만 원을 빌려 주고 이자를 9만 원 받는다면, 금리는 이자 9만 원을 원금 100만 원으로 나누어 나온 값을 퍼센트로 나타낸 9퍼센트가 된다.

금리는 크게 예금 금리와 대출 금리로 나눈다. 예금 금리는 은행과 같은 금융 기관에 돈을 맡길 때 맡기는 사람이 금융 기관에서 받는 이자의 비율이고, 대출 금리는 금융 기관에서 돈을 빌릴 때 빌려 쓰는 사람이 금융 기관에 내야 하는 이자의 비율이다. 은행은 예금 금리보다 대출 금리를 높게 매겨 그 차이만큼 수익을 올린다.

금융 기관

돈을 빌려 주는 사람과 빌리는 사람을 연결해 주는 기관이다. 일상 생활에서 많이 쓰는 금융이란 말은 글자 그대로 돈의 융통을 말한다. 돈의 흐름을 금융이라 하고, 돈이 필요한 사람에게 잘 흘러갈 수 있도록 돈을 빌려 주는 사람과 빌리는 사람을 연결해 주는 기관이 바로 금융 기관이다. 돈이 필요한 경우에 친척이나 친구처럼 가까운 사람들로부터 빌리는 경우도 있지만 대부분의 경우에는 금융 기관을 이용한다. 금융 기관은 여윳돈이 있는 사람들에게서 예금을 받아 필요한 사람에게 빌려 주는 역할을 주로 한다. 금융 기관 중 대표적인 것이 은행이다. 또 상호저축은행, 새마을금고, 증권 회사, 보험 회사, 투자 신탁 회사 등도 금융 기관이라 할 수 있다.

기간 산업

나라 경제의 기초를 이루는 산업을 말한다. 철강·목재·금속 등 다른 산업의 원자재로 널리 사용되는 물자를 생산하는 산업이나 석탄·석유·전력처럼 경제 활동에 꼭 필요한 에너지를 공급하는 산업 등이 대표적인 기간 산업이다. 자동차 공업이나 조선 공업 등 고용 효과가 높고 많은 부품 제조업자에게 생산 파급 효과가 큰 산업이나 철도·해운 등 주요 운수 산업도 기간 산업에 포함된다. 기간 산업은 국민 경제의 발전을 좌우하는 열쇠이며, 대동맥과 같은 중요한 역할을 한다. 따라서 각 나라의 정부는 정책적으로 자금과 자원을 가장 먼저 배분해 육성하는 경우가 많다.

❓ 금융 기관은 어떻게 분류될까요?

제1금융권 - 은행
은행은 크게 특수 은행, 일반 은행, 지방 은행으로 나눌 수 있다. 특수 은행은 정부가 특별한 목적을 가지고 설립한 은행이다. 수출입 업무를 전담하는 수출입은행, 중소 기업을 전담하는 기업은행이 대표적이다. 일반 은행은 우리은행, 국민은행, 하나은행 등을 말한다. 또 지방 은행이란 대구은행, 부산은행, 전북은행과 같이 지역 금융을 원활히 하기 위해서 설립된 은행이다.

제2금융권 - 은행을 제외한 모든 금융 기관
증권 회사, 투자 신탁 회사, 보험 회사, 상호저축은행, 새마을금고, 신용협동조합 등이 여기에 속한다. 증권 회사는 일반 투자자들이 주식에 투자할 수 있도록 하는 금융 기관이며, 투자 신탁 회사는 일반 투자자들로부터 자금을 모아 주식 등 증권에 투자해서 수익을 내는 금융 기관이다. 상호저축은행, 새마을금고, 신용협동조합은 도시 지역 주민이나 상인들이 주로 이용하는 금융 기관이다.

기니

아프리카 서부, 대서양 연안에 있는 나라이다. 기니비사우와 시에라리온, 코트디부아르와 접해 있다. 1890년에 세네갈에서 분리돼 프랑스 식민지에 편입되었다가, 1958년에 독립하였다. 정부 형태는 대통령 중심제이며, 수도는 코나크리이다. 공용어는 프랑스어이다. 면적은 24만 5857제곱킬로미터이다. 인구는 2003년 기준으로 약 848만 명이다. 1인당 국민총생산은 2003년 기준으로 410달러이다.

기업

자본주의 사회에서 영리를 목적으로 생산 활동을 계속

기간 산업의 하나인 정유 회사

기간 산업의 하나로 부산의 바다 위에 광안대교를 건설하는 모습

탐구학습

해외에 진출한 우리 나라 기업의 상황

우리 나라 기업이 처음으로 해외 투자를 시작한 때는 1968년이다. 남방개발이 자원 확보를 목적으로 인도네시아의 임업 개발에 285만 달러를 투자한 것이 첫 해외 투자이다. 1970년대까지 우리 나라의 해외 투자는 대부분 삼림 개발과 수산업에 집중되었다. 1980년대 중반 이후 외국의 저임금 노동력을 이용하기 위한 제조업 부문의 해외 투자가 급속하게 증가했다. 최근에는 대기업을 중심으로 현지 생산, 현지 판매 전략을 펴면서 세계화 정책을 강화하고 있다. 성공 사례로 삼성전자의 애니콜과 동양제과의 초코파이, 신세계의 이마트 등을 들 수 있다. 삼성전자는 전 세계 80여 나라에 진출해 애니콜 상표의 가치를 높이고 있다. 동양제과의 중국 현지법인은 중국 진출 2년 만에 흑자를 냄으로써 중국에 진출한 해외 기업 중 가장 성공한 사례로 손꼽히고 있다. 또 신세계의 이마트는 중국에 진출하면서 소비층의 소비 형태를 분석한 후 중국 사람들에게 친근한 매장 분위기와 복합식 문화 공간을 갖추어 크게 성공하였다.

나라별로 보면 중국에는 값싼 노동력과 넓은 시장이 있어 우리 나라의 기업이 가장 많이 진출해 있다. 주로 섬유, 전자, 신발, 장난감, 식품, 통신 기기, 화학 등의 산업이 진출해 있다. 미국은 임금은 비싸지만 넓은 소비 시장이 형성되어 있어 자동차, 반도체, 전자 제품, 제약 등의 기업이 진출해 있다. 러시아는 값싼 노동력과 풍부한 산림 및 지하 자원을 가지고 있어 가구, 펄프, 광업 등의 기업이 진출해 있다. 필리핀은 고무, 목재, 커피 등의 풍부한 열대 원료와 값싼 노동력을 가지고 있어 가구, 합판, 신발, 전자 제품, 섬유 등의 기업이 진출해 있다. 우리 나라와 거리가 먼 유럽에는 수출 상품의 운반비를 줄이기 위해 전자 제품, 의약 등의 회사가 진출해 있다.

100개 이상의 우리 나라 업체가 진출해 있는 나라로는 중국 · 미국 · 일본 · 베트남 · 인도네시아 · 홍콩 · 필리핀 · 멕시코 · 타이 · 러시아 등이 있으며, 우리 나라 기업이 가장 많이 진출해 있는 해외 도시는 중국의 칭타오와 베트남의 호치민이다.

카자흐스탄에 있는 우리 나라 현지 공장

하는 독립적인 경제 단위를 말한다. 일반적으로 기업은 경제 활동을 통해 돈을 버는 회사를 말한다. 학용품을 만드는 공장이나 자동차를 만드는 공장, 버스를 운행하는 회사, 전기를 공급하는 회사 등 사람들에게 필요한 물건이나 서비스를 제공하고 그에 따라 돈을 버는 모든 사업체가 기업이다.

기업은 자본을 제공하는 출자자와 목적에 따라 크게 사기업과 공기업 그리고 협동조합으로 나눈다. 사기업은 자본주의 사회에서 가장 전형적인 기업 형태로 민간인이 출자하여 경영하는 기업이다. 사기업은 다시 개인 기업과 회사 기업으로 나눈다. 개인 기업은 한 개인이 출자하여 경영하는 기업으로 모든 채무에 대해서 무한 책임을 지는 개인 소유 형태의 기업이다. 회사 기업은 영리를 목적으로 노동과 자본이 결합된 가장 합리적인 기업 형태로 합자 회사 · 합명 회사 · 유한 회사 · 주식 회사 등이 있다.

공기업은 국가 또는 지방 자치 단체의 목적에 따라 설립된 기업이다. 재정 조달 목적, 사회 정책의 목적, 경제

> **우리 나라 기업이 해외에 공장을 짓는 까닭은 무엇일까요?**
> 우선 우리 나라의 인건비보다 인건비가 싼 나라에 공장을 짓는 경우가 많다. 요즘에는 중국이나 동남아시아의 나라에 공장을 많이 짓고 있다. 그리고 우리 나라는 자원이 부족해 자원을 많이 수입하는데, 자원을 주로 수입해 오는 나라에 공장을 지으면 자원 운송비가 덜 들고 시장에 내보내는 데에도 편리하고 비용이 덜 든다.
> 외국 시장을 개척할 때에도 그곳에 공장을 지어 현지의 노동력을 사용하고 기술도 전수하면 상품으로만 해외 시장을 개척하는 것보다 유리한 점이 훨씬 많다.

정책과 정치 · 문화 · 군사 목적, 공익 사업 목적 등으로 설립된다. 공기업은 보통 공사의 형태이지만 주식 회사나 부분적으로 민간 자본을 받아들인 공사 혼합 기업체의 형태를 취하기도 한다.

협동조합은 조합원의 상호 부조를 목적으로 하는 기업이다. 다른 기업들과는 달리 임의 가입과 탈퇴가 인정되며 출자액에 관계 없이 의결권이 평등하다. 또 이익이 생겼을 때에는 이용도에 따라 분배된다. 생산협동조합, 소비협동조합, 상공업조합 등이 있다.

나이지리아

아프리카 중서부, 대서양 연안에 있는 나라다. 정식 명칭은 나이지리아연방공화국이다. 정부 형태는 대통령 중심제이며, 수도는 아부자이다. 면적은 92만 3768제곱킬로미터로 한반도의 약 4.2배이다. 인구는 2003년 기준으로 약 1억 2528만 명이다. 공용어는 영어이다. 주요 종교는 이슬람교, 크리스트교, 원시 종교이다. 기후는 남부 지역은 열대 우림 기후이고, 북부 지역은 사바나 기후이다. 1인당 국민총생산은 2003년 기준으로 290달러이다.

낙농업

젖소나 염소 따위를 기르고, 그 젖을 이용해 우유를 생산하며, 우유를 원료로 요구르트·치즈·버터·아이스크림·분유 등 유제품을 만드는 산업이다. 우리 나라에서는 1962년에 뉴질랜드에서 젖소를 수입하면서부터 본격적으로 발전하였다. 지금까지 낙농업은 주요 소비 지역인 대도시 주변이나 교통이 편리한 곳에서 발달하였다. 특히 서울 근교에 전국 낙농업 농가의 43퍼센트가 모여 있다. 하지만 대도시 지역의 땅값이 비싸지면서 낮은 산간 지대로 목장을 옮기는 추세다. 낙농업의 지원과 국민 건강을 위해 실시된 학교 우유 급식 제도는 성장기 어린이들의 체력을 향상시키는 데 큰 역할을 하고 있다.

낙동강

강원도 태백시 화전동 천의봉 동쪽 계곡의 너덜샘에서 물줄기가 시작되어 봉화·안동·예천·상주·구미·칠곡·밀양·김해·부산 등을 지나 남해로 흘러 들어가는 강이다. 강의 이름은 가락국의 동쪽을 흐르는 강이라는 뜻이다. 강의 길이는 506.17킬로미터로 우리 나라에서 압록강과 두만강 다음으로 긴 강이다. 하류 지역인 김해시 대동면 남동쪽에서 두 갈래로 갈라져서 흐르며, 주요한 지류로는 반변천, 내성천, 영강, 병성천, 위천, 감천, 백천, 금호강, 회천, 황강, 남강, 밀양강, 양산천 등이 있다. 옛날에는 강기슭에 하단·구포·삼랑진·수산·풍산·안동 등의 강 나루가 번창하였으며, 한국전쟁 당시에는 유엔군의 최후 방어선이 되기도 했다. 경상남·북도의 중앙을 크게 ㄷ자 형으로 흐르는 강의 유역은 땅이 기름져서 농산물이 많이 난다. 특히 하류의 김해평야는 호남평야와 함께 우리 나라의 대표적인 곡창 지대로 유명하다. 낙동강에는 1969년에 남강댐이 세워진 이후 안동댐, 합천댐, 임하댐이 건설되었으며 1988년에 낙동강 하구둑이 건설되어 경상남·북도에 농업 용수와 공업

남북경제회담

우리 나라에서 압록강과 두만강 다음으로 긴 강인 낙동강

용수, 상수도를 공급하고 있다.

한편 낙동강이 바다와 만나는 낙동강 하구에는 우리 나라 최대의 삼각주인 김해 삼각주가 있다. 그 끝에 있는 을숙도 일대는 세계적으로 알려진 철새 도래지로 11월부터 3월까지 해마다 도요새와 물떼새 등 많은 겨울 철새가 날아와 겨울을 나고 간다. 이 일대와 낙동강 하구의 철새 도래지는 천연기념물 제179호로 지정되어 있다.

남북경제회담

남북한의 각료가 한 자리에 모여 경제의 교류 및 협력을 위해 연 회담을 말한다. 1984년 11월부터 1985년 11월까지 5차에 걸쳐 열렸다. 이 회담은 큰 성과 없이 끝났으나, 2000년 이후부터 진행된 여러 남북 회담의 밑거름이 되었다. 남북경제회담은 무엇보다 남북한의 정부 당국자들 간에 최초로 이루어진 공식 회담이라는 점에서 큰 의의가 있다.

남북고위급회담

남북의 총리들이 남북한 간의 긴장 완화와 관계 개선을 위해 정치·군사 문제를 협의한 회담을 말한다. 1990년 2월부터 1992년 9월까지 8차례에 걸쳐 열렸다. 이 회담의 가장 큰 성과는 1991년 12월의 5차 회담에서 채택된 남북 간의 화해와 불가침 및 교류·협력에 관한 합의서이다. 그 내용은 첫째, 상대방 체제의 존중, 둘째, 무력 사용의 금지와 무력 침략의 포기, 셋째, 각 분야에 걸친 교류·협력과 자유로운 인적 왕래 및 접촉 등이다. 그 후 1992년 2월의 6차 회담에서는 비핵화 공동 선언과 분과위 구성 합의서가 채택되었으며, 같은 해 5월의 7차 회담에서는 군사 분야, 경제 교류·협력, 사회 문화 교류·협력 분야의 공동위원회, 남북연락사무소, 남북화해위원회를 설치하자는 데 합의하였다. 그 결과 1992년 9월의 8차 회담에서는 남북 간의 합의된 내용을 구체적으로 시행하려는 움직임이 보였다. 하지만 1993년 1월에 한·미 합동 훈련을 둘러싼 양측의 갈등으로 제9차 남북고위급회담은 이루어지지 못했다. 이후 남북고위급회담은 특사 교환과 남북정상회담의 형태로 변모하였다.

남극 대륙

　남위 90도 지점인 남극점을 중심으로 펼쳐져 있는 최남단의 대륙이다. 대부분 남위 60도의 남극권 남쪽에 있으며, 많은 지역이 얼음으로 뒤덮여 있다. 얼음의 평균 두께는 2160미터이다. 얼음층까지 포함해서 최대 면적은 1400만 제곱킬로미터이다. 세계에서 다섯 번째로 큰 대륙으로, 오세아니아 대륙이나 유럽 대륙보다 넓다. 남극 대륙과 가장 가까운 곳은 남아메리카 대륙의 남단으로, 남극 대륙과 965킬로미터 떨어져 있다.

　바다로 둘러싸여 있어 바람이 거세고 계절별로 기온차도 아주 심해, 대륙 연안의 기온이 가장 높을 때도 섭씨 0도 이하이고, 가장 낮을 때는 섭씨 영하 70도까지 내려간다. 남극 대륙 연안이나 남극해에 살고 있는 동물로는 펭귄류, 고래류, 바다표범, 물개 및 10여 종의 조류 등이 있다. 남극의 바다에는 다른 동물들의 먹이가 되는 크릴새우 등이 풍부해 생태계에서 중요한 역할을 차지한다. 식물은 비교적 따뜻한 계절에 해안선을 따라 남극 잔디와 이끼가 아주 조금씩 자라기도 한다.

위성에서 본 남극

남극 서쪽에 있는 킹조지 섬에 세운 세종과학기지

　1911년 12월 14일에는 아문센이, 1912년 1월 17일에는 스콧이 남극점에 도달했고, 1929년에는 미국의 버드가 극점 비행에 성공했다. 오늘날 남극 대륙에는 우리 나라를 비롯하여 미국·러시아 등 18나라의 기지 44개가 있다. 미래에 쓸모 있는 남극의 자원을 미리 확보하고, 오염되지 않은 순수한 환경의 남극을 연구하기 위해서이다. 또한 남극 대륙의 풍부한 광물 자원과 해양 생물 자원에 대해서도 세계가 주목하고 있다.

남극의 펭귄

남아메리카 대륙

아메리카 대륙 중 파나마 운하 남쪽 지역을 가리킨다. 문화적으로 비슷한 중앙아메리카와 서인도제도를 합쳐 라틴아메리카 또는 중남미라고 부르기도 한다.

대륙의 북쪽은 카리브 해, 동쪽은 대서양, 서쪽은 태평양, 북서부 끝의 파나마 지협에서 북아메리카 대륙과 맞닿아 있다. 대륙의 면적은 약 1782만 제곱킬로미터로 세계 총면적의 11.3퍼센트를 차지하고 있다.

이 대륙에는 콜롬비아, 베네수엘라, 가이아나, 에콰도르, 브라질, 페루, 볼리비아, 파라과이, 우루과이, 칠레, 아르헨티나, 수리남의 12개 독립국과 프랑스령인 기아나, 영국령인 포클랜드 제도 등이 있다. 대륙의 서부에는 신생대의 조산 운동으로 이루어진 안데스 산맥이 있고, 동부에는 기아나 고지와 브라질 고원이 있으며, 그 사이에 새로운 퇴적물로 뒤덮인 중앙 저지가 있다. 이 부근에는 오리노코 강, 아마존 강, 라플라타 강이 있고 강 유역에 야노, 셀바스, 그란차코, 팜파스 등의 넓은 평야가 발달해 있다.

안데스 산지를 중심으로 잉카 제국이 번영하였으나 16세기에 에스파냐에 의해 정복된 후 오랫동안 유럽 여러 나라의 식민지로 있었다. 그 후 남아메리카 대륙은 에스파냐 문화로부터 많은 영향을 받아 대부분의 나라들이 에스파냐어를 사용한다. 또한 거의 모든 나라들의 국민들이 가톨릭교를 믿으며 언어·종교·풍속·습관 등에도 공통점이 많다. 또 광범위한 인종적 혼혈과 혼혈족들로 인해 인디오적·니그로적인 요소가 생활 속에 많이 녹아 있다.

남아메리카 대륙의 많은 나라들은 오랜 독립 운동 끝에 19세기 초에 대부분 독립국이 되었다. 중산 계층의 발달이 미약하고 정치가 불안하며 국민의 의식 수준도 낮아 많은 나라들이 쿠데타와 독재 정치의 악순환을 경험하였다. 경제적으로는 대부분의 국가가 단일 품목 위주의 농축산물을 키우거나 풍부한 지하 자원을 수출하는 정도다. 베네수엘라의 석유, 콜롬비아와 브라질의 커피, 에콰도르의 바나나, 볼리비아의 주석, 칠레의 구리 등이 수출되는데, 거의 외국 자본에 의해 수출용으로 생산되고 있다. 산업 부분에서는 외국 자본을 들여와 공업화의 기틀을 마련하고자 하지만, 브라질과 아르헨티나를 제외하고는 큰 성과를 얻지 못하고 있다.

세계에서 가장 긴 산맥인 안데스 산맥

브라질과 아르헨티나의 국경에 있는 이과수 폭포

이스터 섬의 석상

브라질의 리우데자네이루

잉카 족이 세운 페루의 고대 도시인 마추픽추

남북적십자회담

남북한의 이산가족을 찾기 위하여 남북 적십자가 가진 회담을 가리킨다. 대한적십자사가 북한 조선적십자회에 남북의 이산가족을 찾기 위한 회담을 제의하여 1971년에 첫 회담이 열렸다. 회담의 주제는 1000만 이산가족의 주소 및 생사 확인, 자유로운 서신 왕래, 자유로운 방문과 상봉, 자유로운 재결합, 그 밖에 인도적으로 해결할 문제였다. 그러나 구체적인 실행 부분에서 남북한이 서로 의견 차이를 좁히지 못하고 결국 1979년에 회담이 중단되었다. 그 후 1985년에 다시 회담이 열려 서울과 평양 간에 이산가족 방문단과 예술 공연단의 교환 방문이 이루어졌다. 2002년에 금강산에서 남북적십자회담이 다시 재개되어 이산가족 방문단 교환과 면회소 설치를 비롯한 다양한 안건이 논의되었다. 이런 노력의 결과로 2000년 8월부터 2003년 2월까지 총 6차례에 걸쳐 이산가족의 교환 방문이 이루어졌다.

남북정상회담

남북한의 정상이 만나 통일과 상호 교류·협력 등에 관한 문제를 폭넓게 논의한 회담이다. 2000년 6월 13일에서 15일까지 남한의 김대중 대통령과 북한의 김정일 국방위원장이 평양에서 남북정상회담을 가졌다. 남북의 정상이 직접 만난 것은 한반도 분단 이후 55년 만에 처음이었으며, 두 정상은 한반도의 통일, 평화 정착, 민족의 화해와 단합, 남북 간 교류와 협력 등에 대한 의견을 나누었다.

회담을 통해 나온 6·15공동선언은 7·4남북공동성명에서 밝힌 통일의 3대 원칙, 즉 자주·평화·민족 대단결의 통일을 다시 확인하고, 경제·문화의 교류와 이산가족 교환 방문을 약속하였다. 남북정상회담 이후 남북 간의 교류는 그 어느 때보다 활발했다.

남아프리카공화국

아프리카 최남단에 있는 나라이다. 정부 형태는 내각책임제를 더한 대통령 중심제이며, 수도는 프리토리아이다. 면적은 121만 9090제곱킬로미터로 한반도의 약 5.5배, 남한 면적의 약 12배 정도다. 인구는 2003년 기준으로 약 4482만 명이다. 공용어는 영어와 아프리칸스어이다. 주요 종교는 크리스트교·힌두교·부족 신앙이다. 1인당 국민총생산은 2003년 기준으로 2820달러이다. 1999년에는 금속 자원의 저장량 및 생산에서 세계 1위를 차지하기도 했다. 다이아몬드는 세계 생산액의 66퍼센트, 금은 세계 매장량의 절반을 차지한다. 그 밖의 광물로는 철광·구리·니켈·크롬·인광 등이 생산된다.

남한강

강원도 태백시의 금태봉 북서쪽 계곡에서 물줄기가 시작되어 삼척, 평창, 단양, 원주, 충주, 여주 등을 지나 경기도 양평군 양수리에서 북한강과 만나는 한강의 본류이다. 길이는 약 375킬로미터이다. 주요한 지류로 평창강, 주천강, 동강, 섬강, 달천, 원주천, 청미천, 흑천 등이 있다. 충주댐·괴산댐 등이 있고, 수자원은 공업 용수와 농업 용수로 쓰일 뿐 아니라 원주·제천·충주 등 유역 도시의 상수도원으로서 큰 구실을 한다. 정선의 아우라지, 단양의 단양팔경 등 경치가 빼어난 곳이 많다.

남북정상회담에서 만난 김대중 전 대통령과 김정일 국방위원장

남아프리카공화국의 케이프타운

남해의 진도

남해

우리 나라의 남쪽에 있는 바다로, 동쪽은 일본의 쓰시마 섬, 서쪽은 흑산도, 남쪽은 제주도를 경계로 하는 해역이다. 면적은 약 7만 5000제곱킬로미터이다. 지형은 서해안보다 굴곡이 더 심한 리아스식 해안이다. 모두 2240여 개의 크고 작은 섬들이 있어 다도해라고도 한다. 해안을 따라 부산·마산·진해·사천·통영·여수 등의 항구 도시가 있고, 여수·광양 등에는 국가산업단지가 건설되어 있다. 또 거제도에는 조선소가 있다. 크고 작은 섬들이 빚어 낸 다양한 경치로 많은 해상 관광지가 있으며, 상주·율포·송지·수문리·남일대·송호리 등 많은 해수욕장이 있다. 1968년 12월에는 소금강을 중심으로 한 바다가 한려해상국립공원으로 지정되었고, 1981년 12월에는 여수를 중심으로 하는 바다가 서해의 홍도 등과 함께 다도해국립공원으로 지정되었다.

남해대교

경상남도 남해군 설천면 노량리와 경상남도 하동군 금남면 노량리를 잇는 다리이다. 우리 나라 최초로 해협의 양쪽에 교각을 세우고 케이블로 연결한 현수교이다. 길이는 660미터이고 너비는 12미터이다. 1968년 5월에 착공하여 1973년 6월에 준공되었다. 이 다리가 건설된 이후 한려해상국립공원 지역과 남해군의 개발이 빨라지고, 부산·마산·여수·하동·남해 등의 지역 간 연결 체제가 한층 원활해졌다.

내각 책임제

행정권을 담당하는 내각이 의회의 신임을 바탕으로 조직되고 유지되는 정부 형태를 말한다. 의원 내각제라고도 한다. 이 제도는 17세기 말에서 18세기 초에 영국에서 처음 시작되었고, 대통령제와 함께 현대 정부 형태의 한 축을 이룬다. 내각 책임제에서는 의회의 다수를 차지한 정당이 국회를 지배하고 내각을 구성하며 국가의 수반인 총리를 배출한다. 의원이 내각의 각료를 겸직하고 의회와 내각이 정치의 운영에 함께 책임을 진다. 그러나 의회와 내각이 엄연히 분리되어 있기 때문에, 의회는 행정권을 직접 행사할 수 없고 내각에 지시를 내릴 수도 없다. 한편 의회는 내각에 대한 불신임권을, 내각은 의회해산권과 법률제안권을 갖고 있어서 서로 상호 견제한다. 즉 의회가 내각에 대한 불신임을 결의하면 내각은 총사퇴하여야 한다. 내각이 이에 응하지 않으면 내각은 의회를 해산시킨 후 총선거를 통해 국민에게 신임을 묻고 그 결과에 따라야 한다.

내각 책임제에서는 의회의 신임이 있어야만 정부가 존

재하므로, 정부의 정책에 국민의 뜻을 반영하기 쉽다는 장점이 있다. 하지만 군소 정당이 난립하는 나라에서는 정국의 안정을 유지하기 어렵고, 다수당의 횡포를 견제하기 어려우며, 집권당이 부당한 압력을 쓸 수 있다는 단점이 있다.

내장산

전라북도 정읍시 내장동과 순창군 북흥면의 경계에 있는 산이다. 영은산, 영음산이라고도 한다. 제일 높은 신선봉의 높이는 763미터이며, 주위에 연지봉·까치봉·장군봉·연자봉·망해봉 등 9개의 봉우리가 말발굽 모양으로 둘러서 있다. 옛날부터 조선 8경의 하나로 꼽았으며, 지리산·월출산·천관산 등과 함께 호남 5대 명산으로 손꼽힌다. 단풍나무, 참나무, 층층나무 등의 낙엽 활엽 수림이 주종을 이루고 있어서 가을철 단풍이 유명하다. 능선에는 비자나무 등의 침엽수림이 많으며, 신선봉과 장군봉 등에는 굴거리나무가 군락을 이루고 있다. 금선계곡·원적계곡·도덕폭포·금선폭포·용수폭포 등 경치가 아름다운 계곡과 폭포가 많고, 내장사를 비롯해 백양사·벽련암·원적암 등 오래 된 절과 암자가 있다. 굴거리나무 군락이 1962년에 천연기념물 91호로 지정되었으며, 1971년에 서쪽의 입암산과 남쪽의 백암산과 함께 내장산국립공원으로 지정되었다.

너와집

너와로 지붕을 이은 집을 말한다. 느에집 또는 능에집, 나무기와집이라고도 한다. 너와는 200년 이상 자란 붉은 소나무 토막을 길이로 세워 놓고 쐐기를 박아 쳐서 잘라 낸 널쪽으로, 크기는 일정하지 않으나 보통 가로가 20~30센티미터, 세로가 40~60센티미터, 두께는 4~5센티미터 정도이다. 이 너와를 지붕 아래쪽부터 위쪽으로 너와 길이의 3분의 1 정도씩 겹치게 이은 후 돌이나 너스레라는 통나무를 얹어 바람에 날려가지 않게 한다. 너와의 수명은 5~7년이지만 2~3년에 한 번씩 기와 지붕을 수리할 때처럼 썩은 것을 들어내고 새 것으로 갈아 끼운다. 너와는 습기에 민감하여 건조한 날에는 바싹 마르기 때문에 그 틈새로 환기가 이루어지고, 비가 오거나 습도가 높아지면 곧 늘어나기 때문에 틈새를 메워 빗물이 새지 않는다. 겨울에는 틈새가 눈에 덮여 따뜻하지만, 건조한 겨울날에는 너와의 틈새로 집안의 온기가 빠져나가 보온이 안 되는 단점이 있다. 너와집은 화전민이나 산간 지대의 주민들이 짓고 살던 집으로 개마고원을 중심으로

가을철 단풍으로 유명한 내장산의 백양사

너와로 지붕을 이은 너와집

한 함경도 지역과 평안도와 강원도의 산간 지역, 울릉도 등에 널리 분포되어 있었다. 1970년대 초까지만 해도 산간 지역에서 많이 볼 수 있었으나 너와를 구하기 어려워지면서 오늘날에는 찾아 보기 힘들다. 현재 문화재로 지정된 집만 옛 모습을 간직하고 있는데, 강원도 삼척시 도계읍 신리와 대이리에 있는 너와집이 각각 중요 민속 자료 33호와 221호로 지정되어 보호되고 있다.

네덜란드

유럽 북서부에 있는 나라이다. 정식 명칭은 네덜란드왕국이며, 입헌군주국이다. 정부 형태는 내각 책임제이며, 수도는 암스테르담이다. 정부는 헤이그에 있다. 면적은 4만 1528제곱킬로미터이다. 전 국토의 25퍼센트가 해수면보다 낮다. 인구는 2003년 기준으로 약 1627만 명이다. 공용어는 네덜란드어이나 영어, 독어, 불어를 함께 사용한다. 주요 종교는 가톨릭교와 크리스트교이다. 기후는 온난다습한 해양성 기후이다. 원예 산업이 발달했으며, 1인당 국내총생산은 2003년 기준으로 2만 8024유로이다. 1946년에 벨기에·룩셈부르크와 함께 베네룩스 3국을 결성했는데, 이는 최초의 국가 연합이다.

네티즌

네트워크로 이루어진 가상 사회의 구성원을 가리키는 말로, 네트워크(Network)와 시민(Citizen)의 합성어이다. 네티즌들은 컴퓨터 통신망을 통해 자신이 원하는 지식과 정보를 얻고 자유롭게 활용할 뿐만 아니라 새로운 통신망 문화를 만들어 내고 통신망 공동체를 주체적으로 꾸려 나간다.

네팔

히말라야 산맥 중앙부에 있는 나라이다. 서남아시아의 인도 및 티베트와 국경이 닿아 있는 내륙국이다. 정식 명칭은 네팔왕국이며, 입헌군주국이다. 정부 형태는 내각 책임제이며, 수도는 카트만두이다. 면적은 14만 7181제곱킬로미터로 한반도의 약 3분의 2 정도이다. 인구는 2003년 기준으로 약 2646만 명이다. 공용어는 네팔어 외에 10여 개 소수 부족어이다. 주요 종교는 힌두교, 불교, 이슬람교, 기타 원시 종교이다. 기후는 우기와 건기로 구분되는 아열대 몬순 기후이다. 1인당 국내총생산은 2004년 기준으로 184달러이다.

노동

사람이 몸이나 정신을 이용해 자연을 인간에게 유용하도록 변화시키는 행위를 말한다. 사람은 노동을 통해 자연계에서 생존에 필요한 여러 가지 물건을 얻는다. 원시 사회에서의 노동은 사람의 가장 기본적인 욕구인 먹고 사는 것과 관련된 단순한 일이었다. 하지만 사회가 발전하면서 노동은 단순히 생존을 위한 수단 이상의 의미를

산업 현장에서 일하는 노동자

사무직 노동자

갖게 되었다. 현대 사회에서 노동의 의미는 일터나 직장에 나가서 일하는 것뿐 아니라 과학·예술·문화를 창조하는 활동까지를 포함한다.

노동 3권

노동자의 권익과 노동 조건의 향상을 위해 헌법이 보장한 기본권이다. 노동 조합을 조직할 수 있는 단결권, 단체교섭권, 단체행동권이 여기에 속한다. 단 공무원은 법률로 인정한 사람 외에는 노동 3권을 인정받지 못한다. 또 국가, 지방 자치 단체, 국공영 기업체, 방위 산업체, 공익 사업체 또는 국민 경제에 중대한 영향을 미치는 사업체의 노동자는 법률에 의해 단체행동권을 제한받거나 인정받지 못한다.

노동법

노동자들이 자신의 노동으로 생존을 보장받을 수 있도록 노동자들의 노동 관계 및 권리, 생활 향상을 위해 만든 모든 법을 말한다. 노동법에는 노동자들의 노동 조건과 생활 조건을 일정한 수준으로 유지시키기 위한 「근로기준법」및「산업안전보건법」, 근로자의 단결권·단체교섭권·단체행동권을 보장하는 「노동조합법」, 노사 간의 갈등을 공정하게 해결하기 위한 「노동쟁의조정법」, 근로자가 산업 재해를 당했을 때 신속하고 공정한 보상을 받도록 하기 위한 「산업재해보상보험법」등이 있다.

노동자

노동력을 제공하고 그에 대한 대가로 임금을 받아 살아가는 사람을 말한다. 근로자라고도 한다. 노동자는 이윤을 얻기 위해 돈과 노동력을 결합하여 상품을 생산하는 자본주의 경제 체제의 발생과 함께 나타났다. 신분이 주인에게 예속되어 있던 노예나 농노와는 달리 노동자는 고용 계약을 통해 자기의 노동을 자유롭게 제공한다. 고용주인 자본가와 법률적으로 대등하며 신분의 구속을 받지 않는다.

노동 쟁의

노동자와 고용주 사이에 임금·노동 시간·노동 조건 따위에 관한 이해의 대립으로 일어나는 분쟁을 말한다. 노동자 한 개인의 문제로 자본가와 분쟁이 생겼을 경우에는 노동 쟁의라고 하지 않는다. 그러나 개인의 문제일지라도 조합에서 전체의 문제로 채택한 경우에는 노동 쟁의가 된다. 쟁의에서는 노동 조건의 개선 및 경제적인 지위 향상과 관련된 문제인 임금·근로 시간·후생·해고 등이 주제가 된다. 간혹 정치 문제를 주제로 삼기도 한다. 노동 쟁의에는 동맹 파업, 태업 등 노동자 단체가 하는 행위와 직장 폐쇄 등 사용자가 노동자 단체에 맞서 하는 행위가 있다.

> **? 노동 쟁의는 어떻게 이루어질까요?**
> 해결해야 할 문제가 발생하면 우선 노동자 측과 사용자 측이 단체 교섭을 해야 한다. 단체 교섭이 없는 분쟁은 노동 쟁의로 인정되지 않는다. 쟁의가 발생하면, 양측 중 어느 한쪽이 행정 관청과 노동위원회에 신고하고 이를 상대에게 통고한다. 그러면 쟁의 조정 절차가 시작된다. 원래 노동 쟁의는 노사 간에 자율적으로 해결하는 것이 바람직하다. 그러나 좀처럼 의견의 차이가 좁혀지지 않을 때는 국가 기관이 개입하여 의견을 조율한다.

노동 조건을 개선하고 노동자의 권리를 지키기 위한 노동 쟁의

노동조합

노동 조건의 개선과 노동자의 사회·경제적 지위 향상을 목적으로 노동자가 조직한 단체를 가리킨다. 노동조합은 노동자의 대표로서 노동 3권인 단결권·단체교섭권·단체행동권을 행사하는 주체이다. 조합원들의 의견을 모아 임금 수준·노동 시간·채용 조건·고용 안정·작업 환경 등에 대해 고용주와 교섭하고, 필요할 경우에는 단체 행동을 주도한다.

자본주의 초기에 유럽의 자본가들은 노동자들에게 아주 적은 임금과 장시간 노동을 강요하며 가혹하게 착취했다. 노동 환경도 아주 나빠 노동자들은 생명의 위협을 받으면서 일해야 했다. 노동자들 사이에서 이런 상황에 대한 문제 의식이 생기면서 단체로 자본가의 횡포에 맞서야 한다는 움직임이 일었다. 그래서 탄생한 것이 노동조합이다.

> **노동조합에는 어떤 것들이 있을까요?**
> 기업별, 직업별, 산업별 조직이 있다. 기업별 노조는 한 회사에서 일하는 노동자들의 조합이고, 직업별 노조는 특정 직종에 종사하는 사람들의 조합이다. 산업별 노조는 같은 업종에 종사하는 노동자들의 연합 단체로 광산노동조합, 운수노동조합, 섬유노동조합처럼 기업과 지역을 뛰어넘는 거대한 단체이다. 우리 나라의 노동조합은 기업별, 직업별 노조에서 점차 산업별 노조로 바뀌고 있다.

노르웨이

북유럽의 스칸디나비아 반도의 서부를 차지하고 있는 나라이다. 정식 명칭은 노르웨이왕국이며, 입헌군주국이다. 정부 형태는 내각 책임제이며, 수도는 오슬로이다. 주요 도시로는 베르겐, 트론하임, 스타방가 등이 있다. 면적은 약 38만 5000제곱킬로미터로 남한의 약 4배 정도이다. 인구는 2003년 기준으로 약 456만 명으로, 유럽에서 아이슬란드 다음으로 인구 밀도가 낮다. 공용어는 노르웨이어이며, 주요 종교는 루터복음교이다. 기후는 북대서양 해류의 영향으로 온화한 편이다. 1인당 국내총생산은 2003년 기준으로 4만 2000달러이다.

노벨 상

스웨덴의 화학자이며 발명가인 노벨의 유언에 따라 인류 복지에 가장 구체적으로 공헌한 사람이나 단체에 주는 상이다. 다이너마이트를 발명하여 큰 재산을 모은 노벨은 1895년에 자신의 재산을 스웨덴의 왕립과학아카데미에 기부하면서 '인류

노숙자 문제

지하도에서 잠을 자고 있는 노숙자

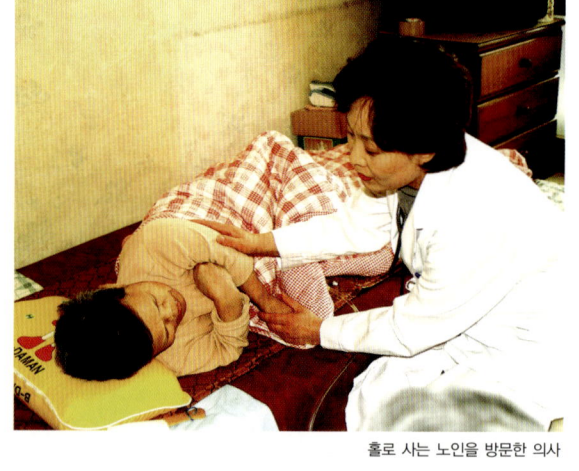
홀로 사는 노인을 방문한 의사

복지에 가장 구체적으로 이바지한 사람에게 나누어 주라'는 유언을 남겼다. 이에 왕립과학아카데미는 노벨의 유산으로 노벨 재단을 설립했고, 1901년부터 노벨 상을 수여하였다. 처음에는 물리학, 화학, 생리·의학, 문학, 평화의 다섯 부문에 상을 주었으며, 1969년부터는 경제학상이 신설되었다. 부문별로 해마다 각 선출 기관이 수상자를 선정하여 상금을 수여한다. 수상식은 매년 노벨이 사망한 12월 10일에 스웨덴의 스톡홀름에서 열리는데, 평화상 수상식은 같은 날 노르웨이의 오슬로에서 열린다.

노숙자 문제

직장이나 집이 없이 거리에서 살아가는 사람들 때문에 생기는 여러 가지 사회적 문제를 가리킨다. 1997년부터 우리 나라에 경제 위기와 대량 실업이 이어지면서 노숙자들이 급격하게 늘어났고, 이들을 수용할 수 있는 시설이 턱없이 부족해지면서 많은 사람들이 기차역·지하철역·지하도 등에서 생활하고 있다. 이들은 추위와 배고픔, 폭력, 범죄로부터 보호받지 못하고 있다. 이런 상황은 개인적인 문제를 떠나 심각하고 복잡한 사회 문제를 일으키고 있다. 오늘날 보건복지부를 비롯한 정부 기관들과 여러 종교 단체와 사회 봉사 단체들은 노숙자들에게 음식과 옷, 잠자리 등을 무료로 제공하고, 무료 건강 검진을 실시하고 있지만 여전히 부족한 상황이다. 노숙자 문제를 해결하기 위해서는 먼저 이들에게 일자리를 주어 사회나 가정으로 돌아갈 수 있도록 하는 근본적인 대책이 필요하다.

노예제

원시공동체 사회보다 생산력이 높아진 사회로 생산 수단의 사적 소유와 함께 인간에 대한 사적 소유까지 이루어진 사회를 가리킨다. 피지배 계급인 노예가 생산을 담당하였고, 지배 계급인 노예 소유주가 소비를 담당하였다. 노예와 노예 소유자라는 신분으로 계급이 구분되는 사회이다. 노예와 노예 소유자 중간에는 노예를 소유할 수는 있지만 실제로 소유하지 못한 자영농, 자영상인, 수공업자 등의 소시민들이 있었다. 노예제 사회에서는 전쟁을 통해 포로를 잡아 노예로 삼았다. 하지만 더 이상 전쟁을 통한 값싼 노예 공급이 이루어지지 않았고, 노예들의 저항도 끊이질 않았으며, 대규모 토지 소유자와 소규모 토지 소유자 사이의 갈등까지 불거져 고대 노예제 사회는 붕괴하였다.

노인 복지

노인들의 최저 생활뿐 아니라 경제·직업의 안정, 가족 관계의 안정, 의료 혜택과 건강의 보장, 교육·문화·오락의 향유 등 생활의 욕구를 보장하는 것을 말한다. 1961년에 제정된 「생활보호법」은 부양 가족이 없는 노인들의 최저 생활을 보장하는 것으로 노인 복지를 한정했다. 그런데 1981년 6월에 제정된 「노인복지법」은 이러한 소극적인 보호 차원을 넘어서 보다 종합적이고 적극적인 복지 정책을 추구하였다. 기본 이념은 첫째, 노인은 후손의 양육과 국가 발전에 기여한 사람으로 존경받으며, 건전

농업

 땅을 이용하여 사람에게 유용한 동식물을 길러 생산물을 얻는 산업을 말한다. 일반적으로 농업은 벼·밀·보리 등 사람들에게 이용 가치가 높은 식물을 기르거나, 소·돼지·양·말 등 가축을 길러 고기·우유·가죽·털 등을 얻는 산업을 일컫는다. 넓게는 농축산물의 가공과 유통, 농약과 농기구 등 관련 산업 분야까지 농업에 포함시키기도 한다.

 농업은 공업과 달리 생물을 기르는 산업이기 때문에 유기 생명체의 자연 생명력에 크게 의존한다. 농업의 주요한 생산 수단인 땅은 생산할 수 없고, 농산물의 생산 기간은 기르는 생물의 성장 기간에 따라 결정된다. 또 기온과 강수량, 일조량, 흙의 성질, 고도와 날씨에 좌우되는 등 자연의 힘에 크게 의존하는 산업이다.

 농업은 우리에게 먹을 거리를 제공할 뿐만 아니라 환경을 정화하는 역할도 한다. 농작물은 성장하는 동안 광합성 작용을 통해 산소를 만들어 내고, 농업 지역에서 생산된 맑은 공기는 대기의 흐름에 의해 도시의 오염된 공기와 교체된다. 한편 농업은 순환적인 특성이 강하다. 즉 수확물의 일부가 다시 씨앗으로 쓰이고, 수확물을 가공할 때 나오는 찌꺼기는 사료나 두엄으로 사용되어 농작물과 가축을 생산하는 데 다시 이용된다.

농업의 역사

농업은 인류가 지구상에 태어난 이후 가장 먼저 시작한 원시 산업이다. 원시 시대에는 천연 산물을 채취하는 데 그쳤으나, 천연 산물을 보호하여 채집하기 시작하면서 농업이 발달하였다. 본격적으로 농업이 시작된 것은 신석기 시대로, 기원전 6000년경에 이미 티그리스-유프라테스 강 유역에서 보리, 순무, 완두 등을 기른 것으로 알려져 있다.
우리 나라에서는 기원전 100년에서 기원후 300년의 삼한 시대에 이미 벼·보리·기장·피·콩·참깨 등의 곡물을 기르고 뽕나무를 길러 누에를 쳤다고 한다. 우리 나라는 산이 많아서 농경지가 좁다. 따라서 농가 1호당의 논밭 면적이 작기 때문에 경영의 규모도 비교적 영세한 편이다. 오늘날에는 농작물의 품종이나 토양의 개량, 관개 기술의 발달 및 농업의 기계화 등으로 작물의 종류나 생산량이 크게 늘었다.

기계화를 통해 대규모 농업이 이루어지고 농업 생산성이 높아진 현대의 농업

뉴스

날씨에 대한 뉴스

하고 안정된 생활을 보장받는다. 둘째, 노인은 그 능력에 따라 적당한 일에 종사하고 사회 활동에 참여할 기회를 보장받는다. 셋째, 노인은 항상 몸과 마음의 건강을 유지하고, 지식과 경험을 활용하여 사회 발전에 기여하도록 노력한다. 노인복지법에 따라 국가와 지방 공공 단체는 노인 복지 정책을 실시하고 운영을 감독하여야 한다.

뉴스

신문사나 방송국 등의 보도 기관이 가장 최근에 일어난 일이나 특별한 일 혹은 대다수의 사회 구성원과 관련된 내용을 지면이나 전파로 사람들에게 알리는 것을 말한다. 뉴스의 내용은 때(언제), 장소(어디서), 인물(누가), 사건(무엇을), 이유나 원인(왜), 상황이나 방법(어떻게)에 해당하는 정보를 반드시 밝혀야 한다.

뉴질랜드

남서 태평양의 오스트레일리아 동남쪽에 있는 섬나라이다. 북섬과 남섬으로 된 본토와 스튜어트 섬, 오클랜드 제도 등 여러 섬들로 이루어져 있다. 영연방에 속하는 입헌군주국이다. 정부 형태는 의원내각제이며, 수도는 웰링턴이다. 면적은 26만 8130제곱킬로미터로 남한의 약 2.7배이다. 인구는 2003년 기준으로 약 40만 명이다. 공용어는 영어와 마오리어이다. 주요 종교는 성공회, 크리스트교 등이다. 기후는 해양성 기후이다. 1인당 국민총생산은 2003년 기준으로 1만 3250달러이다.

니카라과

중앙아메리카 중부에 있는 공화국이다. 나라 이름은 니카라과 호 호반에 살던 인디언 부족의 추장 니카라오(Nicarao)의 이름에서 유래하였다. 정부 형태는 대통령중심제이며, 수도는 마나구아이다. 면적은 13만 1811제곱킬로미터이다. 인구는 2003년 기준으로 약 562만 명이다. 공용어는 에스파냐어이며, 주요 종교는 가톨릭교이다. 기후는 열대 우림 기후이다. 1인당 국민총생산은 2003년 기준으로 498달러이다.

다목적댐

여러 가지 목적으로 수자원을 이용하기 위해 만든 댐이다. 물을 대량으로 저장할 수 있는 대형 댐을 지어 홍수기에는 물을 가두어 홍수 피해를 막고, 가물 때는 가두었던 물을 흘려 보내 농업에 사용한다. 또 높은 곳에서 물을 떨어뜨리는 수력 발전으로 전기를 생산하고, 공업에 필요한 물을 공급하는 등 다목적으로 활용한다. 또 다목적댐은 관광 자원으로도 활용 가치가 높다. 다목적댐의 역사는 미국의 테네시 강 종합 개발을 위하여 많은 댐을 건설한 데서 출발했다. 우리 나라에도 북한강, 남한강, 낙동강, 금강, 섬진강 유역에 많은 다목적댐이 있다.

댐 건설로 얻을 수 있는 가장 좋은 점은 수자원을 확보할 수 있다는 것이다. 우리 나라는 여름철에 많은 비가 한꺼번에 내리기 때문에 비가 많이 내릴 때 물을 모았다가 비가 적게 내릴 때 모아 두었던 물을 사용할 수 있는 댐이 필요하다. 또 여름철 장마를 비롯하여 집중 호우가 내려 강이 자주 범람하기 때문에 댐은 홍수를 조절하는 데도 효과적이다. 또 댐을 이용해서 수력 발전을 할 수도 있다. 이런 장점도 있지만 단점도 있다. 댐을 건설하면 생태계가 파괴될 위험이 있다. 물이 고이면서 수질 오염이 생기고, 퇴적물이 쌓이면서 오히려 저수지 바닥이 높아져 홍수의 위험이 높아진다. 또한 주변 지역의 평균 온도가 낮아지면서 안개나 서리가 많아져 농업에 피해를 주기도 한다. 물에 잠기는 지역의 주민들은 생활 터전마저 잃어버린다. 따라서 무조건 댐을 짓기보다는 이미 건설된 댐의 문제점을 보완하고 효과적으로 사용하는 것이 중요하다. 새 댐을 지을 때에는 자연 환경의 훼손을 최소화할 수 있는 방안을 마련하고, 주민들과 충분한 협의를 거치는 과정이 필요하다.

다수결의 원칙

어떤 일을 결정할 때에 많은 사람들이 찬성하는 쪽으로 결정하는 것을 말한다. 민주주의의 기본 원리 중 하나다. 어떤 결정을 내려야 할 때 여러 사람의 의견이 다를 때에는 어느 한쪽의 의견만 강요할 수 없다. 이럴 때에는 토론과 설득 과정을 통해 의견을 모으고, 최종적으로 투표 등의 방법으로 많은 사람들이 찬성하는 쪽으로 결정하여야 한다. 다수결의 원칙으로 객관적이고 올바른 결정을 내리기 위해서는, 토론과 설득뿐 아니라 소수의 의견에도 귀를 기울여 그들의 의견이 반영될 수 있도록 최대한 노력해야 한다.

달러

미국의 달러

달러

미국을 비롯하여 여러 나라에서 사용하는 화폐이다. 오늘날 캐나다, 오스트레일리아, 뉴질랜드, 홍콩, 싱가포르 등 모두 23나라는 자기 나라의 화폐를 달러라는 이름으로 부른다. 보통 달러라고 하면 미국의 달러를 가리키지만, 원래 달러는 유럽의 여러 나라에서 사용하던 은화를 말한다. 독일의 탈러, 스칸디나비아의 리그스달러 등 유럽에서 사용되던 화폐에서 달러라는 이름이 나왔다.

미국이 달러를 자기 나라의 화폐 이름으로 사용한 것은 독립전쟁의 군비를 마련하기 위해 채무 증서를 발행하면서 에스파냐 달러 화로 갚기로 결정한 대륙회의 이후부터다. 1785년에 대륙회의에서 달러를 통화 단위로 삼기로 결정하였다. 캐나다는 1858년에, 오스트레일리아는 1966년에, 뉴질랜드는 1967년에 달러를 자기 나라의 통화 단위로 채택했다.

대관령

강원도 강릉시 성산면과 평창군 도암면 사이에 있는 고개이다. 높이는 865미터이다. 서울과 영동 지방을 잇는 관문이며, 매봉산을 중심으로 대규모 고랭지 농업이 발달해 있다. 목축업을 주로 하며 씨감자도 많이 난다. 겨울에 눈이 많이 내려 주변에 스키장이 많다. 고개가 험하며 그 굽이가 아흔아홉 개라 하여 구십구곡이라 한다.

대구광역시

경상북도의 남부에 있는 광역시이다. 2004년 말 기준으로 면적은 885.7제곱킬로미터이고, 인구는 약 253만 9000명이다. 달서구의 인구가 약 60만 명으로 가장 많고, 달성군이 약 16만 명으로 가장 적다. 북쪽은 팔공산, 남쪽은 대덕산과 비슬산으로 둘러싸여 있고, 동서로는 완만한 구릉지에 시가지가 형성된 분지형 도시이다. 금호강과 그 지류인 신천이 도심을 가로질러 흐른다.

대구는 값싸고 풍부한 노동력과 원료를 바탕으로 1918년부터 섬유 공장이 세워져 전국 제일의 섬유 공업 도시로 발달하기 시작하였다. 전통적인 섬유 공업 외에 기계 공업과 금속 공업이 발달하였으며, 최근에는 동대구벤처촉진지구와 벤처협동화산업단지를 중심으로 첨단 산업의 발전에 힘쓰고 있다. 광역시에는 성서산업단지, 검단산업단지, 달성산업단지 등 9개의 산업단지가 있다. 영남 내륙 지방의 중앙에 있고 서울과 부산을 연결하는 교통의 요지여서 옛날부터 상업이 발전하였다. 옛날에는 평양·강경과 더불어 한국 3대 시장의 하나였으며, 오늘날에도 농수산물 도매 시장 1곳을 비롯해 100여 개의 시장이 있다. 특히 남성로 일대의 약전 골목에서 전국을 상대로 한약 재료를 파는 약령시가 유명하다. 일찍부

탐구학습

대구광역시의 어제와 오늘

대구에는 신석기 시대부터 사람들이 모여 살기 시작하였으며, 청동기 시대에는 무늬없는토기와 고인돌 등 많은 유물을 남겼다. 기원전 1세기 무렵에는 달구벌 또는 달벌, 두구화라고 했으며, 4세기 무렵에 신라의 땅이 되었다. 신라 제35대 경덕왕 때인 757년부터 대구라고 부르게 되었다. 대구를 대표하는 산인 팔공산은 통일신라의 오악 중 하나였으며, 불교 문화가 융성하여 오늘날에도 동화사·파계사 같은 큰 절이 남아 있다. 고려 시대에는 정치의 중심지가 개경으로 옮겨가면서 신라 시대보다 비중이 낮아졌으나, 조선 시대에 들어와 1466년에 경주에 있던 경상도 관찰사영이 대구로 옮겨지고, 1601년에 대구에 경상감영이 설치되면서 대구는 경상도의 행정 중심지 및 군사상의 요지로 발전하였다. 이후 대구군, 대구부 등으로 이름과 행정 구역이 바뀌었으며, 1949년에 대구시가 되었다. 해방 이후 해외 귀환 동포들이 많이 들어오고, 한국전쟁 이후 월남한 피난민들이 많이 살기 시작하면서부터 급격하게 인구가 증가하여 대도시로 성장하게 되었다. 1981년에 대구직할시가 되어 경상북도에서 분리되었다. 이때만 해도 행정 구역이 6구였으며, 면적은 454.9제곱킬로미터에 불과했다. 1988년에 달서구가 신설되고, 1995년 1월 1일에 직할시에서 광역시로 이름이 바뀌었다. 3월에는 달성군을 광역시에 편입하여 면적이 885.7제곱킬로미터로 크게 늘어났다. 2004년 말 현재 중·동·서·남·북·수성·달서 등 7자치구와 달성군, 그 아래 143개의 읍·면·동과 3,448개의 통·리로 이루어져 있다.

대구 국제섬유박람회

대구 달성공원

터 벼농사가 이루어졌으나 도시화가 진행되면서 농업의 비중이 많이 낮아졌다. 한때는 전국의 사과 생산량의 절반을 생산하는 사과 산지로 유명했으나 1970년대 이후 점차 줄어들었으며, 지금은 의성군과 군위군 등의 주변 지역에서만 많이 난다. 달성군과 인근에서는 근교 원예 농업과 낙농업이 발달하였다.

광역 시내에는 국가 지정 문화재로 국립대구박물관에 보관되어 있는 금동여래입상 등 국보 3점과 대구 선화당 측우대 등 보물 26점, 대구 계산동성당 등 사적 6곳, 달성의 측백수림 등 천연기념물 2종 등이 있다. 팔공산과 비슬산이 도립공원으로 지정되어 있으며, 달성공원·수성유원지·동촌유원지·화원유원지·두류공원·우방타워랜드 등이 관광지로 유명하다. 대구광역시를 상징하는 꽃은 목련이고, 나무는 전나무이며, 새는 독수리이다.

대덕연구단지

대전시 유성구에 있는 대규모 과학 연구 단지이다. 총면적은 2757만 37제곱킬로미터이다. 1973년에 단지 조성 계획이 확정되었고, 1992년부터 본격적으로 조성되었다. 2004년 기준으로 한국에너지연구소·한국동력자원연구소·한국과학재단 등 정부가 운영하거나 투자하는 기관이 26개, 삼성종합기술원·LG화학기술연구원 등 민간에서 운영하는 연구 기관이 30개, 벤처 기업이 171개, 한국과학기술대학 등 고등 교육 기관이 4개, 그 밖에 여러 공공 기관이 있다. 지금까지 핵연료의 국내 생

대구시 전경

산 및 원자로 기술의 국산화, 전자 교환기 개발, 화학 제품의 원료 합성 공정 개발 등 첨단 과학 분야에서 좋은 성과를 거두고 있다.

대동강

평안남도에 있는 강이다. 한태령에서 물줄기가 시작하여 평안남도, 평양시, 남포시, 황해도를 거쳐 황해로 흘러 들어간다. 길이는 약 442킬로미터이고, 유역 면적은 2만 247제곱킬로미터로 우리 나라에서 다섯 번째로 큰 강이다. 대동강을 중심으로 고대 문화가 발달했으며, 일찍부터 개척되어 농업이 발달하였다. 관개 시설이 잘 되어 있어서 강 유역의 평야 지대에서 벼농사를 비롯하여 보리·밀·조·옥수수·수수·메밀 등 농산물의 재배가 활발하다.

대법원

우리 나라 최고의 법원이자 최상위 법원이다. 고등 법원 및 지방 법원 합의부가 내린 2심 재판 판결을 받아들일 수 없어 재판을 다시 신청하는 상고 사건, 고등 법원 및 항소 법원의 결정이나 명령에 복종할 수 없어 재판을 다시 신청하는 재항고의 판결을 맡는다. 또 고등 군법 회의의 판결에 불복종한 상고나 공직 선거 및 선거부정방지법에 따른 선거 소송 등을 재판한다.

대법원은 대법원장을 포함한 대법관 14명으로 구성된

대법원

다. 대법관의 임기는 6년이고, 대법원장의 추천과 국회의 동의를 거쳐 대통령이 임명한다. 재판은 대법관 전원의 3분의 2 이상이 출석할 때 하는 것이 원칙이지만, 특별히 정해진 경우 외에는 대법관 3명 이상으로 구성된 부에서 심판할 수 있다. 대법원에서 내린 심판은 최종 심판으로서, 하급 법원은 대법원의 판결에 복종해야 한다.

대법관 전원으로 구성되는 대법관 회의는 대법원의 최고 의결 기관으로, 판사의 임명에 대한 동의, 대법원 규칙 제정과 개정, 판례의 수집과 간행, 예산 요구, 예비금 지출과 결산 등에 관한 사항을 결정한다. 산하 기관으로는 법원행정처, 사법 연수원, 법원 공무원 교육원, 법원

북한 평양의 대동강

도서관 등이 있다. 대법원은 행정, 조세, 노동, 군사 등을 전적으로 담당하는 특별부를 둘 수 있다. 대법원은 서울에만 있으며, 서울특별시 서초구 서초동에 있다.

대서양

유럽 및 아프리카 대륙과 남·북아메리카 대륙 사이에 있는 바다이다. 오른쪽으로는 유럽과 아프리카 대륙, 왼쪽으로는 남·북아메리카 대륙, 북쪽으로는 북극, 남쪽으로는 남극 대륙과 닿아 있다. 태평양·인도양과 더불어 세계 3대양 가운데 하나이다. 면적은 약 1억 640만 제곱킬로미터로 지구 표면의 약 6분의 1을 차지하고, 태평양에 이어 두 번째로 넓다. 동서 길이는 약 6000~7000킬로미터이고, 평균 수심은 3926미터이며, 가장 깊은 곳은 푸에르토리코의 밀워키 해연으로 9218미터이다. 카리브 해에서는 적도전선의 영향으로 열대성 저기압인 허리케인이 발생한다.

세계 주요 어장 14개 중 6개 어장이 대서양에 있다. 북동 대서양 어장은 북해 중심으로 멕시코 만류와 동그린란드 한류가 만나며, 넓은 대륙붕이 발달한 세계 제2의 어장이다. 북서 대서양 어장은 뉴펀들랜드 앞바다에서 뉴잉글랜드 앞바다에 이르는 해역으로 따뜻한 멕시코 만류와 차가운 래브라도 해류가 만나는 세계적인 어장이다.

대안학교

공교육과 제도 교육의 단점을 극복하기 위하여 만들어진 대안적인 학교 형태를 말한다. 소규모 학급을 통해 인성 교육에 힘쓰고, 자율성과 체험 학습을 존중함으로써 학생의 적극적인 참여를 이끌어 내며, 경쟁주의에 치우치지 않고 개인의 장점을 계발하는 교육에 힘쓰고 있다. 일반 교육보다는 자율적이고 다양한 교육 프로그램을 받고자 하는 학생들이 참여한다. 대안학교의 종류에는 정규 학교의 체계를 본따서 중학교, 고등학교로 편성되어 있는 정규학교형 학교와 방과 후 학교, 계절 학교 등이 있다.

대전광역시

우리 나라의 중부 지방에 있는 광역시이다. 2004년 말 기준으로 면적은 539.8제곱킬로미터이고, 인구는 약 145만 750명이다. 면적은 유성구가 가장 넓고, 중구가 가장 좁다. 인구는 서구가 약 51만 명으로 가장 많고, 유성구가 약 20만 명으로 가장 적다.

대전은 차령산맥과 소백산맥 사이의 분지 지형에 자리하고 있다. 동쪽에는 식장산·고봉산·함각산·개머리산·계족산 등의 줄기가 이어지며, 서북쪽에는 계룡산·금병산·우산봉·도덕봉·백운봉 등이 있고, 남쪽으로는 보문산이 있다. 이런 산지 사이에서 유등천·대전천·갑천이 북쪽의 금강으로 흘러 들어가고 주변에 넓은 평야가 형성되어 있다. 연평균 기온은 섭씨 14도 내외로 비교적 온난하고, 연강수량은 1350밀리미터 내외이다.

근대 이후부터 교통이 발달해 충청 지역에서 상업이 가장 발달한 곳이다. 대덕구 대화동 일대에 있는 대전 제

탐구학습

대전광역시의 어제와 오늘

충청남도 지역은 금강 주변의 넓은 평야를 중심으로 선사 시대부터 사람들이 모여 살았다. 그 중심에 있는 대전광역시는 백제 때에는 우술군, 신라 때에는 비풍군, 고려 때에는 회덕현과 유성현, 진잠현에 속한 지역이었다. 조선 시대에는 공주목 아래의 회덕현과 진잠현에 속했으며, 근대 이전에는 한적한 농촌 마을에 지나지 않았다. 1905년에 경부선 철도가 지나가고, 1914년에 호남선이 지나가면서 대전은 도시로 발전하기 시작했다. 1931년에 대전읍이 되고, 1949년에 대전시가 되었다. 한국전쟁 때는 임시 수도였으며, 전쟁 이후 급속한 인구의 증가로 중부 지방의 행정·문화·경제의 중심 도시로 발전하였다. 1988년에 대전직할시가 되어 충청남도로부터 분리되었으며, 1995년에 지방자치제의 실시에 따라 대전광역시로 바뀌었다.

대전은 우리 나라에서 가장 급속하게 성장한 도시 중의 하나이다. 대전읍이 대전시로 승격할 당시에 12만 6704명에 지나지 않던 인구는 1989년에 직할시가 되면서 105만 1795명으로 늘어났고, 오늘날에는 150만 명에 이른다. 도시의 면적도 1949년에 35.7제곱킬로미터에 지나지 않던 것이 1983년에 203.8제곱킬로미터로 늘어났고, 2004년에는 539.8제곱킬로미터로 크게 늘어났다. 2004년 말 기준으로 동구·중구·서구·유성구·대덕구 등 5개의 자치구로 이루어져 있으며, 그 아래 178개의 법정 동과 79개의 행정동, 2736통과 1만 2865반이 있다.

대종교

대전의 엑스포 공원

대덕연구단지의 한국천문연구원

1·2공단을 중심으로 섬유 공업과 조립 금속 공업, 화학 공업이 발달하였다. 또 유성구에 있는 대덕연구단지는 한국 과학 기술의 중심으로 첨단 산업이 발달하였다. 광역 시내에는 국가산업단지인 대덕산업단지 외에도 4개의 지방산업단지가 있다. 도시화가 진행되면서 농업 인구와 경지 면적이 많이 줄고 있으며, 근교 농업과 축산업 등이 유성구 등 새로 시 지역에 포함된 지역을 중심으로 이루어지고 있다.

광역 시내에는 국가 지정 문화재로 목은 이색영정과 회덕 동춘당 등 보물 2점이 있으며, 사적으로 대덕 계족산성 있다. 또 시 지정 문화재로 유형 문화재 31점, 무형 문화재 10종, 기념물 39종, 민속 자료 2점, 문화재 자료 48점이 있다. 계룡산국립공원이 있고, 유성온천·대전엑스포과학공원 등이 유명하다. 대전광역시를 상징하는 꽃은 백목련이고, 나무는 소나무이며, 새는 까치이다.

대종교

단군 숭배의 사상을 바탕으로 하는 민족 종교이다. 조화신인 환인, 교화신인 환웅, 치화신인 환검의 삼위일체인 한얼을 신앙의 대상으로 삼는 우리 나라 고유의 민족 종교로, 처음에는 단군교라 불렀다. 1909년에 나철이 처음 열었고, 1년 후 신도의 수가 2만 명에 이를 만큼 교세가 확장되자, 대종교로 이름을 바꾸고 만주의 북간도에 지사를 설치하였다. 1914년에는 본사를 아예 북간도로 옮겼다. 2대 교조 김헌은 삼일운동 이후 만주로 이주하는 동포들에게 포교 활동을 펼치고 그들이 항일 구국 운동에 앞장서도록 이끌었다. 1920년 청산리전투의 주역인 북로군정서의 병사들 대부분이 대종교인이었다. 광복 후에는 서울로 본사를 옮겨 포교 활동에 힘쓰고 있다.

대통령

대통령제를 실시하는 나라에서 행정부의 최고 책임자로 행정 업무를 책임지고, 국가 원수로서 외국에 대하여 국가를 대표하는 최고 통치권자이다.

우리 나라에서 대통령은 만 20세 이상의 국민이 보통·평등·직접·비밀 선거를 통해 직접 선출한다. 대통령 선거에는 선거일을 기준으로 만 40세 이상인 사람이 출마한다. 대통령 선거는 현재 대통령의 임기가 70일 남은 시점에서 돌아오는 첫번째 목요일에 실시한다. 중앙 선거관리위원회는 가장 많은 표를 얻은 후보를 대통령으로 선언한다. 대통령의 임기는 5년으로 두 번 맡을 수 없다. 임기를 연장하거나 두 번 맡을 수 있도록 헌법을 개정한다 해도, 개정된 법은 헌법 개정을 제안한 대통령에게는 효력이 없다. 대통령이 사망하거나 다른 이유로 면직될 경우에는 60일 안에 새 대통령을 뽑아야 한다.

대통령제

대통령을 중심으로 국정이 운영되는 정부 형태를 말한다. 대통령 중심제 혹은 대통령 책임제라고도 한다. 국민이 선출한 대통령이 행정부의 수장을 맡고, 권력 분립의 원칙에 따라 입법부와 사법부와 서로 견제하고 균형을 이루지만 서로 정치적 책임을 지지 않는 대등한 관계를 유지하는 정부 형태이다. 이 제도는 18세기에 미국에서

탐구학습

대통령의 권한과 의무는 무엇일까요?

대통령이 행사하는 권한에는 비상 권한, 다른 헌법 기관을 구성할 권한, 행정에 관한 권한, 국회와 입법에 관한 권한, 사법에 관한 권한 등이 있다. 비상 권한으로는 긴급 처분·명령권, 계엄 선포권, 국민 투표 부의권 등이 있다. 행정에 관한 권한으로는 행정에 관한 최고의 결정권과 지휘권, 법률 집행권, 국가의 대표 및 외교에 관한 권한, 정부 구성권, 공무원 임면권, 국군통수권, 재정에 관한 권한, 영전 수여권 등이 있다. 국회와 입법에 관한 권한으로는 국회 임시 회의 집회 요구권, 국회 출석 발언권, 헌법 개정에 관한 권한, 법률안 제출권과 거부권 및 공포권, 명령 제정권 등이 있다. 사법에 관한 권한으로는 위헌 정당 해산 제소권, 사면·감형·복권에 관한 권한 등이 있다.

한편 대통령은 헌법을 준수할 의무, 국가를 보호할 의무, 조국의 평화 통일을 위해 노력할 의무, 국민의 자유와 복리를 증진할 의무, 민족 문화를 발전시킬 의무가 있다. 또한 대통령은 법률이 정한 직업을 겸직할 수 없다.

시작되었다.

대통령제의 구체적인 특징은 다음과 같다. 첫째, 대통령제에서는 행정부의 성립과 조직이 입법부로부터 독립되어 있다. 행정부의 수장인 대통령은 국민들이 뽑지만 정부는 대통령의 자유 의사에 따라 조직된다. 둘째, 입법부는 행정부의 존속을 결정할 수 없다. 즉 대통령에게 국회해산권이 없듯이, 국회도 대통령에 대한 불신임권을 행사할 수 없다. 따라서 대통령은 임기가 끝날 때까지 행정부의 우두머리를 맡고 행정부는 대통령을 중심으로 운영된다. 셋째, 행정부와 입법부의 분리 원칙에 따라 국회의원과 행정부 공무원을 함께 맡을 수 없다. 넷째, 행정부와 입법부가 제도를 통해 상호 견제한다. 예를 들면 대통령은 법률안에 대한 거부권을 행사하여 의회를 견제할 수 있고, 의회는 예산 심의, 국정 조사, 탄핵 등을 통해 행정부를 견제한다. 대통령제를 실시하면 대통령의 임기 동안 정치 상황이 안정되는 장점이 있으나, 국정 운영의 책임이 대통령과 국회로 나뉘어 있어 정책을 시행할 때 시간이 많이 드는 단점이 있다.

대학

고등 교육과 학술 연구를 하는 최고 교육 기관이다. 고등학교 졸업자 또는 이와 동등한 학력이 있다고 인정된 사람이 입학할 수 있다. 수업 연한은 보통 2년에서 4년이며, 의학 계통은 6년이다. 대학을 졸업한 사람은 학사 학위를 받는다. 1949년에 만들어진 우리 나라의 「교육법」은 대학을 국가와 인류 사회 발전에 필요한 심오한 학술 및 그 이론의 광범위한 응용 방법을 연구하며 지도적인 인격을 도야하는 것이라고 정의하고 있다.

우리 나라의 대학은 단과 대학과 종합 대학으로 나누는데, 종합 대학이 되려면 세 개 이상의 단과 대학과 대학원을 갖추어야 한다. 또한 전문인 육성에 중점을 둔 전문 대학, 대학 교육을 받지 못한 사람들에게 방송·통신·출석 수업 등의 방식을 통해 교양 교육과 직업 전문 교육을 실시하는 방송통신대학이 있다.

대한적십자사

국제 민간 단체인 국제적십자사의 조약과 국제적십자회의에서 결의된 원칙을 따르는 특수 법인이다. 1905년 고종의 칙령으로 처음 발족되었으나 일제에 의하여 폐쇄되었다. 1919년에 중국 상하이에서 대한민국 임시정부가 수립되면서 대한적십자회도 다시 발족되었다. 1947년에 지금의 대한적십자사로 재조직되었고, 1955년 9월에 국제적십자사연맹에 정식으로 가입하였다.

대한적십자사는 국제적십자사의 조약에 따라 전쟁 시에는 국군의 의료 보조 기관으로서 적군, 아군에 상관없이 부상자를 치료하는 일을 한다. 평화 시에는 구호 사업, 지역 보건 사업, 사회 봉사 사업, 혈액 사업, 청소년 사업, 국제 사업, 남북적십자회담, 국내외 이산가족 찾기 사업, 원폭 피해자 복지 사업, 인도주의 이념 보급, 병원 사업, 의료 정보 사업 등을 한다. 국민 누구나 회원이 될 수 있으며, 대통령이 명예 총재가 된다. 본사는 서울특별시 중구 남산동에 있으며, 각 시·도에 지사를 두고 있다.

우리 나라 대학의 역사

우리 나라에서 처음으로 대학 교육이 이루어진 것은, 372년 고구려의 소수림왕이 국립 대학인 태학을 설립했을 때부터이다. 태학에서는 유교·문학·무예를 가르쳤다. 그 후 통일신라 시대에 국학, 고려 시대에 국자감, 조선 시대에 성균관이 생겼다. 대학이라는 이름이 최초로 붙은 교육 기관은 1924년에 설립된 경성제국대학이다. 1920년 6월에 100여 명의 독립 운동가들이 조선교육회를 발족하고 조선 민립대학 설립 운동을 전개하여 종합 대학을 세우려 하자, 일제는 이러한 시도를 막기 위해 경성제국대학을 설립하였다. 그리고 자신들의 식민 통치에 효과적으로 이용하기 위해 법과와 의과만을 개설하였다. 당시에는 대학 교육 수준의 고등 교육을 제공한 전문 학교가 꽤 많았다. 지금의 연세대학교인 연희전문학교와 세브란스전문학교, 지금의 고려대학교인 보성전문학교, 지금의 이화여자대학교인 이화여자전문학교, 지금의 숙명여자대학교인 숙명여자전문학교 등을 들 수 있다. 전문 학교들은 해방 후에 4년제 종합 대학으로 승격되었다. 그 후 전국에 많은 국립 대학과 사립 대학이 세워졌다.

대한민국

아시아의 동쪽 끝에 있는 나라이다. 한국이라고 한다. 남북으로 길게 뻗은 반도와 3200여 개의 섬으로 이루어져 있다. 전체적으로 동쪽에 높은 산지가 많고 서쪽과 남쪽에 평야가 발달해 있다. 동쪽·남쪽·서쪽은 각각 동해·남해·황해로 둘러싸여 있다. 한강, 금강, 낙동강 등 큰 하천의 중·하류 유역에는 넓은 충적 평야가 발달되어 있다. 황해안은 바다의 수심이 낮고 여러 강이 흘러들고 있다. 남해안은 해안선이 매우 복잡하며 연안에는 많은 섬들이 있다. 기후는 네 계절의 변화가 뚜렷하며, 온대 계절풍 기후를 보인다. 태백산맥이 남북으로 길게 뻗어 있어 남·북과 동·서의 기후차가 심한 편이다. 연강수량의 50~60퍼센트를 차지하는 비가 6월에서 8월 사이에 내린다.

정부 형태는 대통령 중심제이며, 수도는 서울이다. 남북한을 합한 육지 면적은 약 22만 2000제곱킬로미터이고, 군사분계선을 경계로 한 남쪽의 면적은 전체의 약 45퍼센트에 해당하는 9만 9600제곱킬로미터에 이른다. 인구는 2004년 말 기준으로 4905만 2988명이다. 인구 밀도는 2004년 기준으로 1제곱킬로미터 당 492.8명이다. 공용어는 한국어이다. 1인당 국민총생산은 2003년 기준으로 1만 2646달러이다.

신석기 시대의 씨족 집단에서 출발해 최초의 국가 형태인 고조선이 형성되었다. 기원전 108년에 고조선이 망한 뒤 여러 연맹 왕국 시대를 거쳐 고구려, 백제, 신라의 고대 국가가 차례로 세워졌다. 6세기 중엽에 신라가 삼국을 통일하였으나 다시 후삼국으로 갈라졌다. 918년에 태조 왕건이 후삼국을 통일하고, 귀족 사회인 고려를 세웠다. 14세기 말에는 조선으로 왕조가 바뀌면서 유교를 바탕으로 한 민족 문화가 크게 발전하였다. 근대에 이르러 러시아, 청나라, 일본의 틈바구니에서 시달림을 받다가 1910년에 일제에게 주권을 빼앗기고 말았다. 이후 국내외에서 끊임없는 항일 독립 운동을 벌여 오던 중, 1945년에 일제가 태평양 전쟁에서 패망하면서 광복을 맞이하였다. 그러나 미군과 소련군이 북위 38도선을 경계로 나누어 점령하면서 한반도는 남북으로 나뉘었다. 그 후 1948년에 남한에는 총선거를 거쳐 대한민국 정부가 수립되었고, 북한에는 조선민주주의인민공화국이 들어섰다. 1950년에 한국전쟁이 일어났으며, 1953년 휴전 협정 이후 군사 분계선을 경계로 오늘날까지 남북이 분단되어 있다. 한국전쟁이 끝나고 복구 사업을 시작으로 1960년대에는 경제개발계획과 국토종합개발계획사업을 추진하면서 근대화의 기초를 만들었다. 1970년대에는 공업화에 온 힘을 기울여 마침내 신흥 공업국으로 발돋움하였다. 1990년대 이후에는 수출 산업인 섬유·전자·잡화를 비롯하여 석유 화학·철강·조선 등 중화학 공업, 반도체·생명 공학 산업 등 첨단 산업까지 급속도로 발달하였다.

대한민국의 서울을 가로질러 흐르는 한강

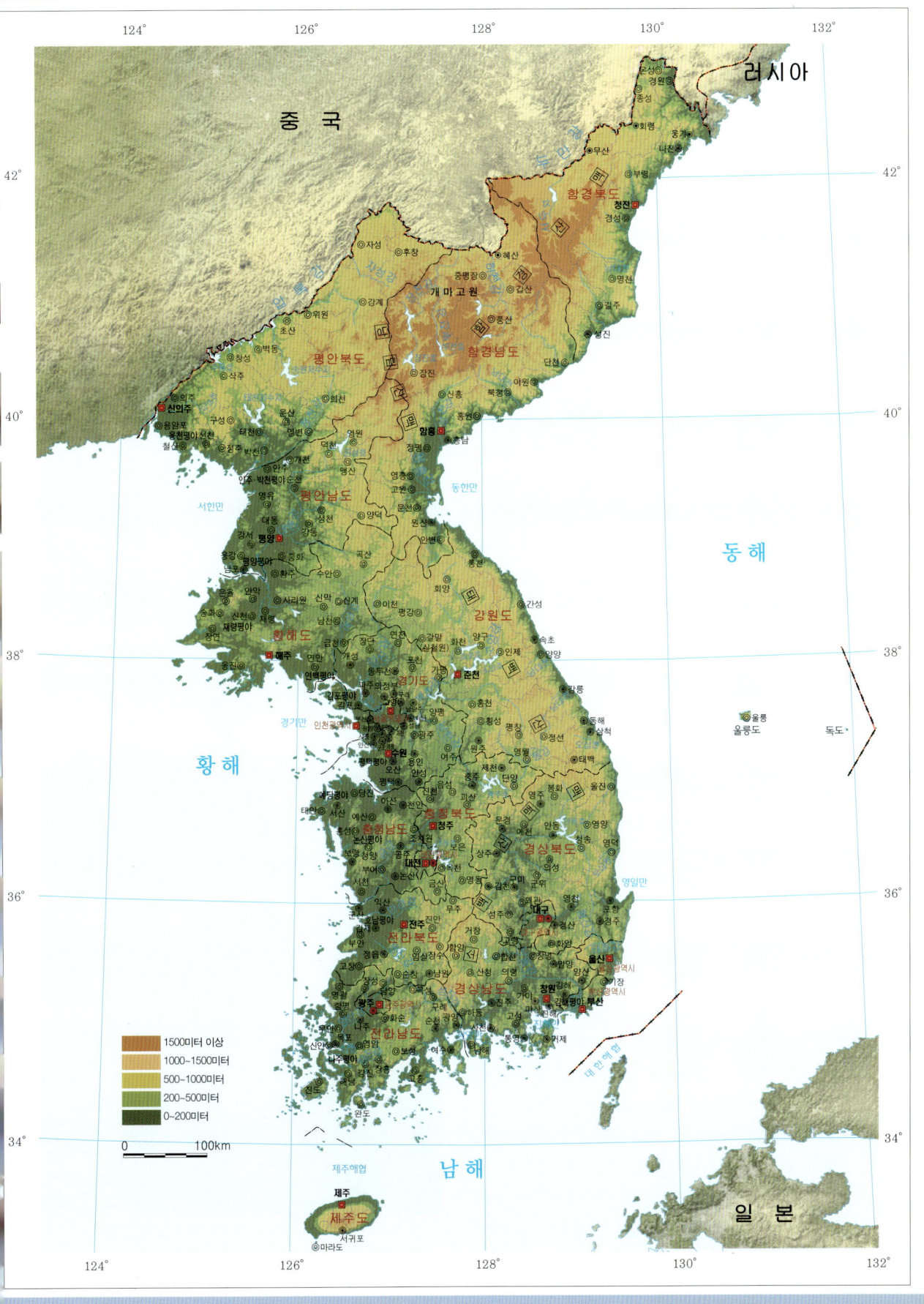

도로

사람이나 차 따위가 다닐 수 있도록 만든 길을 말한다. 비포장도로에서 고속도로에 이르기까지 여러 도로가 있으며, 도로와 이어져 있는 터널과 다리도 도로에 포함된다. 사람의 이동과 물자의 유통에 필요한 수단으로서, 정치·경제·문화 교류에 중요한 역할을 한다. 오늘날 일반 사람들의 생활에서 가장 많이 이용하는 교통 시설이다.

「도로교통법」에 따르면 도로에는 국가 도로망의 중추를 이루는 고속 국도, 주요 도시·항만·공항·관광지 등을 잇는 일반 국도, 특별시 및 광역시의 시내를 잇는 특별시·광역시도, 도청 소재지로부터 시청 또는 군청 소재지에 이르는 도로와 시·군청 소재지를 서로 연결하는 도로 및 도내의 주요 공항이나 항만 및 역을 서로 잇는 지방도, 각 시와 군에 있는 시·군도가 있다. 또한 도로를 이용하는 목적에 따라 일반 도로, 산업 도로, 유람 도로 등으로 나눈다.

도로의 역사

도로는 오랜 옛날부터 인류 사회의 진보와 함께 발달해 왔다. 기원전 3000년경 이집트에는 호박 산지인 발트 해 연안과 지중해 연안을 연결하는, 호박 도로라는 교역로가 있었다. 또 이집트, 메소포타미아, 인도, 중국 등 4대 문명 발상지에는 신전과 궁전을 잇는 석재 도로가 있었다. 가장 역사가 오래 된 장거리 도로는 페르시아 만에서 메소포타미아, 소아시아를 지나 지중해에 이르는 로열 로드로, 기원전 14세기경에 히타이트 왕국이 건설한 것이다. 기원전 4세기경에 닦인 실크 로드는 16세기에 해양 교통이 발달할 때까지 유라시아 대륙을 이으며 동서 문명의 교류에 기여하였다. 로마 시대에는 이탈리아, 프랑스, 에스파냐, 영국, 소아시아 서부, 북아프리카에 걸친 광대한 영토를 손쉽게 통치하고 군사를 신속하게 이동시키기 위해 대규모 도로망을 갖추었다. '모든 길은 로마로 통한다'는 말이 생길 만큼 로마의 도로는 체계적이고 질서 정연하였다. 로마 제국이 멸망한 후 약 1000년 간 유럽의

충청남도 서산시 대산읍에서 강원도 동해시에 이르는 38번 국도

도로 교통은 현저히 퇴보하였다. 남아메리카 대륙에서는 페루의 잉카 제국이 로마의 길에 견줄 만한 대규모 도로망을 건설하였다. 안데스 산맥의 험준한 산악 지대를 뚫고, 아스팔트 재료를 사용한 점으로 보아 잉카 제국의 도로 기술이 매우 뛰어났음을 알 수 있다.

도로 건설이 비약적으로 발전한 것은 산업혁명 이후이다. 내연 기관의 발명과 자동차의 실용화, 공기 고무 타이어의 발명, 콘크리트와 아스팔트 포장의 발달 등에 힘입어 도로 건설이 급속도로 확산되었다.

우리 나라의 도로

『고려사』와 『증보문헌비고』에는 고려 시대의 도로에 대한 기록이 있고, 『대동여지도』와 『동국여지승람』에는 조선 시대의 도로에 대한 기록이 있다. 조선 시대의 도로망은 오늘날의 국도망과 거의 비슷하다. 우리 나라에서 본격적으로 도로가 발달한 것은, 일제가 행정·산업·군사 목적에서 도로를 건설한 이후부터다. 그러나 오늘날처럼 전국을 연결하는 체계적인 도로망은 고속도로의 건설을 통해 이루어졌다. 1968년 12월에 서울과 인천 간의 경인고속도로 완공을 시작으로, 서울과 부산 간의 경부고속도로, 대전과 순천 간의 호남고속도로, 부산과 순천 간의 남해고속도로, 강릉과 동해 간의 동해고속도로, 서울과 강릉 간의 영동고속도로, 구미와 마산 간의 구

대중 교통 수단인 버스가 다니는 버스전용차로

마고속도로, 광주와 대구 간의 88올림픽고속도로, 서울시 상일동과 대전 회덕 인터체인지 간의 중부고속도로, 판교와 구리 간의 서울외곽순환선, 인천과 목포 간의 서해안고속도로, 부산과 춘천 간의 중앙고속도로가 건설되었다.

고속도로 상황실

덕유산 칠연계곡

덕유산

덕유산

전라북도 무주군과 장수군, 경상남도 거창군과 경상남도 함양군에 걸쳐 있는 산이다. 제일 높은 향적봉의 높이는 1614미터이고, 삼봉산·수령봉·대봉·무룡산·삿갓봉·지봉·칠봉 등 높이 1000미터가 넘는 높은 산들이 연이어 있다. 흔히 향적봉 주위의 전라북도 무주군과 장수군에 있는 산들을 북덕유산이라고 하고, 경상남도 거창군과 경상남도 함양군에 있는 산들을 남덕유산이라고도 한다. 주목과 구상나무 등 높은 산지에 자라는 나무들이 많고, 산 전체가 철쭉밭이라 할 만큼 철쭉 군락이 넓게 퍼져 있다. 덕유산 북쪽 사면의 무주와 무풍 사이에 있는 무주구천동 계곡을 비롯해 안성 계곡·송계사 계곡·칠연 계곡 등 이름난 계곡이 많다. 무주구천동계곡의 수성대·가의암·추월담·수심대·수경대·청류동·구천폭포 등 구천동 33경이 유명하다. 덕유산에는 백련사를 비롯해 안국사, 영각사 등 오래 된 절이 있고, 사적 제146호인 적상산성과 보물 제1267호인 안국사 영산회괘불탱 등 많은 문화유산이 있다. 1975년에 국립공원으로 지정되었다.

덴마크

유럽 북부에 있는 나라이다. 정식 명칭은 덴마크왕국이고 입헌군주국이다. 정부 형태는 내각 책임제이며, 수도는 코펜하겐이다. 면적은 4만 3098제곱킬로미터이다. 자치령으로 그린란드 및 패로 제도가 있다. 인구는 2003년 기준으로 약 539만 명이다. 공용어는 덴마크어이다. 주요 종교는 루터복음교이다. 기후는 멕시코 만류의 영향으로 온화하나, 일 년 내내 바람이 많이 불고 겨울에는 기후 변화가 심한 편이다. 낙농업이 발달하였으며, 1인당 국민총생산은 2003년 기준으로 3만 600달러이다.

도로교통법

교통 사고를 비롯해 도로에서 생기는 모든 위험과 교통 정체를 방지하거나 제거하여 안전하고 원활한 교통이 이루어지게 하기 위해 만든 법률이다. 1984년 8월 4일에 제정되어 공포되었으며, 1990년에 2차 개정되었고, 1991년에 3차 개정되었다. 그 내용을 보면 우선 특별시장, 광역시장, 시장, 군수, 유료 도로 관리자는 신호기와 안전 표시를 설치하고 관리해야 하며, 보행자나 운전자는 신호를 따라야 한다. 보행자는 보도의 왼쪽 혹은 길 가장자리로 다녀야 하고, 차는 도로의 오른쪽으로 다녀야 한다. 교통 사고를 낸 운전자는 가장 먼저 사상자를 구하기 위해 필요한 조치를 해야 하고, 가까운 경찰서에 사고를 신고해야 한다. 자동차를 운전하려면 지방 경찰청장이 발급하는 운전 면허를 받아야 한다. 지방 경찰청장은 필요에 따라 운전자의 면허를 정지 혹은 취소시킬 수 있다.

도매업

생산자와 소매상 사이에서 상품을 파는 행위 또는 산업을 말한다. 유통 산업의 하나로 상품 유통의 중간 기능을 맡는다. 도매업 중에서 대표적인 것이 상인 도매상이다. 이들은 독립적인 사업자로서 생산업체로부터 상품을 구매하여 다시 소매업자나 다른 도매업자 또는 기업에게

도립공원

 아름다운 자연 환경을 보호하고 이용할 목적으로 「자연공원법」에 따라 지정한 공원을 말한다. 서울특별시장·광역시장·도지사가 지정하지만, 도립공원위원회와 도건설종합계획심의회의 심의를 거쳐 환경부장관의 승인을 얻어야 한다. 관리는 시와 도에서 한다. 도립공원으로 지정되면 뛰어난 풍경을 보호할 수 있고, 관광객 유치를 통해 지방 자치 단체의 재원을 확보하고 고용을 창출하며 지역 주민의 교류를 촉진할 수 있다.
 1970년 6월에 경상북도 금오산이 처음으로 도립공원으로 지정된 이후, 전국의 많은 산들이 도립공원으로 지정되었다. 강원도에는 낙산·경포·태백산이 도립공원으로 지정되어 있고, 경기도에는 남한산성, 경상남도에는 가지산·연화산, 경상북도에는 금오산·팔공산·문경새재·청량산, 전라남도에는 무등산·조계산·두륜산·팔영산·천관산, 전라북도에는 모악산·대둔산·마이산·선운산, 충청남도에는 덕산·칠갑산·대둔산이 도립공원으로 지정되어 있다. 제주도와 충청북도에는 도립공원이 없다.

강원도 태백산도립공원

경기도 남한산성도립공원

전라북도 마이산도립공원

도미니카

> **「도로교통법」의 내용은 무엇일까요?**
>
> 「도로교통법」은 12장에 걸쳐 121개 조문으로 구성되어 있다. 제1장은 도로에서 일어나는 교통상의 모든 위험과 장해를 방지·제거하여 안전하고 원활한 교통을 확보한다는 「도로교통법」의 목적을 시작으로 용어의 정의 및 시·도지사의 도로 교통 안전을 위한 조치 의무, 제2장은 보행자가 통행할 때 지켜야 할 사항, 제3장은 차량과 마차의 통행 방법, 제4장은 운전자와 그 고용주가 지켜야 할 사항, 제5장은 고속도로 및 자동차 전용도로에서 자동차·보행자가 지켜야 할 사항, 제6장은 도로가 교통에 원활히 이용될 수 있도록 유지하는 데 필요한 사항, 제7장은 운전 면허 제도, 제8장은 국제 운전 면허 제도, 제9장은 도로교통안전협회, 제10장은 수수료 등에 대한 사항, 제11장은 벌칙, 제12장은 벌금이나 구류·과료에 해당하는 위반 행위를 한 범칙자에게 경찰 서장이 통고 처분을 할 수 있는 근거 등을 규정하고 있다.

도서관

되판다. 도매업에서는 특별한 경우를 제외하고는 대부분 대량으로 상품을 구매하여 대량으로 되판다. 또한 생산재와 소비재를 모두 판매하고, 평균 소매 가격보다 싼 가격으로 상품을 판다. 판매 대행업이나 중개업, 종합 상사, 생산자의 판매 회사, 협동조합 등도 넓은 의미의 도매업이라고 할 수 있다.

도미니카

아메리카의 카리브 해에 있는 나라이다. 서인도제도에서 두 번째로 큰 히스파니올라 섬의 동쪽 부분을 차지하고 있다. 섬의 서쪽 부분을 차지하고 있는 아이티와 접하고 있다. 정부 형태는 대통령 중심제이며, 수도는 산토도밍고이다. 면적은 4만 8432제곱킬로미터로 한반도의 약 4분의 1이다. 인구는 2003년 말 기준으로 약 844만 명이다. 공용어는 에스파냐어이다. 국민의 94퍼센트가 가톨릭 신자이고, 나머지 일부가 크리스트교 신자이다. 1인당 국민총생산은 2003년 기준으로 2230달러이다.

도서관

도서와 문서, 기록 등을 수집·정리·분석·축적하여 일반 사람들이 발췌·조사·연구·학습에 이용할 수 있도록 만든 기관이다. 오늘날의 도서관은 도서·신문·잡지 등의 인쇄 자료뿐 아니라, 마이크로 필름·영상 필름·녹음 테이프·그림·사진 등의 시청각 자료, 점자 자료, 전산 자료 등도 보관한다. 또한 사회 교육 시설로서의 역할이 커지면서 전시회, 강연회 등 사회 교육과 관련된 많은 활동을 펼치고 있다. 오늘날에는 자료 검색 기능을 전산화함으로써 도서관 이용자들이 훨씬 풍부한 자료를 접할 수 있게 되었다.

도시

사회·경제·정치·문화 활동의 중심이 되는 인구 집중 지역을 말한다. 오늘날 산업과 경제가 발달하면서 모든 기능이 도시로 집중되고 있고, 1차 산업의 종사자들이 2차·3차 산업과 문화 활동이 활발한 도시로 이동하면서 도시 집중화는 더욱 빨라지고 있다.

도시는 촌락에 비해 많은 사람들이 모여 사는데, 도시 인구의 기준은 나라마다 다르다. 덴마크·아이슬란드에서는 250명에서 300명 이상, 프랑스·독일 등에서는 2000명 이상, 미국·타이에서는 2500명 이상, 일본에서

> **도서관은 어떻게 구분되나요?**
>
> 도서관은 설립 주체에 따라 국립 도서관, 공립 도서관, 사립 도서관으로 나눈다.
> 국립 도서관은 국가가 직접 관리하는 도서관이다. 이곳에서는 국내 출판물을 모두 수집·정리·보존하고, 나라 안팎의 자료 교환을 관장하며, 행정부나 입법부가 요구하는 참고 자료를 제공하고, 일반 국민에게 도서를 대출하거나 열람하게 한다. 현재 우리 나라의 국립 도서관으로는 국회 도서관과 국립 중앙 도서관이 있다. 공립 도서관은 지방 자치 단체가 관리하는 도서관으로, 도립·시립·군립·읍립·면립 도서관이 있다. 사립 도서관은 개인이나 법인이 설립한 도서관이다.
> 그 밖에도 전문 분야의 자료를 서비스하는 전문 도서관으로 의학 도서관, 농학 도서관, 경제 도서관, 과학 기술 도서관, 의학 도서관, 음악 도서관, 점자 도서관, 전자 도서관 등이 있다. 그리고 이용 목적에 따라 국립 중앙 도서관, 공공 도서관, 대학 도서관, 학교 도서관, 전문 도서관 등으로 나눈다.
>
> **사서는 무슨 일을 할까요?**
>
> 도서관의 역할이 전문적이고 특수해서 그 속에서 일하는 사람도 전문적인 지식이 필요하다. 사서는 도서관의 목적과 규모 및 이용자의 요구에 따라 도서관 정책을 세우고, 정보와 자료의 수집·평가·선택·분류·열람·보관 등의 일을 한다. 그리고 이용자의 질문, 상담, 조사 의뢰에 대해 회답해 준다.

는 5만 명 이상이 모여 사는 지역을 도시라고 한다. 우리 나라에서는 인구 2만 이상은 읍, 5만 이상은 시이다. 서울·부산·광주 등 거대 도시는 특별시나 광역시로 지정하여 도시 규모에 맞는 지방 자치를 실시하고 있다.

우리 나라는 1960년대에는 1특별시와 27시였으나 2004년 기준으로 1특별시와 6광역시를 포함한 80여 개의 시가 있다. 1960년대 이후 경제 개발이 본격적으로 이루어지면서 서울, 부산 등 대도시의 인구가 급증하였다. 1970년대에는 대도시의 인구 집중 현상이 더욱 두드러졌으며 국가 개발 사업에 따라 포항, 울산, 창원 등 새로운 공업 도시들이 등장하였다. 1980년대 이후에는 서울과 수도권 등 대도시 주변의 위성 도시들이 성장하였다.

옛날에는 농업 생산이 유리한 곳이나 외부와의 교통이 편리한 곳, 방어가 유리한 곳에 도시가 만들어졌으며 근래에는 이런 지형적 조건보다 교통이나 산업 발달에 유리한 곳에 도시가 발달하였다.

우리 나라의 도시는 기능에 따라 생산 도시, 소비 도시, 교역 도시, 상업 도시, 종합 도시 등으로 나눈다. 생산 도시는 도시에서 사람들이 살아가는 데 필요한 물건을 만드는 공장이나 농수산물을 얻는 도시를 말한다. 신흥 공업 도시인 창원·안산·구미, 석유 화학 공업의 중심인 울산·여천, 제철 공업이 중심인 포항·광양 등의 공업 도시가 있다. 그리고 태백·사북 등의 광업 도시와 속초·주문진 등의 수산 도시가 있다.

소비 도시는 사람들이 생활하기 편하고 여가를 즐길 수 있는 시설이 발달한 도시를 말한다. 분당·평촌·일산 등의 주택 도시와 경주·부여·서귀포 등의 관광 휴양 도시, 청주·경산 등의 교육 도시가 있다.

교역 도시는 도로와 철도 등의 교통 시설이 발달하여 사람들의 왕래가 편리한 도시를 말한다. 대전·익산·군산 등의 교통 도시가 있다.

상업 도시는 다양한 상업과 시장이 발달한 도시를 말하며, 김천·안동·원주 등의 도시가 있다.

종합 도시는 행정·상업·교육·공업 등의 기능이 종합적으로 발달한 도시를 말하며, 서울·부산 등의 도시가 있다.

도시 문제

도시 구조나 인구의 불균형으로 발생하는 여러 가지 사회 문제를 말한다. 도시 시설이 미비하여 생기는 교통·주택·환경·상하수도 등의 문제가 있고, 그 밖에 실업·빈곤·도시 범죄 등이 있다.

우리 나라는 도시 지역의 확대와 도시의 인구 집중화 현상이 가장 심각하다. 도시의 인구 밀도는 높아진 반면 농어촌 지역은 인구의 과소화 현상을 보이고 있으며, 일할 사람이 현저하게 줄어든 상황이다. 이렇듯 도시로 많은 인구가 집중화되면서 교통·주택·환경·사회 분야에서 많은 문제가 생기고 있다. 주택 문제는 주택이 절대적으로 부족한 데서 발생한다. 늘어나는 도시 인구에 비해 주택이 턱없이 부족하고, 이는 주택 가격과 땅 가격을 상승시키며, 불량 주택 지구 형성 등의 문제를 낳기도 한

서울시 강남구 테헤란로

도시 문제의 하나인 주택 문제

다. 교통 부분에서는 늘어난 도시 인구만큼 차도 늘었지만 도로는 부족하고 대중 교통 수단은 빈약하며 주차장 등 관련 시설이 부족한 데서 오는 시간과 에너지 낭비가 심각하다. 또한 쓰레기 문제나 소음 문제 등 환경 오염도 점점 더 악화되고 있다. 도시가 팽창하면서 자연 녹지는 점점 파괴되어 가고 폐수·매연·독성 물질·소음은 늘어만 가고 있다. 상하수도, 통신, 공공 서비스 시설도 절대적으로 부족한 상황이다.

도시화

도시 지역으로 인구가 집중되는 과정과 그 결과로서 도시 생활 양식으로의 변화를 의미한다. 더 나아가 이 변화가 도시 주변이나 농촌으로 확대되는 현상을 말한다.

도시의 독특한 생활 양식으로는 인구의 집중, 2·3차 산업 인구의 증가, 인구 이동의 증가, 직업의 분화 및 전문화, 사회 계층의 분화 및 계층 간의 유동성, 개인의 소외 및 자살과 범죄의 증가 등을 들 수 있다. 또한 서비스업이나 유통 기능의 증대, 공공 시설의 증가도 포함된다. 도시화는 그 과정에서 여러 가지 도시 문제를 일으킨다. 도시 문제는 크게 주택, 교통, 환경, 실업 등의 부분에서 대도시를 중심으로 발생한다.

도시화는 산업화를 거치면서 근대 이후에 일어난 현상을 가리킨다. 따라서 고대의 도시 국가 발달이나 중세의 도시 발달에서는 도시화라는 용어를 사용하지 않는다.

도청

도의 행정을 맡아 처리하는 지방 관청이다. 나라 일을 여러 부서로 나누어 처리하듯이 도의 일을 기획 관리실, 문화관광국, 자치행정국, 보건사회국, 농수산국, 경제통상국, 건설국, 경찰국, 공무원 교육원, 농촌 진흥원 등 여러 부서로 나누어 처리한다. 한편 도청이 들어서 있는 지역을 도청 소재지라고 한다. 경기도의 도청 소재지는 수원시, 강원도는 춘천시, 충청남도는 대전시, 충청북도는 청주시, 경상남도는 창원시, 경상북도는 대구시, 전라남도는 광주시, 전라북도는 전주시, 제주도는 제주시이다.

독도

우리 나라의 동해 맨 끝에 있는 화산섬으로, 경상북도 울릉군에 속해 있다. 옛날에는 삼봉도, 우산도, 가지도라고 하였으며 1883년부터 독도, 독섬, 석도라고 하였다. 울릉도에서 동남쪽으로 약 87.4킬로미터 거리에 있는 독도는 비교적 큰 동도와 서도, 그리고 32개의 작은 섬들로 이루어져 있다. 동도는 면적이 6만 4800제곱미터이고, 꼭대기의 비교적 평탄한 부분에 등대와 경비초소 등이 있다. 서도는 면적이 9만 5400제곱미터이고, 산꼭대기가 뾰족하고 경사가 심하다.

기후는 난류의 영향을 많이 받는 전형적인 해양성 기후이다. 부근 해역은 한류와 난류가 교차하기 때문에 오징어·명태·대구·연어·송어·전갱이·고등어 등이 많이 잡히고 미역·다시마 등의 해초류와 전복·소라 등의 패류가 많이 난다. 현재까지 독도에서 조사된 식물은 민들레·괭이밥·섬장대·강아지풀·쑥·쇠비름·명아주·질경이·곰솔·섬괴불나무·붉은가시딸기·

도시 문제의 하나인 교통 문제

도시화가 진행중인 도시 근교의 주택 개발 단지

우리 나라 땅 독도 위를 날고 있는 F-16전투기

줄사철·동백 등 60종 안팎이다. 지리적 특수성으로 철새들이 이동할 때 쉬어가는 곳으로 지금까지 괭이갈매기·바다제비·슴새·황조롱이·물수리·노랑지빠귀·흰갈매기·흑비둘기·까마귀·딱새 등 22종의 조류가 관찰되었다. 이곳에 모여드는 희귀한 새를 보호하기 위해 1982년 11월에 섬 전체를 천연기념물 336호 독

독도의 입체 영상 지도

탐구학습

독도는 우리 땅이다

독도는 역사적으로 보나 지리적으로나 국제법상으로 우리 나라의 고유한 영토이다. 그런데도 일본은 독도가 자기네 땅이라는 터무니없는 주장을 자주 한다. 독도를 국제적으로 분쟁 지역으로 만들어 이익을 보려는 것이다.

독도가 우리 나라의 땅이 된 것은 삼국 시대인 512년에 이사부가 우산국을 정벌하여 신라에 병합하면서부터이다. 이 사실은 『삼국사기』에 기록되어 있으며, 이때 신라에 병합된 우산국의 영토가 울릉도와 함께 우산도로 이루어져 있었음은 『세종실록지리지』나 『신증동국여지승람』·『만기요람』·『증보문헌비고』등 많은 기록을 통해 확인할 수 있다. 이런 사실은 우리 나라와 일본의 많은 기록뿐만 아니라 여러 나라의 지도에도 잘 밝혀져 있다.

독도는 지리적으로도 일본보다는 우리 나라의 영토에 가까이 있다. 울릉도에서 독도까지는 87.4킬로미터에 지나지 않으나, 독도에서 일본의 오키 군도까지는 157.5킬로미터이다. 독도와 거리가 가까운 우리 나라가 옛날부터 자연스럽게 독도를 발견하여 이용하고 실효적으로 통치해 왔음은 의심의 여지가 없다. 이는 역사상 독도가 울릉도에 속한 섬으로, 울릉도의 통치를 담당한 우리 관헌이 관리해 왔다는 사실에서도 알 수 있다.

국제법상으로도 독도가 우리 나라 땅이라는 사실은 제2차 세계대전 전후 처리 과정에서 연합국 최고사령부의 조치 및 샌프란시스코 대일강화조약에 의해 확인할 수 있다. 제2차 세계대전 후 연합국 최고 사령부는 카이로 선언·포츠담 선언·일본항복문서에 따라 일본이 1895년 이후 침략 전쟁이나 폭력에 의해 빼앗은 다른 나라의 땅들을 모두 돌려주게 하였다. 그에 따라 1946년 1월에 연합국 최고사령부는 훈령 제677호를 내려 일본의 통치 구역을 일본 본토와 그 인접 섬으로만 국한하고, 독도·울릉도·제주도는 분명히 제외하였다. 또 훈령 제1033호를 내려 일본 선박과 선원의 독도 접근을 금지하였다.

이처럼 독도가 우리 나라 땅이라는 사실은 역사적으로나 지리적으로나 국제법상으로 분명하다. 그런데도 일본은 독도를 국제 분쟁 지역으로 만들어 이익을 보려고 독도에 대해 터무니없는 주장을 계속하고 있다. 이런 일본의 나쁜 야욕을 물리치기 위해서는 독도가 우리 나라 땅이라는 사실을 왜곡하는 일본에 대해 엄중히 대처하는 한편, 독도에 대한 우리의 실효적 지배, 즉 국가 권력의 계속적이고 평화적인 행사를 강화하는 것이 중요하다.

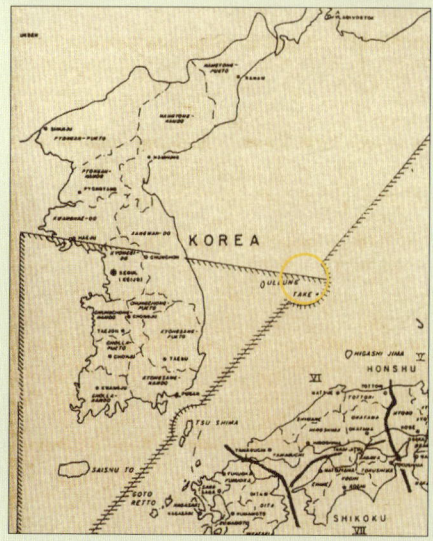

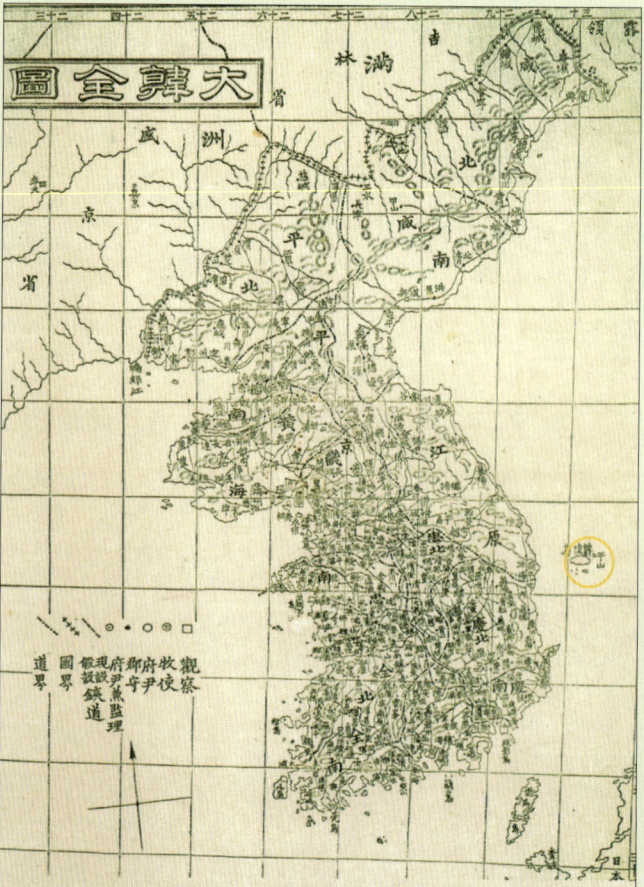

왼쪽 위는 『신증동국여지승람』에 수록된 조선 「8도총도」(1531년), 왼쪽 아래는 연합국 최고사령부 훈령 제667호의 지도(1946년), 오른쪽은 대한제국 학부에서 제작 배포한 표준지도(1899년)이다. 지도 위의 노란 원 안에 독도가 표기되어 있다.

독도의용수비대가 독도에 새겨놓은 글씨

온 국민의 열망과 성금으로 세운 독립기념관

도 해조류 번식지로 지정하였다. 독도는 화산 작용으로 생겨났기 때문에 자연 경관이 아주 독특하며 해안선을 따라 단층과 주상절리가 발달하여 섬의 경치가 무척 아름답다. 그런 지질상의 특수성과 자연 환경을 보호하기 위해 1999년 12월에 독도 천연 보호 구역으로 문화재 명칭을 변경하였다.

독도의용수비대

독도와 독도 앞바다에 무단 침입을 일삼는 일본인들에 대항해 청년 33명이 자율적으로 조직한 의용수비대이다. 한국전쟁 중에 일본이 독도를 침입하여 불법 행위를 일삼았다. 하지만 우리 정부는 한국전쟁으로 독도 경비까지 제대로 신경쓰지 못하는 상황이었다. 그러자 1953년 4월 20일에 홍순칠을 비롯한 울릉도 청년 33명이 의용수비대를 만들어, 무단으로 상륙한 일본인을 몰아내고 일본의 순시선과 여러 차례 총격전을 벌였다. 이후 독도의용수비대는 3년 8개월 동안 꿋꿋이 독도를 지키다가 1956년 12월에 수비 임무와 무기를 울릉도 경찰에 반환한 후 본래의 생활로 돌아갔다. 1966년에 홍순칠 대장은 공로훈장을, 나머지 대원들은 방위포장을 받았다. 그리고 1996년에 고 홍순칠 대장은 보국훈장 삼일장을, 나머지 대원들은 광복장을 받았다.

독립기념관

우리 민족의 자주와 독립을 위해 헌신한 조상들을 후대에 길이 알리고, 역사의 산 교육장으로 삼기 위해 세운 기념관이다. 1987년에 8월 15일에 충청남도 천안시 목천면에 건립되었다. 온 국민의 성금과 열망으로 이루어진 이 기념관은 민족의 독립 의지를 상징한다. 독립기념관은 자료의 수집·보존·관리, 조사 및 연구, 전시와 국민 교육, 홍보와 각종 간행물 발간 등의 사업을 벌이고 있다. 부설 기관인 한국독립운동사연구소는 전시를 학문적으로 뒷받침하기 위해 독립운동사, 민족운동사, 국난극복사에 대한 자료를 조사·수집·정리하고 학술 연구를 진행하고 있다.

독립기념관은 수덕사의 대웅전을 본뜬 기념관과 대문, 7개의 전시관, 겨레의 집, 광장, 도서실, 자료실 등으로 구성되어 있다. 1전시관에는 우리 나라의 역사·문화·국난극복사가 개괄적으로 전시되어 있다. 2전시관에는 근대 민족 운동·애국 계몽 운동·의병 전쟁 등이 전시되어 있다. 3전시관에는 일제 침략, 4전시관에는 삼일운동, 5전시관에는 독립군·의열 투쟁·사회 운동·학생 운동·문화 운동, 6전시관에는 재외 동포·임시 정부·광복군의 활동, 7전시관에는 정부 수립과 분단의 비극·경제 개발·국력 성장과 통일 의지 등 광복 이후의 현대사가 각각 전시되어 있다.

독일

유럽 중부에 있는 나라이다. 북쪽에서 남쪽으로 갈수록 고도가 높아지는 지형이다. 북쪽의 평야 지대가 국토의 3분의 1 정도를 차지한다. 유럽 최대의 내륙 수로인 라인 강을 비롯해 엘베 강, 베저 강, 모제 강 등이 있다. 이 강들의 유역에 큰 도시와 공업 단지가 들어서 있다. 정식

독일의 라인 강

독일의 노이슈반슈타인 성

명칭은 독일연방공화국이다. 정부 형태는 내각 책임제이며, 수도는 베를린이다. 면적은 35만 6910제곱킬로미터로 한반도의 약 1.6배이다. 인구는 2003년 기준으로 약 8260만 명이다. 공용어는 독일어이다. 주요 종교는 크리스트교와 가톨릭이다. 기후는 온화한 편이다. 1인당 국민소득은 2003년 기준으로 2만 3560달러이다.

843년에 동프랑크 왕국이 성립되면서 국가의 면모를 갖추기 시작했고, 1871년에 프로이센에 의해 통일되어 독일 제국이 세워졌다. 1914년에 제1차 세계대전을 일으켰다가 영국·프랑스 등에 패해 많은 영토를 잃고 독일 제국도 멸망하였다. 1918년에 공화국이 수립되어 재건에 나섰으나, 1929년의 세계대공황으로 어려움을 겪었다. 1933년에 히틀러가 이끄는 나치당이 정권을 잡았다. 나치당은 1939년에 제2차 세계대전을 일으켜 한때 유럽 전역을 점령하기도 하였으나 미국과 소련을 중심으로 한 연합국에 패하였다. 전쟁이 끝난 후 영국·프랑스·소련에 의해 동·서독으로 나뉘었다. 1990년 10월에 동독이 서독에 흡수, 통일되었다.

독일은 세계 경제 강국 중의 하나이다. 광물 자원이 적은 편이라서 원자재의 대부분을 수입한다. 제조업이 발달하여 국민총생산의 약 5분의 2를 차지하고, 전체 노동자의 약 3분의 1이 제조업에 종사한다. 주로 전기·전자 제품을 수출하며 특히 광학·정밀 산업에 강하다.

통일이 된 뒤 동독과 서독 간의 경제 발전의 격차에서 생긴 불평등으로 실업이 발생하는 등 어려움을 겪었다.

독재 정치

헌법으로 정해진 민주적 제도와 절차를 무시하고 한 명 혹은 소수의 사람들이 독단으로 운영하는 정치 형태를 말한다.

본래 고대 로마에서 전쟁과 같은 비상 사태가 발생하면 원로원에서 임명한 집정관이 6개월 간 법을 초월한 독재권을 행사하는 정치 형태를 가리켰다. 오늘날에는 사회를 개혁한다거나 외국의 침략을 막는다는 등의 구실을 내세워 국가 권력을 독점하는 정치 형태를 말한다. 독재 정치 아래서는 국민의 정치적 권리와 자유가 억압된다. 그리고 권력을 계속 유지하기 위해 헌법을 무시하고 부패 정치를 일삼기도 한다. 이탈리아의 파시즘, 독일의 나치즘, 일본의 군국주의 독재가 대표적인 예이다.

독점

어떤 상품이나 서비스를 제공하는 기업이 하나뿐인 경우를 말한다. 시장이나 한 산업 내에서 파는 쪽이 하나일 때를 공급 독점, 사는 쪽이 하나일 때를 수요 독점, 파는 쪽과 사는 쪽이 각각 하나일 때를 쌍방 독점이라고 한다. 일반적으로 독점이라고 할 때는 공급 독점을 가리킨다. 독점은 소비자에게 많은 피해를 주기 때문에 세계 여러 나라에서는 독점을 막기 위해 노력하고 있다. 우리 나라에서도 「공정거래법」을 만들어 지나친 독점이나 과점의 피해를 막고 있다.

동강

강원도 정선군과 영월군 영월읍 일대를 흐르는 강이다.

길이는 약 65킬로미터이다. 동강은 평창군의 오대산에서 시작하는 오대천과 정선군 북부를 흐르는 조양강을 모아 흐른다. 완택산과 곰봉 사이 산간 지대의 구불구불한 골짜기 안을 따라 남서쪽으로 흐르다가 영월군 영월읍 하송리에서 서강을 만나 남한강 상류로 흘러든다. 정부는 1996년부터 이곳에 댐을 건설하려 하였으나 자연 생태계를 보존해야 한다는 반대 여론이 많아 2000년에 백지화되었다. 2002년 6월에 환경부가 정선군·평창군·영월군의 동강 일대를 생태계 보존 지역으로 지정하였다. 경치가 아름답고 물살이 세 여름철에 래프팅을 많이 한다.

동남아시아국가연합

동남아시아의 평화와 안정 및 경제와 과학 기술 분야의 상호 협력을 촉진하기 위해 1967년 8월에 설립한 국제 협력 기구이다. 아세안(ASEAN)이라고도 한다. 설립 당시의 회원국은 필리핀, 인도네시아 등 5나라였으나 2004년 말 기준으로 회원국은 총 10나라이다. 필리핀, 말레이시아, 싱가포르, 인도네시아, 타이, 브루나이, 베트남, 라오스, 미얀마, 캄보디아 등이 회원국이며, 본부는 인도네시아의 자카르타에 있다.

동진강

전라북도의 남부를 흐르는 강이다. 내장산 까치봉 북동 계곡에서 시작하여 황해로 흘러 들어가며, 길이는 약 52킬로미터이다. 강의 이름은 전북 부안군 동진면으로 흐르는 강이라는 뜻이다. 주요한 지류로 용호천, 정읍천, 고부천 등이 있고, 호남고속도로가 이 강을 가로지른다.

동해

우리 나라의 동쪽에 있는 바다로, 한반도와 러시아의 연해주, 일본 열도 사이에 있는 태평양의 연해이다. 남북의 길이는 약 1700킬로미터이고, 동서의 최대 너비는 약 1110킬로미터이며, 면적은 약 107만 제곱킬로미터이다. 평균 수심은 1530미터로 황해나 남해보다 훨씬 깊다. 대한해협에서 난류가 올라 오고 연해주로부터 한류가 내려와 만나기 때문에 오징어와 명태 등 어족 자원이 풍부해 수산업이 발달하였다. 해안을 따라 포항과 울산 같은 우리 나라의 대표적인 공업 도시가 있고, 이 밖에도 원산·속초·강릉·동해 등의 도시가 있다. 해금강과 관동팔경 등의 명승지가 있고, 낙산·화진포·경포대·망상해수욕장 등의 유명한 해수욕장이 많다. 1964년부터 대륙붕 개발에 나서 2004년부터 울산 동남쪽에 있는 동

원시 생태 환경이 보존되어 있는 동강

디노미네이션

황해나 남해보다 수심이 깊고 어족 자원이 풍부한 동해

해-1 가스전에서 천연 가스를 생산하고 있다.

디노미네이션
화폐의 단위를 하향 조정하는 것을 말한다. 모든 화폐의 액면을 동일한 비율의 낮은 숫자로 낮추거나, 새로운 통화 단위로 화폐의 호칭을 바꾸는 조치이다. 디노미네이션으로 화폐의 가치가 변하는 것은 아니다. 인플레이션이 심한 나라에서 주로 실시하며, 우리 나라에서도 1953년과 1962년에 디노미네이션을 실시하였다.

디플레이션
통화량이 줄어들고 경제 활동이 활발하지 못한 경제 현상을 말한다. 디플레이션은 주로 정부가 세금을 너무 많이 거두어들이거나, 정부의 재정 지출이 적을 때 일어난다. 또 저축된 돈이 투자되지 않을 때나 금융 활동의 침체 등으로 돈의 양이 부족할 때 일어난다. 디플레이션 상황에서는 돈의 가치는 오르고 물건 값은 떨어진다. 돈의 유통이 잘 되지 않고 소비가 줄어들며 물건이 팔리지 않는다. 그 여파로 기업의 생산 활동은 위축되고 회사가 파산하여 실업자가 생긴다. 디플레이션 상태에서는 일정한 소득을 얻는 근로자나 금전 채권자·수출업자는 유리하지만, 생산자·수입업자·금전 채무자 등은 불리하다.

라오스

인도차이나 반도 중앙부에 있는 내륙 국가이다. 중국, 베트남, 캄보디아, 타이, 미얀마에 둘러싸여 있다. 정식 명칭은 라오스인민민주공화국이다. 정부 형태는 대통령 중심제이며, 수도는 비엔티안이다. 면적은 23만 6800제곱킬로미터로 한반도의 약 1.1배이다. 인구는 2003년 기준으로 약 567만 명이다. 공용어는 라오어이다. 1인당 국민총생산은 2003년 기준으로 300달러이다.

라이베리아

아프리카 서부에 있는 나라이다. 1821년에 미국식민협회가 해방 노예의 거주지를 건설하기 위해 지금의 몬로비아인 메수라도 곶에 해방 노예를 이주시키고 자유의 나라라는 뜻으로 라이베리아라고 이름 붙였다. 1847년에 독립한 아프리카 최초의 흑인 공화국으로 아프리카에서 가장 역사가 오래 된 공화국이다. 정부 형태는 대통령 중심제이며, 수도는 몬로비아이다. 면적은 9만 9067제곱킬로미터로 한반도의 약 2분의 1배이다. 인구는 2003년 기준으로 약 339만 명이다. 공용어는 영어이다. 주요 종교는 크리스트교, 이슬람교, 토착 신앙이다. 1인당 국민총생산은 2003년 기준으로 140달러이다.

러시아

극동아시아에서 동부 유럽에 걸쳐 있는 나라이다. 북쪽으로는 북극해, 동쪽으로는 태평양에 접하고, 남쪽으로는 북한·중국·몽골·카자흐스탄·그루지야, 서쪽으로는 우크라이나·벨라루스·라트비아·폴란드·리투아니아·에스토니아·핀란드 등에 접한다. 정식 이름은 러시아연방이며, 정부 형태는 대통령 중심제이다. 수도는 모스크바이다. 면적은 1707만 5400제곱킬로미터로 한반도의 약 78배이며, 국토의 동서 간 시차는 11시간이다. 인구는 2003년 기준으로 1억 4489만 3000명이다. 인구 밀도는 2003년 기준으로 1제곱킬로미터당 8.5명이다. 공용어는 러시아어이다. 주요 종교는 러시아정교이다. 기후는 대륙성 기후로 몹시 춥다. 1인당 국내총생산은 2003년 기준으로 3200달러이다.

4세기경부터 러시아인의 선조인 동슬라브족이 드네프르 강 중상류 유역에 정착하기 시작하였으며, 9세기 후반에 키예프 대공국이 세워지면서 국가의 모습을 갖추었다. 1238년부터 약 240년 간 몽골의 지배를 받다가 1480년에 모스크바 공국을 수립하였다. 1613년에 미하일 로마노프가 즉위하면서 로마노프 왕조가 시작되었으며, 표트르 대제와 알렉산드르 1세 등의 대외 확장 정책을 통해 18세기에는 동유럽의 중심 국가로 성장하였다. 그러나 다른 나라와의 잦은 전쟁과 공업화 정책의 실패로 국민들의 불만이 높아져 1917년에 2월 혁명이 일어나 로마노프 왕조가 몰락하였다. 이후 임시 정부가 수립되었지만 레닌이 이끄는 볼셰비키 당이 10월 혁명을 일으켜 정권을 장악하고 공산주의 정권을 수립하였다. 1922년에 우크라이나와 백러시아와 연방 조약을 체결하여 소비에트사회주의연방공화국, 즉 소련이 탄생하였다. 소련은 제2차 세계대전에 연합국으로 참전하여 승리를 하였으며, 전쟁 이후 공산권 국가의 대표적인 국가로 냉전 시대를 이끌었다. 미국과의 오랜 군비 경쟁과 중앙 통제 경제로 경제가 어려워지자, 1986년부터 개방과 개혁 정책을 실시하였다. 개방과 개혁 정책에 반대하는 군부가 1991년 8월에 쿠데타를 일으켰으나 급진 개혁파에 의해 진압당하고, 결국 1991년 12월에 공산당과 연방이 해체되었다. 소련이 해체되고 많은 연방이 독립한 이후 러시아는 시장 경제 제도를 도입하여 경제 발전을 위해 힘쓰고 있다.

레바논

서남아시아, 지중해 동쪽 해안에 있는 나라이다. 북쪽과 동쪽으로는 시리아, 남쪽으로는 이스라엘에 접해 있다. 정부 형태는 대통령 중심제이나 내전 이후 대통령과 총리, 국회 의장이 권력을 나눠 갖고 있다. 수도는 베이루트이다. 면적은 1만 400제곱킬로미터로 경기도만한 크기이다. 인구는 2003년 기준으로 약 373만 명이다. 기후는 아열대성 기후이며, 공용어는 아랍어이다. 주요 종교는 크리스트교와 이슬람교이다. 1975년부터 1990년까지 크리스트교도와 이슬람교도 간의 내전으로 오랫동안 혼란을 겪었다. 1인당 국민총생산은 2003년 기준으로 4010달러이다.

레소토

남아프리카공화국에 둘러싸인 내륙의 독립국이다. 정식 명칭은 레소토왕국이고, 입헌군주국이다. 정부 형태는 내각 책임제이며, 수도는 마세루이다. 면적은 3만 355제곱킬로미터이다. 인구는 2003년 기준으로 약 181만 명이다. 공용어는 영어이다. 1인당 국민총생산은 2003년 기준으로 530달러이다. 1966년에 영국보호령에서 독립하였다.

루마니아

유럽 남동부, 발칸 반도의 북쪽에 있는 나라이다. 정부 형태는 대통령 중심제이며, 수도는 부쿠레슈티이다. 면적은 23만 7500제곱킬로미터로 한반도의 약 1.1배이다. 인구는 2003년 기준으로 약 2161만 명이다. 공용어는 루마니아어이다. 주요 종교는 루마니아 정교, 가톨릭, 크리스트교이다. 기후는 대륙성 기후이다. 1인당 국민총생산은 2003년 기준으로 1720달러이다.

루브르 박물관

프랑스 파리의 루브르 궁전에 있는 세계적인 박물관이다. 루브르 미술관이라고도 한다. 원래 루브르 궁전에는 프랑수아 1세 이후 역대 프랑스 국왕들이 수집해 놓은 많은 미술품이 있었는데 프랑스 혁명 후인 1793년에 국민의회가 그것을 공개하기로 결정함으로써 박물관으로 정식 발족하였다. 그 뒤로도 미술품 수집이 꾸준히 이루어지면서 세계적인 박물관이 되었다. 고대에서 19세기 전반까지의 작품 약 30만 점을 소장하고 있으며, 고대 아시아관 · 고대 이집트관 · 그리스와 로마관 · 고대 오리엔트관 · 조각관 · 회화관 · 미술 공예품관 등 7개의 전시실로 나누어져 있다. 대표적인 소장품으로는 「승리의 여신상」과 미로의 「비너스」, 레오나르도 다 빈치의 「모나리자」, 들라크루아의 「민중을 이끄는 자유」, 다비드의 「나폴레옹 대관식」 등이 있다.

룩셈부르크

유럽 중부에 있는 나라이다. 정식 명칭은 룩셈부르크 대공국이고, 입헌군주국이다. 정부 형태는 내각 책임제이며, 수도는 룩셈부르크이다. 면적은 2586제곱킬로미터이다. 인구는 2003년 기준으로 45만 3000명이다. 공용어는 프랑스어이다. 은행보험업 · 철강업 등이 발달하였으며, 1인당 국민총생산은 2003년 기준으로 3만 9845달러이다.

르완다

아프리카 중앙부에 있는 나라이다. 정부 형태는 대통령 중심제이며, 수도는 키갈리이다. 면적은 2만 6338제곱킬로미터이다. 인구는 2003년 기준으로 약 839만 명이다.

루브르 박물관의 대표적인 소장품인 「미로의 비너스」상

루브르 박물관의 대표적인 소장품인 레오나르도 다 빈치의 「모나리자」

프랑스의 파리에 있는 루브르 박물관

리비아

리우 선언 이후 세계의 식량, 에너지, 건강과 환경, 빈곤 등의 문제를 온세계가 함께 논의하고 있다.

공용어는 프랑스어와 킨야르완다어이다. 투치 족과 후투 족의 부족 간 갈등으로 오랫동안 내전을 치렀다. 1인당 국민총생산은 2003년 기준으로 220달러이다.

리비아

북아프리카 중앙부에 있는 나라이다. 북쪽으로 지중해, 동쪽으로 이집트, 남동쪽으로 수단, 남쪽으로 차드·니제르, 서쪽으로 알제리·튀니지와 맞닿아 있다. 정식 명칭은 리비아인민사회주의아랍공화국이다. 정부 형태는 대통령 중심제이며, 수도는 트리폴리이다. 면적은 176만 제곱킬로미터로 한반도의 약 8배이며, 아프리카 대륙에서는 네 번째로 넓다. 인구는 2003년 기준으로 약 552만 명이다. 공용어는 아랍어이다. 주요 종교는 이슬람교이며, 절대 다수가 수니 파이다. 시르테 분지 등에 있는 유전에서 생산되는 석유가 주된 수출품이다. 1인당 국내총생산은 2003년 기준으로 6200달러이다.

리우 선언

지구 환경 보존의 기본 지침과 더불어 지속 가능한 개발의 원칙을 밝힌 선언이다. 1992년 6월 3일부터 14일까지 브라질의 리우데자네이루에서 '지구를 건강하게, 미래를 풍요롭게' 라는 주제로 세계 114나라의 정상 및 정부 수반이 모여 리우 회의를 열었다. 그 회의의 결과로 나온 선언이 바로 리우 선언이며, 정식 명칭은 '환경 및 개발에 관한 리우데자네이루 선언' 이다. 선언이기 때문에 법적 구속력은 없지만, 지구의 환경 보전과 관련된 국제 협약이나 합의의 지침이 된다. 전문과 27조항으로 구성된 리우 선언에는 인간 중심의 개발을 논의하고, 자연과 조화를 이룬 건강하고 생산적인 삶을 추구하며, 국가는 환경 분쟁을 국제연합 헌장에 따라 평화적이고 적절한 방법으로 해결하고, 각 국가와 국민은 선언이 표명하는 원칙을 실천하기 위해 동반자 정신으로 성실히 협력한다는 주요 원칙이 담겨 있다.

리투아니아

러시아 북서부, 발트 해 연안에 있는 나라이다. 정부 형태는 대통령제를 가미한 내각 책임제이며, 수도는 빌뉴스이다. 면적은 6만 5300제곱킬로미터이다. 인구는 2003년 기준으로 약 346만 명이다. 공용어는 리투아니아어이다. 1인당 국민총생산은 2003년 기준으로 3350달러이다. 1918년에 독일로부터 독립을 선언하였으며, 제2차 세계대전 중인 1944년에 소련에 의해 합병되었다가 1991년에 소련으로부터 독립하였다. 2004년에 북대서양조약기구와 유럽연합에 가입하였다.

마다가스카르

아프리카 남동쪽, 인도양에 있는 세계에서 네 번째로 큰 섬나라이다. 정부 형태는 대통령 중심제이며, 수도는 안타나나리보이다. 면적은 58만 7041제곱킬로미터이다. 인구는 2003년 기준으로 약 1698만 명이다. 공용어는 프랑스어와 마다가스카르어이다. 기후는 열대 기후, 온대 기후, 건조 기후까지 다양하게 나타난다. 커피·바닐라·설탕 등을 주로 수출하며, 1인당 국민총생산은 2003년 기준으로 270달러이다.

막사이사이 상

필리핀의 대통령이었던 막사이사이를 기리기 위해 1958년에 만든 국제적인 상이다. 막사이사이 재단은 해마다 전 세계에서 정부 공무원, 공공 사업, 국제 협조 증진, 지역 사회 지도, 언론 문화의 5부문에서 기여한 인물을 선정하여 1만 달러의 상금과 메달을 수여한다. 한국인으로는 장준하, 김활란, 김용기, 이태영, 장기려, 김임순, 법륜 스님 등이 수상하였다.

만경강

전라북도 완주군 동상면 사봉리의 삼각점 동쪽 계곡에서 시작하여 전주, 익산, 군산, 김제를 지나 황해로 흘러들어가는 강이다. 길이는 80.86킬로미터이며, 주요한 지류로 고산천·소양천·전주천 등이 있다. 상류 지역을 제외하고는 대체로 유속이 느리다. 호남고속도로와 서해안고속도로가 만경강을 가로질러 지나간다.

만주

중국 동북 지방으로 러시아·한국·내몽골 자치구에 둘러싸인 지역이다. 면적은 123만 제곱킬로미터이다. 옛날에 부여·고구려·발해가 나라를 세웠던 땅으로 유적이 많이 남아 있으며, 일제 강점기 때는 조국의 광복을 위해 우리 나라의 많은 독립 투사들이 만주를 근거지로 활약하였다. 1932년에 일본은 이 지역에 만주국을 세워 대륙 침략의 발판으로 삼기도 했다. 오늘날에도 우리 민족이 많이 사는 지방이다. 겨울에는 춥고 건조하며, 여름에는 덥고 비가 많이 온다.

말레이시아

동남아시아의 말레이 반도에 있는 나라이다. 말레이 반도의 남부를 차지하는 서말레이시아와 보르네오 섬 북서부의 동말레이시아로 이루어져 있다. 연방형 입헌군주국이며, 정부 형태는 의원 내각제이다. 수도는 콸라룸푸르이다. 면적은 33만 제곱킬로미터로 한반도의 약 1.5

배이다. 인구는 2003년 기준으로 약 2510만 명이다. 공용어는 말레이어이다. 주요 종교는 이슬람교, 불교 등이다. 천연 고무와 주석을 많이 수출하며, 1인당 국민총생산은 2003년 기준으로 3330달러이다.

멕시코

북아메리카 대륙의 남쪽 끝에 있는 나라이다. 유카탄 반도의 마야, 멕시코 시 부근의 톨텍, 아즈텍 족의 문화가 발생한 곳이며, 1519년에 에스파냐에 정복되었다가 1821년에 독립하였다. 정식 명칭은 멕시코합중국이고 연방공화국이다. 북쪽으로는 미국, 남쪽으로는 과테말라·벨리즈, 서쪽으로는 태평양, 동쪽으로는 멕시코 만과 접하고 있다. 정부 형태는 대통령 중심제이며, 수도는 멕시코시티이다. 면적은 196만 4375제곱킬로미터로 한반도의 약 9배이다. 인구는 2003년 기준으로 1억 400만 명이다. 공용어는 에스파냐어이다. 주요 종교는 가톨릭교이다. 기후는 고도에 따라 열대에서 사막 기후까지 다양하게 나타난다. 1인당 국민총생산은 2003년 기준으로 5530달러이다.

모로코

아프리카 대륙의 서북쪽 끝에 있는 나라이다. 지브롤터 해협을 사이에 두고 유럽의 이베리아 반도와 접하고 있다. 정식 명칭은 모로코왕국이고, 입헌군주국이다. 수도는 라바트이며, 면적은 71만 850제곱킬로미터이다. 인구는 2003년 기준으로 약 3169만 명이다. 공용어는 아랍어이다. 주요 종교는 이슬람교이다. 기후는 북부는 지중해성 기후이고, 중부는 대륙성 기후이며, 남부 사하라는 사막성 기후이다. 1인당 국민총생산은 2003년 기준으로 1190달러이다.

모잠비크

아프리카 대륙의 남동부, 모잠비크 해협에 접하고 있는 나라이다. 1975년 6월에 포르투갈로부터 독립하였다. 정부 형태는 대통령 중심제이며, 수도는 마푸토이다. 면적은 81만 2379제곱킬로미터이다. 인구는 2003년 기준으로 약 1856만 명이다. 공용어는 포르투갈어이다. 1인당 국민총생산은 2003년 기준으로 210달러이다.

몰도바

유럽 동부에 있는 나라이다. 루마니아·우크라이나와 국경을 접하고 있다. 1991년에 소련으로부터 독립하였다. 정부 형태는 대통령 중심제이며, 수도는 키시네프이다. 면적은 3만 3843제곱킬로미터이다. 인구는 2003년 기준으로 426만 7000명이다. 공용어는 몰도바어이다. 1인당 국민총생산은 2003년 기준으로 400달러이다.

몽골

아시아 중앙 내륙에 있는 나라이다. 정부 형태는 국회가 중심이 되는 이원집정부제이며, 수도는 울란바토르이다. 면적은 156만 4160제곱킬로미터로 한반도의 약 7.5배이다. 평균 해발 고도는 1580미터이다. 인구는 2003년 기준으로 약 250만 명이다. 주요 종교는 라마교이다. 기후는 대륙성 기후이다. 공용어는 몽골어이다. 1인당 국민총생산은 2003년 기준으로 400달러이다. 한때 칭기즈칸 같은 영웅이 유라시아 대륙을 지배했던 유목 민족 국가이다.

몽블랑 산

프랑스와 이탈리아의 국경에 있는 산이다. 알프스 산맥에 있는 산 중에서 가장 높은 산으로, 높이는 4807미터이다. 프랑스에서는 흰 산이라는 이름에 걸맞게 흰 눈으로 덮인 아름다운 모습을 볼 수 있지만, 이탈리아에서는 황량한 바위와 빙벽만 볼 수 있다. 이탈리아에서는 몬테비앙코라고 한다. 몽블랑 산은 18세기 중엽부터 등산가의 주목을 끌기 시작하였으며, 1786년 8월 8일에 발마와 파카르가 처음으로 등정하였다. 지금은 샤모니몽블랑과 앙트레브를 잇는 케이블카가 설치되어 있다. 또 이탈리

알프스 산맥에서 가장 높은 산인 몽블랑 산

아의 쿠르마이외에서 프랑스의 샤모니몽블랑에 이르는 몽블랑 터널이 뚫려 관광 도로와 산업 도로로 이용되고 있다. 몽블랑 산 부근은 기류가 불안정해 항공 사고가 잦다. 샤모니몽블랑과 쿠르마이외 등이 국제적인 관광지로 유명하다.

무속

좁은 뜻으로는 무당과 관계된 습속을 말하고, 넓은 뜻으로는 우리 나라의 전래 신앙 전체를 말한다. 무당은 길흉을 점치고 굿하는 것을 업으로 하는 여자이며, 남자 무당은 박수라고 한다. 무당이 하는 굿·고사·풍어제·산신제 등의 여러 가지 제의와 점·예언 등이 무속이며, 원시 종교 형태인 샤머니즘의 우리 나라식 표현이다. 샤머니즘은 우리 나라에서 무당이라고 하는 샤먼이 초자연적 존재와 직접 접촉하여 죽은 사람의 영혼을 불러내고, 병을 치료하며, 길흉을 점치고, 예언을 하며, 초자연적 존재에게 제사를 올리는 원시 종교이다. 샤머니즘은 우리 나라뿐 아니라 동아시아, 동남아시아, 중앙아시아, 남북아메리카, 오세아니아 등에 널리 나타난다. 이런 무속은 불교·유교·크리스트교 등 외래 종교가 들어오기 훨씬 이전부터 우리 민족의 원시 신앙으로 널리 믿었으며, 고등 종교라고 일컫는 외래 종교들의 교리들을 한국화하는 데에 큰 영향을 끼쳐 왔다. 무속은 비록 원시 종교의 형태를 벗어나지는 못했지만 종교로서 갖추어야 할 모든 요소를 갖추고 있어서 오늘날에도 민간층에 뿌리깊이 파고들어 폭넓은 기반을 갖고 있다.

통일을 기원하는 무당의 굿

무역

나라와 나라 간에 일어나는 국제 거래를 말한다. 물건을 사고파는 경제 행위는 나라 안에서만 일어나는 것이 아니라 나라와 나라 사이에도 일어난다. 쌀이 많이 생산되는 나라에서는 쌀을, 공장이 많은 나라에서는 공산품

다른 나라에 수출되는 제품을 담은 컨테이너 박스들을 배에 싣고 있는 무역항

을 만들어 다른 나라에 팔고 대신 부족한 물건들을 사들여 오는 국제 거래를 말한다. 무역은 좁은 뜻으로는 나라 간에 서로의 물건을 교환하는 것을 말하지만, 넓은 뜻의 무역에는 물건의 교환처럼 눈에 보이는 무역뿐 아니라 기술 및 서비스와 같이 눈에 보이지 않는 무역과 자본의 이동까지도 포함한다. 무역을 할 때 다른 나라에 물건을 파는 것은 수출, 다른 나라에서 물건을 사오는 것은 수입이라고 한다.

무형 문화재

일정한 형태를 갖추고 있는 유형 문화재와는 달리 연극·음악·무용 등과 같이 일정한 형태를 갖추지 않아 정지시켜 보존할 수 없는 문화재를 말한다. 산업화와 도시화, 국제화가 빠르게 진행되면서 전통 사회에 뿌리를 둔 많은 무형 문화재가 사라져 가고 있다. 우리 나라에서는 사라져 가는 중요한 무형 문화재를 보호하고 다음 세대에 전하기 위해 역사·예술·학술 가치가 큰 무형 문화재를 문화재청에서 중요 무형 문화재로 지정하여 보호하고 있다. 즉 1962년부터 무형 문화재 중에서 가치가 큰 문화재를 음악·무용·연극·공예기술·놀이·무예·음식 등 7분야로 나누어 중요 무형 문화재로 지정하여 보호하고 있다. 또 중요 무형 문화재의 예능 또는 기능을 원형대로 체득하고 있어 그대로 실현할 수 있는 보유자와 단체도 함께 지정하여 보호하고 있다. 중요 무형 문화재의 예능이나 기능 보유자를 흔히 인간 문화재라고 한다. 또한 무형 문화재를 다음 세대에 전하기 위하여 전수회관을 세워 기능과 예능의 전수에 힘쓰고, 해마다 전시 발표회 및 공연을 열어 많은 사람들에게 널리 알리고 있다.

대표적인 무형 문화재로는 중요 무형 문화재 1호인 종묘제례악을 비롯하여 양주별산대놀이, 통영오광대, 남사당놀이, 강강술래, 한산 모시짜기, 나전장, 문배주 등이 있다. 2004년 말 기준으로 109종의 무형 문화재가 중요 무형 문화재로 지정되어 있고, 보유자와 보유 단체로 213곳이 지정되어 국가의 보호를 받고 있다. 전 세계적으로 뛰어난 가치를 지니고 있어서 인류가 공동으로 보호해야 할 필요가 있는 무형 문화재는 유네스코가 세계무형유산으로 등록하여 보호하고 있다. 우리 나라의 무형 문화재 중에서 종묘제례와 종묘제례악, 판소리 등 2건이 세계무형유산으로 등록되어 있다.

문맹

배우지 못하여 일상 생활에 필요한 문장을 읽거나 쓰지 못하는 상태를 말한다. 국가가 정한 공식 언어를 읽고 쓸

중요 무형 문화재 56호이며, 유네스코가 지정한 세계무형유산인 종묘제례

탈춤   판소리

태평무   농악

피리정악 대취타

수 있는 상태는 문해라고 한다. 문맹의 대상을 몇 살 이상으로 할 것인지는 나라마다 다르다. 우리 나라는 의무 교육이 끝나는 만 12세, 미국은 14세, 스리랑카는 5세를 최하 연령으로 삼고 있다. 1951년에 유네스코는 일상 생활에 필요한 짧고 간단한 문장을 이해하고 읽고 쓸 수 있는 사람을 문해자로, 문장을 이해하며 읽을 수는 있으나 쓸 수 없는 사람을 반문해자로 정의하였다.

문화 산업

방송·영화·출판·음악·게임 등에서 문화 상품을 제작하고, 이에 관련된 서비스를 제공하는 산업을 말한다. 예술성·창의성·오락성·대중성 등 문화 요소를 갖춘 상품을 만들어 부가가치를 창출하는 산업으로서, 21세기를 이끌어 갈 산업으로 각광받고 있다. 전 세계적으로 게임, 영화, 애니메이션, 음반 산업에 많은 투자를 하고 있고, 문화의 욕구가 다양해지면서 문화 산업의 범위도 넓어지고 있다. 우리 나라에서도 영화 산업을 비롯한 여러 분야의 문화 산업이 성장하고 있으며, 특히 온라인 게임 산업은 세계의 게임 산업을 이끌어 갈 정도로 발달하였다.

물가

여러 물건과 서비스의 가격을 종합해서 평균한 것을 말한다. 연필이나 공책 같은 학용품의 값이나 배추나 무 같은 채소의 값부터 아파트 값에 이르기까지 우리 생활에 필요한 물건의 값은 매일 변하고 있다. 물건의 값뿐 아니라 미장원에서 머리를 자르는 값이나 버스 요금 등 서비스의 가격도 변한다. 이렇게 시간이 지남에 따라 변하는 여러 가지 물건이나 서비스의 가격을 전체적으로 알기 위해 각각의 물건과 서비스의 가격을 종합해서 평균한 것이 물가이다.

물가는 여러 가지 이유로 시간이 지나면서 변한다. 이러한 물가의 움직임을 알기 위해 숫자로 표시한 것이 물가 지수이다. 물가 지수는 기준 시점과 비교해 물가가 얼마나 올랐는지 또는 내렸는지를 나타낸다. 물가 지수는 기준 년도의 물가 수준을 100으로 하기 때문에 어떤 시점의 물가 지수가 120이라면 기준 시점보다 물가가 20퍼센트 올랐다는 것을 뜻한다. 소비자의 구매 가격을 나타내는 소비자 물가 지수, 생산자의 판매 가격을 나타내는 생산자 물가 지수, 수출입 가격을 나타내는 수출입 물가 지수 등이 대표적인 물가 지수이다. 물가의 움직임 중에서 물가가 지속적으로 상승하는 현상을 인플레이션이라고 하고, 반대로 물가가 지속적으로 하락하는 현상을 디플레이션이라고 한다. 인플레이션이나 디플레이션은 경제에 좋지 않은 영향을 미치지만 특히 인플레이션이 더 나쁜 영향을 미친다.

물물 교환

화폐나 다른 어떤 매개물을 이용하지 않고 직접 물건과 물건을 교환하는 행위를 말한다. 옛날에는 필요한 물건이 있으면 다른 사람과의 물물 교환으로 구했다. 쌀은 가족들이 먹고 남을 만큼 있는데 옷감이 부족하다면 쌀을 들고 가서 옷감과 바꿨다. 이런 물물 교환은 물건을 가지고 다니기 힘들고, 맞바꾸는 물건의 가치를 비교하기 어렵다는 등의 불편함이 있다. 그래서 화폐가 등장했고 화폐가 널리 쓰이면서 물물 교환은 점차 사라지게 되었다.

미국

북아메리카 대륙의 캐나다와 멕시코 사이에 있는 나라이다. 서쪽에는 로키 산맥, 캐스케이드 산맥, 해안 산맥 등이 남북으로 뻗어 있다. 내륙 지방은 주로 미시시피 강 유역에 넓은 평야가 펼쳐져 있다. 동쪽에는 애팔래치아 산맥이 세인트 로렌스 강에서 앨라배마 주까지 이어져 있다. 정식 명칭은 아메리카합중국이다. 알래스카와 하와이를 포함하여 50주로 구성된 연방 공화국이다. 정부 형태는 대통령 중심제이며, 수도는 워싱턴이다. 면적은

문화 상품인 책을 파는 서점

951만 8323제곱킬로미터이다. 인구는 2003년 기준으로 2억 9158만 7000명이다. 인구 밀도는 2003년 기준으로 1제곱킬로미터당 31.1명이다. 공용어는 영어이다. 주요 종교는 크리스트교, 가톨릭교이다. 기후는 대부분 온대 기후이다. 통화는 US달러이고, 1인당 국민총생산은 2003년 기준으로 3만 4280달러이다.

1492년에 콜럼버스가 신대륙을 발견한 이후 자유를 찾아 유럽 각국에서 이주민들이 모여들었다. 이주민들은 원주민인 인디언을 쫓아내고 그들의 문명을 파괴하면서 동부 해안의 13주를 중심으로 신대륙을 개척해 갔다. 이들은 풍부한 자원을 이용하여 산업을 일으켰고, 이에 영국 정부는 독점 무역과 많은 세금을 요구하였다. 1773년의 보스턴 차 사건을 계기로 이주민들은 1776년에 독립을 선언하고, 영국에서 독립하였다. 1783년에 파리 조약에 따라 독립이 승인되었고, 1787년에 연방 헌법이 제정되었으며, 1789년에 초대 대통령으로 조지 워싱턴이 취임했다.

미국은 넓은 국토와 석탄, 석유, 철광, 구리 등 풍부한 자원을 개발하여 공업화를 이룬 선진 공업국이다. 주로 동북부 공업 지대인 5대호 지역을 중심으로 공업이 발전하였다. 그리고 세계 제일의 농업국인 동시에 세계 최대의 농산물 수출국이다. 농업은 주로 남부를 중심으로 발달하였다. 미국은 제1·2차 세계대전의 전승국으로 물자와 자본의 공급국으로서 방대한 자본을 축적하는 데 성공했다. 제2차 세계대전 이후 자본주의의 선두 국가로 세계의 정치와 경제에서 막강한 영향력을 행사하고 있으며, 다민족·다인종 국가로 많은 갈등을 겪고 있다.

미국은 우리 나라와 1882년에 한·미수호통상조약을 맺어 공식적인 외교관계를 수립하였다. 해방된 후에는 38도선을 경계로 남한에 대해 군정을 실시하였으며, 한국전쟁 때는 유엔군으로 참전했다. 이후 우리 나라와 군사, 정치, 경제적으로 밀접한 관계를 유지하였다. 최근에 중국 및 유럽과의 무역이 늘면서 순위는 바뀌었지만, 1990년대 후반까지는 우리 나라 제1의 무역 상대국이었다. 우리 나라 교포가 가장 많이 살고 있는 나라이다.

미술관

미술품을 진열하여 사람들이 관람할 수 있게 한 시설을

인상주의 화가의 작품을 많이 소장한 프랑스 오르세 미술관

가리킨다. 국제박물관협의회에 따르면 기념관, 사적·유적·자연 환경 등과 같은 역사적 기념물, 식물원, 동물원 등과 함께 박물관의 한 형태이다. 고대 그리스에서는 전리품을 모아 진열하고, 전쟁 같은 큰 사건에서 있었던 일을 벽화로 그려 시민들에게 보였는데, 이것이 미술관의 기원이라고 할 수 있다. 본격적으로 미술품을 수집한 것은 르네상스 시대부터다. 이는 고대 그리스나 로마 문명에 대한 동경이 미술품의 수집으로 나타난 것이다. 그 후 귀족이나 대부호들을 중심으로 미술품 수집뿐 아니라 예술가들에 대한 후원이 이루어졌고, 수집가들은 자신의 수집품을 사람들에게 공개하기 시작했다. 18세기에 공공 미술관이 등장하였다. 1739년에 이탈리아의 우피치 미술관, 1750년에 로마의 바티칸 미술관, 1753년에 런던의 대영박물관, 1793년에 프랑스의 루브르 미술관이 창립되었다.

우리 나라 미술관의 시초이면서 박물관의 시초는 1908년에 창경궁 안에 설치한 제실박물관이다. 이곳에는 삼국 시대부터 전해져 내려온 불교 공예품, 고려자기, 조선 시대의 미술품 등이 전시되었다. 나라를 빼앗긴 후 제실박물관은 이왕가박물관으로 이름이 바뀌었으며, 1938년에 덕수궁 석조전 옆에 새로 지은 건물로 이전한 후 다시 이왕가미술관으로 이름이 바뀌었다. 이 미술관은 해방 이후에 문화재관리국 덕수궁미술관으로 바뀌었다가 1969년에 국립현대미술관이 개관한 후 국립중앙박물관에 통합되었다.

문화재

옛 사람들이 남긴 것 중에서 역사적으로나 학술적 또는 예술적으로 중요해 보존할 가치가 있는 것들을 말한다. 넓은 의미에서 보면 문화재는 손으로 직접 만져 볼 수 있는 유형의 것뿐만 아니라 눈에 보이지는 않지만 여러 세대를 거치는 동안 입에서 입으로 전해 온 여러 가지 예술 활동과 인류학적인 유산, 민속, 법, 습관, 생활 양식 등의 무형의 것을 포함하고 있다. 그래서 최근에는 문화재라는 말과 함께 문화 유산이라는 말을 많이 쓴다. 문화재와 문화 유산을 통해서 옛 사람들이 어떻게 살아 왔는지를 알 수 있고, 옛날 사람들이 살아온 삶과 그들의 지혜를 배움으로써 민족의 자긍심을 느낄 수 있다.

국보 86호인 경천사지십층석탑

문화재는 기준에 따라 여러 가지로 나뉘는데, 우리 나라의 「문화재보호법」에서는 유형별로 크게 유형 문화재·무형 문화재·기념물·민속 자료 등으로 나누고 있다. 유형 문화재는 옛 무덤이나 절·그림·도자기·책 등 손으로 직접 만져 볼 수 있는 문화재를 말하고, 무형 문화재는 판소리나 탈춤, 종묘제례 등과 같이 손으로 만질 수는 없지만 사람들의 행위를 통해 나타나는 문화재를 말한다. 기념물은 보기 좋은 경관으로 가치가 있거나 예술·학술적으로 의미가 있는 것을 말하고, 민속 자료는 옛날 사람들의 일상 생활을 이해하는 데 중요한 정보를 제공하는 것들을 말한다. 또 문화재는 국가나 지방 자치 단체 등이 문화재로 지정하느냐 하지 않느냐에 따라 지정 문화재와 비지정 문화재로 나눈다. 지정 문화재는 다시 국가 지정 문화재와 시·도 지정 문화재로 나눈다. 국가 지정 문화재는 「문화재보호법」에 따라 국가가 지정한 문화재이고, 시·도 지정 문화재는 시·도의 조례에 따라 지방 자치 단체가 지정한 문화재이다. 국가 지정 문화재는 다시 국보·보물·사적·명승·천연기념물·중요 무형 문화재·중요 민속 자료로 나누고, 시·도 지정 문화재는 지방 유형 문화재·지방 무형 문화재·지방 기념물·지방 민속 자료 등으로 다시 나눈다. 비지정 문화재는 「문화재보호법」 또는 시·도의 조례에 의하여 지정되지 않은 문화재 중 보존할 만한 가치가 있는 문화재를 말한다.

문화재는 한번 훼손되면 다시는 원래 상태로 되돌릴 수 없기 때문에 최선을 다해 원래의 모습대로 보존하는 일이 가장 중요하다. 우리 나라에서 문화재를 보호하기 위한 일을 하는 국가 기관으로는 문화관광부와 문화재청이 있으며, 문화관광부 아래에 국립 박물관들이 있다. 문화재의 등록과 신고, 발굴 등은 문화재청이 맡고, 국가에 속한 문화재의 수집·보존·연구·전시·교육은 국립 박물관이 맡고 있다.

국가 지정 문화재

앙부일구

우리 나라의 문화재 중에서 나라에서 보존해야 할 가치가 있는 문화재를 문화재청장이 「문화재보호법」에 의하여 문화재위원회의 심의를 거쳐 지정한 중요 문화재를 가리킨다. 국가 지정 문화재는 국보·보물·사적·명승·사적 및 명승·천연기념물·중요 무형 문화재·중요 민속 자료 등 8개 유형으로 나눈다. 우리 나라의 많은 문화재 중에서 2004년 말 기준으로 국보로 306점, 보물로 1394점, 사적으로 444곳, 중요 무형 문화재 및 그 보유자로 322종, 명승으로 10곳, 사적 및 명승으로 9곳, 천연기념물로 336종, 중요 민속 자료로 240점 등 총 2848건이 국가 지정 문화재로 지정되어 있다. 국가 지정 문화재로 지정되면 「문화재보호법」에 따라 국가의 일정한 보호를 받는다. 즉 국가 지정 문화재의 소유자·보유자·관리자는 문화재에 관하여 일정한 사유가 발생한 때에는 문화재청장에게 신고하여야 한다. 또 보존에 영향을 미칠 우려가 있는 행위는 문화재청장의 허가를 받아야 한다. 문화 교류를 목적으로 허가를 얻은 경우를 제외하고는 국외로 가지고 나갈 수 없다.

시·도 지정 문화재

특별시장·광역시장·도지사가 국가 지정 문화재로 지정되지 않은 문화재 중에서 보존 가치가 있다고 인정되는 것을 지방 자치 단체의 조례에 의하여 지정한 문화재를 말한다. 시·도 유형 문화재, 시·도 무형 문화재, 시·도 기념물, 시·도 민속 자료 등 4개 유형으로 나눈다. 지정할 때에는 어떤 자치 단체가 지정한 것인지 알 수 있도록 자치 단체의 이름을 표시한다. 예를 들어 경상남도에서 지정한 문화재는 '경상남도 유형 문화재 몇 호'라고 표시한다. 많은 문화재 중에서 2004년 말 기준으로 시·도 유형 문화재로 2071점, 시·도 무형 문화재로 316종, 시·도 기념물로 1427종, 시·도 민속 자료로 309점 등 총 4123건이 시·도 지정 문화재로 지정받아 보호받고 있다.

사적 1호인 경주의 포석정

서울특별시 유형 문화재 17호인 보도각 백불

사적 173호이며 세계문화유산인 강화도 부근리 고인돌

미얀마

동남아시아의 인도차이나 반도와 인도 대륙 사이에 있는 나라이다. 정식 명칭은 미얀마연방이다. 수도는 양곤이다. 1948년에 영국으로부터 독립하였다. 1988년 9월 쿠데타로 집권한 군부가 1989년에 나라 이름을 버마에서 미얀마로 바꿨다. 면적은 67만 6577제곱킬로미터로 한반도의 약 3.5배이다. 인구는 2003년 기준으로 약 5217만 명이다. 공용어는 미얀마어이다. 주요 종교는 불교이다. 기후는 열대성 몬순 기후이다. 1인당 국내총생산은 2003년 기준으로 153달러이다.

민족

일정한 지역에서 오랫동안 공동 생활을 하면서 형성된 문화나 의식을 바탕으로 역사적으로 결합된 사회 집단을 말한다. 겨레라고도 한다. 여기서 문화란 언어, 종교, 풍속, 세계관, 경제 생활, 사회 조직 등 생활 양식 전체를 포괄하는 개념이다. 그 중에서도 언어는 민족을 분류하는 가장 중요한 기준이다. 민족은 국민, 인종, 종족과는 다른 개념이다. 국민은 국가나 영토를 공유한 집단을 가리키고, 인종 및 종족은 생물학적·인류학적 특징을 공유한 집단이다. 민족은 문화와 의식과 역사를 공유한 집단이다. 하지만 민족과 국민과 인종은 서로 복잡하게 얽혀 있어서 명확히 구분하기 힘들다. 우리 나라는 같은 민족이 한 국민을 이루고, 미국은 여러 민족과 인종이 한 국민을 이룬다. 한편 유럽에서는 라틴 민족이 여러 나라의 국민으로 갈라져 있다.

민족자결주의

각 민족은 다른 민족의 간섭을 받지 않으며, 자신들의 정치적 운명을 스스로 결정해야 한다는 주장이나 이념을 가리킨다. 민족자결권은 다른 나라의 억압을 받는 식민지 국가에게 자기의 국가를 세울 수 있도록 정당성을 마련해 주었다. 이전에 프랑스의 루소도 민족자결주의를 주장했지만, 국제 정치에서 민족자결주의가 중요하게 떠오르기 시작한 것은 1918년에 미국의 윌슨 대통령이 평화 14개조를 발표하면서부터이다. 우리 나라의 삼일운동도 이 민족자결주의의 선언문으로부터 많은 영향을 받았다.

민주 정치

인간을 존중하고, 자유와 평등이 보장되는 정치를 말한다. 흔히 독재 정치의 반대 개념으로 많이 쓴다. 민주 정치의 이념은, 국가는 국민의 이익을 위하여 국민의 뜻과 참여에 의하여 운영되어야 한다는 것이다. 민주 정치의 근본 원리는 모든 인간이 인간답게 살기 위해 국가의 운영을 국민의 뜻에 따라서 행해야 하며, 개인의 재능과 의견이 존중되고 자유로워야 한다는 것이다. 민주 정치의 이념을 실현하기 위한 구체적인 정치 원리나 제도는 시대와 국가에 따라 다르다.

직접 민주주의 원칙을 실현했던 고대 그리스의 아크로폴리스

민속 놀이

민간에 전해 내려오는 놀이로 우리 민족의 생활과 풍속이 잘 나타나 있다. 민속 놀이는 놀이하는 집단의 성격에 따라 전문인들의 놀이와 일반인들의 놀이로 나누고, 놀이를 하는 시기에 따라 세시(歲時) 놀이와 평상시의 놀이 등으로 나눈다. 또 놀이를 하는 나이에 따라 어른 놀이와 어린이 놀이로, 놀이하는 성별에 따라 남자 놀이와 여자 놀이, 놀이를 하는 인원에 따라 집단 놀이와 개인 놀이 등으로 나눌 수도 있다.

전문인들의 놀이에는 고성오광대·양주별산대놀이 등 광대나 사당패가 벌이는 탈놀이와 단오굿·영감놀이 등의 굿놀이 그리고 꼭두각시놀음·줄타기·장대타기 등의 남사당놀이가 있다.

세시 놀이에는 명절이나 특정 계절에 하는 놀이로, 정초에 주로 하는 연날리기·윷놀이·널뛰기, 대보름의 줄다리기·고싸움·차전놀이·다리밟기·놋다리밟기·쥐불놀이, 3월 삼짇날의 화전놀이, 4월 초파일의 연등놀이·물장구놀이, 5월 단오의 씨름·격구·그네뛰기, 7월 백중의 백중놀이, 8월 추석의 소놀이·거북놀이·강강술래·길쌈놀이 등이 있다.

전해 오는 민속 놀이들은 대부분 설·정월 대보름·단오·추석 등 명절에 주로 하는 세시 놀이들이다. 평상시의 놀이는 장기·투전 등 몇 가지를 제외하면 대부분 어린이들의 놀이이다. 남자 어린이는 제기차기, 썰매타기, 연날리기, 자치기, 팽이치기, 말타기 등을 주로 했고 여자 어린이는 공기놀이, 고무줄놀이, 소꿉놀이, 줄넘기 등을 주로 했다.

줄타기

장기판

씨름

차전놀이

옛날에 어린이들은 무엇을 하고 놀았을까?

옛날에 어린이들은 명절이나 특정한 계절에 하는 세시 놀이로 연날리기, 윷놀이, 널뛰기, 쥐불놀이, 물장구놀이, 그네뛰기, 가마싸움, 거북놀이 등을 하였다.

세시 놀이

연날리기

연날리기는 대표적인 겨울철의 놀이이다. 특히 섣달부터 정월 보름 사이에 연을 많이 날렸다. 방패연, 가오리연 등 다양한 모양의 연을 만들어 연줄 끊기나 높이 날리기 시합을 하였다. 대보름날 연에다 액(厄) 혹은 송액(送厄)이라고 쓴 연을 날리다가 해질 무렵에 연줄을 끊어 하늘로 날려 보냄으로써 액막이를 한다.

연과 얼레

윷놀이

4개의 윷을 던져 윷판 위의 말이 먼저 돌아 나오는 쪽이 이기는 윷놀이는 가족과 친지가 모인 안방이나 동네의 공터, 시장터 등에서 남녀노소가 함께 즐기는 놀이이다.

쥐불놀이

정월 대보름의 하루 전날인 열나흘 날이 되면 마을의 어린아이들이 논이나 밭두렁에 불을 붙이고 돌아다니며 노는 쥐불놀이를 한다.

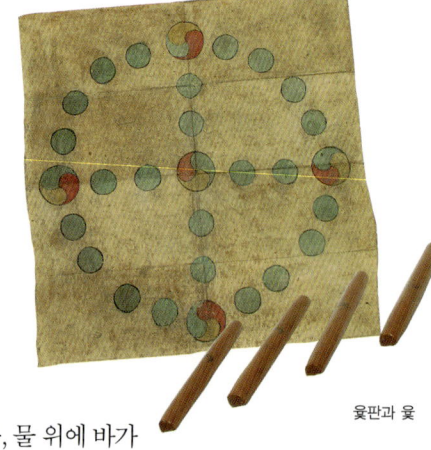

윷판과 윷

물장구놀이

사월 초파일에는 등을 매달아 놓은 등대 밑에 물동이를 가져다가, 물 위에 바가지를 엎어 놓고 돌리면서 바가지를 두드리는 물장구놀이를 하였다.

거북놀이와 가마싸움

추석에는 수숫대 또는 볏짚 따위로 거북 모양을 만들어, 그 속에 앞에 한 사람, 뒤에 한 사람이 들어가 마치 거북이 돌아다니듯이 집집마다 찾아다니며 한바탕씩 노는 거북놀이를 하였다. 이는 어른들이 하는 소놀이와 비슷한 것으로 남녀노소가 함께 즐기며 각 가정의 복을 빌어 주는 놀이이다. 또 가마를 만들어 넓은 마당에 나아가 달음질해서 가마끼리 부딪쳐 부서뜨리거나 깃발을 빼앗는 가마싸움을 추석날에 했다.

쥐불놀이

평상시의 놀이

평상시의 놀이로는 제기차기, 썰매타기, 자치기, 팽이치기, 말타기, 닭싸움, 비석치기, 사방치기, 땅따먹기, 칠교놀이, 고누놀이, 승경도놀이, 투호, 공기놀이, 고무줄놀이, 소꿉놀이, 줄넘기, 널뛰기 등이 있다.

제기차기는 한가운데 구멍이 뚫어져 있는 엽전이나 쇠붙이 등에 한지, 헝겊, 털실을 달아서 만든 제기를 땅바닥에 떨어뜨리지 않고 발로 차올리는 놀이이다. 가장 많은 회수를 차올린 사람이 이기고 두 발로 차기, 땅에 한 발 안 대고 차기 등 기본적인 기술 외에도 갖가지의 놀이 방법이 있다.

팽이치기는 둥글고 짧은 나무의 한쪽 끝을 뾰족하게 깎아서 쇠구슬 따위의 심을 박아 만든 팽이를 얼음판 위나 땅 위에서 팽이채로 쳐 오랫동안 쓰러뜨리지 않고 노는 놀이이다.

비석치기는 5~6미터 정도의 거리에 돌을 세워 놓고 돌을 던져 쓰러뜨리는 놀이로 편을 나누어 했다.

고누놀이는 땅바닥에 여러 가지 모양의 말판을 그려 놓고 차례로 한 번씩 말을 움직여 상대편 말을 포위하거나 밀어내는 놀이이다. 말판의 모양에 따라 우물고누, 줄고누, 곤질고누, 호박고누 등으로 이름이 붙여진다.

투호는 일정한 거리에 놓여 있는 귀 달린 항아리의 주둥이나 귀에 화살을 던져 넣는 놀이이다.

칠교놀이는 사방 10센티미터쯤 되는 나무판으로 만든 직각삼각형 큰 것 2개, 중간 것 1개, 작은 것 2개 그리고 정사각형과 평행사변형 각 1개씩으로 여러 가지 형태를 만드는 놀이이다.

승경도놀이는 조선 시대에 서당에 다니는 학생들이 하던 놀이로, 큰 종이에 벼슬 이름을 품계와 종별에 따라 차례대로 적어 넣은 승경도 판에 박달나무로 오각으로 깎은 알을 던져서 나온 글자에 따라 관등이 올라가거나 내려가 가장 높은 벼슬에 오른 사람이 이기는 놀이이다.

공기놀이는 작은 돌을 일정한 규칙에 따라 집고 받고 하는 놀이이다. 주로 다섯 개의 공기로 하며 때로는 수십 개의 공기를 흩어 놓고 하기도 한다.

승경도놀이 판

고누놀이 판

투호놀이 기구

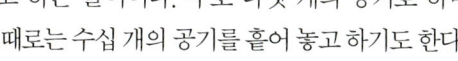

팽이치기

민주주의

국민의 대표로서 대의 민주주의를 실현하는 국회

민주주의
　국가의 권력이 국민에게 있고 국민을 위한 정치를 하는 제도나 그러한 정치를 지향하는 사상을 말한다. 민주주의를 뜻하는 'Democracy'라는 말은 그리스어에서 인민을 뜻하는 'Demos'와 지배를 뜻하는 'Kratia'가 합쳐진 말이다.
　민주주의의 근본 이념은 인간의 존엄성과 가치를 실현하는 것이다. 민주주의의 이념을 처음 실행한 것은 고대 그리스의 도시 국가이다. 고대 그리스에서는 모든 시민들이 다수결의 원칙에 따라 정치적 결정에 직접 참여하였다. 이를 직접 민주주의라고 한다. 그러나 고대 그리스에는 노예 제도가 있었고, 여자와 노예와 아이는 시민이 될 수 없었기 때문에 만민 평등주의에 따른 민주주의는 아니었다. 민주주의는 그리스가 멸망하면서 거의 2000년 간 역사에서 사라졌다가, 18세기에 로크·몽테스키외·루소 등의 사상가들이 다시 주장하였다. 그 후 미국, 프랑스, 영국의 시민혁명을 통해 국민 주권, 자유권, 평등권, 행정부·입법부·사법부의 삼권 분립, 법치주의 등 민주주의의 원리가 구체적인 모습을 띠게 되었다.
　오늘날에는 고대 그리스처럼 직접 민주주의를 실현한다는 것은 거의 불가능하다. 그래서 대부분의 국가에서는 국민의 대표를 선출하여 민의를 정치에 반영하는 대의 민주주의를 추구한다. 대의 민주주의가 제대로 운영되려면, 국민에게 자유·평등·비밀·직접의 원칙에 따른 선거권이 있어야 한다. 한편 국민들은 대화와 타협을 통해 문제를 해결하고 다수의 의견을 따르되 소수의 의견을 존중하는 성숙한 민주 시민의 자세를 갖추어야 한다.

민주평화통일자문회의
　조국의 민주적 평화 통일을 위하여 대통령에게 정책을 건의하고 대통령의 자문에 응하는 대통령 직속의 자문 기구이다. 1981년에 설립되었다. 대통령이 뽑은 7000명 이상의 자문 위원으로 구성되고, 의장은 대통령이 맡는다. 대북 정책에 대해 자문과 건의를 하거나 통일 및 남북 관계와 관련해 각계의 전문가들을 대상으로 의견을 듣거나 통일 및 남북 관계에 관한 전문가 회의 등을 개최한다. 서울특별시 중구 장충동에 있다.

바레인

서아시아의 페르시아 만 서쪽 연안의 바레인 섬을 중심으로 한 30개의 크고 작은 섬들로 이루어진 나라이다. 정식 명칭은 바레인왕국이고, 세습군주국이다. 수도는 마나마이다. 면적은 707제곱킬로미터이다. 인구는 2004년 기준으로 약 68만 명이다. 공용어는 아랍어이다. 주요 종교는 이슬람교이다. 페르시아 만에서 가장 먼저 석유가 발견된 산유국으로 1인당 국민총생산은 2003년 기준으로 1만 6900달러이다.

바자회

공공 사업이나 사회 사업 등에 필요한 돈을 마련하기 위해 일시적으로 물건을 판매하는 시장을 말한다. 주로 학교, 유치원, 마을 회관 등 공공 장소에 쓰지 않는 물건을 가지고 나와서 이를 팔아 모은 돈으로 기금을 마련한다. 고대 페르시아의 도시에 있던 공공 시장을 가리키는 말인 바자에서 유래하였다.

바코드

상품의 포장이나 꼬리표에 표시된 검고 흰 줄무늬로, 생산국·제조 회사·제품의 가격·종류 따위의 정보를 나타낸다. 컴퓨터가 알기 쉽게 여러 개의 검은 막대와 숫자로 되어 있다. 바코드를 통해 매장에서는 상품의 매출 정보를 관리할 수 있다.

제조 회사나 유통업체가 상품이나 상품 포장지의 바코드에 생산국·제조 회사·제품의 가격·종류·유통 경로 등을 인쇄해 놓으면, 매장의 계산기에 설치된 감지기로 바코드를 판독하여 판매량과 금액 등 판매와 관련된 각종 정보를 집계한다. 바코드는 신분 증명서를 발급하거나 도서를 분류할 때도 널리 이용된다.

바하마

아메리카 대륙의 서인도제도 북부에 있는 섬나라이다. 북아메리카 대륙의 플로리다 반도 남동쪽에서 히스파니올라 섬에 이르기까지 약 800킬로미터에 걸쳐 700여 개의 섬과 2000여 개의 산호초로 구성되어 있다. 영국으로부터 1973년에 독립하였다. 정식 명칭은 바하마연방공화국이다. 정부 형태는 의원 내각제이며, 영국 연방에 속한다. 수도는 나소이다. 면적은 1만 3939제곱킬로미터이다. 인구는 2003년 기준으로 약 32만 명이다. 공용어는 영어이다. 1인당 국민총생산은 2003년 기준으로 1만 6700달러이다.

박물관

문화적 또는 학술적 의의가 깊은 자료를 수집하여 그것들을 전시하고 연구·교육하는 장소나 기관이다. 국제박물관협의회에 따르면 미술관, 기념관, 사적·유적·자연 환경 등과 같은 역사적 기념물, 식물원, 동물원 등이 모두 박물관이다. 그러나 일반적으로는 문화 유산을 전시하는 곳을 가리킨다.

박물관이 하는 가장 중요한 일은 옛 조상들이 남긴 문화 유산 중에서 문화나 예술적으로 중요한 것들을 발굴하거나 수집해서 사람들이 보기 좋게 전시해 놓는 것이다. 또 문화 유산을 잘 관리해서 오래도록 변하지 않게 보존할 뿐만 아니라 문화와 문화재에 대한 교육과 연구를 하고, 다른 나라와 문화 교류를 한다.

박물관은 전시물에 따라 모든 분야의 유물을 전시하는 종합 박물관과 특정한 분야의 유물을 전문적으로 전시하는 전문 박물관으로 크게 나눈다. 현재 우리 나라에는 종합 박물관으로 국립중앙박물관, 국립경주박물관 등이 있고 전문 박물관으로 국립민속박물관, 청주고인쇄박물관, 농업박물관, 철도박물관 등이 있다. 또 박물관은 운영하는 주체에 따라 국립 박물관, 사립 박물관, 대학 박물관 등으로도 나눈다. 우리 나라에는 국립 박물관이 20여 개, 공·사립 박물관이 160여 개, 대학 박물관이 80여 개 정도 있다.

> **❔ 박물관은 언제 처음 생겼을까요?**
>
> 박물관은 기원전 300년경 이집트의 알렉산드리아 궁전에 세워진 무세이온에서 비롯되었다. 본래 무세이온은 문학과 예술의 신인 뮤즈의 신전으로, 대규모의 도서관을 갖추고 있었다. 무세이온은 학문 연구의 중심이었기 때문에 박물관뿐 아니라 대학의 기원이라고도 할 수 있다.
> 로마 시대 이후에는 박물관이 쇠퇴하여 종교 박물관과 가정 박물관 정도만 겨우 명맥을 유지하였다. 그러다가 르네상스 시대에 들어와 피렌체의 메디치 공작을 중심으로 고대 정신의 부활과 인간 정신의 해방을 추구하면서 박물관이 새롭게 활기를 되찾았다. 그 후 점차 미술, 자연사, 이·공학 분야의 순으로 박물관이 발달하였다.

국립중앙박물관

국립광주박물관

전쟁박물관의 전시 모습

반도체 산업

 반도체 재료 및 반도체 소자와 응용 기기의 제작과 관련된 산업을 말한다. 텔레비전, 컴퓨터와 같은 가전 제품이나 전자 제품에 사용되는 디램, 메모리 등 반도체 소자나 그에 필요한 재료를 만들고, 응용 기기 등을 만드는 산업이다. 반도체 산업은 전자 산업의 기초가 되는 산업이다. 전자 제품에 진공관 대신 반도체 소자를 사용하면 제품의 크기와 무게를 크게 줄일 수 있고, 필요한 전력도 줄일 수 있다. 따라서 전기를 사용하는 모든 제품에 반도체 소자가 사용될 정도로 전자 제품의 반도체화가 급속하게 진행되었다. 1948년에 게르마늄으로 된 트랜지스터가 발명된 이후 반도체로 된 회로 부품은 인간의 두뇌 세포의 기능에 가까운 동작을 할 수 있을 정도로 발전하였다. 오늘날 이런 반도체 산업의 기술은 모든 산업으로 퍼져 나가 일상 생활과 뗄 수 없는 관계가 되었으며, 더 나아가 사회의 환경과 문화를 변혁시키는 단계까지 이르렀다. 우리 나라에서는 1966년부터 외국인 업체에 의해 반도체 소자의 국내 조립이 시작된 이후 1970년대부터 여러 기업이 본격적으로 사업에 뛰어들었다. 1990년대에 세계 10대 반도체 업체에 들 정도로 비약적으로 발전하였다. 우리 나라는 2003년 말 기준으로 세계 3위의 반도체 생산 국가이며, 디램을 세계에서 가장 많이 생산하는 나라이다.

발리 섬

 인도네시아의 중남부, 소순다 열도의 서쪽 끝에 있는 섬이다. 면적은 5561제곱킬로미터로 제주도의 3배 정도이다. 섬의 모양은 병아리 모양을 닮았다. 섬의 북부에는 최고봉인 3142미터의 아궁 화산을 비롯하여 몇 개의 화산이 더 있다. 북부는 토지가 나쁘지만 남쪽 비탈면에는 강이 흘러내려 땅이 비옥하다. 발리 섬 인구의 대부분이 이 지역을 중심으로 논농사를 하고 있다. 발리 섬은 인도네시아에서 관광 특구로 지정한 섬으로 누사두아 해변, 낀따마니 화산 지대 등이 유명하다.

발전소

 열에너지나 기계 에너지를 전기 에너지로 바꾸는 시설인 발전기를 돌려서 전력을 일으키고, 가정과 공공 장소 및 산업 시설에 전력을 공급하는 곳이다. 발전기를 움직이기 위해 사용되는 에너지는 주로 물, 석유, 석탄, 천연 가스, 원자력 등이다. 발전소는 어떤 에너지 원을 사용하느냐에 따라 수력 발전소, 화력 발전소, 원자력 발전소 등으로 나눈다. 바다의 조수를 이용한 조력 발전소, 바람을 이용한 풍력 발전소, 지열을 이용한 지열 발전소, 태양열을 이용한 태양열 발전소 등이 있다.

발칸 반도

 유럽 남동부, 지중해 동부에 돌출한 삼각형의 반도이다. 동쪽은 흑해와 에게 해, 서쪽은 아드리아 해와 이오니아 해로 둘러싸여 있다. 면적은 약 50만 제곱킬로미터로 이탈리아 반도의 2배 정도이다. 반도 내에는 마케도니아·세르비아-몬테네그로·크로아티아·보스니아-헤르체고비나·슬로베니아·루마니아·불가리아·알

반도체 산업 현장

반도체 칩

발트 해

원자력 발전소

수력 발전소

화력 발전소

바니아·그리스가 있고, 터키의 일부도 포함된다.

발트 해

유럽 북부 스칸디나비아 반도와 유럽 대륙 사이에 낀 내해이다. 좁고 얕은 카테가트 해협으로 북해와 이어져 있으며, 내해 안에는 보트니아 만·핀란드 만·리가 만 등의 만이 있다. 면적은 42만 2300제곱킬로미터이다. 평균 수심은 55미터이고, 가장 깊은 곳은 고틀란드 섬 북부 부근으로 459미터이다. 스웨덴·핀란드·에스토니아·폴란드·독일·덴마크에 둘러싸여 있다. 연안의 주요 항구로는 코펜하겐·스톡홀름·헬싱키·상트페테르부르크·리가·그단스크·킬 등이 있다. 연안 인구는 약 2000만 명이며, 주변에 공업 도시가 많다.

방글라데시

인도의 북동쪽에 있는 나라이다. 동쪽과 서쪽, 북쪽으로는 인도와 접해 있고, 남동쪽으로는 미얀마와 국경을 접하고 있으며, 남쪽으로는 벵골 만과 접해 있다. 방글라데시란 벵골의 나라라는 뜻이다. 공식 명칭은 방글라데시인민공화국이다. 정부 형태는 의원 내각제이며, 수도는 다카이다. 1971년에 파키스탄으로부터 분리·독립하였다. 면적은 14만 7570제곱킬로미터로 한반도의 약 3분

방파제

배추 밭

의 2 크기이다. 인구는 2003년 기준으로 약 1억 3311만 명이다. 공용어는 벵갈어이다. 인구의 86.5퍼센트가 이슬람 교도이다. 전형적인 열대 몬순 기후로 고온 다습하다. 1인당 국민소득은 2003년 말 기준으로 369달러이다.

방파제

거친 파도를 막아 항구 안의 수면을 잔잔하게 유지하고 항구를 보호하기 위해 바다에 쌓은 둑을 말한다. 간척 사업을 할 때도 물막이로 방파제를 쌓는다. 일반적으로 콘크리트로 둑을 쌓고 둑 바깥에 삼발이라고 불리는 테트라포트를 설치해 파도를 막는다. 방파제의 역사는 매우 오래 되었으며, 로마 시대의 하드리아누스 황제 때 만든 것이 오늘날에도 남아 있다.

밭농사

밭에서 채소나 그 밖의 작물을 기르는 농업이다. 대체로 물이 부족하여 논농사를 짓기 힘든 지역, 특히 산간 지대에서 밭농사를 많이 한다. 우리 나라에는 강원도 산간 지역, 경상도 내륙 지역, 제주도 등에서 밭농사를 많이 한다. 밭에서 가꾸는 작물로는 밀, 보리, 감자, 고구마, 옥수수, 조, 콩 등의 식용 작물과 담배나 인삼 같은 특용 작물, 채소와 화초 같은 원예 작물 등이다.

백두산

함경남도 혜산군과 함경북도 무산군, 중국 지린성에 걸쳐 있는 산이다. 북한이 1954년과 1961년에 행정 구역을 개편해 백두산이 있는 혜산군과 무산군의 북부 지역은 양강도의 삼지연군이 되었다. 우리 나라에서 제일 높은 산으로, 높이는 2744미터이다. 신생대 제3기부터 활발히 진행된 화산 활동으로 만들어진 산이다. 『조선왕조실록』에 1597년과 1668년, 1702년에도 화산 활동이 있었다는 기록이 전해지는 휴화산이다.

산꼭대기 부근에 흰색의 부석이 많아 마치 흰 머리와 같다 하여 백두산이라 부른다. 가장 높은 병사봉을 비롯해서 향도봉, 쌍무지개봉, 청석봉, 백운봉, 차일봉 등 2500미터가 넘는 봉우리가 16개나 있다. 산의 남동쪽으로는 마천령산맥이 뻗어 있고, 북쪽으로는 장백산맥이 뻗어 있으며, 동쪽과 서쪽으로는 완만한 용암 대지가 펼쳐져 있다. 산꼭대기에는 칼데라 호인 천지가 있다. 용왕담이라고도 하는 천지는 둘레가 약 13킬로미터이고, 면적은 약 9.2제곱킬로미터이다. 수면의 높이는 해발 2155미터이고, 평균 수심은 213미터이며, 최대 수심은 384미터이다. 주위는 가파른 산들로 둘러싸여 있으며, 북쪽의 달문을 통해 물이 흘러 나가 장백폭포가 되어 얼다오바이 강으로 흘러간다.

기후는 수직 분포가 뚜렷하여 저지대에서 정상부까지 온대부터 한대까지 여러 기후가 나타난다. 이런 기후 분포 때문에 높이에 따라 사는 식물도 뚜렷하게 다르고 종류도 1400여 종으로 아주 많다. 가문비나무·종비나무·잎갈나무·좀잎갈나무·백두산자작나무 등이 많고 해발 1000미터에서 1750미터 사이에는 침엽수가 원시림을 이루고 있다. 사는 동물은 검은담비·수달·표범·호랑이·사향노루·사슴·백두산사슴·산양·큰

방송

많은 사람들이 보거나 들을 수 있도록 소리나 영상을 전파로 내보내는 것을 가리킨다. 본래 무선 전파로 송신하는 것을 방송이라 하였으나, 오늘날에는 유선 송신도 방송으로 본다.

방송은 불특정 다수에게 보도·교육·오락 등을 전달하는 대표적인 대중 매체이다. 활자로 인쇄된 신문이나 잡지 같은 대중 매체와 달리, 방송은 사람의 음성과 영상으로 표현되기 때문에 감각적이고 정서적이며 이해하기도 쉽다. 또한 어느 매체보다 직접적이고 생생하다. 특히 녹화 방송이 아닌 생중계로 전달될 때는 더욱 그러하다. 이런 방송을 일정한 시설을 갖추고 라디오나 텔레비전을 통하여 내보내는 기관이 방송국이다.

방송은 소리를 전달하는 라디오 방송과 소리 및 영상을 전달하는 텔레비전 방송으로 크게 나눈다. 텔레비전 방송은 프로그램 전송 방식에 따라 지상파 방송, 종합 유선 방송, 인터넷 방송, 위성 방송으로 나눈다. 지상파 방송은 지상의 무선국을 통해 프로그램을 전송하는 방송이고, 종합 유선 방송은 케이블 같은 전송 설비를 이용하는 방송이며, 위성 방송은 인공 위성의 무선국을 이용하는 방송이다. 라디오 방송은 주파수의 변조 방식에 따라 에이엠(AM) 방송과 에프엠(FM) 방송으로 나눈다.

방송과 방송국

1895년에 이탈리아의 마르코니가 무선통신기기를 발명했고, 1920년에 미국의 피츠버그 시에서 최초로 라디오 방송을 시작하였다. 우리 나라는 1927년 2월 16일에 일본의 호출 부호 제이오디케이(JODK)를 받고 경성방송국이 설립되면서 첫 방송이 시작되었다. 그 후 1947년 9월 3일에 국제통신연맹에서 정식으로 에이치엘케이에이(HLKA)라는 우리 나라 고유의 호출 부호를 받았다.

텔레비전 뉴스 방송

스튜디오　　　　　　　　　　　　　　　　텔레비전 주 조정실

　한편 텔레비전 방송은 1929년에 영국에서 시작되었으며, 1945년에 미국에서 컬러 텔레비전을 시험 방송한 이래 컬러 텔레비전 방송이 전 세계에 널리 보급되었다. 우리 나라에서는 1961년에 KBS 방송국의 개국으로 텔레비전 방송이 시작되었다. 이어 1970년에 금산 통신위성지구국이 준공되면서 위성 중계의 텔레비전 방송 시대로 접어들었고, 1980년 12월에는 컬러 텔레비전 방송을 시작하였다.

　방송국은 사업체의 성격에 따라 크게 국영 방송국, 공영 방송국, 민영 방송국으로 나눈다. 또 방송 지역에 따라 전국 방송과 지역 방송으로 나누며, 방송 내용에 따라 일반 방송과 전문 방송으로 나눈다. 오늘날 우리 나라의 공영 방송에는 KBS 방송과 MBC 문화방송이 있고, 민영 방송으로는 SBS 서울방송, 부산방송 등의 지역 방송국과 기독교방송, 극동방송, 아세아방송, 평화방송, 불교방송 등의 종교 방송국이 있다. 그 밖에 교육방송, 교통방송, 바둑방송, 낚시방송 등 다양한 전문 방송국이 있다.

　방송국의 방송은 방송의 질서와 품위를 위해 방송 자문위원회의 자문과 방송 심의윤리위원회의 공적 규제를 받는다. 한편 언론중재위원회가 방송 보도로 피해를 입은 시청자를 보호한다.

라디오 방송국

방송국은 어떤 일을 할까요?
방송국의 조직은 편성·제작, 보도, 기술, 업무, 행정 관리 부문으로 나눈다.
편성·제작은 프로그램을 기획하고 방송 순서를 마련하며 제작을 담당한다. 제작물의 종류에 따라 교양 부문과 예능 부문으로 나눈다. 교양 부문은 사회·정치·경제·문화와 관련된 교양물을 제작하고, 예능 부문은 쇼·드라마·영화·코미디 등을 제작한다.
보도 부문은 국내외 뉴스 취재 및 보도, 스포츠 중계 및 보도, 시사 해설 등을 다룬다.
기술 부문은 프로그램 제작 및 송출에 필요한 오디오, 비디오, 조명, 카메라 등의 기술을 지원한다.
또한 미술, 효과, 촬영, 합창, 무용 등을 지원하는 부문이 있다.

법

국가 권력이 인위적으로 만들어 강제로 시행하는 사회 규범을 말한다. 한 국가 내에서 어떤 사회 규범보다도 강력한 규범이다. 법이 추구하는 궁극적인 목적은 국민의 존엄과 가치를 최대한 보장하는 것이다. 즉 국민의 기본권을 보장하고, 공공의 복리를 실현하며, 사회 질서를 유지하는 것이다. 그리고 법은 국가나 사회가 추구하는 가치와 이념에 들어맞아야 한다. 또 국민이 법을 믿고 따를 수 있도록 법은 명확하고 쉽게 변하지 않아야 하며, 실제로 실행되어야 한다.

나라마다 법의 구체적인 내용은 다를 수 있지만, 법을 제정하거나 개정할 때는 법의 이념이 원칙이 된다.

함무라비 법전

법과 사회 규범

사회의 모든 구성원이 지켜야 할 행동 원칙으로 사회 규범이 있다. 사회 규범에는 종교 규범, 관습 규범, 도덕 규범, 법 규범 등이 있다. 고대나 중세에는 종교나 관습 또는 도덕이 사람들의 생활을 지배했으나, 점점 사회가 복잡해지면서 강제성이 있는 법이 큰 비중을 차지한다. 법과 도덕은 무척 비슷하다. 도덕 중에서 반드시 지켜야 할 기본적인 덕목을 규범으로 정한 것이 법이기 때문이다. 물론 법은 도덕 규범 외에 공공 복리를 위한 규범도 포함한다. 법은 행동의 결과를 중요하게 여기며, 법을 어겼을 때는 강제적이고 물리적인 수단을 사용한 처벌이 따르지만, 양심을 중요하게 여기는 도덕은 이를 어겼다고 해서 처벌을 받는 것은 아니다.

법의 종류

법은 문서에 기록되어 있는지 없는지에 따라 불문법과 성문법으로 나눈다. 불문법은 오랜 세월에 걸쳐 관습으로 이어져 온 규범으로, 문서로 정해진 법은 아니다. 비제정법이라고도 한다. 성문법은 국가가 절차와 형식을 갖추어 문서로 만든 후 국민에게 법의 제정을 공포하고 시행하는 법이다. 제정법이라고도 한다. 불문법을 시행하는 대표적인 국가는 영국과 미국이고, 성문법을 따르는 대표적인 국가는 독일, 일본, 대한민국이다. 그러나 오늘날에는 불문법이나 성문법만으로 국가를 운영하는 나라는 없다. 영국과 미국에도 다수의 성문법이 있으며, 성문법을 따르는 국가도 관습적인 판례를 존중하고 있다.

법이 적용되는 지역에 따라 한 나라 안에서만 통하는 국내법, 국가 간의 조약이나 협정 등 국가 간의 관계를 규정하는 국제법으로 나눈다. 국내법은 다시 법 체계에 따라 헌법·법률·명령·조례·규칙으로 나뉜다. 헌법은 국가 최고의 법으로 국민의 권리와 의무를 정해 놓고 이것을 보장하기 위해 국가의 조직과 운영을 규정한 법이다. 법률은 헌법을 시행하기 위해 만든 구체적인 법 조항으로 헌법 아래에 있다. 명령은 행정권이 정하는 규범으로, 대통령이 내리는 비상 명령과 위임 명령 및 집행 명령과 행정 명령 등이 있다. 조례는 지방 자치 단체의 의회에서 정하는 자치 법규이다. 규칙은 지방 자치 단체의 장이 정하는 법규이다. 법 규범들이 서로 모순되거나 충돌할 때는 헌법, 법률, 명령, 조례, 규칙 순으로 상위법의 판단을 따른다.

국내법은 규율하는 분야에 따라 개인 생활을 규율하는 사법과 공공 생활을 규율하는 공법으로 나뉜다. 사법은 다시 민법과 상법으로 나뉘고, 공법은 헌법, 형법, 행정법, 민사소송법, 형사소송법 등으로 나뉜다.

법원

 사법권을 행사하는 국가 기관이다. 개인 간의 분쟁을 해결해 주고, 법을 어긴 사람이나 기관을 법에 따라 심판하는 기관이다. 그 밖에 등기, 호적, 공탁 등 법에 관련된 업무를 담당한다.
 법원의 가장 주된 임무는 재판이며, 그 판결을 맡은 사람을 법관이라 한다. 재판의 결과는 개인의 자유와 권리에 중요한 영향을 끼치므로, 재판은 공정해야 한다. 그래서 헌법은 삼권 분립을 통해 법원의 독립성을 보장하고 있다. 법관은 사건의 당사자나 다른 기관 등 외부의 압력이나 법원 내부의 압력으로부터 자유롭게, 오직 헌법과 법률에 따라 양심적으로 재판할 권리가 있다.

법원의 종류
 법원은 크게 지방 법원, 고등 법원, 대법원으로 나눌 수 있다. 일반 재판과 달리 특수한 영역의 재판을 맡는 특수 법원이 있다. 여기에는 특허 법원·행정 법원·가정 법원이 있다. 그리고 법률이나 사회 제도 등이 헌법에 맞는지를 판정하는 헌법재판소가 있다. 지방 법원은 재판의 1심을 심판하는 하급 법원이다. 재판관의 단독 판결을 받아들일 수 없을 때에는 본원 합의부에, 합의부의 1심 판결을 받아들일 수 없을 때는 고등 법원에 항소할 수 있다. 지방 법원은 특별시, 광역시, 도청 소재지에 있다. 서울, 인천, 대전, 광주, 대구, 부산, 울산, 수원, 춘천, 청주, 창원, 전주, 제주의 열세 곳이 있다. 고등 법원은 지방 법원의 상급 기관으로, 지방 법원의 1심 재판 판결이나 가정 법원 1심 재판 판결을 받아들일 수 없어 재판을 다시 신청하는 항소 사건과 지방 법원 합의부나 가정 법원 합의부의 1심에 대한 심판이나 결정, 명령에 복종할 수 없어 재판을 다시 신청하는 항고 사건의 재판을 맡는다. 그리고 행정 소송의 1심을 맡는다. 재판은 3명의 판사가 진행한다. 서울, 대전, 대구, 광주, 부산에 있다. 대법원은 우리 나라 최고의 법원이며 최상위 법원이다. 고등 법원 및 지방 법원의 합의부가 내린 2심 재판 판결을 받아들일 수 없어 재판을 다시 신청하는 상고 사건, 고등 법원 및 항소 법원의 결정이나 명령에 복종할 수 없어 재판을 다시 신청하는 재항고의 재판을 맡는다. 고등 군법 회의의 판결에 불복종한 상고나 「공직 선거 및 선거부정방지법」에 따른 선거 소송 등을 재판한다. 대법원은 서울에만 있다.
 법원에는 심급 제도가 있어 대법원, 고등 법원, 지방 법원의 순으로 상·하가 분명하다. 또한 한 사건에 대해 지방 법원, 고등 법원, 대법원에서 재판을 받을 수 있는 삼심 제도가 있어 법관의 잘못으로 개인의 권리가 침해되는 일이 없도록 한다.

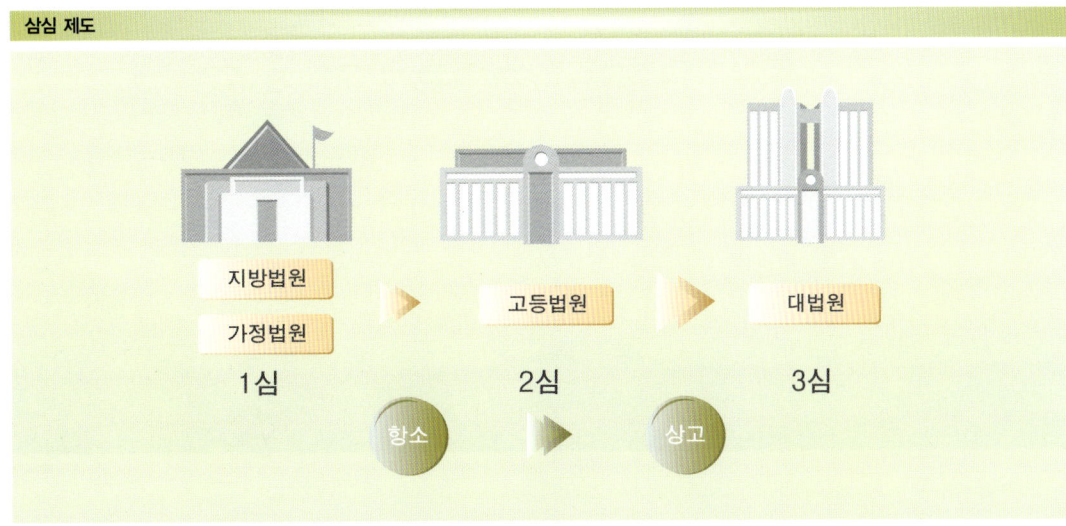

삼심 제도

곰 등 희귀 동물이 많고, 모두 400여 종의 동물이 살고 있다. 삼지연메닭과 신무성세가락딱따구리 등은 북한의 천연기념물로 지정되어 있다.

우리 나라에서는 옛날부터 모든 산들이 백두산에서 뻗어 내리고, 단군이 하늘에서 내려온 곳이라고 생각하여 성스러운 산으로 신성시해 왔다. 중국도 금나라 때에는 신성한 산이라고 여겨 제사를 지냈으며, 청나라 때에는 이곳을 왕조의 발상지라 하여 숭배하였다. 우리 나라를 비롯해 주변의 나라가 모두 신성하게 여기는 산이어서 국경 문제가 자주 생겼다. 청나라는 1712년에 일방적으로 백두산정계비를 세워 서쪽은 압록강을 경계로 하고 동쪽은 토문강을 경계로 한다고 하였다. 1880년부터 청나라는 갑자기 토문강이 두만강이라고 억지 주장을 하여 청나라와 영토 분쟁이 시작되었으며, 이것은 간도와 녹둔도의 영유권 분쟁의 원인이 되었다. 1909년에는 청나라와 일본이 간도 협약을 맺으면서 두만강을 국경선으로 한다고 하였으며, 지금은 백두산 천지의 수면을 경계로 하여 동쪽의 비류봉에서 남서쪽 마천우를 향해 일직선으로 연결한 선을 국경선으로 하고 있다.

백화점

다양한 상품을 파는 대규모의 소매 상점을 말한다. 세계 최초의 백화점은 1852년에 프랑스 파리에 개설된 봉마르세이다. 우리 나라 최초의 백화점은 1916년에 김윤배가 서울 종로 2가에 설립한 김윤배백화점이었으나 백화점이라기보다는 도자기와 철물류를 파는 잡화점에 더 가까웠다. 현대식 백화점은 1929년에 서울 종로 2가에 세운 화신상회였는데, 1934년에 화재로 불타 버리자 다음해에 새로 지어 이름도 화신백화점으로 바꾸고 일본인들이 세운 백화점과 경쟁하였다. 1980년대 이전까지만 해도 백화점은 서울 명동의 신세계·미도파·롯데백화점 등 몇 개밖에 없었고 규모도 그다지 크지 않았다. 그러나 1980년대 이후 경제가 급속도로 성장하고 소득 수준과 생활 수준이 전반적으로 향상되면서 백화점도 대중화·보편화되어 서울을 비롯한 지방 도시의 교통 요지마다 백화점이 생겼다.

범죄

법규를 어긴 잘못된 행위를 가리킨다. 범죄는 구체적으로 그 유형이 법률에 규정되어 있으며, 범죄를 저지르면 형벌을 받는다. 즉 법률에는 사람을 죽이면 살인, 물건을 훔치면 절도라고 규정되어 있다. 법률에 규정되어 있는 살인·강도·절도·사기 등의 범죄 행위 외에도 「경범죄처벌법」·각종 특별법·「도로교통법」 등 행정 법규를 위반한 행위도 그에 대한 형벌이 법률에 규정되어 있으면 범죄가 된다.

백두산 천지

탐구학습

백화점을 지으려면 어떤 곳이 좋을까요?

백화점을 지으려면 넓은 땅과 많은 돈이 필요하다. 백화점에는 많은 양의 다양한 상품이 진열되어 있어야 하고, 물건을 편하게 살 수 있도록 편의 시설이 많아야 하기 때문에 일반 상점을 열 때보다 많은 돈이 든다. 이런 백화점이 잘 되기 위해서는 많은 사람들이 편하고 자유롭게 드나들 수 있는 곳이어야 한다. 따라서 대중 교통이 잘 연결되어 있는 교통이 편리한 곳이나 많이 사람들이 사는 도시 지역에 백화점을 짓는 것이 유리하다. 도시 지역 중에서도 유동 인구가 많고 소비가 왕성하게 일어나는 곳에 짓는 것이 판매에 유리하다.

법률 구조 제도

경제적으로 어렵고, 법을 몰라서 법의 보호를 제대로 받지 못하는 사람들에게 법률 사무에 관한 각종 지원을 해 주는 제도이다. 즉 억울한 피해를 당했지만 소송할 능력이 없는 사람들에게 무료로 법률 상담을 해 주거나 소송 비용을 빌려 주고, 변호사를 선임해 줌으로써 모든 국민이 평등하게 법의 보호를 받게 하는 사회 복지 제도이다. 예전부터 무료 법률 상담을 하는 단체들은 많았지만, 전 국민을 상대로 법률 구조 사업이 이루어진 것은 1972년에 대한법률구조협회가 생긴 이후부터다. 지금은 1986년에 새롭게 설립된 대한법률구조공단이 대한법률구조협회를 이어 더욱 적극적인 활동을 펼치고 있다.

법치주의

의회가 만든 법률에 따라 국가의 행정이 운영되어야 한다는 정치 사상을 말한다. 법치주의 사상은 유럽의 여러 국가가 절대 군주 정치를 반대하며 근대 국가를 세우는 과정에서 나타났다. 영국은 군주도 법의 지배를 받아야 한다는 법의 지배론을 받아들여 입헌 군주제를 발달시켰고, 독일은 오직 법으로만 나라를 다스려야 한다는 강력한 법치주의를 내세웠다.

국가가 겉으로만 법을 내세우면서 권력을 남용하지 못하게 하려면, 우선 국민의 인권과 자유를 보장하는 법을 만들어야 하고, 국가의 행정이 법에 따라 집행되어야 하며, 법의 적용이 공정하게 이루어져야 한다.

베네수엘라

남아메리카 대륙의 북부, 카리브 해에 접한 나라이다. 1811년에 에스파냐로부터 독립하였다. 정식 명칭은 베네수엘라공화국이며, 연방공화국이다. 정부 형태는 대통령 중심제이며, 수도는 카라카스이다. 면적은 91만 4445제곱킬로미터이다. 인구는 2004년 기준으로 약 2502만 명이다. 공용어는 에스파냐어이다. 주요 종교는 가톨릭이다. 1인당 국민총생산은 2003년 기준으로 4800달러이다.

베트남

동남아시아, 인도차이나 반도의 동부에 있는 나라이다. 정식 명칭은 베트남사회주의공화국이다. 수도는 하노이이다. 면적은 33만 341제곱킬로미터로 한반도의 약 1.5배이다. 인구는 2004년 기준으로 약 8269만 명이다. 공용어는 베트남어이다. 주요 종교는 불교, 가톨릭이다. 북부는 아열대성 기후, 남부는 열대 몬순 기후이다. 1인당 국민총생산은 2003년 기준으로 440달러이다.

지정학적 특성으로 외국의 침략과 지배를 많이 받다가 19세기 말 프랑스의 식민지가 되었다. 1945년에 호치민을 중심으로 한 베트남 공산당이 독립을 선언하고, 7년 동안 프랑스와 전쟁하여 승리하였다. 전쟁에서 승리는 하였지만 1954년 7월에 체결된 제네바협정에 따라 북위 17도를 경계로 남과 북이 분단되었다. 이 남북의 대립에 미국이 개입하여 1955년에 베트남 전쟁이 시작되었다. 오랜 전쟁 끝에 미군이 철수하고, 1976년에 통일된 베트남사회주의공화국이 세워졌다.

벤처 기업

첨단의 신기술과 독창적인 아이디어를 개발하여 사업에 도전하는 기술집약형 중소 기업을 말한다. 벤처 기업은 새로운 첨단 기술과 독특한 아이디어를 바탕으로 남들보다 한 발 앞서기 때문에 수익성이 높으며 성장 속도도 빠르다. 반면에 새로운 기술과 새로운 아이템으로 채 만들어지지 않은 시장에 뛰어드는 경우가 많아 위험 부담도 큰 편이다. 우리 나라에서는 연구개발형 기업, 기술집약형 기업, 모험 기업, 위험 기업 등으로 부른다.

벨기에

유럽 대륙의 북서부 지역에 있는 나라이다. 북쪽과 동쪽으로는 네덜란드와 독일, 남쪽으로는 룩셈부르크, 서쪽으로는 프랑스, 북서부로는 북해와 접하고 있다. 정식 명칭은 벨기에왕국이며, 입헌군주국이다. 정부 형태는

벨라루스

내각 책임제이며, 수도는 브뤼셀이다. 면적은 약 3만 528 제곱킬로미터이다. 인구는 2004년 기준으로 약 1035만 명이다. 공용어는 네덜란드어, 프랑스어, 독일어이다. 1인당 국민총생산은 2003년 기준으로 2만 9100달러이다. 1948년에 네덜란드와 룩셈부르크와 함께 베네룩스를 결성하였으며, 북대서양조약기구와 유럽연합에도 가입하였다.

벨라루스

유럽 대륙의 동부에 있는 나라이다. 예전에는 백러시아라고도 불렀다. 1991년에 옛소련으로부터 독립하였다. 정부 형태는 대통령 중심제이며, 수도는 민스크이다. 면적은 20만 7600제곱킬로미터이다. 인구는 2003년 기준으로 약 989만 명이다. 공용어는 벨라루스어와 러시아어이다. 1인당 국민총생산은 2003년 기준으로 6100달러이다.

벼농사

쌀을 얻기 위해 벼를 재배하는 농업으로, 농경지에 볍씨를 뿌려서 벼를 기르고 수확·탈곡하는 전 과정을 가리킨다. 벼농사는 지금으로부터 약 1만 년 전에 아시아 대륙의 남부인 인도와 인도차이나 반도에서 시작되어 다른 지역으로 전파된 것으로 보인다. 한편 벼의 재배법은 중국에서 발달하여 동남아시아를 비롯한 여러 지역으로 전해졌다. 오늘날 벼를 재배하는 지역은 아시아·아프리카·유럽·남북 아메리카, 오스트레일리아 등의 110여 개 이상의 나라들로서, 주로 열대·아열대·온대 지역이다.

세계에서 벼농사를 가장 많이 짓는 나라는 인도이며, 그 다음이 중국이다. 우리 나라는 삼한 시대부터 벼농사를 지었다. 벼는 우리 나라 국민의 주된 식량으로서 다른 농작물에 비해 재배 면적과 생산량이 월등히 많다. 농사 짓는 방법에 따라 물이 잠겨 있는 논 상태에서 벼 재배를 하는 논벼 재배와 밭에 씨앗을 뿌리고 벼가 어느 정도 자란 후에 물을 대는 밭벼 재배로 나눈다. 우리 나라에서는 대부분 논벼 재배를 한다.

탐구학습

우리도 벼농사 한 번 따라해 볼까요?

첫째, 묘판에 흙을 채워 넣고 씨앗을 심는다. 모종을 만드는 과정이다. 손으로 하기도 하고, 파종기를 이용하기도 한다. 그런 다음 햇볕이 잘 들고 찬 바람이 들지 않는 곳에 묘판을 두고 비닐로 잘 덮어 준다. 그리고 40~45일 간 모를 기른다.

둘째, 쟁기로 논의 흙을 뒤집는다. 대개 10센티미터 내외 깊이로 파는데, 밑거름을 두면 나중에 벼가 더 잘 자란다.

셋째, 논갈이가 끝난 다음에는 논 표면을 굴곡 없이 편평하게 만든다. 이는 밑거름을 골고루 분산시키고 논에 댄 물을 오랫동안 유지하기 위해서이며, 써레질이라고 한다. 소나 트랙터를 이용하여 한다.

넷째, 묘판에서 모를 뽑아 한 움큼씩 묶어 둔다. 이 작업을 일컬어 모를 찐다고 한다. 모를 다 찌면 물을 댄 논으로 모를 옮긴다. 그리고 한 줄씩 일정한 간격으로 논에 모를 심는다. 사람이 직접 하거나 이앙기로 한다. 중부 지방에서는 5월 중순에서 하순 사이에 한다.

다섯째, 논에 옮겨 심은 모가 잘 자라도록 비료를 주거나 잡초를 뽑아 준다. 잡초 뽑는 것을 김매기 혹은 제초라고 한다. 한편 병충해를 예방하기 위해 농약을 뿌려 주기도 한다. 유기농법에 따라 벼농사를 지을 때는 화학 비료나 농약을 쓰지 않는다.

여섯째, 9월 중순에서 하순 사이에 벼를 벤다. 옛날에는 사람이 일일이 낫으로 베었으나, 오늘날에는 바인더 같은 벼 베는 기구나 콤바인처럼 벼를 베면서 알곡만 분리해 내는 기기를 이용한다.

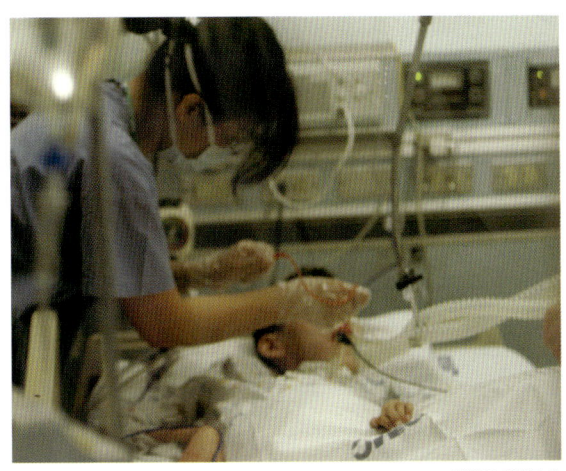
병원의 중환자실

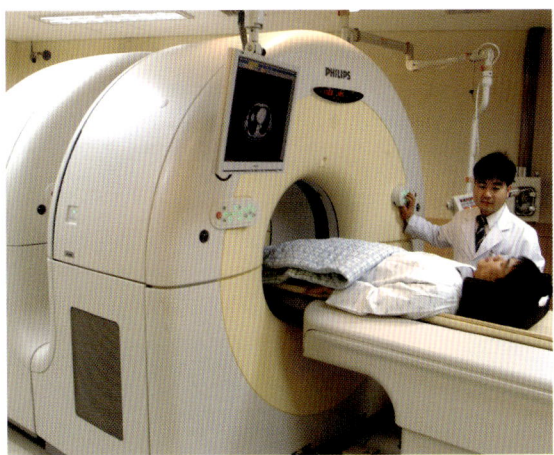
첨단 의료 기기를 이용하여 검사를 받고 있는 환자

변호사

원고 및 피고의 의뢰나 법원의 명령에 따라 재판 과정에서 피고나 원고를 변론하고 그 밖의 법률 사무를 맡아 보는 사람을 말한다. 법률이 규정한 자격을 얻어야 한다. 우리 나라에서는 국가가 시행하는 사법 시험에 합격하여 사법연수원의 연수 과정을 마친 사람이나 판사·검사의 자격을 가진 사람만이 변호사가 될 수 있다. 변호사는 국민의 기본권과 인권을 옹호하고, 사회 질서 유지 및 법률 제도 개선을 위해 노력할 의무가 있다.

병원

환자를 진단하고 치료하고, 질병을 예방하며, 재활을 돕는 시설을 갖춘 의료 시설이다. 종합 병원, 병원, 치과 병원, 한방병원, 한의원, 치과의원, 의원, 조산소 등이 여기에 속한다. 병원은 입원 환자를 20명 이상 수용할 시설을 갖추고 의료를 행하는 곳이며, 종합 병원은 입원 환자를 80명 이상 수용할 시설을 갖추고 의료를 행하는 곳이다. 의원은 입원 시설 없이 외래 환자의 진료를 위주로 하는 곳이다. 병원을 방문하여 치료받는 외래 환자가 약물 치료를 받는 경우에 병원에서는 처방전만 내려 주고 약은 약국에서 따로 구입해야 한다. 우리 나라에는 고려 때 국립 의료 기관인 태의감이 있었고, 조선 때는 제생원, 혜민국, 동서활인원 등이 있었다. 우리 나라 최초의 서구식 병원은 1885년에 설치된 광혜원이다.

보물

우리 나라의 문화재 중 가치가 높은 유형 문화재로, 문화재청장이 「문화재보호법」에 의하여 문화재위원회의 심의를 거쳐 지정한 중요 문화재를 가리킨다. 목조 건축물·석조 건축물·고분·전적·서적·고문서·회화·

> ### 병원의 종류
> 병원은 진료 과목에 따라 일반 병원, 종합 병원, 특수 병원으로 나뉜다. 진료 과목에는 내과·신경정신과·일반외과·흉부외과·신경외과·정형외과·성형외과·산부인과·소아과·방사선과·마취과·병리과·치과·결핵과·해부병리과·임상병리과·재활의학과 등이 있다.
> 일반 병원은 각각 진료 과목의 종류와 수가 다르다. 하지만 종합 병원이 되려면 내과·외과·소아과·산부인과·방사선과·마취과·병리과·치과가 설치되어 있어야 한다. 한편 특수 병원은 특수한 병에 걸린 환자나 장기 입원이 필요한 환자를 수용하여 진료하는 곳으로 정신 병원·나병원·소아 병원·결핵 병원·암 병원 등이 있다.
> 병원을 설립하고 운영하는 주체에 따라 공립 병원과 사립 병원으로 나뉜다. 공립 병원은 국가나 지방 자치 단체에서 설립해서 운영하는 병원으로 국립 대학 병원, 국립 의료원, 시·도립 병원 등이 여기에 속한다. 사립 병원은 민간이 설립하고 운영하는 병원이다.

서울대학교 병원

보물 1호 흥인지문

보물 1168호 청자상감매죽문병

보물 331호 금동보살반가사유상

보물 66호 경주 석빙고

탐구학습

보물과 국보의 차이는 무엇일까요?

보물 중에서 특히 가치가 큰 것을 국보로 지정하고, 보물의 수가 국보보다 많고 비슷한 것이 많아 국보가 보물보다 가치가 높다고 생각한다. 사실 국보와 보물을 지정하는 기준으로 「문화재보호법」 시행 규칙에 지정 기준이 있지만, 명확한 수치로 엄격하게 구분되지는 않는다.
국보 1호인 서울 숭례문과 보물 1호인 서울 흥인지문을 특별히 우수성을 가름해서 국보와 보물로 나눈 것이 아닌 것처럼 국보와 보물의 보존 가치의 차이점은 없다. 실제로 새롭게 발견되는 고미술품이나 유물의 경우에 먼저 국보로 지정된 비슷한 유물보다 가치가 뛰어나도 같은 종류의 우선 순위에 따라 보물로 지정되기도 한다.
그리고 보존이 곤란하지 않은 것, 예를 들어 국가 기관인 박물관에 보관된 보물 등은 국보로 지정하지 않는 경우가 많다. 따라서 국보와 보물은 가치의 차이가 아니라 지정 시기와 형편에 따라 나누는 것임을 알 수 있다.

보물 35호 실상사 석등

조각·공예품·고고 자료·무구 등 많은 종류의 유형 문화재 중에 각 시대의 귀중한 유물로서 그 역사·예술·학술·기술 가치가 큰 유형 문화재를 말한다. 보물에 해당하는 문화재 중에서 특히 가치가 높은 것은 국보로 지정한다.

1962년에 「문화재보호법」이 만들어진 후 일제 강점기 때 「조선보물고적명승 천연기념물 보존령」에 의하여 지정되었던 728점의 지정 문화재 중 386점이 보물로 지정되었다. 그 후 많은 문화재가 보물로 지정되어 2004년 말 기준으로 보물 1호인 서울의 흥인지문을 비롯하여 경주의 석빙고, 남원 실상사의 석등, 김정호가 만든 「대동여지도」 등 모두 1394점의 문화재가 보물로 지정되어 있다. 보물로 지정되면 「문화재보호법」에 의하여 국가의 일정한 보호를 받는다. 보물의 지정 번호는 가치의 높고 낮음을 표시한 것이 아니고 지정된 순서를 말한다.

보스니아-헤르체고비나

유럽 동남부, 발칸 반도 중서부에 있는 나라이다. 정식 명칭은 보스니아-헤르체고비나공화국이다. 정부 형태는 대통령 중심제이며, 수도는 사라예보이다. 1992년 3월에 유고슬라비아로부터 분리 독립한 신생 공화국이다. 면적은 5만 1233제곱킬로미터이다. 인구는 2004년 기준으로 약 401만 명이다. 공용어는 세르보-크로아트어이다. 1인당 국내총생산은 2003년 기준으로 1240달러이다.

보험

사망·화재·사고 등 뜻하지 않은 위험에 대비하여 미리 일정한 보험료를 낸 후, 사고가 일어났을 때 계약에 따라 정한 보험금을 받아 그 손해를 보상하는 제도를 말한다. 보험 제도는 적극적으로 뜻하지 않은 사고의 발생을 방지하고자 하는 것이 아니라, 소극적으로 사고 발생으로 인한 경제 손실을 보상하는 것을 목적으로 한다. 보험은 분류 기준에 따라 공보험과 사보험, 사람이 대상인 인보험과 물건이 대상인 물보험, 영리 보험과 상호 보험, 손해 보험과 정액 보험, 육상 보험과 해상 보험 등으로 나뉜다.

복지 국가

국민 전체의 복지 증진과 행복 추구를 국가의 중요한 사명으로 여기고 이를 위해 적극적인 역할을 하는 나라를 가리킨다. 스웨덴, 노르웨이, 핀란드, 덴마크 등의 북유럽 국가들이 대표적인 복지 국가들이다. 복지 국가는 빈곤의 해소, 생활 수준의 안정, 부와 소득의 균등한 분배, 국민 복지의 증대 등을 목표로 삼는다. 이를 위해 일부 산업을 국유화함으로써 부의 집중을 막고, 완전 고용을 실현함으로써 모든 국민이 소득을 얻도록 하며, 의료 보장을 통해 모든 국민이 건강한 생활을 하도록 하고, 국민연금 등 사회 보장 제도를 실시하여 국민의 노후를 보장한다. 하지만 이러한 복지 정책에 따른 문제점도 있다. 국가의 역할이 커지면서 행정 권력이 관료화되고 비대해지며, 생활이 안정되면서 노동자의 노동 의욕이 감퇴되고, 사회 복지 비용이 늘어나면서 국가 재정이 악화되거나 국민이 부담해야 할 세금이 많아지기도 한다.

볼리비아

남아메리카 대륙의 중앙부에 있는 나라이다. 1825년에 에스파냐로부터 독립하였다. 정부 형태는 대통령 중심제이며, 수도는 수크레이다. 행정 수도인 라파스에 정부와 국회가 있다. 면적은 109만 8581제곱킬로미터이다. 인구는 2003년 기준으로 약 859만 명이다. 공용어는 에스파냐어이다. 주요 종교는 가톨릭이다. 보석 장식품·주석·설탕 등을 주로 수출하며, 1인당 국민총생산은 2003년 기준으로 2400달러이다.

봉건제

봉건 영주들이 토지를 매개로 주종 관계를 맺는 사회를 말한다. 생산 수단에 대한 사적 소유는 인정하지만 인간에 대해서는 제한적으로 소유가 인정되는 사회이다. 중국의 고대 사회와 유럽의 중세 사회에서 널리 성행하였다. 보통 봉건제라 할 때는 자본주의가 등장하기 이전, 중세 유럽의 봉건제를 가리킨다. 중세 유럽에서 영주는 영지를 소유했고, 농노들은 영지의 경작권을 가지고 일정한 양의 세금을 바쳤다. 영주는 농노의 생명을 마음대로 할 수 없는 반면, 농노는 거주를 마음대로 할 수 없었다. 농촌은 식량 생산을 담당했고, 도시의 수공업자와 상인들은 여러 가지 물건을 만들어 팔았다. 시장을 통해 물물 교환이나 화폐가 유통되면서 도시는 점차 번성하였으며, 대규모의 수공업 공장들과 상인 자본가들이 생겨났다. 영주들은 사치품과 세금을 거둬들이기 위해 도시를 보호하였다. 하지만 십자군전쟁으로 몰락한 영주들이 늘어나면서 중앙 정부와 결탁한 상공인 세력의 등장으로 봉건제 사회는 종말을 맞았다.

부가가치

어떤 기업이나 산업이 생산과 유통 과정에서 새롭게 만들어 낸 가치를 말한다. 새롭게 만들어 낸 가치란 최종 생산물에서 원료의 가치를 뺀 나머지 부분을 가리킨다. 빵 공장에서 밀가루 400원어치, 우유 200원어치, 설탕 100원어치를 써서 1000원짜리 빵을 생산했다면 빵 공장의 부가가치는 300원이 된다. 빵 공장에서 새롭게 만들어 낸 가치는 빵 값 1000원에서 밀가루와 우유 등 원료 값 700원을 뺀 300원이다. 이 공장이 빵의 부가가치를 높이려면 빵의 원료 값을 낮추거나 최종 생산물인 빵의 값을 올려야 한다. 같은 분량의 재료를 사용해서 더 맛있는 빵을 만들면 비싸게 팔 수 있으니까 부가가치가 높아져 기업의 이윤도 늘어난다.

부가가치세

생산과 유통 과정에서 창출되는 부가가치에 부과하는 세금이다. 국가가 징수하는 국세이며, 거래의 과정을 통하여 납세 의무가 있는 사업자로부터 최종 소비자에게 조세 부담이 옮겨 가는 간접세이다. 1919년에 독일에서 제안되었으며, 1955년에 프랑스에서 최초로 시행된 후 오늘날 대부분의 국가에서 부가가치세를 징수하고 있다. 우리 나라에서는 1977년부터 시행되었다.

부동산

땅이나 건물처럼 움직여 옮길 수 없는 재산을 말한다. 반대로 자동차나 보석이나 귀금속처럼 움직여 옮길 수 있는 것은 동산이라고 한다. 부동산은 동산과 달리 법원에 등기를 하여야 재산권을 행사할 수 있다.

부산광역시

경상남도 남동쪽에 있는 광역시로 우리 나라 제1의 무역항이자 제2의 도시이다. 2003년 말 기준으로 면적은 약 763.3제곱킬로미터이고, 인구는 371만 1268명이다.

시의 북서쪽에 금정산을 비롯해 백양산·엄광산·구봉산·구덕산·천마산 등이 병풍처럼 늘어서 있고, 북동쪽에는 장산·황령산·금련산 등이 있다. 시가지는 금정산에서 복병산을 지나 용두산에 이르는 구릉에 의해 동서로 나뉘며, 북동쪽의 수영강 주변과 낙동강 동쪽에 비교적 넓은 평야가 펼쳐져 있다. 낙동강 외에도 온천천·수영강·동천·학장천 등 크고 작은 하천 44개가 남해로 흘러 들어간다. 부산 앞바다에는 영도·가덕도·죽도 등 사람이 살고 있는 섬 3개와 무인도 38개가 있다. 부산항은 영도를 경계로 내항과 남항으로 나뉘는

부산광역시

데 내항은 무역항으로, 남항은 어항으로 이용되고 있다. 연평균 기온은 섭씨 15도 내외이고, 연강수량은 1250밀리미터 내외이다. 다른 지역에 비해 비교적 바람이 강하게 불지만, 여름은 시원하고 겨울은 따뜻해 사람이 살기에 적합한 기후이다.

부산은 원자재의 수입과 제품의 수출에 유리한 항만을 배경으로 1960년대 후반부터 의류·섬유·신발·합판·철강·조선·전자 공업이 발달하였다. 영도에는 조선 공업과 금속 기계 공업이 발달하였으며, 감천에는 철강·화학·금속·기계·수산 가공업이, 범일동과 연산동에는 신발·섬유·금속 공업이, 사상·신평·장림에는 도심에서 이전해 온 공장들이 밀집하여 금속·기계 공업이 발달하였다. 부산의 대표 생산품인 신발은 미국·일본·캐나다 등과 유럽의 여러 나라에 수출하여 왔으나 인건비 상승으로 최근에는 동남아시아로 공장들이 이전하고 있다. 광역 시내에는 명지녹산국가산업단지를 비롯하여 지방산업단지 6개가 있다.

우암반도와 영도가 천연의 방파제 구실을 하는 부산항은 태평양과 아시아 대륙을 이어 주는 길목으로, 우리 나라 전체 수출 화물의 40퍼센트, 컨테이너 화물의 82퍼센트 이상을 처리한다. 남항을 중심으로 수산업도 발달하였으며, 갈치·명태·조기 등이 많이 난다. 도시화로 경지 면적과 농가 인구는 많이 줄었지만 강서구의 낙동강 삼각주를 중심으로 쌀·채소·화훼류의 재배가 활발하다.

부산광역시에는 국가 지정 문화재로 금동보살입상과 동궐도 등 국보 3점, 범어사 삼층석탑과 지장보살삼존도 등 보물 14점, 금정산성과 동삼동패총 등 사적 4곳, 부산진의 배롱나무와 낙동강 하류 철새도래지 등 천연기념물 7종, 동래야류와 수영야류 등 중요 무형 문화재 3종 등 많은 문화재가 있다. 이 외에도 시 지정 문화재로 유형 문화재 40점, 무형 문화재 9종, 기념물 40종, 민속 자료 1점, 문화재 자료 6점 등이 있다.

2002년에 제14회 부산아시안게임이 열렸으며, 해마다 부산바다축제, 자갈치문화관광축제, 부산국제영화제, 부산국제락페스티벌 등 많은 문화 행사가 열린다. 이 중에서 1996년에 처음 시작된 부산국제영화제는 짧은 역

부산의 신선대 부두

탐구학습

부산광역시의 어제와 오늘

부산시 영도구의 동삼동과 영선동, 부산진구의 전포동, 동래구의 칠산동 등에서 많은 조개무지가 발견되는 것으로 미루어 보아 부산 지역에 아주 오랜 신석기 시대부터 사람들이 모여 살았음을 알 수 있다. 삼한 시대에는 김해를 중심으로 한 금관가야와 동래 지방을 중심으로 한 거칠산국과 장산국이 있었다. 거칠산국과 장산국은 곧 신라에 병합되고, 지금의 서면 일대에 있던 금관가야는 522년에 신라에 병합되었다. 고려 시대인 995년에 전국을 2경 4도호부 10도로 나누었을 때는 영동도에 속했다. 조선 시대인 1407년에 부산포가 개항하였으며, 이후 부산포왜관을 설치하고, 1547년에 동래현을 동래도호부로 승격하였다. 조선 시대에 부산 지역은 행정적으로는 동래부사 관할이었으며, 군사상으로는 경상좌도수군절도사의 관할 아래 바다를 지키는 요충지였다.

근대적인 도시로 발전한 것은 1876년에 강화도 조약에 의해 인천·원산과 함께 개항장이 되면서부터이다. 1905년에 경부선이 개통되면서 제1부두를 비롯한 항만 시설이 건설되어 근대적인 항구의 모습을 갖추기 시작했고, 1925년에 경상남도 도청이 진주에서 이전되어 경상남도의 행정·경제·문화 중심지로 발전하였다. 해방 이후 1949년에 부산부에서 부산시가 되었으며, 한국전쟁 중에는 임시 수도가 되었다. 1963년에 직할시가 되어 경상남도로부터 분리되었으며, 1995년에 지방 자치 제도가 실시되면서 광역시가 되었다. 시가 발전하면서 1936년, 1942년, 1963년, 1978년에 각각 시의 면적이 늘어났으며, 1995년에 양산군 장안읍·기장읍·정관면·일광면·철마면과 진해시 웅동2동의 일부를 병합하여 시의 면적이 크게 늘어났다.

한편 부산항은 1978년에 우리 나라 최초의 컨테이너 전용 부두인 자성대 부두를 열었고, 1991년에 신선대 컨테이너 부두, 1998년에 감만 컨테이너 부두, 2002년에 신감만 부두를 열어 국제항으로 발돋움하였다. 광역시는 2004년 기준으로 기장군과 중구·서구·동구·영도구·부산진구·동래구·남구·북구·해운대구·사하구·금정구·강서구·연제구·수영구·사상구 등 1군 15구 및 법정 동 249개로 이루어져 있다.

부여

부여의 부소산성

무량사 극락전

사인데도 지금은 아시아에서 가장 큰 영화제로 자리잡았다. 태종대·해운대·황령산이 국민 관광지로 지정되었으며, 금강공원·동래온천·유엔군 묘지·용두산 공원·범어사·성지곡 유원지·낙동강 하구·자갈치시장·을숙도·오륙도 등이 유명하다. 우리 나라에서 제일 큰 해운대해수욕장을 비롯하여 광안리·송정·송도·다대포해수욕장 등이 있다. 부산광역시를 상징하는 꽃은 동백꽃, 나무는 동백나무, 새는 갈매기이다.

부여

충청남도의 남서부에 있는 군이다. 2003년 말 기준으로 면적은 624.58제곱킬로미터이고, 인구는 8만 5682명이다. 북서쪽으로 만수산·아미산·월명산 등이 둘러싸고 있으며, 북쪽에서 남쪽으로 S자 모양으로 금강이 흐르고 있다. 부여에서는 금강을 백마강이라고 하며, 부여읍 부근에서 지류인 은산천·금천·지천·석성천 등이 흘러들어와 합쳐진다. 이 하천들의 유역에 넓은 충적 평야가 펼쳐져 있다.

삼한 시대에는 마한의 땅이었으며, 백제가 538년에 웅진에서 소부리 또는 사비라고 부르던 이곳으로 도읍을 옮긴 이후 멸망할 때까지 약 120여 년 간은 백제의 도읍지였다. 672년에 부여도독부가 설치되었고, 751년에 부여현이 되었으며, 이후 행정 구역의 변화에 따라 부여읍·부여군 등으로 바뀌었다.

부여에는 왕궁지와 수많은 불교 유적들, 왕릉 유적 그리고 부소산과 궁남지 등 융성했던 백제 문화를 보여 주는 많은 문화 유산이 남아 있다. 국가 지정 문화재로 부여 정림사지오층석탑과 백제금동대향로 등 국보 3점이 있고, 무량사 극락전과 대조사 석조미륵보살입상 등 보물 14점, 부여 능산리 고분군과 부소산성 등 사적 20곳이 있다. 또 부소산 서쪽 기슭의 백마강 가에 있는 나루터 구두래 일원이 사적 및 명승으로 지정되어 있고, 내산면의 은행나무가 천연기념물로 지정되어 있으며, 부여동헌 등 도 지정 문화재 91점이 있다. 부여와 부여 부근에서 발굴된 백제 시대의 많은 유물들은 오늘날 부여박물관에 보관·전시되고 있다. 백마강의 고란사와 낙화암 등이 관광지로 이름나 있다.

북대서양조약기구

제2차 세계대전 후 서유럽의 자본주의 국가들이 동유럽에 주둔한 소련군과 군사적 균형을 맞추기 위해 만든 집단 방위 동맹 기구이다. 나토(NATO)라고도 한다. 1949년에 영국, 프랑스, 벨기에, 룩셈부르크, 네덜란드, 미국, 캐나다, 덴마크, 아이슬란드, 이탈리아, 노르웨이, 포르투갈이 참여하여 이 기구를 결성하였다. 결성된 이후 소련에 대한 집단 방위 동맹 기구로서의 역할을 오랫동안 하였으나 1980년대 말부터 소련이 붕괴하기 시작하자, 군사 동맹 기구에서 벗어나 유럽의 국제적 안정을 위한 정치 기구로 변화를 시도하였다. 1999년엔 체코·폴란드·헝가리 등의 동유럽 국가들도 회원으로 가입하였으며, 2004년 말 기준으로 회원국은 26나라이다. 본부는 벨기에 브뤼셀 근교의 카스토에 있다.

북극

북극의 니알슨 기지에 세워진 북극 탐험가 아문센의 동상

북극점을 중심으로 하는 고위도 지방을 가리킨다. 일반적으로 북위 66도 33분 이북의 북반구 고위도 지대를 말한다. 남극 대륙을 중심으로 바다로 둘러싸인 남극에 비해, 북극은 북극점을 중심으로 한 북극해가 대부분이며 유라시아, 북아메리카 대륙과 그린란드, 아이슬란드의 북부 일부를 포함한다.

여름과 겨울의 기온차가 심하고, 고지대는 일 년 내내 빙설로 덮여 있으며, 저지대는 툰드라 기후를 보인다. 북극해 중앙부나 그린란드 내부의 겨울 기온은 섭씨 영하 35에서 영하 40도 정도이다. 여름 기온은 그린란드 내부를 제외하면 섭씨 0도 내외이다. 내륙은 한낮의 기온이 섭씨 28도까지 오르기도 한다. 동물로는 미국의 남부, 중앙아메리카, 브라질 등에서 날아온 철새들과 순록·사향소·레밍·북극곰·북극여우 등이 있고, 바다에는 바다표범·바다코끼리·고래 등이 산다. 북극에는 에스키모를 비롯해 라프, 야쿠트 등 여러 원주민들이 살며, 대표적으로 에스키모가 산다.

1909년 4월 6일에 미국인 피어리는 그린란드 북부에서 개썰매로 북극점에 도달하였다. 1991년 5월 7일에 우리 나라의 북극점 오로라 탐험대가 세계에서 18번째로 북극점에 도달했다. 그 뒤 과학 연구와 지하 자원 탐사를 위해 국제 공동 관측소가 설치되어 북극에 대한 조사와 개발에 주력하고 있다.

국제 북극 과학 타운인 북극의 니알슨 기지

세계에서 12번째로 북극에 세운 우리 나라의 다산 과학 기지

북아메리카 대륙

　아메리카 대륙의 북반부를 가리키며, 대체로 멕시코 남부를 가로지르는 테우안테펙 지협을 남쪽 한계로 하고 있으며, 그 이남을 중앙아메리카로 구별한다. 경우에 따라서는 중앙아메리카와 그 동쪽에 가로놓인 서인도 제도를 북아메리카 대륙에 포함시키기도 한다.

　동쪽으로는 대서양, 서쪽으로는 태평양과 접하고 있다. 주요한 섬은 북부에 있으며, 세계에서 제일 큰 섬인 그린란드를 비롯하여 뉴펀들랜드·북극해제도·밴쿠버 섬·퀸샬럿 제도·알류샨 열도에 딸린 많은 섬들이 있다. 면적은 약 2424만 7000제곱킬로미터이다.

　대륙의 동쪽에는 애팔래치아 산맥이 있고, 대서양 연안을 중심으로 평야가 펼쳐져 있다. 대륙의 서쪽에는 로키 산맥으로 이루어진 산지가 길게 이어져 있고, 중앙에는 애팔래치아 산맥과 로키 산맥 사이에 넓은 평원이 펼쳐져 있다. 서쪽의 로키 산맥은 환태평양 조산대에 속하며, 지진과 화산 활동이 잦다.

　북아메리카 대륙에는 중위도의 대부분과 북서단의 알래스카를 차지한 미국과 미국의 북쪽으로 캐나다, 미국의 남쪽으로 멕시코가 있다. 그 밖에 덴마크령의 그린란드, 대서양의 영국령 버뮤다 제도가 있다.

　원주민은 아메리카 인디언이었지만, 1492년에 콜럼버스가 대륙을 발견한 이후 영국에서 종교적인 압박을 받던 청교도들이 이주하기 시작하였다. 신대륙으로 이주한 영국인들은 미국의 동부를 중심으로, 프랑스인들은 캐나다의 동부를 중심으로 저마다 넓은 북아메리카 대륙을 개척하기 시작하였다. 이후 영국과 프랑스의 오랜 식민지로 있다가 1776년에 미국이 독립하였고, 1931년에 캐나다가 독립하였다.

　북아메리카 대륙의 미국과 캐나다는 영국의 문화 유산을 이어받은 앵글로색슨계의 색채가 짙어 앵글로아메리카라고 일컬으며, 멕시코·중앙아메리카·서인도제도는 남아메리카 제국과 함께 에스파냐·포르투갈을 중심으로 한 라틴계 문화의 영향과 에스파냐인의 색채가 짙어 라틴아메리카라고 일컫는다.

　북아메리카 대륙은 세계 제일의 농업 지역으로 기후가 다양하여 여러 가지 작물이 난다. 풍부한 천연 자원과 교통의 발달, 각종 기계의 발명과 개량 및 대량 생산 방식의 도입 등으로 세계의 공업을 이끌어 가고 있다. 북아메리카 대륙 내의 교류는 물론, 유럽·남아메리카·아시아 대륙 등지와도 활발하게 교역하면서 세계 무역의 중심이 되고 있다.

알래스카 주의 에스키모가 끄는 개썰매

캐나다의 자연 환경

미국과 캐나다의 국경에 있는 나이아가라 폭포

캐나다의 토론토

미국의 자유의 여신상

미국의 뉴욕 시

미국의 그랜드캐니언

북미자유무역협정

미국, 캐나다, 멕시코 3나라가 자유 무역을 하기 위해 서로 간의 관세와 무역 장벽을 폐지하기로 한 협정이다. 나프타(NAFTA)라고도 한다. 협정은 1992년에 체결되었고, 1994년부터 효력을 발휘하였다. 이 협정에 따라 미국, 캐나다, 멕시코 3나라는 1994년부터 단계적으로 무역 장벽을 철폐하기 시작해 15년 후 모든 무역 장벽을 철폐하게 된다. 이 협정은 미국의 자본과 기술, 캐나다의 자원, 멕시코의 노동력을 결합하여 북아메리카를 하나의 거대한 경제 단위로 만들었다.

북한

아시아 대륙의 동쪽 끝에 있는 나라로, 휴전선을 경계로 남북으로 갈라져 있는 한반도의 북부 지역에 있는 나라이다. 1945년 해방 이후 38선을 경계로 남북이 갈라진 후 김일성과 조선노동당이 중심이 되어 1948년에 조선민주주의인민공화국을 세웠다. 이후 1950년에 한국전쟁을 거친 후 군사분계선 이북 지역을 지배하고 있다. 정부 형태는 공화제이며, 수도는 평양이다. 면적은 12만 2762 제곱킬로미터이다. 인구는 2003년 기준으로 2246만 6000명이다. 1인당 국민총생산은 2003년 기준으로 457달러이다. 오랫동안 김일성 1인 독재 체제가 유지되었으며, 오늘날에는 김일성의 아들인 김정일이 최고 지도자로 사회주의 체제를 유지하고 있다.

전 지역에 걸쳐 산이 많고, 특히 북부 및 북동부는 고산

탐구학습 | 북한의 행정 지도

OPENKID CHILDREN's ENCYCLOPEDIA

겨울의 금강산

북한 무산시 전경

북한의 문화 공연

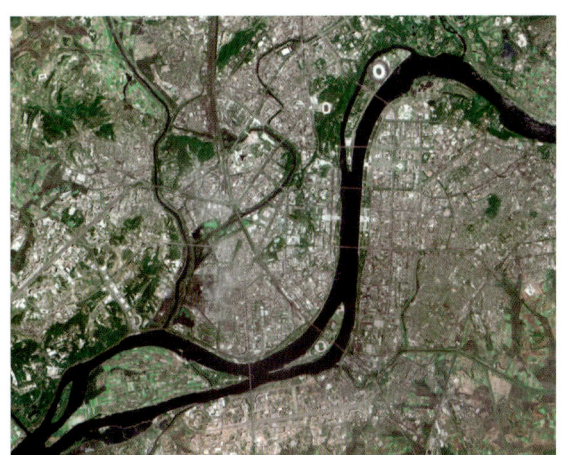

북한 평양의 위성 사진

북한 평양의 전기 버스

북한강

지대를 이루고 있다. 우리 나라에서 가장 높은 산인 백두산과 그 남쪽의 개마고원·낭림산맥 등이 북부 산지를 이루고 있다. 하천은 백두산에서 시작하여 황해로 흘러드는 압록강 외에 두만강, 대동강, 청천강, 예성강 등이 있다. 이들 강 유역에 평양평야, 안주평야, 재령평야, 연백평야 등이 펼쳐져 있다. 기후는 대체로 대륙성 기후를 나타내며, 네 계절의 변화가 뚜렷하다. 평안북도 북동부의 중강진은 한반도에서 겨울철에 가장 추운 지역이다.

북한강

금강산 부근에서 물줄기가 시작되어 화천, 춘천, 가평 등을 지나 경기도 양평군 양수리에서 남한강과 만나는 한강의 주요한 지류이다. 길이는 약 371킬로미터이다. 주요한 지류로 소양강, 홍천강, 금강천, 금성천, 수입천, 가평천, 조종천 등이 있다. 우리 나라 제일의 수력 발전 지대로 화천·춘천·소양·의암·청평 댐 등 수력 발전용 댐과 다목적댐이 가장 많이 건설되어 있다. 상류에는 춘천·화천 등의 침식 분지가 형성되어 있고, 강 유역에는 남이섬·청평·대성리 등 관광 유원지가 많다.

북한산

서울특별시의 북부와 경기도 고양시에 있는 산이다. 제일 높은 백운대의 높이는 836미터이다. 백운대와 동쪽의 인수봉, 남쪽의 만경대, 이렇게 세 봉우리가 있어 삼각산이라고도 한다. 화강암이 지반의 상승과 침식 작용으로 표면에 드러난 후 다시 풍화 작용을 받은 험준한 바위산이다. 우이동계곡·북한산성계곡·진관사계곡·삼천사계곡 등과 동령폭포·구천폭포·개연폭포 등이 유명하다. 태고사·진관사·원효사·상운사·도선사·승가사·화계사 등 절과 암자 100여 개가 있고, 북한산성·진흥왕순수비 터와 같은 사적과 원증국사탑·북한산 구기리마애석가여래좌상과 같은 보물들이 있다. 1983년에 도봉산과 함께 북한산국립공원으로 지정되었다.

탐구학습

남북 분단 이후 남북한의 관계는 어떻게 변해 왔을까요?

1970년대 이전까지 남북 간에 실질적인 대화나 교류는 거의 없었다. 1970년대에 미국이 닉슨 독트린을 선언하면서 중국을 방문했고, 중국이 유엔에 가입하는 등 주변 정세가 변화하면서 남북 대화의 물꼬가 트였다. 1971년에 이산가족 찾기를 위한 남북적십자회담이 여러 차례 열렸지만 1973년 5월에 서울에서 개최된 제6차 회담을 끝으로 남북적십자회담이 중단되었다. 1972년에는 7·4남북공동성명을 발표했고, 자주 통일·평화 통일·민족적 대단결이라는 3대 원칙을 정하였다.

1980년대에 남북총리회담을 위한 실무 대표가 접촉했으며, LA 올림픽경기대회 남북 단일팀 구성과 참가를 위한 남북체육회담, 로잔느체육회담, 1984년에 수해물자 인도·인수와 관련한 남북적십자 실무접촉이 진행되었고, 이산가족 고향 방문 및 예술 공연단 교환을 위한 남북적십자회담, 남북경제회담, 남북국회회담 예비·준비접촉, 남북고위급회담 예비회담 등 남북 간에 다양한 접촉과 대화가 이루어졌다. 그리고 1985년에 이산가족 고향 방문단 및 예술 공연단의 교환 방문이 이루어졌으며, 1989년에 노태우 정부는 자주·평화·민주의 원칙 아래 통일 공화국을 구성하자는 한민족 공동체 통일 방안을 제시했다.

1990년에 들어서면서 남북체육회담을 계기로 제41회 세계탁구선수권대회와 제6회 세계청소년축구선수권대회에 남북 단일팀으로 참가하였다. 특히 1990년 9월부터 1992년 9월까지 8차례 개최된 남북고위급회담을 통해 남북 사이의 화해와 불가침 및 교류·협력에 관한 합의서를 채택·발효시켰으며, 한반도비핵화공동선언을 채택·발효시켰다.

1991년에 남북이 동시에 유엔에 가입하였고 남북기본합의서 및 비핵화공동선언을 채택하였다. 그 내용은 7·4남북공동성명에서 밝힌 조국 통일 3대 원칙을 재확인하고, 정치·군사적 대결 상태를 해소하여 민족의 화해를 이룩하며, 무력에 의한 침략과 충돌을 막고 긴장 완화와 평화를 보장하며, 다각적인 교류·협력을 실현하여 민족 공동의 이익과 번영을 도모하고, 양쪽의 관계가 나라와 나라 사이의 관계가 아닌 통일을 지향하는 과정에서 잠정적으로 형성되는 특수 관계라는 것을 인정한다는 것이었다.

1995년에는 남북한 북경회담이 진행되었고, 1997년에 4자회담 예비접촉을 가진 후 그 해에 뉴욕에서 6차에 걸쳐 4자회담 본회담을 가졌다. 동시에 대북 구호물자 전달을 위한 남북적십자대표 접촉을 북경에서 가졌다. 그리고 2000년 6월 13일에 김대중 전 대통령과 김정일 국방위원장의 남북정상회담이 평양에서 이루어졌다.

북한산

분교

본교에서 분리된 독립 시설에서 본교 교장의 지도와 감독 아래 본교 교육의 전부 또는 일부를 교육하는 학교를 말한다. 초·중등학교의 경우에 본교에서 멀리 떨어진 곳이나 교통이 불편한 섬, 벽지에 분교를 설치한다. 눈이 많이 오는 지역에서는 겨울에만 임시로 분교를 열기도 한다. 분교는 대부분 학생 수가 60명 이하이고 학급 수도 15개 이하이다. 1980년대 이후에는 대학 인구의 지방 분산과 대학 교육 기회의 평준화를 위해 대학도 분교를 설립하고 있다.

분업

모든 생산 과정을 여러 사람이 전문적으로 나누어 일하는 노동 형태를 말한다. 현대 산업 사회의 중요한 특징 중 하나이다. 분업을 하면 한 사람이 특정한 일에 전문적으로 종사함으로써 노동의 숙련도가 높아진다. 그리고 다른 작업으로 이동하는 데 걸리는 시간도 줄일 수 있고, 특수 작업에 알맞게 기계와 도구를 개발함으로써 노동의 생산성도 높일 수 있다. 하지만 분업으로 인한 작업의 단순화는 단순 반복적인 일을 계속해서 하게 만들어 일을 더욱 힘들게 하기도 한다.

분업은 크게 사회적 분업과 기술적 분업으로 나눌 수 있다.

개개인이 세분화된 여러 직업에 전문적으로 종사하는 것이 사회적 분업의 대표적인 예이다. 또 남자와 여자가 각자의 성별에 적합한 생산을 담당하는 성적 분업이나 원료의 산지나 상품 시장 부근에서 집중적으로 생산되는 지역적 분업 등도 사회적 분업이다.

기술적 분업은 어떤 하나의 생산 과정을 여러 과정으로 나누어 각 과정의 일을 각기 다른 사람 또는 각기 다른 집단이 나누어 맡는 것을 말한다. 예를 들어 자동차 공장에서 자동차를 만드는 데에 어떤 사람은 바퀴를 조립하고, 어떤 사람은 차체를 조립하는 일을 나누어서 전문으로 하는 것이다.

불가리아

유럽 대륙의 남부, 발칸 반도의 남동부에 있는 나라이다. 동쪽으로 흑해, 남쪽으로 터키와 그리스, 서쪽으로 세르비아-몬테네그로와 마케도니아와 국경을 접하고 있다. 정부 형태는 대통령제와 의원 내각제가 혼합된 의회민주제이며, 수도는 소피아이다. 면적은 11만 994제곱킬로미터로 한반도의 약 2분의 1이다. 인구는 2004년 기준으로 약 751만 명이다. 공용어는 불가리아어이다. 국민의 85퍼센트가 불가리아 정교를 믿고 있다. 기후는 대륙성 기후이다. 1인당 국민총생산은 2003년 기준으로 약 1650달러이다.

불교

기원전 5세기경에 인도의 석가모니가 창시했고, 석가모니를 섬기며 그의 가르침을 따르는 종교이다. 이 세상의 고통과 번뇌로부터 해탈하여 부처가 되는 것을 궁극적인 이상으로 삼는다. 크리스트교, 이슬람교와 더불어 세계 3대 종교 중 하나이다. 불교라는 말에는 부처가 말한 교법이란 뜻과 부처가 되기 위한 교법이란 뜻이 담겨 있다. 그래서 불교를 불법 또는 불도라고도 한다.

불교의 역사

기원전 5세기경 인도의 카필라국의 왕자로 태어난 석가모니는 어머니를 일찍 여의고 인생의 무상함을 느끼며 고민하다가, 이 세상의 근본 문제인 생로병사, 즉 태어나고 늙고 아프고 죽는 것을 해명하기 위해 스물아홉 살에 출가하였다. 서른다섯 살이 되던 해에 보리수 아래서 명상을 하다가 마침내 깨달음을 얻었다. 그는 우주의 존재가 서로 연관을 이루며 생성한다는 이치인 연기를 터득했으며, 나아가 인생의 무상과 무아를 깨달으면 고뇌가 없는 편안한 경지인 열반에 이

대웅전의 불상

석가모니
석가(Sakya)는 민족의 명칭이고 모니(muni)는 성자라는 의미로, 석가모니라고 하면 석가족 출신의 성자라는 뜻이다. 석가모니의 본명은 고타마 싯다르타로서 '깨달음을 얻은 이' 라는 뜻의 붓다(Buddha, 불타)라고도 불렸다. 더불어 진리의 체현자라는 의미의 여래 혹은 존칭으로서 석존, 세존 등으로도 불렸다.

해인사

법고를 치는 스님 　　　　　　　　　　　　　　　　인도의 불교 성지

른다는 것을 깨달았다. 무상이란 항상 나고 죽고 변하여 늘 머물러 있는 모양이 없는 것을 말하며, 무아란 자기 존재가 없다는 것을 말한다. 이 무상·무아·열반은 불교의 목표인 삼법인(三法印)이 되었다.

석가모니는 45년 간 각지를 돌아다니면서 사람들에게 비유나 설화를 통해 쉬운 말로 가르침을 전하였다. 석가모니가 죽은 후 제자들이 그의 가르침을 정리하여 불교를 체계적으로 발전시켰다. 이어 불교는 소승 불교와 대승 불교로 분리되었다. 소승 불교는 개인의 해탈을 중요하게 여겼으며, 대승 불교는 민중에게 널리 가르침을 전하여 민중을 구제하는 것을 중요하게 여겼다.

소승 불교는 타이, 미얀마, 스리랑카 등 동남아시아로 퍼져 남방 불교라고도 한다. 대승 불교는 우리 나라를 비롯하여 티베트, 몽골, 중국, 일본 등 동북아시아로 퍼져 북방 불교라고도 한다. 불교의 발생지인 인도는 13세기에 이슬람의 침략을 받은 후로 불교가 쇠퇴하였지만, 불교가 전래된 국가에서는 사상·문화·예술에 큰 영향을 미쳤다. 불교는 미국과 유럽에까지 널리 퍼졌으며, 신도의 수가 전 세계 인구의 4분의 1을 차지한다.

우리 나라의 불교

고구려의 소수림왕 때 중국의 전진에서 승려 순도가 불경과 불상을 들여오면서 우리 나라에 불교가 처음으로 전래되었다. 백제에서는 침류왕 때 중국의 동진에서 온 마라난타가 불교를 전하였다. 신라에서는 5세기 눌지왕 때 고구려의 묵호자가 불교를 전하였고, 법흥왕 때 이차돈의 순교로 공인받았다. 고려 시대에는 태조 왕건의 명으로 건국 초부터 불교를 숭상하였으나, 조선 시대에 불교를 억압하면서 급격히 쇠퇴하였다.

우리 나라의 불교는 호국 불교의 성격이 강하여 외적의 침입이 있으면 승려들이 군대를 조직하여 나라를 지키는 경우가 많았다. 일제 강점기에는 많은 승려들이 독립 운동에 동참하였으며, 삼일운동 때 민족 대표 33인 중에는 승려 한용운·백용성 등이 들어 있다.

군사분계선을 기준으로 남북으로 각각 2킬로미터씩 펼쳐진 비무장지대

불매 운동

소비자들이 기업이나 생산자의 부당한 행위에 항의하기 위하여 특정 상품의 구매를 거부하는 운동이다. 노동조합이 쟁의 행위의 한 방법으로 삼기도 하지만, 일반 소비자들의 운동인 경우가 많다. 소비자 운동으로서의 불매 운동은 기업이나 생산자가 부당하게 물건 값을 올리거나 품질이나 고객 서비스 등에 문제가 있을 경우에 소비자의 권익을 옹호하기 위해 벌인다. 이런 운동은 주로 소비자 운동 단체가 앞장서서 벌인다.

브라질

남아메리카 대륙의 중앙에 있는 나라이다. 1822년에 포르투갈에서 독립하였다. 정식 명칭은 브라질연방공화국이며, 26개의 주로 이루어졌다. 정부 형태는 대통령 중심제이며, 수도는 브라질리아이다. 면적은 851만 1965제곱킬로미터로 세계에서 다섯 번째로 큰 나라이다. 인구는 2004년 기준으로 약 1억 8410만 명이다. 공용어는 포르투갈어이다. 주요 종교는 가톨릭이다. 나라가 넓어 열대와 아열대, 온대 기후가 두루 나타난다. 커피·카카오·사탕수수 등을 주로 수출하고, 1인당 국내총생산은 2003년 기준으로 3070달러이다.

비례대표제

국회의원 선거에서 정당이 얻은 표의 수에 비례하여 당선자의 수를 정하는 선거 제도이다. 비례대표제 방법에는 여러 가지가 있지만, 우리 나라는 유권자가 지역구 후보에게 한 표, 정당에게 한 표를 찍는 정당명부식 비례대표제를 실시한다. 비례대표제의 장점은 다수파가 의석을 많이 차지하는 것을 막고, 여론이 공정하게 반영되게 하며, 사표를 방지하여 소수 대표를 보장하는 것이다.

비무장지대

조약이나 협정에 의해 군대 주둔, 무기 배치, 군사 시설 설치가 금지된 중립 지대를 말한다. DMZ라고도 한다. 적대 국가들의 무력 충돌을 막거나 국제적 교통로를 확보하기 위해 설치한다. 우리 나라에서는 한국전쟁 이후 한국휴전협정에 따라 1953년 7월에 군사분계선과 비무장지대가 확정되었다. 비무장지대의 범위는 군사분계선을 기준으로 남북으로 각각 2킬로미터씩 총 4킬로미터이며, 남한과 북한의 공동 경비 구역인 판문점이 있다. 비무장지대를 출입하려면 군사정전위원회의 허가가 있어야 한다.

비준

국제 조약을 체결할 때에 당사국이 조약의 체결에 대해 최종적으로 확인하거나 동의하는 절차를 말한다. 민주주의 국가에서는 중요한 조약을 비준하기 전에 국회의 동의를 얻게 되어 있다. 우리 나라의 헌법은 조약의 체결 및 비준권을 대통령에게 부여하며, 상호 원조나 안전 보장에 관한 조약, 중요한 국제 조직에 가입하는 조약, 국가나 국민에게 중대한 재정 부담을 지우는 조약 등을 체결하거나 비준할 때에는 국회의 동의를 얻도록 규정하고 있다. 조약의 효력은 비준서를 교환하거나 제출하면서부터 발휘된다.

빈곤

가난해서 먹고 자고 입는 등의 기본 욕구를 해결하지 못하는 상태를 말한다. 사는 데 필요한 최저 한도의 욕구를 충족시키지 못하는 것을 절대적 빈곤이라 하고, 다른 사람과 비교하여 가난하다고 느끼는 것을 상대적 빈곤이라 한다. 빈곤은 사람의 육체와 정신을 병들게 하고 심하면 죽게 한다. 오늘날 지구촌에서는 하루에 2만 명 이상이 빈곤에 허덕이다 죽고, 세계 64억 인구 중 11억 명이 하루 생계비 1달러 이하로 생활하고 있다. 우리 나라도 1960년 이후 경제가 발전하면서 빈곤 인구가 많이 줄었지만 아직도 150만 명에 달하는 사람들이 나라로부터 생계비 지원을 받아 살아가고 있다. 세계 여러 나라들은 절대적 빈곤 상태에서 벗어나기 위해 경제 발전에 힘쓰고 있는 한편, 빈곤층을 위해 일자리를 마련하고, 사회 보장 제도를 확대하는 등 다양한 대책 마련에 애쓰고 있다. 우리 나라는 2000년부터 국민 기초 생활 보장 제도를 시행하여 소득 수준이 최저 생계비 이하인 모든 가구에 대하여 생계비를 지급하고 있다.

사법부

사법 업무를 담당하는 국가 기관이다. 대법원 및 대법원이 관할하는 기관 전체를 말한다. 대표자는 대법원장이다. 법적인 분쟁이 벌어졌을 때 제3자의 입장에서 법을 적용하여 분쟁을 해결하고 나아가 법 질서를 유지한다. 사법부는 사건 당사자나 다른 국가 기관 등 외부의 간섭을 일체 받지 않고 사법 업무를 처리할 수 있도록 독립을 보장받는다. 입법부·행정부와 더불어 삼권 분립을 이룬다.

사서삼경

유교의 가르침을 담은 사서와 삼경을 아울러 이르는 말이다. 사서란 『대학』·『논어』·『맹자』·『중용』을 말하고, 삼경이란 『시경』·『서경』·『주역』을 말한다. 본래 『대학』과 『중용』은 『예기』에 실려 있었으나, 송나라의 정자가 이 두 편을 분리하고 『논어』, 『맹자』와 함께 엮어 사서로 편찬하였다.

사설

국내와 국외에서 일어나는 정치·경제·사회 등의 문제에 대해서 신문사나 잡지사가 책임 의식을 갖고 밝히는 의견이나 주장을 가리킨다. 사설은 회사의 의견을 대표하는 글이기 때문에 글쓴이의 이름을 밝히지 않는다. 대개 신문사나 잡지사의 수석 기자인 주필이 사설의 전체 흐름과 방향을 결정하면, 몇 사람의 논설 위원이 자신이 맡은 분야의 글을 쓴다.

사우디아라비아

서아시아의 아라비아 반도에 있는 나라이다. 정식 명칭은 사우디아라비아왕국이고, 세습군주국이다. 정부 형태는 국왕 중심제이며, 수도는 리야드이다. 면적은 215만 제곱킬로미터로 한반도의 약 10배이다. 아라비아 반도의 약 5분의 4를 차지하고 있다. 인구는 2003년 기준으로 약 2401만 명이다. 공용어는 아랍어이다. 주요 종교는 이슬람교이다. 기후는 고온 건조한 열대 사막 기후이고, 해안 지역은 습한 편이다. 세계 최대의 산유국으로, 석유 수출기구나 페르시아 만 협력회의에서 중심적인 역할을 하고 있다. 1인당 국내총생산은 2003년 기준으로 1만 1800달러이다. 이슬람교의 발상지인 메카와 메디나가 있다.

사유 재산 제도

토지·천연 자원·공장 등 모든 재산을 개인의 소유로 하고, 이를 국법으로 보호하며, 재산의 관리와 처분을 소

사이버 범죄

서울의 사적 11호 광주풍납리토성

유자의 자유에 맡기는 제도를 말한다. 중세까지는 주요 생산 수단인 토지를 개인이 아닌 국가가 소유했다. 하지만 자본주의 사회가 시작되면서 모든 재산에 대해 개인의 소유권을 인정하는 사유 재산 제도가 도입되었고, 이는 자본주의 사회 조직의 기본이 되었다. 근대 초기에 확립된 개인주의는 사유 재산 제도를 뒷받침하는 사상이 되었다. 그러나 자본주의가 발달할수록 부유한 사람이 재산을 차지하는 비율이 높아지면서 노동자 계급은 생존마저 위협받게 되었다. 그래서 20세기에 접어들면서 자본주의 국가들도 천연 자원이나 독점적인 기업 시설에 대해 부분적으로 사적 소유를 제한하기 시작했다. 사회주의 경제 체제는 원칙적으로 소비재 이외엔 재화의 사유를 인정하지 않는다.

사이버 범죄

컴퓨터 시스템을 파괴하는 컴퓨터 범죄 및 인터넷 시스템을 통해 사이버 공간에서 일어나는 모든 범죄를 가리킨다. 사이버 범죄는 크게 사이버 테러와 일반 사이버 범죄로 나뉜다. 사이버 테러란 해킹이나 바이러스 제작·유포로 큰 피해를 입히는 것이다. 일반 사이버 범죄는 사이버 테러와 통신 사기, 사이버 도박, 음란 사이트 운영, 개인 정보 침해, 명예 훼손, 사이버 성폭력 등의 범죄를 인터넷에서 저지르는 것이다. 사이버 범죄는 신분이 잘 드러나지 않아 범인을 잡기 어렵고, 시간이나 공간의 제약을 받지 않으며, 범죄의 전파 속도가 빨라 피해의 규모가 크다. 그래서 우리 나라에서는 사이버 수사대를 만들어 범죄의 예방과 수사에 힘쓰고 있다.

사적

역사적으로나 학술적으로 가치가 큰 지역과 그 시설물을 함께 일컫는 것으로, 문화재청장이 「문화재보호법」에 따라 문화재위원회의 심의를 거쳐 지정한 중요 문화재이다. 조개무지나 주거지 등 유사 이전의 유적, 제단이나 향교지 등 제사와 신앙에 관한 유적, 성곽이나 봉수대 등 정치와 토목에 관한 유적, 옛길이나 가마터 등 산업과 교통에 관한 유적, 서원이나 자선 시설 등 교육과 사회 사업에 관한 유적 등이 사적으로 지정되어 있다. 1962년에 「문화재보호법」이 만들어지고 나서 일제 강점기에 지정되었던 728건의 지정 문화재 중 125곳이 한꺼번에 사적으로 지정된 이후, 2004년 말 기준으로 444곳의 문화재가 사적으로 지정되어 국가의 보호를 받고 있다. 대표적인 사적으로 사적 1호인 경주 포석정지를 비롯하여 수원의 화성, 서울의 풍납토성, 김해의 봉황동 유적, 경주의 황룡사지, 영주의 소수서원, 고양의 행주산성, 김해의 수로왕릉 등이 있다. 경주의 불국사 경내나 합천의 가야산 해인사 일원 등 사적지이면서 경치가 빼어난 곳은 국가에서 사적 및 명승으로 따로 지정하여 보호한다.

사춘기

신체의 성장과 함께 2차 성징이 나타나고 생식 기능이 완성되는 시기를 가리킨다. 1차 성징은 날 때부터 타고난 성별이고, 2차 성징은 성별에 맞는 체격이나 체형을 갖는 것을 말한다. 남자는 목소리가 굵어지고, 어깨가 벌어지며, 정액을 생산하기 시작한다. 여자는 골반이 넓어지고, 유방이 발달하며, 생리를 시작한다. 한편 생식기의 성숙과 더불어 성에 대한 관심과 성적 충동도 높아진다. 사춘기 때에는 신체의 성숙뿐 아니라 정신적인 변화도 일어난다. 무엇보다 자의식이 강해져서 구속이나 간섭을 싫어하며 비판적이고 반항하는 성향을 띤다. 또한 감수성이 예민해지고 생각이 많아진다. 사춘기는 개인에 따라 다르지만, 대체로 환경과 영양 상태가 좋을수록 일찍 찾아온다. 요즘은 대개 열두 살에서 열여섯 살 무렵에 사춘기 현상이 나타난다.

사하라 사막

아프리카 북부에 있는 세계 최대의 사막이다. 면적은 약 860만 제곱킬로미터이다. 동서 길이는 약 5600킬로미터, 남북 길이는 약 1700킬로미터이다. 나일 강 동쪽의 누비아 사막과 나일 강 서쪽의 아하가르 산맥 부근까지의 리비아 사막을 합친 동사하라와 아하가르 산맥 서쪽의 서사하라로 구별하여 부르기도 한다. 이 사막은 사구나 암석으로 된 해발 고도 약 300미터의 대지로 이루어져 있으며, 아하가르 산맥과 같이 해발 고도 1000~3000미터가 넘는 암석 사막 지대도 있다. 낮과 밤의 기온 차가 극심한 건조 지대 기후의 특징으로 암석의 붕괴가 빨라 모래를 계속 만들어 낸다. 비가 오는 것도 불규칙하여

사하라 사막

최초로 임금이 이름을 지어 내린 사액서원인 사적 65호 소수서원

하루 동안 약 300밀리미터의 비가 내리기도 하고, 4년 동안 비가 한 방울도 내리지 않기도 한다. 강수량이 많아도 대부분 모래와 자갈에 흡수되고 쉽게 증발해 버려 식물이 거의 자라지 못한다.

사할린 섬

러시아의 동부, 하바로프스크 지방의 한 주를 이루는 섬이다. 오호츠크 해와 동해에 둘러싸였으며, 러시아 본토와는 타타르 해협을 사이에 두고 있다. 행정 중심지는 유주노사할린스크이다. 면적은 쿠릴 열도와 그 밖의 섬을 포함해서 약 8만 7100제곱킬로미터이다. 냉온대 기후에 속한다. 삼림 자원이 풍부하고 석유와 석탄의 매장량도 많다. 인근 해역은 세계 4대 어장의 하나로 송어·연어·대구·청어·게 등이 많이 잡힌다. 오늘날 주민의 약 80퍼센트가 러시아인이며, 그 밖에 우크라이나인·한국인·벨라루스인·모르도바인 및 아이누·길랴크·오로촌족 등 소수 민족이 있다. 이곳에 사는 한국인들은 제2차 세계대전 중 일본에 의해 강제 징용으로 끌려갔다가 전쟁이 끝난 후에도 돌아오지 못한 사람들과 그 후손들이다.

사회 보장 제도

국민 모두가 건강하고 안정된 생활을 할 수 있도록 국가가 국민의 생활을 보호하고 보장하는 제도를 말한다. 국가가 개인이 겪는 질병·부상·사망·실업 등의 불행한 일을 도움으로써 국민의 최저 생활을 보장하는 각종 제도이다. 우리 나라의 경우에 사회 보장에 관한 법률 기본법으로「사회보장기본법」이 마련되어 있고 의료보험·산업재해보상보험·국민연금·고용보험의 4대 사회 보험 제도가 실시되고 있다.

사회 복지

국민의 생활 향상과 사회 보장을 위한 사회 정책과 시설을 통틀어 가리키는 말이다. 국민의 생활 안정, 의료, 교육, 직업 등의 보장을 비롯해 복지를 추구하는 사회의 노력을 말한다. 넓은 의미의 사회 복지는 사회 사업 이외에 사회 정책, 사회 보장, 주택 보장, 공중 위생, 비행 문제 대책 등을 포함한다. 우리 나라는「아동복지법」·「생활보호법」·「사회복지사업법」·「사회보장기본법」등의 법 제도 위에 사회 복지의 기초를 두고 있다. 우리 나

높이 1950미터인 한라산

라 헌법은 국민의 행복추구권과 인간다운 생활을 할 권리를 선언함으로써 국가에게 사회 보장과 사회 복지를 증진할 의무가 있음을 밝히고 있다.

사회주의

사유 재산 제도를 없애고 생산 수단을 사회화하여 자본주의의 사회 경제적 모순을 극복한 사회 제도를 실현하려는 사상이나 운동을 가리킨다. 넓은 뜻으로는 공산주의, 무정부주의, 사회 민주주의 따위를 포함한다. 폭력 혁명과 프롤레타리아의 독재를 반대하고, 의회를 통해 합법적·점진적으로 사회를 개량해 나가는 사상이기도 하다. 경제학에서 말하는 사회주의는 자본주의와 대립되는 경제 체제를 가리킨다.

산

주위의 땅에 비해 높게 솟아오른 지형을 말한다. 어느 정도의 높이가 되어야 산이라고 하는가에 대해서는 나라와 지역에 따라 다르고 연구자에 따라서도 다르다. 대체로 높이가 수백 미터 이상으로 높낮이의 차가 심하고 급경사면과 상대적으로 좁은 봉우리가 있는 지형을 산이라 부르며, 높낮이의 차가 심하지 않은 100미터에서 600미터 이내의 지형은 구릉이라 한다. 대개의 산은 일정한 범위 안에 모여 있으며 그 전체를 가리켜 산지라고 한다. 또 산이 띠 모양으로 계속 이어져 있는 지형을 산맥이라 한다.

산은 화산 활동이나 습곡 운동, 단층 운동 등의 결과로 만들어진다. 대부분의 높은 산은 지층이 옆으로부터 압

세계에서 가장 높은 산인 에베레스트 산

탐구학습

산은 우리에게 어떤 이로움을 줄까요?

산에는 수많은 나무와 풀, 헤아릴 수 없이 많은 미생물, 곤충, 야생 동물들이 모여 산다.
지구상에서 가장 완벽한 자연 생태계 중의 하나인 산은 우리에게 직접적으로는 목재나 버섯이나 산나물 등 여러 가지 임산 자원을 제공한다. 간접적으로는 수자원을 보전하고, 토사의 유출을 방지하며, 산소를 공급하고 대기를 깨끗하게 해 주고, 야생 동물을 보전하며, 사람들이 쉬고 즐길 수 있도록 하는 등 인간의 삶의 질을 향상시키는 데 크게 기여한다.
산의 숲은 빗물을 머금었다가 서서히 흘려보내는 인공 댐과 같은 기능을 한다. 그래서 산의 숲을 녹색 댐이라고도 하는데, 많은 비가 올 때는 빗물을 머금어 두어 홍수 피해를 줄이고, 비가 오랫동안 오지 않을 때는 머금어 두었던 물을 서서히 흘려보내 계곡의 물이 마르지 않게 한다. 산의 토양 표면에는 낙엽, 죽은 가지, 나무뿌리, 초본류 등이 많아 물이 지표면으로 흐르지 않게 하여 토사의 유출을 방지한다.
산의 식물들은 이산화탄소를 흡수하고 산소를 내뿜어 대기를 깨끗하게 해 준다. 산림청의 연구에 따르면 우리 나라 산림의 산소 공급 총량은 대략 연간 3567만 6000톤에 달하고, 이 양은 1억 3000만 명이 호흡할 수 있는 양이라고 한다. 또한 산의 울창한 숲은 쾌적한 산림 휴양지를 제공하여 사람들이 쉬고 즐길 수 있게 해 준다.

력을 받아 솟아오르는 습곡 운동의 결과로 만들어진 후 침식과 풍화 작용을 받아 오늘날의 모습이 되었다. 히말라야 산맥에 있는 에베레스트 산이나 로체 산, 로키 산맥의 엘버트 산, 알프스 산맥에 있는 몽블랑 산이나 마터호른 산 등은 산맥 안에 있는 다른 많은 산과 함께 지질 시

높이 1915미터인 지리산

대에 일어난 습곡 운동으로 만들어졌다. 또 에트나 화산, 디디카스 화산, 후지 산, 백두산, 한라산 등 화산 활동으로 산이 만들어지기도 하고, 휘트니 산을 비롯해 시에라 네바다 산맥에 있는 많은 산들처럼 단층 작용에 의해 만들어지기도 한다.

우리 나라는 국토 면적의 3분의 2가 산지로 덮어 있다. 북부 지방은 신생대 이후의 지층으로 험준한 고산이 많고, 남부 지방은 지질이 오래 된 중생대 이전의 지층으로 2000미터 이상의 높은 산이 없다. 전체적으로 1500미터 내외의 개마고원과 1000미터 안팎의 태백산지와 소백산지를 제외하면 대체로 500미터 안팎의 낮은 산지가 대부분이다. 한반도에서 가장 높은 산은 백두산으로 높이가 2744미터이고, 남한에서 가장 높은 산은 한라산으로 높이가 1950미터이다.

산맥

산지에서 산봉우리가 계속해서 길게 이어져 있는 지형을 가리킨다. 산맥은 만들어진 원인에 따라 크게 습곡 산맥과 단층 산맥으로 나누어진다. 습곡 산맥은 습곡 운동을 중심으로 하는 지각 운동에 의해 만들어진 산맥이고, 단층 산맥은 단층 운동에 의해 생긴 절벽이 여러 개 이어져 만들어진 산맥이다. 또 화산이 줄지어 나타나 습곡 산맥이나 단층 산맥만큼 연속적이지는 않지만 전체적으로 산맥을 이루기도 한다. 세계의 대산맥은 거의 습곡 산맥이다. 습곡으로 생긴 산등성이를 배사, 골짜기를 향사라고 하는데 지표에서는 끊임없이 침식 작용이 일어나기 때문에, 습곡 구조가 완전히 지형으로 나타나는 산맥은 존재하지 않는다. 또 산맥은 모양과 위치에 따라 호상 산맥, 척량 산맥 등으로 나누기도 한다. 호상 산맥은 지도 위에서 본 산맥의 모양이 원의 일부처럼 보이는 산맥이다. 척량 산맥은 특정한 대륙이나 나라에서 등뼈처럼 가로지르고 있는 산맥으로, 등뼈 산맥 또는 등줄 산맥이라고도 한다. 북아메리카 대륙의 로키 산맥이나 남아메리카 대륙의 안데스 산맥, 유럽의 알프스 산맥, 한반도의 태백산맥과 낭림산맥 등이 그 예이다.

세계의 대표적인 산맥들은 대부분 환태평양 조산대와 알프스히말라야 조산대에 있다. 조산대란 과거에 산과 산맥이 만들어지는 조산 운동이 있었던 지역이나 현재 조산 운동이 진행되고 있는 지역을 말한다. 태평양 주위를 둘러싸고 있는 환태평양 조산대는 뉴질랜드에서 솔로몬 제도를 지나 파푸아뉴기니 섬을 거쳐, 필리핀 군도, 타이완, 일본 열도, 알류샨 열도를 지나 로키 산맥, 유카탄 반도, 서인도제도, 안데스 산맥을 거쳐 남극 대륙으로

탐구학습

우리 나라의 산맥은 모두 몇 개일까요?

교과서와 사회과 부도에는 우리 나라에 태백산맥, 낭림산맥, 소백산맥을 비롯해 모두 14개의 산맥이 있다고 나와 있다. 현재 우리가 알고 있는 이런 한반도 산맥 체계는 1900년대 초에 일본의 지질학자인 고토 분지로가 조사한 지질 구조에 바탕을 두고 있다. 그는 한반도의 지하 자원을 조사하기 위해 망아지 네 마리와 여섯 사람을 동원해 14개월 동안 한반도의 지질 구조를 조사한 후, 1903년에 *An Orographic Sketch of Korea*(조선산악론)란 영문 논문을 발표했다. 논문에서 그는 옛날부터 우리 나라의 산맥 체계로 전해져 내려오는 백두대간을 동강내어 낭림산맥과 태백산맥으로 나누고, 그 산맥들을 한반도의 등뼈줄기로 삼아 산맥 이름들을 붙였다. 그 이후 100여 년 동안 고토 분지로의 산맥 체계는 뚜렷한 과학적 검증도 거치지 않은 채 우리 나라의 산맥 체계로 받아들여졌다. 최근에 들어서 고토 분지로의 산맥 체계가 우리 나라의 전통적인 산맥 체계를 무시하고 있다는 지적이 많았다. 즉 신경준의 『산경표』 등에 나와 있는 백두대간과 장백정간, 13정맥 등의 전통적인 산맥 체계를 무시하고 있으며, 특히 백두산에서 지리산으로 이어지는 백두대간의 존재를 무시하고 있다는 지적이 많았다.

우리 나라의 정확한 산맥의 모습을 알기 위해서는 지리학과 지질학적 연구가 이루어지고 그에 따른 정확한 실측 조사가 필요하다. 그런 점에서 보면 최근에 정부 산하의 국토연구원이 위성 영상 등 첨단 과학 기술을 동원한 실측 자료를 근거로 연구하여 발표한 새로운 한반도 산맥 지도는 중요한 의미를 갖는다. 2004년 12월에 국토연구원이 발표한 '한반도 산맥 체계 재정립 연구'에 따르면 한반도에는 모두 48개의 크고 작은 산맥들이 있다. 48개 산맥을 나누어 보면 가장 고도가 높고 긴 1차 산맥 1개와, 여기서 나뭇가지처럼 연결된 2차 산맥이 20개, 3차 산맥이 24개, 독립 산맥이 3개이다. 우리 나라의 등뼈에 해당하는 1차 산맥은 우리 나라의 전통 산맥 체계에서 백두대간이라고 불렸던 산맥이다. 현재의 교과서는 백두대간 줄기에 해당되는 낭림산맥과 태백산맥이 추가령 구조곡을 사이에 두고 서로 단절된 것으로 그리고 있지만, 이번 연구를 통해 백두산에서 지리산에 이르기까지 총 길이 1494.3킬로미터에 걸쳐 전혀 끊기지 않고 이어져 있음이 확인됐다. 또 낭림, 강남, 적유령, 묘향, 차령, 노령산맥 등 상당수 산맥은 아예 실재하지 않거나 방향과 위치가 터무니없이 잘못된 사실도 드러났다. 또한 새 산맥 지도와 「대동여지도」를 비교하였을 때 백두대간 산줄기의 세세한 방향과 갈래는 물론, 개마고원 지역과 평안북도, 전라남북도 지역의 산줄기들이 자로 잰 듯 거의 일치한다는 사실도 밝혀졌다.

탐구학습

교과서의 산맥 지도와
국토연구원에서 발표한
새 산맥 지도

산업

인간이 생계를 유지하기 위해 하는 여러 가지 생산 활동을 말한다. 농업, 수산업, 임업, 광업, 경공업, 중공업, 운송업, 관광업 등 물적 재화와 서비스를 생산하는 모든 생산 활동을 가리킨다.

세계 각국의 산업 구조는 역사, 천연 자원의 분포 상황, 경제의 발전 단계에 따라 다르다.

1차 산업, 2차 산업, 3차 산업

영국의 경제학자 클라크는 한 국가의 산업 구조의 양상과 변천을 조사하면서 각종 산업을 1차 산업·2차 산업·3차 산업으로 분류하였다.

1차 산업은 자연에서 필요한 물품을 얻거나 생산하는 산업으로, 자연 환경의 영향을 많이 받는다. 농업, 임업, 수산업, 목축업 등이 여기에 속한다. 주로 우리의 먹을 거리를 책임지는 산업이다.

2차 산업은 1차 산업에서 채취한 자원을 가공하여 인간 생활에 필요한 물품이나 에너지를 만드는 산업이다. 비교적 자연의 영향을 덜 받는 편이다. 광업, 제조업이나 공업, 건설업, 전력·가스·수돗물 등을 생산하는 에너지 산업이 여기에 속한다. 자연에서 광물을 채취하는 광업을 1차 산업이 아닌 2차 산업으로 분류하는 이유는, 캐낸 원석을 그대로 사용하는 것이 아니라 채취·제련·가공 등의 공정을 거치기 때문이다.

3차 산업은 1차, 2차 산업에서 생산된 물품을 소비자에게 판매하거나 각종 서비스를 제공하는 산업이다. 상업, 운송업, 무역, 금융, 보험, 교육, 숙박업, 미용업, 영화 및 방송 산업, 의료업 등이 여기에 속한다. 한편 인간의 두뇌 활동을 중심으로 하는 새로운 지식 산업, 예를 들어 컴퓨터의 하드웨어와 소프트웨어 생산업 및 인터넷 통신 등의 정보 산업 등도 3차 산업에 속한다. 천연 자원이 부족한 대신 우수한 인력 자원이 풍부한 우리 나라에 알맞은 산업이다.

1차 산업

2차 산업

3차 산업

석유 화학 산업

경제가 발전하고 국민 소득이 높아질수록 생산자의 수와 국민 소득의 비중은 1차 산업보다 2차 산업이 높고, 2차 산업보다 3차 산업이 높다. 우리 나라도 1차 산업의 비중은 줄어들고 2차·3차 산업의 비중은 꾸준히 높아지고 있다.

우리 나라의 산업

우리 나라는 1960년대 이전까지만 해도 전형적인 농업 국가로서 1차 산업의 비중이 압도적으로 높았다. 1962년 이후 경제개발5개년계획을 진행하면서 경공업이 발전하였고, 사회 간접 자본에 대한 투자가 늘어나면서 공업의 비중이 높아지기 시작했다. 1960년대에 이룩한 고도의 경제 성장으로 생긴 자본을 1970년대부터는 대규모의 시설 마련과 새로운 기술 도입을 위해 투자하였다. 그 결과 1970년대부터 우리 나라의 산업 구조는 경공업 중심에서 중화학 공업 중심으로 탈바꿈하였다. 우리 나라의 기업들은 생산 과정을 기계화하여 생산비를 줄이는 한편 중화학 공업 제품의 수출을 늘리면서 국제 경쟁력을 갖추게 되었다. 한편 2차 산업이 성장하자 2차 산업의 제품을 보관하고 유통하는 3차 산업의 규모도 확대되었다. 공장 자동화 과정에서 감축된 인력이 각종 서비스업에 종사하면서 3차 산업의 규모는 급성장했다. 농업 분야도 기계화와 품종 개량을 통해 생산량이 비약적으로 늘어났다. 이렇듯 1970년대와 1980년대에는 중화학 공업이 큰 발전을 이루었고, 이를 바탕으로 1980년대 중반 무렵부터는 반도체·정보 통신·우주·로봇 등의 첨단 산업이 발달하기 시작하였다. 1990년대부터는 선진국형 산업 구조를 갖추게 되었다. 오늘날에는 첨단 산업과 컴퓨터 및 정보 통신 산업의 발전으로 거의 모든 산업 분야에 컴퓨터 시스템과 인터넷 시스템을 도입하였다. 우리 나라의 산업 구조는 예전에 비해 훨씬 효율적이고 신속한 체계로 변화하고 있다.

> **탐구학습**
>
> **우리 식탁에 참치 통조림이 오르기까지 어떤 산업이 관련되었을까요?**
> 먼저 먼 바다로 나가 참치를 잡는다. 이것은 1차 산업인 수산업과 관련이 있다. 잡은 참치를 참치 통조림용으로 가공하는데 이것은 2차 산업인 제조업이나 경공업과 관련이 있다. 원양 어업을 통해 잡은 참치를 가공 공장으로 운반하거나 완성된 참치 통조림을 도매상이나 전국의 시장으로 옮기는 데에는 3차 산업인 운송업과 관련이 있다. 또 중간 도매상에게 옮겨진 참치 통조림이 전국의 소매상으로 옮겨가 소비자의 선택을 기다리는 데에도 3차 산업인 유통업이나 상업과 관련이 있다.

산성비

산성비로 죽은 나무

연결된다. 알프스히말라야 조산대는 뉴기니 섬에서 인도네시아, 앤다만, 니코바르 제도를 지나 히말라야 산맥에 이르고, 다시 서쪽으로 뻗어 엘부르스 산맥, 발칸 산맥, 카르파티아 산맥, 알프스 산맥을 거쳐 코르시카 섬, 아틀라스 산맥으로 이어지는 조산대이다. 이 조산대들에는 로키 산맥, 안데스 산맥, 히말라야 산맥, 알프스 산맥 등 험준한 산맥이 뻗어 있다.

산성비

산성이 강한 비이다. 엄밀하게는 산성과 염기성의 정도를 나타내는 수소이온 농도 지수가 5.6 이하인 비를 말한다. 순수한 물은 수소이온 농도 지수가 7로 중성이고, 자연의 빗물은 공기 속에 있는 이산화탄소의 영향으로 수소이온 농도 지수가 5.6 정도로 약산성을 띤다. 그러나 도시화와 산업화로 대기 중의 오염 물질이 늘어나면서 산성이 강한 비가 내린다. 즉 대기 중으로 배출된 아황산가스나 질산화물 같은 오염 물질이 습기와 화학 반응을 일으켜 황산·질산·염산 등의 강산이 된 후 비가 내릴 때 함께 녹아 내려 산성비가 된다. 이런 오염 물질은 공장과 자동차에서 주로 배출되고 석유나 석탄 등의 연료를 태울 때도 나온다. 산성비는 토양을 산성화하여 땅 속에서 사는 유익한 미생물을 죽게 하거나 식물이 잘 자라지 못하게 한다. 그에 따라 삼림이 황폐해지고 농작물의 수확이 줄어든다. 또 강이나 호수로 흘러든 빗물 때문에 물고기들이 떼죽음을 당하는 등 생태계에 많은 피해를 준다. 산성비는 대리석이나 화강암으로 만든 건물이나 조각품, 금속 등을 부식시키기도 한다.

삼강오륜

유교의 실천 도덕에서 가장 기본적인 인간 관계와 그에 따른 도리를 세 가지 강령과 다섯 가지의 기본 윤리로 규정한 것을 가리킨다. 우리 나라를 비롯하여 중국, 일본, 베트남 등 과거에 유교 문화에 속한 나라에서는 삼강오륜이 오늘날까지 일상 생활에 깊은 영향을 미친다.

삼권 분립

국가 권력의 작용을 입법·행정·사법으로 나누어 각각 다른 국가 기관에 맡기고, 이 세 기관의 상호 견제와 균형을 통해 국가 권력의 집중과 남용을 막는 국가 조직의 통치 원리를 말한다. 이 원리는 국가의 권력으로부터 국민의 자유와 권리를 지키기 위한 것이다. 권력 분립을 최초로 주장한 사람은 영국의 로크이고, 나아가 삼권 분립을 주창한 사람은 프랑스의 몽테스키외이다. 미국이 1787년에, 프랑스가 1791년에 삼권 분립의 원칙을 헌법에 담았다. 그 후로 삼권 분립은 자유주의 국가의 보편적인 정치 원리가 되었다. 우리 나라의 헌법도 입법은 국회에, 행정은 대통령을 수반으로 하는 정부에, 사법은 법원에 속한다고 규정하여 삼권 분립의 원칙을 따른다.

삼림욕

숲 속을 거닐며 신선하고 맑은 공기를 마시면서 병을 치료하거나 심신의 피로를 푸는 것을 말한다. 수목이 울창한 산 속을 걸을 때 기분이 상쾌해지는 이유는 나무에서 배출되는 산소와 살균 효과가 있는 피톤치드라는 물질 때문이다. 이 두 물질은 신체에 활력을 주고 정서를 안정시키며 살균 작용을 한다. 또한 피부에 탄력을 주어

> **삼강오륜**
>
> **삼강**
> 군위신강(君爲臣綱)   임금과 신하 사이에 지켜야 할 도리
> 부위자강(父爲子綱)   부모와 자식 사이에 지켜야 할 도리
> 부위부강(夫爲婦綱)   남편과 아내 사이에 지켜야 할 도리
>
> **오륜**
> 부자유친(父子有親)   아버지와 아들 사이에 친함이 있어야 한다.
> 군신유의(君臣有義)   임금과 신하 사이에 의리가 있어야 한다.
> 부부유별(夫婦有別)   남편과 아내 사이에 분별이 있어야 한다.
> 장유유서(長幼有序)   어른과 어린이, 늙은이와 젊은이 사이에 분별과 질서가 있어야 한다.
> 붕우유신(朋友有信)   친구 사이에 믿음과 신의가 있어야 한다.

노화를 방지하는 데도 효과가 있다. 삼림욕을 하기에 좋은 시기는 늦은 봄이나 이른 여름 중 맑고 바람이 적은 날이다.

삼심 제도

한 사건에 대해 세 번 재판을 받을 수 있도록 한 제도이다. 1심 재판의 결과를 받아들일 수 없어 상급 법원에 2심 재판을 신청하는 것을 항소, 2심 재판을 받아들일 수 없어 상급 법원에 3심 재판을 신청하는 것을 상고라고 한다. 1심 재판은 지방 법원이나 지방 법원 지원, 2심 재판은 지방 법원 본원 합의부나 고등 법원, 3심 재판은 대법원에서 이루어진다. 단 행정 재판은 2심으로 이루어지고, 기관 소송이나 선거 소송 등은 대법원에서 1심으로 이루어진다. 공정하고 올바른 재판과 국민의 자유와 권리를 지키기 위해서 세계 여러 나라는 삼심 제도를 실시하고 있다.

삼일절

삼일만세운동을 기리는 날이다. 삼일만세운동은 1919년 3월 1일에 우리 민족이 총궐기하여 전 세계에 우리 민족의 자주 독립을 선언하고 일본 제국주의의 압제에 항거한 운동이다. 4대 국경일에 속하며, 정부는 이 날을 기념하기 위하여 순국 열사를 추모하는 기념식을 거행한다. 순국 열사들의 유족과 애국 운동가들로 구성된 광복회 회원들은 파고다 공원에서 삼일 정신을 기리는 의식을 가진다.

삼척 오십천

강원도 삼척시를 흐르는 하천으로, 도계읍 백병산 북동쪽 계곡에서 시작하여 북서쪽으로 흐르다가 도계읍에서 동해로 흘러 들어간다. 지류로 무릉천, 천기천 등이 있다. 길이는 46.06킬로미터이고, 유역 면적은 350.16제곱킬로미터이다. 1969년에 연어의 치어를 방류한 후 방류와 어획을 해마다 하고 있다. 매년 5월 10일경이면 은어 낚시가 본격적으로 시작된다. 하구 부근의 하천 연변에 관동팔경의 제1경이면서 보물 213호인 죽서루가 있다.

상수도

주민들의 식수나 조리·세탁·목욕·세수·청소 등의 생활 용수로 쓰는 물을 공급하는 설비를 말한다. 일반적으로 수도라고 하면 상수도를 가리킨다. 상수도는 계절·시간·재해에 상관없이 필요할 때에 수도꼭지로부터 충분한 양의 물을 얻을 수 있어야 하며, 건강에 해로운 성분이 없고 투명하고 냄새가 나지 않는 맑은 물이어야 한다. 강이나 호수 또는 지하수에서 필요한 물을 모으는 취수, 취수구에서 정수장으로 물을 옮기는 도수, 수질을 개량하고 정화하는 정수, 상수도의 물을 수요자의 거주지 근처까지 내보내는 배수, 사용자의 건물이나 땅에 설치한 수도꼭지로 물을 공급하는 급수의 단계를 거쳐 수돗물이 공급된다. 이 과정에서 가장 중요한 것은 정수

삼척 오십천

상업

상수도는 어떻게 생겼을까요?

메소포타미아 문명에서는 지하 수로를 이용하여 도시의 우물까지 물을 끌어들였고, 고대 로마에서는 수도를 이용하여 수십 킬로미터나 떨어진 하천이나 샘에서 대량의 물을 끌어들였다.

근대적인 상수도 시설은 19세기에 만들어졌다. 18세기에 산업혁명을 거치면서 인구가 급증한 유럽의 도시에서는 콜레라, 장티푸스, 이질 등 여러 가지 전염병이 만연했다. 하지만 냇물을 모래로 걸러 마신 지역에서는 환자가 별로 발생하지 않았다는 사실이 알려지면서 19세기 중엽부터는 모래로 여과한 물을 철관을 통해 공급하기 시작했다. 한편 비슷한 시기에 펌프와 밸브가 실용화되어 여과한 물에 압력을 가하여 배수하는 새로운 형태의 상수도가 보급되었다.

우리 나라에도 신라 시대에 상수도 시설이 있었다. 경주 안압지에서 출토된 상하수도관과 황룡사지에서 발견된 배수로는 당시 신라인들이 물에 대한 관심이 높았음을 보여 준다. 근대에 와서 개항 이후 부산, 인천, 목포 등 인구가 집중된 신도시에서 물 부족 현상이 일어나고, 특히 1879년에 콜레라가 전국적으로 퍼지면서 많은 사망자가 발생하자, 상수도를 설치해야 한다는 주장이 강하게 제기되었다. 1906년에 뚝섬 정수장이 착공되었고, 1908년 9월 1일부터 4대문 안과 용산 일부 지역의 주민 16만 5000여 명에게 하루 1만 2500톤의 수돗물이 공급되었다.

상수도 사업소

설비로, 수질 정화를 위해서는 침전·여과·살균 시설을 갖추어야 한다. 상수도 관리가 잘 되면 장티푸스·콜레라·이질 등의 소화기계의 전염병과 풍토병, 눈병 등이 크게 감소한다. 반대로 관리가 제대로 이루어지지 않으면 전염병 균이 수돗물을 통해 전염될 수 있다.

상업

상인이 음식점, 슈퍼 마켓, 대형 할인 매장 등에서 여러 가지 상품을 판매해 이익을 얻는 사업 또는 산업을 말한다. 상업학이나 경제학에서 쓰는 상업은 생산자로부터 소비자에게 상품을 배급하는 사회적 유통에 관한 모든 활동, 생산 및 소비에 관한 정보를 제공하는 활동, 가격을 형성하고 조정하는 활동 등이 모두 포함된다.

상여금

직장에서 일한 대가로 받는 임금 이외에 특별히 받는 현금 급여를 말하며, 보너스라고도 한다. 원래는 유럽과 미국에서 많이 사용하고 있는 능률급 제도에서 표준 작업량 이상의 성과를 올린 경우에 더 지불되는 임금을 말한다. 우리 나라에서는 여름 휴가나 연말, 명절 등에 정기 또는 임시로 지급되는 일시금을 가리키기도 한다.

상장

일정한 조건과 자격을 갖춘 주식이나 채권을 매매 대상으로 증권거래소에 등록하는 것을 말한다. 증권거래소에 상장되어 일반인들을 상대로 주식이나 채권을 사고팔 수 있게 되면 자본 조달이 쉬워지고 발행 회사의 사회적 평가가 높아지는 등 여러 가지 좋은 점이 있다. 상장 후 정상적으로 매매가 되던 주식과 채권도 일정한 요건에 미달되거나 계약을 위반하면 투자자를 보호하기 위해 상장이 폐지된다.

상품

사람들의 물질적 욕구를 만족시키기 위해 사고파는 재화를 말한다. 연필·공책·아이스크림·쌀·자동차 등과 같이 사람들의 욕구와 필요를 만족시켜 주는 재화로, 사고팔기 위해 이동이 가능한 것을 말한다. 상품은 욕구를 충족시키는 유용성과 함께 사용 가치와 교환 가치를 갖는 노동 생산물이다. 따라서 천연의 공기나 물처럼 사람들의 생활에 유용하고 높은 사용 가치를 지녔다 하더

상장된 회사들의 주식 시세를 한눈에 볼 수 있는 전광판

생명 공학 연구실

로봇이 차체를 용접하는 자동차 생산 공장

라도 노동의 생산물이 아닌 경우에는 상품이라고 하지 않는다.

새마을금고
조합원들이 낸 예탁금 및 적금을 자금으로 하여 조합원에게 낮은 이자로 빌려 주는 신용 사업을 주로 하는 금융 기관으로서, 제2금융권에 해당된다. 서민 금융의 한 형태로 농촌과 도시 지역의 주민이나 상인들이 주로 이용한다. 상부 상조와 저축 증대를 위해 1963년부터 만들어지기 시작한 마을금고를 1982년 12월에 제정된 「새마을금고법」에 따라 이름을 바꾼 것이다.

생명 공학 산업
생물이 갖는 유전·번식·성장·자기 제어·물질 대사·정보 처리 등의 기능을 인간 생활에 유익하게 사용하는 산업이다. 인류의 생활·생존·환경의 보전에 필요한 생물종, 물질, 기기, 기구 등을 연구하고 생산하는 첨단 산업이다. 보통 바이오(Bio) 산업이라고도 한다.

초기의 생명 공학 산업은 단순한 육종 기술이나 발효 기술 등을 이용하는 수준이었지만, 현재는 유전자 조작 기술을 이용해 인위적으로 형질 전환 생물을 만들 정도로 발달하였다. 즉 유전자 조작 기술 등을 이용해 새로운 농산물과 의약품을 만들어 내고, 바이오 센서나 바이오 세라믹을 만들어 내는 등 빠르게 성장하고 있다.

복제 양과 소를 탄생시키고, 인간의 배아 복제가 가능할 정도로 생명 공학 기술이 발달하면서 생명 공학 산업은 21세기의 첨단 산업으로 각광받고 있다. 하지만 한편에서는 인간과 생태계, 환경에 미치는 영향과 윤리 문제 등에 대한 우려의 목소리가 높아지고 있다.

생산
사람들에게 필요하고, 교환과 거래의 대상이 되는 재화와 용역을 만들어 내는 경제 행위를 말한다. 넓은 뜻의 생산에는 자급 자족을 위해 물건을 만드는 것이나 가정 주부의 가사 노동, 예술가의 창작 활동이 포함된다. 생산을 하기 위해서는 노동·토지·자본 등 생산 요소가 있어야 한다. 그리고 투입과 산출이라는 생산 과정으로 나타난다. 즉 노동·토지·자본 등 생산 요소를 투입하여 필요로 하는 재화와 용역을 산출하는 것이다. 이러한 생산의 과정은 사용 가치를 창출하는 과정으로 노동 과정이라고 한다.

생산재
사람들의 욕망을 직접 만족시키는 소비재의 생산에 쓰이는 재화를 말한다. 소비재에 대비되는 말이다. 생산재와 소비재의 구분은 재화의 속성에 따른 구분은 아니다. 똑같은 석유나 전력을 공장에서 다른 물건을 만들기 위해 사용하면 생산재가 되고, 가정에서 사용하면 소비재가 된다. 생산재에는 토지와 자본재가 포함되지만 토지는 노동과 함께 본원적 생산재로 구별되기도 한다. 좁은 뜻으로 생산재는 자본재와 같은 뜻이다.

서비스업
생산된 재화를 운반 또는 배급하거나 생산이나 소비에 필요한 용역을 제공해 사람들의 생활을 편리하게 해 주

탐구학습

공연, 연구, 운전, 집안일을 생산 활동이라고 할 수 있는 까닭은 무엇일까요?

생산 활동이란 사람이 살아가는 데 필요한 것을 자연에서 얻거나 만드는 활동 또는 자연에서 얻은 것을 사람이 살아가는 데 필요한 새로운 것으로 만드는 활동을 말한다. 사람이 살아가는 데 필요한 것이란 의식주 부분과 사람에게 편리함과 즐거움을 주는 부분이라 할 수 있다.

여러 생산 활동을 분류해 보면, 먼저 자연에서 직접 자원을 얻는 활동으로, 1차 산업이 있다. 농사를 지어 곡식을 얻거나 바다나 강에서 고기를 잡거나 땅 속에서 석유나 광물을 채취하는 일, 산에서 나무나 임산물을 가꾸어 얻는 일이다. 또 자연을 이용하여 물건을 만드는 활동으로 2차 산업이 있다. 주로 공업과 제조업이 속한다. 땅 속에서 캐낸 철광석으로 철을 만들고 그 철을 이용해 자동차를 만드는 일, 과수원에서 재배한 복숭아로 통조림을 만드는 일, 산에서 베어 낸 나무로 종이를 만드는 일 등이 2차 산업이다. 그리고 물건을 직접 생산하지는 않지만 사람에게 필요한 일을 해 주는 활동으로 3차 산업이 있는데, 서비스 활동이라고 한다. 주로 3차 산업으로 상업, 무역, 금융업, 운수업, 창고업, 정보·통신 산업 등이 있다.

따라서 공연은 사람들에게 즐거움을 주는 생산 활동이고, 연구는 사람들에게 편리함과 만족감을 높여 주는 생산 활동이며, 운전은 사람들에게 편리함을 주는 서비스 활동이고, 집안일은 가족에게 만족감을 줄 뿐 아니라 편안한 가정을 만들고 유지해 가는 창조적인 활동이라고 할 수 있다.

서울 올림픽경기대회의 성화

는 활동을 하는 산업을 말한다. 보통 3차 산업으로 분류되며, 상업·금융업·보험업·운수업·통신업·관광업·광고업 등이 이에 속한다. 전체 서비스업의 규모나 종사자 수는 자본주의의 발전과 함께 크게 늘어나고 있다. 상업이나 금융업처럼 서비스업의 전통적인 분야뿐 아니라 정보화 시대에 각광받고 있는 정보 처리 서비스를 비롯하여 복지·의료·교육 서비스 등 국민의 생활과 밀접한 분야에서 새롭게 발전하고 있다.

서울대공원

경기도 과천시 막계동에 있는 종합 공원이다. 도시인에게 녹지 공간 및 오락, 문화 시설을 제공하기 위해 1984년 5월에 문을 열었다. 청계산의 울창한 나무들로 에워싸인 공원의 총면적은 약 900만 제곱미터이다. 공원 안에는 동물원과 식물원, 놀이 동산, 민속 놀이터, 잔디 운동장, 전망대, 야영장 등이 있다. 동물원은 아프리카관, 유라시아관, 남북미관, 호주관 등으로 구성되어 있으며, 2000년 3월 말 기준으로 총 359종 3013마리의 동물을 보호하고 있다. 식물원은 열대·아열대 관엽식물관, 선인장 및 다육식물관, 서양란 및 양치류관, 동양란 전시관 등으로 구성되어 있으며, 총 1236종 4만 6306본의 식물을 재배·전시하고 있다.

서울 올림픽경기대회

서울에서 1988년에 개최된 제24회 올림픽경기대회를 말한다. '화합과 전진'을 기본 이념으로 하고, '최다 참가, 최상 화합, 최고 성과, 최적 안전, 최대 절약'을 목표로 삼아 서울·수원·성남·대전·대구·광주·부산 등에서 대회를 개최하였다. 이 기간에는 운동 경기 외에도 서울국제무용제, 서울국제연극제, 서울국제음악제 등 다양한 문화 행사와 국제 회의가 함께 열렸다.

서울 올림픽경기대회는 여러 가지 면에서 중요한 의미를 지닌다. 제22회 모스크바 올림픽경기대회와 제23회 로스앤젤레스 올림픽경기대회는 정치적 이유로 많은 나라들이 참여하지 않았다. 그런데 제24회 서울 올림픽경기대회에는 북한과 쿠바 등 몇몇 나라만 제외하고 총 161나라가 참가함으로써 12년 만에 자본주의와 사회주의 진영이 한자리에 모이는 대축전이 이루어졌다. 또한 우리 나라는 성공적으로 올림픽을 치러 낸 덕분에, 세계에서 위상을 높였다.

서울특별시

우리 나라의 수도로 한반도의 중앙에 있는 특별시이다. 1394년에 조선의 도읍지가 된 이후 500여 년 동안 조선의 중심지였으며, 1948년에 대한민국 정부 수립 시 수도가 된 후 지금까지 우리 나라의 정치·경제·교육·문화 등 모든 분야의 중심지 역할을 하고 있다. 중구 을지로 1가에 서울특별시청이 있다. 2004년 말 기준으로 면적은 605.39제곱킬로미터이고, 인구는 약 1028만 8000명이다. 25구 중에서 면적은 서초구가 47제곱킬로미터로 가장 넓고, 중구가 9.9제곱킬로미터로 가장 좁다. 인구는 노원구가 약 63만 명으로 가장 많고, 중구가 약 13만 명으로 가장 적다.

서울에서 제일 높은 북한산을 중심으로 도봉산·수락산·불암산·아차산·청계산·관악산 등의 산과 구릉이 서울을 자연 성벽처럼 둘러싸고 있으며, 도심에 남산·낙산·안산·인왕산 등이 있다. 시의 북동쪽에서 남서 방향으로 한강이 흘러 시를 크게 강남과 강북으로 나눈다. 시내를 흐르는 한강의 지류로 청계천·중랑천·양재천·갈월천·불광천 등이 있다. 연평균 기온은 섭씨 11도 안팎이며, 연강수량은 1370밀리미터 안팎이다.

정치의 중심지로 서울에는 행정부를 대표하는 청와대와 정부중앙청사, 입법부를 대표하는 국회의사당, 사법부를 대표하는 대법원을 비롯해 헌법재판소·대검찰청·경찰청·중앙 선거관리위원회 등 대부분의 국가 기관이 있다. 경제의 중심지로 서울의 지역총생산은 국내 총생산의 20퍼센트 이상을 차지한다. 1960년대에는 영등포와 구로를 중심으로 섬유·전기기계·의류 산업 등 제조업이 발달하였으나 수도권 인구 분산 정책에 따라 대부분의 공장이 시 바깥으로 옮겨가게 되었다. 오늘날에는 금융·보험·임대업·도매업·소매업·숙박업·운송업·통신업 등 3차 산업이 발달해 있다. 교육의 중심지로 서울에는 국립서울대학교를 비롯하여 연세대학교·고려대학교·이화여자대학교·서강대학교 등 전국 대학교의 절반 정도에 해당하는 42개의 대학이 있다. 또 530여 개의 초등학교가 있고, 360여 개의 중학교가 있으며, 280여 개의 고등학교가 있다.

서울에는 국보 1호인 남대문과 보물 1호인 동대문을 비롯해 조선 시대의 궁궐인 경복궁·창덕궁·창경궁·덕수궁 등 수많은 문화 유산이 남아 있으며, 국가 지정 문화재로 국보 119점, 보물 355점, 사적 68곳, 천연기념물 10종, 무형 문화재 36종, 중요 민속 자료 48점 등이 있다. 이 외에 시·도 지정 문화재로 유형 문화재 154점, 무형 문화재 34종, 기념물 21종, 민속 자료 28점, 문화재 자료 13점 등이 있다. 이 중에서 종묘는 세계에서 가장 오래

서울을 가로지르는 한강과 올림픽대교

탐구학습

서울특별시의 어제와 오늘

서울 시청

서울에 사람들이 살기 시작한 것은 가락동과 암사동 등에서 발견된 각종 유물들로 미루어 보아 구석기 시대부터였을 것으로 짐작하고 있다. 신석기 시대 말기에 한강 유역에서 농경 문화가 시작되었으며, 청동기 문화가 전해지면서 거주 지역은 강변에서 내륙 지역으로까지 확산되었다. 한사군이 설치되었을 때 서울 지역은 진번군에 속하였으며, 그 뒤 북방에서 내려 온 온조가 위례성을 도읍으로 하여 백제를 세웠다. 서울은 땅이 기름지고 군사 요충지여서 삼국 시대에 고구려·백제·신라 삼국의 영토 분쟁이 자주 일어났다. 475년에 고구려 장수왕이 한강 유역을 점령하여 고구려의 땅이 되었다가, 553년에 진흥왕이 이 지역을 점령하여 신라 땅이 되었다. 통일신라 시대에는 한산주, 한양군에 속하였다. 고려 시대의 초기에는 서울 지역을 양주라 불렀으며, 1067년에 남경이 되어 지방 행정의 중심지가 되었다. 이후 양주, 남경, 한양부로 바뀌었으며, 1382년에 우왕이 잠시 이주하기도 하였다.

조선의 건국과 함께 1394년에 도읍지가 되어, 이후 500년 간 조선 왕조의 정치·경제·문화·군사 중심지로서의 기능을 하였다. 일제 강점기인 1910년에 한성부는 경성부로 이름이 바뀌어 경기도에 속하였으며, 해방 직후에 현재의 이름인 서울로 바뀌었다. 1948년에 대한민국 정부가 수립되면서 수도가 되었으며, 1949년에 경기도에서 분리되어 중앙 정부의 직접 통제를 받는 특별시가 되었다. 1950년 한국전쟁으로 서울은 폐허가 되었으나 휴전 협정이 체결되면서 다시 수도의 기능을 되찾게 되었다. 1962년에 「서울특별시 행정에 관한 특별조치법」이 제정되어 서울은 국무총리의 직할 감독을 받는 시가 되었으며, 1963년에 한강 이남의 경기도 일대를 편입하였다. 이후 도시화가 빠르게 이루어지고 주변 지역을 계속 편입하여 거대 도시로 발전하였다. 또 1986년에 아시아경기대회, 1988년에 서울 올림픽경기대회, 2002년에 한일 월드컵축구대회를 열어 우리 나라를 대표하는 국제적인 대도시로 발돋움하였다.

1949년에 특별시가 될 때 268.35제곱킬로미터에 지나지 않던 서울의 면적은 거대 도시로 발전하면서 1963년에 593.75제곱킬로미터, 1973년에 605.33제곱킬로미터로 크게 늘어 오늘에 이르고 있다. 해방 당시 90만 명 정도에 불과하던 인구도 1950년에 약 169만 명이 되었고, 1960년에 약 244만 명, 1970년에는 543만 명, 1980년에는 836만 명이 되었으며 마침내 1990년에 1000만 명을 넘어서 1061만 명이 되었다. 2004년 말 기준으로 종로구·중구·용산구·성동구·동대문구·서대문구·마포구·영등포구·성북구 등 25자치구로 이루어져 있으며, 그 아래 522동이 있다.

남산에서 본 서울

되고 권위있는 유교의 전통 신전으로 평가되어 1995년에 세계문화유산으로 등록되었으며, 종묘제례와 종묘제례악이 2001년에 함께 세계무형유산으로 등록되었다.

서울에는 국립중앙박물관과 국립민속박물관을 비롯해 서울시립박물관, 간송미술관 등 80여 개의 박물관과 미술관이 있고, 우리 나라 도시들 가운데 극장·영화관·공연장·공원, 스포츠 시설 등이 가장 많다. 장충동 국립극장과 세종로 세종문화회관, 서초동 예술의 전당이 서울의 주요 문화 공간이다. 각종 소극장들이 동숭동의 대학로와 신촌 일대에 있고, 도심과 부도심에 수많은 영화관이 있다. 스포츠 시설로는 잠실의 서울종합운동장과 상암 월드컵경기장, 동대문운동장, 목동운동장 등이 있다. 북한산과 도봉산이 함께 북한산국립공원으로 지정되어 있으며, 탑골공원·남산공원·어린이대공원·여의도공원·보라매공원·올림픽공원·월드컵공원 등 크고 작은 공원들이 있다. 또 하이 서울 페스티벌, 남산골 단오민속축제, 부처님 오신 날 연등축제, 서울 약령시 대축제 등 수많은 문화 행사가 거의 매월 열린다. 서울특별시를 상징하는 꽃은 개나리이고, 나무는 은행나무이며, 새는 까치이다.

선거관리위원회

선거와 국민 투표를 공정하게 관리하고 정당에 관한 사무를 맡아 보는 기관이다. 줄여서 선관위라고도 부른다. 선거관리위원회에는 중앙 선거관리위원회와 각 지역별 선거관리위원회가 있다. 중앙 선거관리위원회는 대통령이 임명한 3명, 국회가 선출한 3명, 대법원장이 지명한 3명의 위원으로 구성된다. 위원은 정치적 중립을 유지하고 선거 관리를 공정하게 할 의무가 있다. 따라서 정당에 가입하거나 정치에 참여할 수 없다. 위원의 임기는 6년이고, 탄핵이나 금고 이상의 형을 받지 않으면 파면되지 않는다. 선관위는 각 후보자들이 「선거법」에 따라 동등하게 선거 운동을 할 수 있도록 보장하고, 「선거법」 위반을 감시하며, 선거 후에는 선거 비용의 수입과 지출을 조사하여 부정 선거가 있었는지 확인한다.

선교사

크리스트교가 전파되지 않았거나 신도의 수가 미약한 나라에 예수 그리스도의 복음을 전하도록 파견된 성직자들을 말한다. 선교사들은 전도 외에도 의료, 교육 등의 활동을 하기도 한다. 우리 나라에는 1885년에 아펜젤러 목사와 언더우드 목사가 선교사로서 공식 입국하였다. 그 전에도 토머스 선교사가 평양 대동강변에서 순교한 적이 있고, 1884년에는 알렌 의료 선교사가 들어와 고종의 어의를 맡고 서양식 의료 시설인 광혜원의 설립과 운영을 도왔다. 우리 나라는 개화기와 일제 강점기를 거쳐 한국전쟁에 이르기까지 천주교와 크리스트교의 선교사들로부터 의료·교육·문화 부문에서 많은 도움을 받았다. 오늘날엔 우리 나라의 크리스트교와 천주교에서 세계 각지에 선교사를 보내고 있다.

설날

음력 정월 초하룻날로 우리 민족 최대의 명절이다. 원일(元日)·원단(元旦)·정조(正朝)·세수(歲首), 세초(歲初)·세시(歲時)·연두(年頭)·연시(年始)라고도 한다. 설날은 묵은 해를 보내고 새로 맞이하는 한 해의 첫날로 먼저 간 조상신과 자손이 함께하는 아주 신성한 시간이라는 의미를 지닌다. 설날 아침에는 남녀노소 구분 없이 모두 일찍 일어나 세수하고 새 옷으로 갈아 입고, 온 가족이 큰집에 모두 모여 조상의 은혜에 감사하는 차례를 지낸다. 차례를 올린 뒤 어른들에게 새해 인사로 세배를 하고, 떡국과 같은 설 음식으로 다함께 아침을 먹는다. 아침 식사를 마친 뒤에는 일가 친척과 이웃 어른들을 찾아가서 세배를 드리고, 조상의 묘를 찾아가 간단한 설 음식을 차려놓고 절을 한다.

설날 윷놀이

선거

　나라의 대표자를 선출하는 행위를 가리킨다. 어떤 조직이나 집단의 대표자나 임원 등을 일정한 절차를 거쳐 선출하는 행위도 선거라고 한다. 일반적으로 투표로 뽑는다.
　민주주의 국가에서 국민은 선거를 통해 국민의 대표자를 뽑음으로써 간접적으로 정부와 정치 형태를 결정한다. 국민은 후보자로 나서거나 투표에 참여하여 주권을 행사함으로써 자신들의 의견이 정치에 반영되게 한다. 국민에게 가장 중요한 선거는 대통령과 국회의원을 뽑는 선거이다.
　선거는 선거권을 가진 사람이 정해진 선거일에 정해진 투표 장소에 가서 투표하는 것이 원칙이다. 그러나 학업, 병역, 장기 여행, 입원이나 요양 등으로 장기간 자기 주소지를 떠나 있을 때는 부재자 투표를 할 수 있다. 부재자 투표는 정해진 선거일보다 앞서서 하는 방법, 우편으로 참여하는 방법, 자신의 주소지가 속해 있는 투표 장소 이외의 곳에서 투표하는 방법 등이 있다.
　우리 나라는 선거 과정이 공정하게 진행되도록 중앙 선거관리위원회와 각 지역별 선거관리위원회를 두고 있다. 선거관리위원회의 역할은 공명 선거 캠페인을 통해 공정한 선거 분위기를 만들고,「선거법」을 위반한 사례를 찾아 내며, 각 후보들이 동등하게 선거 운동을 할 수 있도록 공평한 기회를 제공하는 것이다.

선거구와 선거 제도

　선거에서 국민의 의사를 제대로 반영하기 위해서는 선거구를 적절하게 나누는 것이 중요하다. 선거구는 국회에서 만든 법률로 정하는데, 특정한 정당에 유리하게 선거구가 나뉘는 것을 막기 위해서다. 대부분 국가에서는 유권자의 수에 비례하여 선거구를 나눈다.
　선거구의 종류로는 소선거구제, 중선거구제, 대선거구제 등이 있다.
　소선거구제는 한 선거구에서 한 명의 대표자를 뽑는 것이다. 투표 용지에 한 후보자만 찍고 가장 많은 표를 얻은 사람을 대표자로 삼는다. 다수대표제라고도 하는데, 최다 득표를 얻은 한 명만 당선되기 때문에 유력한 다수파가 의석을 독점할 수 있다.

> **탐구학습**
>
> **선거의 4대 원칙은 무엇일까요?**
> 선거에는 4대 원칙이 있다. 공정하고 민주적으로 선거가 실시되게 하기 위해 나라의 대표자를 뽑는 선거는 대부분 이 원칙에 따라 치른다. 선거의 4대 원칙은 보통 선거·평등 선거·직접 선거·비밀 선거이다.
> 보통 선거는 일정한 나이에 이른 모든 국민이 투표하도록 한 제도이다. 우리 나라는 만 20세 이상의 성인이면 누구나 선거에 참여할 수 있다. 평등 선거는 빈부, 학력, 성별에 상관없이 누구나 한 표씩 투표할 수 있는 제도로, 표의 가치는 모두 동등하다. 직접 선거는 선거권을 가진 사람이 직접 원하는 후보에게 투표하는 것으로, 다른 사람에게 대신 투표하게 할 수 없는 제도이다. 비밀 선거는 누가 누구에게 투표했는지 모르게 하여 누구나 원하는 후보를 자유롭게 찍을 수 있게 한 제도이다.

　중선거구제는 한 선거구에서 2~5명의 대표자를 뽑는 방식으로, 넓은 의미에서는 대선거구제에 포함된다.
　대선거구제는 한 선거구에서 6명 이상의 대표를 뽑는 방법으로, 소수대표제라고도 한다. 최다 표를 얻지 못하더라도 일정한 등수에 오르면 대표자로 뽑힐 수 있다. 그렇기 때문에 소수파들도 자신의 대표자를 낼 수도 있고 당선될 수도 있다. 소수대표제는 후보자의 선택 범위가 넓고 정당이 정책으로 경쟁하는 정당 정치로 발전하는 장점이 있으나, 후보자의 수가 지나치게 많아지고 정당 안에서 경선이 과열된다는 단점이 있다.
　우리 나라의 국회의원 선거는 소선거구제에 바탕을 둔 비례대표제를 실시하고 있다. 한 명의 선거인이 지역구 후보 한 명과 지지하는 정당 한 곳을 찍는다. 득표수에 따라 한 선거구에서 한 명의 지역구 후보를 뽑고, 정당이 얻은 표에 비례하여 각 정당에 의원수를 추가로 할당한다. 이 제도는 정당이 정책으로 서로 경쟁하는 정당 정치를 이끌어 내고 소수파 유권자도 대표자를 낼 수 있는 장점이 있다.

설날에 하는 세시 풍속으로는 차례, 세배, 성묘 외에도 덕담, 설그림 걸기, 복조리 걸기, 야광귀 쫓기, 머리카락 태우기, 청참, 윷놀이, 널뛰기, 연날리기 등이 있다. 설날에 일가 친척들과 친구 등을 만났을 때는 "새해 복 많이 받으세요", "새해에는 건강하세요", "새해에는 바라는 일이 다 이루어지시길 바랍니다" 등과 같이 그 사람의 신분이나 나이에 따라 소원하는 일로 서로 축하한다. 이것을 덕담이라 한다. 설날 꼭두새벽에는 청참(聽讖)이라 하여 거리에 나가 맨 처음 들려 오는 소리로 1년 간의 길흉을 점치기도 한다. 조선 시대에는 설날에 도화서에서 수성(壽星) 선녀와 직일신장(直日神將)을 그려서 임금에게 드리고 또 선물을 서로 주고받기도 하는데, 이를 설그림이라고 한다. 민가에서는 벽 위에 닭과 호랑이의 그림을 붙여 액이 물러가기를 빌었다. 섣달 그믐날 밤 자정이 지난 다음부터 설날 이른 아침 사이에 대나무를 가늘게 쪼개어 엮어서 만든 조리를 사서 벽에 걸어 두었다. 이때 거는 조리를 복조리라고 하였으며, 복조리 걸기는 그 해의 행운을 조리로 일어 얻는다는 의미의 풍속이다. 1년 동안 빗질할 때 빠진 머리카락을 모아 빗상자 속에 넣어 두었다가 설날 저녁에 문 밖에서 태우면 나쁜 병이 물러난다고 하였다. 설날 밤에는 신발을 방 안에 들여 놓고 일찍 불을 끄고 잔다. 야광이라는 귀신이 사람들의 신발을 신어 보고 자기 발에 맞으면 신고 가는데, 신발을 잃어버린 신발 임자는 그 해 운수가 나쁘다고 하였기 때문이다. 야광을 쫓기 위해 마루 벽이나 뜰에 체를 걸어 두었다. 그러면 야광이 와서 이 체의 구멍을 세느라고 신발을 훔칠 생각을 잊고 있다가 닭이 울면 도망간다고 하였다.

설에 가장 널리 하는 놀이는 윷놀이이다. 편을 나누어 각각 윷을 던져 나온 결과대로 윷판에 4개의 말을 움직여 최종점을 먼저 통과하는 편이 이기는 놀이로, 가을걷이가 끝날 무렵부터 시작해 설날에 가장 많이 한다. 널뛰기는 설날에 하는 대표적인 여자들 놀이로 전국에서 하였다. 연은 섣달부터 날리는데, 설날에서 정월대보름 사이에 가장 많이 날렸다.

산업화와 도시화로 설날의 많은 풍속과 민속 놀이들이 사라졌지만 여전히 설날을 전후해서는 민족 대이동이라고 할 만큼 많은 사람들이 고향을 찾아간다. 전국 곳곳에서 같은 날 아침에 가족들이 모두 모여 조상에게 감사드리고 정을 나누는 설날의 풍속은 흩어져 있던 가족들의 가족 공동체 의식을 높여 줄 뿐만 아니라 더 나아가 우리는 같은 한민족이라는 일체감을 일깨워 준다.

설악산

강원도의 인제군과 고성군, 양양군, 속초시에 걸쳐 있는 산이다. 설산·설봉산·설화산 등 여러 이름으로 불렸다. 제일 높은 대청봉의 높이는 1708미터로 남한에서 한라산과 지리산 다음으로 높다. 대청봉을 중심으로 인제군 쪽을 내설악, 동해를 향한 바깥 쪽을 외설악 그리고 양양군의 오색 일대를 남설악이라 한다. 내설악에서는 백담계곡과 수렴동계곡, 가야동계곡, 용아장성, 백운동

설악산 오련폭

설악산 천불동

계곡, 귀때기골, 십이선녀탕계곡 등의 경치가 빼어나고, 외설악에서는 천불동계곡을 비롯하여 울산바위, 토왕성폭포, 비선대, 금강굴 등이 유명하다. 남설악 지역은 옛날부터 오색약수와 온천이 유명하고, 주전골 일대의 용소폭포, 십이폭포, 여심폭포 등의 경치가 빼어나다. 또 설악산에는 백담사·신흥사·봉정암·오세암 등 오래된 절과 암자가 있고, 성국사지 삼층석탑·향성사지 삼층석탑 등 많은 문화 유산이 있다. 맑고 푸른 동해에 접해 있어 주변에 이름난 해수욕장이 많고, 스키장·온천·호텔·콘도 등 위락 시설과 숙박 시설이 잘 갖추어져 있어서 많은 사람들이 관광지로 찾는다. 설악산은 보존해야 할 지질·지형 및 동·식물 자원이 풍부해 1965년에 산 전체가 천연기념물 171호로 지정되어 보호되고 있다. 또 1970년에 우리 나라에서 다섯 번째로 국립공원이 되었으며, 1982년에는 유네스코에 의해 우리 나라 최초의 생물권 보전 지역으로 지정되기도 하였다.

섬진강

전라북도 진안군에서 시작하여 전라남도를 거쳐 경상남도 하동을 지나 남해로 흘러 들어가는 강이다. 길이는 212킬로미터이다. 전라남도 진안군 백운면에서 시작한 섬진강은 수많은 지류가 더해지면서 오원천, 운암저수지, 적성강을 지난다. 그리고 순창 지역을 지나서는 곡성평야를 이룬 다음, 남원을 거쳐 섬진강 수계의 가장 큰 지류인 보성강과 만난다. 이 구간을 지나 황전천과 합류하고 방향을 북쪽으로 돌려 흐르다가 구례에서 사시천과 만난다. 이곳에 넓은 분지를 형성하고 있다. 구례분지의 서쪽 편에 자리한 구례에는 지리산과 화엄사 등이 있다.

구례를 지난 강물은 지리산 피아골에서 발원한 계곡물을 만나 강물이 깊어지고 푸르러지며 하얀 모래 위를 소리없이 흘러 경남 하동까지 80리 길을 흐른다. 지리산 쌍계사 계곡에서 내려온 화개천이 합류하는 곳에는 유명한 화개장터가 있다. 화개장터는 산간 지역에서 나는 산물과 남해에서 나는 수산물이 섬진강의 수운을 통해 교역되던 곳이다. 보통 이곳을 섬진강이라 부른다. 그리고 하동군을 지난 섬진강 물은 전라남도와 경상남도의 경계를 이루며 흐르다가 광양시 진월면을 지나 남해 광양만에 닿아 바다로 흘러 들어간다.

성균관

고려 말부터 조선 시대에 이르기까지 최고 교육을 담당한 교육 기관이다. 성균관의 역사는 고려 시대에 충렬왕이 당대 최고 교육 기관인 국자감을 성균감이라고 이름을 고치면서 시작되었다. 이후 공민왕은 성균감을 다시 국자감으로 부르다가 성균관으로 고쳐 불렀다. 성균관

섬진강

의 이름과 역할은 조선 시대에까지 이어졌다. 당시 성균관은 유학을 강의하는 명륜당, 공자를 받드는 사당인 문묘, 유학생들의 기숙사인 동재와 서재, 도서관인 존경각, 과거 보는 비천당 등으로 이루어져 있었다. 입학 자격은 생원·진사 및 15~30세의 양반 자제들로, 수업 과정은 9년이었다. 정원은 사정에 따라 늘었다 줄었다 하였으며, 보통 100~200명 사이였다.

1894년에 갑오개혁이 단행되면서 과거 제도가 폐지되고 근대적인 교육 개혁이 추진되자, 성균관은 더 이상 국가에 필요한 인재를 양성하는 교육 기관으로서의 역할을 할 수 없게 되었다. 일제 강점기에는 성균관을 경학원이라 불렀고, 부설 기관으로 명륜학원이 설립되었다. 광복 후 경학원은 다시 성균관으로, 명륜학원은 성균관대학교로 각각 이름이 바뀌었다.

성 범죄

성과 관련된 범죄를 가리킨다. 개인의 성적 자유를 침해하는 강간죄, 강제 추행죄, 사회의 성 도덕이나 성 풍속을 해치는 음란공연죄, 음화 제조죄 등이 있다. 성적 행동이나 성 문화는 시대나 지역에 따라 다르듯이, 성 범죄의 범위와 내용도 시대와 지역에 따라 다르다.

세계기록유산

전 세계의 귀중한 기록물을 보존하고 활용하기 위해 1997년부터 매 2년마다 유네스코의 국제자문위원회에서 심의하고 선정하여 유네스코 사무총장이 지정하는 기록 유산을 말한다. 인류 전체를 위해 보호해야 할 보편적 가치가 있는 귀중한 기록 유산을 가장 적절한 기술을 통해 보존할 수 있도록 지원하고, 기록 유산의 중요성에 대한 전 세계적인 인식과 보존의 필요성을 높이고, 신기술의 응용을 통해 가능하면 많은 사람들이 기록 유산에 접근할 수 있도록 하기 위해 만들어졌다.

필사본·도서·신문·포스터·지도·음악·오디오·비디오·전자 데이터 등 다양한 유형의 기록 유산 중에서 세계사와 세계 문화에 중요한 영향을 준 것, 역사적 중요 시기를 이해하는 데 중요한 것, 세계 문화 발전에 기여한 인물이나 지역에 관련된 것 등을 사서·법률 전문가·교육학자·문서 관리 전문가 등 30여 명으로 구성된 국제자문위원회에서 선정하여 등록한다. 세계기록

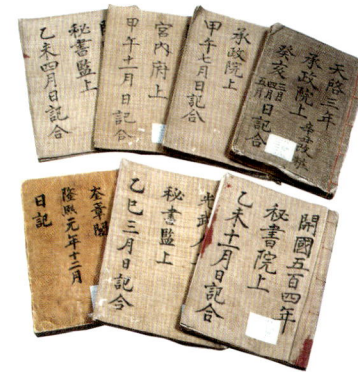

세계기록유산인 구텐베르크의 성서와 승정원 일기

유산으로 등록되면 세계기록유산 로고를 사용할 수 있고, 보존과 관리에 대해서 유네스코의 기술 지원을 받을 수 있다.

2007년 말 기준으로 터키의 보가즈코이의 히티에 설형 문자판, 필리핀 고문서, 입센의 인형의 집 필사본, 구텐베르그 성경, 쇼팽의 작품, 19세기 말과 20세기 초의 러시아 포스터 등 67나라의 기록 유산 158건이 세계기록유산으로 등록되어 있다.

우리 나라의 기록 유산 중에는 훈민정음 해례본, 조선 왕조실록, 승정원 일기, 직지심체요절, 조선 왕조의 의궤, 해인사 고려대장경판과 제경판 등 6건이 세계기록유산으로 등록되어 있다.

세계 4대 문명

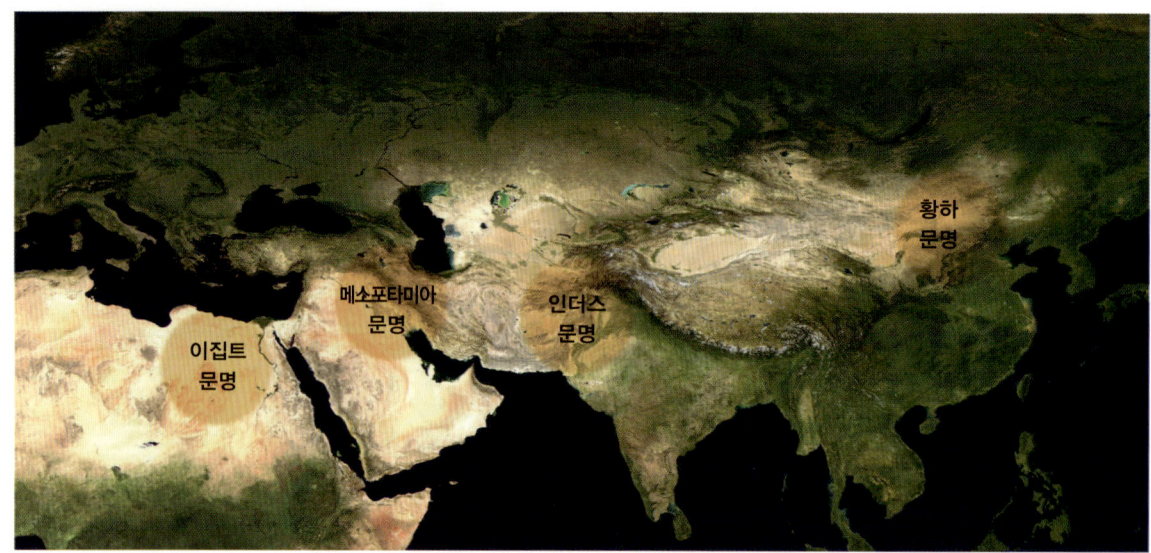

　세계의 고대 문명 중에서 오래 전에 나타나고 세계사적으로 큰 의미가 있는 이집트 문명, 메소포타미아 문명, 인더스 문명, 황하 문명을 아울러 가리키는 말이다.
　세계 4대 문명의 발생 지역들은 모두 북반구에 있으며, 대부분 기후가 온화하고 토지가 기름진 곳이다. 메소포타미아 문명과 이집트 문명이 시작된 중동 지방은 지금은 대부분 사막이지만 6000~7000년 전에는 지금보다 기후도 온화했고 강수량도 많았다. 세계 4대 문명은 모두 큰 강을 중심으로 발생했다. 황허 강, 인더스 강, 나일 강 등 큰 강의 중·하류 평야 지대에서 문명이 발생하였는데, 그곳은 상류로부터 기름진 흙이 내려와 농사가 잘 되었고 식량도 풍부했다. 신석기 시대에 농업 혁명을 거치면서 생산력이 크게 늘었고, 특히 관개 농업이 행해진 큰 강 유역에는 많은 인구가 한 곳에 모여 살았다. 하지만 강이 자주 범람하면서 대규모의 수리 사업이 이루어졌고, 이런 사업을 감독하고 이끌 만한 강력한 권력이 필요해지면서 절대 군주가 등장하였다. 생산력이 늘면서 인구도 늘어났고 큰 촌락이 형성되면서 도시가 만들어졌다. 각 도시는 주변에 성을 쌓고, 제각기 독립하여 국가의 모습을 갖추었다. 또 각종 기록을 위하여 문자를 사용하기 시작했다.

황하 문명

　기원전 5000~4000년경 중국 황허 강 유역에서 발생한 문명이다. 황허 강 유역은 건조하고 비옥한 황토가 오랫동안 쌓여 황토 지대가 형성되었다. 좁쌀·기장 등을 재배하였고 개·돼지 등도 키웠다. 문명의 전기에는 양사오에서 칠무늬 토기를 만들어 쓰는 양사오 문화가 발달하였고, 후기에는 룽산을 중심으로 룽산 문화가 발달하였다. 신석기 시대를 지나 청동을 사용하면서 왕조를 건설하고 국가 체제를 정비하여 중국 최초의 왕조 은나라가 탄생하였다. 은은 갑골문자와 정교한 청동기를 사용하였다. 춘추 시대에는 철기의 사용으로 농업에 일대 혁명이 일어났다. 소를 이용해 농사를 짓기 시작했고 대규모의 수리 공사도 이루어졌다. 그 결과 생산성이 향상되었고, 경지 면적도 넓어졌으며, 수확 양도 급격히 늘어났다. 생산력의 발달은 부의 축적을 가져왔고, 화폐 경제의 발달을 촉진하였으며, 도시의 번영과 국가의 부강을 가져왔다.

인더스 문명

기원전 3000년경 중엽부터 약 1000년 동안 인더스 강 유역에서 청동기를 바탕으로 번영한 고대 문명이다. 인더스 문명의 대표적인 도시였던 하라파와 모헨조다로의 유적을 살펴보면 질서 정연한 계획 도시였음을 알 수 있다. 건물의 대부분이 구워서 만든 벽돌로 지어졌다. 정교한 도로망과 하수도 시설 그리고 목욕탕·집회소·곡물 창고 등이 발굴되었다.

인더스 문명인들은 주로 밀을 재배하였고, 소·양·돼지·물소·개·닭 등을 키웠다. 정교한 청동기와 칠무늬 토기를 만들어 썼다. 그 지역에 청동기 제작에 필요한 주석과 구리가 별로 없었기 때문에 무역을 했을 것으로 짐작되는데, 메소포타미아에서 인더스인들이 사용하던 인장이 대량으로 발견된 것으로 보아 메소포타미아와 무역이 활발했음을 알 수 있다. 또 상업이 발달하면서 저울과 상형문자를 사용하였다. 여성의 모습을 띤 테라코타 소상이나 인장에 새겨진 여인의 나상 등을 볼 때, 대지를 다산의 여신으로 여긴 것으로 보인다. 그들은 나무와 짐승을 숭배하였으며, 어떤 인장에는 보리수 사이에 신의 모습을 새겨 놓은 것도 있다.

메소포타미아 문명

메소포타미아는 두 강 사이의 땅이란 뜻으로, 기원전 4000~3000년 무렵에 비옥한 반달 모양의 티그리스 강과 유프라테스 강 유역을 중심으로 번영한 문명이다. 지금의 사우디아라비아 지역이다. 이 두 강 유역은 항상 이민족의 침입이 잦았고, 국가의 흥망성쇠가 심했다. 반면에 외부와의 교섭이 빈번하여 정치·문화적 색채가 다양했으며 개방적이고 능동적이었다. 그래서 메소포타미아 문명은 폐쇄적인 이집트 문명과는 달리 주위의 다른 지역에 많은 영향을 주었다.

메소포타미아는 셈(Sem) 족의 문명으로, 특히 수메르인들의 문명이 토대가 되었고 아카드·아무르인들의 문명도 가미되었다. 물물 교환이 이루어졌으며 현세적 다신교로서 사후 세계를 인정하지 않았다. 점성술도 현세의 행복을 기원하는 의미로서 발전하였다. 천문학, 태음력, 60진법, 24시간, 360도 등이 나타났다. 설형문자를 사용했으며, 이것은 훗날 표음문자로 발전하였다. 수메르인들은 이 지역에서 귀한 벽돌로 집을 지었고, 물을 끌어오기 위한 커다란 수로도 건설하였다. 복수를 강조하는 등 불평등한 성격이 짙은 함무라비 법전도 있었다.

이집트 문명

기원전 3500년 무렵에 아집트 나일 강 하류의 비옥한 토지에서 번영한 문명이다. 이집트는 헤로도투스의 말처럼 나일 강의 선물이라 할 만큼 나일 강의 영향을 많이 받았다. 이집트는 나일 강과 주변의 기름진 토양을 바탕으로 일찍부터 농경이 발달하였다. 또 사막과 바다로 둘러싸여 있어서 외부의 침입 없이 2000년 동안 고유 문화를 간직할 수 있었다. 하지만 해마다 홍수가 나고 나일 강이 범람하면서 태양력·기하학·건축술·천문학이 발달하였다. 이집트의 국왕은 큰 집이라는 뜻의 파라오라 불렸고, 태양의 신으로서 절대적인 권력을 가졌으며, 귀족들은 소수의 관료와 신관으로서 왕에게서 넓은 토지를 받아 세력을 키웠다. 평민의 대부분은 부자유 농민이며, 공납과 부역의 의무가 있었다.

죽은 뒤의 세계를 중시하는 다신교를 믿었고 신들의 수가 매우 많았다. 그래서 피라미드나 미라 같은 독특한 무덤과 시체가 발견되었다. 나일 강의 범람 시기를 알기 위해 천문학이 발달하였고, 그 결과로 태양력이 만들어졌다. 범람 후의 경지 관리를 위해 기하학이 발달하였으며, 신전의 축조 과정에서 지렛대와 도르래의 원리가 이용되었다. 상형문자와 파피루스 등을 사용했고, 수학의 10진법을 사용하였으며, 미라를 제작하면서 외과 의학이 발달하였다.

세계유산

 세계유산위원회가 인류 전체를 위해 보호해야 할 보편적 가치가 있다고 인정하여 유네스코 세계유산 목록에 등록한 문화재를 말한다. 세계유산이 만들어진 데에는 1960년에 이집트의 아스완 댐 건설로 누비아에 있는 아부심벨 신전과 칼라브샤 신전 등 많은 유적이 물 밑에 가라앉을 위기 상황이 벌어지자 세계적으로 인류의 유산을 공동으로 보호하자는 여론이 크게 일어나면서부터이다. 유네스코를 비롯한 여러 국제 기구의 도움으로 누비야 유적은 안전한 곳으로 옮겨졌으며, 이후 세계 여러 나라는 1972년에 세계문화유산 및 자연유산의 보호에 관한 협약을 채택하고 세계유산을 보호하기 시작했다. 이 협약에 따라 설립된 정부 간 기구인 세계유산위원회는 각국의 유산을 세계유산으로 선정하고 세계유산 목록에 등록하여 보호하고 있다.
 세계유산은 크게 세계문화유산, 세계자연유산, 세계복합유산으로 나뉜다. 세계문화유산으로는 유적·건축물·고고학적 장소 중에서 역사·과학·예술적 관점에서 세계적 가치를 지닌 유산이 등록되고, 세계자연유산으로는 세계적 가치를 지닌 지질학적 생성물과 자연 지역, 멸종 위기에 처한 동·식물의 서식지 등이 등록된다. 세계복합유산으로는 문화유산과 자연유산의 특징을 동시에 갖고 있는 유산이 등록된다. 2007년 말 기준으로 세계 142나라 851건의 유산이 세계유산으로 등록되어 있다. 851건의 세계유산 중 660건은 문화유산으로 등록되어 있고, 166건은 자연유산으로 등록되어 있으며, 25건은 복합유산으로 등록되어 있다.

미국의 그랜드캐니언

그리스의 파르테논 신전

캄보디아의 앙코르와트 사원

세계문화유산으로 등록된 유산 중에서 대표적인 것으로는 이집트의 누비아 유적과 피라미드, 파키스탄의 모헨조다로 유적, 예멘의 사나 유적, 캄보디아의 앙코르와트, 인도네시아의 보루부드르 사원, 중국의 만리장성, 에스파냐의 알타미라 동굴, 영국의 스톤헨지, 프랑스의 베르사유 궁전, 그리스의 파르테논 신전 등이 있다. 세계자연유산으로 등록된 유산 중에서 대표적인 것으로는 탄자니아의 세렝게티 국립공원, 미국의 그랜드 캐니언, 짐바브웨의 빅토리아 폭포, 러시아의 바이칼 호 등이 있다. 세계복합유산으로 등록된 유산 중에서 대표적인 것으로는 과테말라의 티칼 국립공원, 그리스의 아토스 산, 페루의 마추픽추 역사 보호 지구 등이 있다.

세계유산으로 등록하기 위해서는 세계유산 등록 기준에 맞아야 할 뿐만 아니라 유산의 진정성과 국가가 유산의 보존을 위해 적절한 법적 보호와 관리 체계를 갖추고 있다는 점이 국제적으로 인정받아야 한다.

세계유산에 등록되면 유산의 기술적 보존과 관리를 위해 세계유산기금의 지원을 받을 수 있고, 국제문화재 보존복구연구센터(ICCROM)로부터 유산의 보존과 관리를 위한 인적·재정적 지원을 받을 수 있다. 또 문화유산과 자연유산의 우수성과 독창성을 국제적으로 공인받아 지역 및 나라의 문화적 자부심과 보호를 위한 책임감을 높여 준다. 또한 유산이 국내외로 널리 알려져 관광객이 크게 증가되는 효과를 얻을 수도 있다.

세계유산과 비슷한 목적으로 만들어진 것으로 세계기록유산과 세계무형유산이 있다. 세계기록유산은 유네스코가 고문서 등 전 세계의 귀중한 기록물을 보존하고 활용하기 위해 지정하는 기록유산을 말한다. 세계무형유산은 전 세계적으로 뛰어난 가치를 지니고 있어서 인류가 공동으로 보호해야 할 필요가 있다고 유네스코가 지정한 무형문화유산을 말한다.

중국의 만리장성

탐구학습

세계유산 등록 기준은 무엇일까요?

문화유산
I. 독특한 예술적 혹은 미적인 업적, 즉 창조적인 재능의 걸작품을 대표하는 것.
II. 일정한 시간에 걸쳐 혹은 세계의 한 문화권 내에서 건축, 기념물 조각, 정원 및 조경 디자인 관련 예술 또는 인간 정주 등의 결과로서 일어난 발전 사항들에 상당한 영향력을 행사한 것.
III. 독특하거나 지극히 희귀하거나 혹은 아주 오래 된 것.
IV. 가장 특징적인 사례의 건축 양식으로서 중요한 문화·사회·예술·과학·기술 혹은 산업의 발전을 대표하는 양식.
V. 중요하고 전통적인 건축 양식, 건설 방식 또는 인간 주거의 특징적인 사례로서 자연에 의해 파괴되기 쉽거나 역행할 수 없는 사회·문화적 혹은 경제적 변혁의 영향으로 상처받기 쉬운 것.
VI. 역사적 중요성이나 함축성이 현저한 사상이나 신념, 사진이나 인물과 가장 중요한 연관이 있는 것.

자연유산
I. 생명체의 기록, 지형 발달과 관련하여 진행중인 중요한 지질학적 과정 또는 중요한 지형학·지문학의 특징을 비롯하여 지구사의 주요 단계를 보여 주는 매우 훌륭한 사례.
II. 육상, 담수, 해안 및 해양 생태계와 동식물군의 진화 및 발달과 관련하여 진행중인 중요한 생태학적·생물학적 과정을 보여 주는 훌륭한 사례.
III. 특별한 자연미와 심미적 중요성을 지닌 빼어난 자연 현상이나 지역.
IV. 과학적 또는 보전적 관점에서 뛰어난 보편적 가치가 있는 멸종위기종이 있는 곳을 비롯하여 생물 다양성의 현장 보전을 위해 가장 중요하고 의미있는 자연 서식지.

우리 나라의 세계유산

우리 나라의 문화 유산 중에 2007년 말 기준으로 종묘, 해인사 장경판전, 불국사·석굴암, 창덕궁, 수원 화성, 경주 역사 유적 지구, 고창·화순·강화 고인돌 유적 등 7건이 세계문화유산으로 등록되어 있다. 또 제주도의 한라산과 성산일출봉, 거문오름용암동굴계 등이 2007년 6월에 뉴질랜드에서 열린 제31차 세계유산위원회에서 '제주화산섬과 용암동굴'이라는 이름으로 세계자연유산으로 등록되었다. 이밖에 충남 보은의 삼년산성, 공주의 무령왕릉, 강진 도요지, 안동 하회마을, 월성 양동마을 등을 세계문화유산으로 등록하려 하고 있다.

석굴암과 불국사

석굴암은 경주 토함산의 중턱에 위치한 석굴이다. 동해를 바라보고 있는 본존불상과 벽면에 11면 관음보살을 비롯한 보살과 10대 제자들이 매우 사실적이고 섬세하게 조각되어 있다. 불국사는 토함산 서쪽 중턱의 경사진 곳에 자리한 절로 국보 20호 다보탑, 국보 21호 석가탑, 국보 23호 청운교와 백운교, 국보 22호 연화교와 칠보교, 국보 27호 금동아미타여래좌상, 국보 26호 비로자나불 등 많은 문화재가 있다. 석굴암은 신라 시대 전성기의 최고 걸작으로 건축·수리·기하학·종교·예술이 총체적으로 실현된 유산이며, 불국사는 불교 교리가 사찰 건축물을 통해 잘 형상화된 대표적인 유산이다. 아시아에서도 그 유례를 찾기 어려운 독특한 건축미를 지닌 것으로 평가되어 1995년에 함께 세계문화유산으로 등록되었다. 석굴암과 불국사는 구체적으로 세계문화유산 등록 기준 (Ⅰ), (Ⅳ)에 해당하는 유산으로 평가되어 등록되었다.

석굴암 본존불상

종묘

조선 왕조의 역대 왕과 왕후의 신위를 모신, 세계에서 가장 오래 되고 권위 있는 유교적 전통 신전이다. 종묘 전체는 사적 125호로 지정되어 보존되고 있으며, 안에는 국보 227호인 정전과 보물 821호인 영녕전 등이 있다. 정전의 앞뜰에서는 해마다 종묘제례가 올려진다. 종묘제례와 제례를 올릴 때 연주하는 종묘제례악은 각각 중요 무형 문화재로 지정되었을 뿐만 아니라 함께 세계무형유산으로 등록되어 있다. 종묘는 유교 사당의 표본으로서 16세기부터 원형이 잘 보존되고 있으며, 세계적으로 독특한 건축 양식을 지닌 의례 공간으로 평가되어 세계문화유산으로 등록되었다. 구체적으로는 세계문화유산 등록 기준 (Ⅳ)에 해당하는 유산으로 평가되어 1995년에 등록되었다.

해인사 장경판전

13세기에 만들어진 세계적인 문화 유산인 고려대장경판 8만여 장을 보존하는 건물이다. 장경판전은 정면 15칸이나 되는 큰 규모의 건물로 두 채가 남북으로 나란히 배치되어 있다. 고려대장경판은 흔히 팔만대장경이라고 불리며, 내용이 완벽하고 목판인쇄술이 정밀해 그 보존 가치가 매우 크다. 장경판전은 이런 대장경판의 부식을 방지하여 온전하게 보관하기 위해 15세기경에 지어진 건축물로, 자연 환경을 최대한 이용하여 문화재를 보존하고 있는 것이 높이 평가되어 세계문화유산으로 등록되었다. 구체적으로는 세계문화유산 등록 기준 (Ⅳ), (Ⅵ)에 해당하는 유산으로 평가되어 1995년에 등록되었다.

경주 불국사

종묘제례

해인사 장경판전

창덕궁

1405년에 경복궁의 이궁으로 지어져 1610년 광해군 때부터 1868년에 고종이 경복궁을 복원할 때까지 조선 왕조의 정궁으로 쓰였던 궁궐이다. 창덕궁 안에는 신하들의 하례식이나 외국 사신의 접견 장소로 쓰이던 인정전, 국가의 정사를 논하던 선정전, 왕과 왕후 및 왕가 일족이 거처하는 희정당, 대조전 등의 많은 건축물이 있고, 연회와 산책을 할 수 있는 매우 넓은 후원이 있다. 창덕궁은 주변 자연 환경과 완벽한 조화를 이루는 배치가 높이 평가되어 세계문화유산으로 등록되었다. 구체적으로는 세계문화유산 등록 기준 (Ⅱ), (Ⅲ), (Ⅳ)에 해당하는 유산으로 평가되어 1997년에 등록되었다.

수원 화성

조선 제22대 왕인 정조가 자신의 아버지 사도세자의 무덤을 지금의 수원인 화산으로 옮긴 후 쌓은 성으로, 정조 18년인 1794년에 성을 쌓기 시작하여 2년 뒤인 1796년에 완성되었다. 수원성이라고도 하며, 서쪽으로는 팔달산을 끼고 동쪽으로는 낮은 구릉의 평지를 따라 쌓은 성이다. 실학자인 유형원과 정약용이 성을 설계하고, 거중기와 같은 새로운 기계를 이용하여 실용적으로 쌓았다. 약 6킬로미터에 달하는 성벽에는 창룡문·장안문·화서문·팔달문 등 4개의 성문이 있고 성 안에는 행궁의 일부인 낙남헌이 남아 있다. 화성은 중국, 일본 등지에서 찾아 볼 수 없는 평산성의 형태로 시설의 기능이 과학적이고 합리적이며, 실용적이라고 평가되어 세계문화유산으로 등록되었다. 구체적으로는 세계문화유산 등록 기준 (Ⅱ), (Ⅲ)에 해당하는 유산으로 평가되어 1997년에 등록되었다.

경주 역사 유적 지구

신라의 역사와 문화를 한눈에 파악할 수 있을 만큼 다양한 유산이 산재해 있는 종합 역사 지구이다. 유적의 성격에 따라 불교 미술의 보고인 남산 지구, 천년 왕조의 궁궐터인 월성 지구, 신라 왕을 비롯한 고분군 분포 지역인 대능원 지구, 신라 불교의 정수인 황룡사 지구, 왕경 방어 시설의 핵심인 산성 지구 등 모두 5개 지구로 나눈다. 지구 내에는 국보 31호인 첨성대를 비롯하여 52개의 지정 문화재가 있다. 세계유산으로 등록된 일본의 교토와 나라의 역사 유적과 비교하여 유적의 밀집도나 다양성 면에서 더 뛰어난 유적으로 평가되고 있다. 2000년에 신라 시대 천년의 문화적 업적과 불교 및 세속 건축의 발달을 보여 주는 뛰어난 유적으로 평가되어 세계문화유산으로 등록되었다. 구체적으로는 세계문화유산 등록 기준 (Ⅱ), (Ⅲ)에 해당하는 유산으로 평가되어 등록되었다.

고창·화순·강화 고인돌 유적

고인돌은 우리 나라 청동기 시대의 대표적인 무덤 중의 하나이다. 고인돌은 세계적인 분포를 보이고 있으며 지역에 따라 시기와 형태가 다르게 나타나고 있다. 동북아시아 지역이 세계적으로 고인돌이 가장 밀집된 곳이며, 그 중 우리 나라가 중심 지역이라고 할 수 있다. 우리 나라에는 전국적으로 약 3만여 기에 가까운 고인돌이 있다. 전북 고창과 전남 화순, 인천의 강화도에는 다양한 형식의 고인돌이 밀집해 있어 고인돌의 형성과 발전 과정을 이해하는 데 많은 도움을 준다. 이 지역의 고인돌 유적은 기원전 2000~3000년 전의 장례 및 의식과 관련된 유적으로 선사 시대의 기술 및 사회 발전을 생생히 보여 주는 뛰어난 유적으로 평가되어 세계문화유산으로 등록되었다. 구체적으로는 세계문화유산 등록 기준 (Ⅲ)에 따라 독특하거나 지극히 희귀하거나 혹은 아주 오래 된 유산에 해당된다고 평가되어 2000년에 등록되었다.

창덕궁

경주 황룡사지

수원 화성

고인돌 유적

세시 풍속

해마다 계절에 따라 일상 생활에서 되풀이되는 의례적인 행위를 가리킨다. 사람들이 모여서 사회를 이루고 오랫동안 생활하면서 하나의 풍속이 생기고, 이것이 지역 특성과 사회의 변화에 따라 나름의 모습으로 정착되어 해마다 되풀이하며 행해진다. 우리 나라의 세시 풍속의 변천을 알 수 있는 기록으로는 『동국세시기』, 『열양세시기』, 『경도잡지』 등이 있고, 세시기는 아니지만 농가에서 계절에 따라 해야 할 일을 상세히 노래한 『농가월령가』가 있다. 이런 기록들에 나오는 세시 풍속은 음력을 기준으로 하며, 농사를 짓는 일과 관련이 깊다. 산업화와 도시화로 농업을 중심으로 하던 전통 사회가 변하면서 여러 풍속들이 사라졌지만 아직도 많은 풍속을 볼 수 있다. 음력의 월별로 해마다 볼 수 있는 대표적인 세시 풍속은 다음과 같다.

정월

정월에는 설날과 정월 대보름이 함께 들어 있어 한 해 중 가장 많은 세시 풍속을 볼 수 있다. 음력 정월 초하룻날인 설날은 우리 민족 최대의 명절이다. 설날 아침에는 남녀노소 구분 없이 모두 일찍 일어나 세수하고 새 옷으로 갈아입고, 온 가족이 큰집에 모두 모여 조상의 은혜에 감사하는 차례를 지낸다. 차례를 올린 뒤 어른들에게 새해 인사로 세배를 하고, 떡국과 같은 설음식으로 다 함께 아침을 먹는다. 아침 식사를 마친 뒤에는 일가친척과 이웃 어른들을 찾아가서 세배를 드리고, 조상의 묘를 찾아가 간단한 설 음식을 차려 놓고 절을 한다. 설날의 세시 풍속으로는 차례, 세배, 성묘 외에

세배

도 덕담, 설그림 걸기, 복조리 걸기, 야광귀 쫓기, 머리카락 태우기, 청참, 윷놀이, 널뛰기, 연날리기 등이 있다.

정월 대보름날 아침에는 부스럼 깬다고 하여 밤·호두·땅콩 등을 깨물며 종기나 부스럼이 나지 않도록 축원하고, 귀밝이술[耳明酒]을 마신다. 또 아침 일찍 일어나 사람을 보면 상대방 이름을 부르며 내 더위 사가라고 한다. 이렇게 더위를 팔면 그 해 더위를 먹지 않는다는 믿음이 있었다. 아이들은 대보름날이 되면 연에다 액(厄) 혹은 송액(送厄) 등을 써서 연을 날리다가 해질 무렵에 연줄을 끊어 하늘로 날려 보냄으로써 액막이를 한다. 주부들은 단골 무당을 청하여 집안의 평안을 기원하는데, 이를 안택(安宅)이라고 한다. 대보름날 밤에는 달맞이 풍속이 있다. 달맞이는 초저녁에 높은 곳으로 올라가서 달을 맞는 것을 말하며, 먼저 달을 보는 사람이 길하다고 한다. 이 날 전국 곳곳에서 마을의 안녕을 비는 마을 제사가 집중적으로 열리며, 지신밟기·쥐불놀이·동채싸움·줄다리기·기와밟기·쇠머리대기·널뛰기·제기차기·다리밟기·돌싸움 등 다양한 민속 놀이들이 펼쳐진다.

2월

2월 1일은 머슴날이라고 하여 평소에

영산 쇠머리대기놀이

정월대보름에 주로 했던 쥐불놀이

대접받지 못했던 머슴들을 위로하였다. 정월 대보름날 세웠던 낟가리대를 쓰러뜨려, 그 속에 넣었던 곡식으로 송편 등의 떡을 만들어 머슴들에게 나이 수대로 먹게 하였다. 이 날은 노래기날이라고도 하여 집안 청소를 깨끗이 하여 나쁜 귀신인 향랑각시를 쫓는다. 남쪽 지방에서는 바람을 일으키는 신인 영등신을 맞이하는 제나 굿을 하였다.

동짓날로부터 105일째 되는 날을 한식이라 한다. 이 날은 찬 음식을 먹고 차례를 지낸 후 성묘를 간다. 이때 조상의 묘가 헐었으면 떼를 다시 입히고 봉분을 고쳐 쌓기도 하는데, 이를 개사초(改莎草)라고 한다. 한식은 음력 2월에 들기도 하고 3월에 들기도 한다. 2월에 한식이 드는 해는 철이 이르고, 3월에 한식이 드는 해는 철이 늦다고 한다.

2월에는 농가에서 나무를 심거나 채소 씨를 뿌려 새해 농사를 시작한다. 겨울잠을 자던 짐승들이 땅속에서 나오고 초목의 싹이 돋아날 무렵이 되면 경칩이라는 절기가 오는데, 이 날 흙일을 하면 탈이 없다고 하여 벽을 바르거나 담을 새로 쌓았다. 풍작을 빌며 한 해의 농사를 시작하는 초경(初耕)이라는 풍속도 있다.

줄다리기

3월

음력 3월 3일인 삼짇날은 봄을 알리는 명절이다. 이 날은 강남 갔던 제비가 돌아오고 뱀이 겨울잠에서 깨어나 나오기 시작하는 날이라고도 한다. 가정에 묶여 있던 여자들은 산과 들로 나가 화전놀이를 즐겼고, 남자들은 편을 짜서 활쏘기를 하였다. 이 날 장을 담그면 맛이 좋다고 하여 집집마다 정성을 다하여 장을 담갔다. 대개 곡우라는 절기가 이 달에 들어 곡우 즈음에 농가에서는 못자리를 하기 위하여 볍씨를 준비했다.

화전

장 담그기

4월

석가모니의 탄생일인 음력 4월 초파일에 신도들은 절을 찾아 불공을 드리고, 신도가 아닌 사람들도 연등놀이를 즐긴다. 등에 불을 붙여 집안과 마을에 밝히고, 줄을 지어 등을 들고 제등 행렬을 한다. 절에서는 승려와 신도들이 모여 밤늦도록 탑돌이를 하였다. 4월 초파일은 불교의 종교 행사가 신라의 팔관회, 고려의 연등회 등을 거치면서 민간의 세시 풍속과 자연스럽게 동화되어 정착된 것이다. 이 날 어린이들은 등을 달아 놓은 등대 밑에다 깔개를 깔고 느티떡, 볶은 콩 등을 먹으며 물동이에 바가지를 엎어 놓고 두드리는 물장구놀이를 하였다.

5월

창포

음력 5월 5일인 단오날은 일 년 중 양기가 가장 왕성한 날로 여겼다. 수릿날·천중절·중오절·단양이라고도 하는 이 날에 여자들은 창포뿌리를 잘라 비녀로 만들어 머리에 꽂아 두통과 나쁜 일을 막고, 창포를 삶은 물에 머리를 감아 윤기를 더하게 하였다. 또 활짝 핀 봉숭아를 따서 손톱에 물을 들이고 그네뛰기를 하고 놀았다. 남자들은 창포로 만든 창포주를 마시고 씨름을 즐긴다. 단오선이라는 부채를 선물하고, 대추의 풍년을 기원하기 위해 대추나무 가지 사이에 돌을 끼워 놓는 대추나무 시집보내기를 하였다. 마을의 안녕과 마을 사람들의 일체감을 높이는 의례로 단오제와 단오굿을 벌인다. 강원도 강릉 지방의 강릉 단오제, 경남 영산의 문호장굿, 경북 자인의 한장군놀이 등이 대표적이다.

한장군놀이

6월

음력 6월 15일인 유두 무렵에는 새로운 과일이 나기 시작하는 때이다. 이 날 아침 각 가정에서는 참외나 수박 등 새로 나온 과일과 유두면·상화병·연병·수단·건단 그리고 피·조·벼·콩 등 여러 가지 곡식을 사당에 올리는 유두천신을 하였다. 유두천신을 마친 후 가족들이 모두 맑은 시내나 산간 폭포에 가서 머리를 감고 몸을 씻은 후 가지고 간 햇과일과 여러 가지 음식을 먹으며 하루를 보낸다. 이것을 유두잔치라고 하는데, 이렇게 하면 여름철의 질병과 더위를 물리치는 액막이가 된다고 믿었다. 음력 6월에서 7월 사이에 들어 있는 삼복에는 산과 계곡에서 개장국이나 삼계탕을 먹고 논다. 초복·중복·말복은 1년 중 가장 더운 때여서 보양식을 먹어 더위를 물리치는 것이다. 이것을 복다림한다고 한다.

7월

음력 7월 7일은 칠석(七夕)이라 한다. 이 날은 1년 동안 서로 떨어져 있던 견우와 직녀가 만나는 날이라는 전설이 전하여 내려온다. 이 날 새벽에 부녀자들은 참외, 오이 등을 상 위에 놓고 길쌈을 더 잘할 수 있도록 직녀성에게 절을 하고 빈다. 또 이 날 각 가정에서는 밀전병과 햇과일을 차려 놓고, 장독대 위에 정화수를 떠 놓고 가족의 수명 장수와 집안의 평안을 기원하기도 한다. 이북 지방에서는 이 날 크게 고사를 지내거나 밭에 나가 풍작을 기원하는 제사를 지내기도 한다. 중부 지방에서는 칠석맞이라는 것이 있는데, 이것은 단골 무당에게 자녀의 무사 성장의 기원을 부탁하는 것이다.

백중놀이

음력 칠월에는 여름 장마철 동안 눅눅했던 옷과 책을 내어 말리는 풍습이 있다. 7월 보름인 백중에는 각 가정에서는 익은 과일을 따서 사당에 올리고, 궁중에서는 종묘에 이른 벼를 베어 올리기도 하였다. 농가에서는 머슴들과 일꾼들에게 돈과 휴가를 주어 즐겁게 놀도록 하였다. 지역에 따라 이 날 농신제와 더불어 집단놀이가 행해지는데 이를 백중놀이라고 한다. 이 놀이는 농촌에서 힘겨운 논매기를 끝내고 여흥으로 여러 가지 놀이판을 벌여 온 데서 비롯된 것으로서 일종의 마을 잔치이다.

남사당놀이

8월

　음력 8월 15일인 추석은 우리 민족의 대표적인 명절이다. 한가위, 중추절 또는 중추가절이라고도 한다. 추석날 아침에는 남녀노소의 구분 없이 모두 일찍 일어나 세수하고 새 옷으로 갈아입고, 온 가족이 큰집에 모두 모여 조상의 은혜에 감사하는 차례를 지낸다. 한 해의 농사가 잘 되도록 해 준 것에 감사하는 의미로 추석의 차례상에는 그 해에 새로 거둔 곡식으로 마련한 음식과 과일을 올린다. 또 떡살 속에 콩·팥·밤·대추 등을 넣어 반달이나 초승달 모양으로 만든 송편을 올린다. 차례를 지낸 후 다 함께 아침을 먹고 적당한 때에 조상의 묘를 찾아가 간단한 추석 음식을 차려 놓고 절을 한다. 성묘를 하기 전에는 여름 동안 무성하게 자란 묘의 잡초를 베어 주는 벌초를 한다. 추석에는 차례, 성묘, 벌초 외에도 소놀이·거북놀이·강강술래·씨름·원놀이·가마싸움·반보기·올게심니·밭고랑 기기 등을 하였다.

강강술래

9월

　음력 9월 9일을 중구 또는 중양일, 중양절이라고 한다. 중구에는 성주단지에 햇곡식을 갈아 주며 제물을 차려 성주 차례를 지낸다. 그리고 기일을 모르는 조상의 제사를 모시며, 떠돌다 죽었거나 전염병으로 죽은 사람의 제사를 지내기도 한다. 또 추석 무렵에 햇곡식이 나지 않아 차례를 지내지 못한 지역에서는 이 날 차례를 지낸다. 중구 즈음에 국화가 만발하는데, 이것을 따서 술을 빚은 국화주와 국화 꽃잎을 따서 찹쌀가루와 반죽하여 국화전을 만들어 먹으며 즐긴다.

중양절의 양주별산대놀이

10월

　음력 10월은 상달이라고도 하는데, 좋은 날을 가려서 집집마다 상달 고사를 지낸다. 상달 고사란 집안의 안녕을 위하여 터주신·성주신·제석신·조왕신 등 가신들에게 올리는 의례를 말한다. 곳에 따라서는 마을 당굿을 하기도 한다. 10월 20일에는 심한 바람이 불 때가 많은데, 이 때 부는 바람을 손돌풍 혹은 손석풍이라 한다. 이 날을 손돌이날 또는 손돌날이라 하고, 겨울옷을 준비하여 월동할 준비를 한다. 또 입동을 전후한 6일 중 하루 날을 택하여 겨울철에 먹을 김장을 담근다.

동짓달

　음력 11월 동짓달에는 24절기 가운데 22번째 절기인 동지가 든다. 동지가 음력 11월 초순에 들면 애동지, 중순에 들면 중동지, 그믐께 들면 노동지라고 하였다. 이 날은 낮이 가장 짧고 밤이 가장 긴 날이다. 이 날 팥을 삶아 으깨어 동지 팥죽을 쑤어 먹는다. 팥죽은 그 빛이 검붉기 때문에 팥죽을 뿌리면 못된 귀신이 침입하지 못한다 하여 온 집안에 뿌린다. 집에 따라서는 사당에 팥죽으로 차례를 지내기도 하고, 마을에 따라서는 팥

추수 후의 농요

죽을 동네 앞 큰 고목에 뿌려 나쁜 귀신이 동네에 침입하지 못하게 하기도 한다. 동지에는 책력을 선물하기도 하였다.

섣달

동지로부터 세 번째의 미일(未日)을 납향(臘享)이라 하는데, 이 날 1년 동안 일어났던 모든 일을 신에게 보고하는 제사인 납향 제사를 지낸다. 이 날 약을 만들면 1년 내내 변하지 않는다 하여 옛날 내의원에서는 여러 가지 환약을 지어 임금께 올렸다. 1년의 마지막 날인 섣달 그믐날 밤을 제석 혹은 제야라고 하는데, 이는 한 해를 마감하는 마지막 밤이라는 뜻이다. 이 날 집안의 어른들을 두루 찾아 뵙고 묵은 해 새배를 올린다. 제석 다음 날이 바로 설날이어서 차례를 지내기 위해 여러 가지 음식을 만드는데, 이를 세찬(歲饌)이라 한다. 여자들은 차례를 위한 음식을 준비하느라 바빴으며, 남자들은 집 안팎을 깨끗이 청소하고 농가에서는 외양간을 치우고 거름도 퍼내는 등 설 맞을 준비에 바빴다. 방·뜰·부엌·변소와 뒤뜰까지 불을 밝히고 잠을 안 자는데, 이것을 수세(守歲)한다고 하며 자는 사람은 눈썹이 희게 센다고 한다.

윤달

음력으로 12월 외에 더 드는 한 달을 윤달 또는 군달, 공달이라 한다. 무슨 일을 해도 탈이 없는 달로 여겨 평소에 꺼리던 가옥 수리·이사·이장 등을 한다. 또 성 돌기를 하는 습관이 있으며, 할머니들이 성에 올라가 열을 지어 돌면 극락에 간다고 한다. 밤나무로 제상을 만들면 자손이 밤알처럼 야무지고 번성한다고 하여 밤나무 제상을 만든다. 좋은 날을 잡아 절에 가서 생전의 죄를 사해 달라는 재를 올린다.

평택 농악

세계무역기구

세계무역기구의 정책을 반대하는 시위

세계무형유산의 하나인 종묘제례악

세계무역기구

관세 및 무역에 관한 일반 협정(GATT) 체제를 대신하여 국제 무역 질서를 유지하고 우루과이 라운드 협정의 이행을 감시하기 위해 만들어진 국제 기구이다. 1995년 1월 1일에 공식 출범하였으며, 약칭은 더블유티오(WTO)이다.

세계무역기구는 관세 및 무역에 관한 일반 협정과 마찬가지로 관세나 무역장벽 등을 없애 나라 간의 자유 무역을 활성화하는 일을 주로 하고 있다. 그를 위해 나라 간의 무역 분쟁이나 경제 분쟁에 대한 판결권과 그 판결의 강제 집행권을 갖고 있다. 또 관세 인하 요구, 반덤핑 규제 등에 관해 준사법적 권한을 행사한다. 그리고 서비스나 지적 재산권 등의 교역에도 관여하고, 회원국의 자유 무역에 장애가 되는 무역 관련법이나 제도, 관행 등을 고쳐 국제 교역을 늘리는 데 힘쓰고 있다.

조직은 최고 의사 결정 기구인 총회 아래 사무국과 각료 회의, 무역위원회, 분쟁 해결 기구, 무역 정책 검토 기구 등이 있다. 2003년 말 기준으로 회원국은 147나라이며, 본부는 스위스 제네바에 있다.

세계무형유산

전 세계적으로 뛰어난 가치를 지니고 있어서 인류가 공동으로 보호해야 할 필요가 있다고 유네스코가 지정한 무형문화유산을 말한다. 정식 이름은 인류 구전 및 무형 유산 걸작이다. 세계무형유산은 세계의 많은 무형문화유산 중에서 뛰어난 가치가 있는 무형문화유산의 집합체이거나, 역사·예술·민족·사회학·인류학·언어학·문학의 관점에서 뛰어난 가치가 있는 대중적이고 전통적인 무형문화유산이다. 유네스코의 무형 유산 보호 계획의 하나로 2001년 5월에 제1차로 시작하여 유네스코 사무총장이 임명한 국제심사위원회에서 매 2년마다 선정하여 발표한다. 2007년 말 기준으로 볼리비아의 오루라 카니발, 베트남의 궁정 음악 나낙, 이탈리아의 시실리안 인형극, 중국의 경극 등 68나라의 무형문화유산 중에서 90건이 세계무형유산으로 지정되었다. 우리 나라의 무형문화유산 중에는 종묘제례와 종묘제례악, 판소리, 강릉단오제 등이 세계무형유산으로 등록되었다.

세계보건기구

보건과 위생 부문을 맡아 보는 국제연합의 전문 기구이다. 더블유에이치오(WHO)라고도 한다. 1946년에 61나라가 세계보건기구 헌장에 서명한 뒤, 1948년에 26개 회원국의 비준을 거쳐 정식으로 발족하였다. 세계보건기구는 세계의 모든 사람들이 최고의 건강 수준에 도달하는 것을 목적으로 한다. 이를 위해 중앙 검역소와 관련된 업무를 맡고 있고, 유행성 질병 및 전염병에 대한 대책을 후원하며, 회원국의 공중 보건과 관련된 행정을 강화하기 위해 노력하고 있다. 2004년 말 기준으로 회원국은 192나라이다. 우리 나라는 1949년에, 북한은 1973년에 가입하였다. 본부는 스위스의 제네바에 있다.

세계식량계획

식량 원조와 긴급 구호 활동을 통해 저개발국의 경제·

사회 발전을 도모하는 국제연합의 전문 기구이다. 더블유에프피(WFP)라고도 한다. 1961년에 설립된 이후 지진 피해를 입은 이란, 태풍 피해를 입은 타이, 내전으로 굶주리고 있는 수단 등 세계 여러 나라에 식량을 제공하고 긴급 구조 활동을 벌였다. 북한도 1995년에 36만 명의 한 달 양식에 해당하는 쌀을 원조받았고, 1997년에서 1998년 사이에는 98만 8000톤의 쌀을 원조받기도 하였다. 사무국은 이탈리아의 로마에 있으며 매년 2회 정기 회의를 연다.

세계어린이환경회의

전 세계의 어린이들이 모여 환경에 관해 배우고, 환경 문제에 대해 서로의 경험과 의견을 나눌 수 있도록 하기 위해 여는 세계 회의이다. 1992년 6월에 브라질의 리우데자네이루에서 열린 환경 보전을 위한 지구 정상 회담에서 아젠다 21이 채택되었다. 아젠다 21은 어린이를 비롯한 모든 사람이 환경 보전에 기여할 수 있기 때문에 각국 정부는 어린이들이 환경 문제에 대해 의사를 표현할 수 있도록 어린이들을 교육시키고 권한을 부여하도록 촉구했다. 국제연합환경계획은 아젠다 21의 내용을 실천하기 위해 1995년 10월에 영국의 이스트본에서 제1회 세계어린이환경회의를 열었다. 이 회의에는 83나라에서 모인 800여 명의 어린이들이 참가하여 낭비와 재활용, 위기에 처한 야생 생물 등에 대해 토론하였다. 이후 2년에 한 번씩 케냐의 나이로비, 캐나다의 브리티시컬럼비아, 미국의 뉴런던 등에서 회의가 열렸다. 2004년부터는 회의의 이름을 툰자세계어린이환경회의로 바꿨다. 툰자(Tunza)는 스와힐리어로, 배려와 애정으로 대하기라는 뜻이다.

세계인권선언

1948년 12월 10일에 제3차 유엔총회에서 채택된 인권 선언문을 가리킨다. 기본적 인권의 존중을 원칙으로 삼은 국제연합 헌장의 정신에 따라 보호해야 할 인권을 구체적으로 제시하기 위해 만들어졌다. 전문과 본문 30조 항으로 구성되어 있고, 시민의 자유권, 정치·경제·사회·문화 자유권 등 자유에 관한 기본권과 노동권, 단결권, 사회 보장 권리 등 생존과 관련된 기본권이 주요 내용이다. 이 선언문이 유엔 가입국을 법적으로 구속하진 않지만, 세계 각국은 이 선언문을 모든 국가가 실현해야 할 공통의 인권 기준으로 받아들이고 있다.

세금

국가나 지방 자치 단체가 나라 살림하는 데 필요한 돈을 국민들에게서 거두어들이는 것을 가리킨다. 나라를 지키기 위한 군대를 유지하는 일, 학교와 도서관을 세우고 교육을 시키는 일, 국민을 각종 범죄로부터 보호하고 사회 질서를 유지하는 일, 국민의 건강을 돌보고 생활이 어려운 사람을 도와 주는 일, 도로를 만들고 다리를 놓는 일 등 나라 일에는 많은 돈이 필요하다. 그래서 국민들로부터 세금을 걷는 것이다.

세금은 국민들뿐 아니라 기업들도 내고 우리 나라에 들어와서 돈을 벌고 있는 외국인들도 낸다. 세금을 내는 것

세계보건기구 건물

툰자세계어린이환경회의를 마치고 물 부족에 대해 퍼포먼스를 펼치는 회원들

> **? 세금에는 어떤 종류가 있을까요?**
> 세금은 분류하는 기준에 따라 여러 가지로 나뉜다. 먼저 세금은 징수하는 주체에 따라 국세와 지방세로 나눈다.
> 국세는 나라 전체의 살림살이를 위해 정부가 거두어들이는 세금이며, 지방세는 시·도·자치구·군과 같은 지방 자치 단체가 거두어들이는 세금이다. 소득세·부가가치세·상속세·법인세 등은 국세에 해당하고, 주민세·재산세·담배 소비세 등은 지방세에 해당한다.
> 세금을 내는 방식에 따라 직접세와 간접세로 나눈다.
> 직접세는 세금을 내야 하는 사람이 직접 내는 세금으로, 소득에 따라 내는 소득세, 집이나 땅을 가진 사람이 내는 재산세, 자동차를 가진 사람이 내는 자동차세 등을 말한다. 이와는 반대로 물건 값에 세금이 포함되어 있어 물건을 살 때 세금까지 내는 것을 간접세라고 한다. 우리가 물건을 살 때에는 물건 값에 이미 세금이 포함되어 있기 때문에 따로 세금을 낼 필요가 없다.

을 납세라고 하며, 국민이면 누구나 세금을 내야 하기 때문에 이를 납세 의무라고 한다. 납세 의무에 따라 국민 모두가 세금을 내지만 누구나 똑같이 세금을 내지는 않는다. 재산이 많고 돈을 많이 버는 사람일수록 세금을 많이 내고, 돈을 적게 버는 사람일수록 덜 낸다.

세네갈

아프리카 서쪽 끝 대서양에 닿아 있는 나라이다. 1960년에 프랑스로부터 독립하였다. 정부 형태는 대통령 중심제이며, 수도는 다카르이다. 면적은 19만 6722제곱킬로미터이다. 인구는 2003년 기준으로 1009만 5000명이다. 공용어는 프랑스어이다. 1인당 국민총생산은 2003년 기준으로 490달러이다.

세르비아-몬테네그로

유럽의 발칸 반도 서부에 있는 나라이다. 구유고슬라비아사회주의연방공화국의 여섯 공화국 중 세르비아와 몬테네그로 두 공화국이 합쳐 1992년에 만든 국가 연합 형태의 나라이다. 국가 연합 정부 아래 세르비아와 몬테네그로 공화국 정부가 따로 있으며, 국가 연합 정부와 공화국에 각각 대통령이 따로 있다. 수도는 베오그라드이다. 면적은 10만 2350제곱킬로미터이다. 인구는 2003년 말 기준으로 약 1066만 명이다. 공용어는 세르비아어이다. 1인당 국민총생산은 2003년 기준으로 1159달러이다.

세무서

세금을 부과하고 거두어들이는 일을 하는 곳으로, 각 지방 국세청에 소속되어 있는 세무 행정 기관이다. 각 지역별 세무서 위에 서울·수원·광주·대전·대구·부산 지역에 지방 국세청이 있고, 그 위에 국세청이 있다. 각 세무서에는 세무서장 아래 납세지원과, 징세과, 세원관리과, 조사과 등이 있다.

세탁

가죽이나 천으로 된 의류, 침구류, 가구류에 묻은 때와 먼지 등을 물리적인 방법이나 화학적인 방법으로 없애 깨끗하게 하는 것을 말한다. 빨래라고도 한다. 세탁할 때에는 우선 옷감의 종류 및 색깔, 오염물의 종류에 따라 알맞은 방법을 택해야 한다. 옷에는 세탁할 때의 주의할 사항이 세탁 기호로 표시되어 있다. 세탁하기 전에 먼저 이를 꼭 확인해 봐야 한다. 세탁 방법은 크게 물세탁과 드라이클리닝으로 나눈다.

물세탁이란 오염물이 물에 녹는 종류일 때 물과 세제를 사용하여 세탁하는 것을 말한다. 손으로 하거나 전기세탁기를 이용한다. 물세탁은 가정에서 쉽게 할 수 있어 편리하고 경제적이며 세탁 효과도 좋은 편이다. 면·마·레이온·합성 섬유로 된 의류만 물세탁을 할 수 있다. 세탁 용수로는 센물보다는 단물이 적당하다. 단물은 수돗물·빗물·냇물 등이고, 센물은 우물물·바닷물 등이다. 단물은 세제가 잘 풀리고 때가 잘 빠져 세탁 용수로 적합하다. 하지만 센물은 침전물을 만들고 세제가 잘 풀리지 않기 때문에 세탁 용수로 적합하지 않다. 게다가 침전물이 옷에 묻으면 옷의 촉감과 광택이 망가질 뿐 아니라 보관 중에도 옷이 상할 수 있다. 또 찬물에 세탁하면 때가 잘 빠지지 않으므로 물의 온도는 섭씨 30~40도가 적당하다.

드라이클리닝이란 오염원이 물에 녹지 않는 종류일 때 유기용제를 사용하여 세탁하는 것을 말한다. 물을 사용

> **? 세탁은 어떻게 할까요?**
> 세탁할 때는 분류 → 물에 담금 → 애벌 빨래 → 본빨래 → 헹굼 → 탈수 → 건조 → 마무리 순서로 한다. 우선 섬유의 종류, 옷의 쓰임새, 색깔 등에 따라 세탁물을 분류하고, 때가 잘 빠지도록 미지근한 물에 담가 둔다. 애벌 빨래란 본빨래를 하기 전에 가볍게 빠는 것을 뜻하는데, 이 단계에서 풀기 있는 빨래는 풀기를 빼고, 목이나 손목 주위처럼 때가 심한 부분은 손으로 비벼 빤다. 본빨래에서는 세탁물을 비벼 빨거나 두들겨 빨고, 화학 섬유일 경우 마지막 헹굴 때 섬유 유연제를 넣어 정전기를 막는다. 세탁이 끝나면 탈수하여 빨랫줄에 넌다. 모직물이나 합성 섬유는 심하게 비틀어 짜지 말아야 한다.
> 빨래를 널 때는 옷감의 색이 변하지 않도록 직사광선을 피하여 바람이 잘 통하는 그늘에 말린다. 마지막으로 다림질을 하여 세탁물의 형태를 되살린다.

탐구학습 | 여러 가지 세탁 기호

손세탁 기호 표시

 물의 온도 섭씨 95도를 표준으로 세탁기에 세탁할 수 있다. 삶을 수 있다. (손으로 빠는 것도 가능하다.) 세제의 종류에 제한을 받지 않는다.

 물의 온도 섭씨 60도를 표준으로 세탁할 수 있다. (손으로 빠는 것도 가능하다.) 세제의 종류에 제한을 받지 않는다.

 물의 온도 섭씨 40도를 표준으로 세탁기에 세탁할 수 있다. (손으로 빠는 것도 가능하다.) 세제의 종류에 제한을 받지 않는다.

 물의 온도 섭씨 40도를 표준으로 세탁기에 약하게 세탁 또는 약한 손세탁을 할 수 있다. 세제의 종류에 제한을 받지 않는다.

 물의 온도 섭씨 30도를 표준으로 세탁기에 약하게 세탁 또는 약한 손세탁을 할 수 있다. 세제의 종류는 중성세제를 사용한다.

 물의 온도 섭씨 30도를 표준으로 약하게 손세탁 할 수 있다. (세탁기 사용 불가) 세제의 종류는 중성세제를 사용한다.

 물세탁은 할 수 없다.

다림질 기호 표시

 다리미의 온도 섭씨 180~210도로 다림질할 수 있다.

 헝겊을 덮고 다리미의 온도 섭씨 180~210도로 다림질할 수 있다.

 헝겊을 덮고 다리미의 온도 섭씨 140~160도로 다림질할 수 있다.

 다리미의 온도 섭씨 80~120도로 다림질할 수 있다.

 다림질할 수 없다.

드라이클리닝 기호 표시

 드라이클리닝을 할 수 있다.

 드라이클리닝을 할 수 없다.

염소 표백 기호 표시

 염소계 표백제로 할 수 있다. (락스)

 염소계 표백제로 할 수 없다.

 산소계 표백제로 할 수 있다.

 산소계 표백제로 할 수 없다.

 염소계·산소계 표백제로 할 수 있다.

 염소계·산소계 표백제로 할 수 없다.

탈수·건조 기호 표시

 손으로 짜는 경우에는 약하게 짜고, 원심탈수기의 경우에는 단시간에 짜도록 한다.

 짜면 안 된다.

 옷걸이에 걸어서 건조시킨다.

 옷걸이에 걸어서 그늘에서 건조시킨다.

 뉘어서 건조시킨다.

 뉘어서 그늘에서 건조시킨다.

소방 작업을 하고 있는 소방수들

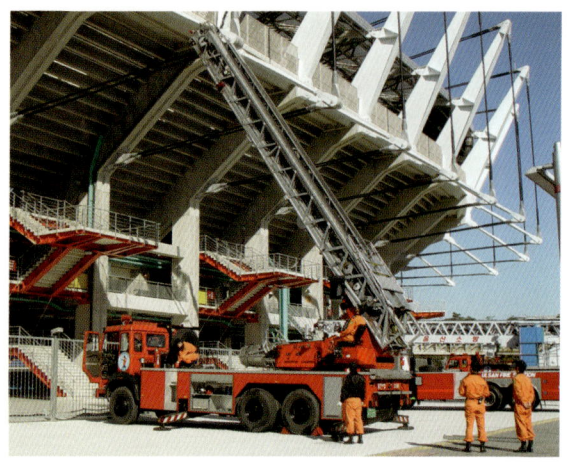
소방 훈련

하지 않기 때문에 드라이클리닝이라고 한다. 이 세탁 방법에는 특수한 설비와 기술이 필요하므로, 주로 세탁소에서 전문적으로 한다. 양모, 견, 아세테이트 등으로 된 의류에 적합한 세탁법이다.

소말리아

아프리카 북동부에 있는 나라이다. 정부 형태는 대통령 중심제이나 1991년부터 내전이 시작되면서 임시 정부가 수립되어 있다. 수도는 모가디슈이다. 면적은 63만 7000 제곱킬로미터이고, 인구는 2003년 기준으로 802만 5000명이다. 공용어는 소말리아어이다. 오랜 내전으로 많은 국민들이 굶주리고 있으며, 1인당 국민총생산은 2003년 기준으로 110달러이다.

소매업

개인용 상품이나 서비스를 최종 소비자에게 직접 파는 산업이다. 소매업을 하는 개인이나 기업을 소매상이라 하고, 점포를 소매점이라 한다. 생산자나 도매상도 소비자를 상대로 직접 소매 활동을 할 수 있으나 이를 소매상이라고 하지는 않는다. 소매상은 보통 연간 판매액의 절반 이상을 소비자에게 직접 판매하는 개인이나 기업을 말한다. 상가나 거리에 있는 조그마한 가게나 편의점뿐 아니라 대형 할인점, 전문점, 백화점 등도 소매점이다.

소방서

화재의 예방과 진압, 인명 구조 및 구급 업무 등의 일을 하는 행정 기관이다. 조선 시대에도 불을 끄는 일을 하는 금화도감 같은 기관이 있었지만 오늘날과 같은 소방서는 미군정기인 1947년에 50개의 소방서를 설치한 데서 시작하였다. 소방서는 서울특별시와 광역시 및 각시·군에 총 141개가 있다. 1958년에「소방법」의 개정에 따라 화재 관련 업무 외에도 풍수해 및 폭설로 조난당한 인명을 구조한다. 1967년에 법이 바뀌어 화재의 인명 구조만 하다가, 1983년부터 다시 구급 업무를 실시하고 있다. 1988년 서울 올림픽경기대회가 열리는 7도시의 소방서에 119특별 구조대가 설치되어 인명 구조 활동을 시작한 이후, 2000년 기준으로 전국 141개의 소방서에 144개의 119일반 구조대와 9개의 특수 구조대가 설치되어 있다.

소백산

충청북도 단양군 가곡면과 경상북도 영주시 순흥면 사이에 있는 산이다. 1987년에 국립공원으로 지정되었다. 가장 높은 비로봉의 높이는 1439미터이며, 능선을 따라 국망봉, 제1연화봉, 제2연화봉, 도솔봉, 신선봉, 형제봉, 묘적봉 등 1000미터 이상의 높은 봉우리가 연이어 있다. 식물은 낙엽활엽수가 주종을 이루고 있으며 주목, 소나무, 신갈나무, 철쭉, 졸참나무, 굴참나무, 느릅나무, 들메나무 등 1067종이 있다. 특히 비로봉 주변에는 수많은 야생화와 함께 희귀 식물인 에델바이스가 자생하고 있으며, 이곳에서부터 제1연화봉 사이에는 평균 수령이 350년 정도 되는 주목 3800여 그루가 군락을 이루고 있다. 동물은 천연기념물 330호인 수달을 비롯해 멧토끼, 청설모, 하늘다람쥐, 오소리, 두더지, 황조롱이, 소쩍새, 까막

소송

 개인 사이나 개인과 국가 사이에 이해 관계가 대립하여 분쟁이 일어났을 때 이를 법률로 해결하거나 조정하기 위하여 법원에 재판을 요구하는 것을 말한다. 소송의 절차를 규정한 법을 소송법이라고 한다. 현대 사회에서는 불이익이나 피해를 당한 사람이 피해를 입힌 사람의 죄를 직접 심판할 수 없다. 그래서 소송은 개인의 권리를 지키고 사회 정의를 지키기 위해서 꼭 필요한 제도이다.
 본래 소송은 국가가 생기지 않은 고대 사회에도 있었다. 고대 사회에서는 부족 원로들의 모임인 장로 회의에서 부족 분쟁을 심판했다. 이를 소송의 기원으로 볼 수 있다. 소송 제도는 국가가 생기고 국가의 기구가 발달하면서 오늘날의 모습을 갖추게 되었다.

소송에는 어떤 것들이 있을까?

 소송에는 민사 소송, 형사 소송, 행정 소송, 선거 소송 등이 있다. 형사 소송과 행정 소송 등은 개인 사이의 이해 대립인 민사 소송과는 본질적으로 다르며, 각각의 소송 절차는 법으로 보장하고 있다.

민사 소송

 개인 사이에 권리와 의무를 둘러싼 분쟁이 생겼을 때 법원이 제3자의 처지에서 국가의 법에 따라 해결하는 절차다. 개인 간에 분쟁이 생겼을 때 합의가 이루어지지 않고 어느 한쪽이 이를 해결하기 위해 법원에 해결해 달라는 소송을 제기하면, 상대방의 의사에 상관없이 소송이 시작된다. 이 때 재판을 요구하는 사람을 원고라고 하고, 재판의 대상이 되는 사람을 피고라고 한다. 판결의 결과를 받아들일 수 없을 때에는 정해진 기간 내에 상급 법원에 다시 재판을 신청할 수 있다. 개인 간의 분쟁을 법으로 해결하려는 민사 소송 외에 개인들의 원만한 합의를 이끌어 내 문제를 해결하는 제도로 조정과 중재가 있다. 민사 소송의 절차는 「민사소송법」에 따른다.

형사 소송

 형법을 어긴 사람을 심판하여 벌을 내리는 절차다. 형사 소송은 정확한 진실을 밝혀 공정한 심판을 내리는 것이 중요하기 때문에 진실을 밝히기 위해 원고인 검사와 피고의 대리인인 변호사가 각자 수집한 증거를 제시하며 서로 옳고 그름을 가린다. 일단 현행범이나 혐의자가 잡히면 수사 기관은 범인임을 뒷받침할 만한 증거를 수집한다. 검사가 소송을 제기하면 재판이 진행된다. 재판 과정에서 범죄가 입증되면, 법원은 피고에게 사형, 징역, 보석, 벌금 등의 처벌을 내린다. 형사 소송의 절차는 「형사소송법」에 따른다.

행정 소송

 질서 유지나 공공 복리를 위한 공법 분야에서 국가의 여러 기관들 사이나 국가와 개인 사이에 일어나는 갈등을 해결하는 절차다.

선거 소송

 선거 과정의 문제점을 들어 당선 결과에 대해 심판하는 절차다. 형사 소송처럼 진실을 밝혀 법에 따른 심판을 내리는 것이 목적이다. 대통령 선거와 국회의원 선거 절차에 불법적인 부분이 있다고 이의를 제기하는 사람은, 선거일로부터 30일 이내에 선거구 선거관리위원회 위원장을 피고로 하여 대법원에 소송할 수 있다. 지방 의회 의원 선거에 대해서는 선거일로부터 14일 이내에 고등 법원에 소송할 수 있다.

소백산맥

소백산

딱따구리, 노랑할미새, 쇠유리새, 직박구리 등 1708종이 살고 있다. 희방계곡, 죽계구곡, 희방폭포 등이 유명하고, 매년 5월 말에서 6월 초에 소백산철쭉제가 열린다. 희방사·부석사 등 오래 된 절이 있고, 죽령 근처에 국립소백산천문대가 있다. 소백산국립공원 내에는 부석사 지구를 중심으로 부석사 무량수전과 조사당 등 국보 5점이 있고, 이 외에도 보물 6점과 경북 지방 유형 문화재 8점 등 많은 문화재가 있다.

소백산맥

태백산맥에서 갈려 서쪽으로 달리다가 남서 방향으로 뻗어 내려 영남 지방과 호남 지방의 경계를 이루는 산맥을 말한다. 경상남도 함양·산청·하동, 전라북도 남원, 전라남도 구례 등 3도·5군에 걸쳐 높은 산악 지대를 이룬다. 소백산맥은 연속된 산맥이어서 영남 지방과 중부 호남 지방 사이를 오가는 것이 어려웠으며, 경상도와 전라도 사이의 기후·식생·문화 등도 많이 다르다. 소백산맥에는 소백산·속리산·문수산·지리산 등이 있고, 영남 지방과 중부 지방을 연결하는 죽령·조령·추풍령 등의 고개가 있다. 소백산맥과 태백산맥으로 둘러싸인 낙동강 중상류 지역은 분지 지형으로 과일나무를 많이 재배한다. 또한 소백산맥과 노령산맥 사이에 있는 진안 고원에서는 고랭지 농업과 목축업이 발달했다.

소비

생활을 위해 필요한 물건과 서비스를 사서 쓰는 것을 말한다. 소비를 하기 위해 돈을 쓰는 것을 소비 지출이라 한다. 사람들은 모두 매일매일 소비하고 있다. 사탕을 사 먹는 것도 소비이고, 슈퍼 마켓에 가서 장을 보는 것도 소비이며, 감기가 들어 병원에 가서 진찰을 받는 것도 모두 소비이다. 이처럼 물건을 구입하거나 서비스를 제공 받고 그 대가로 돈을 내는 경제 활동을 소비라고 한다.

소비는 경제에서 생산과 분배와 함께 중요한 역할을 한다. 소비가 이루어지지 않는다면 공장에서 만든 물건이나 농민들이 기른 채소, 과일은 팔리지 않게 된다. 물건이 전혀 팔리지 않는다면 공장은 멈추고, 농민들은 더 이

국립소백산천문대

상 농사를 지을 수 없게 된다. 공장은 물건을 만드는 데 필요한 원료를 살 수 없고, 노동자들에게 월급도 줄 수 없게 된다. 그러면 다시 소비와 생산이 줄어 결국 경기가 침체된다. 반대로 소비가 활발하게 이루어지면 공장에서 만든 물건도 잘 팔리게 되고, 공장도 늘어나 더 많은 사람들이 일을 할 수 있게 된다. 돈을 버는 사람이 많아지므로 소비가 늘고, 다시 그에 따른 생산이 늘어 경기가 활성화된다.

하지만 소비가 경제에서 이처럼 중요하다고 해서 무턱대고 소비를 늘려서는 안 된다. 소비는 자신의 능력이 감당할 수 있을 정도에서 해야 하며 그 이상을 초과하면 문제가 생긴다. 과소비로 신용 불량자가 되는 것은 개인뿐 아니라 나라 전체에도 나쁜 영향을 미친다.

소비자보호단체협의회

소비자 운동을 하는 단체들의 협의 기구이다. 1976년 4월에 소비자의 건전하고 조직적인 소비 활동을 촉진하고 권익을 보호하기 위하여 한국여성단체협의회, 대한주부클럽연합회, 전국주부교실중앙회, 대한YWCA연합회가 모여 소비자보호단체협의회를 설립하였다. 이후 한국소비자연맹, 소비자 문제를 연구하는 시민의 모임, 한국소비자교육원 등 여러 소비자 운동 단체가 가입하였다. 주활동으로 소비자 교육 및 소비자 상담, 상품의 품질 검사를 한다. 또 소비자 의식 조사 및 소비 생활의 패턴을 조사하고, 공동 구매를 권장하며, 허위 표시나 과장 광고에 대해 심의한다. 더 나아가 정책 연구 및 제안을 하고, 출판물 발간 및 홍보 활동을 진행한다.

소비재

사람들의 욕망을 충족시키기 위하여 일상 생활에서 직접 쓰는 재화를 말한다. 생산재에 대비되는 말로, 직접재 · 완성재 · 향락재라고도 한다. 소비재는 크게 쌀, 우유, 석유처럼 한 번 사용해서 없어지는 소모재와 자동차처럼 반복해서 계속 쓰는 내구 소비재로 나뉜다. 일반적으로 1년 이상 쓸 수 있는 것을 내구 소비재라고 하는데, 자동차뿐 아니라 텔레비전이나 냉장고 같은 가전 제품, 책상이나 침대 같은 가구 등이 포함된다.

속리산

충청북도 보은군 내속리면과 경상북도 상주시 화북면 사이에 있는 산이다. 높이는 1058미터이다. 소백산맥 가운데 있으며, 국립공원 중 하나이다. 봄에는 산벚꽃, 여름에는 푸른 소나무, 가을에는 붉게 물든 단풍, 겨울에는 설경이 유명하다. 세 번 오르면 극락에 갈 수 있다는 속설이 전해지는 문장대에 서면 산 절경이 한눈에 펼쳐진

속리산 법주사

수도권

수도를 중심으로 한 광역 대도시권을 말한다. 우리 나라의 수도권은 서울특별시와 인천광역시를 비롯해 수원·성남·의정부·안양·부천·광명·구리·하남·시흥 등의 위성 도시 그리고 서울을 중심으로 반경 70킬로미터 이내에 있는 경기도의 19군에 이른다. 면적은 북한을 제외한 전 국토의 11.8퍼센트에 해당하는 1만 1686제곱킬로미터로서, 전 인구의 40퍼센트 이상이 이 지역에 살고 있다.

우리 나라의 서울을 비롯하여 영국의 런던, 프랑스의 파리, 일본의 도쿄 등에서 볼 수 있듯이, 수도는 한 국가의 정치, 경제, 사회, 문화의 중심지이다. 수도와 주변의 위성 도시는 행정 구역은 다르지만 하나의 생활권이기 때문에 지역 문제를 협동하여 해결하기 위한 종합적인 관리가 필요하다. 특히 서울은 국토의 0.63퍼센트에 지나지 않는 면적에 인구·산업·행정·교육·문화 등이 지나치게 집중되어, 국토의 균형적인 개발을 막는 요인이 되고 있다.

우리 나라의 수도권에 대한 계획은 주로 수도권의 인구 집중과 무절제한 성장을 억제하는 방향으로 추진되었다. 그 예로 1972년에는 수도권에 143.4제곱킬로미터에 이르는 개발 제한 구역을 설치했다. 1980년대에는 반월에 산업단지를 조성하여 공장을 이전시켰다. 그 밖에 낙후된 지역을 재개발하고 신도시를 건설함으로써 수도권의 인구를 분산시키는 데 주력하고 있다.

또한 수도권의 인구와 산업을 적절하게 배치하기 위하여 수도권을 과밀 억제 권역, 성장 관리 권역, 자연 보전 권역으로 정리하였다. 과밀 억제 권역은 인구 및 산업이 과도하게 집중되었거나 집중될 우려가 있어 이전과 정비가 필요한 지역을 가리키고, 성장 관리 권역은 과밀 억제 권역으로부터 이전하는 인구 및 산업을 계획적으로 유치하고, 산업의 입지와 도시의 개발을 적절하게 관리할 필요가 있는 지역을 가리키며, 자연 보전 권역은 한강의 수질 및 녹지 등을 지키기 위해 보전이 필요한 지역을 가리킨다.

수목원

수산업

다. 하늘 높이 치솟은 바위가 흰 구름과 맞닿는다 하여 문장대는 운장대라고도 한다. 산기슭에 있는 법주사에는 국보인 법주사 팔상전과 법주사 쌍사자석등, 법주사 석련지와 보물인 법주사 사천왕석등, 법주사 마애여래의상 등 많은 문화재가 있다.

수단

아프리카 북동부에 있는 나라이다. 정부 형태는 대통령 중심제이며, 수도는 카르툼이다. 면적은 250만 3890제곱킬로미터로 아프리카에서 가장 넓은 나라이다. 인구는 2004년 기준으로 약 3914만 명이다. 공용어는 아랍어이다. 나라의 한가운데를 나일 강이 남에서 북으로 흐르고 있다. 남부의 기후는 열대성 기후이고, 북부는 건조한 사막 기후이다. 1인당 국내총생산은 2003년 기준으로 1900달러이다.

수목원

여러 종류의 나무를 심어 놓고, 이를 바탕으로 연구와 관찰, 휴식과 자연 공부가 이루어지는 곳이다. 수목원은 공원과 식물원의 장점을 결합한 중간형이라고 할 수 있다. 멸종 위기에 놓인 식물을 보존할 뿐만 아니라 사람들의 마음에 자연에 대한 사랑도 심어 준다. 역사가 오래된 수목원으로는 1587년에 조성된 네덜란드의 레이덴 식물원, 1679년에 조성된 독일의 베를린달렘 식물원, 1759년에 조성된 영국의 큐왕립 식물원 등이 있다. 우리 나라에도 1922년부터 나무를 수집하여 심어 놓은 홍릉수목원을 비롯하여 광릉수목원, 관악수목원, 천리포수목원 등 많은 수목원이 있다.

수산업

바다·호수·강 등의 물 속에 사는 생물을 기르거나 잡는 산업을 말한다. 여러 산업 중에서 농업과 함께 오랜 역사를 갖고 있는 수산업은 수산물을 생산하는 형태에 따라 크게 어업·양식업·수산 가공업 등으로 나눈다. 어업은 천연의 수산 생물을 채취하거나 잡는 산업이고, 양식업은 바다나 강 등에서 수산 생물을 인위적으로 길러서 잡거나 채취하는 산업이다. 수산 가공업은 어업과 양식업의 생산물을 원료로 하여 가공 식품을 생산하는 산업이다. 수산업의 생산물을 수산물이라 하는데, 수산물은 썩거나 상하기 쉽다. 이런 수산물의 특성 때문에 수산물 유통업도 수산업의 한 분야로 취급하기도 한다.

수자원

농업이나 공업, 일상 생활에서 자원으로서 가치가 있는 물을 가리킨다. 물은 빛·공기·흙·열처럼 지구상에 생물을 존재하게 하는 가장 기초 요소로 다른 것으로 대신할 수 없다. 물은 구름, 비, 얼음, 바닷물 등으로 형태를 바꾸어 순환하기 때문에 무한 자원으로 볼 수 있다. 하지만 수자원으로 활용할 수 있는 하천이나 호수 등의 육지에 있는 물은 지구에 있는 물 가운데 극히 일부분이고, 오염이 심한 물은 자원으로 활용할 수 없기 때문에 수자원은 유한 자원이라 할 수 있다. 수자원은 이용 목적에 따라 생활 용수, 농업 용수, 공업 용수, 에너지 원 등으로 나눈다.

수입과 수출

수입

나라와 나라 사이에 무역을 할 때 다른 나라로부터 물건을 사오는 것을 말하며, 엄밀하게는 다른 나라에서 생산 및 가공된 물건을 자기 나라의 세관을 통과하여 들여 오는 것을 말한다. 넓은 뜻의 수입에는 물건을 사오는 것뿐만 아니라 기술 및 서비스를 자기 나라로 들여 오거나 자본의 이동까지도 포함된다.

수입은 크게 일반 수입과 수출용 원자재 수입으로 구분된다. 수출용 원자재 수입은 다른 나라에 수출할 물건을 만들기 위해 필요한 원자재나 기계 등을 수입하는 것이고, 일반 수입은 수출용 원자재 수입이나 관광용 원자재 등 외화 획득을 위한 수입을 제외한 모든 수입을 말한다. 수입을 하기 위해서는 「대외무역법」· 「외국환관리법」· 「관세법」 등 각종 법규에서 정한 절차를 따라야 한다.

수출

나라와 나라 사이에 무역을 할 때 다른 나라에 물건을 파는 것을 말한다. 넓은 뜻의 수출에는 물건을 파는 것뿐만 아니라 기술과 서비스를 다른 나라에 팔거나 자본의 이동까지도 포함된다.

「무역거래법」에서는 우리 나라에서 만든 물건을 세관을 통해 다른 나라로 보내는 것을 포함해 외화를 받고 외국인에게 우리 나라에서 물건을 팔거나, 외국인에게 외화를 받아 공장 건설에 필요한 국산 기계를 우리 나라에서 납품하거나, 「관세법」에 의해 관세가 유보되는 지역인 보세 구역에 반입된 물품을 다시 반출하는 것까지도 수출에 포함시키고 있다. 수출을 하기 위해서는 수입과 마찬가지로 「대외무역법」· 「외국환관리법」· 「관세법」 등 각종 법규에서 정한 절차를 따라야 한다.

해외로 수출되는 자동차

탐구학습

우리 나라의 수출과 수입은 어떻게 변화했을까요?

우리 나라의 수출과 수입은 경제 발전과 그에 따른 산업 구조의 변화에 따라 수출입 품목과 수출입액 등에서 많은 변화가 있었다. 수출의 경우에 1960년대에는 대부분의 국민들이 농업에 종사하였기 때문에 수출할 만한 산업 제품이 거의 없었다. 대신 철광석·텅스텐 같은 지하 자원이나 오징어 같은 천연 자원을 수출하였다. 1970년대에는 값싼 노동력을 이용한 섬유 제품이나 경공업 제품을 주로 수출하였다. 1980년대에는 기존의 경공업 제품뿐 아니라 철강, 기계, 선박, 전자 제품 등의 수출이 늘어나기 시작하였다. 1990년대 이후에는 반도체와 같은 첨단 기술을 이용한 제품들이 수출의 중심적인 상품으로 자리잡기 시작하였다. 또 자동차, 전자, 조선, 섬유, 철강, 휴대전화의 수출이 늘어나 많은 외화를 벌어들이고 있다.

주요 수출 상대국은 미국, 일본, 중국, 독일 등이다. 특히 우리 나라 전체 수출액의 40퍼센트를 미국, 중국, 일본에 수출하고 있다. 하지만 점차 전 세계의 여러 나라로 수출 시장을 넓혀 가고 있으며 동남아시아, 유럽 등의 비중도 늘어나는 추세다.

우리 나라는 지하 자원이 부족해 상품 생산을 위한 수출용 원자재를 많이 수입하고 있다. 그러나 원자재 수입은 점점 줄어들고 생산 능력과 기술 향상을 위해 필요한 기계, 기구 등의 자본재 수입이 늘고 있다. 자동차 산업이나 조선업, 반도체 산업이나 생명 공학 산업 등의 첨단 산업이 발달하면서 그만큼 자본재의 수입이 늘어난 것이다. 주요 수입 상대국은 일본, 미국, 중국, 독일 등이다. 최근에는 중국에서 값 싼 농수산물이 많이 들어오고 있다. 사우디아라비아, 오스트레일리아, 인도네시아 등에서는 천연 자원을 많이 수입한다.

우리 나라는 수출과 수입이 매년 큰 폭으로 증가하여 현재는 세계적인 무역국으로 성장하였다. 2004년 기준으로 우리 나라의 수출액은 2538억 달러이며 수입액은 2244억 달러이다.

수출할 물건을 넣은 컨테이너를 배에 싣고 있다

수출과 수입되는 물건들로 가득한 부산항

세계 여러 나라와의 수출과 수입

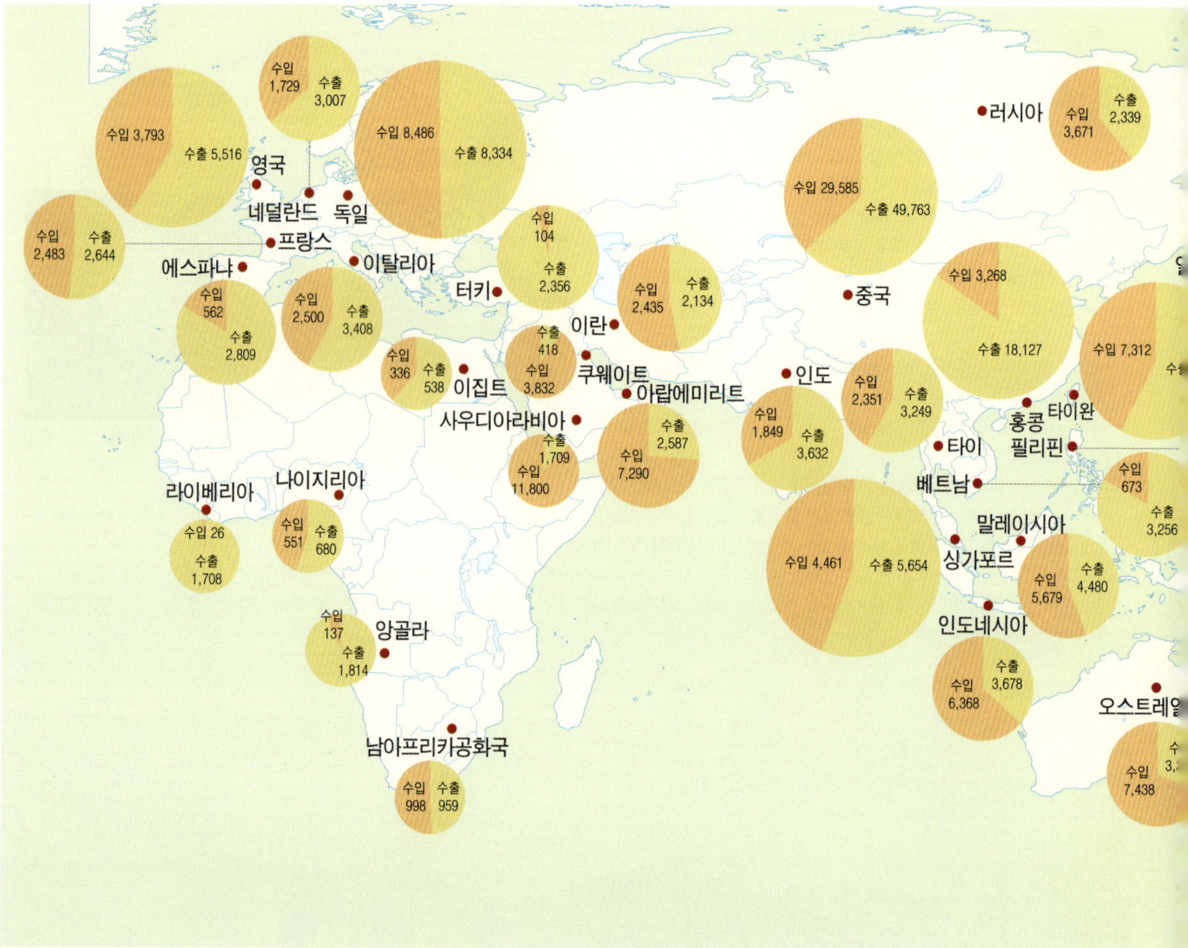

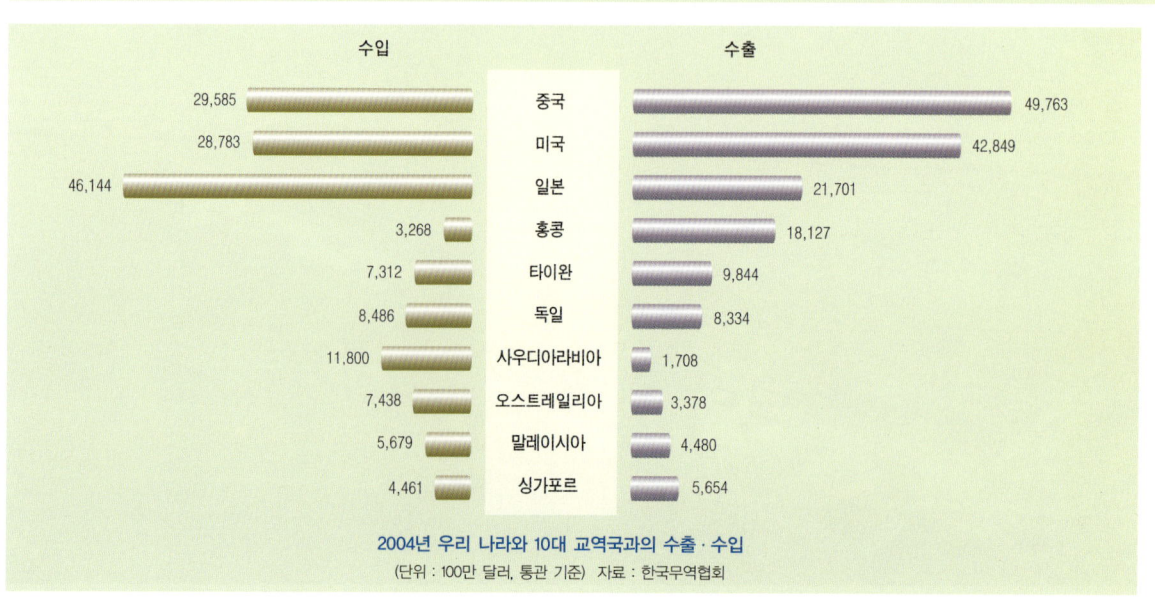

2004년 우리 나라와 10대 교역국과의 수출·수입
(단위 : 100만 달러, 통관 기준) 자료 : 한국무역협회

(단위 : 100만 달러) 자료 : 한국무역협회

1970년 10대 수입품

2004년 10대 수입품

1970년 10대 수출품

2004년 10대 수출품

(단위 : 억 달러) 자료 : 관세청

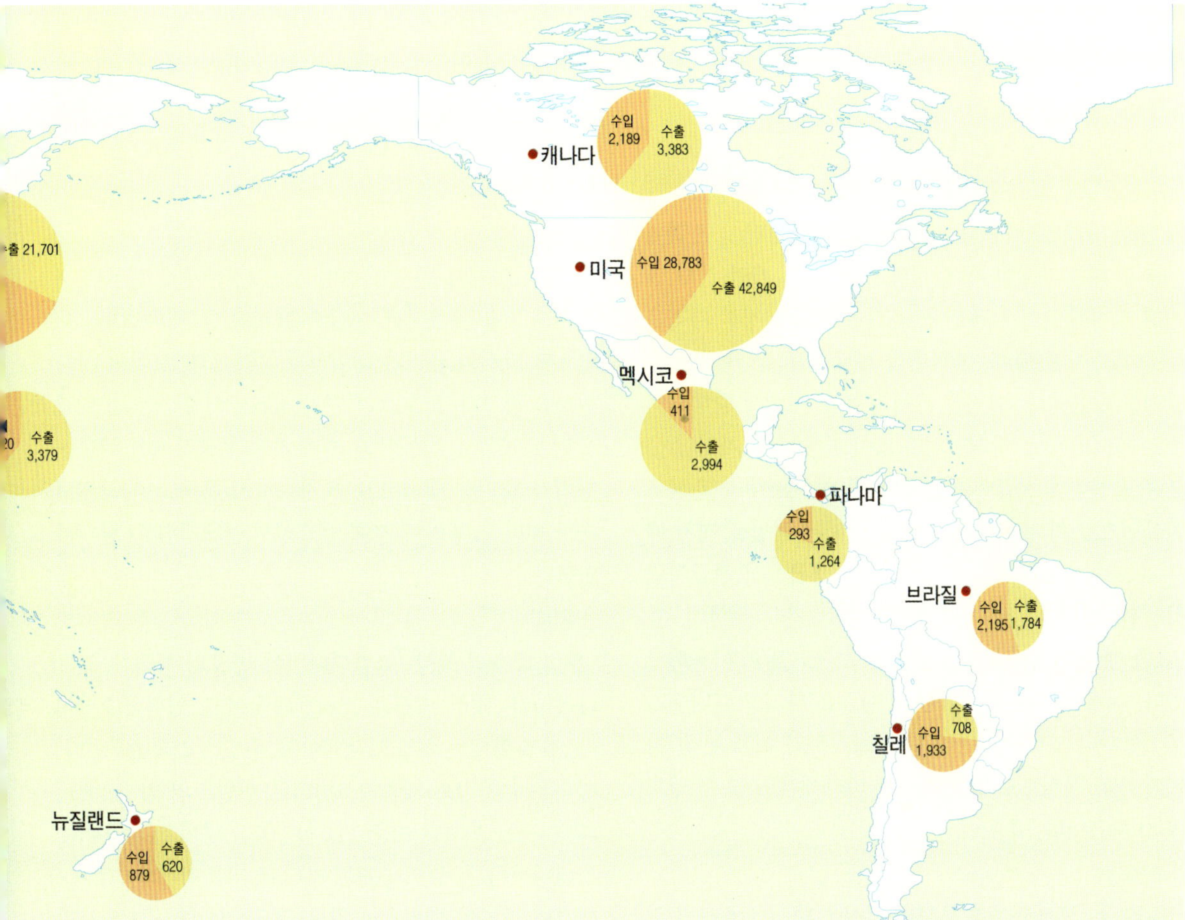

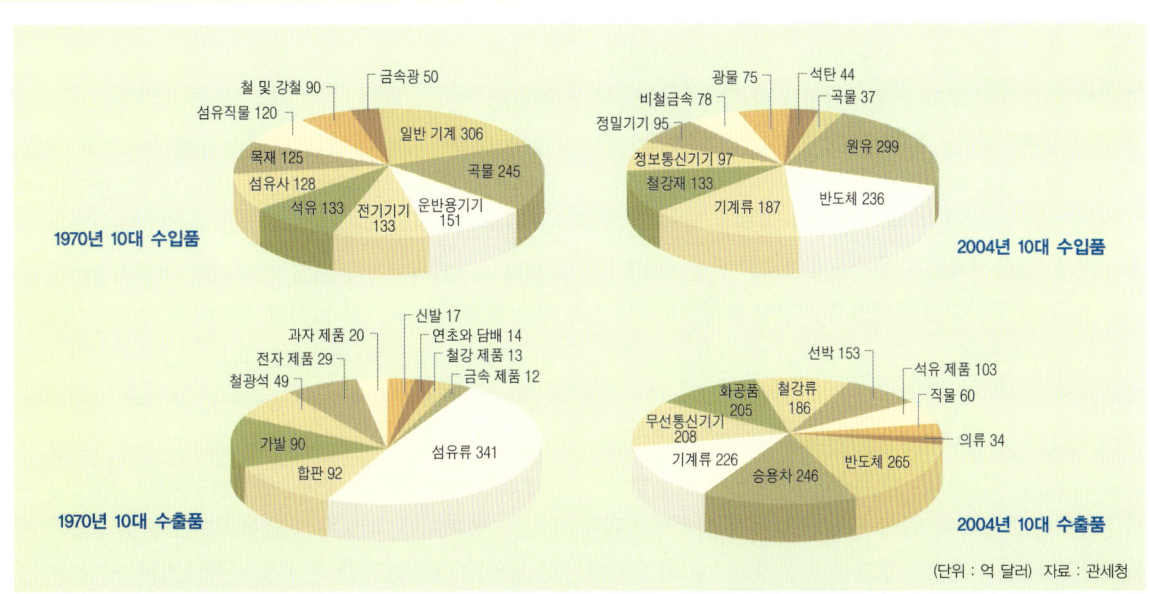

수표

현금 대신 사용하는 유가 증권을 말한다. 수표는 금융 기관에 예금한 사람이 현금을 갖고 다니는 번거로움과 위험을 피하고, 은행에 지급 사무를 맡겨 안전하고 신속하게 지급할 목적으로 사용한다.

수표는 발행 형식에 따라 당좌 수표·자기앞 수표·가계 수표 등으로 나눈다. 당좌 수표는 발행인이 은행에 당좌 거래를 개설한 후 발행한 수표이다. 기업 간의 상거래 결제에 많이 사용된다. 가계 수표는 일정한 자격을 갖춘 개인이 은행에 가계 종합 예금 계좌를 개설한 후 발행한 수표이다. 일정한 금액의 한도 내에서 발행되며 주로 가계와 중소 자영업자가 많이 사용한다. 자기앞 수표는 발행인과 지급인이 모두 은행인 수표이다. 은행을 지불인으로 하여 발행하고 은행이 지급 책임을 지기 때문에 보증 수표라고도 부르며, 일상 생활에서 현금처럼 사용된다.

요즘 해외 여행이 늘면서 여행자 수표도 많이 사용하고 있다. 여행자 수표란 여행할 때 현금을 가지고 다니다가 분실하거나 도단당하는 위험을 방지하기 위해 은행 자기앞 수표 형식으로 발행해 다른 나라에서도 쓸 수 있도록 한 수표이다.

수학여행

학생들이 실제 경험을 통하여 지식을 넓히도록 하기 위해 교사의 인솔 아래 단체로 가는 여행을 말한다. 교육 활동의 하나로 유명한 문화유적지나 국립공원, 산업단지 등에 직접 가서 보고 들으며 지식을 넓히도록 하는 여행이다. 문화·경제·산업·정치 등의 주요 현장을 직접 가서 봄으로써 학교에서 배우기 어려운 내용을 체험을 통해 배우고, 학교 밖에서의 집단 활동을 통해서 건강·안전·집단생활의 수칙이나 공중도덕 등을 익힌다. 주로 봄, 가을에 학교별 학년별로 2박3일 또는 3박4일의 일정으로 다녀온다.

스리랑카

인도의 남동쪽 바다에 있는 섬나라이다. 정식 명칭은 스리랑카민주사회주의공화국이다. 18세기 말부터 영국의 식민지였으나, 1948년에 영국연방 내의 자치령으로 독립하였다. 정부 형태는 대통령 중심제이나 의원 내각제를 가미한 형태이다. 수도는 콜롬보이다. 면적은 6만 5610킬로미터이고, 인구는 2004년 기준으로 약 1990만 명이다. 공용어는 싱할라 및 타밀어이다. 주요 종교는 불교, 힌두교, 이슬람교이다. 기후는 고온 다습한 열대성 기후이다. 1인당 국민소득은 2003년 기준으로 947달러이다.

스모그

원래는 안개와 연기가 섞인 것 또는 안개가 연기로 더럽혀진 것을 뜻했지만, 지금은 안개와 상관없이 대기 오염으로 도시의 공기가 더럽혀져 눈앞이 잘 보이지 않는 현상을 말한다. 스모그란 연기(smoke)와 안개(fog)가 결합된 용어로서, 자동차의 배기 가스나 공장에서 내뿜는 연기가 대기의 상공으로 빠져나가지 못하고 지상에서 수백 미터 범위 안에 갇혀 있으면서 안개처럼 된 상태를 말한다.

스웨덴

유럽 대륙의 북부, 스칸디나비아 반도의 동쪽에 있는 나라이다. 정식 명칭은 스웨덴왕국이고, 입헌군주국이다. 정부 형태는 의원 내각제이며, 수도는 스톡홀름이다. 면적은 44만 9964제곱킬로미터로 한반도의 약 2.4배이다. 인구는 2004년 기준으로 약 900만 명이고, 공용어는 스웨덴어이다. 주요 종교는 루터교, 가톨릭이다. 기후는 멕시코 난류의 영향으로 같은 위도상의 다른 지역보다 온난하다. 1인당 국민소득은 2003년 기준으로 2만 8716달러이다.

스위스

유럽 대륙의 중앙부에 있는 나라이다. 북쪽으로 독일, 동쪽으로 리히텐슈타인·오스트리아, 남쪽으로 이탈리아, 서쪽으로 프랑스와 접하고 있다. 정식 명칭은 스위스 연방이며, 26개의 칸톤으로 이루어진 연방공화국이다. 정부 형태는 스위스식 회의체 정부이며, 수도는 베른이다. 면적은 4만 1293제곱킬로미터이다. 인구는 2004년 기준으로 약 745만 명이다. 공용어는 독일어, 프랑스어, 이탈리아어, 로망스어이다. 주요 종교는 가톨릭교와 크리스트교이다. 1인당 국내총생산은 2003년 기준으로 4만 3747달러이다. 국토가 작고 농경지도 별로 없으며 지하 자원도 거의 없지만, 은행 및 관광 산업이 발달하여 1

탐구학습

스모그에는 어떤 종류가 있을까요?

스모그는 크게 유황 스모그와 광화학 스모그로 나눈다. 유황 스모그는 런던 형 스모그라고도 한다. 런던 형 스모그라는 용어는 1952년에 영국의 런던에서 일어난 대기 오염 현상에서 비롯되었다. 당시에는 난방용과 산업용 연료로 석탄을 주로 썼는데, 이 석탄을 땔 때 나오는 연기와 안개가 섞이면서 검은 스모그 현상이 일어났다. 이 스모그는 공기 중에 습기와 부유 먼지가 많을 때에 더욱 심하게 나타난다. 유럽과 미국 동부 지역의 도시들에서 많이 발생하며 기관지염, 기관지폐렴, 심장병 등을 일으킨다.

광화학 스모그는 로스앤젤레스 형 스모그나 흰 스모그라고도 한다. 자동차의 배기 가스가 태양 광선의 작용으로 광화학 반응을 일으켜 유독 가스의 농도가 높아지는 현상을 말한다. 이 현상은 1940년 초에 미국의 로스앤젤레스에서 발생하기 시작했으며, 이후에는 자동차가 많은 대도시에서 흔히 발생한다. 맑은 날에도 안개가 낀 것처럼 하늘이 희뿌옇고 가까운 거리도 잘 보이지 않는다. 식물한테 해를 많이 입히며 눈병과 호흡기 장애를 일으킨다. 최근 우리 나라에서도 광화학 스모그가 많이 발생하는데, 특히 맑은 날이 계속되는 여름 한낮에 주로 발생한다.

인당 국민총생산은 세계 최고 수준이다.

슬로바키아

유럽 대륙의 중부에 있는 나라이다. 북쪽으로 폴란드, 서쪽으로 체코·오스트리아, 남쪽으로 헝가리, 동쪽으로 우크라이나와 접하고 있다. 체코와 함께 있다가 1993년에 슬로바키아공화국으로 분리 독립하였다. 정부 형태는 의원 내각제이며, 수도는 브라티슬라바이다. 면적은 4만 9035제곱킬로미터이다. 인구는 2003년 기준으로 약 550만 명이다. 공용어는 슬로바키아어이다. 1인당 국민총생산은 2003년 기준으로 3760달러이다.

슬로베니아

유럽 대륙의 발칸 반도 북서부에 있는 나라이다. 북쪽으로 오스트리아, 동쪽으로 헝가리·크로아티아, 서쪽으로 이탈리아와 접하고 있다. 1991년에 구유고슬라비아사회주의연방공화국으로부터 독립하였다. 정부 형태는 대통령 중심제이며, 수도는 류블랴나이다. 면적은 2만 273제곱킬로미터이다. 인구는 2004년 기준으로 약 201만 명이다. 공용어는 슬로베니아어이다. 1인당 국내총생산은 2003년 기준으로 9760달러이다.

시민권

일반 국민이나 주민이 누리고 가지는 권리로, 개인이 실정법을 통해 국가로부터 보장받는 권리를 말한다. 시민권은 인간으로서 타고날 때부터 갖는 자연법과 구별된다. 원래 그리스와 로마의 도시 국가에서는 국가 운영에 참가할 수 있는 자유민의 권리를 시민권이라 불렀고, 자본주의가 성립된 후에는 시민 계급의 권리를 시민권이라 불렀다. 오늘날처럼 시민권을 국민의 권리로 보기 시작한 것은 1776년에 버지니아 주의 권리장전, 1789년에 프랑스의 인권선언이 나온 후부터다. 오늘날 대부분의 국가에서는 프랑스 인권선언에서 규정한 시민권, 즉 참정권과 청구권을 포함한 시민권을 국민의 권리로 보고 있다.

시장

물건이나 서비스를 사려는 사람과 팔려는 사람들이 거래하는 곳을 말한다. 좁은 뜻으로는 많은 물건을 쌓아 놓고 파는 가게가 한 곳에 모여 있는 재래 시장처럼 물건을 사고자 하는 사람과 물건을 팔고자 하는 사람이 만나 거래를 하는 장소를 말한다. 그러나 넓은 뜻으로는 물건을 파는 시장뿐 아니라 눈에 보이지 않고 만질 수도 없는 서비스를 사고파는 곳도 시장이라고 한다. 회사의 주식을 사고파는 주식 시장이나 취직을 원하는 사람과 직원을 구하려는 기업이 만나는 인력 시장 등도 모두 시장이다.

어떻게 시장이 생겼을까?

자급자족하던 원시 시대에는 시장이 필요 없었지만 점차 기술이 발달하고 생산량이 늘어나 쓰고 남는 물건이 생기면서부터 시장이 생기게 되었다. 즉 원시 시대에는 생활에 필요한 물건을 자신이 직접 기르고, 잡고, 만들어 썼다. 처음에는 자연스럽게 쓰고 남는 물건을 다른 사람의 물건과 물물 교환을 해서 썼다. 그러다 물물 교환의 편의를 위해 점차 특정한 시간에 특정한 장소에 모여 교환을 하면서부터 시장이 생겨났다. 교통이 편리한 곳을 중심으로 생겨나기 시작한 시장은 화폐 제도의 발달과 사회적 생산력의 증대로 빠른 속도로 발달해 오늘날처럼 다양한 형태의 시장이 생겨났다.

어떤 시장들이 있을까?

시장에서 사고파는 거래 대상에 따라 다양한 시장으로 나눈다. 물건이 거래되는 시장을 재화 시장, 서비스가 거래되는 시장을 용역 시장, 금융 상품이 거래되는 시장을 금융 시장, 주식이 거래되는 시장을 주식 시장이라고 한다. 재화 시장은 취급하는 상품에 따라 다시 농산물 시장, 수산 시장, 청과 시장, 꽃 시장 등으로 나눈다.

시장의 개설 시기에 따라 상설시와 정기시로 나눈다. 정기시는 3일 또는 5일 간격으로 정기적으로 열리는 시장이고, 상설시는 정기시가 발달하여 매일 열리는 시장을 말한다. 오늘날 대부분의 시장은 남대문 시장이나 동대문 시장처럼 상설시이다. 우리 나라의 전통 재래 시장은 5일장이 많았으며, 약령시(藥令市)처럼 연 1회 개설되어 일정 기간 동안 열리는 시장도 있다.

거래 단계에 따라 산지 시장, 도매 시장, 소매 시장 등으로 나눈다. 산지 시장은 물건의 생산지에서 생산자와 도매상 또는 중개인과 거래가 이루어지는 시장이고, 도매 시장은 도매상과 소매상, 소매 시장은 소매상과 소비자가 거래하는 시장이다.

시장은 어떤 기능을 할까?

다양한 형태의 시장은 모두 경제 활동에 필요한 물건이나 서비스를 사고파는 곳이라는 공통점을 갖고 있다. 오늘날 시장이 없다면 필요한 물건을 자신이 직접 만들거나 일일이 물건을 만드는 사람을 찾아 다녀야 할 것이다. 즉 쌀이 필요한 사람은 김포나 이천에 가서 쌀을 사야 하고, 생선이 필요한 사람은 속초나 부산에 가서 사야 할 것이다. 이처럼 시장은 공급자와 수요자 사이에 거래가 가능하게 할 뿐 아니라 거래 과정에서 가격을 형성시켜 물건과 서비스의 생산과 소비, 분배 등에 많은 영향을 미친다. 즉 시장은 자유 경쟁 아래 가격 변동에 따라 사용 가능한 자원을 개개인의 욕구에 가장 적합하게 배분함으로써 경제 효율을 높이고, 가능하면 최대한의 생산물을 생산하도록 조정하는 기능을 한다.

수산 시장

청과 시장

대형 할인 마트

정선 5일장

신문

사회에서 일어난 사건에 대한 사실이나 해설, 지식, 오락, 광고 등을 널리 신속하게 전달하는 정기 간행물이다. 종이에 인쇄한 신문이 일반적이지만, 1990년대 후반부터 인터넷을 통해 읽는 전자 신문도 나오고 있다. 신문은 불특정한 사람들에게 공적으로 사회 정보와 사상을 전달하는 여러 대중 매체 가운데 역사가 가장 오래되었다. 1609년에 독일에서 처음 신문이 발행되었다. 신문은 사건에 대한 정보를 객관적으로 전달하는 보도 기능, 독자를 설득하거나 계몽하는 지도 기능, 공연 정보·연예·오락·스포츠 등 독자의 정서에 필요한 정보를 전달하는 정서적 기능, 상품이나 시장에 대한 정보를 알려 주어 구매력을 불러 일으키는 경제 순환의 기능, 일기 예보와 같은 생활 정보의 전달 기능 등을 한다.

어떤 종류의 신문이 있을까?

발행 간격에 따라 일간 신문, 주간 신문, 월간 신문으로 나누고, 일간 신문은 다시 발행 시간에 따라 조간 신문, 석간 신문으로 나눈다. 일간 신문은 판매 지역에 따라 국제 신문, 전국 신문, 지방 신문으로도 나눈다. 또한 신문은 내용에 따라 사건 보도 신문, 경제 신문, 스포츠 신문, 도서 신문, 오락 신문 등으로 나누며, 구독자 대상에 따라 일반 종합 신문, 정당 신문, 대학 신문, 학교 신문 등으로 나눈다.

신문은 어떻게 만들어질까?

신문은 구독자의 손에 들어오기까지 취재, 편집·교열, 인쇄, 발송의 과정을 거친다.
취재 : 취재 기자는 뉴스 거리를 찾은 후 사실 관계를 확인하고 자신이나 신문사의 생각을 정리해 기사를 작성한다. 전문 내용이나 특정 기사의 원고는 외부 인사에게 청탁하기도 한다. 기사의 작성이 완료되면 신문사의 주 컴퓨터에 올린다.
편집·교열 : 각 부서의 부장이 주 컴퓨터에 입력된 기사를 검토하고 수정한다. 편집부는 내용의 중요도와 분야에 따라 지면에 기사를 배치하고, 독자들이 편하게 읽을 수 있게 신문의 모양새를 꾸미며, 잘못된 문장이나 오자, 탈자를 수정한다. 한편 신문 지면과 똑같은 모양으로 기사를 배치하는 것을 조판이라고 한다. 조판이 끝나면 내용을 출력하여 글자와 내용을 확인하고 수정한 뒤, 마지막 수정본으로 필름을 출력한다.
인쇄 : 인쇄소에서 인쇄판을 만들고 인쇄를 하여 신문을 제작한다.
발송 : 인쇄된 신문은 각 보급소로 발송되어 구독자의 집으로 배달된다.

우리 나라 신문의 역사

조선 시대에도 이미 「조보」라는 신문이 있었다. 이것은 승정원에서 조정의 중요한 행사나 관리의 임용 등의 소식을 손으로 직접 적어 발행하던 신문이다. 인쇄 기술을 이용하고 일반 사람들을 위해 만든 근대 신문은 1883년에 만들어진 「한성순보」가 최초이다. 「한성순보」는 열흘에 한 번 나오는 순 한문 신문으로, 박영효가 외국의 사정과 개화 사상을 전하기 위해 만든 것이다. 그 뒤 1886년에 국어와 한문을 혼용한 「한성주보」가 나왔다. 「한성순보」와 「한성주보」는 정부에서 간행하는 관보였다. 1896년에는 서재필이 최초의 민간 신문인 「독립신문」을 창간했다. 「독립신문」은 한글 전용과 띄어 쓰기를 시도한 최초의 신문이다.

시베리아 횡단 철도

러시아의 시베리아 남부를 동서 방향으로 가로지르는 대륙 횡단 철도를 가리키며, 대시베리아 철도라고도 한다. 러시아의 서시베리아 지방, 즉 우랄 산맥의 동쪽 기슭에 있는 첼랴빈스크에서 동해 연안에 있는 블라디보스토크를 잇는다. 총길이가 7416킬로미터에 이른다. 1891년에 양쪽 종착역에서 공사를 시작하여 1916년에 철도를 완공하였다. 이 철도는 군대 및 군수품 이동, 중국 무역, 시베리아 개척 등에 이용되었다. 최근에는 전철화가 추진되고 있다.

시이오

기업 경영에 관한 실권을 가진 최고 의사 결정권자를 말하며, CEO라고 한다. 미국의 기업에서 처음 생긴 말로, 회장이나 사장 등의 일반적인 자리 이름과는 별도로 실질적인 서열을 나타내기 위해 쓰는 자리 이름이다. 시이오는 대외적으로 기업을 대표하고, 대내적으로는 이사회의 결의를 집행하며, 회사 업무에 관한 결정과 집행을 담당하는 등 최고 의사 결정권자의 지위와 권한을 갖는다. 시이오는 한 기업에 보통 1명이 있지만, 여러 명의 시이오를 두는 기업도 있다.

식목일

국민들이 나무를 심고 가꾸도록 하기 위해 국가가 정한 기념일이다. 매년 4월 5일이다. 식목일인 4월 5일은 24절기의 하나인 청명 무렵으로 나무 심기에 적당한 때이다. 대개 식목일을 전후하여 한 달 동안은 국민 식수 기간으로 정해 학교별 직장별로 산에 가서 나무를 심는다. '관공서의 공휴일에 관한 규정'이 2006년에 바뀌면서 법정 공휴일에서 제외되었다.

식품의약품안전청

식품 및 의약품의 안전 관리를 맡은 행정 기관으로, 보건복지부에 소속되어 있다. 1996년에 설립된 식품의약품안전본부가 1998년에 식품의약품안전청으로 승격되었다. 부속 기관으로 서울·부산·경인·대구·광주·대전에 지방 식품의약품안전청이 있고 그 밖에 국립독성연구소가 있다. 주로 식품의 안정성을 위한 조사, 연구 및 식품, 식품 첨가물, 기구, 용기, 포장에 관한 안전 관리 사항을 조정한다. 그리고 의약품 허가 및 임상 관리, 의약품 제조, 수출입 품목의 허가 및 신고 업무를 담당한다. 의약품, 화장품, 위생용품 등의 품질 관리 및 안전성과 유효성을 조사하고 유통 중이거나 유통 예정인 의약품의 품질 관리를 위한 분석법을 개발하기도 한다. 생약의 효능과 안전성을 확인하고, 생약의 규격 기준을 만들며, 생약에 든 유해 물질을 조사 연구한다. 그리고 의료 용구의 품질 관리 등도 한다. 서울특별시 은평구 녹번동에 있다.

신용조합

소비자가 자신들의 이익을 위해 단체나 직장, 주거 지역, 종교 등의 유대 관계를 바탕으로 만든 신용 협동 기구 중 하나이다. 소비조합 또는 생활협동조합이라고도 한다. 조합원들이 생활에 필요한 물건을 공동으로 직접 생산자에게 사서 배급하는 일을 주로 한다. 대표적으로 직장 내 신용조합이 있다.

신용 카드

상품이나 서비스의 대금을 일정 기간 후에 지불하는 신용 거래를 위해 사용하는 카드이다. 은행이나 카드 회사 등이 소비자와 계약을 한 후 신용 카드를 발행하고, 카드 가입자가 가맹점에서 물건이나 서비스를 이용할 수 있게 한 카드 형식의 결제 수단이다. 카드가 있으면 돈이 없어도 필요한 물건을 살 수 있고, 급하게 필요한 현금을 빌려 쓸 수도 있다. 소비자가 사용한 신용 카드의 대금은 카드 회사가 먼저 가맹점에 지급하고 일정 기간이 지난 뒤 카드 가입자에게서 회수한다.

1920년대에 미국의 석유 회사나 호텔에서 발행하기 시작한 신용 카드는 그 편리함 때문에 전 세계적으로 널리 사용되고 있다. 신용 카드는 소비자의 구매 욕구를 자극해 지불할 수 있는 능력 이상으로 소비하게 만들어 신용 불량자를 만드는 등 사회 경제적 문제를 불러 일으키기도 한다.

신칸센

세계 최초로 개통된 일본의 고속철도 노선이다. 1964년 10월에 도카이도 신칸센이 완공된 이후, 1972년에는 산요 신칸센, 1982년에는 도호쿠 신칸센, 조에쓰 신칸센이 신설되었다. 일본에는 4개의 신칸센이 있으며, 이 노선들에는 열차가 시속 200킬로미터 이상으로 달린다. 신칸

실업

취업 박람회에 모인 사람들

쓰레기 종량제

센은 서로 멀리 떨어져 있는 도시들 사이에 인적·물적 자원을 매우 빠르고 효율적으로 운송하여 일본이 국토의 균형적인 발전을 이루는 데 크게 기여하였다.

실업

일을 하고 싶고 일을 할 능력이 있는데도 자기에게 맞는 일자리가 없어서 일을 하지 못하고 있는 상태를 말한다. 실업과 취업을 구분하는 기준은 나라마다 조금씩 다르다. 우리 나라에서는 돈을 벌기 위해 1주일에 1시간 이상 일을 하면 취업으로 보고, 그렇지 못한 상태를 실업으로 본다. 실업과 실업자가 생기는 이유는 여러 가지가 있지만, 가장 큰 이유는 경제가 나빠지면서 일자리가 줄어들기 때문이다. 또 과학과 기계의 발달로 사람이 하던 일을 기계가 대신하면서 실업자가 생기는 경우도 있다.

싱가포르

동남아시아, 말레이 반도의 남쪽 끝에 있는 섬들로 이루어진 도시 국가이다. 말레이시아 연방의 한 주였다가 1965년에 완전 독립하였다. 정부 형태는 내각 책임제이며, 수도는 싱가포르이다. 면적은 692.7제곱킬로미터이다. 인구는 2004년 기준으로 약 435만 명이다. 공용어는 중국어, 영어 등이다. 주요 종교는 불교, 도교이다. 기후는 고온 다습한 열대성 기후이다. 1인당 국내총생산은 2003년 기준으로 2만 3700달러이다. 자원은 거의 없으나 동남아시아 최대의 중계 무역항으로 발전해 왔다.

쓰레기 종량제

쓰레기의 배출량에 따라 처리 비용을 내게 하는 제도이다. 쓰레기를 줄이고 재활용품을 적극적으로 분리하여 배출하기 위해 만들어졌다. 우리 나라에서는 1994년에 시범 실시된 이후, 1995년부터 전국에서 시행되고 있다. 쓰레기 종량제에 적용되는 폐기물은 가정과 소규모 사업장에서 발생한 일반 쓰레기이다. 이 쓰레기는 규격 봉투를 따로 구입하여 배출하여야 하며, 만약 규격 봉투에 넣지 않고 버리다 적발되면 과태료를 물어야 한다. 연탄재는 종량제 제외 품목이어서 봉투에 넣지 않아도 된다. 그 밖에 종이류나 플라스틱류, 유리병, 캔처럼 재활용이 가능한 제품도 종량제 제외 품목이다. 한편 건축 쓰레기, 냉장고, 가구 등 대형 쓰레기는 동사무소에 품목을 신고하고 대금을 납부한 뒤 배출하여야 한다.

아라비아 반도

서남아시아의 남서부에 있는 반도이다. 동쪽은 페르시아 만과 오만 만, 서쪽은 홍해, 남쪽은 아라비아 해로 둘러싸여 있다. 면적은 약 300만 제곱킬로미터이다. 사우디아라비아, 쿠웨이트, 예멘, 오만, 아랍에미리트, 바레인, 카타르, 이렇게 7나라가 반도 안에 있다. 주민은 거의 아랍인이고 그 밖에 인도인·파키스탄인·이란인·동아프리카 계 흑인이 있다. 종교는 이슬람교가 많고, 대부분이 수니 파다. 농업은 예멘의 산지 지방과 오아시스 등 물이 있는 곳에서만 이루어진다. 반도의 오른쪽인 페르시아 만 연안 지역에는 석유 자원이 많이 묻혀 있다.

아랍에미리트

서남아시아의 아라비아 반도 동부에 있는 나라이다. 정식 명칭은 아랍에미리트연방이다. 7개의 에미리트로 구성된 연방 국가이다. 정부 형태는 대통령 중심제이며, 수도는 아부다비이다. 면적은 8만 3600제곱킬로미터이다. 인구는 2003년 기준으로 약 381만 명이다. 공용어는 아랍어이다. 기후는 고온 다습한 아열대성 사막 기후이다. 세계 3위의 원유 매장량을 가진 산유국으로, 1인당 국내총생산은 2003년 기준으로 1만 9945달러이다.

아르메니아

동부 유럽, 카프카스 지역에 있는 내륙국이다. 1991년에 소련으로부터 독립하였다. 정부 형태는 대통령 중심제이며, 수도는 예레반이다. 면적은 2만 9743제곱킬로미터이다. 인구는 2003년 기준으로 약 307만 명이다. 공용어는 아르메니아어이다. 1인당 국민총생산은 2003년 기준으로 570달러이다.

아르헨티나

남아메리카 대륙의 남동부에 있는 나라이다. 1816년에 에스파냐로부터 독립하였다. 정부 형태는 대통령 중심제이며, 수도는 부에노스아이레스이다. 면적은 279만 1810제곱킬로미터로 한반도의 약 12.5배이다. 남아메리카 대륙에서 브라질 다음으로 큰 나라이다. 인구는 2003년 기준으로 약 3685만 명이다. 유럽 계 백인이 전 인구의 97퍼센트를 차지하며, 남아메리카 대륙에서 가장 백인이 많은 국가이다. 공용어는 에스파냐어이다. 주요 종교는 가톨릭교이다. 기후는 열대와 아한대 기후이다. 1인당 국민총생산은 2003년 기준으로 7460달러이다.

아마존 강

남아메리카 대륙의 최대의 강이다. 페루 안데스 산맥에

서 시작하여 적도를 따라 동쪽으로 흘러 브라질 북부를 지나 대서양으로 흘러 들어간다. 하구 근처에는 크고 긴 삼각주가 있으며, 1000여 개의 섬과 사주가 있다. 아마존 강은 마라논 강과 우카얄리 강이 합류하여 형성되었다. 이 두 강의 합류 지점부터 그 하류를 아마존 강이라고 부른다. 나일 강에 이어 세계에서 두 번째로 길다. 아마존 강은 마라논 강의 원류부터 아마존 하구까지의 길이는 6400킬로미터이고, 우카얄리 강의 원류부터 하구까지의 길이는 7025킬로미터이다. 유역 면적은 705만 제곱킬로미터이다. 유역 면적과 유량 면에서 세계 제1위이다. 아마존 강 유역의 기후는 1년 내내 고온 다우한 열대 우림 기후여서 세계 최대의 열대 우림이 잘 발달되어 있다. 파괴되고 있는 열대 우림을 보호하기 위해 아마존 강 유역의 여러 나라가 힘쓰고 있다.

아시아·태평양경제협력체 회원국의 지도자들

아시아·태평양경제협력체

태평양 주변의 여러 나라들이 경제 협력과 무역 증진을 목표로 결성한 정부 간의 지역 경제 협력 기구이다. 에이펙(APEC)이라고도 한다. 1989년 1월에 열린 대한민국과 오스트레일리아의 정상 회담에서 오스트레일리아의 호크 총리가 아시아·태평양경제협력체 각료 회의를 제안하였다. 그 해 11월에 오스트레일리아의 캔버라에서 대한민국·미국·일본·오스트레일리아 등 12나라가 모여 제1차 각료 회의를 시작하면서 공식 출범했다. 출범 초기에는 소규모 지역 경제 문제나 연구 프로젝트 등을 논의하는 느슨한 협의 기구였다. 1993년에 싱가포르에 상설 사무국을 설치하고 공동 기금을 조성하면서부터

하구 근처에 크고 긴 삼각주가 있으며, 1000여 개의 섬과 사주가 있는 아마존 강

역내 자유 무역화 및 공동 사업을 추진하는 등 활동 범위를 점차 확대하였다. 2004년 말 기준으로 회원국은 21나라이다.

아시아태풍위원회

아시아와 태평양 지역의 태풍 피해를 최소화하기 위한 공동 연구를 목적으로 1968년에 설립된 국제 기구이다. 아시아와 태평양 지역 14나라가 회원국이며, 아시아 지역의 주민들에게 태풍에 대한 정보를 알려 준다. 1999년 제32차 회의를 통해 2000년부터는 북태평양을 지나가는 태풍에 아시아 각국의 동식물과 지역의 이름을 붙이기로 결정하였다. 그 전까지는 미국의 괌에 있는 태풍합동경보센터가 북태평양의 태풍에 이름을 붙였다. 우선 14 회원국이 10개씩 제출한 140개의 이름을 모아, 이를 28개씩 5조로 만들었다. 그리고 태풍이 올 때마다 1조에서 5조까지의 이름을 순서대로 붙였다. 우리 나라는 개미, 나리, 장미, 수달, 노루, 제비, 너구리, 고니, 메기, 나비를 제출했고, 북한은 기러기, 도라지, 갈매기, 매미, 메아리, 소나무, 버들, 봉선화, 민들레, 날개를 제출하였다.

아이슬란드

대서양 북부에 있는 섬나라이다. 노르웨이와 덴마크의 식민지로 있다가 1944년에 독립하였다. 정부 형태는 의원 내각제이며, 수도는 레이캬비크이다. 면적은 10만 2928제곱킬로미터이다. 인구는 2004년 기준으로 약 29만 명이다. 공용어는 아이슬란드어이다. 수산물이 전체 수출의 70퍼센트 이상을 차지할 정도로 수산업이 발달하였으며, 1인당 국내총생산은 2003년 기준으로 2만 8910달러이다.

아이엠티 2000

휴대용 단말기로 음성·문자·고속 데이터·영상 등의 멀티미디어 서비스를 제공하는 통신 서비스를 가리킨다. 아이엠티(IMT)는 국제 이동 통신(International Mobile Telecommunication)의 앞글자를 딴 것이고, 2000은 휴대전화의 사용 주파수이다. 이 서비스를 통해 세계적인 단일 통신망을 구축할 수 있고, 전 세계 어디에서나 다양한 정보를 빠르게 주고받을 수 있다. 또한 다양한 멀티미디어 서비스를 제공하기 때문에 생활에 응용되는 부분도 많다. 예를 들어 상대방의 얼굴을 보며 통화할 수 있으므로 병원과 연결하여 원격 진료를 받을 수 있고, 인터넷에 접속하여 원하는 자료를 찾을 수 있으며, 영화나 스포츠 중계 등 텔레비전의 프로그램도 볼 수 있다. 자동차를 운전할 때 주변의 교통 상황을 알려 주기도 한다.

아일랜드

영국 서부, 아일랜드 섬의 대부분을 차지하는 나라이다. 정부 형태는 의원 내각제이며, 수도는 더블린이다. 면적은 7만 282킬로미터로 한반도의 약 3분의 1이다. 인구는 2003년 기준으로 약 396만 9000명이다. 공용어는 영어와 아일랜드어이다. 주요 종교는 가톨릭이다. 기후는 온대 해양성 기후이다. 1인당 국민총생산은 2003년 기준으로 2만 2850달러이다. 12세기 후반 이후에 영국의 지배를 받다가 북아일랜드의 6주를 제외한 나머지 지역이 1922년에 독립하였다.

아프가니스탄

서남아시아의 파미르 고원 남서쪽에 있는 나라이다. 정부 형태는 회교공화국이며, 수도는 카불이다. 면적은 64만 7500제곱킬로미터이다. 인구는 2003년 기준으로 약 2872만 명이다. 공용어는 파쉬툰어, 다리어이다. 1인당 국민총생산은 2003년 기준으로 800달러이다. 1979년에 소련이 침입하여 10년 동안 전쟁을 치렀으며, 2001년에 다시 미국이 침공하여 많은 어려움을 겪고 있다.

알바니아

동유럽의 발칸 반도 남서부에 있는 나라이다. 정부 형태는 대통령 중심제이며, 수도는 티라나이다. 면적은 2만 8750제곱킬로미터이다. 인구는 2003년 기준으로 약 317만 명이다. 공용어는 알바니아어이다. 발칸 반도에 있는 나라 중에서 가장 작은 나라이다. 1인당 국내총생산은 2003년 기준으로 1370달러이다.

알제리

아프리카 대륙의 북서부에 있는 나라이다. 지중해에 접한 아랍계 나라로, 정식 명칭은 알제리인민공화국이다. 1962년에 프랑스로부터 독립하였다. 정부 형태는 대통령 중심제이며, 수도는 알제이다. 면적은 238만 1741제곱킬로미터이다. 인구는 2003년 기준으로 약 3180만 명이다. 공용어는 아랍어와 베르베르어이다. 석유, 천연 가스 등 지하 자원이 풍부하다.

아시아 대륙

동반구의 북부에 있으며, 유라시아 대륙의 중부와 동부를 차지하는 세계 최대의 대륙이다. 흔히 동양이라고 부르는 대륙으로, 우리 나라가 속해 있다. 아시아란 이름은 그리스인들이 동쪽에 있는 나라들을 가리킬 때 사용한 아수(asu)라는 아시리아어에서 유래되었다고 한다. 아수는 동쪽이라는 뜻이다. 서쪽으로는 우랄 산맥과 카스피 해 및 흑해로 유럽 대륙과 구분되고, 아프리카 대륙과는 수에즈 지협으로 구분된다. 아시아 남부에는 세계의 지붕이라 불리는 티베트 고원을 비롯하여 세계에서 가장 높은 히말라야 산맥 및 쿤룬 산맥, 톈산 산맥 등이 뻗어 있다. 산맥들로부터 황허 강, 양쯔 강, 이라와디 강, 메콩 강, 송코이 강, 갠지스 강, 인더스 강 등이 시작되어 태평양 및 인도양으로 흘러 들어가며, 그 유역에는 기름진 충적 평야가 펼쳐져 있다. 내륙에는 타림 분지를 비롯한 여러 분지가 있고, 카스피 해와 아랄 해 등의 내해와 바이칼 호 같은 큰 호수가 있다. 기후는 적도 근처의 열대 우림 기후에서부터 극지에 가까운 툰드라 기후까지 다양하다. 북부의 한대와 냉대는 툰드라와 타이가 기후이며, 동부와 남부는 온대와 열대 기후 지역으로서 몬순 기후 지대에 속한다. 중앙부와 남서부는 강수량이 적은 건조 기후 지역으로 사막이나 초원 지대를 이루고 있다.

러시아와 구 소련권의 중앙아시아 5나라를 제외하고 면적은 3157만 제곱킬로미터이다. 인구는 2004년을 기준으로 약 34억 600만 명 정도로, 세계 인구의 60퍼센트나 된다. 아시아 대륙은 면적은 넓지만 인간이 살 수 없는 불모의 땅이 많아 사람들이 많이 사는 지역의 인구 밀도는 세계에서 가장 높은 편이다. 중국과 인도의 인구는 이미 각각 11억과 8억을 넘어섰으며 이는 세계 1, 2위의 인구 수이다. 아시아 대륙은 세계 4대 문명 중 메소

인도의 타지마할

포타미아 문명, 인더스 문명, 황하 문명의 3대 문명의 발상지이기도 하다. 그리고 불교, 크리스트교, 이슬람교도 아시아 대륙에서 시작되었다. 아시아 인구의 대부분이 계절풍 지대의 평야에 모여 살고, 주민의 70퍼센트 이상이 농업이나 목축업에 종사하며, 주로 벼농사를 많이 짓고 있다. 전 세계 벼 생산량의 90퍼센트 정도가 아시아 대륙의 여러 나라에서 생산되고 있다. 주요 생산국은 중국, 인도, 인도네시아, 방글라데시, 타이, 필리핀, 대한민국 등이며 중국은 1980년대 이래 세계 쌀 생산량의 37퍼센트를 차지한다. 열대 지방의 여러 나라들에서는 과거 식민지 시대에 유럽인들이 시작한 산업으로 커피, 고무, 사탕수수, 차 등 기호 식품을 많이 생산하여 세계 각지에 수출하고 있다. 서아시아의 석유 생산량은 전 세계 생산량의 34퍼센트를 차지한다.

아시아의 많은 나라들이 서구 열강의 식민지였으나 제2차 세계대전이 끝나면서 대부분 독립하였다. 그러나 독립 후에도 미국과 소련의 냉전 체제 속에서 몇몇 나라들은 분열과 전쟁을 겪었다. 한반도의 남북 대립이나 중국과 타이완의 긴장, 남아시아에서의 민족·종교 간 갈등 등 여전히 긴장 요소는 남아 있다.

타이의 사원

일본의 도쿄

네팔의 히말라야 산맥

베트남의 하롱베이

중국의 자금성

아프리카 대륙

 세계에서 두 번째로 큰 대륙으로 동쪽으로는 인도양, 서쪽으로는 대서양, 북쪽으로는 지중해와 접하고 있다. 아시아 대륙과는 수에즈 지협으로 경계가 나누어지고, 유럽 대륙과는 지중해를 사이에 두고 마주하고 있다. 대륙으로서 아프리카라고 부르기 시작한 것은 16, 17세기 네덜란드의 항해자들이 이곳이 독립된 대륙이라는 사실을 알고 난 뒤부터이다. 면적은 약 3036만 제곱킬로미터이고, 인구는 2003년을 기준으로 약 8억 5200만 명이다. 아프리카 대륙에서 가장 긴 강은 나일 강이고, 그 다음이 콩고 강이다. 대륙 북쪽의 절반 이상이 넓은 사막으로 이루어져 있다. 동쪽으로 갈수록 해발 고도가 높아지고 서쪽으로 갈수록 낮아지는 동고서저의 지형이다. 기후는 대륙의 중앙을 적도가 가로지르고 있어 전체 면적의 77퍼센트가 열대 기후에 속한다. 일부 중위도 지역은 건조 기후를 보이며, 고위도는 지중해성 기후로 남북 간에 대칭적인 기후를 보인다. 서부의 기니 만 주변과 중부의 콩고 강 유역은 고온 다습한 열대 우림 기후에 속한다.

 아프리카 대륙에는 구리·금·다이아몬드·망간·보크사이트·우라늄·인광석·크롬 등의 지하 자원이 풍부하게 매장되어 있지만, 일부 지역에만 집중적으로 매장되어 있다. 가봉·나이지리아·리비아·알제리 등 몇몇 국가에는 석유가 매장되어 있다. 농업은 아프리카에서 가장 중요한 산업이다. 현재 아프리카 대륙 인구의 약 3분의 2가 농업에 종사하고 있으나, 대륙의 약 6퍼센트만이 경작이 가능하다.

 이집트의 나일 강 유역에서는 나일 강의 물을 끌어들여 밀·목화·쌀 등을 생산하고, 지중해 연안에서는 밀 등의 곡물과 더불어 감귤류와 포도 등의 지중해성 과수를 많이 가꾼다. 사하라의 건조 지역에서는 오아시스를 중심으로 대추야자 등을 생산한다. 공업은 백인들이 정착한 남아프리카공화국과 지리적으로 유럽과 가까운 북아프리카 지역 이외에는 거의 이루어지지 않고 있다. 사하라 남쪽 지역의 주요 공업은 소비재 공업과 농산물·광산물 등의 1차 가공업이다. 아프리카 대륙에는 약 900여 부족이 살고 있으며, 그들이 사용하는 언어

아프리카의 초원과 동물들

도 약 800종류나 된다. 그러나 식민지 시대 이후에 북부 지역에서는 주로 아랍어를 사용하고, 나머지 대부분의 지역에서는 영어·프랑스어·포르투갈어 등 옛 식민지 국가의 언어를 사용하고 있다.

15세기 중엽에 접어들면서 아프리카 대륙으로 유럽 여러 나라들의 탐험이 시작되었다. 처음에는 인도로 가는 항로의 보급 기지 정도로만 생각하다가 아프리카의 풍부한 자원과 노예 무역에 눈을 뜨면서 아프리카 대륙은 유럽 여러 나라들의 식민지로 쪼개졌다. 아프리카 대륙의 노예 무역은 18세기 말에서 19세기 초에 절정을 이루었다. 제1차 세계대전이 일어나기 전까지 아프리카 대륙은 에티오피아와 라이베리아를 제외한 대부분의 국가들이 영국 및 프랑스를 비롯해서 독일, 에스파냐, 포르투갈, 벨기에, 이탈리아의 식민지였다. 제2차 세계대전까지 독립한 나라는 에티오피아, 라이베리아, 이집트, 남아프리카공화국 4나라뿐이었다. 제2차 세계대전 이후에는 아프리카 대륙의 여러 나라들이 독립을 해 2004년 기준으로 54나라가 있다.

남아프리카공화국의 케이프타운

아프리카의 어린이들

이집트의 아부심벨 사원

사하라 사막

아프리카의 도시

북쪽의 유럽 대평원과 남쪽의 지중해 연안 지역을 나누는 알프스 산맥

우리 나라에서 가장 긴 강인 압록강

알프스 산맥

유럽 중남부에 있는 큰 산맥이다. 스위스·프랑스·이탈리아·오스트리아에 걸쳐 있다. 피레네 산맥과 함께 북쪽의 유럽 대평원과 남쪽의 지중해 연안 지역을 기후적으로, 문화적으로 구분하고 있다. 평균 해발 고도는 2500미터이다. 제일 높은 산은 프랑스와 이탈리아 사이에 있는 몽블랑 산이다. 몽블랑 산의 높이는 4807미터이다. 알프스 산맥의 영향으로 산맥의 남쪽인 지중해 연안 지역은 강수량이 적은 지중해성 기후를 띤다. 알프스 산맥은 문화와 민족적으로 북쪽과 남쪽의 교류를 힘들게 했는데, 지금은 많은 도로와 철도가 만들어지면서 교류가 활발하다. 풍경이 아름다운 샤모니몽블랑 등의 휴양 도시에 해마다 많은 관광객이 모여든다.

압력 단체

자신의 이익을 정책에 반영하기 위해 의회, 정부, 정당에 진정이나 청원 등의 방법으로 정치 압력을 행사하는 단체를 말한다. 압력 단체는 특정 사회 계층의 이익을 대변하고 정책 수립에 개입한다는 점에서 정당과 비슷하다. 그러나 정당과 달리 정권 획득은 추구하지 않는다. 우리 나라의 압력 단체로는 전국경제인연합회·대한상공회의소 등의 경제 단체, 대한변호사회·대한의학회·대한교육연합회 등의 직업 단체, 한국부인회·대한노인회·한국노동조합총연맹 등의 특수 계층 단체가 있다.

압록강

우리 나라와 중국의 경계를 이루는 강이다. 우리 나라에서 가장 긴 강으로 백두산에서 시작하여 혜산·중강진·만포·초산·신의주 등을 지나 황해로 흘러 들어간다. 길이는 806.5킬로미터이다. 주요한 지류로 허천강, 부전강, 장진강, 독로강, 웅이강, 후창강, 자성강 등이 있다. 압록강 연안에는 평지가 발달하지 못해 경지 면적이 매우 좁다. 하류 연안에는 비교적 넓은 의주평야가 펼쳐져서 예로부터 이 지역의 곡창 지대 역할을 하고 있다. 수자원이 풍부해서 1920년대부터 여러 곳에 댐과 수력 발전소가 지어졌다. 부전강·장진강·허천강·수풍·독로강 발전소가 있으며, 이곳에서 생산된 전력이 해방 전에는 서울에까지 송전되었다. 오늘날에도 북한에 전력을 공급하는 주요한 발전소이며, 청수와 수풍 일대에 중화학 공업이 발달하였다. 한편 이 유역은 한반도의 북쪽 끝에 있어 한반도에서 기온 차가 가장 큰 곳이다. 특히 중강진이 있는 중류 연안 지역은 한반도에서 연평균 기온이 가장 낮은 지역으로, 기온의 연교차가 섭씨 43.5도나 되는 대륙성 기후이다.

양식업

민물이나 바다에 사는 동식물을 인공으로 기르고 번식시키는 산업을 말한다. 강이나 바다에서 자연 상태로 자라는 생물의 양은 한정되어 있다. 그래서 양식을 통해 지나친 어업 활동과 채집으로 물에 사는 동식물 자원이 고갈되는 것을 막을 수 있다. 어로 행위나 채집할 때보다 노동량이 적게 들고, 생산량을 늘릴 수 있어 소득을 올리는 데도 유리하다.

양식하는 방법으로는 가두리식 양식, 수조식 양식, 축제식 양식 등이 있다. 가두리식 양식은 인접한 바다에 그물을 쳐 놓고 그 안에 가두어 기르는 방법이다. 수조식 양식은 육지에 콘크리트 탱크를 만들어 그 안에 가두어 기르는 방법이며, 축제식 양식은 바닷가에 둑을 쌓고 기르는 방법이다.

양양 남대천

강원도 강릉시 두로봉 동쪽 계곡에서 물줄기가 시작되어 양양을 거쳐 동해로 흘러 들어가는 강이다. 길이는 약 55.6킬로미터이며, 후천·오색천 등의 지류가 있다. 상류에는 부연동계곡, 법수치리계곡 등 경치가 아름다운 계곡이 많다. 물이 맑고 깨끗해 양양 내수면연구소에서 방류한 연어 떼가 매년 10월 중순에서 11월 말까지 약 50일 동안 남대천으로 돌아온다. 이때를 즈음하여 양양 연어축제가 열린다.

양양 남대천

어린이날

미래의 주인공인 어린이들이 맑고 바르게, 슬기롭고 씩씩하게 자라도록 어린이에 대한 사랑과 지위 향상을 위하여 만든 날이다. 1923년에 어린이들에게 민족 정신을 불어넣을 목적으로 방정환을 비롯한 색동회가 5월 1일을 어린이날로 정하였다. 그 후 1927년부터는 5월의 첫 번째 일요일을 어린이날로 기념하였으나 1939년에 일제에 의해 폐지되었다. 1946년부터 다시 5월 5일을 어린이날로 정하고, 1975년부터 공휴일로 기념하게 되었다. 어린이날에는 기념 잔치와 여러 대회가 열리고, 섬이나 벽지에 사는 어린이나 소년소녀 가장, 고아원이나 영아원 등에 사는 어린이들을 위한 행사도 열린다.

어린이대공원

서울특별시 광진구 능동에 있는 어린이 공원으로, 정식 명칭은 서울어린이대공원이다. 총면적은 약 56만 제곱킬로미터이다. 1973년 5월 5일 어린이날에 처음으로 문을 열었다. 동물원, 식물원, 놀이 동산, 수영장 등이 있다.

남해의 양식장

어린이인권선언

어업

풍력 에너지 자원

새싹의 집에는 동화실, 영사실, 과학실, 민속실, 미술실 등이 있고, 그 옆에는 5000명을 수용할 수 있는 야외 음악당이 있다.

어린이인권선언

어린이의 인권을 보호하기 위해 발표한 선언들을 가리킨다. 소파 방정환이 1923년 5월 1일에 어린이날의 제정과 더불어 공포한 어린이인권선언과 1959년 11월 20일에 국제연합 총회가 채택한 세계아동인권선언이 있다. 소파 방정환이 공포한 어린이인권선언에는 어린이를 윤리적 압박에서 해방하고 인격적으로 예우하고, 14세 이하 어린이들에게 노동을 시키지 말며, 어린이들이 고요히 배우고 즐거이 놀 수 있는 사회 시설을 만들어야 한다는 내용이 담겨 있다.

세계아동인권선언에는 가정과 사회는 어린이가 건전하게 자라도록 특별히 보호할 의무가 있으며, 어린이는 사회 보장을 받고 부모의 애정과 사회의 이해 속에서 양육되어야 한다는 내용이 담겨 있다. 또한 어린이는 자유로운 교육을 받을 권리가 있고 학살당하거나 착취당해서는 안 된다고 되어 있다. 전문과 본문 10조로 이루어져 있다.

어업

바다나 강, 호수 등에서 물고기와 여러 수산 생물을 채집하거나 포획하는 산업을 가리킨다. 1차 산업으로 분류된다. 어업은 다른 산업들보다 자연의 영향을 더 크게 받는다. 즉 어장의 형성 여부와 수산 생물이 많이 잡히는 시기가 수산 생물의 생태, 습성, 자연 조건에 따라 결정된다. 따라서 수역에 따라 어획량이 다른데다가 같은 수역이라도 자연의 변동에 따라 수산 자원의 상황이 달라지므로 해마다 어획량이 변한다. 어업은 어장에 따라 연안 어업, 근해 어업, 원양 어업으로 나눈다.

우리 나라의 어업도 다른 나라와 마찬가지로 선사 시대부터 시작되었지만 근대적인 어업은 1960년대에 태평양에 나아가 원양 어업을 시작하면서 크게 성장하였다. 1980년대 이후에는 세계 10대 수산국에 합류하였다.

어음

거래와 유통의 편리를 위해 발행하는 사람이 받는 사람에게 정한 날짜에 일정한 금액의 지급을 약속하거나, 제3자에게 그 지급을 위탁하는 유가 증권을 말한다. 발행하는 사람이 지급을 약속하는 증권을 약속 어음이라 하고, 제3자에게 지급을 위탁하는 증권을 환어음이라 한다.

에너지 자원

열, 빛, 동력 등의 에너지를 공급하는 자원을 말한다. 에너지 자원은 이미 사용되고 있는 재래형 에너지와 현재 개발 중이거나 상업적·대중적 사용을 추진 중인 비재래형 에너지가 있다.

재래형 에너지에는 석유, 천연 가스, 석탄, 수력, 원자력 등이 있다. 이 가운데 석유·천연 가스·석탄은 화석 연료라고 하며, 한 번 사용하면 다시 사용할 수 없다. 비재래형 에너지로는 석탄을 액체로 만든 합성 석유, 석탄을 기체로 만든 합성 가스, 메탄올 등 재생 불가능한 에너지와 풍력·조력·지열·태양열·에탄올이나 농작물 및 동물 폐기물 등에서 만들어지는 메탄 가스 등 재생 가능한 에너지가 있다.

에너지 자원은 산업과 국민의 일상 생활을 뒷받침하는 기초적인 자원이다. 석유가 거의 나지 않는 우리 나라는 오일 쇼크 이후 대륙붕 개발과 해외 유전 공동 개발에 적극 참여하고 있으며, 태양열 에너지와 폐기물 에너지를 비롯한 대체 에너지 개발에 주력하고 있다.

에스키모

그린란드, 캐나다, 알래스카, 시베리아 등 북극해 연안에 사는 종족을 말한다. 주로 고래 잡이와 사냥으로 생계를 꾸려 간다. 여름에는 가죽 천막을 치고 살고, 겨울에는 이글루라는 얼음집에서 산다. 날고기를 먹으며, 가죽으로 옷을 만들고 조그만 배에 씌우기도 한다. 여름에는 겨울 양식을 위하여 물개와 연어 등을 잡아서 말리고, 겨울에는 개나 순록이 끄는 썰매를 몰며 사냥을 한다. 에스키모라는 이름은 캐나다의 인디언이 날고기를 먹는 사람이라는 뜻으로 붙인 이름이다.

에스토니아

유럽 대륙의 발트 해 동부에 있는 나라이다. 1940년 이후 소련에 소속되었다가 1991년에 독립하였다. 정부 형태는 의원 내각제이며, 수도는 탈린이다. 면적은 4만 3431제곱킬로미터이다. 인구는 2003년 기준으로 135만 3000명이다. 공용어는 에스토니아어이다. 1인당 국민총생산은 2003년 기준으로 3870달러이다.

에스파냐

유럽 대륙의 남서쪽, 이베리아 반도에 있는 나라이다. 정식 명칭은 에스파냐왕국이다. 영어 이름은 스페인이다. 이베리아 반도의 대부분을 차지하며 15세기 말부터 포르투갈과 함께 신대륙 개척에 앞장섰던 나라이다. 정부 형태는 내각 책임제이며, 수도는 마드리드이다. 면적은 50만 4788제곱킬로미터로 한반도의 약 2.3배이다. 인구는 2004년 기준으로 약 4100만 명이다. 공용어는 에스파냐어이다. 주요 종교는 가톨릭교이다. 북서부는 온대성 기후이고, 남동부는 지중해성 기후이다. 1인당 국민총생산은 2003년 기준으로 2만 2000달러이다.

에콰도르

남아메리카 대륙의 북서부에 있는 나라이다. 정부 형태는 대통령 중심제이며, 수도는 키토이다. 면적은 28만 3561제곱킬로미터로 한반도의 약 1.3배이다. 인구는 2003년 기준으로 약 1301만 명이다. 공용어는 에스파냐어이다. 주요 종교는 가톨릭이다. 기후는 고온 다습하나, 안데스 고원 지대는 연중 온화하다. 에콰도르는 적도라는 뜻으로, 적도가 이 나라의 북부 지역을 지나간다.

에티오피아

아프리카 대륙의 북동부에 있는 나라이다. 정식 명칭은 에티오피아연방민주공화국이다. 정부 형태는 내각 책임제이며, 수도는 아디스아바바이다. 면적은 113만 3882제곱킬로미터이다. 인구는 2003년 기준으로 약 6656만 명

에너지 절약 캠페인

에스파냐의 바르셀로나

이다. 공용어는 고유의 표음문자인 암하릭어이다. 1인당 국민총생산은 2003년 기준으로 100달러이다. 소말리아와의 전쟁과 내전, 오랜 가뭄으로 많은 국민들이 기아에 고통받고 있어 국제 사회의 지원이 계속되고 있다.

엥겔 계수

어떤 가계의 소비 지출 총액에서 식료품비 지출이 차지하는 비율을 말한다. 독일의 통계학자 엥겔이 1857년에 벨기에 노동자 가구 153세대의 가계 지출을 조사한 결과 소득 수준이 높은 가계일수록 식료품비가 차지하는 비율이 낮음을 발견하였다. 이 법칙을 엥겔의 법칙이라 하였다. 그 후 엥겔 계수는 생활 수준을 나타내는 지표로 많이 사용되었다.

여론

사회의 여러 현상이나 문제에 대하여 사회 구성원들이 가진 공통된 의견을 말한다. 예전에는 여론을 형성할 때 먼저 문제 제기를 하고, 개인의 의견을 모은 다음 집단 내의 토의 과정을 거쳤다. 이때 서로 다른 견해를 가진 집단 간에도 토의를 거친 다음에 통일된 의견을 모았다. 하지만 요즘에는 문제를 이해하고 해결책을 찾아 내야 할 때 대량의 정보와 전문적인 판단이 필요하다. 그래서 사회 구성원의 개별 의견을 모아 사회의 통일된 의견을 만들기보다는 정당이나 정치 단체, 경제 단체, 노동 조합, 언론 등 각각 자신의 입장을 대표하는 조직이 여론을 형성하는 데 주도적 역할을 담당하고, 대중 매체 등을 통해 대규모로 선전 활동을 펼치는 경우가 많다.

여론 조사

특정한 일에 대한 사회 구성원들의 생각을 알기 위해 실시하는 조사를 말한다. 의식 조사라고도 한다. 여론 조사는 조사 영역 정하기→ 조사 가설 설정하기→ 조사 범위 확정하기→ 조사 방법 결정하기→ 조사표 작성하기→ 표본 추출하기→ 조사원 교육시키기→ 실제 조사→ 집계와 분석을 거쳐 이루어진다. 조사 방법은 조사원이 개별 면접이나 전화로 직접 기입하는 방법과 조사 대상자가 직접 기입한 용지를 우편으로 받는 방법이 있다. 오늘날에는 컴퓨터의 발달로 여론 조사와 분석이 더욱 정확해졌다. 정확성이 높아지면서 여론 조사는 사회과학 등의 학술 연구뿐 아니라 정책 수립에도 널리 이용되고 있다.

열대 풍토병

아프리카, 동남아시아, 중남미 등 열대 지방에서 나타

소금을 만드는 염전

나는 풍토병을 가리킨다. 지방의 풍토, 기후, 생물, 토양 등의 자연 환경과 지방 주민의 풍속, 습관 등이 복잡하게 얽혀서 생기는 특수한 병이다. 벌레나 모기에 물려서 생기는 말라리아, 뎅기열, 황열, 일본 뇌염, 수면병 등과 음식이나 물 때문에 생기는 설사, 이질, 장티푸스, 콜레라 등과 성 접촉에 의한 에이즈와 매독 등이 있다. 대부분 고열, 심한 두통, 오한, 설사 등의 증세를 보인다.

영국의 국회의사당

영국의 2층 버스

염전

바닷물의 수분을 증발시켜 소금을 생산하는 곳이다. 염전을 만들려면 기후, 토질, 바닷물 등의 조건이 맞아야 한다. 즉 밀물과 썰물의 차가 크고, 갯벌이 넓으며, 강우 횟수와 강우량이 적고, 기온이 높으며, 기후가 건조한 것이 좋다. 또한 노동력이 풍부하고 교통이 편리해야 한다. 염전은 저수지·증발지·결정지로 이루어지며, 특히 증발지는 바닷물이 흘러 들어오는 양을 조절하기 위해 층층이 계단을 이룬다. 전 세계적으로 미국의 캘리포니아, 멕시코, 중국, 지중해 연안, 홍해 연안 등의 염전이 생산량이나 품질 면에서 우수하다. 우리 나라에서는 서해안, 특히 인천 남쪽의 소래와 군자 등지에 대규모의 염전 지대가 발달해 있다. 비가 적게 오는 대동강 하류 지방에도 발달해 있다.

영국

유럽의 서쪽에 있는 섬나라이다. 유럽에서 가장 큰 섬인 그레이트브리튼 섬과 아일랜드 섬, 와이트 섬, 앵글시 섬 등 많은 섬으로 이루어진 나라로, 크게 잉글랜드, 웨일스, 스코틀랜드, 북아일랜드로 나눈다. 정부 형태는 내각 책임제이며, 수도는 런던이다. 면적은 24만 3000제곱킬로미터로 한반도보다 약간 넓다. 인구는 2004년 기준으로 약 6027만 명이다. 공용어는 영어이다. 국교인 성공회 신도가 전 인구의 29퍼센트이고, 가톨릭 신도가 11퍼센트이며, 그 다음으로 감리교도·침례교도·장로교도 순이다. 기후는 여름에 선선하고 겨울에 따뜻한 해양성 기후이지만 기압 변화가 심해 하루 중에도 날씨 변화가 많은 편이다. 15세기 무렵부터 식민지 개척에 나서 한때는 '해가 지지 않는 나라'라고 불릴 정도로 세계 여러 곳에 식민지를 두었다. 18세기에 산업혁명을 처음으로 시작한 이후 세계 경제를 주도하였으나, 두 차례의 세계대전을 거치면서 세력이 많이 약화되었다. 제2차 세계대전 이후 많은 식민지들이 독립해 어려움을 겪었으나 기계 공업과 화학 공업을 중심으로 재도약을 이루었다. 런던 남동부 지역의 종합 공업 지역, 기계·금속·보석·고무 공업의 미들랜드 지역, 기계 공업의 랭커셔 지역 등을 중심으로 발전하였다. 요크셔 지역은 양모로 유명하다.

현재 영국은 1980년대와 1990년대의 경제 개혁 정책을 통해 경제가 많이 회복되었다. 미국, 일본, 독일 등에 이어 경제협력개발기구인 오이시디(OECD) 국가 중 제4위의 경제 규모를 자랑하고 있다. 1인당 국내총생산은 2003년 기준으로 2만 7700달러이다.

영덕 오십천

경상북도 청송군 삼각점 남쪽 계곡에서 시작하여 영덕

영산강

영산강

보건소에서 예방 접종하는 모습

수원지를 지나 강구항을 거쳐 동해로 흘러 들어간다. 지류로 신안천, 대서천, 관동천 등이 있다. 길이는 55.18킬로미터이고, 유역 면적은 374.50제곱킬로미터이다. 하천 연안에는 충적 평야가 발달했다. 여름에는 맑은 물에서만 서식하는 은어를 만날 수 있다.

영산강

전라남도 담양군 병풍산 북쪽 계곡에서 시작하여 광산, 나주, 함평, 무안 등지를 지나 황해로 흘러 들어간다. 길이는 138.4킬로미터이다. 예전에는 금천·금강·금강진이라고 부르다가 신안군 영산도 사람들이 왜구를 피하여 나주 근처에 개척한 포구인 영산포의 이름을 따라 영산강으로 부르게 되었다. 지류로 황룡강·지석천·고막원천·함평천·삼포천·영암천 등이 있다. 나주호·장성호·담양호·광주호 등의 다목적댐과 대규모 농업용 저수지가 있다.

영토

국제법상으로 한 나라의 통치권이 미치는 구역을 말한다. 한 나라가 배타적으로 지배하는 공간으로 보통 영륙을 말하며, 영해와 영공을 포함한다. 국민, 주권과 더불어 국가의 3대 요소를 이룬다. 우리 나라 헌법에서는 '대한민국의 영토는 한반도와 부속 도서로 한다'고 주권이 미치는 범위를 밝혀 놓았다. 영해는 연안해, 항만, 내해, 해협 등을 포함하는 것으로 우리 나라의 영해는 12해리로 되어 있다.

예멘

서남아시아, 아라비아 반도의 남서부, 홍해 입구에 있는 나라이다. 아랍어로는 야만이라고 한다. 정부 형태는 대통령 중심제이며, 수도는 사나이다. 면적은 52만 7970제곱킬로미터이다. 인구는 2004년 기준으로 약 2002만 명이다. 공용어는 아랍어이다. 주요 종교는 이슬람교이다. 1인당 국민총생산은 2003년 기준으로 800달러이다.

예방 접종

전염병에 대한 면역성을 높이기 위해 건강한 사람의 몸에 백신이나 혈청 따위를 주사하거나 접종하는 것을 말한다. 예방 접종으로 전염병 균에 대한 면역이 생겨 병에 걸리지 않게 하는 것이다. 예방 접종은 1796년에 제너가 우두 접종을 놓음으로써 시작되었다. 그 후 파스퇴르가 탄저병과 광견병에 대한 예방 접종을 개발함으로써 각

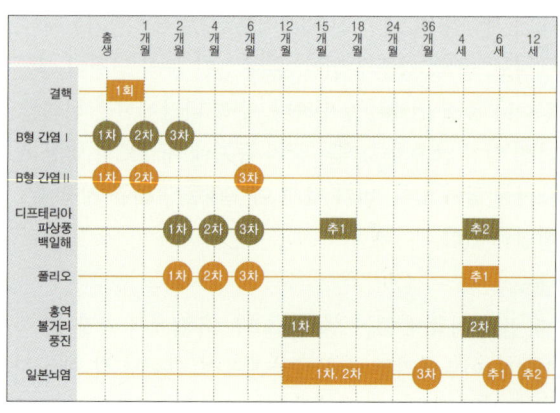
예방 접종표

종 전염병에 대한 예방책이 본격적으로 개발되었다.
 우리 나라는 1954년 2월에 「전염병예방법」을 제정하였다. 그에 따라 모든 국민은 「전염병예방법」이 지정한 디프테리아·백일해·파상풍·결핵·소아마비·홍역 등에 대한 예방 접종을 받아야 한다.

예산
 수입과 지출에 관한 예정 계획서를 말한다. 넓은 뜻의 예산에는 정부나 지방 자치 단체의 계획서뿐 아니라 민간 기업이나 공공 단체는 물론이고 개인의 수입과 지출에 관한 계획서도 포함된다. 그러나 보통 예산이라고 할 때는 정부나 지방 자치 단체의 한 회계 연도의 수입과 지출에 관한 예정 계획서를 말한다. 용돈을 관리하기 위해 돈의 쓰임새를 미리미리 정하듯이 정부도 1년 동안 세금으로 걷을 돈과 그 돈의 쓰임새를 미리 정한다. 매년 10월경이 되면 정부는 다음 해의 수입과 지출을 미리 정한 예산안을 국회에 제출하고 국회의 동의를 받는다. 정부는 국회의 동의를 받은 예산안에 따라 한 해의 나라 살림을 꾸려 나간다.

예성강
 황해도 남동쪽에 있는 강이다. 황해도 언진산에서 시작하여 신계, 남천을 거쳐 황해로 흘러 들어간다. 길이는 174킬로미터이다. 예성강은 비교적 물이 깊어 선박이 자유로이 통행할 수 있다. 예성강 하류에 있던 나루터인 벽란도는 고려의 수도였던 개성과 가까워 고려 시대 제일의 나루이자 실질적인 국제 항구였다.

오대산
 강원도의 강릉시와 홍천군, 평창군에 걸쳐 있는 산이다. 태백산맥의 중심부에서 차령산맥이 서쪽으로 길게 뻗어 나가는 지점의 첫머리에 우뚝 솟아 있다. 가장 높은 비로봉의 높이는 1563미터이다. 비로봉을 주봉으로 해서 동대산, 두로봉, 상왕봉, 호령봉 등 다섯 봉우리가 병풍처럼 늘어서 있어 오대산이라 불린다. 월정사 입구의 전나무 숲을 비롯해 온 산이 아름드리 전나무로 빽빽이 들어 차 있고, 중턱에 사스래나무가 군락을 이루고 있으며, 비로봉 정상 부근에는 눈측백나무와 주목이 군락을 이루고 있다. 노인봉에서 동쪽으로 펼쳐진 산과 계곡은 금강산을 보는 듯해서 소금강이라 부른다. 오대산에는

오대산

월정사·상원사·북대사·중대사·서대사 등 오래 된 절이 있으며 월정사 팔각구층석탑·상원사 동종·오대산 사고지 등 많은 문화 유산이 있다. 소금강이 1970년에 명승 1호로 지정되었으며, 산 전체가 1975년에 국립공원으로 지정되었다.

오만
 서남아시아의 아라비아 반도 남동부에 있는 나라이다. 정식 명칭은 오만이슬람왕국이며, 세습군주국이다. 수도는 무스카트이다. 면적은 30만 9500제곱킬로미터로 한반도의 약 1.4배이다. 인구는 2003년 기준으로 약 263만 명이다. 공용어는 아랍어이다. 주요 종교는 이슬람교이다. 기후는 사막성 기후이다. 전체 수출의 80퍼센트가 석유인 산유국으로, 1인당 국민총생산은 2003년 기준으로 6180달러이다.

오스트레일리아
 오스트레일리아 대륙과 태즈메이니아 섬 등으로 이루어진 나라이다. 정식 명칭은 오스트레일리아연방공화국이다. 정부 형태는 의원 내각제이며, 수도는 캔버라이다. 면적은 769만 2208제곱킬로미터로 한반도의 약 35배이며, 세계에서 여섯 번째로 큰 나라이다. 인구는 2003년 기준으로 1988만 명이다. 공용어는 영어이다. 주요 종교는 성공회, 가톨릭교이다. 기후는 열대 및 온대성 기후이다. 1인당 국민총생산은 2003년 기준으로 1만 9900달러이다. 오스트레일리아는 세계 제일의 양모 생산국이며 수출국이다. 쇠고기는 생산량의 3분의 2를 수출한다.

오대양 육대주

지구에 있는 큰 바다 다섯 개와 사람이 살고 있는 큰 대륙 여섯 개를 가리킨다. 다섯 개의 큰 바다는 태평양, 대서양, 인도양, 북극해, 남극해를 가리킨다. 여섯 개의 큰 대륙은 아시아 대륙, 오세아니아 대륙, 북아메리카 대륙, 남아메리카 대륙, 아프리카 대륙, 유럽 대륙을 가리킨다. 남극 대륙까지 포함하여 오대양 칠대주라고 하기도 한다.

위성에서 찍은 지구를 펼쳐 놓은 사진과 세계 지형도

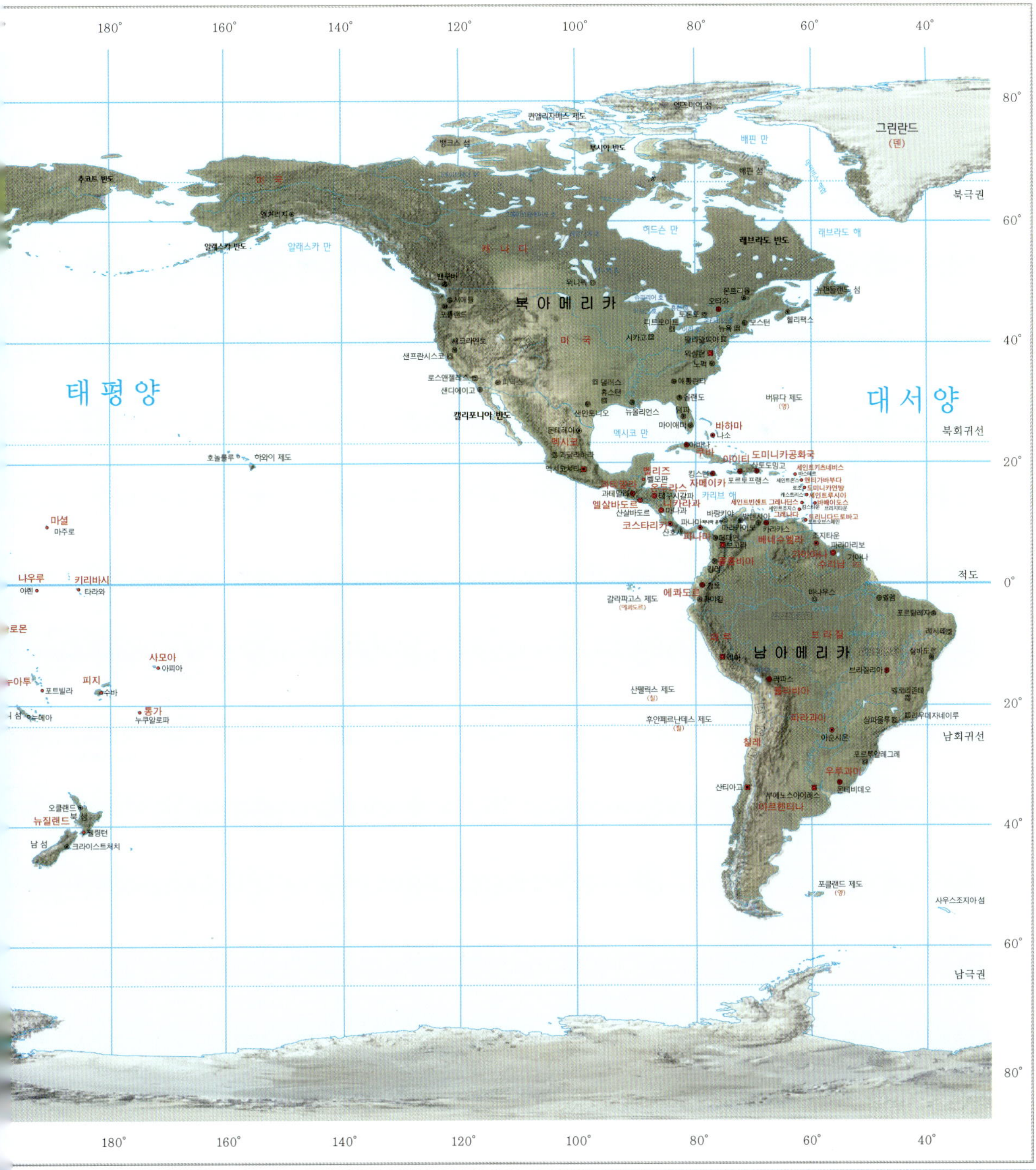

탐구학습 | 오대양 육대주의 여러 나라

오세아니아 대륙

오스트레일리아 대륙과 폴리네시아·멜라네시아·미크로네시아의 태평양제도를 가리킨다. 면적은 850만 5000제곱킬로미터로, 세계 육지 면적의 6.3퍼센트를 차지한다. 인구는 2003년 기준으로 약 3200만 명으로, 세계 인구의 약 0.5퍼센트가 살고 있다. 오세아니아는 대양이라는 뜻을 가지고 있어 대양주라고도 한다. 태평양에 있는 여러 섬은 대략 북위 10도에서 남위 25도, 동경 140도에서 서경 130도 사이에 집중해 있다. 여기에 살고 있는 인구는 약 470만 명이고, 인구 밀도는 1제곱킬로미터 당 5명으로 아주 낮다. 인종으로는 멜라네시아인·미크로네시아인·폴리네시아인 외에 유럽인·중국인·인도인·일본인 등이 있고, 그 밖에 상당수의 혼혈인들이 거주한다.

넓은 바다로 둘러싸인 오세아니아 대륙은 16세기 초까지 세상에 알려지지 않다가 1521년에 마젤란의 태평양 횡단을 계기로 드러났고, 이에 유럽인의 진출이 시작되었다. 17세기에는 네덜란드가 진출하여 태즈메이니아 섬과 뉴질랜드가 발견되었고, 17세기 말에는 영국과 프랑스의 진출이 본격적으로 이루어졌다. 그 중에서도 영국인 쿡의 탐험이 유명하다. 그는 1768년 이래 12년 동안 남태평양 지역, 뉴질랜드 등을 항해했고, 1770년에는 오스트레일리아의 동해안에 뉴사우스웨일스라는 이름을 붙여 영국 영토로 삼았다. 그 후 많은 섬들이 에스파냐·네덜란드·영국·프랑스·독일 등에 의해 점령되었다가 제2차 세계대전 이후에는 대부분 미국의 신탁 통치령이 되었다. 1962년에 서사모아가 독립한 이후 나우루·통가·피지·파푸아뉴기니·솔로몬·투발루 등이 독립 국가가 되었다.

오세아니아 대륙에서 가장 큰 나라인 오스트레일리아는 목축업으로 유명하다. 양과 육우를 많이 기르며, 양모의 수출은 세계 수출액의 약 40퍼센트 이상을 차지한다. 또 도시 근교에서는 낙농업이 성해 유제품을 생산하여 수출한다. 중앙 저지의 남부와 지중해성 기후 지역에서는 밀의 생산이 많아 수출에 큰 도움을 준다.

오세아니아 대륙에 흩어져 있는 섬나라들의 대부분이 원시적인 화전 농법으로 식량을 자급자족하고 있다. 최근에는 개발이 진행되면서 사탕수수·고무·코코아 등을 생산하여 수출하는 섬나라들이 늘고 있다.

폴리네시아의 타이티 섬

뉴질랜드의 웰링턴

오스트레일리아의 해변

코알라

뉴질랜드의 양모 농장

오스트레일리아 시드니의 오페라하우스

오스트리아

오아시스

1년 내내 신선한 채소를 먹을 수 있게 해 주는 비닐 하우스

오스트리아

유럽의 중앙부에 있는 나라이다. 정부 형태는 내각 책임제이며, 수도는 빈이다. 면적은 8만 3855제곱킬로미터로 남한의 약 10분의 9이다. 인구는 2003년 기준으로 약 810만 명이다. 공용어는 독일어이다. 주요 종교는 가톨릭이다. 동쪽은 대륙성 기후이고, 서쪽은 해양성 기후이다. 1인당 국민총생산은 2003년 기준으로 2만 4200달러이다.

오아시스

사막과 같은 건조 지역 가운데에 샘이나 지하수, 하천 등이 있어서 언제나 물을 얻을 수 있는 곳을 가리킨다. 풀과 나무가 자라는 비옥한 땅을 중심으로 마을을 이루며, 사막을 건너는 대상 무역의 이동에 매우 중요한 역할을 한다. 물을 얻을 수 있는 수원에 따라 오아시스는 샘 오아시스·하천 오아시스·산록 오아시스 등으로 나눈다.

오일펜스

바다로 유출된 기름이 다른 곳으로 퍼져 나가지 못하게 둘러싸고, 특정한 방향으로 유도하기 위해 치는 방책을 말한다. 해양 오염의 원인 가운데 해난 사고 등에 따른 선박의 기름 유출이 있는데, 이때 기름의 확산을 막기 위하여 사용되는 것이 오일펜스다. 오일펜스를 친 다음 약품을 뿌려 기름을 고체로 만들거나, 종이 같은 물질로 덮어 기름을 흡수하거나, 펌프로 기름과 물을 퍼올린 후 기름만 제거하기도 한다. 간혹 오일펜스로 기름을 모은 다음 태워 버리기도 한다.

오존 주의보

오존오염경보제도의 한 가지로 대기 중 오존 농도의 1시간 평균치가 0.12피피엠(ppm) 이상일 때 내려지는 주의보이다. 성층권의 오존은 지구상의 생명을 보호하는 보호막 역할을 하지만, 대류권의 오존은 사람의 호흡기와 폐에 나쁜 영향을 주고, 대기의 여러 성분과 화학 반응을 일으켜 스모그를 만든다. 오존은 광화학 반응에 의하여 발생하기 때문에 일조량이 많은 여름철에 농도가 가장 높게 나타나고, 하루 중에는 오후 2~5시 사이에 가장 높게 나타난다. 특히 자동차 통행량이 많은 도시 지역과 휘발성 유기화합물을 많이 사용하는 지역에서 더 높게 나타난다. 우리 나라에서는 1995년 7월 1일부터 오존오염경보 및 예보제를 실시하고 있다. 오존 농도가 0.12피피엠 이상일 때는 오존 주의보, 0.3피피엠 이상일 때는 오존 경보, 0.5피피엠 이상일 때는 오존 중대경보를 내린다. 오존 주의보가 내려지면 실외 활동을 피하는 것이 좋다.

온실

식물을 재배하기 위하여 철골이나 목재·대나무 등으로 뼈대를 만들고 그 위에 유리나 비닐을 씌우고 난방 시설을 갖춘 시설을 말한다. 태양 광선, 온도, 습도를 인공으로 조절함으로써 온실의 온도를 따뜻하게 유지하여 작물의 수확을 앞당기거나 재배 기간을 조절하여 수확을 늦출 수 있다. 1년 내내 농산물을 생산할 수 있고 노천에서 재배되지 않는 특수 작물을 재배할 수 있기 때문에 일정한 면적에서 높은 수익을 올릴 수 있다. 한편 열

탐구학습

비닐 하우스는 농사에 어떻게 이용될까요?
비닐 하우스는 추운 겨울철에도 농작물을 재배할 수 있도록 자연 환경을 극복한 사례이다. 우리 나라는 겨울이 추워 작물 재배가 어려웠다. 1954년경부터 비닐 필름이 농업에 이용되기 시작하면서 햇빛 투과율도 높고 보온성도 뛰어나 큰 인기를 끌었다. 주로 채소류의 재배에 가장 많이 쓰이며 화훼류·과수류의 재배에도 이용되고 있다. 비닐 하우스의 재료로는 햇빛 투과율이 높은 폴리에틸렌 필름을 주로 사용한다.

대·아열대 식물을 보호할 수도 있고 작물의 교배 실험에도 활용 가치가 높아 교육 시설로 널리 이용된다.

온실 효과

대기 중의 이산화탄소·메탄·오존 등의 온실 기체와 수증기가 온실의 유리처럼 작용하여 지구의 평균 기온을 유지시켜 주는 것을 말한다. 즉 온실 기체와 수증기가 온실의 창유리처럼 태양광선을 투과시키고 내부의 열은 외부로 빠져 나가지 못하게 해 지구의 평균 기온을 유지시켜 준다. 이 효과 덕분에 지구는 생물이 살기에 적당한 온도를 유지할 수 있다. 하지만 20세기에 들어와 산업이 발달하고 그에 따른 석탄·석유와 같은 화석 연료의 사용량 증가와 삼림 벌채, 자동차 증가 등으로 온실 기체가 필요 이상으로 증가하고 있다. 그에 따라 내부의 열이 외부로 적당하게 빠져 나가지 못하면서 지구 온난화 현상도 빨라지고 있다. 지구 온난화 현상으로 생기는 기상 이변·강수량 변화·해수면 상승 등으로 식량과 수자원의 공급 감소, 자연 생태계의 파괴, 인간의 건강 위협 등 생태계와 사회 경제 분야에 막대한 영향을 미치고 있다. 이렇듯 필요 이상의 온실 효과를 막기 위해 세계 여러 나라는 기후 변화 협약을 맺어 온실 가스의 배출을 규제하고, 대체 에너지 개발과 이산화탄소를 고정시키는 기술 개발에 힘쓰고 있다.

외국인 노동자 문제

우리 나라에 산업 일꾼으로 들어온 외국인 노동자들과 관련하여 나타나는 사회 문화적인 문제를 가리킨다. 노동 조건이 나쁘고 고되고 위험한 업종에서 일할 사람이 부족하여 우리 나라의 기업들은 1990년대부터 외국인 노동자를 받아들여 왔다. 주로 중국, 네팔, 필리핀, 인도, 파키스탄, 방글라데시, 몽골, 에티오피아 등 경제 발전이 뒤쳐진 국가에서 온 노동자들이다. 이들 중에는 산업 연수생처럼 합법적인 절차로 들어와서 일하는 노동자도 있지만, 불법으로 들어와서 일하는 노동자도 많다. 그런데 우리 나라에는 아직 외국인 노동자들의 권익을 위한 법이 제대로 마련되어 있지 않아 불법 체류자들은 물론 산업 연수생 같은 합법적인 외국인 노동자도 기본권을 침해받는 경우가 많다. 외국인 노동자들이 겪는 대표적인 문제로는 저임금, 임금 체불, 산업 재해, 인권 유린, 언어와 문화의 차이 등이 있다. 요즘에는 외국인 노동자들을 돕기 위한 단체와 후원회들이 생기고 있다. 이러한 단체들은 어려운 처지에 놓인 외국인 노동자들에게 각종 상담을 해 주고, 무료 건강 검진 및 기술 교육과 쉼터를 제공하고 있다.

대기 중의 온실 기체와 먼지의 수치를 알려 주는 전광판

농성 중인 외국인 노동자

올림픽경기대회

국제올림픽위원회(IOC)가 4년마다 개최하는 국제 스포츠 대회를 말한다. 올림픽경기대회에는 원칙적으로 아마추어 선수들이 참가하며, 참가자는 국가·인종·종교 등의 다름을 떠나 공평하고 정당하게 경기에 임할 수 있다.

본래 올림픽 경기는 고대 그리스인들이 제우스 신에게 올리는 제전의 한 행사였다. 고대 그리스는 오랜 세월 동안 여러 도시 국가로 나뉜 채 끊임없이 전쟁을 벌였다. 그러나 서로 다른 신을 섬기던 각 도시 국가의 시민들도 제우스 신에게 제사를 지낼 때만은 분쟁을 멈추고 한 마음으로 행사를 진행하였다. 제전은 4년에 한 번씩 올림피아에서 열렸는데, 여러 행사 가운데 가장 성대한 것은 운동 경기였다. 20여 남짓 되는 경기 종목 중에서도 특히 달리기, 멀리뛰기, 원반던지기, 창던지기, 레슬링 다섯 종목이 가장 많은 사랑을 받았다. 우승한 사람은 월계관과 상금을 받았으며, 영웅으로 추앙되었다. 고대 올림픽이 언제부터 시작되었는지는 정확히 밝혀지지 않았으나, 기원전 776년에 코로 에부스가 달리기 종목에서 우승했다는 기록에 따라 그 해를 올림픽의 원년으로 본다. 그 후 고대 올림픽은 1200년 동안 계속 이어졌으나, 그리스가 로마 제국의 지배를 받으면서 서서히 쇠퇴의 길로 접어들었다. 마침내 394년에 테오도시우스 황제가 기독교를 국교로 삼자 고대 올림픽은 이교도의 종교 행사로 몰려 폐지되고 말았다.

근대 올림픽경기대회의 시작

프랑스의 쿠베르탱은 1894년 6월에 스위스의 로잔에서 국제올림픽위원회를 조직하고, 1500년 동안 중단된 고대 올림픽을 부활하자며 전 세계에 호소하였다. 마침내 1896년에 그리스의 아테네에서 '보다 빨리, 보다 높이, 보다 튼튼히'라는 표어 아래 제1회 올림픽경기대회가 개최되었다. 그 후로 고대 올림픽처럼 4년마다 한 번씩 대회가 열렸다.

1988년 서울 올림픽경기대회의 포스터와 올림픽경기대회의 육상 종목에서 달리는 선수들

올림픽경기대회의 경기 종목

올림픽경기대회는 하계 대회와 동계 대회로 나뉘어 개최되며, 각각 경기 종목도 다르다. 동계 올림픽경기대회는 1921년에 국제올림픽위원회의 승인을 받아 1924년부터 실시되었다. 하계 올림픽경기대회의 종목으로는 육상, 수영, 탁구, 농구, 축구, 배구, 핸드볼, 필드하키, 조정, 카누, 요트, 복싱, 유도, 양궁, 레슬링, 승마, 사이클, 사격, 체조, 역도, 테니스, 펜싱 등이 있고, 동계 올림픽경기대회의 종목으로는 스피드 스케이팅, 피겨 스케이팅, 스키, 아이스하키, 봅슬레이, 루지, 바이애슬론 등이 있다.

우리 나라와 올림픽경기대회

우리 나라 선수가 올림픽경기대회에 처음 출전한 것은 제10회 로스앤젤레스 올림픽경기대회다. 그리고 제11회 베를린 올림픽경기대회에서는 비록 일본 국기를 달고 나가긴 했지만 우리 나라의 손기정 선수가 마라톤 종목에서 금메달을 땄다. 우리 나라가 처음으로 태극기를 들고 참가한 올림픽경기대회는 1948년 제14회 런던 올림픽경기대회로, 58참가국 중에서 24위를 차지하였다. 그 뒤 제21회 몬트리올 올림픽경기대회에서는 양정모 선수가 레슬링에서 금메달을 획득하였고, 제23회 로스앤젤레스 올림픽경기대회에서는 금메달 6개, 은메달 6개, 동메달 7개를 따내 140참가국 가운데서 10위를 차지했다. 1988년에는 우리 나라가 제24회 서울 올림픽경기대회를 개최하였는데, 세계 160나라가 참가한 이 대회에서 금메달 12개, 은메달 10개, 동메달 11개로 종합 4위라는 놀라운 성적을 올렸다.

베를린 올림픽경기대회의 마라톤 종목에서 우승한 손기정 선수가 받은 투구

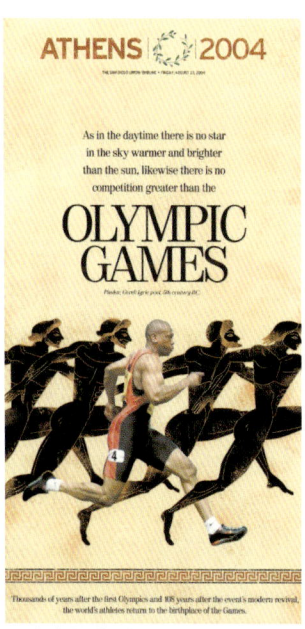

2004년 아테네 올림픽경기대회 개막식과 포스터

외채

외국 시장에서 빌린 모든 돈을 말한다. 좁은 뜻의 외채는 주로 장기 자금을 조달하기 위해 외국에서 발행되는 국채나 정부보증채 등의 유가 증권을 말한다. 국내에서 발행되는 내국채에 대비되는 말로 외국채라고도 한다. 일상적으로 쓰는 넓은 뜻의 외채는 외국으로부터 빌린 모든 대외 부채를 말한다. 즉 국가나 공공 기관, 기업 등이 외국의 국가나 공공 기관, 금융 기관 등에서 빌려 쓴 공공 차관·상업 차관·1년 미만의 단기 차입금 등 모든 대외 부채를 가리킨다.

외환 위기

국제 거래에 필요한 외환을 확보하지 못할 때 나타나는 현상을 가리킨다. 대외 경상 수지의 적자 확대와 단기 유동성 외환 부족 등으로 국제 거래에 필요한 외환을 확보하지 못할 때 나타난다. 외환 위기는 통화 위기라고도 하며, 국가 경제에 치명적인 타격을 준다.

외환 보유고가 크게 떨어져 국제 거래를 위한 결제 외환 확보에 문제가 생기면, 먼저 대외 신뢰도가 떨어져 해외로부터 외환 차입이 어려워진다. 외환 차입이 어려워지면 외환 시장의 불안으로 환율이 상승하고 이에 따라 외환이 부족해지는 악순환을 겪는다. 악순환은 단순히 외환 부족에서 그치지 않고 화폐 가치와 주가의 폭락으로 이어진다. 또 금융 기관이 파산하고, 예금주들은 일제히 금융 기관으로 몰려가 예금을 인출한다. 이어 많은 기업들이 망하고 실업자가 생겨 사회 불안이 가중된다. 이런 현상은 다시 외환 위기를 심화시켜 결국 국가 경제에 치명적인 타격을 준다.

우리 나라도 1997년에 외환 위기를 겪었다. 대기업의 연쇄 부도와 그에 따른 금융 기관의 부실, 대외 신뢰도의 하락, 단기 외채의 급증 등으로 1997년 11월에 외환 위기를 겪었다. 다른 나라에 대해 채무를 갚아야 할 날짜에 갚지 못하겠다는 채무 지불 유예 선언을 할 수밖에 없게 되자, 정부는 국제통화기금에 구제 금융을 신청하여 그해 12월부터 총 10차에 걸쳐 195억 달러를 지원받았다. 국제통화기금뿐 아니라 국제부흥개발은행(IBRD)과 아시아개발은행(ADB)으로부터도 각각 70억 달러와 37억 달러를 지원받아 외환 위기의 고비를 넘겼다. 국제통화기금에서 빌린 195억 달러는 1999년 9월부터 갚기 시작해 2001년 8월에 모두 갚았다. 이는 예정보다 3년 가까이 앞당겨 갚은 것이다.

요르단

서남아시아의 아라비아 반도 북부에 있는 나라이다. 서쪽으로는 이스라엘, 북쪽으로는 시리아, 동쪽으로는 이라크, 남쪽으로는 사우디아라비아와 접하고 있다. 정식 명칭은 요르단하심왕국이며, 입헌군주국이다. 수도는 암만이다. 면적은 9만 1869제곱킬로미터이다. 인구는 2003년 말 기준으로 약 547만 명이다. 공용어는 아랍어이다. 주요 종교는 이슬람교이다. 기후는 반건조성, 지중해성 기후이다. 1인당 국민총생산은 2003년 기준으로 3750달러이다.

우간다

동부아프리카의 중앙에 있는 나라이다. 1962년에 영국으로부터 독립하였다. 정부 형태는 대통령 중심제이며, 수도는 캄팔라이다. 면적은 24만 1038제곱킬로미터이다. 인구는 2003년 말 기준으로 약 2544만 명이다. 공용어는 영어이다. 커피·면화·담배·차·콩 등을 많이 재배하는 농업국이며, 1인당 국민총생산은 2003년 기준으로 260달러이다.

우랄 산맥

러시아 북부의 북에서 남으로 뻗어 있는 산맥이다. 아시아와 유럽의 경계가 되는 산맥으로, 길이는 약 2000킬로미터이다. 최고봉은 나로드나야 산으로 높이가 1895

우랄 산맥

미터이다. 북부는 비교적 높고 동서의 너비가 좁으며, 남부로 갈수록 낮아지고 동서의 너비가 넓어진다. 중부 우랄 산맥에는 철, 구리, 크롬, 니켈, 백금, 금, 칼륨염, 석탄, 보크사이트 등의 지하 자원이 풍부하다.

우루과이

남아메리카 대륙의 남동부에 있는 나라이다. 정부 형태는 대통령 중심제이며, 수도는 몬테비데오이다. 면적은 17만 6215제곱킬로미터로 남아메리카 대륙에서 두 번째로 작은 나라이다. 국토의 대부분이 네그로 강 유역에 있으며 낮은 구릉과 초원 지대로 이루어져 있다. 인구는 2003년 말 기준으로 약 338만 명이다. 공용어는 에스파냐어이다. 세계적인 축산국으로 1인당 국민총생산은 2003년 기준으로 5710달러이다.

우루과이 라운드

1986년 9월에 우루과이에서 열린 관세 및 무역에 관한 일반 협정의 각료 회의를 시작으로 진행된 제8차 다국간 무역 협상을 말한다. 이 협상은 8년에 걸친 회의 끝에 1994년 4월에 모로코의 마라케시에서 열린 각료 회의로 끝이 났다. 관세 및 무역에 관한 일반 협정은 협정 체제가 안고 있는 한계를 극복하기 위해 1947년부터 라운드라고 부르는 여러 나라 간의 다각적인 무역 협상을 모두 8차에 걸쳐 열었으며, 개최지의 지명에 따라 케네디 라운드, 도쿄 라운드, 우루과이 라운드 등이라고 하였다. 우루과이 라운드의 주요한 성과로 세계무역기구의 설립과 체계적인 분쟁 해결 절차를 도입했고, 자기 나라의 산업 보호를 위한 반 덤핑 · 보조금 · 긴급 수입 제한 조치 등 자유 무역을 제한하는 무역 조치의 운용과 절차를 명확히 했으며, 서비스와 지적 재산권 등 새로운 무역 분야에 대한 규칙을 도입했고, 무역 조치에 관해 세계무역기구 사무국에 미리 통보하고 등록하여 투명도를 높인 것 등을 들 수 있다. 우루과이 라운드에서 우리 나라는 쌀 품목에 대해 관세화 유예 협정을 맺었다.

우주 산업

우주 개발에 필요한 로켓이나 인공 위성 등을 개발하여 생산하거나, 그를 이용하여 서비스를 제공하는 산업을 말한다. 우주 산업은 위성체 제조 산업, 발사체 제조 산업, 위성 서비스 산업으로 크게 나눌 수 있다. 위성체 제조 산업은 방송 위성이나 통신 위성 등의 위성체를 만드

우루과이 라운드를 반대하는 농민 시위

무궁화위성 1호가 한반도 위에서 활약하는 모습을 상상하여 그린 그림

는 산업이고, 발사체 제조 산업은 위성체를 지구 궤도에 쏘아 올리는 로켓을 만드는 산업이며, 위성 서비스 산업은 위성을 이용해 통신이나 방송 서비스 등을 제공하는 산업이다. 현재 우리 나라의 우주 산업은 미국, 러시아, 프랑스, 영국, 독일, 일본, 캐나다 등의 선진국은 물론 인도, 이스라엘, 브라질, 인도네시아 등의 후발 우주 개발국보다도 시작이 늦어 많이 뒤떨어져 있다.

우리 나라는 1992년에 실험용 소형 과학 위성인 우리별 1호를 발사한 이후 우리별 2호의 발사 및 운용, 통신 방송 위성인 무궁화위성 1·2호의 발사 및 운용 등으로 점차 우주 산업이 발전하고 있다. 우주 산업이 발전하기 위해서는 기초 과학이 뒷받침되어야 할 뿐 아니라 초정밀 기계 공학, 첨단 전자 기술, 극한 환경 기술 및 신소재 공학 등의 여러 분야의 첨단 기술이 뒷받침되어야 한다. 이를 위해 우리 나라는 2015년에 세계 10위권의 선진 우주국에 진입한다는 목표를 세우고, 우주개발중장기기본계획을 수립하여 실천하고 있다. 그 계획에 따라 2015년까지 총 19기의 위성을 발사하고, 2010년까지 저궤도 소형 위성을 독자적으로 개발하기 위해 힘쓰고 있다.

우즈베키스탄

중앙아시아의 중부에 있는 나라이다. 아프가니스탄, 투르크메니스탄, 카자흐스탄, 키르기스스탄, 타지키스탄과 국경을 접하고 있다. 1991년에 옛 소련으로부터 독립하였다. 정부 형태는 대통령 중심제이며, 수도는 타슈켄트이다. 면적은 44만 7400제곱킬로미터로 한반도의 약 2배이다. 인구는 2003년 말 기준으로 약 2564만 명이다. 공용어는 우즈베크어, 러시아어이다. 주요 종교는 이슬람교이다. 기후는 대륙성 기후이다. 1인당 국민총생산은 2003년 기준으로 550달러이다.

우체국

우편 업무를 처리하는 체신청의 하위 기구이다. 우체국은 편지나 소포 같은 우편물을 접수하여 배달하는 일을 주로 한다. 우표와 수입 인지를 판매하고, 우편 사서함의 사용 승인과 관리 등의 우편 업무를 본다. 또 예금·적금·대출·신용 카드·보험·공과금 수납 등의 금융 업무도 맡고 있으며, 최근에는 지방 특산품을 가정으로 직접 배달해 주는 특산품 우편 주문 판매도 한다. 전화, 팩시밀리, 컴퓨터 등의 첨단 통신 시설이 대중화되면서 우체국 고유의 우편 업무는 점차 줄어들고 있다. 대신 전국 분포망을 이용한 금융 업무의 비중이 커지고 있다. 우리 나라 우체국의 기원은 1884년에 설치된 우정총국이며, 오늘날에는 시·군·읍·면·동 단위까지 우체국이 설치되어 있다.

우크라이나

러시아 서부 흑해 연안에 있는 나라이다. 1991년에 소련으로부터 독립하였으며 소련을 구성했던 여러 공화국 중 러시아 다음 가는 위치에 있어 소러시아라고도 부른다. 정식 명칭은 우크라이나소비에트사회주의공화국이다. 정부 형태는 대통령 중심제이며, 수도는 키예프이다. 면적은 60만 3700제곱킬로미터로 한반도의 약 3배이다.

우체국

우체국의 내부

약 1억 4000만 년 전 한반도가 생성될 시기에 만들어진 우포늪

인구는 2003년 말 기준으로 약 4786만 명이다. 공용어는 우크라이나어이다. 주요 종교는 러시아정교, 우크라이나정교, 가톨릭이다. 기후는 온난 대륙성 기후이고, 남부 해안은 아열대 기후이다. 1인당 국민총생산은 2003년 기준으로 720달러이다.

우포늪 생태공원

낙동강 지류인 토평천 유역에 있는 자연 늪지이다. 우포늪은 약 1억 4000만 년 전 한반도가 생성될 시기에 만들어진 자연 늪지 공원이다. 담수 면적은 2.3제곱킬로미터이고, 가로 2.5킬로미터, 세로 1.6킬로미터로 우리 나라 최대의 자연 늪지다. 1997년 7월 26일에 생태계 특별 보호 구역으로 지정되었고 이듬해 3월 2일에는 국제습지조약 보존 습지로 지정되어, 국제적인 습지가 되었다. 우포늪은 우포늪, 목포늪, 사지포, 쪽지벌 네 개의 늪으로 이루어져 있다. 우포늪에는 수생 식물, 습생 식물을 포함하여 노랑어리연꽃, 가시연꽃, 자라풀, 붕어말, 마름, 생이가래, 왕버들, 창포, 줄, 자운영, 개구리밥, 물억새 등 총 435종류의 식물이 살고 있다.

운송업

땅이나 강, 바다 등에서 자동차, 기차, 배, 비행기 등으로 사람을 태워 나르거나 물건을 실어 나르는 산업이다. 실어 나르는 목적물에 따라 물건 운송과 여객 운송으로 나누고, 실어 나르는 영역에 따라 육상 운송업과 해상 운송업, 항공 운송업 등으로 나눈다. 또 육상 운송업은 다시 철도 운송업과 자동차 운송업으로 나눈다.

운송업은 먼저 해상 운송에서 발달하였고, 이어 육상 운송과 항공 운송으로 발전해 나갔다. 우리 나라는 국토의 삼 면이 바다로 둘러싸여 있어 고대부터 해상 운수업이 발달하였다. 신라 시대에 장보고가 설치한 청해진은 당시 해상 운수업이 발달하였음을 보여 주는 좋은 예이다. 1892년에 최초의 해운 회사인 이운사(利運社)가 설립되면서 근대적인 운송업이 시작되었다. 1899년에 경인선이 건설된 이후 1960년대까지는 주로 철도가 장거리 수송을 맡았다. 1970년대에 고속도로가 건설된 이후에는 자동차 운수업이 국내 운송에서 큰 비중을 차지하게 되었다. 항공 운수업은 1962년에 대한항공공사가 설립된 후부터 시작되었다.

울릉도

경상북도 울릉군에 속하는 화산섬이다. 면적은 72제곱킬로미터이다. 섬의 중앙부에는 984미터의 성인봉이 솟아 있고 이를 중심으로 여러 봉우리들이 병풍처럼 둘러쳐 있다. 성인봉 북쪽에는 나리분지가 있고 해안 주변에

우표

페니 우표

우편 요금을 냈다는 표시로 우편물에 붙이는 증표이다. 세계 최초의 우표는 1840년 영국에서 발행한 1페니짜리 우표와 2펜스짜리 우표이다. 근대 우편 제도의 아버지라 불리는 힐이 고안한 이 우표가 발행되기 전에는 보내는 사람이 현금으로 우편 요금을 지불하거나 받는 사람이 부담하였다. 또 우편 요금도 우송 거리에 따라 달랐다. 우표의 발행으로 보내는 사람이 전국 어떤 거리로 보내든지 같은 우편 요금을 내는 제도가 실시되었으며, 그 편리함 때문에 우표와 우편 제도는 이후 전 세계에 널리 퍼져나갔다.

우리 나라는 1884년에 우정국을 설립하면서 일본에 인쇄를 의뢰해 최초로 우표를 발행하였다. 문위우표라 불리는 이 우표는 우정국 준공식 날 일어난 갑신정변으로 사용되지 못했다. 그 후 1895년에 우편 업무가 다시 시작되면서 태극우표가 발행되었다. 미국에 인쇄를 의뢰한 이 우표가 우리 나라에서 최초로 유통된 우표다. 1900년에는 우리 나라에서 인쇄한 이화 우표가 유통되었다. 그러나 1905년에 우리 나라의 통신권이 일본에 넘어가면서 우표의 발행이 중단되었고, 광복 전까지 일본 우표가 사용되었다. 1946년 이후에 우리 나라에서 우표의 발행이 다시 시작되었고, 1948년부터는 우표에 '대한민국우표'라는 글귀를 인쇄해 넣었다.

1951년의 태극우표

문위우표

우표의 종류

보통 우표 : 우표 요금을 치른 증표로 제한 없이 발행된다. 우편 요금에 따라 우표의 도안이 다르다.

기념 우표 : 나라 안팎의 중요한 행사, 역사적 사건이나 인물 등을 기념하고 홍보하기 위해 발행하는 우표다. 보통은 발행 양과 사용 기간에 제한이 있다. 세계 최초의 기념 우표는 1871년에 발행된 페루철도 20주년 기념 우표로, 보통 우표에 비해 도안이 화려하고 소재가 다양하다. 우리 나라 최초의 기념 우표는 1902년에 발행된 고종 황제 즉위 40주년 기념 우표이다.

자선 우표 : 사회 복지, 구제 사업, 문화 사업 등 특정한 목적에 사용하기 위해 발행하는 우표로서, 우편 요금 이외에 일정한 금액이 더 붙는다. 세계 최초의 자선 우표는 1897년에 오스트레일리아에서 결핵 모금을 위해 발행한 우표다. 우리 나라 최초의 자선 우표는 1953년에 적십자 모금을 위하여 발행한 우표이다.

항공 우표 : 항공 우편에 사용하도록 발행하는 우표이다. 세계 최초의 항공 우표는 1917년에 이탈리아에서 발행되었다. 우리 나라에서는 1947년에 처음으로 발행되었다.

특별 배달 우표 : 속달, 등기, 내용 증명 등 특수한 취급을 요하는 우편물에 붙이는 우표이다.

현재 사용되는 여러 가지 보통 우표

항공 우표

OPENKID CHILDREN's ENCYCLOPEDIA

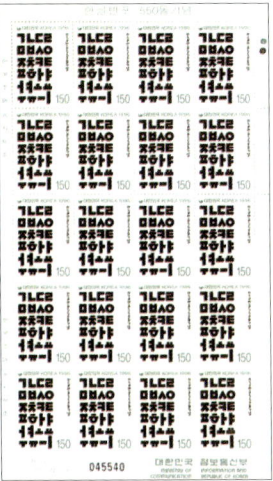

우리 나라의 여러 가지 기념 우표

만화 시리즈 우표

네덜란드 우표

브라질 우표

북한 우표

미국 우표

중국 우표

울릉도의 저동항

는 현무암의 주상절리가 발달하였다. 울릉도는 우리 나라에서는 보기 드문 해양성 기후를 보인다. 연평균 기온은 섭씨 12도이지만 1월 평균 기온은 섭씨 0도 이하로 내려가지 않고, 8월 평균 기온은 섭씨 24도를 넘지 않는다. 11월과 12월에 눈이 많이 내려 연강수량이 우리 나라에서 가장 많다. 울릉도의 지형 특성 때문에 울릉국화, 섬노루귀, 흰섬초롱꽃, 섬말나리, 너도밤나무, 섬나무딸기, 할떡이풀, 말오줌나무 등 다른 곳에서는 볼 수 없는 특이한 식물들이 많이 자라고 있다. 울릉도 사동의 흑비둘기 서식지는 천연기념물 237호로 지정되어 있다. 특산품으로는 오징어와 호박엿이 유명하다.

울산광역시

경상남도 북동쪽에 있는 광역시이다. 2004년 말 기준으로 면적은 약 1056.7제곱킬로미터이고, 인구는 약 108만 7958명이다. 그 중 남구의 인구가 약 34만 명으로 가장 많고, 북구의 인구가 약 14만 명으로 가장 적다.

시의 북서쪽에 고헌산·가지산·신불산 등이 남북으로 뻗어 있고, 남쪽에 정족산·문수산, 북쪽에 천마산·마석산이 있다. 태화강·회야강·동천강이 동해의 울산만으로 흘러 들어가고, 양산천이 남쪽으로 흘러 낙동강에 합류한다. 겨울의 차가운 북서 계절풍을 막아 주는 서북부의 산들과 난류의 영향을 받아 연평균 기온은 섭씨 13.5도 정도로 따뜻하고, 연평균 강수량은 1272밀리미터 정도이다.

태화강 유역의 비옥한 토지와 울산만에 연이어 있는 울산항·온산항·방어진항 그리고 이 항구들의 안쪽 구릉지에 형성된 약 1900만 평의 공업 용지는 산업 도시 울산의 발전 기틀이 되었다. 제1차 경제개발계획의 첫 사업으로 1962년에 울산이 공업 특정 지구로 결정된 후 정유·비료·자동차·조선 산업 등이 빠르게 발전하였다. 장생포 지구에는 대규모의 정유·비료·화학·석유 화학 공장들이 집중해 있고, 염포 및 미포 지구에는 현대그룹 계열의 기계·조선·자동차 공장 등이 모여 있다. 또 비철 금속, 석유 화학 제품을 생산하는 공장들은 온산에 많이 있다. 미포와 온산은 국가산업단지로 지정되어 있으며, 지방산업단지 1곳과 농공단지 5곳이 있다.

공업화와 도시화에 따라 2·3차 산업 인구가 급속히 증가하고, 1차 산업 인구가 크게 줄어들었지만 새로 광역시에 포함된 울주군을 중심으로 쌀·보리·콩 등의 곡물뿐만 아니라 근교 농업도 하고 있다. 전국적으로 알려진 배는 공업화로 재배 면적이 줄어들고, 공해로 명맥만을 겨우 유지하고 있을 뿐이다. 한때 장생포를 중심으로

탐구학습

울산광역시의 어제와 오늘

반구대 암각화와 천전리 각석 등으로 미루어 보아 울산 지역에는 아주 오랜 구석기 시대부터 사람들이 모여 살았음을 알 수 있다. 울산은 부족국가 시대였던 삼한 시대에는 진한에 속하였다. 신라 시대에는 현재의 다운동인 굴아화촌에 현을 두고, 남쪽에는 생서량군, 동쪽에는 동진현, 언양 지방에는 거지화현을 두었다. 고려 시대에는 흥례부, 공화현 등에 속하였으며, 조선 시대로 들어와 1413년에 울주를 울산으로 고쳐 비로소 지금의 이름으로 불리게 되었다. 이후 1598년에 울산도호부로 승격하였다가, 1895년에 울산군으로 바뀌었다.

울산은 1962년에 울산 특정 공업 지구로 지정되면서부터 근대적인 도시로 발전하였다. 1962년 1월 27일에 울산군의 울산읍, 방어진읍, 대현면, 하상면 전 지역과 청량면과 농소면의 일부 지역이 울산 특정 공업 지구로 지정되고, 같은 해 6월 1일에 이 지역은 울산시가 되었다. 그 전에는 몇몇 소규모 식료품 공장들만 있었고, 주민의 대부분이 농업과 수산업에 종사하였는데, 공업단지 지정 이후 대규모 화학 공장과 기계 공장, 조선소 등이 들어서면서 공업 도시로 빠르게 성장하였다.

1995년에 울산시와 울산군이 통합되었으며, 1997년 7월 15일에 울산광역시가 되어 경상남도로부터 분리되었다. 2004년 기준으로 울주군과 중구·남구·동구·북구 등 4구와 1군으로 이루어져 있으며, 그 아래 4읍 8면 46동이 있다.

반구대 암각화와 천전리 각석

포경업이 활발하였지만, 1986년에 고래 보호를 위한 포경 금지 결정에 따라 중단되었으며, 극소수의 주민들이 연안 어업에 종사하고 있다.

광역시 내에는 국가 지정 문화재로 반구대 암각화와 울주군 천전리 각석 등 국보 2점, 간월사지 석조여래좌상과 석남사 부도 등 보물 5점, 울산학성과 언양읍성 등 사적 4곳, 두서면의 은행나무와 온산면의 상록수림 등 천연기념물 2종 등 많은 문화재가 있다. 이 외에도 시 지정

울산의 조선 산업

문화재로 유형 문화재 10점, 무형 문화재 1종, 기념물 24종, 문화재 자료 11점 등이 있다. 해마다 울산예술제·처용문화제·민속예술축제·울산다향제·울산태화강축제 등 많은 문화 행사가 열린다. 가지산이 도립공원으로 지정되어 있으며, 처용암·반구대·다운동 고분군·울산향교·석남사·작천정·학성공원·대송등대·울기등대·진하해수욕장·일산해수욕장·울산온천 등이 유명하다. 울산광역시를 상징하는 꽃은 배꽃이고, 나무는 은행나무이며, 새는 백로이다.

원불교

박중빈이 1916년에 세운 불교의 한 교파이다. 박중빈은 유교·불교·도교·크리스트교의 경전을 두루 섭렵하다가 불교의 『금강경』에서 자신이 깨달은 진리와 일치하는 것을 발견하고는, 석가모니와 불법을 존중하되 기존의 불교와는 다른 새 종교를 창시하였다. 이때 그는 '물질이 개벽되니 정신을 개벽하자'라는 표어를 내세웠다. 그는 불교의 대중화, 생활화를 실현하려고 하였다. 불상 대신 둥근 원으로 상징되는 일원상을 모시고 시주와 동냥 등을 폐지하고, 각자가 정당한 직업에 종사하며 교화 사업을 실천하는 생활 불교를 지향했다. 1917년에는 저축 조합을 세우고, 1918년에는 간척 사업을 하여 2만 6000평의 논을 조성하였으며, 1919년에는 양잠, 한약방, 엿 공장, 과수원 등을 통해 교단의 경제적 기틀을 마련하였다. 이런 활동은 일제 강점기에 민족의 자립 정신을 드높이는 데 크게 기여하였다. 원불교라는 명칭은 1947년에 붙여졌다.

원불교 경전으로 『원불교 교전』, 『불조요경』, 『예전』, 『정산종사법어』, 『원불교교사』, 『원불교교헌』, 『원불교성가』의 7권이 있다. 전라북도 익산에 중앙총부가 있고, 전국에 교구와 교당이 설치되어 있으며, 신도 수는 100만여 명에 이른다.

원시공동체

원시 사회의 혈연과 지연으로 결합된 공동체를 가리킨다. 원시공동체가 중심이 되는 사회는 자연 그대로의 원시적 노동 도구를 사용하는 가장 낮은 생산력의 사회이다. 먹고 남은 생산물이 거의 없어 사적 소유가 이루어지지 않으며, 생산 수단의 공동 소유와 생산물의 공동 분배

전체 높이가 13미터인 보물 406호 월악산 덕주사에 있는 마애불

를 원칙으로 하는 자급 자족의 사회였다. 하지만 원시공동체 사회의 후기에는 노동 도구가 발달해 농경과 목축이 이루어졌다. 그 과정에서 분업이 이루어졌고 생산력이 높아졌다. 쓰고 남는 생산물이 생기면서 물물 교환을 위한 시장이 세워졌다. 점점 사적 소유가 이루어지면서 부가 축적되었으며 노예가 등장하면서 원시공동체 사회는 붕괴하고 말았다.

월악산

충청북도 충주시·제천시·단양군과 경상북도 문경시에 걸쳐 있는 산이다. 제일 높은 봉우리인 영봉의 높이는 1094미터이며, 달이 뜨면 영봉에 걸린다 하여 월악산이라는 이름이 붙었다. 백두대간이 소백산을 지나 속리산으로 연결되는 중간에 위치하며, 영봉을 비롯해 문수봉·하설산·대미산·황장산 등 높이 1000미터 내외의 산과 봉우리가 연이어 있다. 북쪽으로 충주호가 월악산을 휘감고 있으며, 산 양쪽의 송계팔경과 용하구곡이 유명하다. 특이한 식물로는 애기앉은부채, 모감주나무, 음나무, 미치광이풀, 개불알꽃, 천마, 백작약, 솔나리, 망개나무, 백리향 등이 있다. 덕주사·신륵사 등 오래 된 절이 있고, 사자빈신사지석탑·미륵리오층석탑·미륵리석불입상·월광사 원랑선사탑비·덕주사 마애불·신

월드컵축구대회

국제축구연맹(FIFA)이 주관하는 세계 축구 선수권 대회를 가리킨다. 단일 종목으로는 세계에서 가장 큰 스포츠 행사이며, 세계 선수권 대회로는 세계 최초로 창립되었다. 아마추어나 프로에 관계없이 참가하므로 최고 수준의 경기를 볼 수 있다. 선수들은 소속 축구단의 국적이 아니라 자신의 국적에 따라 참가한다. 지역 예선을 통과한 32개국의 대표팀이 참가하는 월드컵축구대회의 본선은 4년마다 한 번씩 열린다.

월드컵축구대회의 역사

제1회 대회는 1930년 우루과이에서 13나라가 참가한 가운데 열렸다. 이후 이탈리아와 프랑스에서 대회가 열린 후 제2차 세계대전으로 12년 간 중단되었다. 그 후 1950년에야 비로소 제4회 대회가 브라질에서 열렸다. 초기에는 오늘날과 달리 초청 형식으로 경기를 치렀다. 한편 1930년 첫 대회부터 우승팀에게는 국제축구연맹의 회장인 줄리메가 기증한 줄리메 컵이 수여됐다. 3회 우승을 한 국가에게 줄리메 컵을 영구히 기증한다는 국제축구연맹의 규약에 따라 줄리메 컵은 1958년, 1962년, 1970년에 3회 우승한 브라질에게 영구히 넘어가고 제10회 대회 때부터는 국제축구연맹이 만든 피파 컵을 우승한 나라에 수여한다.

우리 나라는 1954년 스위스 본선 대회에 처음 참가하였다. 그 후 1986년 멕시코 대회, 1990년 이탈리아 대회, 1994년 미국 대회, 1998년 프랑스 대회에 연속 4회 진출하였으나, 프랑스 대회 때까지는 한 번도 16강에 들지 못했다. 그러다 2002년에 우리 나라와 일본이 공동으로 개최한 한일 월드컵축구대회에서 4위라는 놀라운 성적을 거뒀다.

2002 한일 월드컵축구대회 때 경기를 시작하기 전 모습

서울 상암월드컵경기장

륵사 삼층석탑 등 많은 문화 유산이 있다. 1984년에 남쪽의 포암산 등과 함께 월악산국립공원으로 지정되었다.

월출산

전라남도 영암군 영암읍과 강진군 성전면에 걸쳐 있는 산이다. 제일 높은 봉우리인 천황봉의 높이는 809미터로 비교적 낮지만, 사방에 큰 산이 없는 들판에서 갑자기 솟구쳐 올라 달 뜨는 산이라는 뜻으로 월출산이라는 이름이 붙었다. 우리 나라에서 가장 높은 곳에 있는 구름다리와 구정봉의 물웅덩이 9개, 미왕재의 억새밭이 유명하고 영암·용추폭포·구절폭포·금릉경포대 등도 경치가 아름답다. 암석이 많고 경사가 심한 계곡이 많아 자연 생태계가 풍부하게 유지되기에는 어려운 조건이지만, 식물 약 700종과 동물 약 800종이 서식하고 있다. 난대 식물의 북한계로 난대림과 온대림이 함께 있다. 사스레피나무·붉가시나무·차나무·동백나무·보리밥나무·광나무 등의 난대 식물이 난대림을 이루며, 뻐꾹나리·말나리·병아리난초·은대난초 등 16종의 희귀 및 멸종위기 식물이 서식하고 있다. 도갑사와 무위사 등 오래 된 절이 있고, 무위사 극락보전·월출산 마애여래좌상·월남사지 모전석탑 등 많은 문화 유산이 있다. 1973년에 남서쪽에 있는 도갑산 지역과 함께 도립공원으로 지정되었다가, 1988년에 월출산국립공원으로 지정되었다.

유구

옛날 사람들의 삶의 흔적이 남아 있는 집터, 건물터, 무

월출산의 구름다리

덤 등을 말한다. 유물은 움직일 수 있는 것이지만 유구는 파괴되지 않고서는 움직일 수 없는 잔존물이다. 또 유적이 유물, 유구 등이 출토되거나 포함된 전체 장소를 말하는 데 비해, 유구는 유적 안에 있는 구조물 하나하나를 일컫는다. 유구는 옛날 사람들의 여러 가지 삶의 모습을 이해할 수 있는 중요한 고고학적 자료이다. 유구의 고고학적 분석을 통해 과거의 건축 양식, 생활, 사회 조직 및 경제 행위 등을 파악할 수 있다.

유럽연합

유럽 여러 나라의 정치 통합 및 경제 통합을 실현하기 위하여 1993년 11월 1일에 발효된 마스트리히트 조약에 따라 유럽의 12나라가 참가하여 만든 연합 기구이다. 유럽석탄철강공동체(ECSC), 유럽경제공동체(EEC), 유럽공동체(EC) 등 유럽의 경제·정치적 통합을 위한 여러 기구의 활동을 기반으로 창설되었다. 유럽 통합을 위해 1995년 12월에 마드리드에서 열린 유럽연합 정상 회담에서 단일 통화의 명칭을 유로(Euro)로 정하였고, 1996년 12월에 아일랜드의 더블린에서 열린 정상 회담에서는 단일 통화의 가치 하락을 막기 위해 예산 통제 협약에 합의했다. 1997년 6월에 암스테르담에서 열린 정상 회담에서는 2004년까지 영국과 아일랜드를 제외한 전 회원국 간의 국경 개방, 이민 및 망명에 대한 새로운 공동 정책 수립, 각국 경찰 간의 협력 강화, 다수결에 의한 의사 결정 분야 확대, 공동 외교를 위한 상설 기구 및 대외적인 유럽연합 대표직 신설 등을 골자로 한 암스테르담 조약에 합의했다. 1998년 5월 3일에 벨기에의 브뤼셀에서 열린 유럽연합 15나라 특별 정상 회담에서는 유럽 통화 동맹 참가국을 애초대로 11나라로 확정하는 한편 유럽 통화 동맹을 1999년 1월 1일에 출범시킬 것을 공식 선언하고 유럽 중앙 은행 총재를 선임했다. 이에 따라 1999년 1월에 단일 통화인 유로를 발족하고 2002년 1월부터 유로화를 유통시켰다. 2004년 말 기준으로 회원국은 프랑스·독일·이탈리아·벨기에·네덜란드·영국·덴마크·아일랜드, 스페인, 포르투갈 등 22나라이며, 본부는 벨기에의 브뤼셀에 있다.

유로화

유럽연합의 회원국에서 공통으로 쓰는 화폐이다. 7종류

유럽연합 회의장

의 지폐와 8종류의 동전이 있다. 1995년 에스파냐의 마드리드에서 열린 유럽연합 정상회의에서 유럽연합 회원국들의 정치 및 경제 통합을 위해 단일 화폐를 쓰기로 합의하였다. 이 합의에 따라 1999년 1월 1일부터 유로화를 쓰기 시작했다. 처음에는 화폐의 실물 없이 금융 거래만 이루어졌으나, 2002년 1월 1일부터 실물의 화폐가 쓰였다. 유로화의 제작과 발행은 각 나라가 독자적으로 한다. 2007년 말 현재 유럽연합 회원국 중에서 유로화를 쓰는 나라는 프랑스·독일·이탈리아·벨기에·룩셈부르크·네덜란드·아일랜드·그리스·포르투갈·에스파냐·핀란드·오스트리아 등이다. 영국·덴마크·스웨덴 3나라는 유로화를 사용할 경우에 자국 경제에 미칠 부정적인 영향 등의 이유로 유로화를 사용하지 않고 있다.

유목민

가축을 기르기 위해 목초지를 찾아다니며 이동 생활을 하는 민족을 말한다. 이들은 오랫동안 몽골, 중앙아시아, 페르시아, 아라비아 등 건조 지대의 초원에서 유목 생활을 해왔으나, 지금은 대부분 한 곳에 정착하여 목축업에 종사하고 있다. 가장 역사가 오래 된 유목민은 기원전 8세기경의 스키타이인으로 추측된다. 대표적인 유목민으로 기원전 3세기에서 1세기 사이에 몽골 고원을 장악했던 흉노족, 기원전 3세기 이후 이란 고원에 등장했던 파르티아인, 6세기 터키계 유목민인 돌궐족, 10세기경에 활동했던 거란족, 13세기에 활동했던 몽골족 등을 꼽을 수 있다.

유교

공자의 가르침에서 출발하여 맹자와 순자 등에 의해 발전된 중국의 전통 도덕 사상을 가리킨다. 철학·종교·정치·윤리·역사 등이 통합된 종합적인 사상 체계이기도 하다. 공자의 인(仁) 사상을 근본으로 삼고, 『대학』, 『논어』, 『맹자』, 『중용』의 사서와 『시경』, 『주역』, 『서경』, 『예기』, 『춘추』의 오경을 경전으로 삼는다. 유교는 중국뿐 아니라 우리 나라와 일본의 정신 문화와 사회 윤리에 오랜 세월에 걸쳐 큰 영향을 미쳤다.

공자

유교의 역사

기원전 5세기경 중국의 춘추전국 시대에 태어난 공자는 뛰어난 학자이며 사상가였다. 그러나 고국인 노나라에서 뜻을 펼치지 못하고, 세상을 방랑하며 덕으로 나라를 다스려야 한다는 왕도 정치 사상의 이상을 전하였다. 공자는 만년에 고향으로 돌아와 제자들을 가르치다 죽었고, 그 후 그의 제자들이 스승의 언행을 책으로 엮고 사상을 체계화하였다.

공자는 인을 가장 중요하게 여겼다. 인(仁)이라는 글자는 등에 짐을 진 사람을 나타내며, 곧 사람을 사랑하는 마음을 뜻한다. 공자는 효제 즉 부모에게 효도하고 형제 간에 우애가 있는 것이 인의 근본이라 하였다. 맹자와 순자는 공자의 사상을 더욱 체계적으로 발전시켰다. 맹자는 인을 실천하기 위해서는 의로움, 즉 정의의 의(義)가 필요하다고 주장하였다. 또한 인간의 본성은 나면서부터 선하다는 성선설을 바탕으로, 군주는 선한 본성에서 비롯된 덕으로 백성을 다스려야 한다고 주장하였다. 그의 왕도 정치는 공자에게서 나온 것이긴 하지만, 한 발 더 나아가 왕이 왕답지 못할 때 왕의 직위를 폐할 수 있다고 함으로써 혁명을 도모하는 사람들에게 유교적 정당성을 부여하였다. 한편 순자는 맹자와 반대로 성악설을 주장하였다. 그는 인간은 날 때부터 악하기 때문에 예(禮)로 다스리고 수양해야 한다고 주장하였다.

유교의 삼강오륜

삼강이란 임금과 신하(군위신강), 어버이와 자식(부위자강), 남편과 아내(부위부강) 사이에 지켜야 할 도리가 있음을 강조한 것이다. 오륜이란 삼강을 비롯해 인간 관계에서 지켜야 할 기본 도리를 풀어 쓴 것이다. 즉 어버이와 자식 간에 친함이 있어야 하고(부자유친), 임금과 신하 간에 의리가 있어야 하며(군신유의), 남편과 아내 사이에 분별과 구분이 있어야 하고(부부유별), 어른과 어린이 사이에 차례와 질서가 있어야 하며(장유유서), 친구 간에 신의와 믿음이 있어야 한다(붕우유신)는 것이다.

우리 나라의 유교

백제의 고이왕 때인 285년에 왕인 박사가 『논어』와 『천자문』을 일본에 전했고, 고구려의 소수림왕 때인 372년에 유교 교육 기관인 태학이 세워졌다는 기록으로 보아, 우리 나라에 유교가 처음 들어온 것은 삼국 시대나 그 이전으로 추측된다. 고려 시대에는 불교를 숭상하는 정책 때문에 유교가 성장하지 못했다. 하지만 국가에서 세운 교육 기관인 국자감과 유학자들이 개인적으로 가르치는 사학이 있었다. 한편 안향이 중국에서 유학의 일종인 성리학을 들여 온 뒤로 유교가 부흥하기 시작하였으며, 성리학 교육을 받은 사대부라는 새로운 계층이 조선을 건국하기에 이른다. 조선 시대는 유교를 숭상하고 불교를 억압하는 정책으로 성리학의 전성기를 이루었으며, 퇴계 이황이나 율곡 이이 같은 대학자들이 나와 후세의 학계나 다른 나라의 유학자들에게 큰 영향을 미쳤다.

나주 향교

유교의 제사

양반가의 사당

돈암서원

유럽 대륙

유라시아 대륙 북서쪽에 돌출한 여러 개의 반도와 섬으로 이루어진 대륙이다. 대륙의 면적은 약 993만 8000제곱킬로미터로 세계에서 두 번째로 작은 대륙이다. 북쪽은 북극해, 서쪽은 대서양, 남쪽은 지중해로 둘러싸여 있고, 동쪽은 우랄 산맥·우랄 강·카스피 해·카프카스 산맥·흑해·보스포루스 해협을 경계로 아시아 대륙과 접한다. 북부에는 스칸디나비아 반도와 유틀란트 반도가 있고, 남부에는 이베리아 반도, 이탈리아 반도, 발칸 반도가 있으며, 대서양 쪽에는 아이슬란드와 잉글랜드의 섬들이 있다. 내륙에서 흘러내리는 큰 강으로는 라인 강, 도나우 강, 볼가 강, 엘베 강, 엠스 강, 오데르 강 등이 있는데, 이 강들은 흐름이 완만하고 수량이 많으며, 강과 강 사이는 운하로 이어져 있다. 지형적으로는 유라시아 대륙의 커다란 반도에 불과하나, 정치·인종·언어 면에서 아시아 대륙과는 다른 뚜렷한 특성을 지녔다. 인구는 2004년 말 기준으로 약 7억 2800만여 명으로 아시아와 아프리카 다음으로 인구가 많다. 세계에서 가장 인구 밀도가 높은 대륙이며, 인구의 73퍼센트가 도시 지역에 살고 있다. 유럽 대륙에는 영국, 프랑스, 독일, 이탈리아, 에스파냐 등 모두 43나라가 있다.

고대의 주요 유럽 문명은 지중해 주변에서 발전했다. 이 가운데 최초의 문명은 기원전 3000년경에 그리스와 에게 해의 여러 섬에서 시작되었다. 그리스 문명은 기원전 5~4세기 사이에 절정을 이루었으며 예술·과학·철학·정치의 영역에서 뛰어난 업적을 남겼다. 이탈리아 반도에 살던 로마인은 기원전 3세기에서 5세기까지 유럽 대륙뿐 아니라 아시아 대륙, 아프리카 대륙의 일부 지역에 이르는 광대한 제국을 건설했다. 하지만 로마 제국이 망하면서 유럽 사회는 중세로 접어들었다. 14세기에 르네상스를 거치면서 유럽인은 예술과 학문 분야에서 커다란 업적을 남겼을 뿐 아니라 경제·정치·과학 분야에서도 획기적인 진보를 보였다.

지중해의 도시

18세기 초에 영국과 프랑스를 비롯한 몇몇 나라는 아시아 대륙, 아프리카 대륙, 아메리카 대륙에 식민지를 세우고 식민지와의 무역을 통해 엄청난 부를 쌓으면서 세계의 주도 세력으로 떠올랐다. 이어 산업혁명을 거치면서 유럽 대륙은 세계 산업의 중심지가 되었고, 더 많은 해외 식민지를 건설했다. 하지만 두 차례의 세계대전을 겪으면서 유럽 대륙은 많은 식민지를 잃었고, 미국과 소련의 대두로 유럽의 정치 영향력은 이전에 비해 크게 줄어들었다. 하지만 경제적으로는 여전히 많은 자본과 첨단 기술을 갖고 있는 강대국이다. 오늘날 유럽의 여러 나라들은 유럽연합(EU)을 만들어 경제 성장과 정치의 통합을 위해 노력하고 있다.

독일의 베를린 장벽

파리의 에펠탑

네덜란드 암스테르담

유물

석기·토기·그물추·칼·화살촉·창 등 옛날 사람들이 살아가면서 필요에 따라 만든 도구나 동물뼈·조개류·씨앗 등 옛 사람들의 삶의 모습을 알 수 있는 자연물을 말한다. 주로 고고학적 발굴을 통해 얻어진다. 유물은 재질에 따라 석기·토기·골기·목기·청동기·철기 등으로 나누며, 기능에 따라 가락바퀴·그물추·칼·화살촉·창·검·방울 등으로 나눈다. 또 제작 방법이나 형태 등에 따라서도 여러 가지로 나눈다.

유적

옛날 사람들이 살아가면서 만든 유물, 유구 등의 고고학적 자료가 출토되거나 포함된 일정한 장소를 가리킨다. 유적의 성격에 따라 주거지, 조개무지, 가마터, 우물터, 무덤 등으로 나눈다. 또 위치에 따라 야외 유적, 바위그늘 유적, 동굴 유적, 산정상부 유적 등으로 나누며 과거에 가졌던 기능에 따라 주거 유적, 생활 유적, 생산 유적, 제철 유적, 농경 유적, 사냥터 유적, 무덤 유적 등으로 나눈다. 유적은 고고학적 조사의 기본 단위이며 발굴된 유적은 보통 지명이나 문화적 성격을 따서 이름을 붙인다. 예를 들어 부여 송국리 유적과 같이 지명을 따서 이름을 붙이거나, 남미의 잉카 유적같이 문화적 성격에 따라 유적의 이름을 붙인다. 유적 중에서 학술적·문화적으로 중요한 곳은 보통 사적으로 지정하여 보호한다.

유전자 조작 농산물

재배 식물의 유전자를 조작하여 병충해나 환경에 대한 저항력을 높인 농산물을 말한다. 곤충의 유전자를 콩에 끼워 넣어 제초제에 대한 면역력을 높인 콩처럼, 한 종의 유전자에 다른 종의 유전자를 끼워 넣어 만든 것이다. 이처럼 유전자를 조작한 농산물에는 콩, 밀, 옥수수, 감자, 토마토 등이 있다. 유전자 조작 농산물은 생산성을 늘려 식량난을 해소할 수 있다는 장점이 있다. 그러나 사람에게 해를 끼치거나, 생태계를 교란시켜 환경 재앙을 일으킬 위험성도 안고 있다. 이런 위험 때문에 우리 나라에서는 2001년 7월부터 유전자 재조합 식품 표시제를 실시하고 있다.

유치원

초등학교에 입학하기 전의 어린이들을 가르치는 교육 기관이다. 입학 대상은 만 3세부터 초등학교에 입학하기 직전의 어린이들이다. 세계 최초의 유치원은 1840년 독일의 프뢰벨이 세운 일반 독일 유치원이다. 우리 나라 최초의 유치원은 1909년에 함경북도에 세워진 나남유치원이다. 1982년에 「유아교육진흥법」이 공포된 후, 유치원과 유아원이 전국으로 확산되고 체계적으로 운영되기 시작했다. 2004년부터 정부는 읍·면 지역, 도서 벽지 지역, 생활 보호 대상자의 자녀에 대해 초등학교에 입학하기 전 1년 동안 유치원 교육을 무료로 실시하고 있다.

유통

생산자가 생산한 상품이 소비자 쪽으로 이전되는 과정이나 그 과정의 여러 단계에서 이루어지는 모든 활동을 말한다. 넓은 뜻으로는 상품뿐 아니라 화폐나 유가 증권

조선 후기의 실학자 정약용 선생이 유배되어 11년간 머물던 정다산 유적

남한 지역에서 최초로 발견된 구석기 시대의 동굴 유적인 제천 점말동굴 유적

유전 공학으로 만들어 낸 제초제에 강한 벼

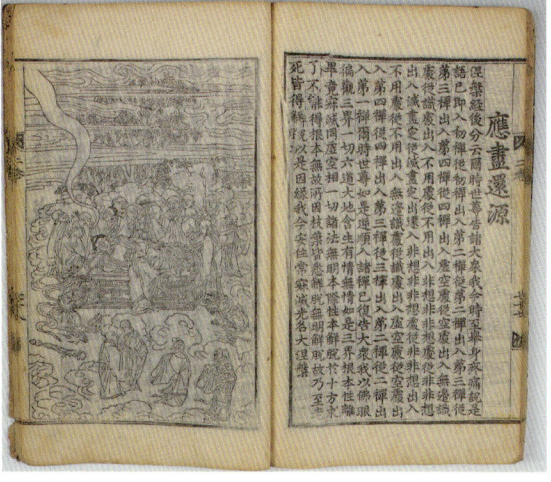
유형 문화재인 책

등이 경제 주체 사이에서 사회적으로 이전하는 것을 포함하지만 단순히 유통이라 할 때는 일반적으로 상품 유통을 뜻한다.

상품의 유통은 생산자와 소비자 간의 매매를 통한 상품의 소유권 이전과 실제 물건의 이동으로 나뉜다. 즉 유통은 화폐에 의해 매개되는 상품 매매 과정을 중심으로 하는 활동과 상품의 보관과 수송 및 하역 등을 중심으로 하는 활동으로 크게 나누어 볼 수 있다. 매매를 중심으로 한 활동을 상적 유통 또는 거래 유통이라 하고, 물건의 이동을 중심으로 한 것을 물적 유통이라 한다. 이와 같은 유통 활동을 담당하는 기업을 유통 업체라고 하고 총칭하여 유통 산업이라 한다. 상적 유통업으로는 도매업·소매업·중개업·대리업·무역업 등이 있으며, 물적 유통업으로는 운송업·창고업 및 하역업 등이 있다.

유형 문화재

옛날 사람들이 남긴 문화재 중에서 궁궐, 사당, 절, 탑, 그림, 도자기, 책 등 일정한 형태를 갖추고 있어 손으로 직접 만져볼 수 있는 문화재를 말한다. 무형 문화재와 대비되는 말로 흔히 쓰인다. 우리 나라에서는 역사적으로나 학술적 또는 예술적으로 중요한 유형 문화재를 국보, 보물, 사적, 시·도 유형 문화재 등으로 지정하여 보호하고 있다.

의료보험

아프거나 다쳤을 때 치료를 받고 의료비를 부담할 목적으로 실시되는 사회 보험을 말한다. 의료보험조합에 가입하여 가입자의 수입에 따라 보험료를 내고, 질병이나 부상이 생기면 나을 때까지 치료와 치료비 혜택을 받을 수 있다. 고용보험, 국민연금, 산업재해보상보험과 더불어 4대 사회 보장 제도에 속한다. 우리 나라에서 「의료보험법」이 제정된 것은 1963년이지만 이 제도가 본격적으로 실시된 것은 1979년부터이다. 이때는 공무원, 사립 학교 교직원 및 직원 수 300명 이상인 사업장의 노동자가 적용 대상이었다. 그 후 1988년에 5인 이상 사업장의 노동자까지 의료보험의 혜택을 받게 되었으며, 같은 해에 농어촌 지역으로 의료보험 제도가 확대되었다. 마침내

탐구학습

소비자가 농산물과 수산물을 더 싸게 살 수 있는 방법은 무엇일까요?

농산물이나 수산물이 우리 가정에 오기까지는 여러 유통 단계를 거친다. 산지에서 중간 도매상이 농수산물을 사들여 농수산물 도매 시장으로 가져온다. 그러면 농수산물 도매 시장에서 경매를 통해 생산물의 가격이 결정된다. 이렇게 낙찰된 생산물은 지역 도매 시장을 거쳐 일반 소매상에게 온다. 그리고 소비자들의 선택에 따라 우리 가정의 식탁에 올라온다. 이 과정에서 소비자가 농수산물을 더 싸게 살 수 있는 가장 좋은 방법은 중간 유통 단계를 최대한 줄여서 생산자와 소비자를 직접 연결하는 것이다. 그 방안으로 농산물 직거래장을 확대하여 중간 도매상의 유통 단계를 줄이고 생산자와 소비자가 직접 만나는 것이다. 그리고 생산자와 소비자가 자매 결연을 맺어 생산자와 소비자가 안정적으로 생산하고 소비할 수 있도록 한다. 또한 농수산물을 생산하는 데 필요한 기술을 개발하거나 제반 교통 시설을 확충하는 것이 중요하다.

은행

여러 사람들이나 기업들로부터 예금을 받거나 유가 증권 또는 기타 채무 증서를 발행해 모은 돈을 이자를 받고 기업이나 개인에게 빌려 주는 금융 기관을 말한다. 은행은 금융 기관 가운데 가장 대표적인 것이어서 제1금융권이라고도 한다.

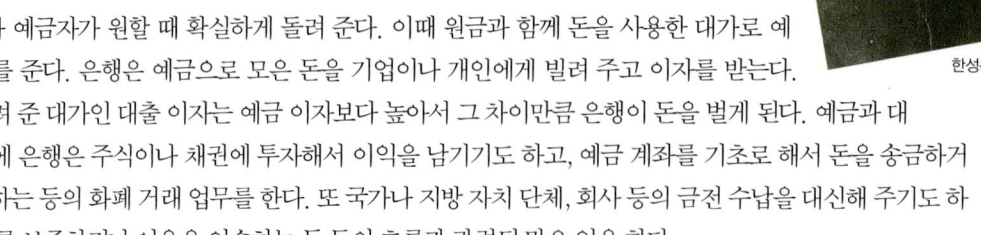

한성은행 통장

은행의 기본 업무

은행의 기본적인 일은 예금과 대출 업무이다. 은행은 예금을 받아 안전하게 보관하고 운용하다가 예금자가 원할 때 확실하게 돌려 준다. 이때 원금과 함께 돈을 사용한 대가로 예금 이자를 준다. 은행은 예금으로 모은 돈을 기업이나 개인에게 빌려 주고 이자를 받는다. 돈을 빌려 준 대가인 대출 이자는 예금 이자보다 높아서 그 차이만큼 은행이 돈을 벌게 된다. 예금과 대출 이외에 은행은 주식이나 채권에 투자해서 이익을 남기기도 하고, 예금 계좌를 기초로 해서 돈을 송금하거나 징수하는 등의 화폐 거래 업무를 한다. 또 국가나 지방 자치 단체, 회사 등의 금전 수납을 대신해 주기도 하고, 채무를 보증하거나 어음을 인수하는 등 돈의 흐름과 관련된 많은 일을 한다.

우리 나라 은행의 역사

최초의 근대적 은행은 1694년에 영국에서 창립된 잉글랜드 은행이다. 이 은행이 창립된 이후 화폐 제도와 자본주의 경제의 발전과 함께 은행은 현재의 모습으로 세계 여러 나라에서 발전하였다. 우리 나라에 근대적 은행 제도가 도입된 것은 일본 제일은행 부산 지점이 개설된 1878년부터이다. 일본 은행의 진출에 자극을 받아 민족자본에 의한 은행의 설립이 추진되었다. 그 대표적인 예가 1897년에 설립된 한성은행과 1899년에 설립된 대한천일은행이다. 1909년에 중앙 은행으로서 한국은행이 설립되었으나, 국권을 빼앗긴 후 업무를 조선은행에 이관하였다. 해방 후 1950년 5월에 「한국은행법」과 「은행법」을 공포

한성은행

하고 중앙 은행으로 한국은행을 설립하였다. 이후 금융 제도의 본격적인 정비 작업이 진행되면서 많은 은행이 설립되었다.

은행의 종류

우리 나라의 은행은 크게 중앙 은행, 특수 은행, 일반 은행, 지방 은행으로 나눌 수 있다. 중앙 은행은 돈을 발행하고 관리하는 은행으로 한국은행이 중앙 은행이다. 특수 은행은 정부가 특별한 목적을 가지고 설립한 은행을 말한다. 수출입 업무를 전담하는 수출입은행, 중소 기업을 전담하는 기업은행이 대표적인 예이다. 일반 은행은 우리은행, 국민은행, 하나은행 등을 말한다. 또 지방 은행은 대구은행, 부산은행, 전북은행과 같이 지역 금융을 원활히 하기 위해서 설립된 은행을 가리킨다.

중앙 은행인 한국은행

은행의 기본 업무인 예금의 입금과 출금을 맡는 창구

은행의 기본 업무인 대출을 맡는 창구

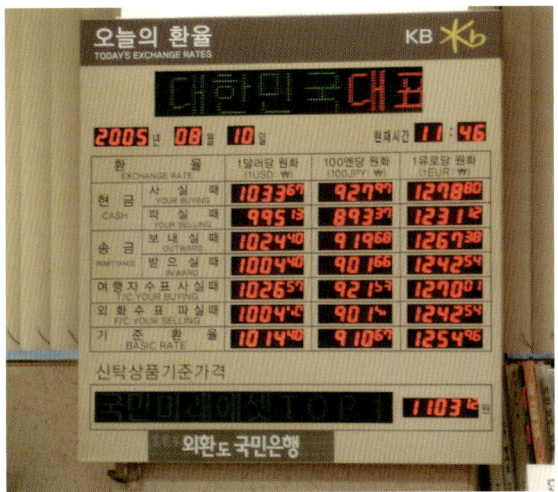
오늘의 환율을 알려주는 은행의 전광판

인터넷 뱅킹과 폰뱅킹을 할 수 있는 은행의 창구

은행의 자동 입출금 기기

공과금을 내거나 동전을 바꿀 수 있는 편리한 기계들

1989년에 도시 지역 의료보험이 실시되면서 의료보험은 전 국민을 대상으로 실시되었다. 한편 같은 해에 약국 의료보험도 실시되었다.

의무 교육

국가의 법률에 따라 일정한 나이가 된 어린이가 의무적으로 받아야 하는 보통 교육을 말한다. 근대 국가 이후 모든 국민은 사회적 지위나 경제적 지위에 상관없이 교육을 받을 권리를 갖게 되었다. 의무 교육은 국민의 교육권을 공공의 책임을 통해 보장하며 사회를 발전시키고 국가의 경쟁력을 키우는 데 중요한 역할을 한다. 국가가 의무 교육을 보장해야 한다고 처음 주장한 사람은 16세기 종교 개혁자 마틴 루터였다. 그러나 국가가 주도하는 의무 교육이 본격적으로 실시된 것은, 프로이센의 프리드리히 대왕이「일반지방학교령」이라는 의무교육령을 발표한 후부터다. 그 후 미국은 1852년에, 영국은 1860년에, 프랑스는 1872년에, 일본은 1885년에 의무 교육을 실시하였다. 우리 나라는 1950년부터 의무 교육을 실시하고 있다. 우리 나라의 법률에 따르면, 모든 국민은 6년의 초등 교육과 3년의 중등 교육을 마칠 의무가 있으며, 국가와 지방 자치 단체는 의무 교육을 위해 학교를 설립할 의무가 있고, 모든 부모는 보호하는 자녀를 학교에 취학시킬 의무가 있다.

의회

입법을 담당하는 기관으로 국민이 선출한 의원으로 구성된다. 의회가 하는 일 중 제일 중요한 일은 입법, 즉 법률을 제정하는 것이다. 그리고 국가의 예산을 심의·승인하고, 정부의 대내외 정책을 심의·비판하며, 행정 각료를 탄핵하는 일도 한다.

의회는 한 개의 합의체로 구성되는 일원제(단원제)와 두 개의 합의체로 구성되는 이원제(양원제)로 구분된다. 미국·영국 등은 의회가 상원과 하원으로 나뉘는 이원제를, 우리 나라와 덴마크 등은 일원제를 채택하고 있다.

이라크

서남아시아의 아라비아 반도 북동부에 있는 나라이다. 수도는 바그다드이다. 면적은 43만 4128제곱킬로미터이다. 인구는 2003년 기준으로 2468만 3000명이다. 공용어는 아랍어이다. 주요 종교는 이슬람교이다. 기후는 지중해성 기후, 반건조 기후 등 다양하게 나타난다. 1인당 국내총생산은 2003년 기준으로 900달러이다.

이라크는 세계에서 가장 오래 된 문명인 메소포타미아 문명이 발생한 곳으로 바빌론 왕국, 아바스 왕조 등이 찬란한 문화를 꽃피웠으나 몽골, 티무르, 오스만투르크 등 외부의 침입을 많이 받았다. 이라크는 8세기 중엽에 시작된 아바스 왕조 때부터 주변 이슬람 여러 나라의 중심이 되는 왕국으로 크게 번성하였으나, 11세기 중기 이후에는 셀주크, 몽골, 티무르의 지배를 받았다. 1534년부터 약 400년 간 오스만투르크 제국의 속주로 있었으며, 제1차 세계대전 때부터 영국의 위임 통치령 아래 있던 이라

의무 교육을 받고 있는 초등학교 어린이

이라크로 파병된 자이툰 부대

크는 오랜 독립 운동 끝에 1932년에 영국으로부터 독립하여 왕국을 세웠다. 그러나 1958년에 카셈 장군이 이끄는 청년 장교들이 왕정을 타도하고 공화정을 수립하였다. 그 후 잦은 쿠데타로 정치 혼란이 계속되다가 1968년에 바스 당이 정권을 잡았으며, 1979년에 사담 후세인이 대통령으로 취임하였다. 국가의 경제 재건과 군사력 증강에 힘써온 후세인 정부는 1980년에 이란을 침공하고, 1990년에 쿠웨이트를 침공하는 등 페르시아 만의 정치적 불안을 가중시켰다. 이러한 후세인 정부에 대해 세계 여러 나라가 경제 제재를 가해 이라크는 막대한 석유와 천연 가스를 갖고 있는데도 국민들은 오랫동안 가난에 허덕여야 했다.

그러던 중 2001년에 미국에 9·11테러 사건이 일어나자 부시 정부는 이라크의 대량 살상 무기를 제거함으로써 자국민 보호와 세계 평화에 이바지한다는 명분을 내세워 동맹국인 영국·오스트레일리아와 함께 2003년 3월 20일에 이라크를 침공하여 후세인 정부를 무너뜨렸다. 미국이 일으킨 이라크전쟁에 대해 몇몇 나라를 제외하고는 많은 나라가 반대하였으며, 전쟁을 반대하는 시위가 세계 곳곳에서 이어졌다. 또 전쟁에서 승리한 이후 이라크에서 대량 살상 무기가 발견되지 않고 민간인 피해가 잇따르자 이라크 전쟁은 이라크의 자유보다는 미국이 이라크의 원유를 확보하기 위해 일으킨 전쟁이라는 비난이 쏟아졌다. 그래서 미국을 비롯한 점령군은 계획보다 일찍 이라크 임시 정부에 주권을 이양하였다. 2004년 6월 29일에 주권을 이양받은 이라크 임시 정부는 제헌 의회를 구성하고 자치 정부를 수립해 재건에 나섰지만, 미군 주둔지를 중심으로 테러와 정치적 혼란이 계속되고 있다.

우리 나라에서도 전쟁을 반대하는 여론이 높았음에도 불구하고 정부는 2003년 4월 30일에 공병 지원과 의료 지원을 위해 서희 부대와 제마 부대를 파병하였다. 2004년 8월에 이라크의 평화 재건을 목적으로 하는 자이툰 부대를 추가로 파병하였다.

이란

서남아시아의 페르시아 만 연안에 있는 나라이다. 정식 명칭은 이란이슬람공화국이다. 정부 형태는 이슬람공화

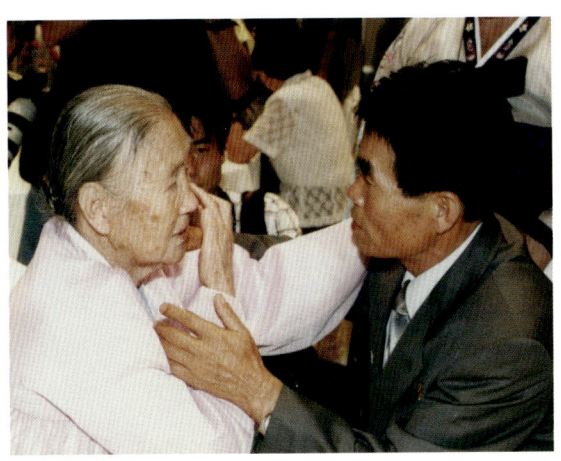

이산가족 상봉

제이며, 수도는 테헤란이다. 면적은 165만 제곱킬로미터로 한반도의 약 7.5배이다. 인구는 2003년 말 기준으로 6700만 명이다. 공용어는 페르시아어이다. 주요 종교는 이슬람교이다. 기후는 대륙성 기후이며, 남부는 아열대성 기후이다. 1인당 국민총생산은 2003년 기준으로 1680달러이다. 옛날에는 페르시아라고 불렀으나 1935년에 아리아인의 나라라는 뜻의 이란으로 나라 이름을 바꾸었다. 석유 매장량은 세계 5위이고, 천연 가스 매장량은 세계 2위이다.

이산가족

지진과 홍수 같은 자연 재해나 전쟁, 내란 같은 정치적인 원인으로 서로 흩어져 만날 수 없는 가족들을 말한다. 특히 20세기에는 두 번의 세계대전과 수없이 많이 일어난 국지전과 정치 불안정으로 실향민과 이산가족이 많이 생겼다. 전 세계에서는 이산가족의 고통을 덜어 주려고 꾸준히 노력하고 있다. 1949년에 제네바에서 채택한 전시 민간인 보호에 관한 협약에도 전쟁 중에 교전자와 점령자는 민간인의 가족권을 존중하여 가족 구성원의 생사와 안부를 알 권리, 서신과 소포를 주고받을 권리, 재회와 관계 유지의 권리를 보장해야 한다는 조항이 있다.

한편 우리 나라에서도 한국전쟁을 거치면서 약 1000만의 이산가족이 생겼다. 1971년에는 남북의 이산가족을 만나게 해 줄 목적으로 남북적십자회담이 열리기도 하였으나 끝내 무산되고 말았다. 1983년 여름에는 한국방

이슬람교

마호메트가 7세기 초에 아랍 지역에서 창시한 종교로 불교, 크리스트교와 더불어 세계 3대 종교로 꼽힌다. 이슬람이란 아랍어로 신에 대한 완전한 복종인 절대 귀의를 뜻한다. 유일신 알라를 섬기며 『코란』을 경전으로 삼는다. 코란은 믿음을 '알라, 최후의 날, 천사, 여러 경전, 예언자들을 믿는 것'이라고 정의한다. 유럽에서는 창시자의 이름을 따서 마호메트교라 하고, 위구르 족인 회흘 족을 통해 이슬람교를 받아들인 중국은 회회교라고 한다. 우리 나라에서는 이슬람교 혹은 회교라고 한다.

이슬람교에서 중시하는 것은 알라의 계시를 잘 이해하는 것, 마음으로 알고 믿는 것을 말로 표현하는 것, 이슬람 신도의 의무를 열심히 실천하는 것 등이다. 이슬람 신도가 실천해야 할 다섯 가지 의무로는 첫째, 알라는 유일신이고 마호메트는 알라의 사도라고 고백하는 것이다. 둘째, 하루에 다섯 번 정해진 시간에 예배를 드린다. 셋째, 금전적으로 가난한 사람을 돕는다. 넷째, 성년인 무슬림은 매년 라마단 월(9월)에 열리는 단식제에 참여한다. 다섯째는 카바 신전이나 메카의 부근에서 12월에 열리는 대제사에 일생에 한 번 이상 참가하는 것이다.

오늘날 이슬람 신도의 숫자는 약 8억 8000만 명 정도라고 한다. 이슬람 신도가 많은 지역은 서남아시아와 중앙아시아, 아프리카이다. 우리 나라에 이슬람교를 전래한 사람은 한국전쟁 때 유엔군으로 참전한 터키 부대의 종군 성직자 압둘라호만이다.

이슬람교와 마호메트

마호메트는 570년경에 쿠라이시 집안에서 태어났다. 5세기경부터 쿠라이시 가문은 메카에 카바 신전을 세우고, 그곳을 방문하는 순례자에게 음식과 물을 제공했다. 당시 아랍인은 자연을 숭배하거나 다신교를 믿었다. 카바 신전은 다신교의 수많은 신상들을 모신 곳이었다. 그러나 마호메트는 610년경 대천사 가브리엘을 통해 전지전능의 신 알라의 계시를 받고 사람들에게 알라의 가르침을 전하기로 결심한다. 다신교 전통을 따르던 쿠라이시 집안은 알라를 유일신이라 주장하는 마호메트를 박해한다. 마호메트는 622년 박해를 피하여 100명의 신도를 이끌고 메카를 떠나 지금의 메디나로 간다. 이 사건을 헤지라라고 하며, 이슬람 달력에서는 헤지라가 일어난 해를 기원년으로 삼는다. 헤지라 이후 9년간 메카와 메디나 사이에 치열한 싸움이 벌어졌고, 결국 메디나의 이슬람 신도들이 승리하였다. 이때부터 이슬람교는 아랍 사람들의 생활과 문화에 강한 영향을 미쳤다.

이슬람교의 예배. 메카의 카바 신전

이슬람교 사원

이집트의 스핑크스와 피라미드

이탈리아의 베네치아

송공사가 이산가족 찾기 운동을 벌여 국내의 이산가족을 다시 만나게 하는 데 크게 기여하였다. 2000년에 북한의 평양에서 열린 남북정상회담 이후 10여 차례의 남북 이산가족 상봉이 이루어지고 있다.

이스라엘

지중해 동쪽, 서남아시아의 팔레스타인에 있는 나라이다. 아랍 문화권 내에 있는 유일한 유대인 공화국이다. 기원전 70년에 고대 로마 제국에게 멸망된 후 1800여 년 동안 세계 각지로 떠돌던 유대 민족이 1948년에 세운 국가이다. 정부 형태는 내각 책임제이며, 수도는 예루살렘이다. 면적은 2만 425제곱킬로미터로 한반도의 약 10분의 1이다. 인구는 2003년 말 기준으로 약 670만 명이다. 공용어는 헤브라이어이다. 주요 종교는 유대교이다. 기후는 지중해성 기후이다. 1인당 국민총생산은 2003년 기준으로 1만 6750달러이다.

이집트

아프리카 대륙 북동부에 있는 나라이다. 정식 명칭은 이집트아랍공화국이다. 정부 형태는 대통령 중심제이며, 수도는 카이로이다. 면적은 100만 1000제곱킬로미터로 한반도의 약 5배이다. 전 국토의 95퍼센트가 사막이다. 인구는 2003년 말 기준으로 6819만 명이다. 공용어는 아랍어이다. 주요 종교는 이슬람교이다. 기후는 아열대성 기후와 사막 기후이다. 1인당 국민총생산은 2003년 기준으로 1530달러이다. 이집트의 나일 강 유역을 중심으로 가장 오래 된 인류 문명 중에 하나인 이집트 문명이 발생하였다.

이탈리아

유럽 중남부에 있는 나라로, 남북으로 긴 장화 모양을 한 반도와 시칠리아·사르데냐 섬 등으로 이루어진 나라이다. 북쪽은 알프스 산맥을 경계로 프랑스·스위스·오스트리아와 접하고, 동쪽은 아드리아 해, 서쪽은 티레니아 해에 접하고 있다. 산지와 구릉이 대부분이고, 평야는 전 국토의 약 5분의 1에 지나지 않는다. 지반이 불안정하여 지진이 잦다. 북부에는 알프스 산맥이 동서로 걸쳐 있고, 반도 중심에는 아펜니노 산맥이 남북으로 뻗어 있다. 정부 형태는 내각 책임제이며, 수도는 로마이다. 주요 도시로는 밀라노, 나폴리, 피렌체, 베네치아 등이 있다. 면적은 30만 1277제곱킬로미터로 한반도의 약 1.5배이다. 인구는 2003년 기준으로 약 5704만 명이다. 공용어는 이탈리아어이다. 주요 종교는 가톨릭교이다. 기후는 지중해성 기후로 대체로 우리 나라 기후보다 약간 따뜻하다.

북부 지역은 제철 산업·자동차 산업·섬유 산업 등의 공업이 발달하였으며, 남부와 시칠리아는 농업·목축업·어업이 발달하였다. 주요 농산물은 포도·밀·쌀·올리브·과일 등이며, 특히 포도주의 생산량이 많다. 1인당 국민총생산은 2003년 기준으로 1만 9390달러이다.

로마 시대 이후 그리스와 더불어 서양 문명의 원천이 된 나라이며, 고대 로마의 유적과 르네상스 시대의 미술품과 건축물 등이 많아 관광지로 유명하다.

인권

인간이기에 누리는 기본적인 권리이며, 마땅히 누려야 할 인간 고유의 권리를 말한다. 즉 인종, 성별, 사회적 신분 등에 관계없이 모든 인간이 보편적으로 누려야 하는 권리이며 국가나 법에 의해 만들어진 권리가 아닌 인간이 인간으로서 생존하기 위하여 당연히 누려야 할 인간의 고유한 권리이다. 또한 일정 기간에만 보장되는 것이 아니라 영구히 갖는 권리이며, 현재의 국민은 물론 장래의 국민에게도 인정되는 항구적인 권리이다. 인간이 가지는 침해할 수 없는 권리이므로 모든 국가 권력은 이를 최대한 존중하고 보장할 의무가 있다.

본래 인권의 이념은 근대 시민 혁명 과정에서 탄생했다. 신흥 자본가나 지식인 계급인 시민 계급은 경제적·사회적 지위가 향상되었는데도 정치적으로는 국왕과 귀족의 권력에 예속되었다. 시민 계급은 프랑스의 대혁명과 미국의 독립전쟁 같은 시민 혁명을 통해 시민 계급의 정치적 지위와 기본적인 권리를 확보하는 데 성공하였다. 이때 발표된 프랑스의 인간 및 시민의 권리 선언이나 미국의 버지니아 주 헌법 등의 권리선언에는 공통 내용이 있다. 인간은 태어나면서부터 자유롭고 평등하며, 이 권리는 어떠한 권력에 의해서도 박탈당할 수 없다는 자연법적·천부인권적 사상이다. 더불어 국가 권력은 시민이 시민 사회를 유지하기 위해 만든 것이라는 사회계약론적·국민주권적 사상이다. 이처럼 인권은 시민 계급이 국가의 권력에 저항하면서 형성된 것이어서, 초기에는 국가의 권력으로부터 자유권을 획득하는 것에 초점이 맞추어져 있었다.

그러나 산업혁명을 거치면서 빈부의 격차가 커지고 계급 갈등이 심해지면서, 국민이 기본 생활을 보장받기 위해선 국가가 경제에 개입해야 한다는 목소리가 점차 높아져 갔다. 따라서 오늘날 인권이라는 개념에는 국가로부터 자유와 국가의 개입을 통한 생활권 보장이 모두 포함되어 있다. 보통 기본적 인권이라 하면 행복추구권, 평등권, 자유권, 참정권, 사회권, 청구권 등이 포함된다. 대부분의 국가에서는 이러한 인권의 내용을 국민의 기본권으로 성문화하였다. 20세기에 이르자, 인권을 옹호하려는 노력은 개별 국가뿐 아니라 국제 사회 차원에서 이루어지기 시작했다. 1948년에 국제연합이 발표한 세계인권선언을 비롯해 유럽, 아메리카, 아프리카 등지에서 발표된 여러 세계 선언들은 국제적으로 인권 운동에 관심을 불러일으키는 계기가 되었다.

전쟁 지역의 어린이를 보호하려는 앰네스티의 포스터

국가인권위원회의 인권학교 운영자 간담회

우리 나라의 인권

현재 우리 나라의 헌법 제9조에는 '모든 국민은 인간으로서의 존엄과 가치를 가지며, 행복을 추구할 권리를 가진다. 국가는 개인이 가지는 불가침의 기본적 인권을 확인하고 이를 보장할 의무를 진다'고 규정하고 있다. 모든 국민의 인권이 보호받아야 하지만, 특히 인권을 보호받아야 할 사람으로 어린이, 여성, 노인, 장애인, 노숙자, 난민, 외국인 노동자, 해외 교포 등이 있다. 이들은 대개 사회적 약자이거나 사회의 관심에서 소외된 사람들이며, 경제력이 없는 사람들이 많다.

또한 법에 대한 지식이 부족하여 자신이 인권 침해를 받았을 때 제대로 대처하지 못하는 경우가 많다. 그래서 국가는 국가인권위원회를 만들어 국민의 인권 보호에 애쓰고 있다. 또 어린이, 여성, 노인, 장애인, 외국인 노동자들처럼 소외된 계층의 인권을 위해 일하는 민간 단체와 국제사면위원회 같은 국제 인권 단체의 지부들이 국민의 인권 보호를 위해 노력하고 있다.

탐구학습

왼손잡이들의 인권 보고서를 만들어 보자

오른손이 아니라 왼손을 주로 쓰는 사람들은 단지 왼손잡이라는 이유만으로 사회 제도적으로 마땅히 받아야 할 대우를 받지 못하고 희생을 강요받으며 개성을 억압당하는 경우가 많다. 세계적으로 열 명당 한 명이 왼손잡이라고 한다. 우리 나라의 경우에는 정확한 수치는 아직 없지만 전 세계의 수치보다는 상대적으로 작은 편이다. 그 이유는 전통적으로 왼손잡이에 대한 편견이 강해서 어려서부터 집에서 왼손을 사용하지 못하게 하기 때문이다. 왼손잡이들이 제도적으로 불이익을 당하는 부분은 국가 차원에서 개선되어야 한다. 학교의 교육 시설이나 공공 시설에 왼손잡이들도 불편하지 않도록 시설물을 설치하여야 하며, 왼손잡이들을 위한 제품을 만드는 기업에 대한 지원이나 조세 감면 등을 통해 국가 차원에서 왼손잡이들의 인권 보호에 힘써야 한다. 그리고 무엇보다 사회 문화적으로 소수인 왼손잡이들에 대해 차별도 차이도 아닌, 다름을 인정해 주는 사회적 분위기가 형성되어야 한다.

왼손잡이들이 겪는 대표적인 어려움 몇 가지를 정리하면 다음과 같다.

첫째, 사회 전체적으로 왼손잡이가 잘못되었다는 편견이 강하다. 오른손이 바른손이고, 왼손은 잘못된 것이라는 편견 때문에 어려서부터 집이나 학교에서 오른손을 사용하도록 강요받는다. 그로 인해 성장 과정에서 많은 심리적 압박을 받는다.
둘째, 학교의 모든 시설이나 교구가 오른손잡이들을 위해서만 준비되어 있다. 대학교 강의실에 있는 책상도 오른손 용으로만 되어 있어 왼쪽에 무게 중심이 있는 왼손잡이들에게는 상당히 불편하다.
셋째, 건물의 문이나 엘리베이터의 단추 등이 왼손잡이들이 사용하기 불편하게 설치되어 있으며, 가위나 칼 등 많은 생활용품들이 오른손잡이 용만 있어서 사용이 불편하다.
넷째, 군대에서 쓰는 무기나 장비들이 모두 오른손잡이 용이어서 왼손잡이들은 훈련과 내부반 생활에서 어려움을 겪고 있다.

인구

 일정한 지역 안에 사는 사람의 수를 말한다. 인구의 크기와 성별, 연령별 구조 및 지역별 분포 등의 구조는 사회 구성원의 출생, 사망, 이동 등에 따라 변화한다. 인구는 한 사회의 산업 토대이기 때문에 경제에 많은 영향을 미친다. 예를 들어 인구의 수가 국토나 자원에 비해 너무 많으면 국민의 생활이 어려워지고, 출산율이 낮아지고 인구가 고령화되면 노동 인구의 감소로 국민 소득이 줄어든다. 따라서 인구의 크기와 구조를 살피는 것은 지역의 정치·경제·사회 상황을 파악하고 장래의 변화를 예측하는 데 있어서 매우 중요하다.

 인구의 실태를 파악하는 방법은 두 가지다. 어느 한 순간의 인구 상태인 인구 정태를 조사하는 방법과 어느 일정 기간 내의 인구의 변화 상황과 변화 요인 등 인구 동태를 조사하는 방법이다. 인구의 실태를 파악하는 방법 중에서 가장 규모가 큰 방법은 국세 조사이다. 이는 한 국가의 전체 인구 상태를 어느 한 시점에서 파악하기 위한 조사로 센서스라고도 한다. 우리 나라는 1949년에 처음으로 국세 조사를 했다. 그 후 1955년에 중간 조사를 한 번 더 하였고, 1960년부터는 5년마다 실시하고 있다. 국세 조사에서는 개인의 성별·연령·가족 관계·직업 등을 조사한다. 이를 통해 전국 인구의 규모와 구조를 알 수 있다. 우리 나라는 피라미드형에서 종형으로 바뀌고 있어 인구 구조가 노령화하고 있음을 알 수 있다. 또한 우리 나라의 출산율이 1960년대 이후 급격하게 줄어 전체 인구의 증가율이 낮아지고 있음을 알 수 있다. 그리고 공업화 정책에 따라 1차 산업의 인구는 줄어들고 2·3차 인구는 증가하며, 도시화 현상에 따라 도시 인구가 급격하게 늘어나고 있음을 알 수 있다.

 세계의 인구는 1999년 10월에 60억을 돌파했다. 1950년에 25억이었으며, 50년 동안 2배가 증가한 것이다. 국제 연합의 세계 인구 예측 보고서에 따르면 2005년의 세계 인구는 64억 명이 넘고 2050년에는 90억 명이 넘을 것으로 예측되고 있다. 우리 나라의 인구는 2004년 말 기준으로 4905만 2988명이다.

인구 문제

 인구가 너무 많거나 너무 적어서 생기는 문제를 가리킨

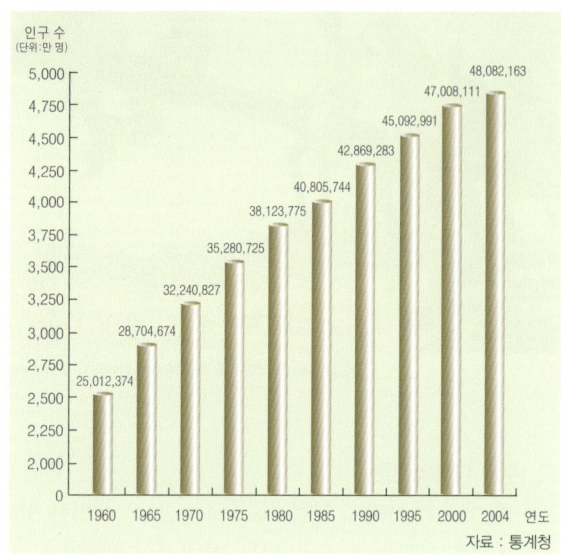

우리 나라의 연도별 인구 수

다. 나라별 사회·경제 상황이나 문화 상황에 따라 그 형태도 다양하다. 개발도상국에서는 폭발적인 인구 증가로 식량, 에너지, 주택 등의 부족과 환경 오염 문제를 겪고 있다. 특히 인구가 도시로 집중되면서 지역 간의 심각한 불균형을 낳고 있다. 이에 개발도상국은 인구 억제 정책을 실시하는 한편, 경제를 발전시켜 인구 부양 능력을 높이려고 하고 있다.

 한편 선진국에서는 출생률이 줄어들고 인구의 고령화 현상이 나타나면서 사회 복지 비용의 증가와 노동력 부족 등을 겪고 있다. 이를 해결하기 위해 출산을 장려하

노인 문제를 해결하기 위해 시에서 마련한 노인 복지 시설

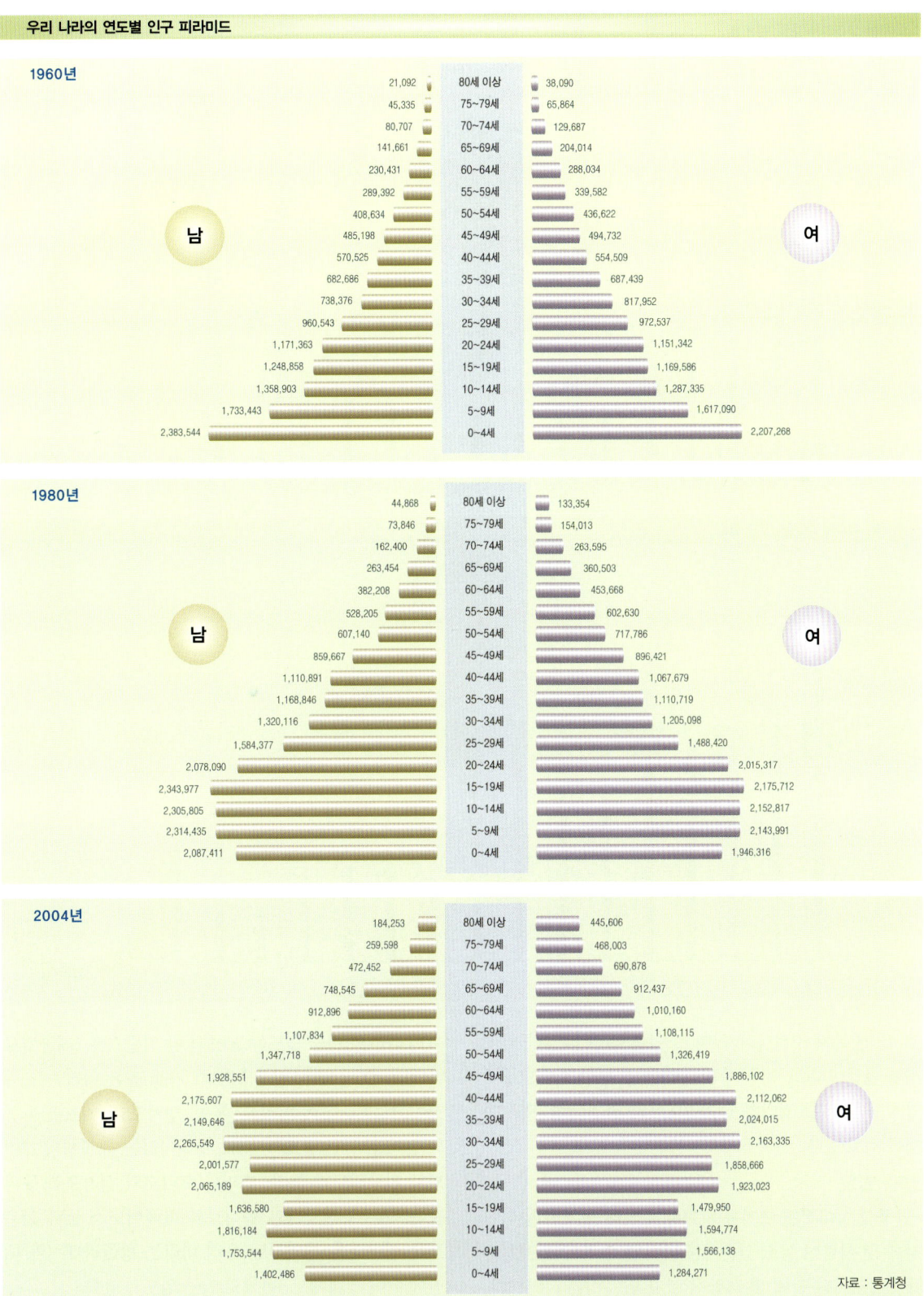

인구 밀도

우리 나라의 시도별 인구 수

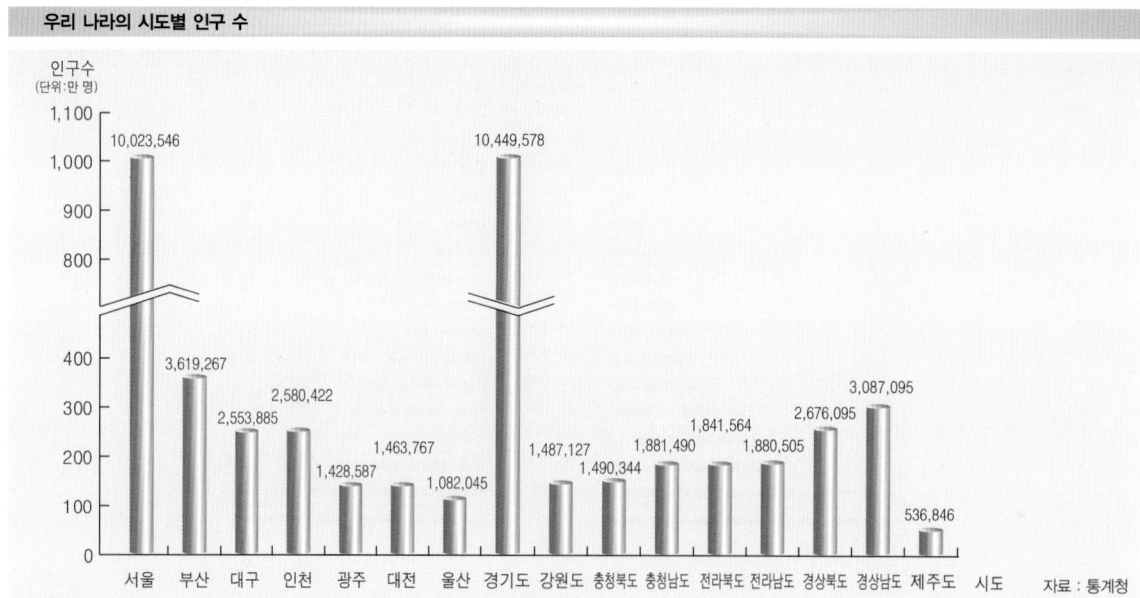

우리 나라의 시도별 인구 밀도

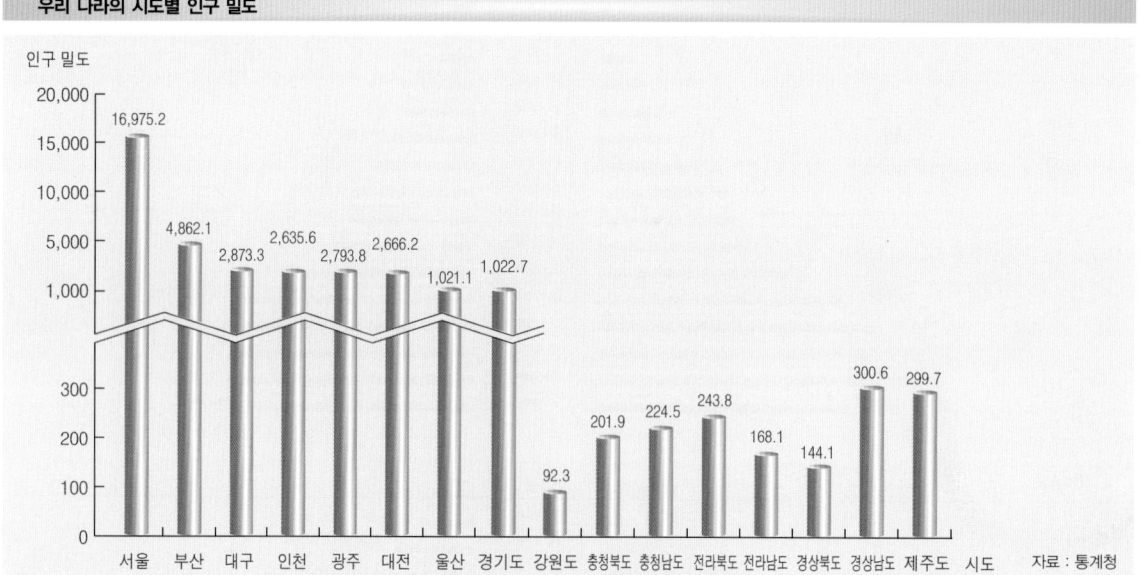

고, 노인 복지 시설을 늘리며, 노인을 위한 다양한 일거리를 만들어 내고 있다. 우리 나라는 그 동안 개발도상국형 인구 문제를 겪다가 1990년대부터 선진국형 인구 문제를 겪고 있다.

인구 밀도

인구의 상대적인 크기를 비교하기 위해 일정한 넓이의 땅에 몇 사람이 살고 있는가를 나타낸 수치이다. 보통 1제곱킬로미터 안에 몇 사람이 살고 있는지를 나타낸다.

우리 나라의 인구 밀도는 2003년 말 기준으로 1제곱킬로미터당 490명이다. 인구 밀도가 가장 높은 나라는 모나코이고, 그 다음이 마카오, 홍콩, 싱가포르, 지브롤터 등의 순서로 인구 밀도가 높고, 우리나라는 세계에서 17번째로 인구밀도가 높다. 그러나 모나코와 싱가포르 등과 같은 작은 도시국가와 몰디브와 바베이도스 등과 같은 작은 섬나라를 제외하면 우리 나라는 방글라데시와 대만에 이어 세계에서 3번째로 인구 밀도가 높다.

인도

남부아시아에 있는 나라이다. 불교가 발생한 곳으로 예부터 천축이라는 이름으로 알려져 왔다. 350여 년 동안 영국의 지배를 받다가 1947년에 독립하였다. 정부 형태는 내각 책임제이며, 수도는 뉴델리이다. 면적은 329만 제곱킬로미터로 한반도의 약 15배이며, 세계에서 일곱 번째로 큰 나라이다. 인구는 2003년 말 기준으로 약 10억 6547만 명으로 세계에서 중국 다음으로 많다. 공용어는 힌디어와 영어이다. 주요 종교는 힌두교이다. 기후는 열대 몬순형 기후이다. 1인당 국민총생산은 2003년 기준으로 460달러이다.

인도네시아

동남아시아에 있는 세계 최대의 섬나라이다. 제2차 세계대전 전에는 네덜란드령 동인도였으나 1945년에 독립하였다. 정부 형태는 대통령 중심제이며, 수도는 자카르타이다. 면적은 192만 2570제곱킬로미터로 한반도의 9배이다. 인구는 2003년 기준으로 약 2억 1988만 명이다. 공용어는 인도네시아어이다. 주요 종교는 이슬람교이다. 1인당 국민총생산은 2003년 기준으로 690달러이다.

인도양

남아시아·아프리카·오스트레일리아에 접하면서 남쪽으로 남극 대륙까지 뻗어 있는 대양을 말한다. 북쪽으로는 이란·파키스탄·인도·방글라데시, 동쪽으로는 말레이 반도·인도네시아의 순다 열도·오스트레일리아, 서쪽으로는 아프리카와 아라비아 반도, 남쪽으로는 남극 대륙과 접해 있다. 아프리카 남단에서 대서양과 합류하며, 동쪽과 남동쪽으로 태평양과 합류한다. 대서양·태평양과 더불어 세계 3대 대양 가운데 하나이다. 부속해를 제외한 면적은 7344만 제곱킬로미터이다. 평균 수심은 3890미터이며, 가장 깊은 곳은 자바 해구의 순다 심연으로 7450미터이다.

1498년에는 포르투갈의 바스코 다 가마가 희망봉을 발견하였고, 16세기에는 영국의 드레이크가 대서양과 태평양의 횡단에 이어 티모르 섬에서 인도양 남부로의 횡단에 성공하였다. 특히 20세기 초 수에즈 운하가 개통된 이후에는 해운의 이용이 크게 늘었다.

인디언

인도 사람 또는 아메리카 대륙의 원주민을 가리킨다. 우리 나라에서는 보통 아메리카 대륙의 원주민을 가리킨다. 콜럼버스는 1492년에 신대륙을 발견하고는 이를 인도라고 착각해 그곳 원주민을 에스파냐어로 인도인이라는 뜻으로 인디오(Indio)라고 불렀다. 그 후 이 원주민들을 본래의 인도인과 구별하고자 아메리카인디언, 아메린디언, 아메린드라 부르게 되었다. 아메리카 대륙의 인디언은 인종상 몽골 계통이며, 본래 아시아 대륙에 살다가 베링 해협을 거쳐 아메리카로 이주한 것으로 짐작하고 있다.

인류

생물학적으로 척추동물문 포유강 영장목 사람과에 속하는 포유 동물을 가리킨다. 사람은 다른 동물과 뚜렷한 차이가 있다. 우선 두 다리로 곧게 서서 걸으면서 자유로워진 손으로 도구를 사용할 수 있게 되었다. 또 곧은 자세 덕분에 뇌의 용량이 커져서 고도의 지능을 갖게 되었다. 그리고 언어를 갖고 있어 복잡한 의사 소통과 사회 생활을 하게 되었다.

최초의 인류는 약 2500만 년에서 3000만 년 전에 등장했을 것으로 짐작하고 있다. 지금까지 발견된 사람과의 화석 중 가장 오래 된 것은 약 200만 년 전의 것이다. 아프리카에서 발견된 이 시기의 인류를 오스트랄로피테쿠스라고 한다. 뇌는 그다지 크지 않았으나 직립 보행을 하고 석기를 이용하였다. 그 다음 오래 된 화석은 50만 년 전의 자바 원인과 베이징 원인의 화석이다. 원인들은 오스트랄로피테쿠스보다 뇌가 크고 턱과 이가 작다. 그 후 4만 년에서 20만 년 전에는 네안데르탈인이 살았던 것으로 추측되며, 화석으로 보아 뇌의 크기나 모습이 현대인과 여러 가지 점에서 비슷하다. 그리고 3만 년에서 4만 년 전에는 마침내 현대인의 조상이라 할 수 있는 크로마뇽인이 나타났다.

인쇄

문자, 그림, 사진 등을 종이나 여러 물체의 표면에 옮겨 찍어서 여러 벌의 복제물을 만드는 것을 가리킨다. 인쇄술의 발달은 지식과 정보의 대중화에 크게 기여하였다. 인쇄술이 발달하기 전에는 책을 일일이 베껴 써야 했기 때문에 책이 무척 귀했고, 몇

세계에서 가장 오래 된 목판 인쇄물인 무구정광다라니경

몇 사람들만 책을 볼 수 있었다. 인쇄술이 발달해 책을 쉽게 많이 찍어 낼 수 있게 되면서, 책 속에 담긴 지식과 정보를 많은 사람들이 공유할 수 있게 되었다. 이렇듯 인쇄는 인류 문명의 발전에 기여하였으며, 오늘날 인쇄를 해서 만드는 책·신문·잡지 등은 문자와 시각적인 방법으로 지식과 정보를 전달하는 대표적인 대중 매체로 자리잡고 있다.

인쇄는 인쇄판의 모양에 따라 크게 볼록판 인쇄, 오목판 인쇄, 평판 인쇄, 공판 인쇄 등으로 나눈다. 볼록판 인쇄는 인쇄할 부분이 볼록하게 튀어나오게 하여 그 부분에 잉크를 묻혀 종이에 찍는 인쇄 방법으로 목판 인쇄나 금속 활자를 이용한 활판 인쇄 등이 대표적이다. 오목판 인쇄는 인쇄할 부분을 파낸 다음 오목한 부분에 잉크를 넣어 찍는 인쇄 방법으로 그라비아 인쇄가 대표적이다. 평판 인쇄는 물과 기름이 서로 반발하는 성질을 이용하여 평평한 판에 찍고자 하는 내용에만 잉크가 묻게 하여 인쇄하는 방법으로 석판 인쇄나 금속판을 이용한 오프셋 인쇄 등이 대표적이다. 공판 인쇄는 판에 인쇄할 부분을 작은 구멍으로 뚫고 그 사이로 잉크가 배어 나가게 하여 인쇄하는 방법으로 등사판 인쇄나 실크스크린 인쇄 등이 대표적이다.

이 중 볼록판 인쇄가 가장 역사가 오래 되고 널리 쓰였다. 특히 금속 활자와 그것을 이용한 활판 인쇄술은 수세기 동안 새로운 지식과 정보를 많은 사람들에게 전달해 인류 문화의 발전에 크게 기여했다. 1905년에 미국의 루벨이 오프셋 인쇄술을 발명하고, 1960년대 이후 컴퓨터 시스템에 의한 조판 기술이 널리 보급되면서 오늘날에는 인쇄하려는 내용을 컴퓨터로 조판한 후 그것을 필름으로 출력해 금속 평판에 옮긴 다음 오프셋 인쇄기로 인쇄하는 방법이 가장 널리 쓰이고 있다.

인쇄의 역사와 금속 활자

지식과 문화 수준이 발달하면서 점차 인쇄술을 필요로 하게 되었고 그에 따라 목판 인쇄가 시작되었다. 나무 판에 문자나 그림을 새기고 표면에 먹물 등을 묻혀 그 위에 종이를 대고 문질러 찍은 목판 인쇄는 베껴서 쓰는 방법에 비하면 획기적이라고 할 수 있었다. 목판 인쇄로 소수의 사람이 아닌 많은 사람들이 지식과 정보를 공

매엽인쇄기

윤전인쇄기

전통 인쇄 과정 : 활자 만들기 – 거푸집 만들기 – 쇳물 부어 활자 주조 – 활자가 주조된 상태 – 금속 활자판 – 금속 활자판 위에 종이를 덮어 찍어내기

유할 수 있게 되었다. 그러나 목판 인쇄는 목판을 만드는 비용과 시간이 많이 들고, 하나의 목판으로 한 종류의 책을 펴낼 수밖에 없다는 단점이 있었다. 우리 나라에서 세계 최초로 만든 금속 활자는 그런 문제를 말끔하게 해결한 것으로 인쇄술을 비약적으로 발전시켰다. 금속으로 활자를 만들고 그 활자를 모아 활자판을 만들어 책을 찍는 인쇄술은 활자를 만들기만 하면 언제든지 필요한 책을 찍어낼 수 있었기 때문에 목판 인쇄에 비해 인쇄 비용이 적게 들고 일하는 시간이 줄어 들어 경제적이었다. 이후 금속 활자와 그것을 이용한 활판 인쇄술은 오프셋 인쇄술이 널리 쓰이기 전까지 수세기 동안 세계 여러 나라에서 새로운 지식과 정보를 많은 사람들에게 전달해 인류 문화의 발전에 크게 기여했다.

팔만대장경 목판

우리 나라에서 금속 활자가 언제부터 쓰였는지 정확히 알 수는 없지만 조선 시대에 이규보가 쓴 『동국이상국집』에 '상정예문이 금속활자로 28부가 인쇄되어 여러 관청에 나누어졌' 고 기록되어 있는 것으로 미루어 보아 1234~1241년 사이에 이미 우리 나라에서 금속 활자가 쓰였음을 알 수 있다. 이는 1455년에 독일의 구텐베르그가 납으로 만든 활자를 이용한 활판 인쇄술을 발명하고, 이듬해에 성서를 발행한 것보다 200여 년이나 앞선 것이다. 현재 금속 활자로 인쇄한 책으로 남아 있는 것 중에 가장 오래 된 것은 1377년에 청주의 흥덕사에서 간행한 『백운화상초록불조직지심체요절(白雲和尙抄錄佛祖直指心體要節)』이다. 이 책은 줄여서 『불조직지심체요절』, 『직지심체요절』, 『직지심체』, 『직지』 등으로 부르기도 한다. 직지는 2001년에 유네스코 세계기록유산으로 등록되었으며, 현재 프랑스의 국립도서관에 보관되어 있다.

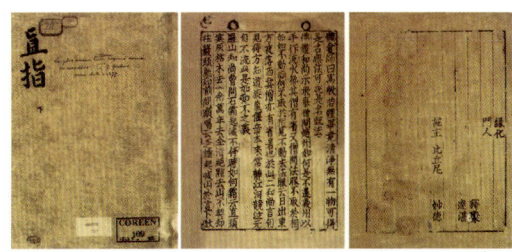

세계 최초의 금속 활자 인쇄본인 직지심체요절

인터넷

 컴퓨터 통신에 필요한 공통 순서를 입력해 둔 프로그램인 프로토콜을 이용해 두 대 이상의 컴퓨터를 연결해 서로 필요한 정보를 주고받는 네트워크 체계를 전 세계로 확장하고, 각종 정보 서비스 망을 하나로 연결한 것을 가리킨다. 인터(Inter)와 네트워크(Network)가 합쳐진 말이다.

 인터넷을 통해 수많은 정보 서비스 망이 제공하는 정보를 얻을 수 있고 다른 정보 서비스 망에 가입한 사람들과도 정보를 교환할 수 있다. 인터넷에는 주 컴퓨터도 없고 서비스를 관리하는 조직도 없다. 하지만 인터넷 상의 컴퓨터 또는 통신 네트워크에 이상이 생길 경우에 통신망 전체에 영향을 주지 않도록 세계 각지에서 인터넷 접속을 관리한다.

 오늘날 인터넷은 전화망 다음으로 거대한 정보망이 되었으며, 우리 생활의 많은 부분을 바꿔 놓았다. 무엇보다 인터넷 상에서 다양한 사람들과 다양한 방식으로 의사 소통을 할 수 있다. 모르는 사람과도 의사 소통을 할 수 있고, 설문 조사에 자신의 의견을 직접 실을 수 있으며, 자신의 홈페이지를 만들어 자신의 생활과 생각을 알릴 수도 있다. 그리고 인터넷을 통해 원하는 물건을 살 수 있고, 은행 업무도 처리할 수 있으며, 원하는 영화나 공연도 예약할 수 있다. 또한 우리 나라뿐 아니라 전 세계에서 일어나는 일들을 실시간으로 접할 수 있고, 원하는 자료 또한 언제든지 얻을 수 있으며, 배우고 싶은 수업도 직접 가지 않고 화상으로 들을 수 있다. 인터넷으로 정치에도 참여할 수 있는데, 정부의 홈페이지에 궁금한 점을 묻거나 정부의 정책에 자신의 의견을 표현할 수 있으며, 자신과 정치적 의견을 같이하는 사람과 모임을 꾸릴 수도 있다.

인터넷의 기원

 1962년에 미국의 국방성은 군사 목적을 위해 대학 4개를 연결한 아파넷(ARPANET)을 구축하였다. 아파넷은 곧 티시피/아이피(TCP/IP) 프로토콜의 개발로 일반용 아파넷과 군사용 밀넷(MILNET)으로 분리되었다. 그 후 미국 전역의 네트워크와 세계의 지역별 네트워크를 연결하는 엔에스에프넷(NSFNET)이 개발되었다. 엔에스에프넷은 연구만을 목적으로 하기 때문에 인터넷 사업자들은 시아이엑스(CIX)를 구축하여 상용 인터넷에 접속하게 되었다.

인터넷에 접속하는 방법

 전용선을 이용한 아이피(IP) 접속과 전화 회선을 이용한 다이얼 업 아이피 접속이 있다. 가정과 학교와 회사가 고유한 주소를 가지듯, 모든 컴퓨터에는 고유한 주소가 있다. 이 주소가 있어야 다른 컴퓨터에 접속해 그곳에 저장된 정보를 이용할 수 있다. 컴퓨터의 주소 중 숫자로 표시된 것을 아이피라 하고, 문자로 표시된 것을 도메인 네임이라고 한다. 따라서 인터넷을 사용하려면 각국의 통신망 정보센터(NIC)에서 할당하는 아이피 주소를 받고, 인터넷을 연결해 주는 회사에 가입해야 한다. 우리 나라에서는 한국전산원의 한국인터넷정보센터가 아이피 주소 지정과 도메인 등록 업무를 담당한다. 1994년에 한국통신이 최초로 인터넷 상용 서비스를 시작한 이래, 많은 인터넷 접속 서비스 제공자가 등장하면서 일반인에게 상용 서비스를 제공하고 있다. 이 사업자들은 개별적으로 미국이나 다른 국가의 인터넷 접속 사업자와 연결되어 있다.

인터넷 서비스에는 어떤 것이 있을까?

 인터넷으로 이용할 수 있는 서비스에는 편지나 파일을 주고받을 수 있는 이메일, 멀리 떨어져 있는 컴퓨터를 자기 컴퓨터처럼 사용할 수 있는 원격 컴퓨터 연결, 이용자 등록이 된 컴퓨터나 공개된 컴퓨터로만 파일을 주고받을 수 있는 파일 전송, 인터넷 정보 검색, 인터넷 대화와 토론, 전자 게시판, 인터넷 익스플로러나 네스케이프 커뮤니케이터 같은 웹브라우저를 이용한 웹문서 정보 열람, 온라인 게임 등 다양하다. 동영상이나 음성 데이터를 실시간으로 방송하는 서비스나 비디오 회의 등 새로운 서비스도 개발되었다. 이러한 다양한 서비스로 풍부한 정보를 얻을 수 있어서 인터넷을 정보의 바다라고도 한다.

어린이책 인터넷 서점 오픈키드

포털 사이트 다음

기상청 홈페이지

인터넷 쇼핑몰 인터파크

인터넷 학습 사이트, 중앙교수학습센터

국립중앙박물관의 홈페이지

인사동 거리

　서울특별시 종로구 인사동 63번지에서 관훈동 136번지로 종로 2가에서 안국동 사거리에 이르는 도로를 말한다. 길이는 0.7킬로미터, 너비는 12미터이다. 짧고 좁은 길이어서 도로 이름을 붙이는 기준에는 못 미치지만 이용하는 사람이 많아 1984년 11월 7일에 도로 이름이 붙여졌다. 이 길의 중심지인 인사동에서 도로 이름을 땄다. 이 길은 조선 시대부터 있었으며, 안국동 사거리에서 인사동을 지나 청계천으로 갈 수 있었다. 1986년에 대학로가 문화 예술의 거리로 지정된 뒤, 이 길은 1988년에 인사동 전통 문화의 거리로 지정되었으며, 1997년 4월 13일부터는 일요일마다 차 없는 거리로 지정되어 거리 축제가 열린다. 많은 화랑들과 고미술품·골동품·골동서화뿐 아니라 선인들의 생활도구·장신구 등 전통공예품을 파는 상점들이 많이 모여 있다.

인종

　인류를 피부색, 머리카락 등 생물학적인 특징에 따라 구분하는 개념으로 유전학적인 여러 가지 특징을 공유하는 집단을 가리킨다. 인류는 생물학적으로 호모사피엔스라는 하나의 종이지만, 그 종 안에서 피부색, 머리의 크기, 얼굴의 넓이나 길이, 광대뼈의 돌출, 아래턱의 발달 등에 있어서 많은 차이가 있다. 이런 생물학적인 차이에 따라 인류는 수많은 인종으로 나뉜다. 가장 대표적인 인종 분류는 피부색을 주된 기준으로 하여 인류를 니그로이드(흑인), 몽골로이드(황색인), 코카소이드(백인)의 세 인종으로 나누는 것이다.

인종 문제

　인종이 다르다는 이유로 사람들을 정치·경제·사회·문화 분야에서 차별, 분리, 격리하는 것을 말한다. 서로 다른 인종 간의 접촉이 매우 드물었던 고대나 중세에서는 거의 나타나지 않았다. 16세기 이후 유럽의 항해 기술이 발달하면서 서서히 나타나기 시작했다. 유럽에서 상업과 공업이 발달함에 따라 많은 노동력이 필요해지자, 유럽의 백인들은 아프리카와 신대륙을 식민지로 삼거나 원주민인 흑인종이나 황인종을 납치하여 노예로 삼았다. 백인들은 식민지 정책과 인종 차별을 정당화하기 위해, 유색인이 백인보다 능력이 떨어지고 지능과 도덕성이 부족하다는 인종주의를 만들어 냈다. 이런 인종주의에 따라 인종 차별이 계속되었으며, 20세기까지도 끊임없이 이어졌다. 제2차 세계대전 이후 아프리카와 아시아 국가들이 제국주의의 지배에서 독립하고 국제연합이 인종 차별을 반대하면서 인종 차별이 많이 사라지고 있는 추세다.

인천광역시

　경기도의 북서쪽에 있는 광역시이다. 1883년에 개항한 우리 나라 제2의 무역항이며, 수도권에서 서울 다음으로 큰 도시이다. 2004년 말 기준으로 면적은 982.78제곱킬로미터이고, 인구는 약 261만 715명이다. 이 중 부평구의 인구가 약 56만 명으로 가장 많고, 옹진군이 1만 4918명으로 가장 적다.

탐구학습

인천광역시의 어제와 오늘

인천 지역에 사람들이 살기 시작한 것은 문학산과 계양산 등에서 발견된 각종 석기류들로 미루어 보아 구석기 시대부터였을 것으로 짐작하고 있다. 백제의 시조 온조왕의 형인 비류가 현재의 인천인 미추홀에 정착하였으며, 삼국 시대 초기에는 고구려와 백제의 경계에 있었다. 고구려 장수왕 때에는 고구려의 영토가 되어 매소홀현이라 하였으며, 신라 진흥왕 때에는 신라의 영토가 되었다. 통일신라 시대인 757년에 소성현으로 이름을 바꾸었으며, 고려 시대에는 경원군 또는 경원부라 하였다. 조선 시대인 1413년에 인천군이 되었으며, 1460년에 인천도호부가 되었다. 1895년에 인천부가 되었으며, 해방 후인 1949년에 인천시가 되었다.

인천은 1883년에 개항과 함께 근대적인 항구 도시로 빠르게 발전하였다. 인천은 조미수호통상 조약, 한일 간의 제물포 조약, 조·영 및 조·독 수호 조약 체결의 무대가 되었고, 유럽과 미국 등 세계 여러 나라와의 통상의 중심지가 되면서 각 나라의 영사관이 설치되었으며, 근대적 항만 시설이 건설되었다. 1895년에 인천부가 되었으며, 해방 후인 1949년에 인천시가 되었다. 개항 당시에는 불과 4700명 정도가 사는 작은 포구에 지나지 않았던 인천은 1945년 해방과 더불어 인구가 급격히 증가하여 1949년에는 약 26만 명이 되었고, 1960년에는 40만 명을 돌파하였다. 1981년에 인천직할시가 되어 경기도로부터 분리 독립하였다. 1989년에 김포군 계양면, 옹진군 영종면, 용유면 등이 시 지역으로 편입되었으며, 1995년에 지방 자치의 실시와 함께 인천광역시가 되었다. 같은 해 3월 경기도 강화군 전역과 김포시 검단면, 대부면을 제외한 옹진군 전역이 편입되어 시의 면적이 크게 늘어났다. 즉 1914년에 6제곱킬미터에 지나지 않던 시의 면적은 주변 지역을 계속 편입하여 1936년에 27제곱킬미터, 1940년에 165제곱킬미터, 1989년에 317제곱킬미터, 1995년에 955제곱킬미터로 크게 늘어났다. 2004년 말 기준으로 중구·동구·남구·연수구·남동구·부평구·계양구·서구의 8개의 자치구와 강화군·옹진군의 2군으로 이루어져 있으며, 그 아래 1읍·19면·119동이 있다.

인천은 마니산과 계양산, 고려산 등을 제외하면 거의 200미터 정도의 구릉으로 이루어져 있다. 해안은 노년기 산지가 가라앉아 생긴 리아스식 해안이며, 간만의 차가 심하고 경사가 완만한 갯벌이 넓게 펼쳐져 있다. 우리 나라에서 5번째로 큰 강화도를 비롯하여 사람이 사는 유인도 42개와 무인도 112개가 있다. 연평균 기온은 섭씨 11.4도이며, 연평균 강수량은 1170.1밀리미터로 중부와 남부의 다른 지방에 비하면 비가 적게 오는 편이다.

개항을 할 당시 작은 정미소나 양조장밖에 없던 인천은 1930년대에 중일전쟁으로 군수 공장이 들어서면서 공업이 발달하기 시작하였다. 1960년대의 경제개발계획에 의한 경인 지구 특정지역개발계획에 따라 공업 단지가 건설되면서 조립 금속·기계 장비·목재·가구·석유 화학·섬유 공업 등이 빠르게 발전하였다. 광역시 내에는 남동국가산업단지 등 4개의 국가산업단지를 비롯하여 6개의 지방산업단지가 있다. 또 경인선철도와 경인고속도로, 서해안고속도로 등이 있어 육상 교통이 편리하고, 인천항에서 중국과 인근 섬으로 여객선이 운항하며, 영종도에 있는 인천국제공항에서 전 세계로 연결되어 상업과 무역업, 관광업이 발달하였다.

1960년대까지만 해도 부평평야를 중심으로 논농사를 많이 하였지만, 도시화로 경지 면적과 농가 인구가 많이 줄었으며, 지금은 부평구·계양구·연수구·남구 등에서 채소와 꽃, 과일을 재배하는 근교 농업을 주로

강화도 동막 갯벌

한다. 그러나 1995년에 광역시 지역에 편입된 강화군 지역은 전체 주민의 70퍼센트 이상이 농업에 종사한다. 주요 농산물은 쌀이며, 무·배추 등 원예 작물과 왕골·깨 등의 특용 작물도 생산한다. 강화군과 옹진군을 중심으로 어업이 발달하였으며 새우·꽃게·피조개·민어·조기 등이 많이 난다. 주안·소래·남동 등 염전 지대는 우리 나라 최대의 소금 생산지였지만 최근 염전 면적과 소금 생산량이 크게 감소하였다. 특산물로는 강화의 화문석·인삼·순무, 옹진의 섬포도·까나리액젓 등이 있다.

인천광역시에는 강화 지석묘를 비롯해 첨성단·광성보·초지진·문학산성·전등사 등 많은 문화 유산이 남

인천항

인천국제공항 조감도

아 있다. 국가 지정 문화재로 국보 1점, 보물 21점, 사적 18곳, 천연기념물 10종, 무형 문화재 4종이 있고, 시·도 지정 문화재로 유형 문화재 35점, 무형 문화재 8종, 기념물 46종, 민속 자료 2점, 문화재 자료 16점 등이 있다. 고려 시대에 몽골과 맞서 싸우고, 19세기 말에 서양의 침략에 맞서 싸우던 호국 문화 유산이 강화도를 중심으로 특히 많이 남아 있다. 또 강화군 부근리, 삼거리, 오상리 등에 있는 고인돌은 전북 고창과 전남 화순에 있는 고인돌과 함께 2000년에 세계문화유산으로 등록되었다. 문화 유산과 함께 아름다운 해변과 섬이 많아 수도권에서 많은 사람들이 관광지로 찾는다. 송도유원지·을왕리해수욕장·용유도·작약도·월미도·소래포구·자유공원·인천대공원·수봉공원·화도진지·계양산성·약사사·전등사·마니산 등이 유명하다. 인천광역시를 상징하는 꽃은 장미이고, 나무는 목백합나무이며, 새는 두루미이다.

인천국제공항

인천광역시 중구에 자리잡은 국제 공항으로, 2000년대 수도권의 항공 운송 업무를 분담하고 동북아시아의 중심 공항 역할을 담당하기 위해 건설되었다. 1992년 11월에 공사를 시작하여 2001년 3월 29일에 문을 열었다. 인천국제공항이 세워진 곳은 영종도와 용유도 사이를 매립한 땅으로, 서울의 도심에서 서쪽으로 52킬로미터 떨어져 있다. 인천국제공항은 연간 53만 회의 운항과 1억 명의 승객, 700만 톤의 화물을 처리할 수 있다. 정부는 2020년까지 영종도와 용유도 인근의 2500만 평의 땅에 주거·상업·첨단 산업·연구·공공 문화·스포츠 레저 시설이 들어선 공항 도시를 설립할 예정이다.

인터넷 뱅킹

인터넷을 이용하여 예금 잔고의 조회·이체·세금 납부 등의 은행 업무를 처리하는 금융 시스템이나 서비스를 말한다. 1995년 10월에 미국의 시큐리티 퍼스트 네트워크 뱅크에서 처음으로 서비스한 후 세계 각국의 은행에서 사용하고 있다. 은행은 이 시스템을 사용해 점포 및 직원 수를 줄여 비용을 절감한다. 고객들은 은행에 직접 가지 않고, 싼 수수료를 내고 은행 업무를 처리할 수 있어서 편리하다. 은행에서 간단한 수속을 마친 후 곧바로 사용할 수 있으며, 대체로 24시간 이용이 가능하다.

인플레이션

오르고 내리는 물가가 내리지는 않고 지속적으로 오르는 경제 현상을 말한다. 물가가 얼마 동안의 기간에 몇 퍼센트 이상 상승할 때 인플레이션이라고 하는가에 대해서는 기준이 명확하지 않지만, 보통 연 4~5퍼센트 정도 물가가 상승하는 경우에 인플레이션이 일어났다고 본다. 인플레이션이 일어나는 원인은 여러 가지가 있지만, 주로 사회 전체적으로 공급보다 수요가 훨씬 많거나, 제품의 생산 비용이 오를 경우에 일어난다.

일본

동북아시아의 북동에서 남서 방향으로 이어진 섬나라이다. 홋카이도, 혼슈, 시코쿠, 규슈 등 네 개의 큰 섬과 수많은 작은 섬들로 이루어졌다. 국가 원수인 천황이 있고, 실질적인 업무는 수상이 하는 내각 책임제의 입헌군주국 국가이다. 수도는 도쿄이다. 면적은 37만 7835제곱킬로미터로 한반도의 약 1.7배이며, 인구는 2003년 기준으로 약 1억 2755만 명이다. 공용어는 일본어이다. 주요 종교는 불교·신도·크리스트교이다. 통화는 엔화이다. 기후는 해양성 기후로 온화하다. 1인당 국민총생산은 2003년 기준으로 3만 5610달러이다. 태평양의 북부 가장자리에 있어 지진이 자주 발생하고, 화산 활동도 자주 일어난다. 주요 도시로 오사카, 요코하마, 나고야, 교토, 후쿠오카, 히로시마, 삿포로, 니가타, 고베 등이 있다.

일본은 4세기에 천황을 중심으로 한 야마토 조정이 성립되면서 세력을 키워 갔고 6세기에 나라의 기틀이 잡혔다. 1185년 이후 무사 계급의 봉건 영주들이 대두되면서 이른바 막부로 대표되는 무인 정치가 지속되었으며, 임진왜란을 일으켜 우리 나라를 침략하기도 하였다. 1853년 무렵에 무인 정치가 끝나고 메이지유신이 이루어지면서 서양의 근대 산업 문명을 적극 받아들였다. 그 후 일본은 중국과 러시아와의 전쟁에서 승리하고 1910년에 한국을 식민지화하면서 동아시아의 제국주의 세력으로 등장하였다. 이 기세로 제2차 세계대전에 나섰지만 1945년에 히로시마와 나가사키에 원자폭탄이 떨어지면서 패배하였다. 하지만 1950년에 일어난 한국전쟁에서 미국의 보급선 역할을 맡으면서, 그것을 발판으로 세계 최강의 경제 대국으로 성장했다. 경제 대국으로 성장하면서 과거의 잘못은 반성하지 않고 총리가 제2차 세계대전을 일으킨 전범들이 묻혀 있는 야스쿠니 신사를 공식 참배하고, 일본의 제국주의 침략을 미화하는 교과서를 만들고, 다른 나라의 영토를 자기 나라의 영토라고 주장하는 등의 잘못된 행동으로 국제 사회에서 많은 비난을 받고 있다.

임금

노동력의 가치를 화폐로 표현한 것으로, 노동의 대가로 받는 보수나 노임을 말한다. 넓은 뜻으로는 상점에서 물건을 판매하여 얻은 수입이나 주부가 집에서 부업으로 번 공임 등도 노동의 대가이므로 임금이라 할 수 있다. 좁은 뜻으로는 자본주의 사회에서 사용자인 자본가와 고용인인 노동자 사이에 체결한 고용 계약을 토대로 노동의 대가로 노동자가 받는 보수나 노임을 뜻한다.

임금은 노동력의 가치에 따라서 정해야 하지만 자본주의 사회에서는 노동력도 상품으로 매매되기 때문에 시장에서 일반 상품의 가격이 정해지는 것과 마찬가지로 임금도 수요와 공급에 따라 결정된다. 임금은 흔히 명목임금과 실질임금으로 구별된다. 명목임금은 노동의 대가로 받는 화폐의 명목액으로 표시되며, 실질임금은 그것으로 구입할 수 있는 재화나 용역의 양으로 표시된 임금이다.

임업

나무를 심어 숲을 만들고 유지하여 숲에서 나는 나무로 목재나 펄프를 생산하고, 버섯이나 산나물 등의 임산물

일본의 요코하마

목재로 합판을 만드는 공장

임진강

임진강

을 이용하는 산업을 말한다. 또 숲이 갖는 국토 보전과 수자원의 보전과 유지, 관광과 휴양 등의 공익 기능과 관련된 일도 임업에 포함시키기도 한다.

우리 나라의 임야 면적은 6만 4760제곱킬로미터로 전 국토 면적의 65퍼센트에 달한다. 하지만 자원으로 쓸 수 있는 목재는 부족하기 때문에 필요한 목재의 대부분을 외국에서 수입하고 있다. 이러한 어려움을 극복하기 위해 정부는 산지자원화10개년계획 등을 실시해 숲을 자원화하는 정책을 펴고 있으며, 여러 기업들은 인도네시아·말레이시아·미국 등에 진출하여 다른 나라의 목재 자원을 우리의 기술로 직접 개발하고 있다. 또 숲에서 휴식을 취하려는 사람들의 수요가 늘어남에 따라 정부와 지방 자치 단체들은 전국의 숲에 많은 자연 휴양림과 임간 수련장 등을 만들고 있다.

임진강

강원도 법동군 두류산 남쪽 계곡에서 시작하여 경기도 북서부를 지나 파주시 탄현면에서 한강과 합쳐져 황해로 흘러드는 강이다. 길이는 272킬로미터이다. 예부터 고구려·백제·신라의 국경 지대로 분쟁이 잦았으며, 오늘날에는 휴전선으로 강의 중상류와 중하류가 나뉜다. 지류로 고미탄천, 평안천, 한탄강 등이 있다. 상류 지역은 유속이 빨라 평야가 발달하지 못하였으나, 중류 지역에는 철원평야·문산평야 등이 있고, 하류 지역에는 한강 유역과 함께 넓은 경기평야가 있다. 예로부터 군사와 교통의 요충지였다.

입법부

입법 업무를 관장하는 국가 기관으로, 의회와 같은 뜻으로 쓰인다. 입법이란 법률을 제정하거나 개정하는 업무를 말한다. 국민의 생활은 국민의 권리와 의무를 규정하는 법률에 많은 영향을 받으므로, 법률을 제정할 때는 국민 전체의 의사가 반영되어야 한다. 오늘날의 민주주의 국가는 국민이 선출한 의원들로 이루어진 의회에 입법의 기능을 맡긴다. 또한 입법부를 행정부나 사법부에서 독립시켜 국가가 국민을 일방적으로 지배하지 못하게 한다.

자메이카

카리브 해 북부의 자메이카 섬과 케이맨 제도의 여러 섬으로 이루어진 나라이다. 1962년에 카리브 해의 영국 식민지 중에서 최초로 독립한 입헌군주국이다. 수도는 킹스턴이다. 면적은 1만 991제곱킬로미터로 경기도의 면적과 비슷하다. 인구는 2003년 말 기준으로 약 266만 명이다. 공용어는 영어이다. 설탕·바나나·커피 등 농산물을 주로 수출하며, 관광업이 발달하였다. 1인당 국민총생산은 2003년 기준으로 2800달러이다.

자본주의

생산 수단의 완전한 사적 소유가 이루어지고, 인간에 대한 신분적 소유가 철폐된 사회를 말한다. 생산 수단을 가진 자본가가 이윤 획득을 목적으로 노동자에게서 노동력을 사서 상품을 생산하고, 노동자는 생계 유지를 위해 자신의 노동력을 자신의 의지에 따라 파는 경제 체제이다. 자본주의는 17~18세기 무렵에 유럽에서 시작되었고 산업혁명을 거치면서 비약적으로 발전하였다.

이렇게 자본주의가 성립된 데에는 개인의 존엄과 자유를 중시하여 노동력에 대한 권리를 노동 계층의 것으로 인정한 근대 사상의 영향이 크다. 또 자본주의 사회에서는 수요와 공급을 시장의 보이지 않는 손에 맡긴다. 그러다 보니 상품의 공급이 수요자가 필요로 하는 품목이나 수량과 일치하지 않는 경우가 많아졌다. 그래서 상품이 시장에서 필요한 것보다 적으면 가격이 오르고 반대로 상품이 남아돌면 가격은 떨어진다. 경제적 부도 적절한 분배보다는 일부 사람에게만 집중되었다. 이렇듯 자유 경쟁으로 문제가 심각해지면서 최근에는 국가가 직접 개입하여 통제하고 조절하는 부분이 확대되고 있다. 더불어 다양한 복지 정책을 통해 부의 편중 문제도 해결하기 위해 노력하고 있다.

자연 재해

기상, 지각 변동 등 이상 자연 현상으로 생기는 재해를 말하며, 천재지변이라고도 한다. 기상 재해로는 태풍이나 홍수로 인한 풍수해, 큰 눈으로 인한 설해, 때 이른 서리로 인한 상해, 바닷물이 육지를 뒤덮는 해일 등이 있다. 지각 변동에 의한 재해로는 지진, 화산 폭발, 산사태 등이 있다. 특히 지진, 화산 폭발, 풍수해 등은 순식간에 엄청난 인명 피해를 내고, 도시와 자연을 초토화시키기도 한다.

이런 자연 재해의 피해를 최소한으로 막기 위해 세계

탐구학습

우리 나라에서 자주 일어나는 자연 재해로는 어떤 것들이 있을까요?

우리 나라에 자주 찾아오는 자연 재해는 홍수, 태풍해, 가뭄, 냉해, 사태, 폭설 등이 있다. 우리 나라는 화산과 지진 피해 부분에서 상대적으로 안정된 지역이다.

홍수는 특정 기간에 많은 비가 내려 하천이 범람하고 주택과 경지 등이 침수되거나 없어져 재산과 인명 피해가 발생하는 것을 말한다. 태풍 피해는 주로 남서태평양의 열대 해역에서 발생하는 태풍에 의해 강한 바람과 집중 호우로 인한 피해를 말하며 주로 8~9월에 발생한다. 가뭄은 비가 오랫동안 오지 않아 심한 물 부족으로 농작물이 말라 죽고 식수가 부족해지는 자연 재해로, 주로 봄에 많이 일어난다. 냉해·상해·박해·설해는 기온이 비정상적으로 내려가면서 생기는 자연 재해이다. 집중 호우와 같은 자연의 힘 때문에 많은 양의 흙이나 바위 등이 산지 경사면을 따라 아래로 흘러내리는 산사태가 있다. 주로 여름에 많이 발생한다. 지진이나 태풍으로 바닷물이 비정상적으로 높아져 육지로 넘쳐 들어오는 해일 피해가 있고, 많은 양의 눈이 한꺼번에 내려 교통이 끊기고 주택이 무너지는 폭설 피해가 있다. 평야 지역에는 주로 호우, 홍수, 가뭄 등의 피해가 많고, 산간 지역에는 산사태, 폭설, 안개 등의 피해가 많으며, 해안 지역에는 해일이나 태풍 피해가 많다.

요즘에는 첨단 기술과 장비를 갖춘 기상청의 일기 예보 시스템으로 어느 정도의 예측과 예방이 가능해졌다. 특히 눈·비·바람 등 기상에 의한 재해가 일어날 우려가 있을 때에는 '주의보', 더 큰 재해가 예상될 때에는 '경보'를 발표하여 자연 재해로 인한 피해를 줄이고 있다. 따라서 농작물 피해가 많은 지역이나 해안 지역에서는 기상 특보나 중앙재해대책본부의 지시에 잘 따라야 한다. 국가에서는 댐과 방조제, 배수 시설 등을 지어 자연 재해를 최대한 줄이기 위해 애쓰고 있다.

여러 나라들은 다양한 대책을 마련하고 있다. 첨단 기술과 장비를 동원해 풍수해나 해일의 접근을 일기 예보를 통해 미리 알리고, 댐과 제방을 쌓아 물의 수위를 조절한다. 또 산사태를 막기 위해 숲을 만들고 산지나 해안의 침식을 막기 위한 사방 공사도 벌이고 있으며, 바닷물이 넘쳐서 농지가 침수되는 것을 방지하기 위해 연안 지역에 방조제를 설치하기도 한다. 그리고 병충해와 이상 기후에 강한 품종을 개량하는 등 여러 가지 대책을 마련하고 있다.

자원

인간의 생활이나 산업 활동에 쓰이는 유용한 물자를 말한다. 자원은 구리, 아연, 철, 납, 석탄, 석유 등의 지하 자원과 토지 자원을 기초 자원이라 한다. 기초 자원과 더불어 삼림 자원, 동물 자원, 수산 자원 등을 합하여 천연 자원이라고 한다. 그리고 천연 자원을 가공하여 식량, 공업 원료, 에너지 등으로 만든 것을 1차 자원이라 한다. 1차 자원을 몇 차례 가공했느냐에 따라 2차 자원, 3차 자원이라고 하기도 한다. 오늘날에는 노동력이나 기술도 자원의 일부로 인정하여 흔히 인적 자원이라고 한다.

자유무역협정

나라와 나라 사이의 무역 자유화를 실현하기 위해 두 나라 사이 또는 지역 사이에 맺는 특혜 무역 협정을 말한다. 에프티에이(FTA)라고도 한다. 그 동안에는 이웃한 나라 사이에서나 일정한 지역을 중심으로 맺어졌기 때

자원을 둘러싼 문제

인류는 아주 옛날부터 현대에 이르기까지 어떻게 하면 최대한 값싸게 많은 자원을 채취하고 이용할 수 있는지를 고민해 왔다. 하지만 무계획적인 자원 사용으로 천연 자원이 고갈되고, 환경 오염에 따른 어려움을 겪고 있다. 최근에는 유한하고 희소한 자원을 절약하고 효과적으로 이용하는 문제, 즉 생태계의 보존에 힘쓰고, 환경 오염을 방지하며, 오염의 원인이 되는 물질을 처리하고 재생하는 문제에 세계 각국이 큰 관심을 보이고 있다. 자원은 유한하고 모든 나라들이 동일한 종류의 자원을 동일한 양으로 갖고 있지 않으므로 각 나라는 자원의 개발, 공급, 수송, 분배, 소비 등과 관련해 다른 나라와 서로 긴밀하게 협조하여야 한다. 하지만 현실은 그 반대로 자원 때문에 분쟁이 일어나기도 한다. 근대에 벌어진 식민지 쟁탈전이 대표적인 예이며, 오늘날에도 세계 곳곳에서 천연 자원을 둘러싼 분쟁이 끊임없이 이어지고 있다.

문에 흔히 지역무역협정이라고 부르기도 한다.

이 협정을 맺은 나라들은 관세나 쿼터 제도 등 여러 가지 무역 장벽을 완화하거나 완전히 없앰으로써 한 나라처럼 자유롭게 상품과 서비스의 교역이 이루어진다. 이 협정을 맺으면 상대국에 비해 비교 우위에 있는 상품은 자기 나라 시장뿐 아니라 상대 나라의 시장까지 판매 영역을 넓힐 수 있다. 따라서 수출이 활발해지고, 생산과 투자가 확대되는 장점이 있다.

반면에 협정 상대국에 비해 취약한 산업은 쉽게 붕괴되는 단점도 있다. 우리 나라는 2002년 10월에 남아메리카 대륙의 칠레와 농축산물 분야의 자유무역협정을 맺었다. 이 협정은 국회의 비준을 거쳐 2004년 4월 1일부터 발효되었다. 그 뒤로 2005년 8월에 싱가포르와 자유무역협정을 맺어 쌀·사과 등 농산물과 일부 공산품을 제외한 대부분의 품목에 대한 관세를 10년 내에 모두 철폐하기로 하였다. 2007년 말 현재 우리 나라는 아세안, 유럽 연합, 미국, 인도, 캐나다, 멕시코 등 세계 여러 나라와 자유무역협정을 맺기 위한 협상을 진행하고 있다.

장관

국가의 일을 일정한 영역으로 나누어 집행하는 각 행정 기관의 우두머리이다. 대통령과 국무총리의 지휘와 감독을 받으며, 국무총리의 제청으로 대통령이 임명한다. 모든 장관은 국무 위원을 겸임하고 국무 회의에 참석하며, 국무 회의에서 결의된 사항을 집행하는 행정 기관의 우두머리 역할을 한다.

장례

사람이 죽은 후 지내는 장사 예법을 말한다. 죽음을 '돌아가셨다'고 표현하듯이, 이 땅에 태어나 사시다가 돌아가신 분을 또 다른 세상으로 보내드리는 의례를 말한다. 가족, 친지, 친척이 엄숙한 태도로 돌아가신 분에 대한 슬픔을 표현하는 동시에 다른 세계에서 복된 삶을 살 수 있도록 빌어 준다.

장례의 절차는 나라에 따라, 종교와 문화에 따라 다 다르다. 옛날에는 세계 어느 나라나 장례 절차가 복잡했지만 현대로 올수록 절차가 점점 간소해지고 있다. 우리 나라의 경우에 옛날에는 장례를 치르는 데 삼베로 지은 삼복을 입고 건을 썼다. 죽은 이의 자손들은 큰 소리로 울면서 곡을 하며 슬퍼하였다. 주로 5일장이나 7일장을 지냈으며 온 마을 사람들이 와서 장례 일을 직접 도와 주고 장삿날에는 상여를 메고 묘지로 이동했다. 그리고 아들은 무덤 곁에 초막을 짓고 3년 동안 무덤을 지키며 살기도 하였다. 하지만 오늘날의 장례는 검은 옷을 입고, 병원이나 장례 일을 맡아하는 업체의 도움을 받아 장례를 치른다. 주로 3일장을 지내고, 공동 묘지, 가족 묘지, 납골당 등에 모신다. 그리고 1년이나, 49일 만에 탈상한다.

장애인 문제

지체·시각·청각·언어 등의 신체 장애나 정신 지체 등의 정신 장애로 일상 생활이나 사회 생활에서 어려움을 겪는 장애인들이 사회의 구성원으로서 헌법이 보장하는 기본권을 제대로 누리지 못해서 발생하는 여러 문

자유무역협정 반대 시위

장례 운구 행렬

장애인복지법

장애인들을 위한 정책을 요구하는 장애인들

제들을 가리킨다. 장애인도 사회의 다른 구성원과 마찬가지로 헌법이 보장하는 기본권을 누릴 권리가 있다.

우리 나라는 1989년에 「장애인복지법」을 제정하여 장애인의 자립과 보호와 생활 안정에 힘쓰고 있다. 그 예로 장애인이 생활에 불편을 느끼지 않게 공공의 장소에 전용 시설을 마련하고, 한국장애인고용촉진공단 같은 정부 기관을 설립하여 장애인이 직업을 가지고 자립할 수 있도록 돕고 있다. 장애인 문제를 해결하기 위해서는 무엇보다 먼저 신체와 정신의 어려움을 겪는 장애인들을 차별이 아닌 서로 다름으로 인정해 주는 성숙한 문화와 장애인들을 위한 정책이 필요하다. 정치, 사회, 문화, 경제 등 모든 분야에서 장애인들의 생각과 의견이 충분히 반영될 수 있는 정책이 필요하다.

장애인복지법

 장애인의 자립·보호·생활 안정 등 장애인의 복지 증진을 위해 마련한 법률로서, 1989년에 만들어졌다. 「장애인복지법」의 기본 이념은 장애인의 완전한 사회 참여와 평등을 통해 사회의 다른 구성원들과 통합을 이루는 것이다. 장애인은 인간으로서의 존엄과 가치를 존중받을 권리가 있다. 그러므로 누구든지 장애 때문에 정치·경제·사회·문화 등의 영역에서 차별을 받아선 안 된다. 이를 위해 국가와 지방 자치 단체는 장애의 발생을 예방하고, 장애의 조기 발견에 대한 국민의 관심을 높이며, 자립을 지원하고, 적절한 보호 조치를 취하여 장애인의 복지를 증진해야 한다. 또한 모든 국민은 장애인의 인격을 존중하고 장애인의 복지 증진에 협력할 의무가 있다.

장애인올림픽대회

 신체 장애인들의 국제 경기 대회로, 패럴림픽(Paralympic)이라고도 한다. 국제 스토크 멘데빌 위원회가 주최하며, 올림픽이 열린 해에 같은 곳에서 치른다. 패럴림픽(Paralympic)은 Paraplegia(하반신 마비)라는 말과 Olympic(올림픽)이라는 말이 결합된 것이다. 장애인올림픽대회가 척수 장애인 체육 대회에서 비롯되었기에 이런 합성어가 생겼다. 1948년에 영국의 런던에 있는 스토크 멘데빌 국립척수장애센터 소장인 구트만이 척수 장애인 체육 대회를 연 후, 1960년에 로마에서 제1회 장애인올림픽대회가 열렸다. 패럴림픽이란 명칭은 1964년 도쿄에서 열린 제2회 대회부터 사용되었다. 우리 나라는 1968년의 제3회 텔아비브 장애인올림픽대회에 처음으로 선수단을 파견하였고, 1988년에는 서울에서 제8회 장애인올림픽대회를 개최하였다. 경기 종목은 휠체어 달리기·릴레이 등의 트랙 경기, 창던지기·포환던지기의

장애인올림픽대회

재판

소송 사건에 대해 법원이나 법관이 서로 이해가 다른 양쪽의 주장을 듣고 그 사건의 옳고 그름을 해결하는 판단 절차를 말한다. 재판 과정과 그 결과를 말하며, 판결·결정·명령을 포함한 법적 효력을 갖는 심판을 뜻한다. 재판은 법원의 대표적인 권한이며 의무이다.

재판 결과는 국민의 생명과 재산에 영향을 미치기 때문에 공정하게 내려야 한다. 우리 나라는 재판의 공정성을 위해 사법부를 독립시켜 법관이 법률과 양심에 따라 재판을 할 수 있게 하였다. 그리고 여러 이유로 재판의 결과가 잘못될 수도 있기 때문에 재판 결과에 동의하지 않는 사람은 상급 법원에 다시 재판을 신청할 수 있게 하였다.

대법원

재판은 증거 재판주의와 공개 재판주의라는 두 가지 원칙을 따라야 한다. 증거 재판주의란 피고의 자백이나 다른 사람의 주장에 따라 판결을 내리지 않고 오직 증거로 입증된 사실에 따라 판결을 내리는 것이다. 공개 재판주의란 소송의 심리 과정과 재판의 판결을 공개하는 것이다. 이는 개인의 자유와 권리를 보호하고 공정한 재판을 위해 꼭 필요한 원칙이다.

재판에는 어떤 것들이 있을까?

민사 재판
개인 간의 분쟁을 둘러싼 소송에서 어느 편의 주장이 정당한가를 가리는 것으로, 「민사소송법」에 따라 재판이 이루어진다. 개인들의 분쟁이 원만하게 해결되지 않아 어느 한쪽이 해결해 달라는 소송을 제기하면 재판이 시작된다. 먼저 소송을 제기한 사람이 원고가 되고 다른 한쪽이 피고가 된다. 법원은 당사자 쌍방의 주장을 듣고 각각의 대리인인 변호사에 의해 수집된 증거에 따라 시비를 가려 법률에 따라 판결한다. 원고와 피고는 그 판결에 복종할 의무가 있다. 만약 피고가 재판 결과를 받아들이지 못한다면, 정해진 기간 내에 상급 법원에 재판을 다시 신청할 수 있다.

형사 재판
범죄를 저지른 현행범이나 혐의자를 심리한 후에 형벌을 내리거나 무죄를 선포하는 것으로, 「형사소송법」에 따라 재판이 이루어진다. 범죄를 저지른 현행범이나 혐의자가 잡히면 증거를 수집한 후 원고인 수사 기관과 검사가 소송을 제기한다. 범죄를 저지른 현행범이나 혐의자는 피고가 되고 대리인으로 변호사를 둘 수 있다. 재판이 시작되면 원고인 검사와 피고의 대리인인 변호사가 각각의 자신의 주장을 뒷받침할 만한 증거를 내세워 범죄의 유무를 가린다. 재판 과정에서 범죄가 입증되면, 법원은 피고에게 사형, 징역, 금고, 집행유예 등의 처벌을 내린다. 원고와 피고는 그 판결에 복종할 의무가 있다. 만약 피고가 판결의 결과를 받아들이지 못한다면, 정해진 기간 내에 상급 법원에 재판을 다시 신청할 수 있다.

행정 재판
질서 유지나 공공 복리를 위한 공법 분야에서 「행정법」을 어긴 개인을 심판하거나 개인의 권리를 침해한 행정 기관을 심판하는 것으로, 「행정소송법」에 따라 재판이 이루어진다. 국가의 여러 기관이나 국가와 개인 간의 갈등을 해결해 주는 재판이다.

헌법 재판
법률이 헌법에 위배되는지를 판단하는 심판이다. 탄핵 심판, 정당 해산 심판, 국가 기관 및 지방 자치 단체 간의 권한 분쟁을 해결하는 심판, 헌법소원심판 등을 다룬다. 다른 재판들과 달리 헌법재판소에서 한다.

군사 재판
군인이 군법을 위반했을 때 이루어지는 재판이다. 전쟁을 일으킨 범인을 심판하는 국제 군사 재판도 군사 재판에 속한다.

선거 재판
선거 과정의 문제점을 들어 선거 무효나 당선 무효 등을 심판하는 재판이다.

필드 경기, 역도, 스누커, 농구, 펜싱, 수영, 양궁 등이며, 각 종목은 장애의 종류와 등급에 따라 세분화된다. 1977년에 미국의 스팀보트스프링스에서 열린 제1회 동계장애인올림픽대회 이후 하계 대회와 동계 대회를 나누어 개최하고 있다.

재래 공업

그 지역에서 많이 나는 원료를 사용하여 주로 집 안에서 단순한 기술과 기구를 이용하여 가내 수공업의 형태로 물건을 생산하는 산업을 말한다. 한산의 모시, 통영의 나전칠기, 강화의 화문석, 담양의 죽세공품, 남원의 목기, 전주의 한지 등 지역의 특산물을 생산하는 산업이다.

재일본대한민국거류민단

일본에 거주하는 우리 나라 교포 단체들 가운데 대한민국을 지지하는 단체를 말한다. 줄여서 거류민단 또는 민단이라고도 한다. 이 단체는 본래 1946년 10월 3일, 친공산주의 계열인 재일본조선인연맹에 대항하기 위해 설립된 재일 교포 우익 단체인 재일본조선인거류민단에서 비롯되었다. 당시 재일본조선인거류민단은 재일 교포의 민생 안정과 교양 향상, 국제 친선 등을 설립 목적으로 삼았다. 1948년에 대한민국 정부가 수립된 이후, 재일본조선인거류민단은 재일본대한민국거류민단으로 명칭을 바꾸고 대한민국의 국시를 준수하겠다고 천명하였다. 재일본대한민국거류민단은 1970년대 중반부터 북한을 지지하는 재일 교포 단체인 재일본조선인총연합회 즉 조총련에 소속된 교포들을 포함해 성묘단 모국 방문 사업을 하였고, 모국에 묻히기를 바라는 재일 교포들을 위하여 1976년에 충남 천안시에 망향의 공원이라는 공원 묘지를 설립하였다. 한편 1990년대의 탈냉전과 남북 화해의 조류에 따라 민단과 조총련은 갈등과 대결을 접고 각종 행사와 모임을 공동으로 개최하면서 화해를 모색하고 있다. 본부는 일본 도쿄에 있으며, 그 밖에 49지방 본부와 354지부가 있다.

재화

사람들이 생활하는 데 필요한 다양한 욕구를 만족시켜 주는 것들을 가리킨다. 공기처럼 거의 무한으로 있어 사람들이 대가를 치르지 않고 자유롭게 쓸 수 있는 자유재와 시장의 상품처럼 공급이 상대적으로 제한되어 점유

재활용 표시 | 환경부가 정한 분리배출표시

위의 도안 안의 문자는 제품이나 포장재의 재질을 표시한 것이다.
PET, HDPE, LDPE, PP, PS, PVC 등의 문자는 플라스틱류의 재질을 구분하여 표시한 것이다.
OTHER라고 표시된 것은 2종류 이상의 플라스틱 재질이 복합된 것이거나 PET, PP 등 표시된 재질 이외의 다른 플라스틱 재질을 의미한다.

나 매매의 대상이 되는 경제재로 나뉜다. 보통 재화라 할 때는 경제재를 말한다.

또 재화는 사람들의 욕구를 직접 충족시키는 것인지 아니면 간접적으로 도움이 되는 것인지에 따라 다시 소비재와 생산재로 나뉜다. 소비재는 사람들이 욕구 충족을 위해 직접 소비하는 재화이고, 생산재는 다른 재화를 만드는 데 사용되는 재화이다.

재활용품

사용 후 분리 수거를 통해 모아 재가공하여 쓸 수 있는 제품을 가리킨다. 재활용품은 크게 여섯 가지로 분류된다. 첫째, 신문, 헌책, 박스, 포장지, 우유팩, 음료수팩 등의 종이류, 둘째, 의류 및 담요, 셋째, 음료수 캔, 통조림 캔, 부탄 가스 용기 등의 캔류, 넷째, 스테인리스 그릇, 수저, 냄비, 동파이프 등의 고철류, 다섯째, 청색 병, 갈색 병, 무색 병 등의 병류, 여섯째, 식료품 통, 샴푸 통, 요구르트 병 등의 플라스틱류로 나뉜다.

저수지

물을 저장하기 위해 만든 인공 못을 말한다. 저수지는 하천 다음으로 중요한 수자원 공급원으로, 상수도용·

저축

소득 중에서 소비하지 않고 남긴 부분을 말한다. 돼지 저금통에 쓰고 남은 용돈을 모아 두는 것처럼 저축은 일정 기간 동안 벌어들인 소득 중에서 미래를 위해 현재 쓰지 않고 남기는 부분을 말한다.

가정에서는 여유 돈이 있으면 주로 은행과 같은 금융 기관에 저축을 한다. 저축은 장래의 예기치 않은 질병이나 재난에 대비할 수 있게 해 주며 자녀 교육이나 주택 구입 및 노후 생활 등을 대비하기 위한 목돈 마련의 수단이 된다. 이처럼 저축은 가계의 안정과 풍요로운 미래 생활을 보장해 줄 뿐 아니라 국가 경제에도 중요한 역할을 한다.

저축상 시상식

가정에서 저축한 돈은 금융 기관을 통해 기업으로 흘러 들어간다. 기업은 은행에서 돈을 빌려 공장을 짓거나 새로운 기계를 구입하는 등 생산을 늘리기 위해 투자를 한다. 그에 따라 일자리가 늘어나고 소득 수준이 향상되며 이는 다시 저축의 증대로 이어지는 바람직한 순환 과정이 이어진다. 이와 같이 저축은 경제 발전의 원동력이 된다. 이 밖에도 저축은 불필요한 소비를 줄임으로써 물가 안정과 자원 절약에도 기여한다.

저축의 종류에는 어떤 것들이 있을까?

은행과 같은 금융 기관에 하는 저축은 계약의 내용에 따라 요구불 예금과 저축성 예금으로 나뉜다. 요구불 예금은 예금주가 필요해 요구할 때마다 언제든지 지급이 가능한 것으로, 보통 예금·당좌 예금·별단 예금·어린이 예금·가계 종합 예금·비거주자 원화 예금 등이 있다. 저축성 예금은 일정 기간이 경과한 후에 지급되는 것으로, 정기 예금·정기 적금·재형 저축·목돈 마련 저축 등이 있다. 당좌 예금을 제외한 모든 예금에는 예금 이자가 지급된다.

보통 예금
자유롭게 돈을 예금했다가 돈이 필요하면 언제든지 찾아 쓸 수 있는 예금이다. 이자율이 낮은 편이다.

정기 예금
목돈을 비교적 오랜 동안 찾아가지 않고 은행에 맡겨 두는 예금 방식이다. 이 예금은 은행에서 일정 기간 다른 사람에게 안심하고 돈을 빌려 줄 수 있으므로 예금자에게 지급하는 이자율이 높다.

정기 적금
매달 일정한 금액을 넣어 정해진 기간이 끝난 후에 목돈을 찾기로 약정된 예금이다. 이자율이 높다.

주택 부금
주택이 없는 사람들에게 주택을 마련해 주기 위한 예금이다. 매달 일정한 금액을 일정 기간 적립하면 아파트나 주택을 분양받을 수 있는 자격이 주어진다.

당좌 예금
예금자가 예금을 찾고자 할 경우에 수표를 발행하여 언제든지 찾을 수 있는 예금이다. 이 예금은 아주 많은 돈을 현금으로 취급하기 불편할 때 간편하게 거래할 수 있는 방법이다.

적성

수원 광교 저수지

수력 발전용·농업 관개용·공업용으로 사용된다. 비록 하천의 물보다 수질이 떨어지고 시설 비용도 많이 들지만, 풍부한 수량을 확보할 수 있고, 흐르는 하천보다 수온이 높아서 농업 용수로도 활용도가 높다. 근래에는 홍수 조절을 겸하여 큰 강을 막아 다목적댐을 많이 만들고 있다.

적성

직업이나 전문 분야의 활동에서 개인이 적응할 가능성을 가리킨다. 일반적인 정신 능력이나 학업 능력을 가리키는 지능과는 달리 체격·운동 기능·감각 기능·일반 지능·특수 능력·성격 등을 종합하여 판정한다. 적성은 반드시 타고난 자질만으로 얻어지는 것은 아니다. 개인이 삶을 형성해 가는 과정에서 얻은 독특한 성질 및 개성과 관련이 많다.

전라남도

우리 나라 남부 지방의 서쪽 끝에 있는 도이다. 도청 소재지는 광주시이며, 2004년 기준으로 면적은 약 1만 2045제곱킬로미터이고, 인구는 약 202만 4422명이다. 시·군 중에서 순천시의 면적이 907제곱킬로미터로 가장 넓고, 목포시의 면적이 47제곱킬로미터로 가장 좁다. 인구는 여수시가 약 31만 명으로 가장 많고, 구례군이 약 3만 명으로 가장 적다.

삼한 시대에는 마한의 땅이었고, 삼국 시대에는 백제의 땅이었다. 통일신라 때에는 무진주 또는 무주에 속했다. 고려 시대인 995년에 전국을 10도로 나눌 때에 해양도라 불렀으며, 1018년에 해양도와 강남도가 합쳐지면서 비로소 전라도라 하였다. 조선 시대에는 전국이 8도로 나뉘면서 광남도·전광도·전남도 등으로 불리기도 했지만 전라도라는 이름은 계속 유지되었다. 1896년에 전라도가 남북으로 분리되고 그 남쪽이 지금의 전라남도가 되었다. 1946년에 제주도가 도로 바뀌면서 분리되었고, 1986년에 광주시가 광주직할시로 바뀌면서 분리되었다. 2004년 말 기준으로 목포·여수·순천·나주·광양 5시와 곡성·구례·장흥·해남·장성·진도·신안 등 17군으로 이루어져 있다. 그 아래 읍 31개, 면 198개, 동 171개가 있다.

지형은 동쪽이 높고 서쪽이 낮다. 북쪽에는 노령산맥이 뻗어 있고, 서쪽에는 소백산맥이 뻗어 있다. 높은 산으로 지리산·백운산·모후산·월출산·추월산·백양산·백아산·무등산 등이 있다. 영산강·섬진강·탐진강이 황해로 흐르고, 영산강 유역의 전남평야는 우리 나라의 곡창 지대를 형성하고 있다. 황해안과 남해안은 리아스식 해안이어서 해안선이 복잡하고, 홍도·흑산도·진도·우이도·완도 등 사람이 사는 유인도 280개와 무인도 1689개가 있다. 우리 나라에서 가장 섬이 많은 도이며 대부분 신안군에 속해 있다. 도의 서쪽 해안 지대는 연평균 기온이 섭씨 12도에서 14도 내외이며, 연평균 강수량은 1000에서 1200밀리미터 정도이다. 동쪽의 내륙 지대는 연평균 기온이 섭씨 11도에서 13도 내외이며, 연평균 강수량은 1100에서 1200밀리미터 정도이다. 남해안 지역은 1월 평균 기온이 섭씨 0도에서 2도 내외로 아주 따뜻하고, 연강수량은 1200에서 1500밀리미터 정도이다.

예부터 전라남도는 삼백 지방이라 하여 쌀·목화·누에고치가 많이 났다. 1980년대 중반 이후부터 농촌의 노동력 부족과 값싼 화학 섬유의 보급으로 누에고치 및 목화의 생산은 거의 이루어지지 않고 있지만, 쌀은 영산강 유역의 넓은 평야를 중심으로 여전히 많이 난다. 쌀 이외에도 보리·콩 등의 잡곡과 땅콩·들깨·참깨·무 등을 많이 재배한다. 섬이 많고 해안선이 길며, 한류와 난류의 영향으로 어종이 다양해 목포·여수·거문도·흑산도·나로도 등을 중심으로 수산업이 발달하였다. 조기·멸치·갈치·삼치·쥐치 등이 많이 잡히고, 김과

전라남도 남단에 있으며, 달을 가장 먼저 맞이한다는 월출산

전라남도 진도의 벽파진 이충무공 전적비

미역 양식을 많이 한다. 특산품으로는 나주의 배, 장흥의 김, 여수와 완도의 미역, 영광의 건새우, 담양의 죽세공품, 함평의 돗자리, 보성의 차와 용문석, 장성의 창호지, 구례의 목기 등이 있다. 묻혀 있는 지하 자원의 종류나 양이 적은 편이며, 화순의 무연탄과 석회석, 완도군 노화도의 납석, 장성의 석회석 등이 알려져 있다. 공업은 1980년대 초까지만 하더라도 매우 부진하였으나 여천에 여천화학공업기지가 조성되어 정유 공장과 비료 공장이 건설되고, 광양만에 광양제철소가 건설됨으로써 제철 및 연관 공장과 석유 화학 공장들이 대규모 임해공단을 형성하였다. 도내에는 대불산업단지 · 여천산업단지 등 모두 13개의 국가산업단지와 지방산업단지가 있으며, 광양은 광양만권 경제 자유 구역으로 지정되어 있다.

도내에는 국가 지정 문화재로 월출산 마애여래좌상과 화엄사 사사자삼층석탑 등 국보 17점, 도갑사 석조여래좌상과 좌수영대첩비 등 보물 134점, 나주 읍성과 장성 입암산성 등 사적 38곳, 지리산 화엄사 일원 등 사적 및 명승 3곳, 진도의 바닷길 등 명승 3곳, 대둔산 왕벚나무 자생지와 진도의 진돗개 등 천연기념물 44종, 강강술래와 남도들노래 등 중요 무형 문화재 13종 등 많은 문화재가 있다. 이 외에도 시 · 도 지정 문화재로 유형 문화재 208점, 무형 문화재 28종, 기념물 189종, 민속 자료 36점,

진도의 진도대교

문화재 자료 214점 등이 있다. 이 중에서 화순의 고인돌 유적은 고창과 강화의 고인돌 유적과 함께 1997년에 세계문화유산으로 등록되었다. 해마다 지리산 피아골단풍제, 화순 고인돌축제, 여수 진남제, 강진 청자문화제, 함평 나비대축제 등 많은 문화 행사가 열린다. 국립공원으로는 월출산·지리산·내장산·한려해상국립공원·다도해해상국립공원이 있고, 도립공원으로 조계산·두륜산도립공원이 있다. 이 외에 홍도, 고하도, 화엄사, 송광사, 낙안읍성 민속마을, 소쇄원, 필암서원, 다산초당, 벽파정 등도 자연과 문화 관광지로 이름이 나 있다. 전라남도를 상징하는 꽃은 동백꽃이고, 나무는 은행나무이며, 새는 산비둘기이다.

전라북도

우리 나라 남부 지방의 서쪽에 있는 도이다. 도청 소재지는 전주시이며, 2004년 말 기준으로 면적은 약 8050.9제곱킬로미터이고, 인구는 약 191만 5674명이다. 시·군 중에서 완주군의 면적이 820제곱킬로미터로 가장 넓고, 전주시의 면적이 206제곱킬로미터로 가장 좁다. 인구는 전주시가 약 62만 명으로 가장 많고, 무주군이 약 2만 6200명으로 가장 적다.

삼한 시대에는 마한의 땅이었고, 삼국 시대에는 백제의 땅이었다. 통일신라 때는 무진주 또는 무주에 속했다. 후삼국 시대에는 견훤이 전주를 도읍으로 하여 후백제를 세워 전라남·북도 일대를 통치하기도 하였다. 고려 시대인 995년에 전국을 10도로 나눌 때에 강남도라 불렸으며, 1018년에 해양도와 강남도가 합쳐지면서 비로소 전라도라 하였다. 조선 시대에는 전국이 8도로 나뉘면서 강남도 등으로 불리기도 했지만 전라도라는 이름은 계속 유지되었다. 1896년에 전라도가 남북으로 분리되고 그 북쪽이 지금의 전라북도가 되었다. 2004년 말 기준으로 전주·군산·익산·남원·정읍·김제 등 6개 시와 완주·진안·무주·장수·임실·순창·고창·부안 등 8개 군으로 이루어져 있다.

지형은 동쪽이 높고 서쪽이 낮다. 노령산맥을 경계로 서부 평지 지대와 동부 산간 지대로 확연히 구분된다. 동부 산간 지대는 노령산맥에서 소백산맥까지 해발 1000미터 이상의 산이 많고, 그 사이의 여러 곳에 산간 분지 및 산간 고원이 분포하고 있다. 높은 산으로 지리산, 덕유산, 내장산, 대둔산, 마이산, 백운산, 장안산, 운장산, 만덕산 등이 있다. 서부 평야 지대는 노령산맥의 산기슭 끝부분에서 황해안까지로, 변산반도와 곰소만 주변의 산지를 제외하면 모두 넓은 구릉지와 충적 평야이다. 전주·김제·익산을 중심으로 한 호남평야는 전라북도 면적의 3분의 1 정도를 차지하는 우리 나라 최대의 평야이다. 만경강과 동진강이 호남평야를 지나 서해로 흘러든다. 섬진강 댐이 건설된 뒤로는 섬진강 물의 일부를 역류

전라북도 고창군의 선운사

군산의 철새

전주 약령시

시켜 호남평야의 관개 용수로 이용하고 있다. 서해안은 리아스식 해안이어서 해안선이 복잡하고, 위도·고군산도·어청도 등 사람이 사는 유인도 26개와 무인도 83개 등 모두 109개의 섬이 있다. 기후는 서부 평야권과 동부 산악권 사이에 상당한 차이가 있다. 서부에 있는 전주의 경우에는 연평균 기온이 섭씨 13도이며, 연평균 강수량은 1240밀리미터이다. 동부 산악권에 있는 장수의 경우에는 연평균 기온이 섭씨 10.4도이며, 연평균 강수량은 1422밀리미터로 서부의 평야 지대보다 기온도 낮고 강수량도 많은 편이다.

넓고 기름진 호남평야를 중심으로 논농사가 발달하여 전라남도와 함께 우리 나라에서 가장 많은 쌀을 생산하는 도이며, 쌀 이 외에도 보리·콩 등의 잡곡과 생강·무·메밀·땅콩·들깨·참깨 등을 많이 재배한다. 완주군에서는 생강을 많이 생산하고, 전주시에서는 복숭아, 진안군에서는 인삼, 정읍시와 임실군에서는 고추, 정읍시와 고창군·진안군에서는 잎담배가 많이 난다. 군산·곰소·대천·고군산도·위도 등을 중심으로 수산업이 발달하였으며, 조기·멸치·갈치·삼치·쥐치 등이 많이 잡히고, 김과 미역 양식을 많이 한다. 지하 자원으로는 석회석·규석·고령토·장석·활석·금 등이 있다. 석회석은 진안군과 무주군에서 많이 나고, 규석은 장수군과 무주군에서 많이 난다. 주산업이 농업이어서 공업은 크게 발달하지 못하였으나 1969년에 전주공업단지, 1973년에 이리공업단지가 들어서면서 본격적으

로 발전하기 시작했다. 음식료·섬유·의복·목재·비철금속 공업이 발달하였으며, 특히 전주는 섬유·제지·식품 공업이, 익산은 귀금속·섬유·피혁·전자 공업이, 군산은 합판·양조 공업이 발달하였다. 도내에는 전주국가산업단지와 군장국가산업단지 등 3개의 국가 산업단지를 비롯하여 11개의 지방산업단지가 있다.

도내에는 국가 지정 문화재로 미륵사지석탑과 금산사 미륵전 등 국보 7점, 천곡사지칠층석탑과 실상사 석등 등 보물 89점, 광한루원과 고창읍성 등 사적 31곳, 천연기념물 26종, 강강술래와 남도들노래 등 중요 무형 문화재 2종 등 많은 문화재가 있다. 이 외에도 시·도 지정 문화재로 유형 문화재 184점, 무형 문화재 22종, 기념물 106종, 민속 자료 34점, 문화재 자료 149점 등이 있다. 이 중에서 고창의 고인돌 유적은 화순과 강화의 고인돌 유적과 함께 1997년에 세계문화유산으로 등록되었다. 해마다 전라예술제, 전주 국제영화제, 전주 대사습놀이, 내장산 단풍축제, 고창 수박축제 등 많은 축제와 문화 행사가 열린다. 전라북도를 상징하는 꽃은 백일홍이고, 나무는 은행나무이며, 새는 까치이다.

전세

남의 부동산 특히 건물을 임대료 대신 전세금을 주고 일정 기간 빌려 쓴 후, 부동산을 돌려 줄 때 전세금을 되돌려 받는 임대의 한 형태이다. 전세는 다른 나라에서는 거의 찾아 볼 수 없고 우리 나라에서만 발달된 부동산 임대 방법이다. 부동산을 빌리는 전세인들이 나중에 전세

전염병

　세균, 바이러스, 원생 동물 따위의 미생물에 감염되어 일어나는 전염성 질병을 말한다. 돌림병이라고도 한다. 14세기에 아시아와 유럽에서는 페스트라는 전염병이 돌아 유럽 인구의 3분의 1이 사라졌다. 전 세계적으로 과학과 의학이 발달하면서 전염병을 예방할 수 있는 백신이 개발되었고, 전염병 치료 부분에서 큰 성과를 거두었다. 전염병의 예방은 먼저 국가 차원에서 제도적으로 이루어져야 하며, 개인 스스로가 감염되지 않도록 노력해야 한다. 전염병을 예방하려면 병원체가 발생하거나 확산되지 못하게 소독과 예방 접종을 실시해야 한다. 만약 전염병 환자나 보균자가 생겼을 때에는, 우선 보건소에 신고한 후 환자와 보균자를 격리시키고, 환자나 가족이 사용한 기구를 소독하며, 경우에 따라 부근의 교통을 차단하고, 예방 조치를 취해야 한다. 특히 법정 전염병 환자와 담당 의사는 특별 시설을 갖춘 병원에 격리시켜야 한다. 하지만 제3군 전염병 환자 중에는 자신의 집에 격리되는 경우도 있다. 전염병에는 물 오염으로 인한 장티푸스나 이질, 공기 전염에 의한 홍역·감기·디프테리아·결핵, 모기에 의한 일본뇌염과 말라리아, 성 접촉에 의한 성병과 에이즈 등이 있다.

전염병의 치료

　전염병에 대한 과학적 치료가 가능해진 것은 19세기 후반부터다. 1796년에 제너가 천연두의 예방 백신을 만든 이후, 다른 전염병에 대해서도 예방 백신을 만들려는 노력이 활발해졌다. 세균학과 미생물학의 발전으로 예방 백신의 연구는 더욱 활기를 띠게 되었고, 나아가 전염 기간이나 잠복기에 대한 연구까지 이루어지자 전염병의 치료 수준은 비약적으로 성장하였다.

　우리 나라는 1954년 2월에 「전염병예방법」과 「검역법」을 공포한 후, 전염병을 국가 차원에서 관리하기 시작했다. 이제 천연두, 발진티푸스 등의 병은 사라졌으며, 이는 국가 차원에서 예방 접종을 하고, 제약 산업이 발전한 덕분이다. 한편으로는 교통 수단이 비약적으로 발달하면서 전염병의 전파 속도는 더욱 빨라지고 전파 지역도 더욱 광범위해졌다. 오늘날에는 한 지역에서 전염병이 발생하면, 국가 전체뿐 아니라 비행기를 이용하는 승객을 통해 전 세계로 퍼져나가는 경우도 있다. 게다가 대중 음식점이나 학교 급식을 이용하는 사람들이 많아지면서 집단 발병의 가능성은 예전보다 훨씬 높아진 편이다.

탐구학습

전염병의 종류
전염병의 발생과 유행을 방지하고 국민 보건을 향상 증진시키려는 목적으로 1954년에 제정된 「전염병예방법」에 따라 전염병은 제1군 전염병·제2군 전염병·제3군 전염병·제4군 전염병으로 나눈다.

제1군 전염병
전염 속도가 빠르고 국민 건강에 미치는 위해 정도가 무척 커서 발생 또는 유행하는 즉시 방역 대책을 세워야 하는 전염병이다. 콜레라·페스트·장티푸스·파라티푸스·세균성이질·장출혈성대장균감염증 등이 속한다.

제2군 전염병
예방 접종을 통하여 예방 또는 관리가 가능하여 국가 예방 접종 사업의 대상이 되는 전염병이다. 디프테리아·백일해·파상풍·홍역·유행성이하선염·풍진·폴리오·B형간염·일본뇌염 등이 속한다.

제3군 전염병
간헐적으로 유행할 가능성이 있어 지속적으로 그 발생을 감시하고 방역 대책을 세워야 하는 전염병이다. 말라리아·결핵·한센병·성병·성홍열·수막구균성수막염·레지오넬라증·비브리오패혈증·발진티푸스·발진열·쯔쯔가무시증·렙토스피라증·브루셀라증·탄저·공수병·인플루엔·후천성면역결핍증(AIDS)·신증후군출혈열(유행성출혈열) 등이 속한다.

제4군 전염병
국내에서 새로 발생한 신종 전염병 증후군, 재출현 전염병 또는 국내 유입이 우려되는 해외 유행 전염병으로, 이 법에 의한 방역 대책이 시급하다고 판단해 보건복지부령이 정하는 전염병을 말한다.

전자 상거래를 위한 웹사이트

전자 우편

금을 돌려받지 못하는 것을 막기 위해 「주택임대차보호법」과 「상가임대차보호법」을 만들어 시행하고 있다.

전자 도서관

도서관에 있는 각종 책이나 자료를 전자 텍스트로 만들어 전기 통신 수단으로 검색하거나 제공받을 수 있는 시스템을 통틀어 가리킨다. 최근 정보 통신 처리 기술이 발달함에 따라 출판물을 전자 텍스트로 만들 수 있게 되었고, 퍼스널 컴퓨터, 팩시밀리 등의 전기 통신 수단과 인공 지능의 개발로 자신의 집이나 사무실에서 자료를 검색하고 출력하는 것이 가능해졌다. 전자 도서관의 출현은 도서관의 한정된 공간을 효율적으로 이용하고, 업무를 합리적으로 운영할 수 있게 해 준다.

전자 상거래

정보 통신 기술의 발달로 나타난 새로운 거래 방법으로, 인터넷에 홈페이지로 개설된 상점에서 실시간으로 재화와 서비스를 사고파는 것을 말한다. 시장이나 백화점처럼 인터넷의 많은 홈페이지들에서 책이나 화장품, 가전 제품 등의 물건을 사기도 하고, 과외 수업을 받거나 원격 진료를 받는 등 서비스를 이용하기도 하는데, 이 모든 것이 전자 상거래이다. 전자 상거래는 기업과 소비자 사이에 주로 이루어지지만 기업과 기업, 기업과 정부 사이에도 이루어진다.

전자 우편

컴퓨터 통신망을 이용하여 컴퓨터 사용자 사이에 편지나 파일을 주고받는 것을 말한다. 보통 이메일(e-mail)이라고 한다. 이메일은 편지와 전화의 장점을 결합한 것이라고 할 수 있다. 즉 전달 내용을 기록할 수 있고, 통신을 주고받는 데 시간이 걸리지도 않는다. 인터넷 통신망에 가입한 사람이라면 언제 어디서든지 누구와도 자유롭게 이메일을 주고받을 수 있다. 이메일을 주고받을 때도 편지처럼 주소가 필요하다. 이메일의 주소는 아이디@인터넷 사이트로 나타내며, gildong@openkid.co.kr 처럼 쓴다.

전쟁

서로 대립하는 국가들 사이나 정부와 이에 대립하는 정치 단체가 군사력을 동원하여 오랫동안 투쟁하는 행위를 말한다. 오늘날에는 한 국가가 전쟁을 하겠다는 의사를 표시하면 무력 행동이 없어도 전쟁 상태로 인정한다.

국제연합 헌장을 보면, 자기 나라의 영토 보전이나 정치 독립을 위한 것이라 할지라도 국제연합의 목적에 위배되는 무력 사용은 삼가게 되어 있다. 그러나 오늘날에는 식민지 체제나 인종 차별 체제에 대한 저항과 해방을 위해 일으키는 전쟁은 대체로 정당성을 인정받는다. 국제법은 정당한 사유 없이 다른 나라를 무력으로 공격하는 것을 불법 전쟁으로 보며 침략 전쟁으로 규정한다. 이와 달리 불법적인 공격을 받은 국가가 조국을 지키기 위해 하는 전쟁은 자위 전쟁이라 하여 합법적인 것으로 인정한다. 자위 전쟁을 하는 국가를 돕고 침략 국가를 응징하고자 제3국이 가담하는 경우에는 제재 전쟁이라 하며 이 또한 합법적인 것으로 본다.

정당

걸프 전쟁

전쟁에 반대하는 시위

전쟁은 목적에 따라 독립 전쟁·혁명 전쟁·식민지 전쟁·종교 전쟁 등으로 나누고, 전투 지역의 범위와 규모에 따라 국제 전쟁·국지 전쟁·내전 등으로 구분된다.

정당

정치 이상이나 방법 등이 같은 사람들이 정권 획득을 목적으로 결성한 집단을 말한다. 정권을 잡은 정당을 집권당 또는 여당이라 하고, 그렇지 못한 정당을 야당 또는 반대당이라고 한다. 정당은 이익 단체나 다른 사회 단체와 달리 정치 권력의 획득을 추구하고, 의회 제도나 선거 제도의 바탕 위에 근거하며, 국가의 이익 즉 공익성을 추구한다. 우리 나라에서 정당 활동이 시작된 것은 1946년에 미군정 법령 「정당에 관한 규칙」이 공포된 후부터다. 그 후 1962년 제3공화국이 들어서면서 「정당법」이 제정되었다. 그 동안 몇 차례 개정된 현재의 「정당법」은 정당을 '국민의 이익을 위하여 책임있는 정치적 주장이나 정책을 추진하고 공직 선거의 후보자를 추천 또는 지지함으로써, 국민의 정치적 의사 형성에 참여하는 국민의 자발적 조직'이라고 정의한다.

정보 통신 산업

컴퓨터나 방송 장비, 화상 전화 등과 같은 정보 통신 기기를 만들거나 그에 필요한 프로그램을 개발하고, 그를 이용해 각종 인터넷 서비스 및 통신 서비스 따위를 제공하는 산업이다.

정보 통신 산업은 크게 정보 통신 제품을 생산하는 산업과 정보 통신 제품을 이용하는 산업으로 나눈다. 제품을 생산하는 산업은 컴퓨터 시스템을 생산하는 산업과 통신 제품을 생산하는 산업으로 나눈다. 컴퓨터는 하루가 다르게 발전하고 있으며 오늘날에는 인공 지능을 갖춘 제5세대 컴퓨터를 개발하여 실용화하는 단계에 와 있다. 통신 제품은 통신 위성·마이크로파·광섬유·전자 교환기 등을 이용한 데이터 통신이 가능한 제품들을 생산하고 있다. 또 정보 통신 제품을 이용하는 산업은 정보 처리 서비스업과 정보 제공 서비스업으로 나눈다. 정보 처리 서비스업에는 소프트웨어 개발업·프로그램 작성 대행업·데이터베이스업·자료 검색 대행업 등이 포함된다. 정보 통신 서비스업에는 컴퓨터와 통신 수단을 이용해 여러 가지 인터넷 서비스와 통신 서비스를 제공하는 모든 산업이 포함된다.

정부

 넓은 뜻으로는 입법·사법·행정에 관한 모든 조직과 기관을 가리키지만, 주로 좁은 뜻에서의 행정부를 가리킨다. 행정부란 국회가 제정한 법률의 범위 안에서 국가의 발전과 국민의 안위를 위해 정책을 실현하는 곳이다.
 정부는 통치 권력의 운영 방식에 따라 전제 정부와 입헌 정부로 나눈다. 전제 정부는 국가의 모든 권력이 한 사람이나 특정 계급, 특정 정당에 집중되어 있어 지배자가 자신의 뜻대로 국가 권력을 운영하는 정부이다. 군주 정치가 여기에 속한다. 입헌 정부는 헌법에 기초하여 정치를 하는 정부이다. 공화국과 입헌 군주제를 예로 들 수 있다.
 정부는 권력 분립의 성립 여부에 따라 독재 정부와 민주 정부로 나눈다. 독재 정부는 절대 권력을 가진 집행부가 입법부를 실질적으로 지배함으로써 정치의 자유를 부정하는 정부이다. 옛 소련의 공산주의 독재, 독일의 나치즘, 이탈리아의 파시즘이 그 예다. 민주 정부는 권력 분립주의를 따르는 정부 형태로, 크게 대통령 중심제 정부 형태와 내각 책임제 정부 형태로 나눈다.

과천 정부종합청사

 우리 나라는 헌법에 기초한 입헌 정부인 동시에 대통령 중심제 정부 형태를 갖춘 민주 정부이다. 따라서 정부는 대통령과 행정부로 구성되며, 정부의 모든 일은 대통령의 책임 아래에서 이루어진다.

제사

 신령이나 돌아가신 분의 넋을 기리기 위해 음식을 바치며 정성을 나타내는 의식이나 절차를 가리킨다. 좁은 뜻으로는 돌아가신 조상을 추모하고 공경하는 의식이나 절차를 가리킨다. 특히 여러 제사 중에서 해마다 조상이 돌아가신 날에 지내는 제사인 기제를 제사라 한다.
 원시 시대의 사람들은 하늘과 땅, 해와 달과 별, 산, 강 등에 모두 신령이 깃들여 있다고 생각하여 그 앞에 제물을 바치고 여러 가지를 기원하였는데, 이것이 제사의 기원이다. 우리 나라에서는 고대 국가부터 제사를 지낸 기록이 있다. 부여에서는 12월에 영고를, 고구려에서는 10월에 동맹을, 동예에서는 10월에 무천을 열어 하늘에 제사를 지냈다. 이런 제천 의식이 삼국 시대에 들어와서 자신의 조상을 제사 지내는 의례로 발전하기 시작하였으며, 고려 말에 유교가 들어온 후 제사는 조상에 대한 의례로 자리잡게 되었다.
 제사는 올리는 대상과 장소, 때에 따라 기제·차례·묘제·사시제·사당제 등으로 나누어진다. 기제는 조상이 돌아가신 날에 해마다 지내는 제사로 오늘날 가정에서 가장 중요하게 여기는 제사이다. 옛날에는 『주자가례』에 따라 4대조까지 지냈으나 오늘날에는 대개 2대조까지 지낸다. 제주의 집에서 조상이 돌아가신 날 전일 자정부터 당일 새벽 1시 사이에 지냈으나, 요즘은 해가 지고 어두워지면 편리한 시간을 정해 지낸다. 차례는 간소한 약식 제사로 음력 매월 초하룻날과 보름날, 그리고 명절이나 조상의 생신일 아침이나 낮에 지냈다. 오늘날에는 추석과 설날 아침에 지낸다. 묘제는 조상의 묘에서 지내는 제사로 음력 3월 중에 주로 하였으며, 청명·한식·단오·중구에도 지낸다. 사시제는 계절마다 지내는 제사로 주로 음력 2월, 5월, 8월, 11월에 지낸다. 고조 이하의 조상을 함께 제사 지내던 합동 제사의 하나로, 옛날에는 제사는 곧 사시제라고 말할 만큼 가장 중요하게 여긴 제사였으나 조선 시대 이후 기제가 중요시되면서 점차 의미가 줄어들어 오늘날에는 보통 일 년에 한 번 지낸다. 사당제는 사당에 모신 조상의 신주에게 올리는 제사였으나 사당이 사라진 오늘날에는 거의 올리지 않는다.

제주도

한반도의 남서쪽 바다에 있는 우리 나라 최대의 섬이며, 주변의 여러 작은 섬들과 함께 행정 구역상으로 하나의 도이다. 하나의 도이지만 면적은 약 1847.8제곱킬로미터로 강원도의 인제군보다 약간 크다.

제주도에는 아주 오랜 옛날에 고을나·양을나·부을나의 삼신인이 한라산 북쪽에 있는 삼성혈 땅 속에서 솟아 나와 가죽옷을 입고 사냥을 하며 살았다는 전설이 전해진다. 그 후 고을나의 15대손 때 탐라라는 국호를 갖게 되었고, 삼국 시대에는 고구려·백제·신라에 속하거나 독자적으로 외교 관계를 맺어 왔다. 고려 시대에도 이러한 관계가 계속되면서 탐라국의 독특한 문화와 역사의 맥을 이어오다가 1105년에 고려의 행정 구역인 탐라군으로 바뀌었다. 고려 말에 몽골이 우리나라를 침략하였을 때는 제주도에서 삼별초가 몽골에 끝까지 저항하였다. 조선 시대에는 제주목이나 제주부에 속하였다. 1946년에 도가 되어 전라남도에서 분리되었다. 2006년 7월 1일에 제주도에서 제주특별자치도로 바뀌었다. 제주도의 지역적·역사적·인문적 특성을 살리고 국제자유도시로 발전하기 위해 다른 도보다 더 많은 자치권이 보장되는 특별자치도로 바뀐 것이다. 특별자치도로 바뀌기 전에는 도 아래 제주시, 서귀포시, 북제주군, 남제주군 등 4개의 지방자치단체가 있었지만 현재는 제주시와 북제주군을 통합한 제주시와 서귀포시와 남제주군을 통합한 서귀포시 등 2개의 행정시가 있다.

제주도는 낮은 바다 밑 땅에서 화산 활동이 일어나 생긴 화산섬이다. 제주도의 화산 폭발은 신생대 제3기 말에 시작된 것으로 짐작되고 있으며, 한라산은 고려 시대인 1002년과 1007년에 화산 활동이 있었다. 중앙의 한라

탐구학습

옛날에는 제사를 어떻게 지냈을까요?

제사의 절차는 지방마다 집안마다 조금씩 다르다. 옛날에 관혼상제의 기준이 되었던 『주자가례』의 제사 방식이 중국의 생활 방식을 담고 있기 때문에 우리 나라에 맞게 해석하거나, 집안의 사정에 따라 조금씩 바꾸어 제사를 지냈기 때문이다. 조선 후기의 유학자인 이재가 『주자가례』의 내용을 보완하고, 이를 실생활에서 사용하기 편리하게 엮은 『사례편람』을 펴낸 이후에는 주로 그에 따라 지냈다. 『사례편람』의 기제 절차를 중심으로 제사의 절차를 살펴보면 다음과 같다.

제사 하루 전날 몸을 깨끗이 씻고 제사를 지낼 제청을 마련한다. 제청에 신위를 마련한 후 제삿날 새벽에 나물과 과일과 술 등 음식으로 먼저 제사상을 차린 후 출주, 참신, 강신, 진찬, 초헌, 아헌, 종헌, 유식, 합문, 계문, 헌다, 사신, 분축, 납주, 철찬의 순으로 기제가 진행된다.

출주는 사당에서 제청으로 조상의 신주를 받들어 모시는 의식이다. 조상의 신위를 모신 후 제주와 제사의 참례자들이 조상을 맞이하는 의미로 두 번 절하는 참신 재배를 한다. 지방으로 신위를 모실 경우에는 강신을 먼저 한 후에 참신을 뒤에 한다. 강신은 영혼의 강림을 청하는 의식이다. 제주가 신위 앞으로 나아가 꿇어 앉아 향로에 향을 피운 후 집사가 제상에서 잔을 들어 제주에게 건네 주고 잔에 술을 조금 따른다. 제주는 두 손으로 잔을 들고 향불 위에서 세 번 돌린 다음, 모사 그릇에 조금씩 세 번 붓고 일어나서 두 번 절한다. 하늘에 계신 신에게 알리기 위해 향을 피우고, 땅에 계신 신에게 알리기 위해 모사에 술을 따르는 것이다. 강신을 한 후에는 진찬을 한다. 진찬은 처음에 제사상을 차릴 때 올리지 않았던 생선과 고기, 떡과 국수, 국과 밥 등 더운 음식을 올리는 것이다. 음식을 다 올린 후 제주가 첫번째 잔을 올린다. 이것을 초헌이라 하며, 술과 함께 안주의 의미로 적을 올린다. 그리고 나서 축관이 축판을 들고 주인의 왼쪽에 나아가 축문을 읽는다. 축문을 다 읽고 나서 제주가 초헌 재배를 하고 주부가 나아가 두 번째 잔을 올리는 아헌을 한다. 주부는 술과 적을 올린 후 아헌 사배를 한다. 주부가 없을 때에는 제주의 동생이 아헌을 한다. 아헌 다음에는 세 번째 잔을 올리는 종헌을 하는데, 종헌은 대개 친척 중에 연장자가 올린다. 종헌 재배를 한 후 식사를 권유하는 의미로 제주가 잔에 술을 더 채우는 첨작을 하고, 주부가 밥에 숟가락을 꽂는다. 이때 숟가락의 안쪽이 동쪽으로 가게 하고, 젓가락은 시접 위에 손잡이가 왼쪽을 보게 가지런히 놓는다. 그런 다음 제주는 두 번, 주부는 네 번 절한다. 유식을 한 후 영혼이 식사를 하시도록 문을 닫고 나가는 합문을 한다. 문이 없을 경우에는 병풍으로 제사상을 가리고 제사에 참례한 모든 사람이 한참 동안 엎드리는 것으로 대신하기도 한다. 식사하실 시간을 엄숙하게 기다린 후, 축관이 세 번 헛기침을 하여 식사가 끝났음을 알리고 문을 여는 계문을 한다. 식사 후에 숭늉을 드시는 것처럼, 제주와 주부는 국을 물리고 차 또는 물을 받들어 올리거나 물에 밥을 세 번 떠서 풀고 그 안에 숟가락을 놓는데 이를 진다 또는 헌다라 한다. 이때에도 숭늉을 드시는 것을 기다리는 것처럼 서서 조금 기다린다. 그런 다음 식사가 모두 끝난 것으로 여겨 집사자는 숟가락과 젓가락을 먼저 시접에 내려 놓고 밥 뚜껑을 닫는다. 제사가 끝났기 때문에 조상이 떠나시는 것처럼 제주와 모든 사람이 사신 재배를 한다. 이어 축문을 불사르는데, 이를 분축이라 한다. 주인이 신주를 신주독에 받들어 사당에 다시 모시는 납주를 한다. 지방으로 제사를 모신 경우에는 지방을 깨끗한 곳에서 불태워 묻는다. 그리고 나서 제사상의 음식을 모두 치우는 철찬을 하고 제사에 참례한 사람들이 한자리에 앉아 제수를 나누어 먹는 음복을 하면 제사가 모두 끝난다. 기제에는 사시제와 달리 음복을 하지 않기도 한다.

산을 중심으로 남쪽은 경사가 심한 반면 북쪽은 완만하고, 동서쪽은 비교적 높으면서도 평탄하다. 1950미터로 가장 높은 한라산을 비롯해 어승생오름, 성널오름 등 오름이라 부르는 360여 개의 기생 화산이 있다. 땅의 대부분이 현무암과 흑갈색 화산회토로 덮여 있다. 빗물이 땅속으로 스며들어 긴 하천이 거의 없고 길이 20킬로미터 내외의 연외천·중문천·창고천 등 작은 하천 20여 개가 있다. 대신 해안선을 따라 지하수가 솟는 용천이 많이 있다. 해안선은 굴곡이 적으며, 조석 간만의 차는 남해안과 비슷하다. 우리 나라 가장 남쪽의 마라도를 비롯해 비양도·우도·상추자도·하추자도·횡간도·추포도·가파도 등 유인도 8개와 무인도 55개가 있다. 기후는 연안에 난류가 흐르는 까닭에 따뜻하고 기온의 연교차가 작은 해양성 기후이다. 한라산 북쪽의 제주시보다 서귀포시가 기온도 높고 강수량도 많다. 제주시의 2003년 연평균 기온은 섭씨 15.8도이고, 연평균 강수량은 1999밀리미터이며, 서귀포시의 연평균 기온은 섭씨 17.4도이고, 연평균 강수량은 2280밀리미터이다. 사계절 내내 바람이 많이 불고, 여름에는 태풍이 자주 지나간다.

우리 나라 최대의 관광 휴양지여서 서비스업이 가장 발달하였다. 그 다음이 농업과 수산업이며, 공업의 비중이 가장 낮다. 제주도는 물이 부족하고 평야가 적어 경지 면적 가운데 논은 2.4퍼센트에 지나지 않는다. 밭농사가 발달해 감자와 마늘을 비롯해 조·고구마·메밀·콩 등이 많이 난다. 또 감귤을 비롯해 아열대 과일인 바나나·파인애플 등도 재배한다. 감귤은 3만여 가구에서 재배하고 있으며 제주도민의 주된 수입원 중 하나이다. 수산업은 제주항·모슬포·산지포·성산포·한림항·서귀포항을 중심으로 발달하였으며, 갈치·고등어·멸치·한치 등이 많이 잡힌다. 옛날부터 해녀들이 어업 활동에서 큰 몫을 차지해 왔으며, 해녀들이 물질로 전복·해삼·소라 등을 주로 채취한다. 특산품으로는 감귤, 고사리, 백년초, 옥돔, 은갈치, 유채꿀 등이 유명하다. 제주도의 산업단지로는 대정농공단지, 구좌농공단지, 금능농공단지 등이 있고, 다른 지역에는 거의 공장이 없다.

도내에는 국가 지정 문화재로 관덕정과 불탑사 오층석탑 등 보물 4점, 삼성혈과 고산리 선사 유적 등 사적 5곳, 문주란 자생지와 만장굴 등 천연기념물 37종, 제주 민요와 망건장 등 중요 무형 문화재 4종, 성읍 민속마을과 연자매 등 중요 민속 자료 8점이 있다. 이 외에도 시·도 지정 문화재로 유형 문화재 17점, 무형 문화재 15종, 기념물 52종, 민속 자료 7점, 문화재 자료 2점 등이 있다. 천연기념물과 국립공원으로 지정된 한라산뿐 아니라 도내에는 많은 관광지가 있다. 천지연폭포·정방폭포·천제연

제주도의 주상절리

제헌절

제주도의 돌하루방

제주도의 오름

폭포 등의 폭포, 만장굴·김녕굴·협재굴·쌍룡굴 등의 용암동굴, 산방산·성산일출봉·산굼부리·검은 오름 등의 화산과 기생 화산, 이호·함덕·곽지·협재·중문·화순·신양·이호 등의 해수욕장, 용두암·외돌개·영실기암·용머리해안·섭지코지·지삿개 등의 기암과 해변 등이 있다. 서귀포시 중문동에 있는 중문관광단지를 비롯해 지정 관광지로는 만장굴 지구·정방폭포 지구·천제연 지구 등이 있다. 해마다 한라문화제·제주 감귤축제·한라산철쭉제·성산일출제·유채꽃큰잔치·한라산눈꽃축제·삼성혈제 등 많은 축제와 문화 행사가 열린다. 제주도를 상징하는 꽃은 참꽃나무이고, 나무는 녹나무이며, 새는 제주큰오색딱따구리이다.

제헌절

매년 7월 17일이며, 1948년 7월 17일에 대한민국 헌법이 제정되고 공포된 것을 기념하는 날이다. 이 날은 4대 국경일의 하나로 2007년까지는 공휴일로 지정되어 있었으나 2008년부터는 공휴일이 아닌 국경일로 바뀌었다. 정부가 주관하는 기념식 및 헌법과 민주주의 정신을 존중하는 내용의 각종 행사가 열린다.

주권

대내적으로는 국가의 의사를 결정하는 최고 권력을 뜻하고, 대외적으로는 국가의 자주성과 독립성을 뜻한다. 주권이 국가의 의사를 결정하는 최고 권력을 뜻할 경우, 주권이 누구에게 있느냐에 따라 국민 주권·군주 주권·귀족 주권·계급 주권 등으로 나눈다. 우리 나라 헌법에는 '대한민국의 주권은 국민에게 있고, 모든 권력은 국민으로부터 나온다'고 되어 있다. '모든 가맹국의 주권 평등의 원칙에 기초를 둔다'라는 국제연합의 선언문에서도 알 수 있듯이, 주권은 국가의 독립성을 뜻하기도 한다. 주권은 영토, 국민과 더불어 국가의 3대 요소이다.

주식

주식 회사에서 주주가 주주로서 회사에 대하여 가지는 법률상의 지위나 주식 회사의 소유권을 나타내는 증서를 가리킨다. 상법에서는 주식 회사의 소유권을 나타내는 증서를 주식과 구별하여 주권이라 하지만, 일상 생활에서는 주권을 주식이라고 한다.

주식을 가지고 있으면 회사의 주인으로서 그 회사가 벌어들인 이익을 나눠 받는다. 회사가 이익을 많이 내면 주식을 갖고 있는 주주가 받는 배당금도 커지지만 회사가 이익을 내지 못하면 배당금은 한푼도 없으며, 회사가 망할 경우에는 투자한 돈을 모두 날릴 수도 있다. 주식은 주식 시장에서 자유롭게 사고팔 수 있는데, 주식을 사고 팔아 많은 이익을 남기기도 한다.

주식 회사

여러 주주에게 주식을 발행해 설립하여 운영하는 회사를 말한다. 경제 활동을 해서 돈을 버는 회사를 만들기 위해서는 많은 돈, 즉 자본이 필요하다. 회사를 만드는 데 5000만 원이 필요하다면, 자기 돈이나 은행과 같은 금융 기관에서 돈을 빌려서 만들 수도 있지만 회사의 주식을 발행해서 5000만 원을 마련할 수도 있다. 5000명에게

1만 원씩 투자를 받고 그 증거로 회사의 소유권을 나타내는 주식을 나누는 방법으로 회사를 설립할 수 있다. 투자한 5000명은 모두 회사의 주인이고 각각 5000분의 1씩 회사를 소유한 것이 된다. 이처럼 주식 회사는 여러 주주에게 주식을 발행해 설립하여 운영하는 회사이다.

주식 회사는 1602년에 네덜란드가 설립한 동인도회사에서 그 기원을 찾을 수 있으며, 자본주의 사회에서 사기업의 대표적인 형태이다. 주식 회사는 다른 기업과 달리 주식으로 세분화된 일정한 자본을 가지며, 모든 주주가 주식 인수가액에 한하여 출자 의무를 부담할 뿐 회사의 채무에 대해서는 아무런 책임을 지지 않는 특징이 있다. 이러한 특징 때문에 대규모의 자본이 필요한 대기업은 오늘날 대부분 주식 회사의 형태를 띠고 있다.

수요와 공급의 불균형으로 국민 경제의 질서까지 혼란시킨 주택 문제

주왕산

경상북도 청송군에 있는 산이다. 국립공원 중 하나이다. 높이는 721미터이다. 기암절벽과 폭포가 많아 자연 경관이 빼어나며, 특히 주왕암에서 별바위에 이르는 13킬로미터의 숲은 원시림으로 우거져 있다. 명소로 신라 문무왕 때 지어진 대전사를 비롯해 주왕의 딸 백련공주의 이름을 딴 백련암, 청학과 백학이 둥지를 틀고 살았다는 학소대, 주왕과 마장군이 격전을 치렀다는 기암, 주왕의 아들과 딸이 달 구경을 했다는 망월대, 주왕이 숨어 살다가 죽었다는 주왕굴 등이 있다.

주택 문제

주택의 수요에 비해 공급이 부족하여 생기는 문제를 가리킨다. 또 넓은 뜻으로는 주택의 상태가 나빠서 생기는 문제도 포함한다. 우리 나라의 주택 문제는 1960년대 이후 급격한 도시화와 산업화에 따라 인구가 대도시로 몰리면서 발생하였다. 좁은 도시에 많은 사람이 몰려들어서 살집이 부족해진 것이다. 인구가 갑자기 늘어나는 것

주왕산

중국

중국의 경극

새롭게 급부상하는 중국의 모습을 잘 보여 주는 상하이 시

뿐 아니라 택지의 부족과 주택 부문에 대한 금융 지원의 부족은 도시의 주택난을 더욱 악화시켰다. 게다가 주택의 부족과 주택의 수요와 공급의 불균형은 주택 가격을 급등시켰고, 이는 물가 상승에 직접 영향을 끼쳐 국민 경제의 질서를 혼란시켰다. 정부는 이와 같은 주택 문제를 해결하기 위해 주택 공급을 확대하고 주택 가격을 안정화하기 위해 꾸준히 노력하고 있다.

중국
아시아 동부에 있는 나라이다. 정식 명칭은 중화인민공화국이다. 수도는 베이징이다. 면적은 957만 2900제곱킬로미터로, 세계에서 세 번째로 큰 나라이다. 22개의 성과 4개의 직할시, 5개의 자치구, 2개의 특별 행정구로 이루어져 있다. 인구는 2003년 말 기준으로 약 12억 8890만 명으로 세계 1위이다. 공용어는 중국어이다. 주요 종교는 불교, 도교, 이슬람교, 크리스트교이다. 기후는 대륙성 기후이다. 1인당 국내총생산은 2003년 기준으로 1090달러이다. 중국 또는 중화라는 국명은 3000년 전 서주에서부터 사용되었는데, 세계의 중심 또는 문화의 중심이라는 뜻이다. 5000년의 긴 역사를 갖고 있는 중국은 은 왕조 때에 나라의 체제를 갖춘 후로 진·한·수·당·송·원·명·청으로 이어 오며 통일과 분열을 거듭하였다. 근대화 과정에서 쑨원이 전제 군주제를 무너뜨리고 중화민국을 탄생시켰다. 그 이후 밖으로는 중·일 전쟁을 치르는 한편, 안으로는 공산군과 국민당 군의 내전이 계속되다가 제2차 세계대전이 끝나고 1949년에 공산당이 대륙을 차지하였다. 이후 국민당은 타이완 섬으로 밀려가 자유중국을 세웠고, 중국 본토에는 공산당이 중심이 된 중화인민공화국이 세워졌다. 최근 시장 경제의 도입과 개방화 정책으로 중국은 세계 경제 속에서 새롭게 급부상하고 있다.

우리 나라와는 1992년에 한중 수교가 이루어진 이후 경제 분야에서 많은 교류가 진행되고 있다. 지금은 미국, 일본 다음으로 제3대 교역국으로 급부상했다. 우리 나라는 중화학 공업 제품을 중심으로 철강·금속 제품, 기계, 화공 제품 등을 주로 수출하고, 농수산물, 섬유류, 광산물 등을 주로 수입한다.

중앙아프리카공화국
아프리카 대륙 중앙에 있는 나라이다. 1960년에 프랑스로부터 독립하였다. 정부 형태는 대통령 중심제이며, 수도는 방기이다. 면적은 62만 2436제곱킬로미터다. 인구는 2003년 기준으로 약 3669만 명이다. 공용어는 프랑스어이다. 1인당 국민총생산은 2003년 기준으로 260달러이다.

중앙 은행
한 나라의 화폐를 발행하고 나라 안에 유통되는 돈의 양을 적절히 조절하여 물가를 안정시키고 경제 발전을 도모하는 기관을 말한다. 중앙 은행은 은행과 정부를 상대로 예금도 받고 대출도 해주기 때문에 은행의 은행이나 정부의 은행이라고도 한다. 우리 나라의 중앙 은행은 한국은행이다.

중학교

초등학교의 교육 과정을 마친 학생에게 중등 교육을 실시하는 학교이다. 고등학교의 전 단계로서 3년 과정으로 되어 있다. 초등학교 졸업자 혹은 외국에서 6년 이상 초등학교 교육을 받았거나 교육위원회가 실시하는 중학교 입학 자격 검정 고시에 합격한 사람에게 입학 자격이 주어진다. 중학교 무상 의무 교육은 1986년에 섬과 벽지 지역의 학생들을 대상으로 처음 실시되었고, 2004년부터 전국의 모든 중학생이 무상 의무 교육을 받고 있다.

중화학 공업

제조되는 물건의 무게가 상대적으로 무거운 철강·배·자동차·기계 등을 만드는 중공업과 석유 화학 공업을 합하여 부르는 말이다. 경공업에 대비되며, 경공업 생산에 필요한 기계나 원재료를 생산한다. 경공업은 노동 집약적이지만 중화학 공업은 자본 집약적이고 기술 집약적인 공업이다. 중공업은 공장의 건물이나 설비에 쓰이는 자본이 경공업보다 훨씬 많이 들고, 생산 과정도 복잡하다. 그래서 공업화의 초기에는 중공업보다 경공업이 먼저 발달하며, 경공업의 발전에 따라 그에 필요한 기계나 원재료의 생산이 촉진되어 중공업이 발전된다.

우리 나라의 산업 구조는 중화학 공업의 비중이 낮았으나, 1960년대부터 경제개발계획이 시작되면서 중화학 공업의 비중이 점차 높아지기 시작하였다. 1960년대에 철강업에서 시작하여 1970년대에 석유 화학·전력·전자·조선·자동차 공업 등의 중화학 공업이 경제개발계획에 따라 발전하였다. 선진국에서 생산 시설과 기술을 들여 오고, 풍부한 노동력과 정부의 금융 지원 등으로 중화학 공업이 발전하면서 경제도 성장하였다.

증권

재산에 관한 권리나 의무 등을 나타내는 문서이다. 단순히 어떤 재산상의 권리를 표시하는 유가 증권과 특정한 권리 관계의 존재와 내용을 표시하는 증거 증권으로 크게 나눌 수 있다. 주식·공채·사채 등이 유가 증권이고, 돈을 빌린 차용 증서나 영수증 등이 증거 증권이다. 보통 증권이라 할 때는 유가 증권을 가리킨다.

증권거래소

주식이나 채권 등의 증권을 사고팔기 위해 개설된 유통 시장을 말한다. 증권 시장은 크게 발행 시장과 유통 시장으로 구분되는데, 증권거래소는 전형적인 유통 시장이다. 미국이나 일본 등에는 증권거래소가 10여 곳에 있지만, 매매의 대부분은 그 중 가장 큰 도시에 있는 거래소 한 곳에 집중된다. 우리 나라는 서울특별시 영등포구 여의도동에 한국증권거래소가 있다.

증산교

조선 고종 때에 증산(甑山) 강일순이 전라북도 모악산에서 하늘과 땅의 큰 도를 깨닫고 전파하여 세운 종교이다. 증산교에서는 세상을 구원하기 위해 강림했다는 상제 강일순과 환인·환웅·단군 등의 우리 나라 시조신,

울산 현대중공업

화력 발전소

각 민족의 민족신, 공자·석가모니·예수, 모든 사람들의 조상신, 마테오리치, 진묵대사 등을 숭배 대상으로 삼는다. 증산교의 핵심 사상은 인간이 신이나 어떤 사물보다 존엄한 존재라는 인존 사상, 개인·집단·계급·민족·국가에 쌓인 원한을 풀어 원래 상태로 되돌려야 한다는 해원 사상, 우리 나라를 중심으로 세계가 한 집안으로 통일될 것이라는 민족 주체 사상이다. 기본 교리는 『대순전경』, 『증산종단개론』에 잘 나타나 있다.

지구 온난화 현상

대기 중에 이산화탄소·메탄·오존 등의 온실 기체가 증가하여 지구의 평균 기온이 올라가는 현상을 말한다. 즉 온실 기체가 온실의 창유리처럼 태양 광선은 받아들이고 내부의 열은 외부로 빠져 나가지 못하도록 하는 온실 효과를 일으켜 지구의 평균 기온이 올라가는 것이다. 지구 온난화는 산업혁명 이전에도 자연계에 있었던 현상이지만 20세기에 들어와 산업화와 그에 따른 석탄·석유와 같은 화석 연료의 사용량이 늘어나고, 무분별한 삼림의 벌채로 이산화탄소의 배출량이 증가하면서 정도가 심해지고 있다. 지구 온난화로 기온이 올라가면서 해수면 상승, 빙하의 소멸이나 축소, 기후대의 변화, 사막의 확장, 태풍의 강도 및 빈도 변화, 계절풍의 강도와 풍향의 변화, 집중 호우의 강도와 횟수의 변화 등이 함께 일어난다. 생태계에 치명적인 영향을 미치는 지구 온난화를 막기 위해 세계 여러 나라는 기후 변화 협약을 맺어 온실 가스의 배출을 규제하고, 대체 에너지 개발과 이산화탄소를 고정화시키는 기술 개발에 힘쓰고 있다.

지리산

경상남도, 전라남도, 전라북도에 걸쳐 있는 산이다. 지이산, 두류산, 방장산이라고도 한다. 금강산·한라산과 더불어 삼신산의 하나로 손꼽힌다. 1967년에 우리 나라에서 처음으로 국립공원으로 지정되었다. 최고봉인 천왕봉의 높이는 1915미터이다. 남한 내륙의 최고봉인 천왕봉을 주봉으로 하는 지리산은 서쪽 끝의 노고단, 서쪽 중앙의 반야봉을 중심으로 거대한 산줄기를 형성하고 있다. 능선과 능선 사이로 뱀사골·피아골·백무동·화엄사계곡 등 수많은 계곡이 있고, 화엄사·연곡사·쌍계사·대원사 등 오래 된 절이 많다. 지리산 남악제, 피아골단풍제, 산수유축제 등이 열린다. 또 이 지역에서는 고령토·규석·금·은·니켈 등의 광물이 많이 난다.

지방 법원

재판의 1심을 심판하는 하급 법원으로, 상급 법원으로 고등 법원을 두고 있다. 보통 한 명의 판사가 심판하지만, 중요한 안건이나 항소심 혹은 기타 합의 심판을 요구하는 경우에는 판사 세 명으로 구성된 합의부에서 심판한다. 재판관의 단독 판결을 받아들일 수 없을 때에는 본원 합의부에, 합의부의 1심 판결을 받아들일 수 없을 때에는 고등 법원에 재판을 다시 신청할 수 있다. 이를 항소라고 한다. 지방 법원은 특별시, 광역시, 도청 소재지인 서울, 인천, 대전, 광주, 대구, 부산, 울산, 수원, 춘천, 청주, 창원, 전주, 제주에 있다. 이 중 서울의 지방 법원은

서울 북부 지방 법원

지방 시 의회 모습

민사 지방 법원과 형사 지방 법원으로 나뉘며, 가정 문제를 전담하는 가정 법원이 따로 있다.

지방 의회

지방 자치를 위해 주민이 선출한 의원으로 구성된 의결 기관이다. 특별시·광역시·도·특별자치도 등의 광역 자치 단체와 시·군·구 등의 기초 자치 단체 별로 주민들의 보통·평등·직접·비밀선거에 따라 선출한 의원들로 별도로 구성된다. 지방 의회 의원의 임기는 4년이다. 각각의 지방 의회는 지방 자치 단체의 정책과 입법, 주민의 부담, 기타 시정의 운영에 관한 사항을 심의하여 결정하는 의결 기능이 있다. 구체적으로는 조례의 제정 및 개폐, 예산의 심의·확정, 결산의 승인, 지방세의 부과와 징수, 기금의 설치·운용, 중요 재산의 취득·처분, 공공 시설의 설치·관리 및 처분 등을 결정한다. 또 자치 단체장의 독주나 부당한 처사를 시정하고 감사하기 위하여 시장이나 도지사 등의 지방 의회 출석, 답변, 의견 진술의 요구, 서류 제출의 요구, 현지 확인, 행정 사무 감사 또는 조사 등을 한다. 의회의 운영은 본회의와 상임위원회를 중심으로 운영된다. 의회가 적법하게 활동할 수 있는 회의 일수는 연간 120일 간이며, 정례회는 매년 두 번 열리고 40일 이내 기간으로 운영된다. 임시회는 자치 단체장이나 재적 의원 3분의 1 이상의 요구가 있을 때 15일 이내의 기간으로 소집하며, 연간 회의 총 일수는 정례회 및 임시회를 합하여 120일을 초과할 수 없다.

지방 자치

일정한 지역을 기초로 지역 주민들이 스스로 또는 대표자를 선출하여 일상 생활에 관련된 행정 업무를 자율적으로 처리해 가는 정치·행정 제도를 가리킨다. 지방 자치 제도 아래서는 광역 자치 단체와 지방 자치 단체가 중앙 정부로부터 어느 정도 독립성과 자율성을 가지고 행정 사무를 자율적으로 처리한다. 또한 지역 주민은 지방 자치 단체장을 선거로 뽑아 일을 맡기고, 주민의 선거로 선출된 지방 의회를 통해 지방 자치 단체의 업무를 감독한다.

지방 자치를 실시하는 이유는 중앙 정부의 권력 남용을 막고 중앙 집권의 폐해를 막기 위해서이다. 중앙 정부가 각 지역의 행정 업무까지 맡아 하면 각 지역의 사정을 잘 몰라 지역의 문제를 획일적으로 처리하기 쉽다. 또한 각 지역에서 손쉽게 해결할 수 있는 문제까지 중앙 정부가 떠맡음으로써 중앙 정부의 부담이 커질 수밖에 없다. 지방 자치를 통해 주민들이 지역의 특수성에 따라 자신의 고장을 효율적으로 운영할 수 있고, 주민 스스로의 판단과 책임으로 지역의 문제를 처리해 나가면서 민주주의를 생활화할 수 있다. 우리 나라의 제헌 국회는 1949년에 지방 자치 제도를 법으로 규정하였으나, 실제로 지방 자치 제도가 실시된 것은 한국전쟁 중인 1952년이었다. 당시 지방 의회를 비롯한 지방 자치 제도는 대통령 이승만의 장기 집권을 위해 이용되었다. 그러다가 4·19혁명 이후 「지방자치법」을 개정하여 지방 자치를 새롭게 실시하려고 하였으나, 5·16쿠데타로 시작도 하지 못한 채 폐지되고 말았다. 풀뿌리 민주주의로서 지방 자치 제도가 부활된 것은 1995년 6월에 이르러서이다.

지방 자치 단체

국가로부터 자치권을 부여받아 일정한 지역의 행정 업무를 담당하는 단체를 말한다. 지방 자치 단체를 통해 지방의 자율성을 살려 주민들의 힘과 의견을 모아 지방의 경쟁력과 특징을 살릴 수 있다. 이는 세계화 시대의 국가 경쟁력을 키우는 데도 큰 역할을 한다. 또한 지역의 발전과 주민의 복지를 증진시키는 데도 중요한 역할을 한다. 우리 나라에서는 지방 자치가 헌법으로 보장되어 있고, 지방 자치의 조직과 운영이 법률로 규정되어 있다.

지방 자치 단체는 크게 일반 지방 자치 단체와 특별 지방 자치 단체로 나눈다. 일반 지방 자치 단체는 다시 광역 자치 단체인 특별시·광역시·도·특별자치도와 기초 자치 단체인 시·군·구로 나눈다. 특별 지방 자치 단체로는 일반 지방 자치 단체의 업무를 부분적으로 처리하는 지방 자치 단체 조합이 있다. 지방 자치 단체는 지방 자치 단체의 구역·조직·행정 관리 등에 관한 사무와 주민의 복지 증진, 농림·상공업 등 산업 진흥에 관한 사무, 지역 개발 및 주민의 생활 환경 시설의 설치·운영에 관한 사무, 교육·체육·문화·예술의 진흥에 관한 사무, 지역 민방위 및 소방에 관한 사무 등에 힘쓴다. 한편 외교, 국방, 물가 및 금융 정책 등에 관한 사무는 맡을 수 없다. 대신 자치입법권, 자치조직권, 자치행정권, 자치재정권 등의 권한을 갖는다.

지도

지구 표면의 전부 또는 일부를 일정한 비율로 줄여서 평면 위에 기호, 글자, 색채 등으로 나타낸 것을 말한다. 거리가 너무 멀거나 장소가 너무 넓어서 우리 눈으로 직접 볼 수 없기 때문에 지도가 필요하다. 오늘날 지도는 여행, 토목 공사, 학술 연구, 군사 작전, 행정, 교육 등에서 꼭 필요한 자료이다. 지도가 정확한 자료가 되기 위해서는 거리·면적·방위·각도와 모양이 모두 정확해야 한다. 또 누가 보아도 알아볼 수 있게 미리 약속을 해서 그려야 하며 축적, 등고선, 경도와 위도, 방위, 기호 표시 등이 반드시 필요하다. 또 사용 목적에 맞는 도법, 축척, 기호의 사용을 정해야 한다. 지도의 정확성 여부는 국가의 경제·문화 수준의 지표라고도 할 수 있다.

지도의 역사

문자가 만들어지기 이전에도 사람들은 자기가 살고 있는 곳을 돌이나 조개 따위로 그림을 그려 놓았다. 지금까지 남아 있는 것 중에 가장 오래 된 것으로는 기원전 700년 전에 진흙판에 새긴 바빌로니아의 지도가 있다. 또 고대 이집트 사람들은 홍수가 잦아 농사 짓는 땅의 경계가 자주 바뀌자, 그 경계를 분명히 정하고 세금을 걷기 위해 지도를 만들어 사용했다. 이처럼 지도는 사람들의 필요에 따라 만들어진 것이다. 고대의 지도는 흔히 원반 모양의 육지와 이를 둘러싸고 있는 큰 바다로 표현되어 좁은 지역의 지식밖에 담지 못하였으나, 콜럼버스 이후 지리상의 발견 시대로 접어들면서 지도의 필요는 더욱 늘어났고 지도 자체도 무척 정확해졌다. 여러 가지 지도의 작성법이 생겨났고, 1930년 이후에는 항공 촬영 지도가 나왔다.

우리 나라도 이미 삼국 시대부터 봉역도나 지리지 등을 만들어 사용하였으나, 실제로 측정하여 만든 지도는 고산자 김정호가 만든 「청구도」·「대동여지도」 이후의 일이다.

지도의 종류

지도는 크게 일반도와 주제도로 나눈다. 일반도는 지표면에 하천, 평야, 산지, 행정 경계, 교통망 등 일반적인 사항을 기호로 나타낸 지도를 말하며, 여러 목적에 이용되는 다목적 지도이기도 하다. 지형도, 지방도 등이 있다. 일반도의 대표적인 것으로는 국립지리원에서 만든 2만 5,000분의 1 지형도, 5만 분의 1 지형도, 50만 분의 1 지세도, 100만 분의 1 전도 등이 있다. 주제도는 특정 주제를 표현한 지도를 말한다. 보통 같은 축척의 일반도를 바탕으로 만들어진다. 주제도는 식생도, 교통도, 일기도, 인구도, 토지이용도 등이 있다.

구역에 따라 지도를 나누면 세계 전도·반구도·대륙도·대양도·국도·지방도·시도도·시군읍면도 등이 있다. 축척에 따라 지도를 나누면 5만 분의 1보다 큰 대축척도, 100만 분의 1보다 작은 소축척도 등이 있다. 또한 지도의 작성 방법에 따라서 실측도와 편집도로 나눈다.

> **백두산의 높이 2744미터가 나타내는 것은 무엇일까요?**
> 지도를 보면 백두산의 높이가 2744미터라고 되어 있다. 이것은 백두산의 맨 아래쪽이 0이고 그로부터 2744미터 위에 백두산 꼭대기가 있다는 말이 아니다. 바닷물의 높이로부터 2744미터 위에 백두산의 꼭대기가 있다는 말이다.
> 이처럼 지도에서 어떤 지점의 높이를 재는 기준은 바닷물의 높이인 해발이다. 그래서 백두산의 높이를 정확히 표시하면 그냥 2744미터가 아니고 해발 2744미터라고 해야 한다. 그런데 바닷물의 높이는 일정하지 않고 밀물 때와 썰물 때가 다르다. 그래서 우리 나라에서는 인천 앞바다의 밀물 때와 썰물 때의 바닷물 높이의 평균을 내서 그 평균을 0미터로 잡는다.

지도를 만드는 방법

둥근 공 모양의 지구 표면을 펼쳐서 평면에 표시하는 방법을 도법 또는 투영법이라고 한다. 둥근 지구를 평

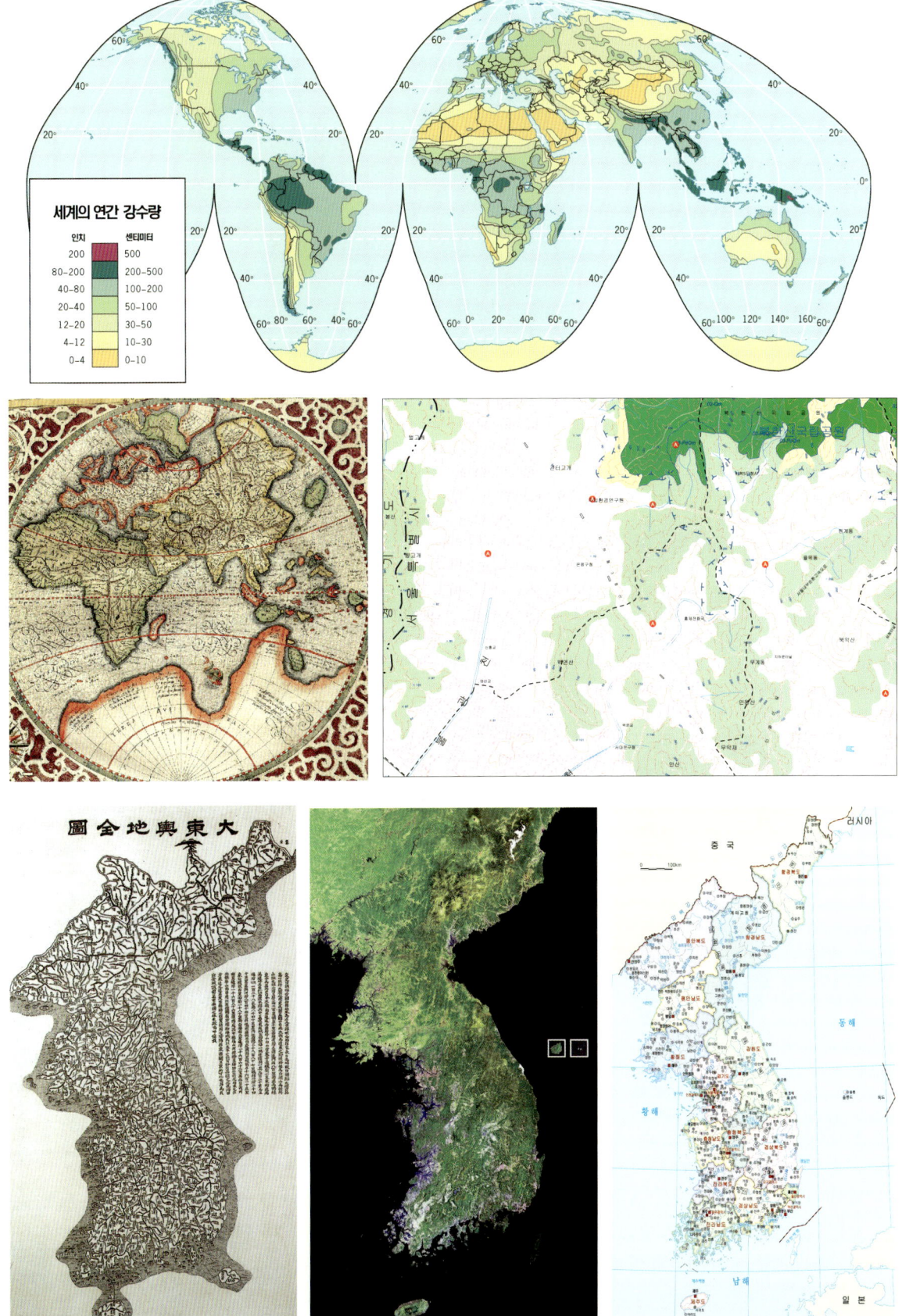

여러 가지 지도들이다. 주제도인 세계 연간 강수량지도, 고지도, 수치표고지도, 김정호의 「대동여지도」, 한반도 위성지도, 한반도 행정지도

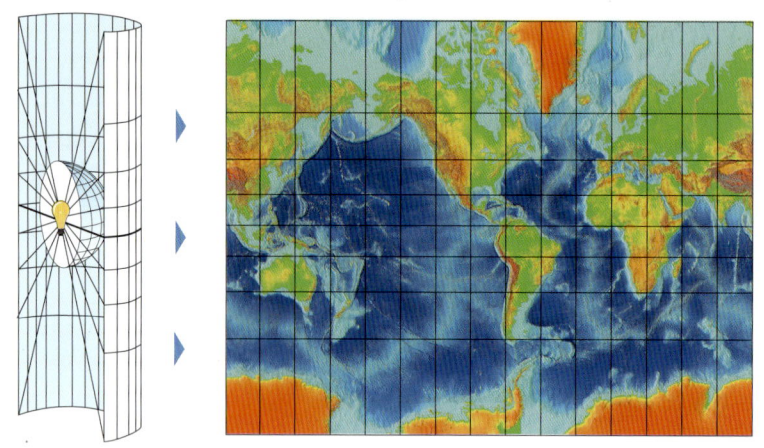

지도 투영법은 지구에 경선과 위선으로 이루어진 좌표를 만들어 평면에 옮기는 방법이다. 오른쪽은 원통 도법으로 만든 위성 영상 지도이다.

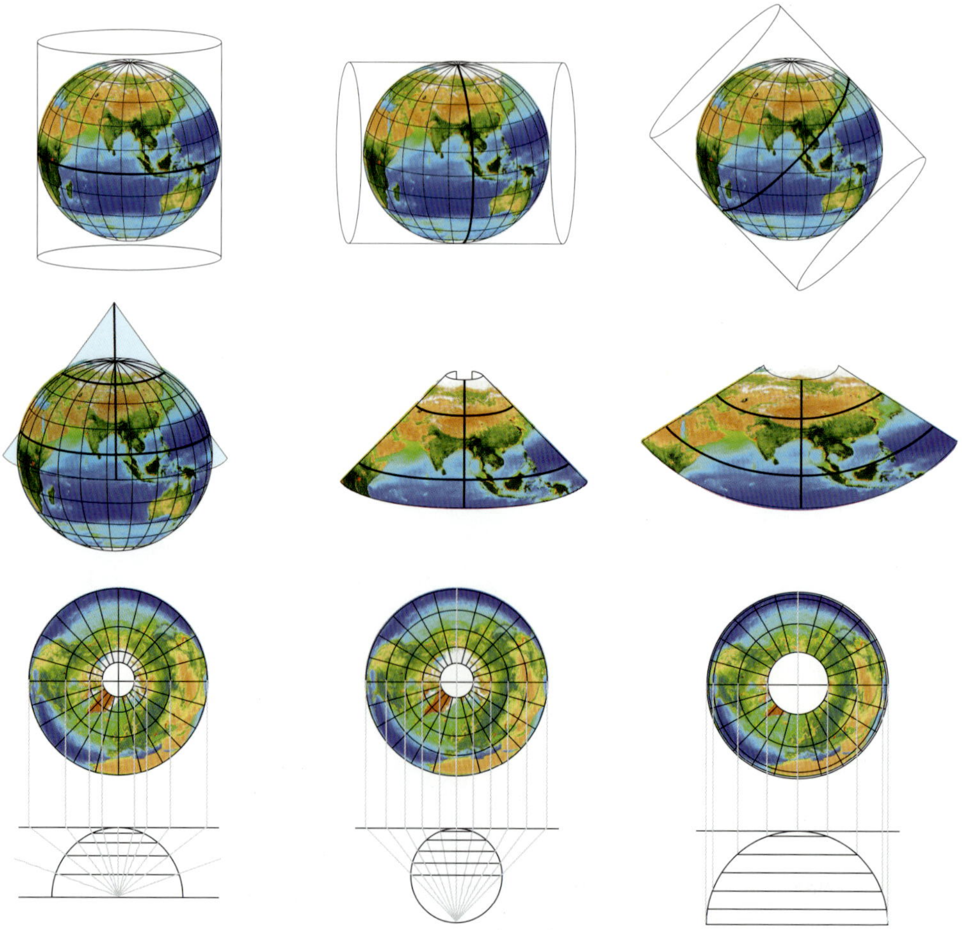

원통 도법

원추 도법

방위 도법

면인 지도에 표시할 때 거리·면적·방위를 모두 정확하게 나타낼 수는 없다. 그래서 필요에 따라 여러 가지 도법으로 지도를 그린다. 도법은 거리, 면적, 방위의 어떤 것에 정확성을 두느냐에 따라서 정거 도법, 정적 도법, 정각 도법으로 나눈다. 투영 방법에 따라 지구에 접하는 평면에 직접 투영하는 방위 도법, 원추 또는 원통에 투영한 후 평면으로 펴는 원추 도법 또는 원통 도법 등이 있다.

지도를 그리는 데에는 어떤 요소가 필요할까?

관찰

지도에는 어떤 지역의 모양과 높낮이를 표시해야 한다. 예를 들어 우리 나라 지도를 보면 전체 모습이 호랑이처럼 생겼고, 여러 산들은 '해발 1150m' 하는 식으로 높낮이가 표시되어 있다. 이렇게 지도를 만들기 위해서는 직접 관찰하는 과정이 필요하다. 옛날에는 직접 나침반을 들고 높은 산이나 높은 지역에 올라가 주변을 살펴보거나 별자리의 위치를 기준으로 높이를 쟀다. 지금은 과학이 발달하여 보다 손쉽고 정확하게 지도를 만들 수 있다. 먼저 인공 위성이나 비행기로 사진 촬영을 한다. 그 다음 측량 기구로 사진에 나타난 지점의 높낮이와 거리를 잰다. 이렇게 해서 원도가 되는 최초의 기본 그림을 그린다. 그 다음에 항공 사진에 조그맣게 나타나는 경계선 따위를 확대 인화한 사진을 바탕으로 현장에서 직접 조사한다.

지도 기호

지도를 그리는 데 땅이나 시설물을 실제 모양으로 나타낼 수 없기 때문에 실제와 비슷한 모양으로 약속하여 만든 것을 말한다. 나타내어야 할 자연물이나 인공물 등을 누구나 연상하기 쉽고 이해할 수 있도록 간편하게 일정한 모양으로 정한다. 지도마다 방위, 축척 표시 등과 함께 기호의 보기를 싣는 것이 일반적이다.

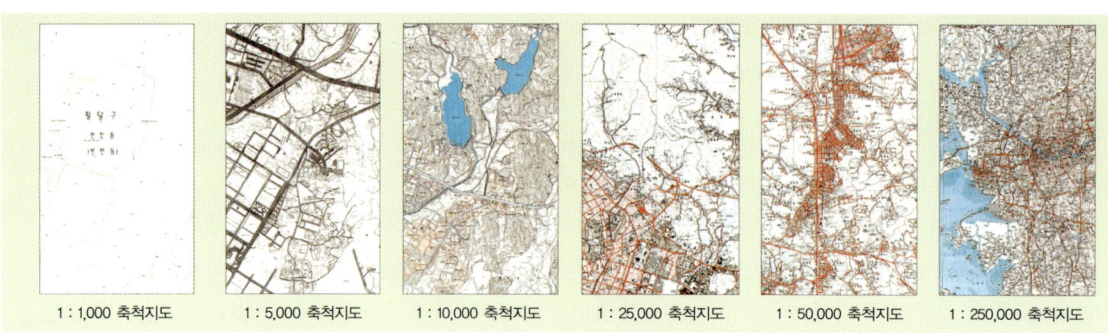

축척

지도를 만들 때 실제 거리와 크기를 일정한 비율로 줄인 정도를 말한다. 지도를 만들면서 지표면의 실제 크기로는 지도를 그릴 수 없기 때문에 축척이 필요하다. 축척이 작은 지도는 넓은 지역을 살필 수 있고, 축척이 큰 지도는 좁은 지역을 자세히 볼 수 있다. 축척을 나타내는 방법으로 비례법, 분수법, 축척법이 있다. 보통 1:5,000이나 1:50,000 또는 1:100,000 등으로 표시한다.

축척은 대축척, 소축척 등이 있다. 실제를 줄인 정도가 좀 작은 것을 대축척 지도라 하고, 실제를 대폭 줄여서 그린 것을 소축척 지도라고 한다. 일반적으로 축척이 1:50,000보다 큰 지도는 대축척 지도라고 하고, 1:100,000이나 1:250,000인 지도를 중축척 지도라고 하며, 1:1,000,000보다 작은 것은 소축척 지도라 한다.

방위

한 지점으로부터 다른 지점을 바라다 본 것을 말한다. 일반적으로 북쪽을 기본 방위로 하는데, 주로 지도에서는 위쪽이 북쪽이 된다. 4방위표, 8방위표가 있다. 보통 나침반으로 방향을 알 수 있다.

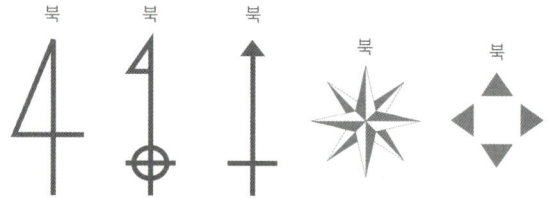

등고선 – 땅의 높낮이

지형을 나타내기 위해 평균 해수면에서 일정한 높이에 있는 지점을 연결한 선이다. 즉 등고선은 기준면 0미터인 평균 해수면에서 수직거리가 같은 지점을 연결한 것이다. 그 외에 바닷물과 맞닿아 있는 곳을 선으로 연결한 것을 해안선이라 하고, 해안선보다 낮은 바닷속 깊이가 같은 곳을 선으로 연결하여 바다의 깊고 얕음을 지도에 나타낸 것을 등심선이라 한다.

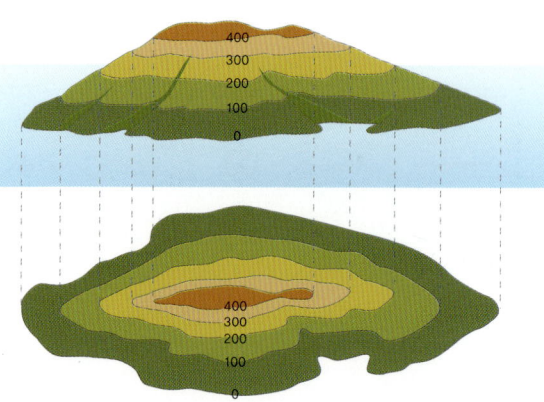

경도와 위도

경도와 위도는 지구상의 위치를 나타내는 좌표이다. 지구의 남과 북의 어디쯤에 있는지를 나타내는 것이 위도이다. 지구의 남쪽 끝에는 남극, 북쪽 끝에는 북극이 있으며, 그 북극과 남극의 딱 중간되는 지점을 적도라고 한다. 이 적도를 기준으로 하여 북극과 남극 쪽으로 각각 90도로 나누어 위도를 표시한다. 그리고 지구의 동과 서의 어디쯤에 있는지를 나타내는 것이 경도이다. 영국 케임브리지에 있는 그리니치 천문대를 기준으로 한다. 남극과 북극, 그리니치 천문대를 지나는 본초자오선을 기준으로 동쪽과 서쪽으로 각각 180도로 나누어 경도를 표시한다.

위도

경도

위도와 경도는 세계 모든 나라가 공통으로 정한 기준이며, 그것으로 지구상의 위치를 알 수 있다. 예를 들어 우리 나라는 동경 127도, 북위 37도에 있다. 적도보다 북쪽으로 37도 만큼 위에, 그리니치 천문대에서 동쪽 방향으로 127도의 지점에 있다는 뜻이다.

지도에 쓰이는 색깔

지도에 쓰이는 색깔 기준은 특별히 없다. 지도를 만든 곳에 따라 색깔이 다른데, 우리 나라에서는 보통 아래와 같은 의미로 색깔을 사용한다.

- **빨강** 빛이나 열과 관련된 것으로 주택지, 관광지, 도로 및 해로의 기호에 쓰인다.
- **노랑** 지형이 비교적 낮은 곳을 나타낼 때 사용한다. 고도가 높아질수록 색깔이 진해진다.
- **파랑** 바다, 강, 호수 등을 나타낼 때 쓰이며, 깊이가 얕은 곳은 하늘색으로 나타내고, 깊이가 깊어질수록 파란색으로 나타낸다. 항공로도 파란색으로 나타낸다.
- **갈색** 산, 고원처럼 지형이 높은 곳을 나타낼 때 쓰이며, 고도가 높아질수록 색깔이 진해진다.
- **초록** 들판처럼 지형이 낮은 곳을 나타낼 때 쓰인다. 밭과 과수원의 기호도 초록이다.

역사 지도

역사 시대의 지리적 사실과 현상을 나타내는 지도이다. 과거의 한 시기 또는 몇 시기의 경관과 상태를 묘사한 지도로, 과거에 만들어진 지도를 가리키는 것이 아니라 당시의 역사적 자료를 이용하여 근세에 만들어진 지도를 말한다. 따라서 고지도와는 다르며, 역사지리학의 연구와 밀접한 관련이 있다.

세계 지도와 지구본

세계 지도와 지구본의 공통점은 세계를 볼 수 있다는 것이다. 세계 지도는 둥근 지구를 평면 위에 펼쳐서 나타낸 것이고, 지구본은 지구의 모양을 그대로 축소한 공 모양이다. 세계 지도는 둥근 지구를 평면 위에 나타냈기 때문에 대륙이나 각 나라의 크기나 거리가 정확하지 않다. 하지만 세계의 이곳 저곳을 자세히 쉽게 찾아볼 수 있다. 가지고 다니기 편하지만 구겨지거나 찢어질 수 있다. 지구본은 둥근 지구의 모습을 그대로 축소한 것이라 각 대륙과 각 나라의 크기를 쉽게 비교할 수 있고 크기나 방향, 거리가 정확하다. 그리고 비행기나 배가 운행할 때 짧고 안전한 길을 쉽게 찾을 수 있다.

그림지도 그리기

종이의 위쪽을 북쪽으로 잡고 방위표와 큰 길, 산, 강을 그린다.
작은 길, 다리, 철길, 논과 밭을 그린다.
학교, 집, 공장, 주택 등을 그려 넣는다.
색을 칠하고 글씨를 써 넣는다.
실제의 모습과 맞추어 본다.

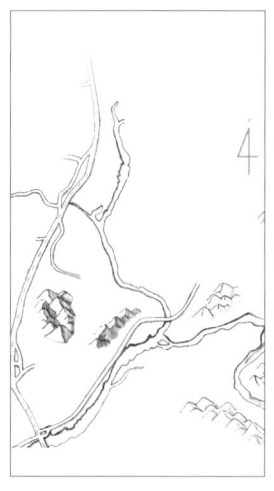 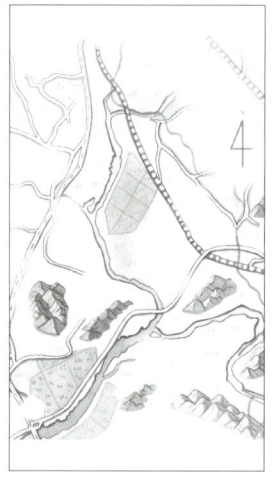 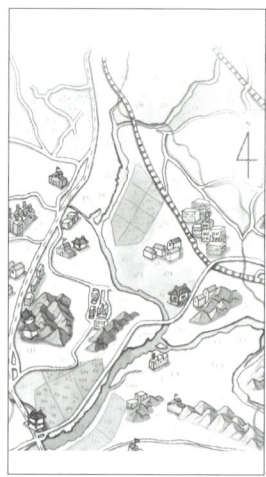 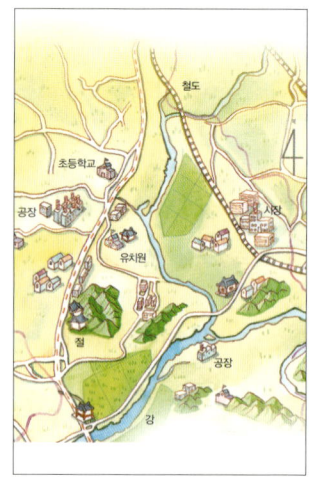

지형도 그리기

울릉도의 지형도를 그려보자.

첫째, 사진을 보고 필요한 기호를 정하여 지도의 아랫부분에 그린다.

둘째, 위쪽이 북쪽이 되게 방위표를 그리고, 땅의 모양을 그려 넣는다.

셋째, 축척자와 고도표를 나타낸다.

넷째, 땅의 높낮이에 맞게 색깔을 칠한다.

다섯째, 기호를 그려 넣고, 중요한 곳의 이름을 쓴다.

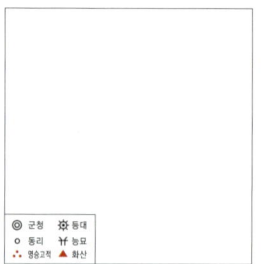 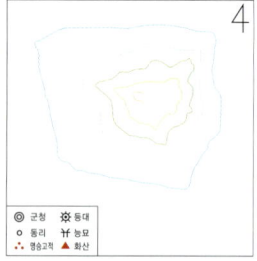

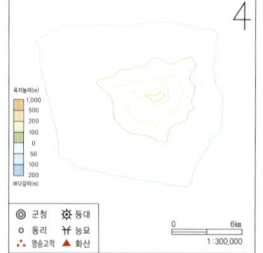 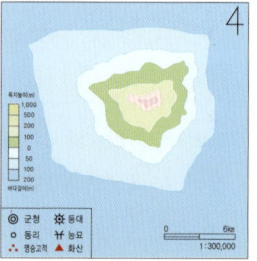 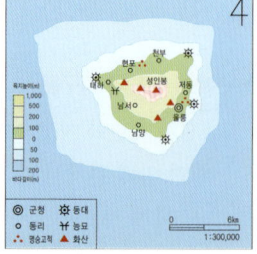

탐구학습

그림지도와 사진의 다른 점은 무엇일까요?

그림지도와 사진 모두 알고 싶은 지역의 정보를 담아낸다. 그림지도는 고장의 전체 모습을 나타낼 수 있으며, 중요한 부분을 중심으로 기호로 간단하게 표시할 수 있어 한눈에 볼 수 있다. 하지만 지역의 모습이 다 나와 있지 않고 실제의 모습과 다르다. 이에 비해 사진은 실제 모습과 같고 정확하며 작은 건물까지 나타나 있다. 하지만 큰 건물 뒤에 가려진 곳은 잘 보이지 않고 멀리 있는 것일수록 작게 보이는 단점이 있다.

지역 계획

지역의 개발과 이용 및 보전 등을 통해 주민의 생활을 향상시키려는 계획을 말한다. 즉 지역 사회의 기반이 되는 토지·물·에너지 자원 등의 기초 자원과 교통·주택·수리 시설·기초 산업 시설 등의 공익 시설을 종합적으로 개발하고 정비하는 계획을 뜻한다. 지역 계획은 대상 지역의 넓이에 따라 국토 계획, 지방 계획, 도시 계획 등으로 나눈다. 일반적으로 국가나 지방 자치 단체들이 법률에 따라 계획을 세우고 실행한다. 우선 계획의 대상 지역, 계획 기간, 사업의 내용, 실행 순서를 정하고 환경 영향 평가와 개발의 효과 등을 평가한 뒤, 자금의 규모와 조달 방법을 정한다. 그런 다음 별도로 설치한 위원회를 통해 주민의 의견을 모으고 지역 계획을 공개한 후 반대 의견을 검토한다.

지역 이기주의

자기 지역의 이익과 행복만을 추구하는 태도를 말한다. 범죄자, 마약 중독자, 에이즈 환자를 위한 수용 시설이나 산업 폐기물, 핵폐기물, 방사능 오염 쓰레기의 처리 시설이 필요하다는 것은 인정하면서도 이런 시설들이 자기 지역이 아닌 남의 지역에 세워지기를 바라는 자기 중심적인 생각이나 태도를 말한다. 지역 이기주의는 님비(NYMBY) 현상이라고도 한다.

지중해

대서양의 부속해로 유럽, 아시아 및 아프리카의 세 대륙에 둘러싸인 세계 최대의 내해이다. 원래 지중해란 땅 사이에 있는 해협을 말하지만, 보통은 유럽의 지중해를 가리킨다. 유럽의 지중해는 서쪽은 지브롤터 해협으로 대서양과 통하고, 동쪽은 수에즈 운하로 홍해와 인도양과 연결되며, 북쪽은 다르다넬스·보스포루스 해협으로 흑해와 이어진다. 면적은 296만 9000제곱킬로미터이고, 길이는 약 4000킬로미터, 최대 너비는 약 1600킬로미터, 평균 수심은 1458미터, 최대 수심은 4404미터이다. 지중해 지역의 대부분은 여름이 건조하고, 강수의 대부분이 가을에서 봄까지 내린다. 또 연평균 강수량도 대륙 서안 기후나 몬순 기후에 비해 훨씬 적다. 고대부터 중세 말까지 유럽 문명의 중심 무대가 되었고, 19세기부터 20세기 전반까지 지중해를 둘러싼 지역은 식민지 경영의 대상 지역이 되기도 하였다. 오늘날에도 세계 항로의 주요 간선 중 하나로 이용되고 있다.

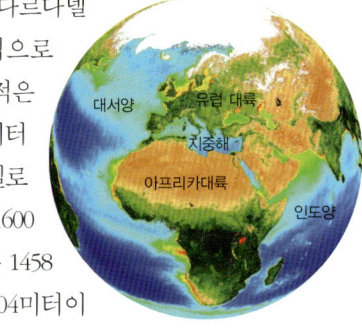

직업

먹고 살기 위하여 자신의 적성과 능력에 따라 일정한 기간에 계속하여 종사하는 일을 말한다. 사람은 누구나 직업을 갖고 살아가기 때문에 직업은 사람들의 삶에 있어서 중요한 의미를 가진다. 직업은 단순히 먹고 살기위한 수단일 뿐만 아니라 우리에게 삶의 보람과 만족감을 느끼게 해 주기도 하고, 삶의 목적을 이루어 주기도 한다. 이런 직업은 한 개인에게 뿐만 아니라 다른 사람 또는 사회나 국가를 위해서 매우 중요하다. 직업을 통한 사회적 분업을 통해 국가나 사회가 유지되기 때문이다. 사회 구성원의 하나로 모든 사람들은 직업을 통해 자신이 맡은 일을 다함으로써 사회의 기능을 유지하고, 아울러 국가와 사회의 발전에도 이바지하게 된다.

농업과 어업 등 1차 산업이 중심이 되었던 전통 사회에서는 직업의 종류가 단순하여 거의 대부분의 사람들이 비슷한 직업에 종사하고 있었다. 그러나 현대 사회에서의 직업의 종류와 수는 전통 사회의 그것과 비교할 수 없을 정도로 많아졌다. 기술의 발전에 따른 산업화와 생산의 분업 제도의 발달에 따라 수많은 직업이 새로 생겨난 것이다. 그래서 현대 사회에서 직업의 종류와 수는 약 2~4만 여종으로 분화되어 있다. 우리 나라에서는 수많은 직업을 한국표준직업분류에 따라 분류하고 있다. 1963

탐구학습

우리 동네에 도서관을 지으려면 어떻게 해야 할까요?

1. 시 의회는 우리 동네에 도서관을 지어 달라는 시민들의 의견을 모아서 시청에 요청한다.
2. 시청은 우리 동네에 도서관이 꼭 필요한지 확인한 후에 도서관을 짓겠다고 결정하면 시 의회에 예산 승인을 요청한다.
3. 시 의회에서는 도서관 건립이 꼭 필요한지, 사업비는 어느 정도 필요한지를 판단해서 예산을 승인한다.
4. 시청에서는 이러한 사실을 시민에게 알리고 도서관을 짓는 전 과정을 관리 감독한다.

지하철

도시의 땅 속에 만든 철도이다. 대도시의 교통 혼잡을 해결하기 위해 만든 교통 시설로 지하에 철로를 만들고 전동차로 승객을 빠르게 실어나른다. 다른 차량이나 도로와 교차되지 않아서 빠른 속도로 오갈 수 있고 도시의 미관을 해치지 않으며 소음도 줄일 수 있다. 다만 건설하는 데 비용이 많이 들고 건설 기간이 오래 걸린다는 단점이 있다. 지하철에는 배수 시설과 환기 시설, 안내 표지판, 에스컬레이터, 엘리베이터 등 다양한 부대 시설이 필요하다.

지하철을 이용하는 사람들

지하철의 역사

1863년 1월에 영국의 런던에서 최초로 지하철이 등장하였다. 당시 지하철에는 증기 기관차가 운행되었으나 1890년부터 전동차가 운행되었다. 1896년에는 헝가리의 부다페스트, 1897년에는 영국의 글래스고우, 1898년에는 미국의 보스턴, 1900년에는 프랑스의 파리, 1902년에는 독일의 베를린, 1904년에는 미국의 뉴욕, 1913년에는 아르헨티나의 부에노스아이레스, 1927년에는 일본의 도쿄, 1935년에는 러시아의 모스크바에 각각 지하철이 개통되었다. 제2차 세계대전이 끝난 후에 지하철은 세계 각국에 빠른 속도로 확산되었다.

우리 나라의 지하철

1974년 서울에 지하철 1호선이 개통되었고, 1984년에 2호선, 1985년에 3·4호선, 1996년에 5호선, 1999년에 8호선, 2000년에 7호선, 2001년에 6호선이 뒤이어 개통되었다. 지하철은 서울, 인천, 수원, 의정부, 안산 등을 잇는 수도권 교통의 대동맥 역할을 하였고, 수도권 대부분의 지역을 1시간 생활권으로 만들었다. 지하철은 부산, 대전, 대구, 광주 등 전국의 대도시로 확산되었다.

부산의 지하철 기지

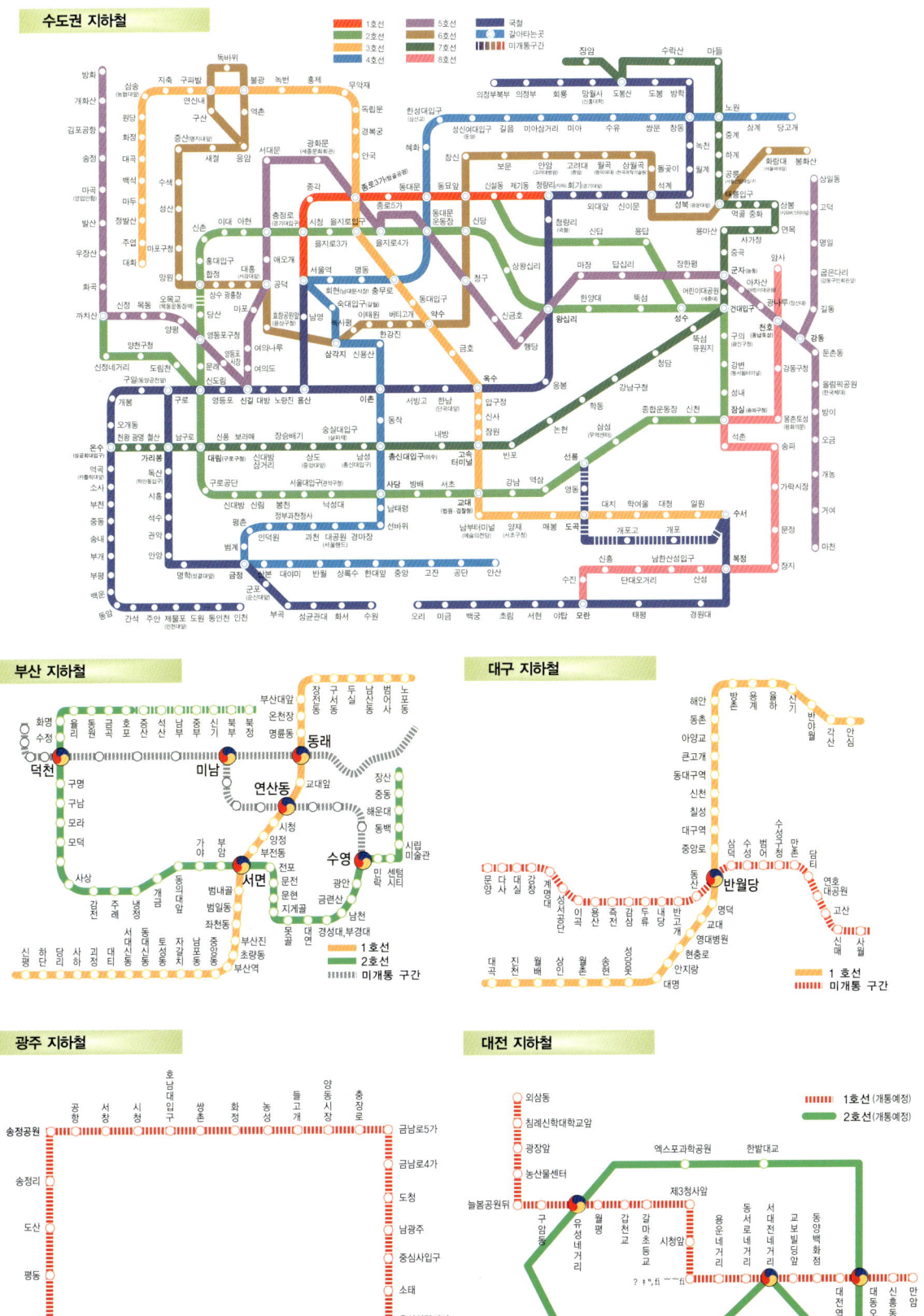

년에 국제표준직업분류를 근거로 하여 처음 만들어진 한국표준직업분류는 경제활동을 위해 개인이 하고 있는 일을 그 수행되는 일의 형태에 따라 분류한 것이다. 처음 만들어진 후 직업 구조 및 기술 변화를 반영하기 위해 5차례 개정을 하였으며, 수많은 직업을 의회의원, 고위임직원 및 관리자, 전문가, 기술공 및 준전문가, 사무 종사자, 서비스 종사자 등 11개로 대분류한 후 그것을 다시 중분류, 소분류하였다.

직업에는 귀하고 천한 것이 없지만 직업을 선택할 때에는 먼저 자신의 삶의 목표를 정한 후 자신이 어느 부분에 흥미가 있는지, 자신이 어느 부분에 소질이 있는지, 신체적 조건은 맞는지, 미래 사회는 어떻게 변화할지 등에 대해 객관적으로 신중하게 생각해 보고 선택하여야 한다.

직업병

특정 직업에 종사하는 동안 작업 조건이나 환경 요인으로 생기는 질병을 말한다. 같은 직업에 종사하는 사람이라면 누구에게나 생길 수 있으며, 발병 속도에 따라 급성인 경우와 만성인 경우가 있다. 급성인 경우에는 발생 장소, 시간, 원인 등이 명확하여 진단과 보상을 판단하기 쉽지만, 만성인 경우에는 장기간에 걸쳐 서서히 발병하므로 진단과 보상을 판단하기 어렵다. 직업 때문에 일어나는 질병에는 유독 가스나 고열물의 폭발처럼 돌발적이고 우발적으로 일어나는 질병도 있다. 이는 직업병과 달리 산업 재해라고 한다.

짐바브웨

아프리카 내륙의 동남부에 있는 나라이다. 1980년에 영국으로부터 독립하였다. 정부 형태는 대통령 중심제이며, 수도는 하라레이다. 면적은 39만 757제곱킬로미터로 한반도의 약 2배이다. 인구는 2003년 기준으로 1172만 명이다. 공용어는 영어와 쇼나어이다. 주요 종교는 크리스트교와 토착 신앙이다. 기후는 아열대 기후이다. 1인당 국민총생산은 2003년 기준으로 480달러이다. 잠베지 강에 있는 빅토리아 폭포는 세계 3대 폭포의 하나로 유명하다.

탐구학습

미래의 유망한 직업은 무엇일까요?

직업은 고정적인 것이 아니라 사회의 변화에 따라 새로 생기기도 하고 없어지기도 한다. 예를 들면 저작권관리원·나무의사·수의디자이너 등의 특수한 직업이 새로 생기기도 하고, 텔렉스원·제도사·타자수·버스안내양 등의 직업은 없어지기도 한다. 미래 사회는 과학 기술의 발전과 산업 구조의 변화와 그에 따른 삶의 양식의 변화에 따라 많은 직업들이 새로 생겨 날 것으로 예상된다. 적성과 능력에 따라 미래에 유망한 새로운 직업에 도전해 보는 것도 좋을 것이다.

컴퓨터 관련 직업 : 컴퓨터 보안 전문가, 웹방송 엔지니어, 정보 시스템 감리자, 정보 검색원, 컴퓨터 그래픽 디자이너, 게임 시나리오 작가, 디지털 영상 처리 기사, 컴퓨터 프로그래머, 비디오 아트 작가 등

첨단 과학 관련 직업 : 통신 엔지니어, 전자 인공 지능 엔지니어, 반도체 전문가, 생명공학자, 미생물 유전학자, 정밀 기계 엔지니어 등

세분화 및 전문화에 따른 직업 : 스포츠 마케터, 특허 관리자, 노사 분쟁 전문가, 투자 상담가, 마케팅 조사가, 광고 기획자 등

세계화에 따른 직업 : 외환 딜러, 해외 관광 기획자, 국제 법학자, 무역 전문가, 동시 통역사, 관광 통역사, 국제회의 기획자 등

여가 선용 관련 직업 : 사회 체육 지도자, 레크리에이션 연구가 등

창의성 관련 직업 : 아동 놀이 지도자, 인테리어 전문가, 모델, 조각가, 무대 디자이너, 카피라이터, 만화 콘티 작가 등

문화 예술 관련 직업 : 영화 기획자, 완구 디자이너, 드라마 작가, 음반 기획자, 헤어스타일리스트, 방송 스크립터, 엔터테이너 등

환경 및 건강 관련 직업 : 음악 치료사, 상담사, 운동 치료사, 호스피스, 식이요법 전문가 등

차드
　아프리카 대륙의 중북부 내륙에 있는 나라이다. 1960년에 프랑스로부터 독립하였다. 정부 형태는 대통령 중심제이며, 수도는 은자메나이다. 면적은 128만 4000제곱킬로미터이다. 인구는 2003년 기준으로 약 926만 명이다. 공용어는 프랑스어와 아랍어이다. 남북 간의 내전과 심한 가뭄으로 오랫동안 가난에 허덕이고 있으며, 1인당 국민총생산은 2003년 기준으로 200달러이다.

채권
　빌린 돈의 금액과 이자, 갚는 날짜, 갚는 방법 등을 표시한 유가 증권이다. 주로 정부나 공공 단체, 주식 회사 등이 일반인에게서 많은 돈을 한꺼번에 빌리기 위해 발행하는 차용 증서이다. 채권은 발행 주체에 따라 국채·지방채·특수채·회사채로, 상환 기간에 따라 단기채·중기채·장기채로, 보증 유무에 따라 보증 사채·무보증 사채 등으로 나눈다.

천도교
　최제우가 1860년에 유교·불교·도교의 장점과 민간 신앙의 장점을 받아들여 만든 민족 종교이다. 처음에는 동학이라고 하였다. 제3대 교주인 손병희가 천도교로 바꾸었다. 인격적이며 초월적인 유일신 한울님을 신앙 대상으로 하며, 천인합일(天人合一)의 인내천(人乃天) 사상과 사인여천(事人如天) 사상을 바탕으로 한 현세주의적 종교이다. 동학이라는 이름은 최제우가 『논학문』에서 '도는 천도이고, 학은 동학'이라고 한 말에서 딴 것이다. 동학은 서학, 즉 외국 종교인 천주교와 대립되는 명칭으로서, 외세의 침략을 막고 우리의 것을 지키자는 의도에서 나온 것이다. 하지만 사람이 곧 하늘이다라는 인내천 사상에 깃들인 평등 사상과 지금의 세상은 운이 다하여 끝날 것이며 곧 백성이 바라는 새로운 세상이 올 것이다라는 후천개벽에 깃들인 종말론적 사상은 천주교에서 영향을 받은 것이다. 최제우가 세상과 백성을 구제하겠다는 뜻을 품고 동학을 창시했던 조선 말기는 외척의 세도 정치와 양반들의 수탈로 백성들의 생활이 곤궁했고 외세의 침략으로 나라의 운명이 위태로웠던 때다. 최제우는 1862년에 천도교의 신앙 공동체인 접 제도를 실시하고, 각 접의 지도자로 접주 16명을 임명하였다. 최제우의 가르침에 많은 신도들이 모여들면서 세력이 커지자, 정부는 '세상을 어지럽히고 백성을 속인다'는 이유로 1864년에 최제우를 처형하였다.

2대 교조인 최시형은 35년간 숨어 다니며 열심히 포교 활동을 하였다. 그러면서 1대 교조 최제우의 억울한 죄명을 벗기고 동학의 정당성을 주장하는 교조 신원 운동을 벌였다. 1892년에는 전라북도 삼례와 충청남도 공주에서 신앙의 자유를 내세우며 민중 시위를 벌였고 이후 교세가 크게 확장되었다. 1893년에는 광화문 앞에서 신앙의 자유와 교조의 신원 회복을 요구하며 대규모 시위를 벌였으나 뜻을 이루지 못하였다. 같은 해 충청북도 보은에서 일어난 시위는 나라를 지키고 백성의 생활을 편안하게 한다는 보국 안민, 일본과 서양을 배척한다는 척왜 양이의 기치를 내건 반봉건, 반제국 운동으로 발전하였다. 정부는 이들의 청을 들어 주기로 약속하고 해산시킨 다음, 오히려 더욱 심하게 탄압하였다. 이에 갑오년인 1894년에 전라도 고부에서 전봉준 등이 반봉건 반제국을 외치며 봉기를 일으키자, 최시형은 모든 신도들이 이 봉기에 참여할 것을 촉구하였다. 이 봉기가 바로 동학농민전쟁이다. 하지만 청나라와 일본의 개입으로 이 봉기는 실패로 돌아갔고, 1898년 6월에 최시형마저 교수형을 당하였다.

최시형의 뒤를 이은 3대 교조 손병희는 정부의 탄압 속에서도 계속 교세를 다져 나갔다. 1908년에 박인호에게 교조 자리를 물려준 뒤, 손병희는 1919년 삼일운동에서 민족대표 33인의 한 명으로 활동하는 등 독립 운동에 힘썼으며, 교세 확장 및 독립 정신 고취와 국민 교육을 위해 노력했다. 종합 잡지인 『개벽』・『신여성』・『어린이』・『학생』・『농민』 등을 발행하여 신문화 운동을 펼치기도 하였다. 한편 손병희의 사위이자 천도교도였던 방정환은 어린이도 한울이라고 믿으며, 어린이날을 제정하였고 잡지 『어린이』를 발간하는 등 어린이의 인권을 위해 노력하였다. 최제우가 쓴 『동경대전』과 『용담유사』가 기본 경전이다.

천연기념물

넓은 뜻으로는 특색 있는 향토의 자연물로서 지역의 풍경・지질・동물 등 무엇이든 본래의 장소에 존재하는 것을 말한다. 보통 우리 나라에서 천연기념물이라고 할 때는 동물, 식물, 지질, 광물, 자연 현상 중에서 중요한 것을 국가가 「문화재보호법」에 따라 문화재위원회의 심의

천연기념물인 제주의 만장굴

를 거쳐 지정한 것을 말한다. 지정된 동물과 함께 동물의 서식지・번식지・도래지도 천연기념물로 지정되며, 지정된 식물과 함께 식물의 자생지도 천연기념물로 지정되고, 보호할 만한 천연기념물이 풍부하거나 다양한 생물학・지구과학・문화・역사・경관의 특성을 가진 천연 보호 구역도 천연기념물로 지정되어 보호된다. 대표적인 천연기념물로는 1호인 달성의 측백수림을 비롯하여 광릉의 크낙새 서식지, 용문사의 은행나무, 괴산의 미선나무 자생지, 울진의 성류굴, 제주도의 만장굴, 따오기, 황새, 노랑부리백로, 진돗개, 장수하늘소, 한라산 천연 보호 구역, 홍도 천연 보호 구역 등이 있다. 2004년 말 기준으로 336종의 동물, 식물, 지질, 천연 보호 구역 등이 천연기념물로 지정되어 있다.

천연 자원

인간 생활에 이용할 수 있는 자연물이나 자연 에너지를 통틀어 일컫는 말이다. 일반적으로 천연 자원이라 할 때는 석탄, 석유, 철, 구리 등의 광물 자원을 일컫는다. 넓은 뜻의 천연 자원에는 광물 자원뿐만 아니라 담수・해수・지하수 등의 수자원, 수목・버섯・약초 등의 삼림 자원, 토양 자원, 관광 자원, 어류나 야생 동물의 동물 자원 등이 포함된다. 천연 자원은 특정 지역에 편중된 경우가 많아서 자원의 획득을 둘러싸고 나라들 사이에 분쟁이 일어나기도 한다.

첨단 과학 기술 산업

극미세 기술이나 생명 공학 등 첨단 기술을 이용하여

새로운 제품을 생산하거나 서비스를 제공하는 산업을 가리킨다. 생명 공학 산업, 극미세 기술 산업, 환경 산업, 문화 산업, 우주 산업, 정보 통신 산업, 정밀 화학 산업 등이 포함된다. 기술집약도가 높아 부가가치가 높고, 파급 효과가 크며, 시장 잠재력이 무한한 산업이다. 경공업이 발달한 시대에는 중공업을 첨단 기술 산업으로 꼽았다. 하지만 오늘날처럼 중공업이 지배적인 산업 구조에서는 고도의 첨단 기술을 이용한 항공기, 로봇, 통신 기기, 의약품, 생화학, 우주 개발, 원자력, 해양 개발, 컴퓨터, 신소재 산업 등을 첨단 과학 기술 산업으로 꼽는다. 여러 선진 국가들은 1980년대부터 첨단 기술 산업을 키우는 데에 치열한 경쟁을 벌이고 있다. 우리 나라도 반도체, 나노 산업, 생명 공학, 소프트웨어 등을 중심으로 첨단 과학 기술 산업이 발달하고 있다.

탐구학습

첨단 기술로 우리의 일상 생활은 어떻게 바뀌었을까요?

1. 듣고 싶은 수업을 사이버 강의를 통해 들을 수 있다.
2. 전자 상거래를 통해 필요한 물건을 주문한다.
3. 공연과 영화, 기차표 예매를 직접 가지 않고 인터넷으로 할 수 있다.
4. 공과금 수납, 송금 등 은행 업무의 많은 부분을 은행에 가지 않고 홈뱅킹 시스템을 통해서 할 수 있다.
5. 전자 도서관이나 온라인 백과사전을 통해 직접 도서관에 가지 않고도 정보를 얻을 수 있다.
6. 멀리 있는 친구나 가족들과도 화상 전화로 바로 옆에 있는 것처럼 통화할 수 있다.
7. 주택의 자동화 시스템으로 집 밖에서도 집 안의 커튼을 열거나 닫고, 난방 시설을 작동할 수 있다.
8. 디지털 사진기로 찍어 마음에 드는 사진만 골라 바로 컴퓨터 화면에 올릴 수 있고, 친구에게 메일을 보낼 수도 있다.
9. 핸드폰으로 은행 업무도 볼 수 있고, 사진을 찍을 수 있으며, 동영상이나 음악도 감상할 수 있고, 길도 안내받을 수 있다.
10. 가정용 로봇이 집 안 청소를 대신 해 준다.

탐구학습

농업과 수산업에서 첨단 기술은 어떻게 이용될까요?

농업, 수산업, 축산업 등 1차 산업에도 첨단 기술을 이용함으로써 많은 변화가 나타났다. 농업의 경우에 컴퓨터로 농원이나 온실 내부의 온도를 자동 조절한다. 온도가 낮으면 자동으로 채광창이 많이 열리고, 온도가 높으면 채광창이 닫힌다. 겨울에는 자동 조절 센서로 일정한 온도를 유지한다. 또한 채소의 세균이나 벌레까지 감지해 처리해 주는 가공 시스템도 개발되었다. 여기에 인터넷을 통해 기상 정보와 새로운 농사 기술, 유통에 관한 정보도 얻고, 생산자 자신의 홈페이지를 만들어 소비자와 직접 관계를 맺으며 판매하기도 한다. 수산업에서는 인공 위성의 발달로 바다의 수온과 예상 기후를 정확하게 측정하여 원양 어선에 그 정보를 전달해 많은 물고기를 잡을 수 있게 해 준다. 양식장에서는 자동화 시스템으로 양식에 적합한 환경을 만든다. 축산업에서는 컴퓨터를 이용하여 먹이와 물을 정해진 시간에 자동으로 나오게 하거나 품질 좋은 육류를 생산하기 위해 축사를 가축에게 알맞은 온도로 유지해 준다.
이렇듯 첨단 기술은 사람들의 일손을 덜어 주고 생산량을 늘려 주며 품질 좋은 상품을 생산해 낼 수 있게 해 준다.

천주교

로마 교황을 베드로 사도의 정통 후계자로 보고, 교황을 교회의 최고 우두머리로 삼는 크리스트교의 한 교파이다. 로마 가톨릭교라고 한다. 로마 가톨릭 교회라는 이름은 비잔틴 교회나 러시아 정교 같은 동방정교회와 구별하기 위해 붙인 이름이다. '가톨릭'은 그리스어로 보편적이란 뜻이다. 예수 그리스도가 추구한 구원 사업이 민족·인종·시대를 초월한 인류 전체를 위한 것이므로, 가톨릭이란 용어는 크리스트교의 교회를 보편적으로 가리키는 말이다. 개신교인 프로테스탄트교와 구별하기 위해 구교라고도 부르며, 우리 나라를 포함한 동양에서는 천주교라고 부른다.

천주교에서는 성서와 성전을 바탕으로 설교를 한다. 성서란 구약과 신약으로 이루어진 크리스트교 공통의 경전이며, 성전이란 초대 교회 때부터 구전으로 전해 내려온 가르침을 정리한 책이다. 신도는 남유럽과 중앙아메리카, 남아메리카에 많으며, 전 세계에 약 7억 5000만 명이 있다.

천주교의 역사

예수를 구세주라고 믿는 예수의 제자들이 세상에 복음을 전하기 위해 신앙의 공동체로 교회를 세웠다. 교회는 예수 그리스도를 우두머리로 하고, 그의 대리자들이 구원을 위한 참된 가르침을 베풀며, 신도들이 믿음의 삶을 공유하는 곳이다. 예수의 제자들과 사도들은 로마 제국의 모진 탄압을 받았으나, 이에 굴하지 않고 전도 활동에 힘써 교세를 점차 확장하였다. 그 결과 4세기 경에 로마 황제 콘스탄티누스가 크리스트교로 개종하게 되었고, 크리스트교는 로마 제국의 국교가 되었다. 그 후 로마의 크리스트교는 교황을 중심으로 한 체계로 발전해 나갔다.

그런데 5세기경 국력이 약해진 로마 제국은 콘스탄티노플에 수도를 둔 동로마 제국과 로마에 수도를 둔 서

바티칸 광장

산마르코 성당

천주교도들이 순교한 새남터 순교지

우리 나라 최초의 신부인 김대건 동상

로마 제국으로 분리되었다. 이후 서로마 제국은 게르만족의 침입으로 멸망했고, 게르만족 가운데 가장 강력한 프랑크 왕국의 지배를 받았다. 프랑크 왕국은 크리스트교를 국교로 받아들였다. 프랑크 왕국이 세워진 이후 동로마가 서로마에 계속 간섭하면서 교회의 권위까지 침해하자, 교회는 프랑크 왕국의 황제를 서로마의 황제로 임명하고 로마 제국의 정통 후계자로 선언한다. 이때부터 동로마 제국의 황제와 교황 간의 세력 싸움이 시작되었다. 결국 크리스트교의 교회는 서로마에 근거지를 둔 로마 가톨릭 교회와 동로마에 근거지를 둔 비잔틴 교회로 분리되었다. 로마 가톨릭 교회는 서로마 제국에서 국왕을 능가하는 권위와 교회의 자율성을 보장받았다. 교회는 강대한 힘을 바탕으로 십자군 원정을 감행했으며, 유럽의 학문·문화·예술의 발전에 힘을 쏟았다.

한편 15세기에 이르러 가톨릭 교회가 점점 세속화되고 부패하면서 루터 등의 종교 개혁가들이 프로테스탄트교 즉 개신교로 분리해 나갔다. 그에 자극받은 로마 가톨릭 교회는 교회 개혁과 해외 선교에 앞장서게 되었다. 이후 근대적인 민족 국가가 생겨나고 주권을 가톨릭교에서 분리하려는 움직임이 일어났다. 이에 1929년에 이탈리아 정부와 로마 가톨릭 교회 사이에 라테란 협정이 체결되었다. 이 협정으로 로마 가톨릭교는 이탈리아의 국교임을 확인했고, 로마 안에 교황청을 중심으로 한 최소독립국 바티칸을 갖게 되었다.

우리 나라의 천주교

우리 나라에 천주교가 전래된 것은, 임진왜란 전후로 중국 명나라에 다녀온 이수광이 자신의 저서 『지봉유설』에 마테오리치가 쓴 『천주실의』를 소개하면서부터다. 당시 실용적인 학문에 관심이 높았던 실학파들은 청나라와 서양의 문명에 관심이 높았는데, 이러한 관심이 서구의 종교인 가톨릭에까지 미치게 되었다. 실학자들은 『천주실의』를 공부하면서 천주교를 학문이 아닌 종교로 받아들이게 되었고, 이후 전도 활동에 힘썼다. 이승훈은 우리 나라 최초로 신자가 되었고, 김대건은 우리 나라 최초로 신부로 임명받았다. 하지만 지배층은 천주교의 근본 가르침인 사랑과 평등이 양반과 상민이라는 계급 질서를 흐트러뜨리고 제사를 비롯한 민족의 풍습을 해친다고 여겨 박해하였다. 천주교는 많은 순교자를 낼 만큼 모진 박해를 받았으나 오히려 신도의 수는 늘어났다. 일제 강점기 때에는 크리스트교와 더불어 교육과 문화 사업에 힘썼으며, 광복 후에도 전도에 힘쓰는 한편 우리 나라의 민주주의와 인권을 위해 적극적으로 활동하고 있다.

명동 성당

철도

철로 만든 선로를 따라 차량을 운행하여 사람과 화물을 나르는 육상 교통 시설을 말한다. 철도는 여러 안전 장치를 설치한 선로 위를 달리므로 빠르고 안전하다. 그리고 비행기나 선박과 달리 기상 조건에 크게 영향을 받지 않으며, 자동차처럼 교통량에 따른 도로의 상황에도 영향을 받지 않는다. 따라서 출발 시각과 도착 시각이 정확하다. 여러 대의 차량을 연결할 수 있어서 많은 사람과 화물을 실어나르는 데도 유리하고, 연료의 소비나 배기 가스가 비교적 적다. 그러나 시설 비용이 많이 들고, 선로를 설치할 때 지형의 영향을 많이 받으며, 선로를 따라 움직여야 하므로 통행에 제약이 따른다는 단점이 있다.

기차의 역사

1765년에 영국의 와트가 증기 기관을 발명했고, 1804년에 영국의 트레비식이 증기 기관차를 발명하여 철광석을 싣고 달렸다. 1825년에 영국이 스톡턴과 달링턴 간의 40킬로미터의 철도를 건설하면서 유럽 각국은 앞다투어 철도를 건설하기 시작했다. 1900년대 들어 증기 기관차보다 빠르고 연료의 효율성도 높은 디젤 기관차가 등장하면서 육상 교통의 많은 부분을 철도 교통이 차지하게 되었다. 제2차 세계대전 후 자동차와 항공기 등의 발달로 한때 철도 교통이 침체되기도 했다. 하지만 1960년대 초반부터 프랑스의 테제베, 일본의 신칸센 등 고속철도의 개발로 철도 수송은 다시 각광받기 시작했고, 현재는 초고속철도 개발에 힘을 쏟고 있다.

우리 나라에서는 최초로 1899년에 서울의 노량진과 인천의 제물포 사이를 오가는 경인선이 개통되었다. 뒤이어 1905년에 경부선이 개통되었다. 그리고 러·일 전쟁이 일어나자, 일본은 군사 목적으로 한반도를 남북으로 잇는 경의선을 건설하였다. 일제는 우리 나라의 국권을 빼앗은 후 철도를 독점하여 수탈한 식량이나 전쟁 물자를 수송하는 통로로 활용하였다.

해방 후 철도는 우리 나라 정부가 관리하는 국영 시설이 되었다. 1950년대 후반과 1960년대 초에는 한국전쟁으로 파괴된 철도를 다시 건설하였으며, 경제개발5개년계획 기간에는 우수한 시설과 장비를 도입함으로써 철도 교통의 급속한 발전을 이루었다. 1970년대 이후에는 도로 교통의 발달로 철도가 맡은 여객 수송과 화물 수송의 비중이 낮아지기도 했다. 하지만 2004년에 고속철도가 개통되면서 철도 교통의 중요성이 다시 높아지고 있다.

증기 기관차

고속철도 KTX

청소년을 보호하기 위한 캠페인

대통령이 일하고 머무는 관저인 청와대

첨단 기술

시대에 앞서가는 매우 수준 높은 기술로 이제까지 상상하지도 못하였던 기능이나 형상을 가능하게 하는 과학 기술을 가리킨다. 일반적으로 반도체, 광통신, 신소재, 유전, 의학, 약품, 항공, 우주, 신에너지, 원자력, 로봇, 컴퓨터, 통신 기계 등과 관련된 기술을 말한다. 첨단 기술이 발전하기 위해서는 우수한 인력과 풍부한 연구 자금 등의 개발 능력이 필수적이다. 첨단 기술은 과학 분야를 넘어서 산업 분야에서 부가가치를 높이는 데 크게 기여하였다.

청소년 문제

청소년기에만 나타나는 특유의 문제로, 청소년이 자신이 속해 있는 가족, 학교, 사회나 그 규범에 잘 적응하지 못하여 일어나는 각종 문제를 가리킨다. 학교 교육에 대한 부적응부터 음주, 흡연, 약물 남용, 장기 결석, 폭력, 살인, 강도에 이르기까지 매우 다양하다. 청소년 문제는 입시 경쟁에 따른 스트레스, 부모와의 세대 차이로 인한 가치관의 대립, 부모의 과잉 보호나 가정 문제로 인한 갈등, 물신주의 및 인명 경시 풍조 등 도덕 규범의 붕괴로 일어난다. 오늘날 청소년 문제의 주요 원인은 사회의 잘못된 가치관이나 청소년에게 유해한 시설 등이다. 그러므로 청소년 문제는 교사나 부모에게만 맡기는 것이 아니라 사회의 차원에서 고민하고 해결할 필요가 있다. 오늘날 청소년 문제에 대한 논의나 활동은 청소년을 건전한 방향으로 지도하고, 청소년의 비행을 예방하며, 건전한 환경을 마련해 청소년을 적절히 보호하는 방향으로 진행하고 있다.

청소년보호위원회

청소년을 보호하기 위한 정책을 세우고, 청소년의 정신에 유해한 매체를 규제하며, 유해한 약물로부터 보호하는 청소년 보호 기관을 가리킨다. 1997년 7월에「청소년보호법」을 제정하면서 설립되었고, 이듬해 국무총리의 직속 기관이 되었다. 청소년에게 해로운 영향을 끼치는 환경에 대한 신고를 접수하고 이를 단속한다. 그 밖에 청소년 폭력 및 학대를 방지하고, 청소년과 관련된 민간 단체와 시민 운동을 지원한다. 서울특별시 종로구 세종로에 있는 정부중앙청사에 있다.

청와대

우리 나라의 대통령이 일하고, 머무는 관저이다. 대통령의 집무실, 접견실, 회의실 등이 있는 본관과 비서실, 경호실, 춘추관, 영빈관 등의 여러 부속 건물이 있다. 청와대라는 이름은 본관 지붕을 덮은 청기와에서 유래되었다. 서울특별시 종로구 세종로 1번지에 있는 청와대 자리는 조선 시대에는 연무장, 과거장, 왕의 친경지 등으로 사용되었다. 1927년에 일제의 조선총독부가 이곳에 관저를 세웠는데, 지금의 본관 건물은 그 당시에 세워진 것이다. 1948년 대한민국 정부가 수립되면서 이곳을 대통령의 관저로 삼고 경무대라 불렀다. 1960년에 즉위한 윤보선 대통령이 이승만 정권의 부패 정치를 상징하는 경무대라는 이름을 청와대로 바꾸었다.

청학동

청정수역
해양 자원을 보호하고 오염된 물이 바다에 흘러들지 않게 관리하는 지역을 말한다. 블루벨트(blue belt)라고도 한다. 우리 나라의 남해안은 해양 자원도 풍부하고 양식을 하기에도 유리한 곳이다. 그런데 1970년대 이후 남해안 일대에 각종 중화학 공업 지대가 형성되고 주변의 도시 인구가 급증하면서, 산업 폐수 및 도시 하수의 증가로 해수의 오염이 심각해졌다. 우리 나라는 1972년에 수출용 패류의 생산 해역으로서 거제만에서 통영, 한산도에 이르는 지역을 청정수역으로 선포하였다. 이곳에서는 간척지 개발, 오염 물질을 내보내는 공장의 설립, 유조선의 통행 등이 금지된다.

청학동
경상남도 하동군 청암면 묵계리에 있는 마을이다. 도인촌이라고도 한다. 지리산 삼신봉의 동쪽 기슭 해발 고도 800미터에 자리잡고 있다. 날개가 여덟이고 다리가 하나이며 사람의 얼굴에 새의 부리를 한 상상의 새인 청학이 서식하던 곳이라는 전설이 전해지고 있다. 미성년의 남녀는 머리카락을 자르지 않고 길게 땋아 늘어뜨리며, 성인 남자는 갓을 쓰고 도포를 입는다. 자녀들을 학교에 보내지 않고 마을 서당에 보낸다. 마을 사람들은 농업 외에 약초·산나물 채취와 양봉·가축 사육 등으로 생계를 꾸려 나간다.

체감온도
사람의 몸이 더위나 추위에 대해 느끼는 감각인 체감을 수치로 나타낸 것이다. 느낌온도라고도 한다. 체감온도는 온도계로 잰 온도와 다르다. 몸에서 발생하는 열과 몸 밖으로 빠져나가는 열이 평형을 이룰 때는 덥거나 춥게 느껴지지 않는다. 하지만 같은 온도라도 바람이 불거나 피부에 물이 묻으면 더 춥게 느끼고, 습도가 높으면 더 덥게 느낀다. 체감온도는 풍속, 습도, 일사량, 복사 외에도 입은 옷의 종류나 방의 냉·난방 정도에 따라서도 달라진다. 불쾌지수도 체감온도의 일종이다.

체코
유럽 대륙의 중부에 있는 나라이다. 1993년에 체코슬로바키아가 체코와 슬로바키아 2개의 공화국으로 분리되어 독립함에 따라 탄생한 국가이다. 정부 형태는 내각 책임제이며, 수도는 프라하이다. 면적은 7만 8866제곱킬로미터로 한반도의 약 3분의 1이다. 인구는 2003년 기준으로 약 1023만 명이다. 공용어는 체코어이다. 주요 종교는 가톨릭이다. 1인당 국민총생산은 2003년 기준으로 5310달러이다.

초고속 정보 통신망
첨단 광케이블 망으로 공공 기관·대학·연구소·기업은 물론 전국의 가정까지 연결함으로써 음성 자료와 영상 등 다양한 대량의 정보를 초고속으로 주고받을 수 있는 최첨단 통신 시스템을 말한다. 정보 고속도로 혹은 정보 슈퍼 하이웨이라고도 한다. 초고속 정보 통신망의 개발로 영상 전화나 원격 의료, 원격 화상 회의, 집에서 인터넷으로 은행 업무를 볼 수 있는 홈뱅킹 시스템, 인터넷으로 물건을 구입하는 홈쇼핑 시스템, 재택 근무, 전자 도서관, 전자 민원 처리 등이 가능해졌다. 20세기에 고속도로가 국가의 경제적 번영의 기초가 된 것처럼 21세기에는 초고속 정보 통신망이 국가 경쟁력의 핵심 기반이 될 것이다. 우리 나라는 1994년 4월 14일에 초고속 정보 통신 시스템의 구축 계획을 발표하였고, 2015년까지 3단계에 걸쳐 시스템 구축을 완료할 계획이다.

초등학교
어린이들에게 국민 생활에 필요한 기초 교육을 실시하는 학교이다. 오늘날 대부분의 국가가 초등 교육을 의무 교육으로 정하여 무상으로 실시하고 있다. 취학 연령이나 교육 과정은 나라마다 다르며, 우리 나라에서는 만 6

세부터 만 12세까지 6년 간 초등 교육을 받도록 하였다. 1995년부터 국민학교라는 용어 대신 초등학교라는 용어를 사용하고 있다.

초등학교에서는 모든 교육 과정의 토대가 되는 기초 교육과 인간 및 국민으로서 갖추어야 할 덕목을 가르친다. 구체적으로 건강한 몸과 마음을 기르고, 보건과 안전에 대한 바른 습관을 갖게 한다. 일상 생활에 필요한 기본 예절과 질서를 지키고, 이웃과 나라를 사랑하는 마음을 갖게 한다. 또한 학습과 일상 생활에 필요한 기본 언어 능력과 수리 사고력을 기르고, 자기의 생각을 바르게 표현할 수 있게 한다. 자연과 사회 현상에 관한 기초적인 개념을 이해하고, 과학적으로 탐구·해결할 수 있는 기본적인 능력을 갖게 한다. 또 아름다움을 느끼고 가꿀 줄 알며 표현할 수 있게 한다.

교육 과정은 교과 교육과 특별 활동으로 나눈다. 교과는 국어, 영어, 수학, 사회, 과학, 도덕, 체육, 음악, 미술, 실과 등이다. 특별 활동은 어린이회 활동, 클럽 활동, 학교 행사로 이루어지며, 3학년 이상부터 이루어진다. 초등학교는 남녀공학제가 원칙이며 대부분 공립학교이다.

추석

음력 8월 15일로 우리 민족의 대표적인 명절이다. 한가위, 중추절 또는 중추가절이라고도 한다. 추석의 기원과 유래에 대해 정확히 밝힐 수는 없지만, 추석은 옛날부터 있어 왔던 달에 대한 신앙에 뿌리를 두고 있다. 아주 오랜 옛날, 한 해에 가장 밝은 보름달이 뜬다고 여겨지던 날에 하던 축제가 의식화되어 오늘날까지 명절로 전해져 내려온다. 추석날 아침에는 남녀노소 구분 없이 모두 일찍 일어나 세수하고 새 옷으로 갈아입고, 온 가족이 큰 집에 모두 모여 조상의 은혜에 감사하는 차례를 지낸다. 한 해의 농사가 잘 되도록 해 준 것에 감사하는 의미로 추석의 차례상에는 그 해에 새로 거둔 곡식으로 마련한 음식과 과일을 올린다. 또 떡살 속에 콩·팥·밤·대추 등을 넣어 반달이나 초승달 모양으로 만든 송편을 올린다. 차례를 지낸 후 다함께 아침을 먹고 적당한 때에 조상의 묘를 찾아가 간단한 추석 음식을 차려놓고 절을 한다. 성묘를 하기 전에 묘에 여름 동안 무성하게 자란 잡초를 베어 주는 벌초를 하였다.

추석에 하는 세시 풍속으로는 차례, 성묘, 벌초 외에도 소놀이·거북놀이·강강술래·씨름·원놀이·가마싸움·반보기·올게심니·밭고랑 기기 등이 있다. 소놀이는 두 사람이 멍석을 덮어 쓰고 소 시늉을 하는 가짜 소를 끌고 마을을 돌아다니며 노는 놀이이다. 농악대가 풍물을 울리며 가짜 소를 끌고 먼저 그 해에 농사를 가장 잘 지은 사람의 집으로 찾아간다. 대문 앞에서 '소가 배가 고프다'고 외치면 주인이 나와서 일행을 맞이한다. 소를 앞세우고 일행은 앞마당으로 들어가 노래하고 춤추고 놀면 주인은 술과 떡과 찬을 차려 대접한다. 마을 사람들은 한참 놀다가 다시 소를 끌고 다른 집으로 가고, 이렇게 여러 집을 찾아다니며 해가 질 때까지 어울려 논다. 거북놀이는 주로 충청도와 경기도 지방에서 하던 놀

추석에 성묘를 하기 전에 하는 벌초

송편

촌락

사람들이 모여 사는 시골의 작은 마을을 가리킨다. 도시에 대응하는 개념으로 주로 농림업·수산업·목축 등과 같은 제1차 산업으로 생활하는 지역 사회를 말한다. 촌락은 가옥의 밀집에 따라 집촌과 산촌으로 나눈다. 집촌은 가옥이 서로 밀집되어 있고 가옥과 경지가 분리되어 있다. 주로 많은 노동력이 필요한 큰 지역이나 벼농사 지역, 집단 방어가 필요한 지역, 대가족으로 구성된 동일한 혈연 중심의 촌락에 나타난다. 산촌은 가옥이 서로 분산되어 있으며 가옥과 경지가 붙어 있다. 방어나 협동 작업의 필요성이 적은 곳, 땅이 적고 고립적인 곳에 나타난다. 또 촌락은 주변 자연 환경과 생계를 꾸려가는 주요 산업에 따라 농촌, 어촌, 산촌으로 나눈다.

농촌

주민의 대부분이 농업에 종사하는 지역을 말한다. 넓은 의미에서 보면 농업은 농경뿐 아니라 축산업·양잠업·원예업·임업·과수업 등을 포함한다. 농촌은 토지에 대한 애착과 공동체에 대한 결속이 강한 곳이다. 주민들은 소속감이 강하고 지역 공동의 문화를 가졌으며, 지역 전체를 위하여 봉사하는 사회 조직과 제도를 가지고 있다. 또 주민들이 이용하는 공동의 장소가 있고, 어느 정도 자급 자족이 이루어진다. 또 농촌 주민들 대부분이 생활의 근거를 토지에 두고 농업에 종사하기 때문에 이동이 적고, 서로 친밀한 1차적 관계를 형성하며, 사회 통제는 주로 도덕과 관습 등 비공식적인 수단에 의해 이루어진다. 하지만 자본주의화와 공업화가 추진되면서 농촌의 노동력이 도시로 몰리고 농촌 인구가 줄어들어 농촌은 점점 활기를 잃어가고 있다. 더군다나 도시와 농촌의 접촉이 빈번해지면서 도시 지역의 생활 방식이 농촌 지역으로 전파되어 농촌의 도시화가 가속화되고 있으며, 농촌이 대도시의 거주지로 개발되면서 경작지마저 절대적으로 줄어들고 있다.

토지에 대한 애착과 공동체에 대한 결속이 강한 농촌

해안 지역을 중심으로 주민들 대부분이 어업에 종사하는 어촌

어촌

주로 해안 지역을 중심으로 주민의 대부분이 어업에 종사하는 지역을 말한다. 하천이 별로 없어 물이 부족하고 농토가 적어 밭농사를 주로 한다. 바람의 피해를 막아 주는 방풍림과 파도를 막아 주는 방파제, 배가 드나드는 항구가 있다. 주변 환경을 이용하여 양식업을 하기도 하는데, 주로 김, 미역, 다시마 등의 해조류와 어류와 조개 등의 어패류를 키운다. 요즘에는 어촌이 주로 있는 해안 지역에 큰 산업 시설이 들어서면서 대규모의 수산업이 발달하기도 하고, 수려한 해안 자연 경관으로 관광업이 발달하기도 한다. 하지만 어촌의 노동력이 도시로 이동하면서 어업에 종사하는 사람이 절대적으로 부족한 상황이다.

산촌

높은 산들이 많아 평야가 적은 대신 임산 자원과 지하 자원이 많아 주민의 대부분이 임업과 광산업에 종사하는 지역을 말한다. 주로 채소나 약초, 버섯을 키우거나 목축업을 한다. 주변의 아름다운 자연 환경으로 관광업이 발달한 산촌도 많다. 또 스키장이나 자연 휴양림이 인기를 끌면서 많은 산촌들이 관광지로 개발되고 있다.

태백, 영월 지역은 지하 자원이 많아 광산업을 주로 했지만 지금은 거의 다 없어지고 카지노 등 관광지로 개발되었다. 삼척, 동해 지역도 지하 자원이 많아 공업이 발달했지만 지금은 주변 환경을 활용해 관광객을 유치하고 있다. 대관령 지역은 지형과 기후의 특성을 이용해 고랭지 농업과 목축업이 활발하다.

주로 채소나 약초, 버섯을 키우거나 목축업을 하는 산촌

이로 추석날 밤에 수숫대를 벗겨 거북이 모양을 만들어 서너 명이 그 속에 들어가서 마치 거북이가 돌아다니듯이 집집마다 찾아다니며 한바탕 논다. 보름달이 뜨면 마을의 부녀자들이 모두 모여 손에 손을 잡고 원을 그리며 춤추고 노래하는 강강술래를 하였다. 서당에 다니는 아이들은 추석날 모여 원놀이와 가마싸움을 하고 놀았다. 원놀이란 오늘날 대학가에서 하는 모의 재판과 비슷한 놀이로 원님을 뽑아 어떤 일에 대한 재판을 하며 노는 놀이이고, 가마싸움은 이웃 마을 아이들과 편을 나누어 가마끼리 부딪혀 부서지는 편이 지는 놀이이다. 이긴 편에서 그 해에 과거에 급제하는 사람이 나온다고 하였다. 추석이 지난 다음에 시집간 여자와 친정 부모가 시집과 친정 중간쯤에서 만나는 반보기를 하였다. 또 추석을 전후해서 잘 익은 벼, 수수, 조 등 곡식의 이삭을 한 줌 베어다가 묶어 기둥이나 대문 위에 걸어 두었다. 이것을 올게심니라고 한다. 전라남도 진도에서는 8월 14일 저녁에 아이들이 밭에 가서 발가벗고 자기 나이만큼 밭고랑을 긴다. 이렇게 하면 몸에 부스럼이 나지 않고 밭농사도 잘된다고 하였다.

추석날에 하는 이런 세시 풍속과 놀이 등은 대부분 한 해의 농사가 잘된 것에 대해 감사하고 다음 해에도 풍년이 들기를 비는 의미가 깃들여 있다. 산업화와 도시화로 농업을 중심으로 하던 전통 사회가 변해 가면서 많은 풍속이 사라졌지만 추석은 여전히 우리 나라의 대표적인 명절로 많은 사람들이 고향을 찾아간다. 전국 곳곳에서 같은 날 아침에 가족들이 모두 모여 조상에게 감사드리고, 풍년의 기쁨을 나누는 추석의 풍속은 흩어져 있던 가족들의 가족 공동체 의식을 높여 줄 뿐만 아니라 더 나아가 우리는 같은 한민족이라는 일체감을 높여 준다.

축산업

소, 돼지, 양 등의 가축을 길러 사람에게 필요한 고기나 우유, 가죽 등을 생산하는 산업이다. 축산업은 생산물의 식량으로써의 가치와 산업 원료로써의 성질 등에 따라 크게 낙농업·축산업·가금업 등으로 나눈다. 낙농업은 축산업에서 가장 큰 비중을 차지하는 업종으로 젖소를 길러 우유를 생산하는 산업이다. 좁은 뜻의 축산업은 소·돼지·말·산양·면양·토끼 등의 가축을 길러 고기나 털, 가죽 등을 생산하는 산업이고, 가금업은 닭·오리·거위 등으로부터 알·고기·털 등을 생산하는 산업이다. 넓은 뜻으로는 이와 같은 산업뿐 아니라 축산물의 가공과 처리, 유통과 관련된 모든 산업을 축산업이라고도 한다.

충청남도 보령 오천항

충청남도 태안반도의 갯벌

충청남도 해미읍성

충청남도

우리 나라 중부 지방의 남서쪽에 있는 도이다. 옛날부터 영남과 호남으로 통하는 삼남의 관문이었으며, 오늘날에도 경부선과 호남선 철도, 경부고속도로와 호남고속도로, 서해안고속도로 등이 통과하는 교통의 요지이다. 도청 소재지는 대전시이며, 2004년 말 기준으로 면적은 8598제곱킬로미터이고, 인구는 약 197만 2553명이다. 시·군 중에서 면적은 공주시가 941제곱킬로미터로 가장 넓고, 계룡시가 61제곱킬로미터로 가장 좁다. 인구는 천안시가 약 50만 명으로 가장 많고, 중구가 약 3만 5000명으로 가장 적다.

부족 국가 시대에는 마한의 땅이었고, 삼국 시대에는 백제의 땅이었다. 통일신라 시대에는 9주의 하나인 웅주에 속하였다. 고려 시대에 전국을 10도로 나눌 때에 하남도라 하였으며, 1356년에 비로소 충청도라 하였다. 조선 시대에는 공청도·공홍도·충홍도·홍충도·공충도·충청도 등으로 불리다가 1896년에 전국을 13도로 나누면서 지금의 충청남도가 되었다. 처음에는 도청을 공주에 두었으나, 1932년에 대전으로 옮겼다. 1989년에 대전시가 대전직할시로 바뀌면서 충청남도에서 분리되었다. 2004년 말 기준으로 천안·공주·아산·보령·서산·논산·계룡 등 7개 시와 금산·연기·부여·서천·청양·홍성·예산·태안·당진 등 9군으로 이루어져 있다. 그 아래 24읍, 146면, 39동이 있다.

도 전체의 평균 고도가 100미터로서 전국에서 가장 낮은 지형을 이루고 있다. 충청남도의 산지는 도의 중앙을 비스듬히 가로지르는 차령산맥, 북서부의 내포 지방을 남북으로 달리는 가야산맥, 동남부의 계룡산지 그리고 노령산맥에 속한 충청남도 동남부의 금산고원으로 나눈다. 높은 산으로는 계룡산·대둔산·광덕산·금계산·칠갑산·오서산·성주산·덕숭산 등이 있다. 금강·논산천·삽교천이 황해로 흐르고 있으며, 논산천 하류에 논산평야, 삽교천 하류에 예당평야가 발달하였다. 해안선이 무척 복잡했지만 1970년대 후반부터 충청남도 해안을 중심으로 대규모의 간척 사업이 이루어지면서 비교적 단순해졌다. 아산만 방조제, 삽교 방조제, 대호 방조제, 서산 A,B지구 방조제가 이때 만들어졌다. 태안군과 보령시 앞바다를 중심으로 북격렬비도, 삽시도, 장고도 등 섬 261개가 있다. 연평균 기온은 섭씨 11도 안팎이고, 연평균 강수량은 1100에서 1300밀리미터 정도이다. 내륙 지방인 공주·부여 등은 비교적 비가 많이 내린다.

논산평야와 예당평야 등을 중심으로 논농사가 발달하였다. 쌀 이 외에도 보리·콩 등의 잡곡과 담배·참깨·들깨·땅콩 등을 많이 재배한다. 특산물로는 금산·부여·논산의 인삼과 예산·아산의 사과와 대전 근교의 포도가 유명하다. 태안과 서산을 중심으로 어업이 발달하였으며, 조기·삼치·갈치·대구·백합·꽃게·새우 등이 많이 잡힌다. 농업이 주산업이며 공업은 크게 발달하지 못하였다. 최근에 서해안개발계획에 따라 아산만 일대에 대규모 자동차 공장이 들어섰고, 서산시 대산읍에 정유단지가 만들어졌으며, 천안시에 외국인 전용 산업단지가 만들어졌다. 아산·석문·장군·고정 등 6개의 국가산업단지를 비롯하여 21개의 지방산업단지가 있다.

도내에는 공주와 부여 등 백제의 옛 도읍지를 중심으로 백제의 문화 유산이 많이 남아 있다. 국가 지정 문화재로 국보 27점, 보물 85점, 사적 43곳, 천연기념물 15종, 중요 무형 문화재 4종, 중요 민속 자료 20점 등 많은 문화재가 있다. 또 시·도 지정 문화재로 유형 문화재 146점, 무형 문화재 34종, 기념물 152종, 민속 자료 16점, 문화재 자료 296점이 있다. 부여와 공주에서 백제문화제가 열리고, 해마다 천안의 아우내 단오축제, 보령의 보령머드축제, 금산의 금산인삼축제, 당진의 상록문화제, 청양의 면암 춘추대의제, 예산의 매헌문화제, 서산의 해미읍성 역사 체험축제 등 많은 축제와 문화 행사가 열린다. 국립공원으로 계룡산·태안해안국립공원이 있고, 도립공원으로 덕산·칠갑산·대둔산도립공원이 있다. 만리포·연포·몽산포·대천·무창포 등의 이름난 해수욕장이 있고, 현충사·독립기념관·무령왕릉·칠백의총·온양온천·아산호 등이 관광지로 유명하다.

충청남도를 상징하는 꽃은 국화이고, 나무는 능수버들이며, 새는 원앙새이다.

충청북도

우리 나라 중부 지방의 가운데에 있는 도이다. 우리 나라에서 바다에 접하지 않은 유일한 도이며, 도청 소재지는 청주시이다. 2004년 말 기준으로 면적은 약 7431제곱킬로미터이고, 인구는 약 150만 1000명이다. 시·군 중에서 면적은 충주시가 983제곱킬로미터로 가장 넓고, 증평군이 81제곱킬로미터로 가장 좁다. 인구는 청주시가 약 58만 명으로 가장 많고, 증평군이 약 3만 2000명으로 가장 적다.

부족 국가 시대에는 마한의 땅이었으며, 4세기 무렵에는 백제의 땅이었다. 삼국 시대에는 삼국 간에 쟁탈이 심해 중부는 백제, 남부는 신라, 북부는 고구려의 땅이었다. 통일신라 시대에는 중원경에 속하였다. 고려 시대에 전국을 10도로 나눌 때에 중원도가 되었고, 1356년에 비로소 충청도라 하였다. 조선 시대에 공청도·공홍도·충홍도·홍충도·공충도·충청도 등으로 불리다가 1896년에 전국을 13도로 나누면서 지금의 충청북도가 되었다. 2004년 말 기준으로 청주·충주·제천 등 3개 시와 청원·보은·옥천·영동·진천·괴산·음성·단양·증평 등 9군으로 이루어져 있다. 그 아래에 13읍, 90

충청북도 속리산

충청북도 충주호

국보 6호 충주 탑평리 칠층석탑

면, 49동이 있다.

동남쪽으로 소백산맥이 뻗어 있고, 북서쪽으로 차령산맥이 지나고 있어 험준한 산이 많다. 높은 산으로는 소백산·속리산·월악산·도솔봉·문수봉 등이 있다. 남한강과 금강이 흐르고, 그 지류로 대호천·달천·미호천·제천천·무심천·보청천 등이 있다. 금강 지류인 미호천의 하류에는 충청북도 최대의 곡창 지대인 미호평야가 있다. 연평균 기온은 섭씨 12도 안팎이고, 연평균 강수량은 1100밀리미터 정도이다.

미호평야와 진천평야 등을 중심으로 논농사가 발달하였다. 쌀 이 외에도 보리·콩 등의 잡곡과 담배·옥수수·참깨·들깨·땅콩 등을 많이 재배한다. 최근 수도권 소비 시장을 배경으로 원예 농업과 축산업이 발달하여 채소·과일·고추·마늘 재배와 한우 사육 등을 많이 한다. 특산물로는 음성·괴산·영동·옥천의 인삼과 충주·음성의 사과가 유명하다. 산이 많아 지하 자원이 비교적 풍부하다. 단양·제천을 중심으로 석회석이 많이 나고, 충주에서는 활석이 많이 난다. 이 외에 금·철·중석·석탄·흑연·구리·규석 등도 조금씩 난다. 풍부한 지하 자원을 바탕으로 단양·매포·제천 등에서는 비료·활석·시멘트 공업 등이 발달하였고, 청주를 중심으로 섬유·전기·전자·피혁·연초 제조업이 발달하였다. 보은국가산업단지와 오송생명과학산업단지 등 국가산업단지 2개를 비롯하여 오창과학산업단지 등 지방산업단지 17개가 있다.

도내에는 국가 지정 문화재로 법주사 쌍사자석등과 중원고구려비 등 국보 13점이 있고, 보물 71점, 사적 18곳, 천연기념물 23종, 중요 무형 문화재 2종, 중요 민속 자료 21점 등 많은 문화재가 있다. 또 시·도 지정 문화재로 유형 문화재 197점, 무형 문화재 14종, 기념물 104점, 민속 자료 14점, 문화재 자료 41점이 있다.

해마다 충북예술제·우륵문화제·소백산철쭉제·괴산문화제·청원민속제·청풍문화제·수안보온천제·충북농악제·제천의병제 등 많은 축제와 문화 행사가 열린다. 국립공원으로 속리산·월악산·소백산국립공원이 있으며, 법주사·단양팔경·상당산·화양동·수안보온천·고수동굴 등이 관광지로 유명하다. 충청북도를 상징하는 꽃은 백목련이고, 나무는 느티나무이며, 새는 까치이다.

치악산

강원도 원주시 횡성군 및 영월군에 걸쳐 있는 산이다. 가장 높은 봉우리는 비로봉이며, 높이는 1288미터이다. 국립공원 중 하나이다. 동쪽은 횡성군, 서쪽은 원주시와 접하고 있다. 남북으로 뻗어 내린 치악산은 비로봉을 중심으로 남대봉과 북쪽의 매화산 등 1000여 미터의 고봉들이 계속 솟아 있으며 사이사이로 가파른 계곡들이 있다. 치악산 서쪽은 급경사를 이루고 있고, 동쪽은 비교적 완만한 경사를 이루고 있다. 치악산에는 구룡계곡, 부곡계곡, 금대계곡 등 아름다운 계곡과 신선대, 구룡소, 세렴폭포, 상원사 등의 명소가 있다.

친족 계보도

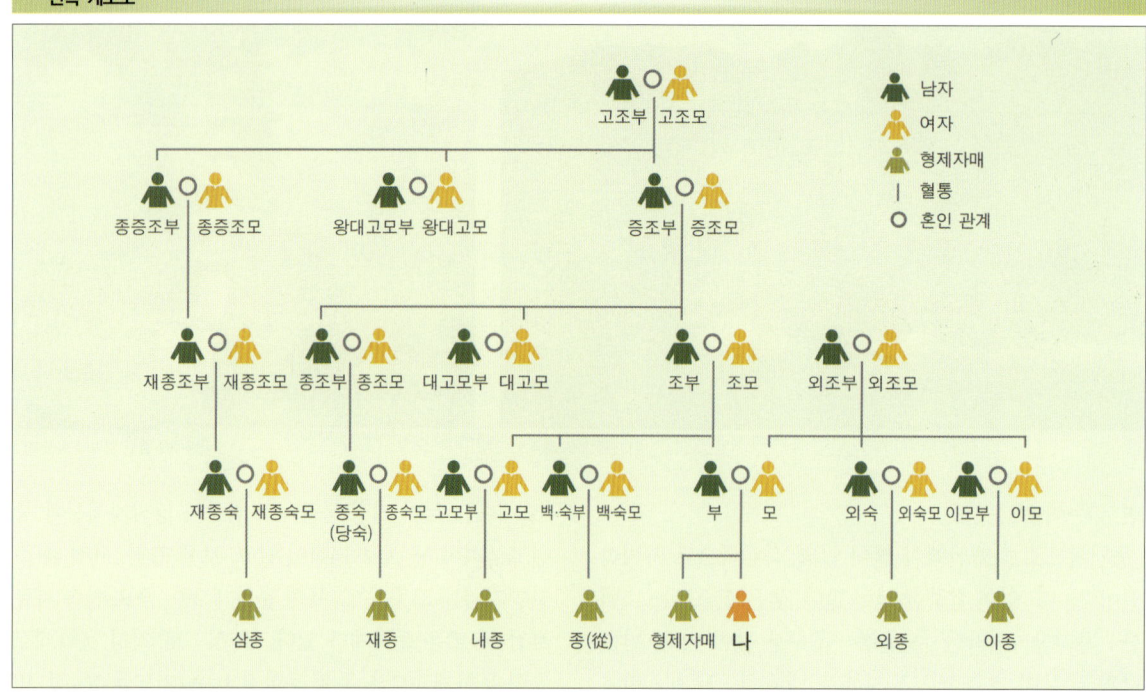

촌수와 호칭

친족의 멀고 가까움을 나타내는 숫자 체계를 촌수라고 한다. 우선 부모와 나는 1촌이다. 그리고 나와 형제자매는 2촌이다. 나와 부모 간의 1촌과 부모와 나의 형제 간의 1촌을 합하여 2촌이 되는 것이다. 또한 아버지의 형제들과 나는 나와 아버지 간의 1촌, 아버지와 할아버지 간의 1촌, 할아버지와 아버지의 형제자매들 간의 1촌을 더하여 3촌 관계에 있다. 이런 식으로 3촌의 자녀들은 나의 4촌이 되며, 4촌의 자녀들은 나와 5촌 관계가 된다.

친족

혈연과 혼인으로 관계를 맺은 집단을 가리킨다. 보통은 친척이라고 한다. 법률상으로는 혈연 관계로 맺어진 8촌 이내의 혈족과 혼인 관계로 맺어진 4촌 이내의 인척을 가리킨다. 친족 관계에 있는 사람들은 부양이나 상속 등 여러 가지 문제에서 법률상의 권리와 의무를 갖는다.

칠레

남아메리카 대륙의 서쪽 태평양 연안에 있는 나라이다. 1810년에 에스파냐로부터 독립하였다. 정부 형태는 대통령 중심제이며, 수도는 산티아고이다. 면적은 75만 6626제곱킬로미터로 한반도의 약 3.5배이다. 인구는 2003년 말 기준으로 약 1570만 명이다. 공용어는 에스파냐어이다. 주요 종교는 가톨릭교이다. 기후는 고온 건조, 한랭 건조하다. 1인당 국민총생산은 2003년 기준으로 4590달러이다. 라틴아메리카에서 교육, 문화 수준이 가장 높다. 우리 나라와는 지리적으로 먼 나라 중에 하나이지만, 2003년에 우리 나라와 자유무역협정이 체결되어 교역이 활발하다.

카메룬

아프리카 대륙의 중서부, 대서양 연안에 있는 나라이다. 프랑스의 식민지였던 동카메룬이 1960년에 독립한 후 영국의 식민지였던 서카메룬을 1960년에 합쳐 만든 나라이다. 정부 형태는 대통령 중심제이며, 수도는 야운데이다. 면적은 47만 5442제곱킬로미터이다. 인구는 2003년 말 기준으로 약 1575만 명이다. 공용어는 영어와 프랑스어이다. 카카오·커피·목화 등을 많이 수출하며, 1인당 국민총생산은 2003년 기준으로 580달러이다.

카자흐스탄

중앙아시아의 북부에 있는 나라이다. 1991년에 옛 소련으로부터 독립하였다. 정부 형태는 대통령 중심제이며, 수도는 아스타나이다. 면적은 272만 4900제곱킬로미터이다. 인구는 2003년 말 기준으로 약 1479만 명이다. 공용어는 카자흐어이다. 1인당 국민총생산은 2003년 기준으로 1970달러이다. 1937년에 이곳으로 강제 이주된 10만여 명의 우리 나라 동포가 살고 있다.

카타르

서남아시아, 아라비아 반도 동부의 카타르 반도에 있는 나라이다. 1916년에 영국의 보호령에 편입되었다가 1971년에 독립한 입헌군주국이다. 수도는 도하이다. 면적은 1만 1437제곱킬로미터이다. 인구는 2003년 말 기준으로 63만 명이다. 공용어는 아랍어이다. 석유와 천연 가스가 많이 나는 산유국으로 1인당 국민총생산은 2003년 기준으로 1만 2000달러이다.

캄보디아

동남아시아의 인도차이나 반도 남서부에 있는 나라이다. 정식 명칭은 캄보디아왕국이고, 입헌군주국이다. 1883년에 프랑스의 보호국이 되었다가 1953년에 독립하였다. 수도는 프놈펜이다. 면적은 18만 1035제곱킬로미터로 남한의 약 1.8배이다. 인구는 2003년 말 기준으로 약 1312만 명이다. 공용어는 크메르어이다. 주요 종교는 소승 불교이다. 기후는 열대 몬순 기후로 고온 다습하다. 9세기 초에 건설된 앙코르 왕조의 건축물은 세계문화유산으로 등록되어 있다.

캐나다

북아메리카 대륙의 북부에 있는 나라이다. 영연방에 속하는 입헌군주국이다. 수도는 오타와이다. 면적은 997만 610제곱킬로미터로 세계에서 두 번째로 큰 나라이다. 인구는 2003년 말 기준으로 약 3159만 명이다. 공용어는 영어와 프랑스어이다. 주요 종교는 가톨릭교, 크리스트교이다. 북부 지역은 한냉 기후, 남부 지역은 온대 기후로 기후가 다양하다. 국토가 넓고 천연 자원이 풍부해 농업, 임업, 광업 등이 옛날부터 발달하였다. 제2차 세계대전 이후 선진 공업국으로 발전하여 제지, 자동차, 금속 공업 등이 발달하였다. 1인당 국민총생산은 2003년 기준으로 2만 1930달러이다.

컴퓨터 통신

개인용 컴퓨터를 다른 컴퓨터와 통신 회선으로 연결하여 자료나 정보를 주고받는 것을 말한다. 일반적으로 개인용 컴퓨터 통신 서비스 회사가 통신망을 설치하고 가입자들에게 각종 정보 서비스를 제공한다. 통신 서비스의 종류에는 각종 정보를 축적하여 원하는 사람에게 제공하는 데이터 베이스 서비스, 전자 우편 서비스, 여러 사람이 컴퓨터 화면을 통해 동시에 대화를 나누는 전자 대화 서비스, 자유롭게 의견을 나누는 전자 게시판 서비스, 홈쇼핑 서비스 등이 있다. 컴퓨터 통신을 하기 위해서는 개인용 컴퓨터, 통신 장비인 모뎀, 통신용 프로그램이 필요하다. 컴퓨터 통신은 다른 컴퓨터 사용자와 정보를 주고받는다는 점에서 인터넷과 비슷하다. 하지만 인터넷은 다른 정보 서비스 망에 가입한 사람들과도 정보를 교환할 수 있는데 반해, 컴퓨터 통신은 한 서비스 업체가 제공하는 정보만 이용할 수 있고 가입자들끼리만 정보를 교환할 수 있다. 또한 인터넷과 달리, 컴퓨터 통신에는 서비스를 제공하는 주 컴퓨터가 있다.

케냐

아프리카 대륙의 동부 해안에 있는 나라이다. 1895년에 영국의 보호령이 되었다가 1963년에 독립하였다. 정부 형태는 대통령 중심제이며, 수도는 나이로비이다. 면적은 58만 2646제곱킬로미터로 남한의 약 6배이다. 인구는 2003년 말 기준으로 3164만 명이다. 공용어는 영어이다. 주요 종교는 크리스트교이다. 저지대는 열대성 고온 다습한 기후이고, 고지대는 습도가 낮고 서늘한 기후이다. 농업이 발달하였으며 주요 수출품은 커피와 홍차이다. 1인당 국내총생산은 2003년 기준으로 350달러이다.

케이블 방송

케이블을 이용하여 다수의 수신자에게 음향, 음성, 영

케이블 방송 촬영 모습

상 등을 송신하는 텔레비전 방송 기구를 말한다. 시에이티브이(CATV)라고도 한다. 케이블 방송은 1950년 미국 펜실베니아 주의 벽지에 사는 한 사업가가 근처의 산꼭대기에 대형 안테나를 설치하고 각 가정에 케이블을 연결하여 방송을 수신하도록 한 데서 비롯되었다. 즉 케이블 방송은 시청하는 데 어려움을 해소하기 위해 시작되었다. 동축 케이블과 광 케이블 기술이 발달해 많은 정보를 동시에 빠르게 전달할 수 있게 되면서부터 빠르게 발전하였다. 게다가 케이블 방송의 전송 구역이 넓다는 점을 이용하여 다수의 시청자들을 겨냥한 독창적이고 전문적인 채널들이 생기기 시작했다. 예를 들어 미국의 CNN, 우리 나라의 YTN 같은 뉴스나 시사 문제 등을 전문적으로 다루는 채널, 교육, 스포츠, 영화, 드라마, 음악, 종교, 외국어, 홈쇼핑, 만화, 관광 등을 전문으로 다루는 채널이 생겼다. 텔레비전 수신기로 화상 전화를 주고받는 텔레비전 전화도 케이블 방송의 한 유형이라 할 수 있다. 우리 나라에서는 「유선방송관리법」과 「종합유선방송법」에 따라 1991년에 시험 방송을 시작하였다.

코리아

서양에서 우리 나라를 부르는 호칭의 하나이다. 영어권 나라에선 코리아, 프랑스에선 꼬레, 독일에선 코레아, 에스파냐에선 꼬레아라고 부른다. 고려에 드나들던 아라비아 상인들이 고려를 서양에 소개하면서 고려에서 코려, 다시 코리아로 변했다. 한편 당시 중국은 고려를 까오리라고 불렀는데, 그 소리가 유럽에 전해지면서 변한

뉴욕 코리아타운

것이라고도 한다. 13세기 말에 이탈리아 사람 마르코 폴로는 『동방견문록』에서 고려를 카울리라고 적었다.

코리아타운
해외에 이주한 우리 나라 사람들이 모여 사는 한인촌을 가리킨다. 코리아타운을 중심으로 고국의 문화를 공유하고, 해외 생활에 쉽게 적응할 수 있게 서로 협력한다. 오늘날 미국, 캐나다, 일본, 중국, 싱가포르, 홍콩 등 세계 곳곳에서 코리아타운을 볼 수 있다. 그 중에서도 미국의 로스앤젤레스에 있는 코리아타운은 규모가 무척 크다. 로스앤젤레스에 거주하는 한국인의 약 40퍼센트가 이 지역에 거주하고 있다. 한국어 간판이 달린 회사와 상가가 수천 개에 달하며, 매년 9월에는 한국의 날 행사가 1주일 동안 계속된다.

코스타리카
중앙아메리카의 남부에 있는 나라이다. 나라 이름은 풍요의 해안이란 뜻이다. 정부 형태는 대통령 중심제이며, 수도는 산호세이다. 면적은 5만 1100제곱킬로미터이다. 인구는 2003년 기준으로 약 382만 명이다. 공용어는 에스파냐어이다. 커피, 바나나, 코코아 등을 수출하며 1인당 국민총생산은 2003년 기준으로 4060달러이다.

코트디부아르
아프리카 대륙의 남서부에 있는 나라이다. 정부 형태는 대통령 중심제이며, 수도는 아비장이다. 면적은 32만 2803제곱킬로미터로 한반도의 1.4배이다. 인구는 2003년 말 기준으로 약 1664만 명이다. 공용어는 프랑스어다.

주요 종교는 이슬람교와 토착 신앙이다. 기후는 열대 우림 기후이다. 세계에서 코코아를 가장 많이 생산하고, 커피는 세계에서 세 번째로 많이 생산한다. 1인당 국민총생산은 2003년 기준으로 630달러이다.

코트라
무역을 늘리고, 국내외 기업 간의 투자 및 산업·기술 지원을 통해 국민 경제 발전에 이바지할 목적으로 정부가 전액 출자하여 설립한 비영리 무역 진흥 기관이다. 1962년에 대한무역진흥공사로 출범하였으며, 1996년에 대한무역투자진흥공사로 이름이 바뀌었다가, 2001년 10월 1일에 현재의 명칭인 코트라(KOTRA)로 바뀌었다.
주로 해외 시장을 조사하고 개척하며, 정보를 수집하고 그 성과를 보급하며, 국내의 산업 및 상품과 외국인 투자 환경에 대해 해외에 널리 알려 무역 거래를 성사시킨다. 또 나라 안팎의 기업 간 투자 협력 및 산업 기술을 교류하고, 무역 및 투자 박람회나 전시회를 개최하거나 참가한다. 그리고 외국인 투자를 유도하고, 국내 기업의 해외 투자를 지원하며, 전문 인력의 교육과 훈련을 담당한다.

콜롬비아
남아메리카 대륙의 북단에 있는 나라이며, 태평양과 카리브 해에 접하고 있다. 정부 형태는 대통령 중심제이며, 수도는 보고타이다. 면적은 114만 1568제곱킬로미터로 한반도의 5배이다. 인구는 2003년 말 기준으로 약 4400만 명이다. 공용어는 에스파냐어이다. 주요 종교는 가톨릭교이다. 기후는 열대, 온대, 한대 등 고도에 따라 다양하다. 네덜란드에 이어 세계 2위의 화훼 수출국이며, 커피, 바나나 등도 많이 수출한다. 또 석탄, 석유, 천연 가스 등 천연 자원이 풍부하고, 세계에서 에메랄드를 가장 많이 생산한다. 1인당 국민총생산은 2003년 기준으로 1800달러이다.

쿠데타
무력과 같은 비합법 수단을 이용하여 정권을 탈취하는 기습적인 정치 행동을 말한다. 쿠데타는 지배 계급 내부의 권력 이동으로 이루어지며, 피지배층이 권력을 빼앗아 생산 관계나 사회 제도를 변혁하는 혁명과는 성격이 다르다. 구지배층이 혁명 정부를 무너뜨리는 것도 쿠데타이다. 쿠데타는 군대와 경찰 및 무장 집단이 무력으로

크리스트교

천지 만물을 창조한 유일신을 하나님으로, 예수 그리스도를 구세주로 믿는 종교를 가리킨다. 기독교라고도 한다. 크리스트교의 기본 정신은 모든 인간의 평등에 기초한 사랑이다. 기원 직후에 이스라엘에서 시작된 크리스트교는 불교, 이슬람교와 함께 세계 3대 종교의 하나이다. 구약과 신약으로 된 『성경』을 경전으로 삼는다. 전 세계에 14억의 신도가 있으며, 우리 나라에는 약 1000만 명의 신도가 있다.

크리스트교의 역사

이스라엘에는 세계를 창조한 유일신인 여호와 하나님을 섬기는 유대교가 있었다. 이스라엘 사람은 자신들을 여호와에게 선택받은 백성이라고 믿었고, 하나님의 나라가 도래하면 율법을 잘 지킨 의로운 유대인이 천국의 백성이 된다고 생각했다. 이스라엘은 기원전 600년경부터 바빌론과 페르시아와 그리스의 지배를 받았으며 기원전 63년에는 로마 제국의 지배를 받았다.

오랜 식민지 생활에 지친 이스라엘 백성들은 여호와 하나님이 자신의 민족을 구원해 줄 구세주를 보내 주리라는 간절한 희망을 품고 있었다. 그 무렵 자신이 하나님의 아들이라고 주장하는 예수가 나타나 하나님의 나라와 사랑을 전파하기 시작했다. 예수는 율법을 잘 지킴으로써 구원을 받는 게 아니라, 자신의 죄를 회개하며 하나님을 사랑하고 이웃을 자기 몸같이 사랑함으로 구원받을 수 있다고 주장하였다. 유대교의 지도자들은 예수가 유대교의 율법 체계를 흔든다고 생각하여 그를 배척하였고, 결국 로마 총독에게 간청하여 그를 십자가 형에 처했다.

모세

그러나 3일 만에 부활한 예수를 본 그의 제자들이 하나님의 나라와 예수를 통한 구원을 전하고 초대 교회를 설립하면서 크리스트교가 창시되었다.

이후 크리스트교는 베드로와 요한 등 예수의 11명의 제자들과 바울 같은 사도들의 전도 활동을 통해 세계적인 종교로 자리 잡았다. 후에 크리스트교는 로마 가톨릭교와 그리스 정교로 나뉘었으며, 16세기 종교개혁을 통해 개신교가 로마 가톨릭교에서 분리되었다.

초대 크리스트교 교회의 설립자인 베드로와 바울

세계사에 미친 크리스트교의 영향

크리스트교는 그리스 문화의 전통과 더불어 유럽인의 생활과 문화를 지배하는 양대 산맥이 되었다. 한편 중세에는 로마의 교황과 유럽의 제후들의 세력 다툼이 통일 국가의 형성을 자극하였고, 이슬람 세력에 빼앗긴 성지 예루살렘을 되찾고자 시작된 십자군전쟁은 동서 문화의 교류를 촉진하였다. 그리고 로마 가톨릭교에서 개신교가 분리되는 종교개혁의 과정은 개인의 해방과 근대 사회의 형성에 큰 역할을 하였다. 그밖에 영국의 청교도들은 미국을 건설하였으며, 유럽과 미국에서 파견된 선교사들은 서양의 문화를 동양에 전하는 데 큰 역할을 하였다.

탄생과 세례, 최후의 만찬, 제자 유다의 배신, 십자가에 못 박힘, 부활 등 예수의 일생을 그린 조토의 프레스코 벽화

우리 나라에 미친 크리스트교의 영향

임진왜란을 전후하여 명나라에 다녀온 이수광이 천주교 즉 로마 가톨릭교의 교리를 담은 『천주실의』를 들여와 천주교의 학문을 공부하기 시작하였다. 그러다 점차 천주교를 신앙으로 받아들이는 사람이 늘어났다. 천주교는 조선 말에 심한 박해를 받았지만 신자들의 수는 더욱 늘어났다. 천주교가 전한 사랑과 평등의 교리는 양반과 상민으로 나뉘어 있던 우리 나라의 계급 사회가 평등 사회로 이행하는 데 큰 역할을 하였다.

한편 크리스트교는 1880년대 초에 알렌과 아펜젤러 등의 선교사들을 통해 들어왔다. 일본의 침략이 본격적으로 시작될 무렵에 들어온 크리스트교는 민족주의

교회의 예배 모습

와 민주주의 사상을 고취하였다. 특히 우리 나라에 배재학당이나 이화학당 등 많은 학교를 세웠고, 광혜원과 세브란스 병원 등 의료 시설을 설립하였으며, 다양한 사회 사업을 벌였다.

정권을 빼앗는 것이 보통이고, 일단 권력의 탈취에 성공하면 계엄령 선포, 의회 해산, 언론 통제, 반대파 탄압, 정부 요인의 불법 납치 등 갖가지 억압 조치가 따른다. 우리 나라에서는 1961년에 박정희가 5·16쿠데타를 일으켰고, 1979년에 전두환이 12·12쿠데타를 일으켰다.

쿠바

중앙아메리카, 카리브 해 서부의 서인도제도에 있는 섬나라이다. 가장 큰 쿠바 섬과 약 1600여 개의 작은 섬으로 이루어져 있다. 수도는 아바나이다. 면적은 11만 922제곱킬로미터이다. 인구는 2003년 말 기준으로 약 1130만 명이다. 공용어는 에스파냐어이다. 1인당 국민총생산은 2003년 기준으로 2300달러이다. 아메리카 대륙 최초의 공산 국가이며, 1959년에 혁명으로 정권을 잡은 피델 카스트로가 장기 집권하고 있다.

쿠웨이트

서남아시아, 아라비아 반도의 북서부에 있는 나라이다. 원래는 사막에 있는 한 부족 국가였으나, 1961년에 영국으로부터 독립하였다. 입헌군주국이며, 수도는 쿠웨이트이다. 면적은 1만 7818제곱킬로미터로 경상북도만한 크기이다. 인구는 2003년 말 기준으로 약 249만 명이다. 공용어는 아랍어이다. 주요 종교는 이슬람교이다. 기후는 열대성 사막 기후이다. 1인당 국민총생산은 2003년 기준으로 1만 8270달러이다. 전 세계 원유 매장량의 9.3퍼센트가 묻혀 있는 산유국으로 막대한 석유 자원을 바탕으로 근대화가 급속히 진전되고 있다.

크로아티아

유럽 대륙의 아드리아 해 동부에 있는 나라이다. 옛 유고슬라비아사회주의연방공화국의 6개의 공화국 중 하나였다가, 1991년에 독립하였다. 독립 후 1995년까지 내전을 겪었다. 정부 형태는 대통령제가 가미된 의원내각제이며, 수도는 자그레브이다. 면적은 5만 6538제곱킬로미터이고, 인구는 2003년 기준으로 약 443만 명이다. 공용어는 크로아티아어이다. 주요 종교는 가톨릭교이다. 1인당 국민총생산은 2003년 기준으로 4550달러이다.

키와니스 세계 봉사상

여러 가지 봉사 활동을 벌이고 있는 국제키와니스클럽

집수리를 하고 있는 키와니스클럽의 봉사자들

이 봉사에 앞장서는 사람에게 주는 세계적인 봉사상이다. 국제키와니스클럽은 1915년 1월 21일에 미국의 디트로이트에서 창립된 이후, 전 세계로 빠르게 확산되어 오늘날 87나라에 6600개의 지부를 두고 있다. 많은 사회 복지 사업에 참여하고 있으며, 특히 어린이를 위한 사업에 애쓰고 있다. 이 클럽이 전 세계의 어린이를 대상으로 벌인 최초의 사업은 1994년에 시작한 요오드 결핍 퇴치 사업이다. 요오드란 인간의 뇌와 신경 계통의 발육에 꼭 필요한 요소로, 결핍되면 정신과 육체가 제대로 자라지 못한다. 그래서 국제키와니스클럽은 총 7500만 달러를 모금하여 요오드 결핍증이 많은 지역에 요오드가 첨가된 소금을 만들어 공급하고 있다. 키와니스 세계 봉사상을 수상한 사람으로는 테레사 수녀, 오드리 헵번, 로잘린 카터, 낸시 레이건, 버서 홀트 등이 있다.

키프로스

지중해 동부에 있는 섬나라이다. 정부 형태는 대통령중심제이며, 수도는 니코시아이다. 면적은 9251제곱킬로미터이다. 인구는 2003년 기준으로 약 72만 명이다. 공용어는 그리스어와 터키어이다. 1인당 국민총생산은 2003년 기준으로 1만 2320달러이다. 1960년에 영국으로부터 독립하였으나 그리스계 주민과 터키계 주민 사이에 민족 분쟁이 끊이지 않았다. 1983년에 터키계가 중심이 된 북키프로스가 독립을 선언한 후 남북이 분단되어 있다.

타이

 동남아시아의 인도차이나 반도 중앙부에 있는 나라이다. 정식 이름은 타이랜드왕국이고, 입헌군주국이다. 우리 나라에서는 태국이라고도 한다. 수도는 방콕이다. 면적은 51만 3115제곱킬로미터이다. 인구는 2003년 말 기준으로 약 6423만 명이다. 공용어는 타이어이다. 주요 수출품은 쌀·설탕·파인애플·고무 등이며, 1인당 국민 총생산은 2003년 기준으로 1940달러이다.

타이완

 중국 푸젠 성과 타이완 해협 사이에 있는 섬나라이다. 대만이라고도 한다. 타이완은 원래 부속 제도인 펑후 제도, 휘사오 섬, 란위 섬 등 79도서를 합하여 중국의 1성이었다. 1949년에 장개석이 이끄는 중화민국 정부는 중국 공산당에 패해 타이완으로 밀려났다. 정부 형태는 총통제이며 입법·사법·행정·고시·감찰 등 국가 권력이 5개로 분립되어 있는 독특한 형태이다. 수도는 타이베이이다. 면적은 3만 6179제곱킬로미터이고, 인구는 2003년 말 기준으로 약 2260만 명이다. 공용어는 베이징어이다. 주요 종교는 불교이다. 신흥 공업국의 하나이며, 1인당 국민총생산은 2003년 기준으로 1만 2800달러이다.

탄자니아

 아프리카 대륙의 동부, 인도양에 면한 나라이다. 정식 명칭은 탄자니아연합공화국이다. 탕가니카와 잔지바르가 1964년에 합병하여 만든 나라이다. 정부 형태는 대통령 중심제이며, 수도는 다르에스살람이다. 면적은 94만 2473제곱킬로미터로 한반도의 약 4.3배이다. 인구는 2003년 말 기준으로 약 3457만 명이다. 공용어는 스와힐리어와 영어이다. 주요 종교는 크리스트교와 이슬람교이다. 기후는 적도형 열대성 기후이다. 1인당 국민총생산은 270달러이다. 아프리카에서 가장 높은 산인 킬리만자로 산과 아프리카에서 수심이 가장 얕은 탕가니카 호가 있다. 야생 생물의 생태가 그대로 보존되어 있는 세렝게티국립공원이 유명하다.

탄핵

 직무를 수행하면서 법을 어긴 공무원을 해임하거나 처벌하는 제도이다. 일반적인 파면 절차로는 파면이 어렵거나 검찰 기관에 의한 재판 신청이 어려운 공무원을 대상으로 한다.

 우리 나라의 헌법에서는 대통령, 국무총리, 국무 위원, 장관, 헌법재판소 재판관, 법관, 중앙 선거관리위원회 위

탐진강

대통령 탄핵 절차

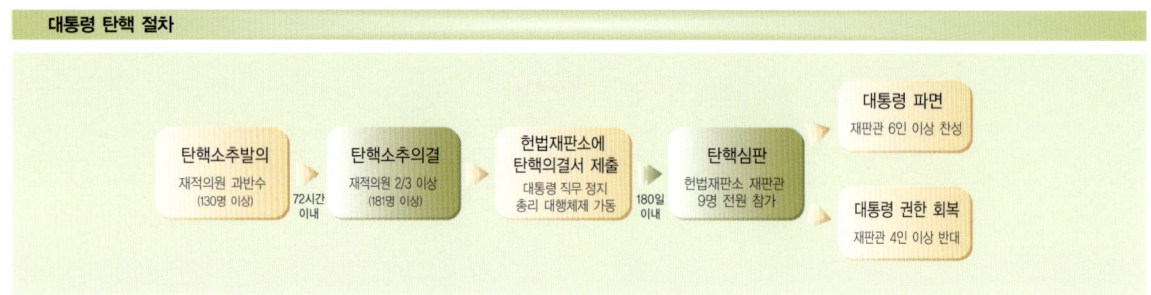

원, 감사원장, 감사 위원 등이 직무를 수행하면서 헌법이나 법률을 위배할 경우에 국회가 이들에게 탄핵을 요구할 권리가 있다고 규정하고 있다. 이러한 권리를 탄핵 소추권이라고 한다. 탄핵 소추를 받은 사람은 헌법재판소에서 탄핵을 심판할 때까지 권한이 정지되며, 탄핵이 결정되면 파면된다. 탄핵으로 공직에서 물러난 공무원은 5년 동안 공무원이 될 수 없다.

탐진강

전라남도 영암군 궁성산 북쪽 계곡에서 시작하여 장흥, 강진을 지나 남해로 흘러 들어가는 강이다. 길이는 55킬로미터이다. 원래 예양강으로 불렸으며, 탐라도 사람이 육지에 처음으로 배를 대어 올라왔다 하여 탐진강이라 하였다. 지류로 유치천, 옴천천, 금강천 등이 있다. 강 유역에 오염원이 거의 없어 깨끗하며, 은어가 많이 산다. 매년 강진군 일대에서 탐진강 은어축제가 열린다.

태백산맥

원산만 남쪽의 강원도 안변군 황룡산에서 시작하여 동해안을 따라 남북으로 뻗어 부산광역시 사하구 다대포 부근까지 이르는 산맥이다. 우리 나라에서 가장 긴 산맥으로 길이는 약 500킬로미터이고, 평균 높이는 약 800미터이다. 낭림산맥과 함께 남북으로 뻗어 우리 나라의 등뼈를 이루는 산맥이며, 백두산에서 지리산으로 이어지는 백두대간의 일부이다. 산맥의 동쪽은 경사가 급한 반면 서쪽은 완만하다. 동쪽은 좁고 긴 해안 지대를 이루고, 서쪽은 완만하게 낮아지는 고원 지대이다. 또 서쪽에는 지맥인 광주·차령·소백산맥 등의 산맥이 남서 방향으로 완만하게 뻗어 나가고 있으며, 이 산맥들에서 시작된 홍천강·소양강·사동천·금강천·금호강·위천·밀양강 등 한강·금강·낙동강의 지류가 본류와 합쳐져 황해와 남해로 흘러든다. 동쪽에는 양양 남대천·

탐라도 사람이 육지에 처음으로 배를 대어 올라왔다는 뜻의 탐진강

태극기

　대한민국의 국기이며, 우리 나라의 주권을 상징한다. 태극기가 언제 처음 만들어졌는지는 명확하지 않다. 하지만 고종 19년인 1882년에 박영효가 수신사로 일본을 방문할 때, 배 안에서 태극기를 구상하여 만든 후 일본에서 머물던 숙소의 옥상에 매달아 놓았다고 한다. 이것이 태극기의 기원으로 알려져 있다. 그 후 1883년에 태극기가 우리 나라의 공식 국기로 반포되었다. 태극기의 도안과 규격은 1949년에 국기제정위원회의 결정에 따라 정해졌다. 국기의 제작, 게양, 관리 등에 대해서는 「대한민국 국기에 관한 규정」을 따른다.

태극기의 제작 방법

　흰 바탕의 한가운데 붉은색의 양과 파란색의 음의 태극을 두고, 사방 대각선상에 검은빛 사괘를 둔다. 사괘의 위치는 건(乾)을 왼편 위, 곤(坤)을 오른편 아래, 감(坎)을 오른편 위, 이(離)를 왼편 아래로 한다.

　깃봉은 아랫부분에 꽃받침 5개가 있는 무궁화 꽃봉오리 모양이며, 색은 황금색으로 한다. 깃봉의 지름은 깃면 너비의 10분의 1로 한다.

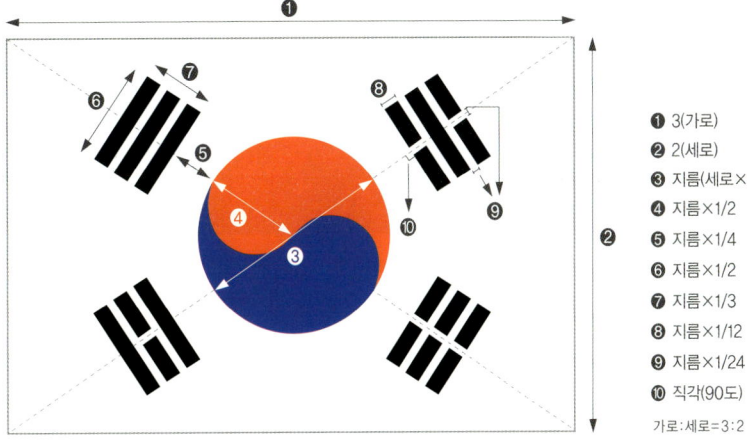

❶ 3(가로)
❷ 2(세로)
❸ 지름(세로×1/2)
❹ 지름×1/2
❺ 지름×1/4
❻ 지름×1/2
❼ 지름×1/3
❽ 지름×1/12
❾ 지름×1/24
❿ 직각(90도)
가로:세로=3:2

한편 깃대는 대나무나 쇠 등으로 만들고, 색은 대나무색으로 한다.

태극기의 의미

　태극기는 흰색 바탕에 태극 문양과 건곤감리의 4괘로 이루어져 있다. 흰색 바탕은 밝음 · 순수 · 평화를 나타내고, 태극 문양은 음의 파란색과 양의 붉은색의 조화, 즉 우주 만물이 상호 작용을 통해 생성하고 발전하는 자연의 원리를 가리킨다. 한편 음과 양이 변화 발전하는 각 단계는 4괘를 통해 나타난다. 구체적으로 말하면 건은 하늘 · 동쪽 · 봄 · 인(仁)을 나타내고, 곤은 땅 · 서쪽 · 여름 · 의(義)를 나타낸다. 또한 감은 물 · 북쪽 · 겨울 · 지(知)를 뜻하고, 리는 불 · 남쪽 · 가을 · 예(禮)를 뜻한다. 전체적으로 태극기는 창조 · 자유 · 평등 · 발전 · 무궁을 뜻한다.

태극기 게양 방법

　국기는 삼일절, 제헌절, 광복절, 개천절의 4대 국경일에, 한글날, 국군의 날, 현충일, 국장 기간, 국민장일, 그 밖에 정부가 지정하는 날에 단다. 단 지방 자치 단체, 공공 단체, 학교 등은 일 년 내내 국기를 게양한다. 현충일, 국장 기간, 국민장일에는 깃봉에서 기폭만큼 내린 조기를 달고, 나머지 날에는 깃봉 바로 아래에 단다. 국기는 밖에서 보아 대문의 왼쪽에 단다. 국기는 24시간 달 수 있으며, 야간에는 잘 보이도록 조명을 갖추어야 한다.

태양열 주택

낭림산맥과 함께 남북으로 뻗어 우리 나라의 등뼈를 이루는 태백산맥

연곡천·강릉 남대천·삼척 오십천·왕피천 등의 하천이 동해로 흘러든다. 이 하천들은 대개 짧고 경사가 급하다. 산맥에는 금강산·설악산·오대산·계방산·청옥산·함백산·태백산·일월산·주왕산·보현산·팔공산 등 해발 1000미터 이상의 높은 산이 연이어 있다.

이렇게 높은 산들이 연이어 있어 사람들이 오고가기가 어려워 태백산맥의 동쪽인 영동 지방과 서쪽인 영서 지방은 기후와 풍토뿐 아니라 언어, 생활 관습, 문화 면에서 옛날부터 차이가 많이 났다. 산맥의 중간 중간에 있는 철령·추지령·진부령·대간령·미시령·한계령·대관령 등의 고개는 옛날부터 교통로로 이용되었다. 오늘날에는 영동선·태백선·황지선 등의 철도와 영동고속도로, 국도들을 이용해 태백산맥을 넘나든다. 대관령 일대의 고원 지대에는 고랭지 농업이 발달하였고, 무연탄과 석회석 등 풍부한 지하 자원을 바탕으로 태백·삼척·문경·울진 지역 등에는 광공업이 발달하였다. 또 산맥 내에 설악산국립공원·오대산국립공원·주왕산국립공원·태백산도립공원 등 아름다운 자연 경관을 갖고 있는 산과 공원이 많고, 백련사·신흥사·월정사 등 이름난 사찰이 많아 관광 산업이 발달하였다.

태양열 주택

태양열 시스템을 갖추어 태양열 에너지를 전기 에너지로 바꾸어 난방이나 온수, 전기를 공급할 수 있게 지은 주택이다. 빛을 모으는 집광판으로 에너지를 얻은 다음 그 열로 물을 데워서 난방용으로 쓰거나 높은 온도의 증기를 만들어 발전기를 돌려서 전기를 얻는다. 장점은 무엇보다 에너지 자원의 소비 없이 에너지 자원을 얻을 수 있다는 것과 공해를 일으키지 않아 자연친화적이라는 것이다. 그리고 태양열 시스템을 설치한 후에는 따로 비용이 많이 들지 않는다는 점이다. 단점은 날씨에 많은 영향을 받으며, 태양을 받는 지붕 면적이 넓어야 하기 때문에 단독 주택 같은 경우에만 가능하다는 것이다. 비싼 발

집광판으로 에너지를 얻는 태양열 주택

전기에 비해 많은 양의 전기를 얻지 못하기 때문에 아직까지 널리 보급되지 못하고 있다.

태평양

동쪽은 남·북아메리카 대륙, 서쪽은 동아시아·인도네시아·오스트레일리아, 남쪽은 남극 대륙, 북쪽은 북극권으로 둘러싸인 세계 최대의 해양이다. 대서양·인도양과 더불어 세계 3대양 가운데 하나이다. 면적은 1억 6524만 6000제곱킬로미터로 지구 표면적의 약 35퍼센트이다. 동서의 길이는 약 1만 6000킬로미터이고, 평균 수심은 4282미터이며, 가장 깊은 곳은 괌 섬 부근의 마리아나 해구에 있는 비차지 해연으로 1만 1034미터이다.

1513년에 에스파냐의 탐험가 발보아가 파나마 지협을 통해서 중앙아메리카를 횡단하여 태평양을 발견하고 남해라고 이름 붙였다. 이어 1521년에 세계 일주에 나선 마젤란이 대서양에서 남아메리카 대륙의 남단을 지나 태평양을 거쳐 필리핀에 이르렀다.

태평양에는 북태평양 북서 어장과 북동 어장이 유명하다. 북서 태평양 어장은 캄차카 반도에서 일본 열도 주변으로, 수역이 넓고 쿠릴 한류와 쿠로시오 난류가 흐른다. 세계 제1의 어장으로 연어, 대구, 다랑어 등이 풍부하다. 우리 나라 어선도 이곳에서 활동하고 있다. 북동 태평양 어장은 베링 해에서 알래스카, 캘리포니아 앞바다에 이르는 해역이다. 청어, 다랑어 등이 많이 잡히며, 대부분 통조림으로 가공된다. 최근 태평양 바다 밑에 광물 자원이 풍부하다는 보고가 있다.

터키

아시아 대륙과 유럽 대륙에 걸쳐 있는 나라이다. 유럽 대륙 동남부의 트레이스 반도와 아시아의 아나톨리아 반도로 이루어져 있으며, 아시아 쪽이 전 국토의 97퍼센트를 차지한다. 면적은 77만 9452제곱킬로미터이다. 정부 형태는 대통령제를 가미한 의원 내각제이며, 수도는 앙카라이다. 주요 도시로는 이스탄불, 이즈미르 등이 있다. 인구는 2003년 말 기준으로 약 7060만 명이다. 공용어는 터키어이며, 주요 종교는 이슬람교이다. 기후는 대륙성 기후와 해양성 기후가 모두 나타나며, 건조하고 일교차가 크다. 철강·시멘트·화학 공업 등이 발달하였으며, 1인당 국민총생산은 2003년 기준으로 2530달러이다. 13세기 말에 세워진 오스만투르크 제국이 이어져 오다가 1923년에 공화국으로 바뀌었다. 이후 케말 파샤를 중심으로 근대화를 추진하였다. 터키는 한국전쟁 때 미국 다음으로 많은 병사를 우리 나라에 보냈다.

테제베

프랑스의 알스톰 사가 제작한 초고속 열차 또는 그 열차가 다니는 초고속 전철을 가리킨다. 테제베(TGV)는 매우 빠른 열차라는 말의 약칭이다. 최고 속도는 시속 250~300킬로미터이다. 1981년에 생프로랑탱과 리옹을 오가기 시작한 테제베 동남선은 1964년에 개통된 일본 신칸센에 이어 세계에서 두 번째로 운행된 고속 열차이다. 1983년에는 파리와 리옹을 오가는 노선이 동남선에 추가되었고, 1989년에는 테제베 대서양선, 1993년에는 테제베 북선이 개통되었다. 이후 테제베는 프랑스의 주요 도시를 거미줄처럼 이어 놓았다. 우리 나라는 1994년에 프랑스 국철 및 테제베와 계약을 맺고 고속철도 건설 사업을 추진하였으며, 2004년 4월 1일부터 서울과 부산, 서울과 광주를 오가는 고속철도를 운행하고 있다.

테제베

통신

 인간의 의사·지식·감정 또는 정보를 공간 사이에서 주고받는 작용이나 행동 또는 현상을 말한다. 인류는 도구의 발명과 더불어 통신 수단의 발전을 통해 방대한 양의 정보를 손쉽게 전달할 수 있게 되었고, 누구나 쉽게 새로운 지식과 정보를 얻을 수 있게 되었다. 또한 통신 수단의 발달로 지역이나 여러 나라들 사이의 사회적 문화적 거리가 좁아지면서 전 세계가 하나의 지구촌을 형성하게 되었다. 특히 휴대전화의 발달은 사람들의 사고 방식과 생활 방식에 큰 변화를 가져왔다. 통신은 크게 우편 통신과 전기 통신으로 나눌 수 있다. 전기 통신에는 전신, 전화, 라디오, 텔레비전 등이 있다. 컴퓨터와 통신 위성, 광케이블 등 전기 통신 수단이 급격히 발달하면서 우편 통신의 비중이 많이 줄었다.

 인간은 처음에 발성 기관을 통해 의사를 전달하는 말이나 북소리, 횃불 등 단순한 청각·시각 신호로 통신을 하였다. 이러한 청각·시각 신호들은 순간에만 효과가 있다는 단점이 있다. 이런 단점을 극복한 것이 문자이다. 문자가 생기면서 의사·지식·감정을 정확하게 주고받을 수 있게 되었고 정보를 오랫동안 보존할 수 있게 되었다. 또한 문자에 힘입어 우편 제도가 가능해졌다. 하지만 적의 침입이나 긴급한 상황을 알리는 데는 문자보다 깃발, 봉화, 신호연 등의 시각 신호와 북, 나팔, 징, 종과 같은 청각 신호가 훨씬 빨라 전기 통신 수단이 나오기 전까지 널리 쓰였다.

북

 고대로부터 소리를 내는 대표적인 기구로 사용되어 왔다. 악기로써만이 아니라 통신 수단으로도 중요한 역할을 했다. 특히 전쟁 때 많이 사용되었다. 고대 중국의 병법을 보면 '진군할 때에는 북을 치고, 후퇴할 때에는 징을 울린다'고 되어 있으며, 북이 앞으로 나아가는 의미의 통신 수단이었음을 알 수 있다.

봉수제

 고대의 통신 방식 중 가장 과학적이며 체계적이다. 봉수제는 낮에는 연기, 밤에는 횃불을 이용하여 국경의 정세를 신속하게 전달하는 데 사용하였다. 우리 나라의 경우에 봉화는 기원전부터 사용했던 것으로 문헌에 나타나 있으나, 봉수제가 확실하게 성립된 것은 고려 의종 3년 때이다. 국가 제도로 채택된 것은 조선 세종 때이다. 산이 많은 우리 나라는 남해안부터 함경도 종성까지 전국을 연결하는 완벽한 봉화 통신망이 형성되었다.

 전달 방식은 사전에 정한 약속에 따라 연기 또는 불빛을 인근의 봉수대에 차례로 전달하여 서울에 이르게 하였다. 평상시에는 햇불 1개, 적이 나타나면 햇불 2개, 국경에 접근해 오면 햇불 3개, 국경을 침범하면 햇불 4개, 적과 접전이 벌어지면 햇불 5개로 표시했다.

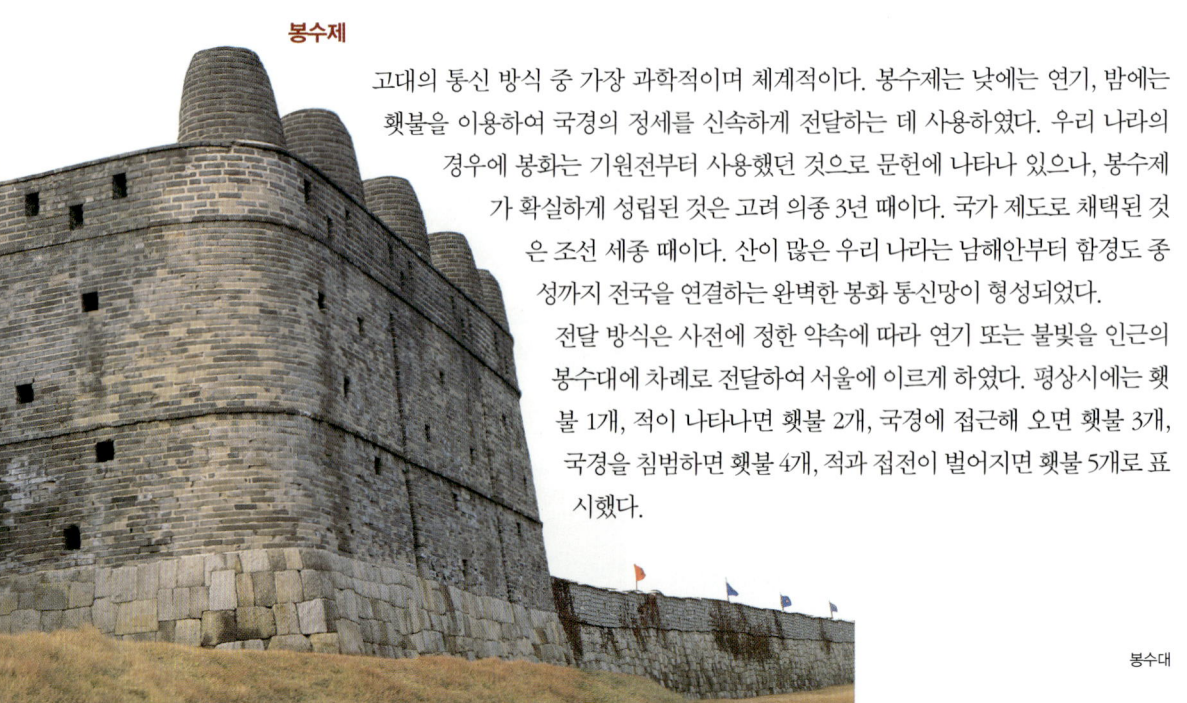

봉수대

파발 제도

국경 지대의 긴급한 군사 정보와 중요한 공문서를 전달하던 통신 방법이다. 임진왜란 당시 제구실을 하지 못한 봉수제를 대신하여 시행되었다. 파발 제도는 말을 타고 이동하는 기발과 사람이 빨리 걸어서 이동하는 보발로 나뉜다. 이 제도를 운영하는 데 경비도 많이 들고 봉수보다 전달 속도도 느리지만, 문서로 전달되어 보안 유지가 가능하기 때문에 중요한 군사 정보 전달이나 행정 통신 수단으로 활용되었다.

우역 제도

우편 제도의 전신인 우역 제도는 사람이 문서나 물건을 전달하는 것이다. 『삼국사기』를 보면 신라 소지왕 때에 '비로소 사방에 우역을 두고 이것을 맡은 관청에 명하여 관도(官道)를 수리하게 했다'고 되어 있다. 우역 제도는 중앙의 명령을 지방에 전하고, 지방에서의 보고 사항을 중앙으로 전달하는 통신 수단 이외에도 공물을 중앙으로 옮기는 수송 기능까지 담당했다. 우역 제도는 군사나 행정 부분에서 많이 활용하였다.

우편

1840년에 영국인 힐이 우표를 이용한 균일 요금 제도를 고안한 데서 시작되었다. 이는 세계 각 나라의 우편 제도의 기본이 되었다. 우리 나라는 1884년에 우정총국이 설립되어 한성 지역과 인천 간의 우편 업무가 시작된 것이 처음이었다. 그 해 11월 18일에 최초의 근대 우표가 발행되기도 하였다. 갑신정변으로 중단되었다가 1893년에 전우총국이란 이름으로 다시 업무가 시작되었고, 편지·소포·전보 등을 전달하였다. 1900년대부터는 국제 우편을 다루게 되었다.

우정총국 건물

전화

일정 거리에 있는 사람과 직접 통화할 수 있는 통신 방법이다. 처음에는 일 대 일 통신만 가능했지만 교환 방법, 호출 방식, 컴퓨터와의 결합 방식이 발전하면서 오늘날 가장 중요한 통신 수단인 동시에 사회의 핵심 요소

탐구학습

옛날과 오늘날의 전화하는 모습은 어떻게 달라졌을까요?

최초의 전화 통화 방식은 자석식이었다가 1908년에 공전식, 1935년에 자동식에 이어 1970년대 이후부터는 전자식(MFC)전화기를 사용하고 있다.

자석식은 가입자가 스스로 발전기를 돌려 교환원을 호출하고 그 호출을 받은 교환원이 다시 발전기를 돌려 상대방 가입자를 호출해 수동으로 연결해 주는 방식이다. 처음에는 일 대 일 직통 회선 방식이었으나 많은 가입자를 하나의 망으로 연결하여 통화하고자 하는 가입자들을 그때그때 수동으로 연결하는 방식으로 바뀌었다. 공전식 전화기는 전화할 때마다 자석 발전기를 돌려야 하는 번거로움과 각 전화기마다 개별 건전지가 필요한 자석식 전화기의 한계를 극복한 전화기이다. 그래서 전화기만 들면 교환원이 호출되고 교환원 역시 간단한 스위치 조작만으로 원하는 사람을 연결할 수 있게 되었다. 그러나 전화 가입자가 폭발적으로 늘면서 수동에 의한 교환 방식은 한계가 있었다. 이를 극복한 것이 전자식이다. 가입자가 직접 통화하고자 하는 상대방을 호출하면 기계가 자동으로 연결시켜 주는 자동 교환 방식이다. 최초로 개발된 자동식 전화기는 다이얼식 전화기였다. 다이얼식 전화기는 가입자가 회전식 다이얼을 돌려 상대방 가입자를 호출하면, 기계식 교환기가 다이얼의 회전 수에 따라 통화선을 차례차례 찾아나가 상대방 가입자를 연결해 주는 방식이다.

가 되었다. 1885년에 처음으로 서울과 인천 사이, 서울과 의주 사이에 전신이 개통되었다. 국제 전화는 1970년 금산 제1위성 통신의 개통으로 가능해졌다.

인터넷

두 대 이상의 컴퓨터를 연결해 서로 필요한 정보를 주고받는 네트워크 체계를 전 세계로 확장하고 각종 정보 서비스 망을 하나로 연결한 것이다. 수많은 정보 서비스 망이 제공하는 정보를 얻을 수 있고 다른 정보 서비스 망에 가입한 사람들과도 정보를 교환할 수 있다. 오늘날 인터넷은 전화망 다음으로 거대한 정보 기반이 되었으며, 우리 생활의 많은 부분을 바꿔 놓았다.

휴대전화

이동 통신 서비스가 지원되는 지역 안에서 기지국을 통해 일반 전화 가입자 또는 여러 이동 통신사에 가입한 휴대전화 사용자가 이동하면서 통화할 수 있는 전화를 말한다. 처음에는 아날로그 방식이었으나, 유지하는 데 비용도 많이 들고 수용 용량도 적어 지금은 디지털 방식으로 바뀌었다. 원리는 이동 통신 서비스 지역 안에 있는 사람이 휴대전화로 전화를 하면 먼저 관할 기지국에 무선으로 연결되고, 그 지역을 벗어나면 다음 기지국으로 자동으로 바뀌면서 연결된다. 음성 통화뿐 아니라 문자를 보낼 수도 있고, 음악과 영상을 즐길 수도 있으며, 사진을 찍어 다른 사람에게 전송할 수도 있고, 방송 프로그램을 볼 수도 있다.

화상 회의 모습

통신위성의 모습

텔레뱅킹

은행에 직접 가지 않고 가정이나 사무실 등에서 전화를 이용하여 은행 업무를 처리할 수 있는 시스템 또는 서비스를 말한다. 대부분의 은행이 이 시스템을 갖추고 있다. 고객이 전화로 예금의 잔고 조회, 자금 이체, 분실 신고, 대출 등의 은행 업무를 편리하게 처리할 수 있다.

텔레비전 홈쇼핑

텔레비전 방송으로 팔고자 하는 물건을 소개한 후 전화로 주문을 받아 물건을 우송해 주는 통신 판매 방법을 말한다. 방송과 유통이 결합된 통신 판매 방법으로 특정한 채널에서 하루 종일 판매 방송을 한다. 우리 나라에서는 텔레비전 홈쇼핑의 난립을 막기 위해 방송위원회의 허가를 얻어야 사업을 할 수 있다.

템플턴 상

미국의 사업가 템플턴이 1972년에 창설한 상으로, 종교 활동의 향상에 기여한 사람에게 주는 상이다. 노벨상에 종교 부문이 없는 것을 안타깝게 여긴 그는 3만 4000 파운드의 기금을 기부하여 템플턴 재단을 만들었다. 상금은 해마다 다르지만 약 100만 달러 정도이며, 세계에서 상금 금액이 가장 많다. 종교계의 노벨 상이라고도 불린다. 수상 트로피와 수상금은 영국의 버킹엄 궁전에서 전달되며, 수상자의 연설회는 매년 다른 장소에서 거행된다.

1회 수상자는 노벨 평화상을 받은 테레사 수녀이다. 1992년에는 우리 나라의 한경직 목사가 사회 복지, 북한 선교, 남북 화해 등의 공로를 인정받아 이 상을 수상하였다.

통일연구원

민족 공동체를 구현하기 위해 국민의 힘을 모으고 통일 환경 변화에 적극적으로 대응하기 위해서 통일 문제를 전문적이고 체계적으로 연구하는 연구 기관이다. 1991년 4월에 국책 연구 기관으로 시작하여 1999년 1월에 통일연구원으로 새롭게 발족하였다. 주로 통일에 관련된 연구와 정책 개발, 국내외 연구 기관과의 공동 연구 및 연구 위탁, 통일과 관련한 정보 자료의 관리 및 지원, 통일 관련 연구물과 자료의 출판, 북한 경제 연구를 비롯한 통일 문제 연구 등을 진행한다.

투르크메니스탄

중앙아시아 서남부에 있는 나라이다. 북쪽으로 카자흐스탄, 북동쪽으로 우즈베키스탄, 동남쪽으로 아프가니스탄, 남쪽으로 이란과 국경을 접하고 있다. 1991년 10월 구소련의 해체와 함께 독립하였다. 정부 형태는 대통령 중심제이며, 수도는 아스하바트이다. 면적은 48만 8100 제곱킬로미터이다. 인구는 2003년 기준으로 약 487만 명이다. 공용어는 투르크멘어이다. 1인당 국민총생산은 2003년 기준으로 950달러이다.

투막집

울릉도에 있는 전통적인 귀틀집의 하나이다. 육지에 있는 귀틀집과 마찬가지로 통나무에 도끼로 아귀를 만든 다음 그것을 엇물리게 하여 쌓고, 나무 사이에 진흙을 발라 메꾸었다. 통나무는 섬에서 많이 나는 솔송나무와 단풍나무, 너도밤나무를 많이 썼으며, 천장은 너와나 굴피 또는 억새나 산죽을 엮어서 이었다. 방은 대개 3칸이며, 5~6평쯤 되는 커다란 부엌을 달아 내었으며, 집 둘레에 바닥에서부터 처마 높이까지 우데기라 부르는 울타리를 둘렀다. 보통 산에서 자라는 억새로 엮은 우데기는 눈과 바람을 막고, 눈이 많이 내려서 눈 속에 갇혔을 때에 집 안에서 오랫동안 생활할 수 있게 하기 위해 둘렀다. 투막집은 1970년대에 새마을운동이 시작될 때까지

울릉도의 전통적인 투막집

투자

만 해도 마을마다 몇 채씩 있었으나, 지붕 개량과 주택 개량으로 지금은 원형대로 보존된 것을 거의 찾아 볼 수 없다. 현재 나리동에 있는 투막집 4채가 경상북도 시·도 민속 자료와 경상북도 문화재 자료로 지정되어 보호되고 있다.

투자

지금 당장의 만족을 위해서가 아니라 미래의 이익을 기대하고 현재 자금을 지출하는 경제 활동을 말한다. 기업들이 공장을 새로 짓거나 늘리고 새로운 기계를 구입하는 것, 정부나 지방 자치 단체가 경제 활동에 필요한 도로나 철도, 항구를 새로 만드는 것, 사람들이 어떤 기업의 주식 가격이 오를 걸 기대하고 미리 그 기업의 주식을 사두는 것 등이 모두 투자이다.

투표

선거에서 자신이 택한 후보에게 표를 던지거나, 어떤 사안에 대한 의사 결정에서 찬반을 표시하는 일을 말한다. 투표는 민주주의 사회에서 의사를 결정하는 중요한 방법으로, 먼저 전체 구성원에게 투표해야 할 내용을 알리고 충분히 논의를 거친 후 다수의 의견을 묻는 방식으로 진행된다. 학급 같은 작은 단체에서부터 국가 같은 큰 단체에 이르기까지 구성원의 의견을 묻는 방식으로 투표를 이용하고 있다. 국가에서 실시하는 투표로는 헌법 개정을 위한 국민 투표, 국민 소환을 결정하기 위한 국민 투표, 대통령과 국회 의원을 선출하기 위한 국민 투표 등이 있다.

투표는 고대 그리스나 로마에서도 시행되었을 만큼 역사가 오래 되었다. 당시 국가의 사안을 결정하는 투표권은 여자, 어린이, 노예를 제외한 시민권이 있는 사람에게만 주어졌다. 하지만 시민 의식의 성장과 시민혁명으로 누구나 동등한 투표권을 갖게 되었다.

튀니지

아프리카 대륙의 북부, 지중해 연안에 있는 나라이다. 정부 형태는 대통령 중심제이며, 수도는 튀니스이다. 면적은 16만 4150제곱킬로미터이다. 인구는 2003년 말 기준으로 약 989만 명이다. 공용어는 아랍어이며, 국민의 99퍼센트가 이슬람교를 믿는다. 산유국이며, 석유와 함께 석탄·올리브유·화학 비료 등을 많이 수출한다. 1인당 국민총생산은 2003년 기준으로 2070달러이다.

특수 법원

일반 재판과 달리 특수한 영역에서 분쟁이 일어났을 때 옳고 그름의 판단을 내리는 재판 기관이다. 우리 나라의 특수 법원으로는 특허 법원, 행정 법원, 가정 법원이 있다. 특허 법원은 특허권을 내거나 특허권 사용을 둘러싼 분쟁을 맡은 곳으로, 특허 심판원에서 내린 결정에 따르지 않을 경우에 특허 법원에 1심을 청구하고, 대법원에 2심을 청구할 수 있다. 특허 법원은 분야별로 기술심리관을 두어 전문 법원으로서의 역할을 해내고 있다. 행정 법원은 조세, 토지 수용, 근로, 일반 행정 등 「행정소송법」에서 정한 행정 사건을 심판한다. 행정 법원은 1998년 3월 1일에 서울 한 곳에만 설립되었으며, 지방 법원과 동등한 지위를 갖는다. 행정 법원이 없는 곳에서는 지방 법원이 업무를 대신한다. 가정 법원은 가사에 대한 사건과 소년에 대한 사건을 담당하며 서울 한 곳에만 있다. 가정 법원에는 가정 사건을 중재하는 조정위원회와 담당 사건을 조사하는 조사관이 있다. 가정 법원이 없는 곳에서는 지방 법원이나 일정 지역의 지원이 업무를 대신한다.

특수 학교

특수 교육이 필요한 사람에게 각각의 특성에 맞는 교육 과정·교육 매체·교육 방법을 적용하여 교과 교육, 치료 교육, 직업 교육 등을 실시하는 교육 시설이다. 특수

탐구학습

투표에는 어떤 원칙이 있을까요?

첫째, 비밀 투표 원칙이다. 어느 선거인의 것인지 모르게 투표하는 것으로, 후보자의 성명을 쓰거나 후보자의 성명에 기호로 표시하는 방식이다. 무기명 투표라고도 한다.

둘째, 임의 투표 원칙이다. 선거인이 기권하여도 법적으로 제재하지 않고 투표를 선거인의 자유의사에 맡기는 것이다. 강제 투표는 매수, 선거 간섭 등을 낳아 불공정한 선거로 이어질 위험이 높다.

셋째, 1인 1표주의 원칙이다. 한 사람에게 하나의 투표권을 인정하는 것이다. 이는 투표에 참여하는 사람들의 의사 결정에 동등한 권리를 주는 원칙이다.

넷째, 투표소 투표주의 원칙이다. 선거인은 선거하는 날에 투표소로 가서 자신이 선거인 명부에 기재된 당사자임을 신분증으로 증명하고 투표 용지를 받은 뒤 투표해야 한다. 본인이 직접 나올 수 없는 경우, 즉 본인이 투표구 구역 밖에서 직무를 수행 중이거나 본인이 질병·부상·신체의 장애 등으로 보행이 곤란할 때는 법률이 정한 방식에 따라 부재자 투표를 실시한다.

특산물

자연 환경에 따라 다른 지역에 비해 특별히 많이 생산되거나 한 지역에서만 생산되는 것을 말한다. 농·수산물, 수공예품 등 종류가 다양하다. 다른 지역 특산물과의 교류에서, 그리고 지역 수출 부분에서 큰 역할을 담당하고 있다. 농산물로는 여주의 쌀, 충남 예산의 사과, 나주의 배, 영동의 곶감, 성환의 참외, 금산의 인삼 등이 있고, 수공예품으로는 담양의 죽세공품, 강화의 화문석, 한산의 모시, 전주의 부채, 충무의 나전칠기 등이 있으며, 수산물로는 영광의 굴비, 울릉도의 오징어, 광천의 새우젓 등이 유명하다.

경기도·인천광역시
소래-젓갈
안성-유기, 포도
양주-밤
양평-은행, 더덕, 다래
연천-콩
용인-오이, 자라
이천-쌀, 도자기, 뱀
파주-민물고기
포천-막걸리, 갈비, 느타리버섯, 싸리삼태기
가평-사과, 꿀, 잣
강화-인삼, 화문석

강원도
삼척-마늘, 꿀
양양-송이버섯, 당귀
영월-표고버섯, 황기
원주-미꾸라지
인제-올챙이묵, 사향, 산나물, 꿀
철원-감자, 도토리
평창-메밀, 녹용, 약재
태백-배추
횡성-팥, 옥수수, 약재

충청남도
금산-인삼
논산-딸기, 곶감, 대추, 오골계
서산-굴, 대하, 꽃게
예산-사과
유성-쑥, 냉이
천안-호두
청양-구기자
한산-모시
홍성-새우젓, 곤쟁이젓(광천 새우젓)

충청북도
괴산-결명자, 시금치
영동-염소, 감
옥천-율무

전라북도
남원-목기, 유기, 한지, 미꾸라지, 숙회
무주-녹두
부안-농어, 송어, 백합, 김
완주-곶감, 생강·딸기, 대추
장수-곱돌그릇, 오미자
정읍-쌀, 보리, 콩, 면화, 모시, 고치, 감
고창-수박
순창-고추, 밤, 꿀

경상북도
고령-향부자, 천궁, 지황
문경-무연탄, 담배, 조
상주-곶감
성주-쌀, 수박
안동-안동포
영덕-은어, 복숭아, 대게
영양-고추, 담배
영주-인삼, 사과
예천-참깨, 양잠
의성-마늘
청송-보리, 사과, 고추
성주-참외
울릉도- 오징어, 호박엿

전라남도
나주-배
광양-매실
영광-굴비
구례-오이
해남·강진-단감, 유자, 팽이버섯, 낙지
장흥-표고버섯
고흥-유자
함평-돗자리, 양파, 고추
장성·곡성-사과, 삼베
진도-김

경상남도
거창-고령토, 창호지, 사과
김해-단감, 달래
밀양-딸기, 대추, 도자기
양산-당근, 감자, 달걀
기장-미역
울주-미나리, 쇠고기
의령-수박, 호박, 단감
창원-도라지, 단감
함안-된장, 연근
함양-칡, 양파, 밤

제주도
감귤, 유자, 옥돔, 표고버섯

특용 작물

특용 작물인 인삼을 재배하는 밭

학교로는 시각 장애·청각 장애·정서 장애·지체 부자유·정신 장애 학교가 있다. 일반 학교에서 특수 학급을 별도로 두어 특수 교육을 실시하는 경우도 있다.

특용 작물

각종 공업 원료로 쓰이거나 비교적 많은 가공 과정을 거쳐야 이용할 수 있는 작물을 말한다. 공예 작물 또는 공업 원료 작물이라고도 한다. 생산물의 품질이나 생산량이 재배 지역의 기후와 풍토에 좌우되는 경우가 많아 지역의 특산물이 되기도 한다. 농산물을 협동 생산하고 단지 조성 시설을 공동으로 이용하는 것이 유리하기 때문에 국가의 보호 정책이 필요하다. 특용 작물에는 목화, 삼, 모시풀, 아마, 왕골, 차나무, 커피, 참깨, 땅콩, 담배, 양송이, 인삼, 박하, 옻나무, 라벤더 등이 있다.

특허

발명자나 발명자의 상속인에게 발명에 대한 독점 사용권을 부여하는 행위이다. 특허는 산업에 이용할 수 있는 발명에만 주어진다. 우리 나라에서 특허를 내주고 보호하는 업무를 맡고 있는 기관은 특허청이다. 1949년에 특허국이었다가 1977년에 특허청으로 승격하였다. 1961년에 제정된 「특허법」은 발명을 장려하고 기술의 발전을 촉진하여 산업을 발전시키기 위해 만들어졌다. 특허의 효력은 등록 후 20년까지 지속되며, 특허권자는 그 권리를 남에게 넘길 수 있다.

파

파나마
중앙아메리카 대륙에 있는 나라이다. 정부 형태는 대통령 중심제이며, 수도는 파나마이다. 면적은 7만 5517제곱킬로미터이다. 인구는 2003년 말 기준으로 약 312만 명이다. 공용어는 에스파냐어이다. 바나나·설탕·새우 등을 많이 수출하며, 1인당 국민총생산은 2003년 기준으로 3910달러이다. 대서양과 태평양을 연결하는 파나마 운하가 1914년에 건설된 후 운하와 주변 지역이 미국에 넘어가면서 나라가 동서로 분단되었으나, 1999년에 미군이 철수하면서 파나마 운하의 주권을 되찾았다.

파라과이
남아메리카 대륙의 중부에 있는 나라이다. 정부 형태는 대통령 중심제이며, 수도는 아순시온이다. 면적은 40만 6752킬로미터이다. 인구는 2003년 말 기준으로 약 565만 명이다. 에스파냐인과 원주민의 혼혈인 메스티조가 전 인구의 85퍼센트를 차지하고 있다. 공용어는 에스파냐어이다. 농업과 목축업이 주된 산업이며, 1인당 국민총생산은 2003년 기준으로 1350달러이다.

파업
노동자들이 임금 인상이나 처우 개선 등 자신들의 요구를 관철하기 위해 노동 조합을 중심으로 집단적으로 노동력의 제공을 일시 정지하는 것을 말한다. 경제학에서는 노동력의 집단적 판매 중지 행위를 뜻하며, 동맹 파업이라고도 한다.

자본주의 발달 초기에는 파업을 형사상의 공모죄로 처벌하였지만, 현재 대부분의 나라에서는 헌법으로 노동자의 단체행동권을 보장하고, 또 「노동쟁의조정법」 등으로 파업의 합법성을 인정하고 있다.

파키스탄
서남아시아에 있는 나라이다. 인도의 회교도들이 1947년에 분리 독립한 나라로, 정식 명칭은 파키스탄회교공화국이다. 정부 형태는 내각 책임제이며, 수도는 이슬라마바드이다. 면적은 79만 6096제곱킬로미터이다. 인구는 2003년 기준으로 약 1억 4903만 명이다. 공용어는 우르두어와 영어이다. 농업 부문이 전체 산업에서 23.6퍼센트에 달하는 농업국이며, 1인당 국민총생산은 2003년 기준으로 420달러이다.

파푸아뉴기니
오스트레일리아의 북쪽, 뉴기니 섬 동반부와 부갱빌 섬 등으로 이루어진 나라이다. 1975년에 오스트레일리아로부터 독립한 입헌군주국이다. 수도는 포트모르즈비이다. 면적은 46만 2840킬로미터이다. 인구는 2003년 말 기준으로 약 559만 명이다. 공용어는 영어이며, 800여 종의 다른 부족어가 사용된다. 1인당 국민총생산은 2003년 기준으로 734달러이다.

판례

법원이 같은 사건을 다룬 재판을 선례로 삼아 현재 소송에 대한 판단을 내릴 경우에 선례가 된 재판을 말한다. 영미법 같은 불문법에서는 판례가 재판의 판단에 결정적인 영향을 끼치지만, 우리 나라처럼 성문법을 가진 국가에서는 법률 해석의 기준을 제시하는 정도이다. 하지만 대법원이 판례를 변경할 경우에는 대법관 전원의 동의를 통해서 신중하게 처리한다.

판사

대법원장과 대법관을 제외한 각 법원들의 법관을 말한다. 판사가 되려면 일정한 자격을 갖추어야 하며, 판사 임명은 대법원장이 한다. 임기는 10년이고 법률이 정하는 바에 따라 연임할 수 있으며, 정년은 63세이다. 판사는 탄핵이나 형벌 외에 다른 이유로는 파면되지 않으며, 징계 처분의 경우가 아니면 정직·감봉 등 불리한 처분을 받지 않는다. 대신 판사는 헌법과 법률에 따라 그리고 자신의 양심에 따라 독립적으로 심판할 의무가 있다.

팔레스타인해방기구

이스라엘에 저항하며 팔레스타인의 해방을 추구하는 아랍인의 정치 조직이다. 피엘오(PLO)라고도 한다. 1948년에 이스라엘의 건국으로 실향민이 된 팔레스타인 난민들이 옛 땅을 되찾기 위하여 1964년에 설립하였다. 이 기구는 445만 가량의 팔레스타인 사람을 대표하며, 정규군 외에도 많은 게릴라 부대를 갖고 있다. 1993년에 이스라엘과 평화 협정을 맺고, 아라파트 피엘오 의장이 가자 지구에 있는 팔레스타인 자치 기구의 의장으로 취임하였다.

페루

남아메리카 대륙의 중부, 태평양 연안에 있는 나라이다. 13세기부터 쿠즈코를 중심으로 잉카 제국이 건설되어 15세기 중엽부터 16세기 초에 콜롬비아 남부에서 칠레 중부까지 세력을 넓혔다. 그러나 1532년에 에스파냐에게 정복당해 300년간 식민지 지배를 받다가 1821년에 독립하였다. 정부 형태는 대통령 중심제이며, 수도는 리마이다. 면적은 약 129만 제곱킬로미터로 한반도의 약 6배이다. 인구는 2003년 말 기준으로 약 2715만 명이다. 공용어는 에스파냐어와 케추아어이다. 주요 종교는 가톨릭교이다. 기후는 열대, 아열대 기후이다. 산유국으로 원유와 농수산물을 많이 수출하며, 1인당 국내총생산은 2003년 기준으로 1980달러이다.

페르시아 만

아라비아 반도의 북동쪽과 이란 사이에 있는 넓은 만이다. 길이는 약 990킬로미터이고, 면적은 약 24만 제곱킬로미터이며, 최대 수심은 170미터이고, 평균 수심은 25미터이다. 아랍에서는 아라비아 만이라고도 한다. 만 연안에는 이란, 이라크, 쿠웨이트, 사우디아라비아, 바레인, 카타르 및 아랍에미리트가 있다. 이 지역에는 세계 석유 자원의 60퍼센트 이상이 매장되어 있으며, 이는 주변 여러 나라 경제의 밑바탕이 되고 있다.

편의점

도로변이나 아파트 밀집 지역과 같이 사람과 차량 등의 통행이 많은 장소에서 일반 소비자가 많이 찾는 식료품 및 일용 잡화를 24시간 내내 판매하는 상점을 가리킨다. 편리함을 찾는 소비자의 욕구에 따라 나타난 소매점의 한 형태로, 깨끗한 매장에서 다양한 상품을 팔 뿐만 아니라 팩시밀리와 현금지급기 등 손쉽게 이용할 수 있는 편의 시설이 갖춰져 있다. 1989년부터 우리 나라에 도입되기 시작한 편의점은 물건 값이 조금 비싼데도 그 편리함 때문에 점점 더 늘어나고 있다.

평등

사람은 태어날 때부터 모두 동등한 존재이므로 어느 누구도 권리, 의무, 자격 등에서 차별을 받아서는 안 된다는 이념이다. 즉 인종, 국적, 신분, 성별, 재산, 직업, 종교 등의 차이로 개인 및 집단을 차별하면 안 된다는 것이다. 평등은 자유와 더불어 민주주의의 핵심 원리이다.

평등의 개념은 시대에 따라 변해 왔다. 근대에는 법 앞에서의 평등을 바탕으로 기회 균등을 강조하였으나, 오히려 이러한 평등은 가난한 사람들에게 사회적·경제적 불평등을 안겨 주었다. 자본주의가 발달하면서는 평등

이념에 사회적·경제적 평등도 포함되어야 한다는 주장이 나오게 되었다. 오늘날에는 국민 전체에 최소한의 인간다운 생활을 보장하는 것을 국가의 의무로 받아들이고 있다.

평안남도

우리 나라 북서부에 있는 도이다. 삼국 시대에는 고구려의 땅이었으며, 조선 고종 때에 지금의 이름이 되었다. 도청 소재지는 평성이며, 면적은 1만 4944제곱킬로미터이다. 현재 5개의 시와 15개의 군으로 되어 있다. 동쪽에는 험준한 낭림산맥이 있고, 서쪽에는 대동강 하류에 평양평야, 강서평야, 안주평야 등의 평야가 발달하였다. 쌀·소금·사과·석탄 따위가 많이 난다. 명승지로 용강·강서 고분군과 부벽루, 을밀대, 안주성 등이 있다.

평안북도

우리 나라 북서부 맨끝에 있는 도로, 압록강을 경계로 중국과 접하고 있다. 고려 시대에 강동 육진을 두었으며, 조선 고종 때에 지금의 이름이 되었다. 도청 소재지는 신의주이며, 면적은 2만 8442제곱킬로미터이다. 현재 2개의 시와 23개의 군으로 되어 있다. 낭림산맥, 적유령산맥, 문향산맥이 있어서 도의 대부분이 산지이고, 평지는 전 면적의 14.5퍼센트에 지나지 않는다. 쌀, 보리, 소금 따위를 산출한다. 명승지로 약산 동대, 통군정, 동룡굴 등이 있다.

평양의 지하철

평양

평안남도 남서부에 있는 특별시이다. 평양은 우리 나라에서 가장 오래 된 도시 중 하나이며, 단군조선과 기자조선, 위만조선 등의 3조선과 고구려의 옛 도읍지였다. 시대와 왕조에 따라 왕검성·기성·서경·호경·유경 등으로 불렸다. 1896년부터 평안남도의 도청 소재지였으며, 1946년 9월에 평안남도에서 분리되어 중·동·서·

평양의 인민대학습당

평야

높낮이의 차가 작고 평탄하며, 높이가 대략 250미터 이하의 넓은 땅을 말한다. 평지, 평원이라고도 한다. 평야는 이루어진 과정에 따라 지질대의 침식으로 이루어진 구조 평야와 하천의 퇴적 작용으로 이루어진 퇴적, 충적 평야가 있다. 북아메리카 대륙의 중앙평원, 아마존 강 유역의 평야, 서시베리아 평원, 유럽 평원, 키르기스 평원 등은 구조 평야이다. 반면에 인도의 갠지스 강 하류, 인도차이나 반도의 각 하천 하류에는 넓은 퇴적 평야가 형성되어 있다.

대개 평야는 낮고 평탄한 지형을 이루는 곳이 많아 교통이 발달하고, 인간이 살기에 편해 생활의 중심지가 되어 왔다. 물을 구하기 힘든 지역에서는 밭 작물, 특용 작물, 채소 등을 키웠고, 물을 구하기 쉽고 기후 조건이 좋은 곳에서는 벼 농사를 많이 했다. 또 상공업이 일어나고 도로와 철도가 발달하면서 도시가 커지고 인구 밀도가 높은 지역을 형성한다.

우리 나라에도 강을 따라 평야가 발달하였다. 강 주변에서는 생활에 필요한 물을 구하기 쉽고, 농사를 짓기에 유리하며, 집이나 공장, 사무실 등 건물을 짓기에도 편리해 마을과 도시가 발달하였다. 평야 지역의 농촌은 대부분 북쪽으로 산을 등지고 있으며, 앞에는 논과 강이 펼쳐져 있다. 도시 근교의 평야에는 원예 및 비닐하우스 농업이 발달하였다.

한강 – 김포평야, 평택평야 – 서울, 인천, 충주

김포평야는 주로 한강의 토사가 쌓여 이루어진 충적 평야이다. 홍수가 일어났을 때 자주 범람하므로 홍수 방지를 위해 둑을 쌓고 수리 시설을 갖추고 있다. 경기도 파주시·고양시·김포시에 걸쳐 있는 평야이다. 평택평야는 안성천과 진위천 일대와 해안 지역의 충적층으로 이루어진 평야이다.

낙동강 – 김해평야 – 안동, 대구, 구미, 부산, 김해

김해평야는 낙동강 하구의 삼각주에 발달된 충적 평야이다. 주로 벼 농사를 하지만 과일이나 채소 농사도 발달하였다.

금강 – 논산평야, 예당평야 – 부여, 논산, 공주, 대전

논산평야는 금강 오른쪽에 발달한 평야로 논산시와 강경읍에 걸쳐 있다. 차령산맥이 북풍을 막아 주어 기후가 온난하다. 예당평야는 삽교천, 무한천, 곡교천 주변에 발달한 충적 평야이다.

영산강 – 나주평야 – 나주, 전주, 광주, 목포

나주평야는 영산강 지류, 극락강, 황룡강, 지석천이 합류하는 유역 일대와 담양읍과 광주시 사이에 있는 평야이다.

만경강·동진강 – 호남평야 – 익산, 김제, 정읍 부안군 일부

동진강, 원평천, 만경강 주변에 펼쳐져 있는 호남평야는 우리 나라에서 가장 넓은 충적 평야이다. 만경강에는 홍수를 방지하기 위해 많은 둑을 쌓았고, 조수의 영향을 막기 위해 수문을 설치하였다. 논 농사를 주로 하며, 보리, 감자, 잎담배 등도 많이 난다.

논산평야

김해평야

김포평야

평양 시내의 모습과 출근하는 사람들

남·북의 5개 구역을 가진 평양특별시가 되었다. 오늘날 평양은 북한의 수도이자 제일의 도시로서 북한의 정치·행정·경제·문화의 중심지이다. 현재의 행정 구역은 중·평천·보통강·모란봉·대동강·만경대·형제산·용성·역포·삼석·순안 등 18구역과 강남·중화·상원·강동의 4군으로 이루어져 있다.

도시의 대부분 지역이 시의 중앙을 흐르는 대동강과 그 지류인 보통강과 합장강으로 퇴적된 충적 평야와 아주 낮은 언덕으로 이루어져 있다. 시의 동쪽에는 제령산·오봉산·대청산 등 비교적 높은 산들이 있고, 서쪽에는 형제산과 대보산, 남쪽에는 대성산·용악산, 북쪽에는 융골산·청운산·손자산 등이 솟아 있다.

대동강 유역의 풍부한 임산 자원과 지하 자원을 원료로 각종 산업이 발달하였다. 해방 당시에는 농산물 가공업과 일부 경공업 시설이 있는 상업 도시였으나, 공산 정권이 세워진 이후 경제 건설에 힘써 공업 도시로 바뀌기 시작하였다. 현재 도시화된 면적은 시 면적의 5퍼센트 정도이고, 그 외 대부분이 녹지와 농경지, 공장 지대이다. 농업은 강남평야와 낙랑평야가 펼쳐져 있는 역포 구역을 중심으로 채소·과일·원예 등의 근교 농업이 발달하였다. 평양 공업 지구를 중심으로 기계 공업과 방직 공업, 시멘트 공업, 요업, 신발 공업, 식료품 공업 등이 발달하였다. 이 가운데 기계 공업이 가장 큰 비중을 차지하며 운수·전기·건설·탄광·공작·정밀·방직·일반 기계 등 다양한 기계 제품과 설비를 생산하고 있다. 또 삼신·강동·흑령·사동·삼석 탄광 등 평안남도 남부 탄전에서 무연탄을 많이 채굴한다.

평양은 옛날부터 관서 지방의 교통의 중심지로서 경의선·만포선·평원선·평남선 등 여러 철도가 지나가고, 모스크바와 베이징으로 통하는 국제 철도가 있다. 도시의 남북을 지나가는 1번 도로로 신의주와 개성이 연결되고, 동서로 뻗은 8번 도로로 원산과 남포가 연결된다. 특히 평양과 원산, 평양과 남포 구간에는 콘크리트 4차선 고속도로가 건설되었다. 순안 구역에는 국제 공항인 순안 비행장이 있으며, 천리마선·혁신선·만경대선 등의 지하철이 건설되어 있다.

구석기 시대의 유적인 상원군 흑우리의 천연동굴 검은모루와 역포 구역의 대현동 유적이 있으며, 신석기 시대의 유적인 미림리 유적이 있고, 북한의 국보 1호인 평양성과 국보 2호인 보통문을 비롯해 고구려 시대의 문화 유산이 많이 남아 있다. 특히 동명왕릉이 있는 역포 구역과 호남리, 덕화리 등에 고구려 시대의 고분이 많이 남아 있으며, 이들은 고구려 고분군이라는 이름으로 2004년에 세계문화유산으로 등록되었다. 이 외에도 을밀대·부벽루·대성산성·영숭전·숭령전·홍복사 육각칠층탑 등 많은 문화 유산이 남아 있다. 모란봉과 능라도 등이 관광지로 유명하며, 기림리의 모란대공원, 이문리의 대동문소공원, 산수리의 서기산공원 등이 있다.

평화

인간 집단 사이에 전쟁이나 분쟁, 무력 충돌 등이 일어나지 않은 상태를 가리킨다. 평화는 단순히 집단 간의 전쟁이 없는 상태인 소극적 평화와 집단 간의 전쟁을 막고 우호적인 상태를 유지하려는 적극적 평화로 나눈다. 국제 사회에서는 국가들 간의 이해 관계와 가치관의 충돌로 전쟁이 일어날 가능성이 늘 있어 왔다. 전쟁을 막고 평화를 유지하기 위해서는 국가들 간에 힘의 균형이 필요하고, 대화와 타협을 통해 갈등을 해결하려는 노력이 필요하다.

포르투갈

유럽 대륙의 이베리아 반도 서부에 있는 나라이다. 지리상의 발견 시대에는 에스파냐와 더불어 세계 최대의 영토를 가진 해양 국가였다. 전성기에는 209만 제곱킬로미터의 해외 영토를 가진 적도 있다. 그러나 식민지 무역에서 얻은 부를 산업화에 제대로 이용하지 못해 현재는 유럽의 후진국으로 남아 있다. 정부 형태는 대통령제가 가미된 내각 책임제이며, 수도는 리스본이다. 면적은 9만 2141제곱킬로미터로 한반도의 약 5분의 2이다. 인구는 2003년 기준으로 약 1019만 명이다. 공용어는 포르투갈어이다. 주요 종교는 가톨릭교이다. 기후는 지중해성 기후와 대륙성 기후의 혼합형 기후이다. 수출품은 대부분 농산물과 그 가공품이며, 1인당 국민총생산은 2003년 기준으로 1만 900달러이다.

폭력

신체에 손상을 주고, 정신적 또는 심리적으로 압박을 주는 물리적 강제력을 말한다. 폭력은 일반적으로 비합법, 반사회, 범죄의 형태를 띤다. 반면에 군대, 경찰, 교도소같이 물리적 강제력은 띠지만 합법적이고 정당한 이유로 민중의 승인을 얻은 것은 권력이라고 한다.

폴란드

중부 유럽의 발트 해 연안에 있는 나라이다. 1947년에 공산 정권이 수립되었으나, 1980년에 바웬사가 이끄는 자유노조의 민주화 요구로 1989년에 자유총선거를 실시하고, 자유 경제를 실시하는 조항을 포함한 헌법개정안을 통과시켰다. 정부 형태는 대통령제와 내각 책임제가 혼합된 이원집정부제이다. 수도는 바르샤바이다. 면적은 31만 2683제곱킬로미터로 한반도의 약 1.4배이다. 인구는 2003년 말 기준으로 약 3863만 명이다. 공용어는 폴란드어이다. 주요 종교는 가톨릭교이다. 동부 기후는 대륙성 기후이고, 서부 기후는 해양성 기후이다. 1인당 국민총생산은 2003년 기준으로 5472달러이다.

품질 관리

제품의 품질을 유지하고 향상시키기 위해 여러 가지 과학적 원리를 응용하여 관리하는 것을 말한다. 큐씨(QC)라고도 한다. 품질 관리의 첫 단계는 제조의 기준이 되는 규격 품질을 정하는 것이다. 같은 제품이라도 수명, 외관, 안전성, 내구력 등이 다를 수 있기 때문이다. 규격 품질이 정해지면 이를 기준으로 설계, 제조, 판매, 서비스 등 각 단계에서 체계적인 관리를 해 나간다. 최근에는 경영자의 자세, 종업원의 마음가짐 등도 품질에 영향을 주는 요인으로 강조되어, 회사 전체가 품질 관리에 관심을 기울이는 종합적인 품질 관리 개념이 적용되고 있다.

프랑스

유럽 대륙의 서부, 지중해와 대서양 사이에 있는 나라이다. 동쪽으로는 이탈리아·스위스·독일, 북동쪽으로

프랑스 파리 센 강의 주변 풍경

파리의 개선문

는 룩셈부르크·벨기에와 접하고, 북서쪽으로는 영국 해협을 사이에 두고 영국과 마주하며, 서쪽으로는 대서양, 남쪽으로는 지중해와 에스파냐로 이어진다.

정부 형태는 대통령 중심제이며, 수도는 파리이다. 면적은 55만 5000제곱킬로미터로 한반도의 약 2.5배이다. 러시아를 제외하고는 유럽에서 가장 넓은 나라이다. 인구는 2003년 말 기준으로 약 5977만 3000명이다. 공용어는 프랑스어이다. 주요 종교는 가톨릭교, 크리스트교이다. 지역에 따라 해양성·지중해성·대륙성 기후가 나타나며, 대체로 여름은 건조하고 겨울은 다습하다. 연평균 기온은 약 섭씨 12도이다. 1인당 국민총생산은 2003년 기준으로 2만 2730달러이다.

일찍이 자유·평등·박애 사상을 내건 시민혁명을 통해 인간과 시민의 권리를 선언하고 정치의 자유를 확립하였다. 국기는 청·백·적의 세 가지 색깔로, 자유·평등·박애의 이상을 상징한다. 19세기 유럽 문화에 결정적 영향을 끼쳤으며, 우리 나라와도 문화 교류가 많다. 특히 전 세계에서 몰려 오는 관광객들로 많은 관광 수입을 올리고 있다. 현재 유럽연합을 이끌고 있으며, 국제연합에서는 상임이사국으로서 큰 역할을 하고 있다.

피지

남태평양의 서부, 멜라네시아의 남동부에 있는 섬나라이다. 1970년에 영국으로부터 독립하였다. 정부 형태는 대통령 중심제이며, 수도는 수바이다. 면적은 1만 8272 제곱킬로미터이다. 인구는 2003년 말 기준으로 약 83만 명이다. 공용어는 영어와 피지어이다. 사탕수수 산업이 전체 산업의 3분의 1을 차지하고 수산업과 관광 산업이 발달하였다. 1인당 국민총생산은 2003년 기준으로 2150달러이다. 수바항에서는 연간 100여 척의 우리 나라 참치잡이 원양어선이 정기적으로 보급과 수리를 받는다. 우리 나라 참치잡이 원양 어업의 전초 기지 역할을 하고 있다.

핀란드

북유럽의 발트 해 연안에 있는 나라이다. 스웨덴과 러시아의 지배를 받다가 1917년에 독립하였다. 정부 형태는 대통령제와 내각 책임제가 혼합된 이원집정부제이다. 수도는 헬싱키이다. 면적은 33만 8145제곱킬로미터이다. 전 국토의 75퍼센트가 숲과 산림으로 덮여 있으며 19만 개의 호수가 있다. 인구는 2003년 말 기준으로 약 521만 2000명이다. 공용어는 핀란드어이다. 주요 종교는 크리스트교이다. 추운 겨울과 비교적 더운 여름이 특징이나, 멕시코 만류의 영향으로 겨울철 추위도 위도에 비해서는 심하지 않다. 제지·금속·기계·통신 산업이 발달하였으며, 1인당 국민총생산은 2003년 기준으로 2만 378달러이다.

필리핀

아시아 대륙의 남동쪽에 있는 섬나라이다. 1521년에 마젤란이 도착한 것을 계기로 에스파냐의 지배를 받다가, 1902년에 미국과 에스파냐의 전쟁으로 미국령이 되었다. 제2차 세계대전 중에는 일본의 지배를 받기도 했으나, 1946년에 독립하였다. 정부 형태는 대통령 중심제이며, 수도는 마닐라이다. 면적은 30만 400제곱킬로미터로 한반도의 약 1.3배이다. 7107개의 섬으로 이루어져 있으며 루손 섬과 민다나오 섬이 총면적의 65퍼센트를 차지한다. 인구는 2003년 말 기준으로 약 8450만 명이다. 공용어는 영어와 필리피노어이다. 주요 종교는 가톨릭교이다. 기후는 고온 다습한 아열대성 기후이며 태풍, 지진, 화산 등 자연 재해가 자주 일어난다. 농업, 임업, 관광업이 발달하였으며, 2003년 기준으로 1인당 국내총생산은 1030달러이다. 세부, 보라카이 섬 등이 세계에서 유명한 휴양지이다.

OPENKID CHILDREN's ENCYCLOPEDIA

하

하수 처리

가정에서 나온 생활 배출물이나 배설물, 빗물에 흘러든 오염 물질 등의 하수를 인공적인 방법으로 깨끗하게 만드는 일을 말한다. 하수 종말 처리장에서는 하수를 침전시키거나 미생물로 유기물을 분해한 후 깨끗하게 걸러진 물을 하천이나 바다로 흘려 보낸다. 하수 처리는 수질 오염과 해양 오염을 막는 중요한 과정이다.

한강

강원도 태백시에 있는 금태봉 북서쪽 계곡에서 물줄기가 시작되어 강원도, 충청북도, 경기도, 서울특별시, 인천광역시를 두루 휘돌아 흐르다 황해로 흘러 들어가는 강이다. 시대에 따라 대수, 아리수, 열수, 사리진, 한수라고도 하였다. 강의 길이는 약 494.5킬로미터이며 크게 남한강과 북한강으로 나눈다. 소양강, 홍천강, 섬강, 평창강, 주천강, 달천, 왕숙천, 경안천, 중랑천, 안양천, 곡릉천 등 모두 705개의 지류와 지천을 거느리고 있다.

한강은 계절에 따라 유량의 변화가 커서 여름철에 홍수 피해가 컸지만, 오늘날에는 상류와 중류에 소양댐, 충주댐, 춘천댐, 팔당댐 등 여러 댐을 건설하여 홍수 피해가 크게 줄었다. 한강은 공업 용수와 농업 용수뿐 아니라 서울과 수도권의 여러 도시들과 춘천, 원주, 제천, 충주 등 유역 도시의 상수도원으로서 큰 구실을 한다. 강의 상류에는 춘천·영월·여주·화천 등에 침식 분지가 형성되어 있고, 하류에는 김포평야와 같은 넓은 평야가 형성되어 있다. 하류의 평야 지대에는 신석기 시대부터 사람들이 모여 살았으며, 삼국 시대에는 백제·고구려·신라가 번갈아 지배할 정도로 정치·군사·경제적으로 중요한 곳이었다. 이후 조선 시대에 태조가 한강 유역인 한성을 도읍으로 정한 뒤 우리 나라의 정치·경제·문화의 중심지가 되어 오늘날에 이르고 있다.

오늘날 한강 유역에는 서울특별시, 인천광역시 등 많은 도시가 발달하여 있고, 약 2300만 명이 모여 산다. 인구 증가와 산업화에 따르는 공장 폐수와 생활 하수의 방류로 한강의 수질 오염이 심각해지자, 1999년에 한강유역환경청을 만들어 종합적으로 관리하고 있다.

한계령

강원도 양양군 강현면과 인제군 북면 사이에 있는 고개이다. 높이는 1004미터이다. 남설악과 내설악의 경계인 인제와 양양 간 국도가 지나간다. 설악산국립공원에 속하는 고개로, 영동·영서 지역의 분수령을 이룬다. 설악

학교

일정한 목적 아래 전문직 교사가 집단의 학생들에게 교재를 바탕으로 체계적이고 지속적으로 교육하는 시설을 말한다. 문화가 발달하고 사회 생활이 복잡해지면서 자녀 교육을 가정과 사회에서만 감당하기 어려워지자, 교육을 담당하는 특별 기관으로 학교가 생겼다.

학교로서의 형태를 갖추려면 먼저, 배울 사람의 학력 수준이나 심신의 발달에 따른 체계적인 교육 내용이 있어야 하고, 교사와 두 명 이상의 학생이 진행하는 교과 수업 및 학교 행사나 동아리 활동 등 교과 이외의 활동이 진행되어야 하며, 학교 건물이나 운동장 등 교육용 특별 시설이 필요하다. 학교는 학생들에게 국가의 구성원으로서 필요한 국민성을 심어 주고, 직업 훈련을 시키며, 인간의 내면을 풍요롭게 할 교양을 쌓게 한다. 단, 의무 교육 단계에서는 전문적인 직업 훈련이 아닌 기초 지식과 기술을 가리킨다.

학교의 기원과 발전

영어로는 school, 독일어로는 schule라는 서양 언어의 학교의 어원은 그리스어 schole로 한가하다는 뜻이다. 이는 고대 유럽의 학교가 노동을 하지 않는 계급, 즉 지배 계급이 한가로이 교양을 쌓는 장소였음을 말해 준다. 더불어 지배층의 권력 유지와 세습을 위한 도구였음을 보여 준다. 당시 평민은 문자를 익힐 수 없었으며, 농업이나 어업 및 목축업 같은 직업 기술만을 교육받았다. 중국에서는 학교의 기원이 주나라까지 거슬러 올라간다.

동서양 모두 고등 교육 기관인 대학이 가장 먼저 생겼고, 초등 교육이 가장 늦게 생겼다.

아테네 학당(라파엘로의 그림)

유럽에서는 12세기에 대학이 발달하였고, 16세기에는 부유한 계층의 자제들을 위한 중등 교육 기관인 독일의 김나지움, 프랑스의 콜레주, 영국의 그래머 스쿨 등이 나타났다. 그 밖에 중세에는 성직자를 양성하기 위해 교회에 부속 학교를 두기도 하였다. 하지만 종교개혁 이후에는 개신교를 민중에게 널리 전파하기 위해 서민의 자녀들에게도 교육을 실시했다. 산업혁명 이후에는 서민층을 대상으로 기술자 양성을 위한 실업학교가 세워졌다. 때마침 민주주의가 발달하고 국민 의식이 높아지면서 하층 민중들에게도 교육의 기회가 주어졌고, 국가는 국민의 품성과 자질을 높이기 위해 초등학교를 세웠다.

우리 나라 학교의 기원과 발달

우리 나라에 처음 세워진 교육 기관은 고구려의 소수림왕이 372년에 설립한, 오늘날의 대학에 해당되는 태학이다. 고구려의 장수왕 때는 경당이 생겼다. 태학이 귀족 자제들에게 유학의 경전, 무술, 문예를 가르치는 국립 교육 기관이라면, 경당은 수도와 지방의 평민 자제들에게 경전 및 무술을 가르치는 사립 교육 기관이었다. 국립 대학 교육 기관으로 통일신라 시대에는 국학이, 고려 시대에는 국자감이, 조선 시대에는 성균관이 있

나주향교

었다. 고려 시대에는 최충의 9재와 같은 사립 대학 교육 기관이 번성하기도 하였다. 조선 시대에는 교육 시설이 크게 발달하여 중등학교 기관인 4부 학당과 향교, 사립 초등학교 기관인 서당이 전국적으로 생겼다. 그 후 1883년에 관민이 함께 근대식 사립학교인 원산학사를 건립하였다. 1886년에는 신학문을 가르치는 육영공원이라는 국립 교육 기관이 생겼고, 그 즈음에 외국인 선교사들이 크리스트교 정신과 신학문을 가르치는 사립 학교가 많이 생겨났다. 국민 교육 기관으로서의 초등학교가 성립된 것은 1895년 이후의 일이다. 일제 강점기에는 학교의 수는 늘었지만, 대부분 민족 정신을 말살하고 실업 교육을 위주로 하는 식민지 교육이 이루어졌다.

성균관의 명륜당

광복 이후에 학교는 오늘날과 같은 학제로 개편되었으며, 풍부한 교양과 민주주의 정신을 키우고 유능한 인재를 양성하는 데 중점을 두고 있다.

우리 나라의 학교 제도

우리 나라는 6·3·3·4제의 학제를 택하고 있다. 초등학교 6년, 중학교 3년, 고등학교 3년, 대학교 4년으로 되어 있다. 예외로 의학 관련 대학은 6년제, 전문 기술인 양성을 위한 전문 대학은 2~3년제로 이루어지고 있다. 초등학교에 입학하기 전의 아동들을 위한 유치원 교육이 있고, 이 밖에 장애자를 위한 특수 학교나 공교육 체계를 벗어난 대안 학교 등이 있다.

돈암서원

한국국제협력단

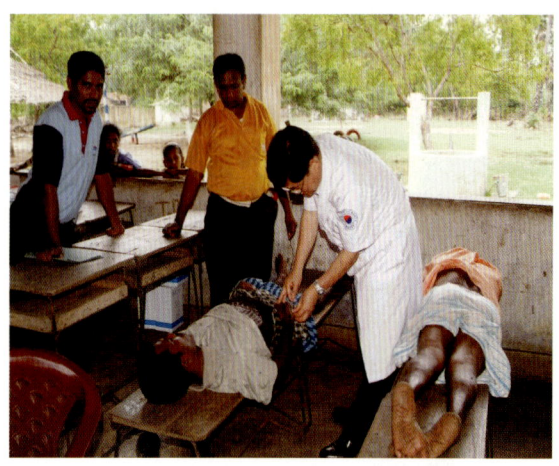
한국국제협력단의 봉사 활동

한국은행

산 최고봉인 대청봉까지 오르는 가장 짧은 등산로가 시작되는 곳이기도 하다.

한국국제협력단

우리 나라와 특정 협력 대상 지역과의 우호 관계와 상호 교류를 증진하기 위해 전문 인력 및 해외 봉사단 파견, 연수생 초청 사업, 국제비정부기구 지원, 개발 조사 및 물자 무상 지원 사업 등을 위해 1991년에 「한국국제협력단법」에 따라 설립된 기관이다. 코이카(KOICA)라고도 한다. 외교통상부 산하의 정부 출연 기관으로 정부 차원의 대외무상협력사업을 맡고 있다. 서울특별시 종로구 연건동에 있다.

한국소비자보호원

소비자와 기업 간의 분쟁을 공정하게 조정하고 해결하는 특수 법인을 말한다. 1986년에 개정된 「소비자보호법」에 따라 1987년에 재정경제부의 특수 법인으로 탄생하였다. 소비자의 권익 보호와 소비 생활의 합리화를 통해 국민 경제의 건전한 발전에 이바지하는 데 힘쓰고 있다. 주로 소비자 상담 및 피해 구제, 물품과 용역의 규격·품질·안정성 등에 관한 시험 검사 및 조사와 소비자 보호 관련 제도 및 정책의 연구와 건의, 소비자 보호 관련 교육 및 홍보 등의 활동을 하고 있다. 서울특별시 서초구 염곡동에 있다.

한국은행

우리 나라의 중앙 은행이자 발권 은행이다. 최초의 중앙 은행인 옛 한국은행은 1909년 10월에 설립되었다. 1910년 한일합방 이후 중앙 은행으로서의 기능이 정지되었고, 1911년 8월에 일제의 「조선은행법」에 따라 조선은행으로 이름이 바뀌었다. 조선은행은 일제 강점기 때뿐 아니라 미 군정기에도 중앙 은행으로서의 업무를 수행하였다. 지금의 한국은행은 1950년에 「한국은행법」의 시행에 따라 설립되었다.

한국은행은 발권 은행으로서 우리 나라의 화폐를 발행한다. 한국은행에서는 현재 1,000원 짜리, 5,000원 짜리, 1만 원 짜리의 지폐 3종류와 1원 짜리, 5원 짜리, 10원 짜리, 50원 짜리, 100원 짜리, 500원 짜리의 동전 6종류를 발행하고 있다. 한국은행은 한국조폐공사에 의뢰하여 만든 화폐를 보관하고 있다가 한국은행의 본점과 지점을 통하여 시중에 내보낸다. 화폐는 시중에서 사용되다가 예금이나 세금 납부 등으로 금융 기관에 들어오며 이중 일부는 다시 한국은행으로 돌아온다. 이렇게 돌아온 화폐 중에서 깨끗한 것은 다시 시중에 유통시키지만 파손되거나 더러워진 것은 골라 폐기한다.

한국은행은 중앙 은행으로서 통화 신용 정책을 수립하고 집행한다. 통화 신용 정책이란 물가 안정을 통하여 경제가 건전하게 발전할 수 있도록 돈의 양과 흐름을 적절하게 조절하는 것을 말한다. 통화량이 경제 규모에 비하여 지나치게 많으면 경기 과열과 그에 따른 물가 상승 및 투기가 일어나고, 반대로 통화량이 지나치게 적으면 경기 침체와 실업이 발생한다. 따라서 경기가 과열되거나 침체되지 않게 하면서 경제가 지속적으로 발전하도록 하기 위해서는 통화량을 알맞은 수준으로 조절하는 것이 매우 중요하다. 한국은행은 금융 기관에 빌려 주는 돈의 양이나 금리를 조절하는 등의 여러 가지 정책을 사용하여 통화량을 조절하고 있다.

이 밖에도 한국은행은 은행의 은행으로서 금융 기관을 상대로 예금을 받고 대출하며, 정부의 은행으로서 정부의 일에 필요한 국고금을 내주거나 받고, 정부의 자금이 일시적으로 부족할 때 돈을 빌려 주는 역할을 한다. 또 외화 자산을 보유하고 운용하며, 정부의 외환 정책에 대하여 조언을 하기도 하고, 은행의 경영 상태를 분석하고 검사하는 일 등을 한다.

한국조폐공사

화폐 · 은행권 · 국채 · 복권 · 수입 인지 · 기타 증권 · 유가 증권 등의 특수 인쇄물을 찍어 내고 일반 주화 · 기념 주화 · 메달 · 훈장 등의 주조 제품을 만드는 곳이다. 그 외 정부가 지정한 특수 인쇄물의 용지를 생산하기도 한다. 1951년 10월에 「한국조폐공사법」에 따라 설립된 특수 법인이다. 종업원의 신분은 공무원에 준한다. 본사와 연구소는 대전광역시 유성구 가정동에 있고, 조폐창은 경상북도 경산시, 충청남도 부여군에 있다.

한글날

세종대왕의 한글 창제를 기념하고 한글의 연구와 보급을 장려하기 위해 정한 날로, 매년 10월 9일이다. 1970년에 한글날이 공휴일로 지정되었으나, 1990년부터는 법정 공휴일에서 제외되었다. 한글날을 전후하여 정부, 학교, 민간 단체 등에서는 세종대왕의 업적을 기리고 한글 창제를 경축하는 각종 기념 행사를 한다.

한라산

제주도 중앙에서 동서로 뻗어 있는 산이다. 남한에서 가장 높은 산으로 높이가 1950미터이다. 약 30만 년 전에 시작된 여러 차례의 화산 활동에 의해 만들어진 산으로 1002년과 1007년에도 화산이 분화하였다는 기록이 남아 있다. 남쪽은 경사가 심한 반면 북쪽은 완만하고, 동서쪽은 비교적 높으면서도 평탄하다. 정상에는 둘레 약 3킬로미터, 지름 500미터 정도의 분화구가 있다. 분화구 안에는 수심 1미터 정도의 백록담이 있다. 사자오름, 어승생오름 등 360여 개의 기생 화산을 거느리고 있다. 해발 고도에 따라 아열대 · 온대 · 냉대 식물이 두루 나타난다. 1800여 종에 달하는 고산 식물이 자라며, 곳곳에서 한라산의 상징인 노루를 볼 수 있다. 1966년에 천연기념물 182호로 지정되었으며, 1970년에 국립공원으로 지정되었다. 2007년에는 성산일출봉과 거문오름 용암동굴계와 함께 제주 화산섬과 용암동굴이라는 이름으로 세계 자연유산으로 등록되었다.

제주도 중앙에 있는 산으로, 해발 고도에 따라 아열대 · 온대 · 냉대 식물이 두루 나타나는 한라산

한옥

　우리 나라의 기후와 풍토에 맞게 발전된 전통적인 주택 양식을 가리키며, 한옥이라는 이름은 서양 주택인 양옥과 구별하기 위해 붙인 것이다. 우리 나라는 여름과 겨울을 포함한 사계절이 있어 난방을 위한 온돌과 냉방을 위한 마루가 결합된 한옥은 추위와 더위를 이기는 데 아주 효과적이다.

　온돌이란 방 바닥에 넓고 평평한 돌을 깔아 아궁이에서 불을 지필 때 생긴 열기로 방을 데우는 장치다. 온돌은 한 번 데워지면 쉽게 식지 않아 난방 효과가 뛰어나다. 여름에 난방을 하지 않을 때에는 돌의 찬 기운 때문에 시원하다. 또 여름에 난방 장치는 따로 없지만 벽이 없는 마루 때문에 공기의 순환이 잘 이루어진다. 비가 자주 내려 눅눅해지는 것을 막는 데도 아주 좋다.

　한옥의 건축 재료로는 구하기 쉬운 돌과 나무, 흙, 짚 등이 쓰인다. 기둥, 서까래, 대청마루, 문 등은 나무로 만들고, 벽은 흙과 짚을 섞어 만들었다. 창에는 닥나무로 만든 한지를 발랐으며, 방 바닥에는 한지를 바른 다음 콩기름을 먹여 윤기도 내고 물이 스며들지 못하도록 하였다. 특히 나무는 자연 그대로의 모습과 나무의 결이 그대로 살아나게 하였다.

　집터로는 뒤에 산이 있고 앞에 강이 있는 양지바른 곳을 택하였다. 추운 겨울에는 산이 북쪽에서 불어오는 바람을 막아 준다. 또 집의 정면이 남동쪽을 향하도록 짓기 때문에 여름에는 햇빛이 집 안 깊숙이 들지 않아 시원하고, 겨울에는 햇빛이 집 안 깊숙이 들어 따뜻하다.

한옥의 종류

　한옥은 지붕의 모양에 따라 크게 초가집과 기와집으로 나눈다.

　초가집은 볏짚이나 밀짚, 갈대 등을 엮어 지붕을 만든 집이다. 해마다 추수가 끝나면 볏짚을 이용해 새로 지붕을 얹는다. 초가 지붕의 재료를 구하기 쉬워서 서민들이 많이 이용하였다. 초가 지붕은 여름에는 강렬한 햇볕을 막아 주고 겨울에는 집 안의 온기가 바깥으로 새지 않도록 해 준다. 비가 많이 와도 좀처럼 새지 않는다.

남산 한옥마을

단 여름철에 벌레가 잘 생기고 화재의 위험이 높은 것이 단점이다.
 기와집은 흙을 구워 만든 기와를 지붕에 올린 집이다. 주로 부유한 중인이나 양반 계층이 기와집에서 살았다. 기와 지붕은 지붕과 처마의 곡선이 아름다워 장식 효과도 뛰어나다.
 그 밖에 각 지역의 기후와 풍토에 따라 다양한 형태의 한옥이 있다. 산간 지방의 사람들은 붉은 소나무를 쳐서 잘라낸 널쪽으로 지붕에 겹치게 이은 후 돌이나 통나무를 얹은 너와집을 짓고 살았다. 바람이 심한 제주도에서는 지붕이 날아가지 않도록 새끼줄로 지붕을 그물처럼 엮고 집 주위에 돌담을 쌓았다. 겨울에 눈이 많이 오는 울릉도에서는 집 안에 방과 부엌, 헛간 등을 모두 들이고, 눈이 들어오지 못하도록 우데기라는 방설벽을 설치한 투막집을 지었다. 우데기는 보통 산에서 자라는 억새를 엮어 집 둘레에 둘러 친 것을 말한다.

기와집

초가집

한옥의 구조

한옥은 크게 주부의 거처인 안방, 노인이나 아이들의 거처인 건넌방, 남자어른의 거처인 사랑방, 대청마루, 부엌으로 이루어져 있다. 남녀의 구분이 엄격한 상류층에서는 안채와 사랑채를 따로 짓고 각각 다른 문을 이용해 공간을 분리하였다. 하인들은 대문 옆에 있는 바깥채나 행랑채에서 생활하였다.

한옥의 구조는 지방에 따라 많이 다르다. 북부 지방은 겨울이 길고 춥기 때문에 난방 효과를 높이기 위해 방을 두 줄로 배열한 田 자 형의 겹집이나 ㅁ 자 형의 집을 짓는다. 마루가 없고 방이 서로 붙어 있다. 특히 함경도 지방에서는 방과 부엌 사이에 정주간을 놓는다. 정주간이란 부엌과 방 사이에 벽이 없이 이어진 공간으로, 부뚜막과 방바닥이 한데 잇닿아 있다. 거실처럼 사용하기도 하고, 추운 겨울에 밖에서 할 수 없는 허드렛일을 하는 다용도 공간이다.

중부 지방인 황해도 남부, 경기도, 충청도에서는 안방과 건넌방 사이에 마루가 있는 ㄱ 자 모양으로 지었다. 남부 지방에 비해 마루가 좁고 창문이 적으며 남쪽과 동쪽을 향해 집을 지었다.

남부 지방은 여름이 길고 덥기 때문에 여름에 바람이 잘 통하도록 ㅡ 자 형 집을 짓는다. 부엌, 안방, 마루, 건넌방 순으로 연결하고, 안방과 건넌방 사이에 넓은 대청마루를 둔다. 창문과 방문이 많다.

북부 지방 가옥 구조

중부 지방 가옥 구조

남부 지방 가옥 구조

탐구학습

한옥을 높게 지은 이유와 처마의 역할, 한옥이 건강에 좋은 이유는 무엇일까요?

한옥을 높게 짓는 이유는 너무 땅에 가깝게 집을 지으면 집 안으로 습기가 올라오기 때문이다. 여름철 장마 때는 더욱 심해져 집 안 전체가 눅눅해지고 곰팡이가 생기기도 한다. 그래서 기단이라 불리는 댓돌을 여러 겹 쌓고 그 위에 주초를 놓아 한옥을 지었다.

한옥은 처마가 깊은데, 이는 여름철에 태양이 높이 떴을 때 처마가 차양 역할을 해 뙤약볕을 가려 주고 그늘을 만들어 줘서 시원하게 지내기 위함이다. 그늘진 곳은 뙤약볕을 받는 마당보다 시원하다. 반대로 겨울철에는 낮게 뜬 태양 볕이 방 안 깊숙이 들어 집안이 따뜻해진다.

또한 한옥은 환경 면에서도 아궁이가 있어 집 안 쓰레기를 태울 수 있다. 환경 오염의 주범인 쓰레기를 각 가정마다 처리한 것이다. 또한 황토로 지은 한옥은 건강 면에서도 사람 몸에 유해한 독성을 없애 주며 공기 순환도 잘 시켜 준다.

제주도의 가옥

경상북도 안동의 하회 민속마을

탐구학습

한옥의 구조 외에 우리 조상들이 여름과 겨울을 이기는 데 사용한 것들은 무엇일까요?

우리 조상들이 여름을 이기는 물건으로는 등등거리, 죽부인, 등토시, 부채 등이 있다.
등등거리는 대나무로 만든 민소매옷 모양으로, 옷 안에 걸쳐 입어 옷이 살에 달라붙는 것을 방지한다. 그리고 바람이 잘 통해 시원하다. 죽부인은 대나무를 쪼개어 매끈하게 다듬어 얼기설기 엮어서 만든 것이다. 안고 자면 공기가 잘 통하고 대나무 표면의 차가운 감촉 때문에 시원하다. 부채는 가는 대오리로 살을 만들고 종이나 헝겊으로 발라 만든 것이다. 가지고 다니면서 손으로 바람을 일으켜 더위를 이긴다. 그 밖에도 식물성 천연 섬유인 삼베나 모시로 옷을 만들어 입었는데, 삼베옷이나 모시옷은 바람이 잘 통하고 땀이 나도 몸에 잘 달라붙지 않는다.
겨울철에는 추위를 이기기 위해 주로 옷을 두툼하게 해서 입었다. 올의 간격이 촘촘하고 바람이 잘 들어오지 않는 무명이나 비단으로 옷을 만들어 입었다. 그리고 두 겹 사이에 솜을 넣어 누벼서 입었다. 귀와 뺨, 턱을 가리는 볼끼까지 있는 풍차를 비롯하여 여러 방한용 모자를 쓰거나 솜이나 털가죽을 덧대어 만든 토시를 팔에 끼고 다니기도 했다.

한반도비핵화공동선언

남한과 북한이 한반도에 핵무기를 두지 말자고 약속한 공동 선언으로 1991년 12월 31일에 발표되었다. 이 선언은 핵전쟁의 위험을 제거하여 한반도의 평화를 정착시키고, 평화 통일에 유리한 조건과 환경을 조성하며, 아시아와 세계의 평화와 안전에 이바지하자는 취지에서 나왔다. 선언문의 주요 내용을 보면 첫째, 핵무기의 시험·제조·생산·접수·보유·저장·사용의 금지, 둘째, 핵에너지의 평화적 이용, 셋째, 핵 재처리 시설 및 우라늄 농축 시설 보유 금지, 넷째, 비핵화를 검증하기 위해 상대측이 선정하고 쌍방이 합의하는 대상에 대한 상호 사찰, 다섯째, 공동 선언 발효 후 1개월 이내에 남북핵통제공동위 구성 등이다. 남북한은 각자 선언문이 효력을 갖도록 필요한 절차를 밟은 뒤, 1992년 2월에 평양에서 열린 제6차 남북고위급회담에서 문서를 교환하였다.

한일 월드컵축구대회

한국과 일본이 2002년에 공동 개최한 제17회 세계축구선수권대회를 가리킨다. 정식 명칭은 2002 FIFA 월드컵 한국·일본이고, '새 천년, 새 만남, 새 출발'을 기본 이념으로 하였다. 2002년 5월 31일부터 6월 30일까지 31일 동안 한국과 일본의 20도시에서 이 대회가 개최되었다. 한국에서는 서울·인천·수원·대전·광주·전주·대구·부산·울산·서귀포에서 열렸고, 일본에서는 삿포로·미야기·이바라키·니가타·사이타마·요코하마·시즈오카·오사카·고베·오이타에서 열렸다.

한일 월드컵축구대회에는 전 세계에서 203나라가 참가하였고, 지역 예선을 통과한 29나라, 개최국인 한국과 일본, 지난 대회 우승국인 프랑스, 총 32나라가 본선에 진출하였다. 이 대회에서는 브라질이 우승하였으며, 독일이 준우승, 터키가 3위, 한국이 4위를 하였다.

이 대회에서 우리 나라는 월드컵축구대회 진출 48년 만에 4강까지 오르는 놀라운 성적을 거두었으며, 아시아 최초로 4강에 진출한 국가로 기록되었다. 또한 한국팀의 서포터스인 붉은 악마를 중심으로 경기장과 길거리에서 펼쳐진 대규모 응원이 새로운 응원 문화로서 세계의 주목을 받았다.

할인 판매점

일반 소매점에 비해 싼 가격으로 소비자에게 물건을 팔아 이익을 올리는 소매 상점을 말한다. 할인 판매점은 상품을 생산자에게서 대량으로 직접 사들이고, 매장을 크게 만들어 인력과 비용을 절약하여 다른 소매상보다 싼 가격으로 물건을 판다. 식료품, 옷, 가전 제품 등 생활에

월드컵축구대회가 열린 경기장

한일 월드컵축구대회의 응원 현장

할인 판매점

필요한 각종 상품을 두루 갖춘 일반 할인 판매점, 보석이나 가전 제품 등과 같이 특정 상품을 전문적으로 취급하는 전문 할인 판매점, 노동조합이나 신용조합 등이 운영하는 구판장, 공무원 연금 매장 등과 같이 특정한 사람들에게만 물건을 파는 비공개 할인 판매점 등으로 나눈다.

함경남도

북한의 북동부에 있는 도이다. 도청 소재지는 함흥이며, 함경북도와 함께 관북 또는 북관이라고도 한다. 1498년에 함경도가 되었으며, 1896년에 함경남도와 함경북도로 나뉘었다. 1946년에 원산시·안변군·문천군을 강원도에 넘겨 주었고, 1954년에 부전령산맥의 북쪽 지역을 신설되는 양강도에, 낭림군 역시 신설되는 자강도에 넘겨 주어 도의 면적이 많이 줄었다.

도 전체의 약 90퍼센트가 산지로 되어 있으며, 도의 중앙에 남북으로 낭림산맥과 마천령산맥이 뻗어 있고 두 산맥 사이를 동서로 연결하는 함경산맥이 뻗어 있다. 허천강과 장진강이 북쪽으로 흐르고, 북대천·남대천·성천강·용흥강·금진강 등이 동해로 흘러 들어간다. 평야는 동해 연안을 따라 좁고 길게 펼쳐져 있으며, 단천·북청·홍원·함흥·영흥·안변 등의 평야가 있다. 평야가 적어 논농사보다 밭농사와 과수업이 발달하였다. 많이 나는 곡물은 보리·콩·조·귀리·감자·옥수수 등이다. 많이 나는 지하 자원으로는 마그네사이트·납·아연·구리·금·철·유화철·흑연·석탄·인회석 등이 있다. 수력·연료·광물 자원이 풍부해 일찍부터 공업이 발달하였으며, 함흥 공업 지구는 북한의 화학 공업과 기계 공업의 중심을 이루고 있다. 주요 도시로 함흥, 흥남, 신포, 단천시가 있다.

함경북도

북한의 북동쪽 끝에 있는 도이다. 도청 소재지는 청진이며, 함경북도와 함께 관북 또는 북관이라고도 한다. 북쪽은 두만강을 경계로 중국과 러시아와 국경을 이루고, 서쪽은 양강도와 함경남도에 접해 있으며, 남동쪽은 동해에 접해 있다. 1498년에 함경도가 되었으며, 1896년에 함경남도와 함경북도로 나뉘었다. 1946년에 원산시·안변군·문천군을 강원도에 넘겨 주었고, 1954년에 삼사군을 백암군으로 이름을 바꾸어 신설된 양강도에 넘겨 주었으며, 1993년에 나진-선봉직할시가 신설되어 도의 면적이 많이 줄었다.

도 전체의 약 80퍼센트가 산지로 되어 있으며, 서쪽에 마천령산맥, 동북에서 남서쪽으로 함경산맥이 뻗어 있다. 북한의 행정 구역으로는 양강도에 속하는 백두산을 비롯하여 2000미터가 넘는 산들이 많이 있다. 두만강과 이 강으로 흘러드는 서두수·연면수·회령천·오룡천과 동해로 흘러드는 어랑천·화대천·임명천·아오지천과 길주의 남대천 등이 있다. 평야로는 두만강 하류의 두만강 어구평야와 남대천 하류 연안의 길주평야, 어랑천 하류 연안의 어랑평야가 있다. 해안은 리아스식 해안을 이루며 해안선은 비교적 단조롭고 대초도·소초도·알섬·양도 등의 섬이 있다.

평야가 적어 논농사보다 밭농사가 발달하였으며, 우리나라에서 지하 자원이 가장 풍부한 도로, 석탄·철·흑연·금·철·인회석 등이 많이 난다. 수력·연료·광물 자원이 풍부해 일찍부터 공업이 발달하였으며, 청진 공업 지구와 김책 공업 지구를 중심으로 발달하였다. 주요 도시로 청진, 성진, 나진, 회령 등이 있다.

해외교포

다른 나라에 정착해 사는 우리 동포를 말한다. 해외동포 또는 교포라고도 한다. 법적인 관계는 속인법주의 원칙에 따라 사람이 어느 곳에 있든 간에 본국의 법 적용을 받는 경우도 있고, 다른 한편으로는 속지법주의 원칙에 따라 본국이 아닌 일정한 지역에 거주하거나 체류할 때 그곳의 법 적용을 받기도 한다. 해외교포의 수가 본격적으로 늘어난 것은 일제 강점기 때부터다. 항일 운동을 하다가 중국, 만주, 러시아 등지로 망명한 교포, 일제의 이민 정책과 생활고 때문에 넓은 만주 땅으로 이민한 교포, 하와이를 비롯한 아메리카 대륙의 여러 지역으로 노동 용역을 떠난 교포, 일제 강점기 때 강제 징용으로 일본에 끌려간 교포 등 다양한 이유로 해외에 사는 동포들이 많아졌다. 8·15광복 무렵 해외교포의 수는 만주 160만 명, 일본 210만 명, 중국 본토 10만 명, 소련 20만 명, 미국 및 기타 지역에 3만 명 등 총 403만 명에 달했다. 이는 국내 인구의 6분의 1에 해당하는 엄청난 규모였다. 한편 대한민국 정부 수립 후 1962년부터 실시된 적극적인 해외 이민 정책으로 100만 명 이상의 해외교포가 새로 늘었다. 2003년 7월 기준으로 해외교포는 모두 607만 6783명이다.

나라와 지역별로 보면 미국에 215만 7498명의 해외교포가 살고 있으며, 중국에 214만 4789명, 일본에 63만 8546명, 러시아와 카자흐스탄 등 독립국가연합 지역에 55만 7732명, 캐나다에 17만 121명의 해외교포가 살고 있다. 이 밖에 중국과 일본을 제외한 아시아와 오세아니아 지역에 19만 6401명, 중남미 지역에 10만 5643명, 유럽 지역에 9만 4399명, 중동 지역에 6559명, 아프리카 지역에 5095명의 해외교포가 살고 있다.

핵확산금지조약

핵을 보유하지 않은 비핵보유국이 새로 핵무기를 보유하거나 핵보유국이 비핵보유국에게 핵무기를 주거나 파

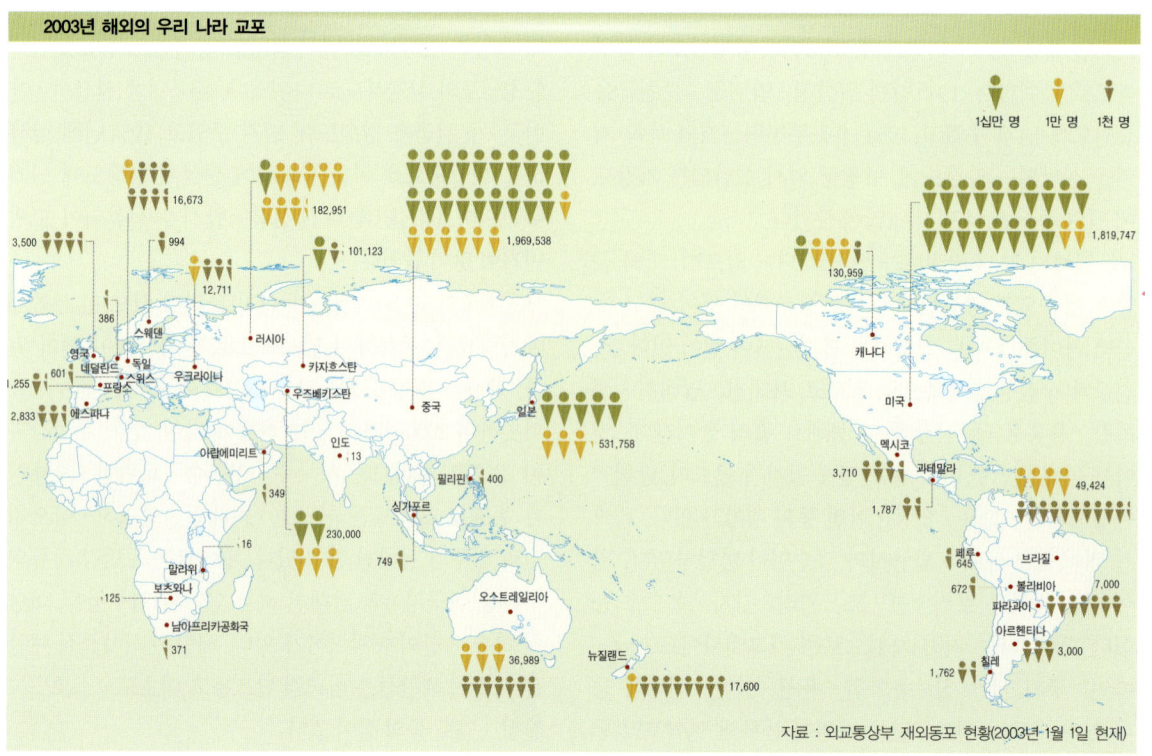

2003년 해외의 우리 나라 교포

자료 : 외교통상부 재외동포 현황(2003년 1월 1일 현재)

는 것을 금지하는 조약이다. 정식 명칭은 핵무기의 불확산에 관한 조약이며, 엔피티(NPT)라고도 한다. 1970년 3월 5일부터 효력을 갖기 시작했으며, 유효 기간은 25년이다. 전문 및 본문 11조로 되어 있다. 조약에 따르면, 핵보유국은 핵무기와 기폭 장치 및 그 관리를 제3자에게 넘길 수 없고, 비핵보유국은 다른 나라에서 핵무기를 받거나 자국의 힘으로 개발할 수 없다. 회원국은 원자력 시설에 대한 국제 사찰을 인정하고, 핵군축 조약에 대한 교섭에 성실히 응해야 한다. 우리나라는 1975년에 가맹하였고, 2004년 말 기준으로 189나라가 조약에 가맹하였다.

행정 구역

정치적으로 하나의 단위를 이루는 국가 영역을 행정 목적에 따라 나눈 행정 단위를 말한다. 우리 나라의 행정 구역은 1894년 갑오개혁 이후에 현대적 기틀을 마련하였다. 1945년 해방 당시에 우리 나라의 행정 구역은 9도, 12부, 76읍, 1473면으로 이루어졌고, 북한의 행정 구역은 5도, 9시, 89군이었다.

2007년 말 현재 우리 나라의 행정 구역은 1특별시(서울), 6광역시(부산, 대구, 대전, 인천, 광주, 울산), 8도(경기도, 강원도, 충청북도, 충청남도, 경상북도, 경상남도, 전라북도, 전라남도), 1특별자치도(제주도), 77시, 86군으로 이루어져 있다.

행정부

행정을 맡아 보는 국가 기관으로, 정부라고도 한다. 행정부는 법의 구속을 받으면서 법을 구체적으로 실행하는 기관이다. 입법부와 사법부와 분리되어 상호 견제, 상호 협조 아래 행정권을 행사한다. 우리 나라 행정부의 중앙 행정 조직은 대통령을 수반으로 하며, 국무총리를 정부의 제2인자로 두고 있다. 여러 가지 일들을 능률적으로 하기 위하여 여러 부서로 나누어 나라 일을 맡아서 한다. 2008년 2월에 바뀐 정부조직법에 따라 우리 나라의 행정부에는 15부 2처 18청의 중앙 행정 기관이 있다.

헌법

국가의 통치 조직과 운영, 역할의 기초에 관한 모든 규범의 총체를 말하며, 최고의 실정법이다. 모든 국가의 법체계의 기초로서 국가의 조직, 구성 및 권한과 상호 관계에 관한 근본법이며, 다른 법률이나 명령으로써 변경할 수 없는 한 국가의 최고 법규이다. 또 국민의 기본적인 인권을 보장하고, 국민의 자유와 권리를 보장하며, 국가의 각 정치 기구에 대한 역할과 기준을 마련해 국가 권력에 대한 제한이 이루어지는 근대 국가의 근본법이다.

우리 나라의 경우 헌법은 대통령이나 국회가 헌법의 개정안을 낸 후 국민 투표를 거쳐 개정할 수 있다. 그러나 헌법의 핵심이라 할 수 있는 민주공화국과 국민주권주의에 대한 조항, 복수 정당제, 기본권 보장, 시장 경제에 대해서는 근본적인 변경을 할 수 없다.

우리 나라에서는 1948년 7월 12일에 헌법이 제정되고 17일에 공포되었다. 헌법을 처음 만든 국회를 제헌 국회라고 하며, 이 국회는 1948년 5월 10일에 총선거로 구성되었다. 헌법은 제정 이후 9차례에 걸쳐 개정되었고, 지금의 헌법은 1987년 10월 27일에 국민 투표를 거쳐 개정된 9차 개정 헌법이다. 헌법은 전문과 본문 10장 130조, 부칙 10조로 이루어져 있다. 본문에는 총강, 국민의 권리와 의무, 국회, 법원, 헌법재판소, 선거 관리, 지방 자치, 경제, 헌법 개정의 항목이 실려 있다.

대한민국 헌법의 전문과 본문에 반영된 기본 원리는 국민주권주의, 기본권 존중주의, 권력 분립주의, 세계평화주의, 평화통일주의, 문화국가주의, 복지국가주의, 사회적 시장경제주의다. 또한 우리 나라의 정부 형태를 대통령제로 규정하며, 대통령·정부·국회·법원·헌법재판소·국민의 구성과 역할에 대해 명시하였다.

특히 헌법 10조는 국민의 존엄과 가치, 행복 추구권을 자연권으로 규정하고 있다. 헌법이 보장한 국민의 기본권은 평등권, 자유권, 청구권, 참정권이다. 단 국가의 안정, 질서 유지, 공공 복리를 위해 개인의 자유와 권리를 법률로 제한하는 경우는 있지만, 개인의 자유와 권리의 본질적인 내용을 침해해서는 안 된다.

1948년 7월 17일에 제정·공포된 제헌 헌법

우리 나라의 행정 구역

행정 기관

국가 또는 지방 자치 단체의 행정 사무를 담당하는 기관을 말한다. 관할 영역에 따라 중앙 행정 기관, 특별 지방 행정 기관, 지방 행정 기관으로 나눈다. 중앙 행정 기관은 보통 행정부라고 부른다.

우리 나라의 행정부 조직은 대통령과 국무총리 및 15부 2처 18청으로 이루어져 있다. 부는 행정부의 구성 단위이며 부의 우두머리를 장관이라고 한다. 처는 국무총리에 소속된 기관으로 여러 부의 기능을 종합하고 조정한다. 청은 각 부의 업무를 돕기 위해 별도로 만든 기관이다.

특별 지방 행정 기관은 중앙 행정 기관의 업무를 지역별로 분담하는 기관이다. 업무의 전문성과 특수성 때문에 지방 자치 단체에 위임하는 것이 부적합할 경우에 설치한다. 예를 들어 지방 노동청, 지방 국세청, 지방 해양 수산청 등이 있다.

지방 행정 기관은 지방 자치 단체의 실제 행정 실무를 담당하는 곳이다. 지방 자치 단체는 상급 지방 자치 단체인 특별시, 광역시, 도, 특별자치도와 하급 지방 자치 단체인 시·군·자치구로 나눈다.

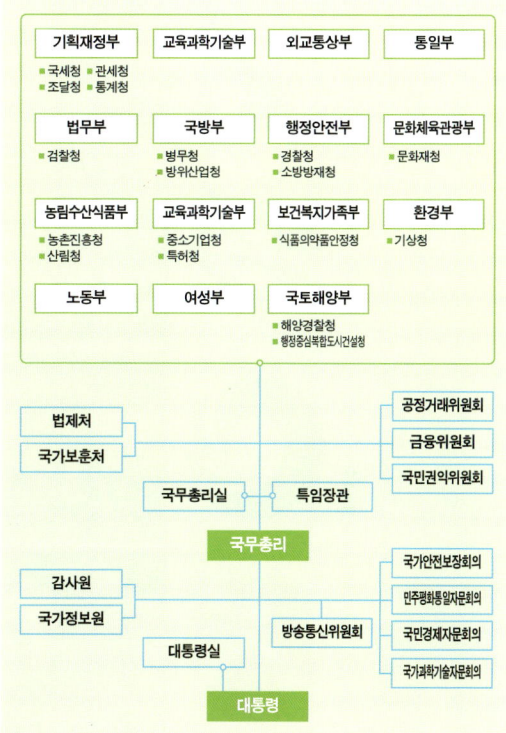

중앙 행정 각 부에서는 어떤 일을 할까요?

중앙 행정 각 부는 정부조직법에 따라 다음과 같이 나라 일을 나누어 맡아서 한다.

기획재정부	중장기 국가발전전략수립, 경제·재정정책의 수립·총괄·조정, 예산·기금의 편성·집행·성과관리, 화폐·금융·정부회계·내국세·관세·국유 재산에 대한 일 등을 맡아서 한다.
교육과학기술부	인적자원개발정책, 학교교육·평생교육, 학술에 관한 사무와 기초과학 정책·연구개발, 원자력, 과학기술인력양성 그 밖에 과학기술진흥에 관한 일 등을 맡아서 한다.
외교통상부	외교, 외국과 통상 교섭, 조약 및 기타 국제 협정 체결, 재외 국민의 보호와 지원, 이민 업무 등의 일을 맡아서 한다.
통일부	통일 및 남북의 대화·교류·협력에 관한 업무 등의 일을 맡아서 한다.
법무부	검찰·행형·인권옹호·출입국관리와 그 밖에도 법무에 관한 일을 맡아서 한다.
국방부	국방에 관련된 군정 및 군령과 그 밖에도 군사에 관한 일을 맡아서 한다.
행정안전부	공무원의 인사 관리, 정부 조직의 정원 관리, 선거 및 국민 투표, 지방자치제도, 안전관리정책 및 비상대비·민방위·재난관리 제도에 관한 사무 등의 일을 맡아서 한다.
문화체육관광부	문화 예술, 방송, 출판, 간행물, 체육, 청소년, 해외 문화 홍보, 관광, 국정에 대한 홍보 및 정부발표에 대한 업무 등의 일을 맡아서 한다.
농림수산식품부	농산·수산·축산, 식량·농지·수리, 식품산업진흥, 농어촌개발 및 농수산물 유통에 관한 일 등을 맡아서 한다.
지식경제부	상업·무역·공업, 외국인 투자, 정보통신산업, 산업기술 연구개발정책, 에너지·지하자원, 우편·우편환 및 우편대체에 관한 사무 등의 일을 맡아서 한다.
보건복지가족부	보건위생·방역·의정·약정·생활보호·자활지원 및 사회보장, 아동·청소년·노인·장애인 및 가족에 관한 사무 등의 일을 맡아서 한다.
환경부	자연 환경 및 생활 환경의 보전과 환경 오염 방지에 관한 사무 등의 일을 맡아서 한다.
노동부	근로조건의 기준, 직업안정, 직업훈련, 실업대책, 고용보험, 산업재해보상보험, 근로자의 복지후생, 노사관계의 조정 그 밖에 노동에 관한 일을 맡아서 한다.
여성부	여성정책의 기획·종합, 여성의 권익증진 등 지위향상에 관한 일을 맡아서 한다.
국토해양부	국토종합계획의 수립·조정, 국토 및 수자원의 보전·이용 및 개발, 도시·도로 및 주택의 건설, 해안·하천·항만 및 간척, 육운·해운·철도 및 항공, 해양환경, 해양조사, 해양자원개발, 해양과학기술연구·개발 및 해양안전심판에 관한 일 등을 맡아서 한다.

우리 나라 시·도의 상징물

서울특별시
꽃 개나리
나무 은행나무
새 까치

부산광역시
꽃 동백
나무 동백나무
새 갈매기

인천광역시
꽃 장미
나무 목백합나무
새 두루미

광주광역시
꽃 철쭉
나무 은행나무
새 비둘기

대구광역시
꽃 목련
나무 전나무
새 독수리

대전광역시
꽃 백목련
나무 소나무
새 까치

울산광역시
꽃 배꽃
나무 은행나무
새 백로

강원도
꽃 철쭉
나무 잣나무
새 두루미

경기도
꽃 개나리
나무 은행나무
새 비둘기

경상남도
꽃 장미
나무 느티나무
새 백로

경상북도
꽃 백일홍
나무 느티나무
새 왜가리

전라남도
꽃 동백
나무 은행나무
새 산비둘기

전라북도
꽃 백일홍
나무 은행나무
새 까치

충청남도
꽃 국화
나무 능수버들
새 원앙

충청북도
꽃 백목련
나무 느티나무
새 까치

제주도
꽃 참꽃나무
나무 녹나무
새 제주큰오색딱따구리

헌법소원심판

헌법재판소

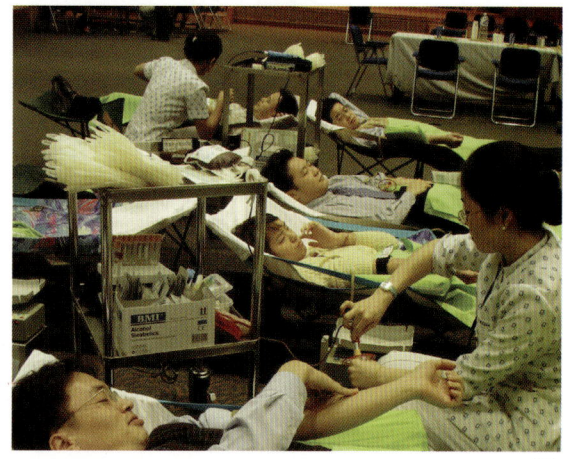
헌혈

헌법소원심판

헌법 정신에 위배된 법률 때문에 기본권을 침해당한 사람이 헌법재판소에 직접 구제를 청구하는 제도를 말한다. 위헌 법률 심사를 제청했다가 기각된 경우에도 헌법재판소에 헌법소원을 청구할 수 있다. 헌법소원심판 청구는 사건이 일어난 지 180일 이내 혹은 기본권 침해 사실을 알게 된 지 60일 이내에 청구해야 한다. 단 다른 법률에 구제 수단이 있을 경우에는 그 절차를 모두 거쳐야 헌법소원을 청구할 수 있다. 절차를 모두 거친 뒤에도 헌법소원을 청구하려는 사람은 마지막 절차의 결정이 내려진 뒤 30일 이내에 청구해야 한다.

헌법재판소

헌법질서를 수호하고, 국민의 기본적인 자유와 권리를 보호하기 위해 한 국가 내에서 최고의 실정법 규범인 헌법과 관련된 분쟁이나 이의를 사법적 절차에 따라 해결하는 특별 기관을 가리킨다.

우리 나라에서는 1987년에 개정된 제9차 개정 헌법에 따라 1988년에 처음으로 헌법재판소가 만들어 졌다. 우리 나라의 헌법재판소는 헌법 정신에 위배된 법률이나 사회 제도를 심사하고, 탄핵을 심판하며, 정당 해산 등 정치적 사건을 사법 절차에 따라 심판한다. 그리고 국가 기관들 사이의 권한 분쟁을 심판하고, 헌법 정신에 위배된 법률 때문에 기본권의 피해를 받은 사람이 직접 구제를 청구하는 헌법소원에 관한 심판을 담당한다.

헌법재판소의 재판부는 법관의 자격을 가진 9명의 재판관으로 구성된다. 재판관은 대통령이 임명하는데, 그 중 3명은 국회에서 선출한 사람을, 3명은 대법원장이 지명한 사람을 임명한다. 대통령은 국회의 동의를 얻어 재판관 중의 한 명을 헌법재판소장으로 임명한다. 헌법재판관의 임기는 6년이고, 재판관은 정당에 가입하거나 정치에 관여할 수 없다. 서울특별시 종로구 재동에 있다.

헌혈

건강한 사람이 자기의 피를 다른 사람에게 수혈할 수 있도록 무료로 제공하는 것을 말한다. 제2차 세계대전 때 적십자 활동의 하나로 시작되었고, 그 후 국제적십자사에 속한 각국의 적십자사가 헌혈 운동에 동참하고 있다. 우리 나라에서는 주요 도시에 있는 적십자사 혈액원이 헌혈 운동을 추진하고 있다.

헝가리

유럽 대륙의 중동부에 있는 나라이다. 정부 형태는 의원 내각제이며, 수도는 부다페스트이다. 면적은 9만 3031제곱킬로미터로 한반도의 약 5분의 2이다. 인구는 2003년 말 기준으로 약 1014만 명이다. 공용어는 헝가리 어이고 주요 종교는 가톨릭교, 크리스트교이다. 기후는 대륙성 기후이다. 1인당 국민총생산은 2003년 기준으로 4830달러이다. 1949년에 소련의 영향으로 공산주의 정권이 수립되었다가, 1990년에 자유총선거로 민주 포럼이 압승을 거두었다. 2004년에 유럽연합에 가입하였다.

협동조합

경제적 약자인 농민 · 중소 상공업자 · 소비자 등이 뜻을 모아 공동의 이익을 목적으로 설립하여 운영하는 조직을 말한다. 상부 상조의 정신으로 공동의 경제적 이익을 추구하기 위하여 물건 등의 구매나 생산·판매·소비 등의 일부 또는 전부를 협동으로 한다. 협동조합의 사업 목적은 이윤 추구가 아니라 조합원들이 서로 돕는 데 있어 일반 기업의 사업 목적과 다르다.

형벌

범죄에 대한 법적 징계로서, 범죄자의 법적 권익을 빼앗거나 제재하는 것을 말한다. 현대 사회에서는 국가가 형벌권을 독점한다. 형벌은 박탈하는 권익의 종류에 따라 생명형, 신체형, 자유형, 명예형, 재산형으로 나눌 수 있다. 우리 나라에는 생명형인 사형, 자유형인 징역·금고·구류, 명예형인 자격상실·자격정지, 재산형인 벌금·과태료·몰수 등이 있다.

형산강

경상북도 경주시 서면 인내산 동쪽 계곡에서 시작하여 경상북도 월성군 경주시·포항시를 지나 동해로 흘러 들어가는 강이다. 길이는 63.34킬로미터이고, 유역 면적은 1132.96제곱킬로미터이다. 형산강 지구대를 흐르며, 지류로 대천·남천·북천·소현천·칠평천·기계천 등이 있다. 유역에 비옥한 지구 평야가 발달했고 예나 지금이나 경주와 포항의 젖줄 역할을 한다. 특히 신라의 도읍지인 경주가 세워지는 데 큰 역할을 하였다. 강 주변은 인구가 조밀하고, 동해남부선 철도의 개통으로 교통이 더욱 편리해졌다.

형산강

호주제

가족의 대표자인 호주를 중심으로 한 가족 구성원의 출생·혼인·사망 등 인적 사항을 하나의 공적부에 기록하는 제도나 사람의 신분을 증명하기 위한 제도를 말한다. 호적 제도라고도 한다. 가족의 관계를 설명하기 위해서는 기준이 필요한데 그 기준이 호주이며, 호주의 자격은 우선 가족의 장남에게 주어진다. 호주가 사망할 경우에 호주의 지위는 호주의 아들, 미혼인 딸, 배우자, 어머니 순으로 승계된다. 오랫동안 호주제가 가족 안에서 남녀의 권리를 동등하게 보장하지 못한다는 지적을 받았으며, 2005년 3월 2일에 민법 개정안이 국회를 통과하면서 폐지되었다.

홀트아동복지회

우리 나라와 세계 여러 나라의 복지 기관과 양부모들의 후원을 받아 운영되는 아동 복지 기관이다. 미국인 홀트와 그의 아내는 1955년에 한국전쟁으로 고아가 된 혼혈인 어린이를 8명 입양하고, 이듬해에 우리 나라에 들어와 본격적으로 입양 업무에 힘을 쏟았다. 이것이 홀트아동복지회가 탄생한 배경이다. 홀트는 1960년에 홀트해외양자회를 설립하여 혼혈인 어린이들을 미국의 양부모들에게 입양시켰다. 그 후 1972년에 기관의 이름을 홀트아동복지회라 고치고 아동 복지를 위해 활동의 영역을 넓혔다.

홀트아동복지회는 주로 국내외 불우 아동의 입양, 아동 및 미혼모 상담, 아동의 위탁 양육과 보호, 아동을 위한 종합 병원 및 특수 학교 운영, 유아원 설립 및 운영, 장학 사업 등의 활동을 한다. 본부는 서울특별시 마포구 합정동에 있으며, 부산·대구·전주·대전·인천·춘천·성남·마산 등지에 지부가 있다.

홍해

아프리카 대륙과 아라비아 반도 사이에 있는 좁고 긴 바다이다. 서쪽으로는 이집트·수단·에티오피아에 접하고, 동쪽으로는 사우디아라비아와 예멘에 접한다. 바닷속에 있는 해조 때문에 물빛이 붉은 빛을 띠어 홍해라 부른다. 수에즈 운하가 개통되어 아시아와 유럽을 이어 주는 중요한 교통로가 되었다. 길이는 약 2300킬로미터이다.

화폐

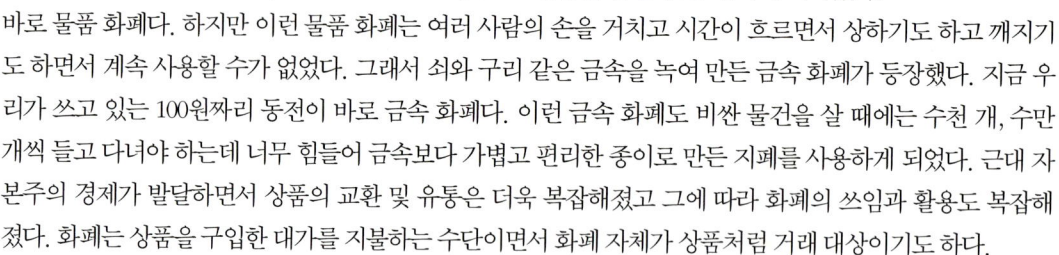
상평통보 당백전과 당오전

　상품의 교환과 유통을 원활하게 하기 위한 일반적인 교환 수단 내지 유통 수단을 말한다. 보통 돈이라고 한다. 화폐가 생기기 이전에는 필요한 물건이 있으면 다른 사람들과 바꾸거나 교환하였다. 예를 들어 나에게 고구마가 먹고 남을 만큼 있고 옷이 부족하다면 고구마를 들고 가서 옷과 바꿨다. 하지만 물건을 갖고 다니기도 어렵고, 바꾸고자 하는 물건을 갖고 있는 사람을 찾기도 쉽지 않았다. 그래서 사람들은 조개 껍질이나 화살촉, 쌀이나 소금 같은 것으로 일정한 물건 값을 정하기 시작했다. 바로 물품 화폐다. 하지만 이런 물품 화폐는 여러 사람의 손을 거치고 시간이 흐르면서 상하기도 하고 깨지기도 하면서 계속 사용할 수가 없었다. 그래서 쇠와 구리 같은 금속을 녹여 만든 금속 화폐가 등장했다. 지금 우리가 쓰고 있는 100원짜리 동전이 바로 금속 화폐다. 이런 금속 화폐도 비싼 물건을 살 때에는 수천 개, 수만 개씩 들고 다녀야 하는데 너무 힘들어 금속보다 가볍고 편리한 종이로 만든 지폐를 사용하게 되었다. 근대 자본주의 경제가 발달하면서 상품의 교환 및 유통은 더욱 복잡해졌고 그에 따라 화폐의 쓰임과 활용도 복잡해졌다. 화폐는 상품을 구입한 대가를 지불하는 수단이면서 화폐 자체가 상품처럼 거래 대상이기도 하다.

　우리 나라 화폐 발행 기관은 한국은행이다. 화폐의 모양이나 종류·수량을 한국은행이 정해 한국조폐공사에서 찍어 낸다. 한국은행의 요청에 따라 한국조폐공사가 만든 모든 화폐는 일단 한국은행의 금고에 보관된다. 시중 은행이 예금 지급 등을 위하여 화폐가 필요할 때 한국은행으로부터 화폐를 받아서 시중에 유통시킨다. 즉 한국은행에서 시중으로 나간 돈만이 화폐의 구실을 한다.

우리 나라의 지폐

　1970년대 초까지는 500원, 100원, 50원, 10원, 5원, 1원권 등 모두 8종류의 지폐가 쓰였으나 지금은 10000원권, 5000원권, 1000원권 등 3종류의 지폐가 쓰이고 있다. 지금 쓰고 있는 새 지폐는 「위폐방지 새 은행권 발행 계획」에 따라 2006년부터 규격과 도안이 바뀐 것이다. 새 지폐의 규격은 세로 길이는 68밀리미터로 일정하고, 가로 길이는 액면 크기 순으로 6밀리미터씩 커진다. 액면에 따라 녹색, 적황색, 청색 등으로 기본 색상을 달리 함으로써 쉽게 구분할 수 있게 했다.

우리 나라 화폐

권종	최신권 발행연도	크기(가로×세로)	기본색상	앞면 주도안 소재	뒷면 주도안 소재
1000원권	2007년	136×68mm	청색계열	퇴계 이황 초상, 명륜당	계상정거도
5000원권	2006년	142×68mm	적황색계열	율곡 이이 초상, 오죽헌 몽룡실	초충도
10000원권	2007년	148×68mm	녹색계열	세종대왕 초상, 일월오봉도	혼천의, 천상열차분야지도

영국의 주화

50센트 유로화

조선 시대의 1원 은화

2유로화

한국 1원 동전
한국 10원 동전
한국 50원 동전
한국 100원 동전
한국 500원 동전
한국 10000원 지폐
한국 5000원 지폐
한국 1000원 지폐

북한 100원 지폐

100유로 지폐

일본 2000엔 지폐

미국 20달러 지폐

환경 오염

산업이나 사회 시설이 발달하면서 자연 환경이나 생활 환경이 파괴되어 가는 상태를 일컫는다. 우리 나라의 「환경정책기본법」에 따르면, 환경 오염이란 '사업 활동 및 사람의 여러 활동에 의해 발생하는 대기 오염, 수질 오염, 토양 오염, 해양 오염, 방사능 오염, 소음, 진동, 악취 등이 사람의 건강이나 환경에 피해를 주는 상태'를 말한다.

폐수의 방류로 일어나는 수질 오염

환경 오염이 국가 문제로 떠오르기까지의 역사

인류는 사회를 구성하고 생산력을 발전시킨다는 이유로 끊임없이 자연을 파괴해 왔다. 오랫동안 자연이 파괴되어 왔음에도 불구하고 이런 자연 파괴가 공중의 위생을 해친다는 생각이나 환경 오염을 국가 전체의 문제로 다루어야 한다는 생각은 뒤늦게 나왔다. 환경 오염은 18세기의 영국에서 처음으로 국가의 문제로 생각하기 시작하였다. 당시 영국 노동자들의 거주 환경은 끔찍하기 이를 데 없었다. 노동자들의 거주 지역은 공장과 철도 사이에 있었고, 주택가에는 매연이 자욱했으며, 하천은 공장에서 나오는 폐기물로 뒤덮였다. 게다가 극도로 가난한 생활을 하던 노동자들이 사는 집은 턱없이 작고 불결했으며, 거리는 주택에서 나오는 온갖 생활 쓰레기와 배설물로 가득했다. 공장이 밀집된 런던에서의 사망률이 높다는 보고와 함께 노동자들의 높은 사망률이 경제적 손실을 가져 온다는 보고가 잇달아 발표되자, 영국 정부는 1848년에 「공중위생법」을 제정하여 환경을 개선하기 위해 노력했다. 그러나 국가의 규제는 1세기가 넘도록 별 효력을 발휘하지 못했다. 마침내 1952년에 4000명의 사상자를 낸 유명한 런던 스모그 사건이 생기자, 영국 정부는 즉시 「대기청정법」을 제정했고, 1970년에 환경부를 신설하여 공해 문제를 강력하게 규제하기 시작했다.

영국처럼 산업화 과정을 밟아 온 유럽의 여러 나라와 미국도 얼마 지나지 않아 영국과 같은 문제에 직면하게 되었다. 이들 국가에서 본격적인 환경 오염 대책을 추진하기 시작한 것은 1960~1970년대부터이다. 한편 뒤늦게 공업화에 참여한 개발도상국에서는 공해 방지에 대한 경험이 부족한 데다 성장 중심의 정책으로 더욱 심각한 상태다. 우리 나라의 경우에도 1960년대의 경제 성장과 1970년대의 중화학 공업 정책에서 비롯된 산업 폐기물, 대도시의 인구 과밀 현상과 교통량 증가로 나타난 생활 폐기물과 매연이 이미 심각한 수준에 이르렀다. 정부는 미온적인 성격을 띤 「공해방지법」을 폐지하고 1977년에 「환경보존법」을 제정하여 적극적인 대처에 나서고 있다. 그리고 1980년에는 처음으로 중앙 행정 부서인 환경청을 설치하였다.

환경 오염의 종류

대기 오염

공장의 매연, 쓰레기를 소각할 때 나오는 연기, 자동차의 배기 가스 등으로 공기가 오염되는 것을 말한다. 대기 오염은 인간에게 각종 호흡기 질병을 일으키고, 지구의 온난화 현상 및 오존층 파괴를 가져와 생태계를 위협한다. 한편 대기의 오염 물질이 섞인 산성비는 농작물과 삼림을 파괴하고, 인간과 동물에게 피부병을 일으

대기 오염으로 발생한 스모그

산을 황폐하게 만드는 산불

버려진 건축 폐기물

수질 오염으로 죽은 물고기

중금속뿐만 아니라 너무 많은 농약을 뿌려도 토양이 오염된다

키며, 토양과 수질을 오염시킨다.

수질 오염

자연의 물이 사람의 활동으로 생긴 유해 물질로 더러워지는 것을 말한다. 보통 자연의 물은 지구를 순환하면서 그 속에 든 불순물이 희석, 침전, 여과, 수중 미생물의 분해 활동 등으로 저절로 깨끗해진다. 이를 자정 작용이라 하는데, 하천이나 공장 폐수, 생활 폐수가 물의 자정 능력을 초과할 만큼 많이 흘러들면서 물은 더 이상 저절로 깨끗해지지 않는다. 수질 오염의 원인은 공장 폐수, 산업 폐기물, 분뇨, 생활 폐수, 발전소에서 흘러나온 더운 물과 농약 등이다. 공장 폐수나 산업 폐기물, 농약 등에 든 유독 물질은 수중 생물의 생명을 위협할 뿐 아니라, 수중 생물의 몸에 축적되어 그것을 섭취하는 인간의 몸에도 질병 및 기형을 일으킨다. 세제 등이 섞인 생활 폐수는 물 위에 막을 씌워 수중 생물이 산소를 호흡할 수 없게 만들며, 플랑크톤의 번식을 못하게 하여 수중 산소를 부족하게 만든다. 그리고 발전소에서 나온 더운 물은 수온을 높여 물을 증발시키고, 미생물 및 플랑크톤의 번식을 촉진하여 물을 썩게 만드는 등 수중 생물이 살아가기 힘든 환경을 만든다.

토양 오염

산성비, 폐수, 하수, 산업 폐기물, 농약, 비료 등에 든 중금속과 화학 물질이 토양 속에 축적되는 것을 말한다. 토양이 오염되면 지하수나 하천까지 오염될 수 있다. 토양과 지하수, 하천이 오염되면 식물에 오염 물질이 축적되고, 이 식물을 섭취한 동물이나 사람의 몸에 오염 물질이 축적되어 심각한 질병을 일으킬 수 있다. 오염된 땅을 정화시키는 데에는 긴 시간과 많은 비용이 든다. 우리 나라는 1995년에 「토양환경보전법」을 제정하여 오염 물질을 강력히 규제하고 있다.

해양 오염

인간의 활동으로 바다에 들어온 물질이나 에너지가 바다의 생물 자원에 해로운 영향을 끼치고, 바닷물 본래의 성질이나 해양 환경의 쾌적도를 손상시키는 것을 말한다. 대기 오염, 수질 오염, 토양 오염에서 나온 유독 물질이 대부분 강을 통해 모두 바다로 들어오기 때문에 육지의 오염이 바로 해양 오염으로 연결된다. 오염된 해양에서 어류를 잡아먹으면 사람의 몸속에 오염 물질이 쌓이게 된다. 그 밖에 선박에서 나온 폐기물이나 폐

하수를 깨끗하게 처리하는 하수 처리장

유, 유조선에서 유출된 원유 역시 해양 오염의 원인이 된다. 해양이 오염되어 적조 현상이 일어나면 산소 부족으로 주변의 어패류가 떼죽음을 당한다. 또한 유출된 기름은 바다에 막을 형성하여 수중에 산소가 유입되는 것을 막아 해양 생물의 생명을 위협한다. 이렇듯 해양 오염은 그 피해가 크다.

소음

청력을 손상시키고, 불면·초조·스트레스 등을 일으키며, 맥박 증가·혈압 상승·호르몬 분비 이상·태아 발육 저하 등을 일으킨다. 뿐만 아니라 작업 능률을 떨어뜨리고 생산성을 저하시켜 재산상의 피해를 주기도 한다. 주로 지하철이나 도로 교통, 공장, 건축 현장 등에서 소음이 발생한다. 소음과 함께 진동은 혈압 상승·맥박 증가·근육 수축·감각 마비 등을 일으킨다. 진동의 발생지는 소음의 경우와 거의 같다.

플라스틱 공해

플라스틱 물품의 생산과 소비가 급증하면서 플라스틱 폐기물로 발생하는 환경 오염을 말한다. 플라스틱을 태우면 유독 가스가 발생하며, 플라스틱은 공기나 흙 속에서 거의 분해되지 않는다. 따라서 소각이나 매립으로는 플라스틱 폐기물을 제대로 처리할 수 없다. 재활용도 그리 만족할 만한 수준이 아니다. 최근 일본과 영국은 플라스틱에 분해 촉진제 등을 혼합하여 공기나 흙 속에서 분해시키는 무공해 플라스틱을 개발하였다. 그러나 이 플라스틱은 이전의 플라스틱에 비해 생산 비용이 많이 들고 제품의 수명이나 질이 떨어져 앞으로 지속적인 연구와 개발이 필요하다.

폐수

인간이 생활이나 생산 및 사업 과정에서 사용한 후 다시 쓸 수 없게 된 물을 가리킨다. 폐수는 크게 가정 폐수와 산업 폐수로 나뉜다. 가정 폐수는 각 가정, 공공 건물 및 영업 건물 등에서 버리는 폐수로서 도시 폐수의 대부분을 차지한다. 한편 산업 폐수는 각 공장에서 배출된 폐수로, 여러 화학 물질과 중금속류가 들어 있다. 그 밖에 축산 농가에서 나온 분뇨 및 폐수도 산업 폐수에 해당한다. 식수로 다시 쓰이는 하천의 오염 방지를 위해 우리 나라에서는 폐수, 특히 산업 폐수를 철저히 정화한 후에 배출하도록 「환경보존법」으로 규제하고 있다.

음식물 쓰레기를 퇴비로 만드는 처리장

훈장

나라에 크게 공을 세운 사람에게 그 공로를 기리기 위하여 나라에서 주는 휘장이다. 고대 로마에서 전쟁에서 공을 세운 군인에게 준 것에서 비롯되었다고도 하고, 11세기의 십자군원정 때에 종교기사단의 소속을 나타내던 표장에서 비롯되었다고도 한다.

우리 나라 훈장 제도의 역사와 종류

우리 나라에서는 1900년에 「훈장에 관한 칙령」을 발표한 후 최초로 훈장 제도가 시행되었다. 처음에는 금척대훈장·이화대훈장·태극장·자응장의 4종이었으나, 그 후 팔괘장·서성대훈장·서봉장이 추가되어 모두 7종류가 있었다. 대한민국 정부가 수립된 이후 조국의 독립과 건국에 공로가 있는 선열들의 공적을 기리기 위하여 1949년 4월 27일에 처음으로 「건국공로 훈장령」이 제정·공포되면서 지금의 훈장 제도의 기틀을 마련하게 되었다. 「건국공로 훈장령」이 외에도 「무궁화대훈장령」등 9개의 훈장령이 제정·공포되어 운영되어 오다가 1963년 12월 14일 현재의 「상훈법」을 제정하여 각 개별 법령에 의거·운영되던 상훈 제도를 통합하여 단일 법률로 개편하고 몇 차례의 개정을 거쳐 현재에 이르게 되었다. 오늘날에는 무궁화대훈장·건국훈장·국민훈장 등 모두 12종류의 훈장이 수여된다. 각 훈장은 무궁화대훈장을 제외하고는 모두 5등급으로 나누어져 있고, 각 등급에 따라 명칭이 붙여져 있다.

무궁화대훈장은 대통령 및 그 배우자, 우방 원수 및 그 배우자 또는 우리 나라의 발전과 안전 보장에 기여한 공적이 뚜렷한 전직 우방 원수 및 그 배우자에게 수여한다. 건국훈장은 대한민국의 건국에 공로가 뚜렷하거나, 국기를 공고히 함에 기여한 공적이 뚜렷한 사람에게 수여하고, 국민훈장은 정치·경제·사회·교육·학술 분야에 공적을 세워 국민의 복지 향상과 국가 발전에 기여한 공적이 뚜렷한 사람에게 수여하며, 무공훈장은 전시 또는 이에 준하는 비상 사태에서 전투에 참가하여 뚜렷한 무공을 세운 사람에게 수여한다. 근정훈장은 공무원 및 사립 학교의 교원으로서 맡은 일을 열심히 하여 공적이 뚜렷한 사람에게, 보국훈장은 국가의 안전 보장에 뚜렷한 공을 세운 사람에게, 수교훈장은 국권의 신장 및 우방과의 친선에 공헌이 뚜렷한 사람에게 수여한다. 산업훈장은 산업 발전에 기여한 공적이 뚜렷한 사람에게, 새마을훈장은 새마을운동을 통하여 국가 사회의 발전에 기여한 공적이 뚜렷한 사람에게 수여한다. 문화훈장은 문화·예술 발전에 공을 세워 문화 향상과 국가 발전에 기여한 공적이 뚜렷한 사람에게, 체육훈장은 체육 발전에 공을 세워 국민 체위 향상과 국가 발전에 기여한 공적이 뚜렷한 사람에게, 과학기술훈장은 과학 기술 발전에 기여한 공적이 뚜렷한 사람에게 수여한다. 훈장은 훈장을 받을 사람의 공적 내용과 그 공적이 국가와 사회에 미친 효과를 심사하여 행정자치부 장관이 추천한 후 국무 회의의 심의를 거쳐 대통령이 결정한 후 수여한다.

무궁화대훈장과 무궁화대훈장 금장

건국훈장 대한민국장

캔 재활용 산업

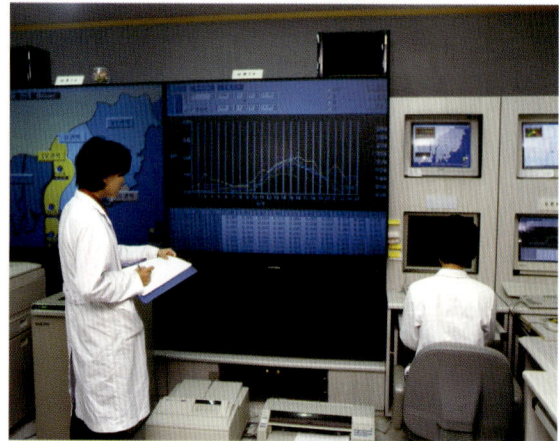
대기 오염 상태를 분석하고 연구하는 실험실

화상 전화

모니터를 통해 상대방의 얼굴을 보면서 통화를 하는 전화를 가리킨다. 텔레비전 수상기와 전화기를 결합한 형태로서, 상대방을 부를 때에는 전화처럼 다이얼을 누른다. 화상 전화를 이용하면, 멀리 떨어진 사람들과 회의도 할 수 있고, 병원에 직접 가지 않아도 의사의 진찰을 받을 수 있다. 화상 전화를 쓰려면 케이블을 비롯한 여러 장치를 설치해야 하기 때문에 많은 돈이 든다. 그래서 아직까지는 대중화가 덜 되어 있지만 기술의 발달로 값싼 장치들이 보급되면 곧 미래의 통신 수단으로 자리잡을 것이다.

화전

산림이나 들판의 초목을 태운 후 그 자리에 작물을 가꾸는 원시적인 농사법을 말한다. 화전을 일구어 생활하는 사람을 화전민이라고 한다. 불태운 초목의 재가 비료가 되긴 하지만, 그 후 별다른 비료를 더 주지 않기 때문에 몇 년 후에는 지력이 떨어진다. 그 때마다 화전민은 새로운 장소를 찾아 다시 화전을 일군다. 원시적인 농법으로서, 현재 선진 농업 지역에서는 거의 없어지고 아프리카와 동남아시아 등의 지역에만 일부 남아 있다. 우리 나라의 경우에는 신라 시대 때부터 화전을 일구었다는 기록이 있고, 조선 시대에는 무거운 부역과 조세를 피해 화전민이 되는 백성이 많았다고 한다. 한국전쟁 이후 화전을 만드는 사람이 많아져 삼림이 황폐해지자, 정부는 1968년에「화전정리법」을 제정하여 화전을 금지하고, 강원도의 화전 마을 주민들을 다른 곳으로 이주시켰다.

환경마크 제도

국가가 공인한 기관이 환경 오염을 덜 일으키고 에너지와 자원을 절약할 수 있는 제품에 대해 환경마크를 붙이는 제도이다. 1977년에 독일에서 환경마크 제도를 처음 시작한 이래 우리 나라를 비롯하여 일본, 캐나다, 유럽연합, 싱가포르 등을 포함하여 30여 나라에서 이 제도를 실시하고 있다. 우리 나라는 1992년 6월부터 실시하고 있다. 환경마크 제도는 소비자가 환경 친화적인 제품을 사용할 수 있도록 상품에 대한 정확한 정보를 알려 주는 한편, 기업이 환경 친화적인 상품을 개발하도록 유도한다. 환경마크를 받을 수 있는 제품은 90퍼센트 이상 재생지를 활용한 화장지류, 50퍼센트 이상 재생지를 쓴 종이 제품류, 60퍼센트 이상 재생 플라스틱을 쓴 플라스틱 제품류, 프레온 가스를 전혀 사용하지 않은 스프레이류 등이다.

환경보전법

환경을 적극적으로 보전하고 환경 오염으로 인한 재해를 미리 막기 위하여 1977년에 제정된 법률이다. 우리 나라는 1963년에「공해방지법」을 공포하여 경제개발계획으로 생기는 환경 오염을 최소한 줄이려 하였다. 하지만 1970년대에 산업의 발전, 도시 인구의 과밀, 생활 수준의 향상 등으로 환경이 심각할 정도로 오염되자, 소극적인 공해방지법으로는 환경 오염을 규제할 수 없음이 드러났다. 그래서 1977년에「공해방지법」을 폐지하고, 대신

「환경보전법」과 「해양오염방지법」을 공포하였다. 환경 보전 업무를 전담할 환경청, 지금의 환경부도 이 때 만들어졌다. 「환경보전법」은 1990년에 「환경정책기본법」, 「대기환경보전법」, 「수질환경보전법」, 1991년에 「자연환경보전법」 등으로 세분화되었다.

환경 산업

환경의 보전 및 관리를 위해 환경 기술을 활용해 환경 시설 및 환경 측정 기구 등을 제작하거나 설치하고, 환경 기술에 관한 서비스를 제공하는 산업이다. 즉 대기 오염·수질 오염·토양 오염·폐기물·소음·진동 등을 방지하거나 낮추는 시설 및 서비스를 개발하고 생산해 이를 판매하거나 설치, 운영하는 산업을 말한다. 버려지는 폐자원을 재활용하는 산업을 포함하여 자원 및 에너지의 소비와 오염 물질 배출을 최소화하는 청정 기술 분야도 환경 산업에 포함된다.

환경 산업은 1960년대 이후 등장한 신종 산업이지만, 부가가치가 높은 산업이다. 환경 오염이 날로 심각해지면서 세계 여러 나라에서 환경 보호와 관련된 기술 개발과 산업화에 많은 투자가 이루어지고 있다. 특히 저공해 자동차의 개발이나 폐기물 재활용, 자원 및 에너지 절약 시스템 등의 첨단 환경 기술 분야는 빠르게 성장하고 있다. 하지만 우리 나라에는 환경 문제를 해결하는 데 꼭 필요한 환경 기초 시설이 턱없이 부족한 상황이다. 공장에서 흘러나온 물을 처리하는 폐수 처리장, 오염된 물을 처리하는 오수 처리장, 오물을 처리하는 분뇨 처리장, 하수를 정화시키는 하수 처리장, 쓰레기를 태우는 쓰레기 소각장, 쓰레기를 흙으로 덮는 매립지 같은 환경 기초 시설들이 턱없이 부족하다. 또 이런 시설들이 냄새가 나고 폐수 때문에 토양이 오염되며, 드나드는 자동차가 많아 시끄럽고 공기가 오염된다는 이유로 지역 주민들의 반대에 부딪쳐 제대로 건설이 이루어지지 못하고 있는 상황이다.

환율

외국과의 거래나 해외 여행 등을 위하여 서로 다른 두 나라 돈을 교환할 때의 교환 비율을 말한다. 외국환 시세 또는 외환 시세라고도 한다. 예를 들어 우리 나라의 원화와 미국 달러화와의 환율이 1200원이라면 이는 달러화와 원화의 교환 비율이 1:1200이라는 것으로, 1달러와 1200원이 서로 교환된다는 것을 의미한다. 이처럼 환율은 두 나라 돈의 교환 비율을 나타내는 동시에 한 나라 돈의 대외 가치를 나타낸다.

황사 현상

바람에 의해 하늘 높이 날려 올라간 미세한 모래 먼지가 대기 중에 퍼져서 하늘을 덮었다가 서서히 떨어지는 현상을 말한다. 전 세계적으로 사막과 건조 지대 부근에서 많이 나타난다. 일반적으로 황사 현상이라고 할 때에는 중국의 타클라마칸 사막과 몽골 고원의 고비 사막, 황허 강 상류의 알리 산 사막, 몽골과 중국의 경계에 걸친 넓은 건조 지대에서 누런 흙먼지가 하늘을 뒤덮는 현상을 말한다. 우리 나라와 일본을 비롯하여 미국의 태평양

쓰레기 소각장

하수 처리장

황사 현상

연안에까지 이른다.
 황사가 발생하면 대기 중의 먼지 농도가 보통 때보다 10배 이상 늘어난다. 늘어난 먼지는 햇빛을 가리고 식물의 숨구멍을 막아 광합성 작용을 방해하여 식물에 많은 피해를 준다. 또 대기 중의 먼지로 기관지염·천식·눈 질환·알레르기 등이 많이 생기고, 내려쌓이는 먼지로 일상 생활과 생산 활동이 어려워지기도 하며, 항공기 운항에도 영향을 미친다. 최근에는 황사가 이동하는 중에 중국의 공업 지대에서 발생한 오염 물질들이 함께 섞여 날아와 국제적으로 문제가 되고 있다. 특히 황사 현상은 3~5월에 집중적으로 발생한다. 황사의 발원 지대인 유라시아 대륙의 중심부가 바다에서 멀리 떨어져 있어 매우 건조한 데다, 겨우내 얼었던 메마른 토양이 녹으면서 모래 먼지가 많이 생긴다. 우리 나라의 경우에 예전에는 일 년에 3~5일 정도에 그치던 황사 현상이 2001년에는 25일간 발생한 것으로 확인됐다.

중국에서 황해를 건너 우리 나라로 들어오는 황사를 볼 수 있는 위성 사진

황사 현상으로 뿌옇게 변한 도시의 하늘

황해

우리 나라의 서쪽에 있는 바다로, 한반도와 중국에 둘러싸인 바다이다. 서해라고도 한다. 북으로 발해, 남으로 동중국해와 이어져 있다. 보하이 만으로 흘러 들어가는 황허 강이 육지로부터 혼탁한 물질을 가져오기 때문에 항상 바닷물이 누렇게 흐려져 있어 황해라는 이름이 붙었다. 남북의 길이는 약 1000킬로미터이고, 동서의 너비는 약 700킬로미터이며, 면적은 약 13만 6500제곱킬로미터이다. 평균 수심은 약 44미터로 남해나 동해에 비해 훨씬 얕다.

황해 난류의 영향으로 조기, 민어, 멸치, 광어 등 온대성 어종이 많이 난다. 리아스식 해안으로 해안선의 굴곡이 심하고 갯벌이 발달하였다. 해안을 따라 남포, 인천, 군산, 목포 등의 항구 도시가 있다. 변산·태안반도·다도해해상국립공원이 있고, 만리포·대천해수욕장 등 유명한 해수욕장이 많다. 1990년대부터 중국과의 경제 교류가 많아지면서 해상 항로로 중요해지고 있다.

황해도

우리 나라의 중부 지역에 있는 도이다. 동쪽으로 강원과 함경남도, 남동쪽으로 경기도, 북쪽으로 평안남도에 접하며, 남쪽과 서쪽으로 황해에 접한다. 단군 신화와 관련된 구월산이 있는 곳으로 고조선의 영토였다. 1954년 북한 행정 구역 개편 때 재령강을 경계로 황해도가 남·북 2도로 나뉘었다. 황해남도가 해주시와 9군을, 황해북도가 사리원시·송림시의 2시와 8군을 관할하고 있다.

횡단보도

보행자가 차도를 안전하게 건널 수 있도록 도로 표시나 안전 표지가 되어 있는 도로 구역을 말한다. 대개 흰 선으로 횡단보도를 표시하고, 차도의 양편에 신호등을 갖추기도 한다. 횡단보도는 자동차로부터 보행자를 보호

황해의 갯벌

후천성면역결핍증

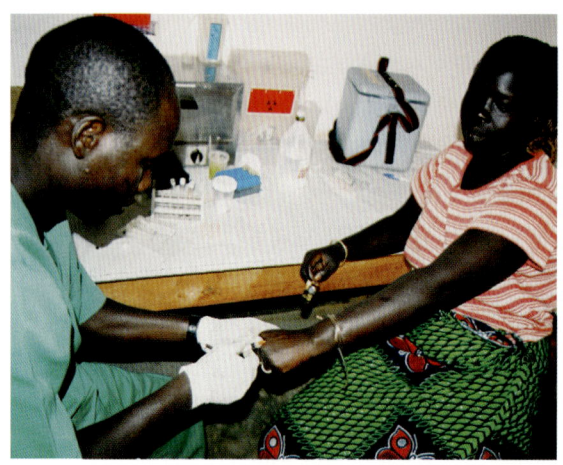
에이즈에 감염되었는지 검사받는 아프리카의 소녀

히말라야 산맥

하기 위한 것이므로, 보행자는 반드시 횡단보도를 이용해야 하고 차량 운행자는 보행자가 횡단보도를 건널 때 일단 정지해야 할 의무가 있다.

후천성면역결핍증

항체 생산 기능이 약해져서 병원체에 대한 방어 능력이 떨어지는 전염병을 가리킨다. 보통 에이즈(AIDS)라고 한다. 에이즈에 감염된 사람과 성 관계를 갖거나 에이즈에 걸린 사람에게서 수혈받으면 전염된다. 초기에는 발열·오한·설사·심한 피로감 등이 나타나다가, 점차 악성 종양 등 다양한 증세가 나타난다.

에이즈는 1950년대 말 중앙아프리카의 녹색원숭이로부터 유래되어 미국과 유럽 지역으로 전파되었을 것이라고 짐작하고 있다. 2001년 기준으로 에이즈 보균자는 4000만 명이다. 대륙별로는 사하라 사막 이남의 아프리카에 2800만 명이고, 아시아와 태평양 제도에 710만 명, 동유럽에 100만 명, 북아메리카에 94만 명, 서유럽에 56만 명, 남아메리카에 140만 명, 북아프리카에 44만 명, 오스트레일리아와 뉴질랜드에 1만 5000명, 카리브 해 지역에 42만 명 등이 있다. 2001년 한 해에만 500만 명의 환자가 발생하였으며, 300만 명이 에이즈로 사망하였다.

흑해

유럽 남동부와 아시아 사이에 있는 내해이다. 동서 길이는 약 1150킬로미터이고, 남북 최대 길이는 약 610킬로미터이며, 면적은 약 41만 3000제곱킬로미터이다. 남쪽으로는 터키, 서쪽으로는 불가리아·루마니아, 북쪽과 동쪽으로는 우크라이나·러시아·그루지야에 둘러싸여 있다. 러시아·루마니아·불가리아·우크라이나 등도 무역에서 흑해에 대한 의존도가 높다.

히말라야 산맥

인도 대륙과 중국 티베트 고원 사이에 있는 산맥이다. 산맥의 꼭대기 부분이 언제나 만년설로 뒤덮여 있어서 산스크리트어로 눈의 집이라는 뜻의 히말라야라 부르게 되었다. 세계에서 가장 높은 산맥으로 세계의 지붕이라고도 부른다. 산맥의 중간에 네팔과 부탄왕국이 있고, 대부분의 지역은 인도에 속한다. 서쪽의 낭가파르바트 산에서 동쪽의 남차바르와 산까지 약 2400킬로미터쯤 뻗어 있는 산맥은 크게 외히말라야, 소히말라야, 대히말라야로 나누고, 다시 아삼히말라야, 부탄히말라야, 시킴히말라야, 네팔히말라야 등으로 나눈다. 히말라야 산맥에는 세계에서 제일 높은 에베레스트 산을 비롯해 로체 산, 마칼루 산, 다울라기리 산, 초오유 산, 마나슬루 산, 안나푸르나 산, 칸첸중가 산 등 해발 7000미터가 넘는 산이 100여 개나 있다.

OPENKID
CHILDREN'S
ENCYCLOPEDIA

찾아보기

교과 관련 찾아보기

교과 관련 참고 자료

감사의 말

찾아보기

119구조대 39, 204
5일장 216, 217

가

가격 11, 126, 216, 217, 380, 381
가계부 11, 60, 206, 291
가계 수표 214
가나 11, 226
가내 공업 12, 172, 290, 351
가마싸움 131, 132, 133
가봉 12, 226
가야산 12, 24, 25, 52, 168, 188
가정 법원 13, 143, 165, 306, 325, 350
가정의례 13, 21, 37, 287, 299
가족 13, 21, 334
가트 37
간척 사업 14, 19
강 14, 15, 74, 79, 84, 96, 114, 121, 158, 184, 228, 229, 233, 234, 235, 284, 342, 361, 379
강릉 남대천 14, 15, 16
강원도 16, 17, 18, 100, 315, 373

개마고원 18, 156, 371
개발 제한 구역 18, 67, 150, 178, 208
개성 18, 156, 391
개천절 19, 20, 54, 98
거류민단 290
건강 진단 19, 147, 234
건국 신화 19, 20, 54
건국훈장 386, 387
건설업 19, 77, 172
검사 19, 21, 142, 289
검찰 19, 21, 142, 289, 375
견학 21, 127, 128, 136, 188
결혼 13, 21, 37, 272
결혼식 13, 21, 37
경공업 21, 34, 172, 305
경기 22, 23, 27, 177, 206
경기도 22, 23, 100, 315, 373
경기 순환 22, 23, 27, 177, 206
경도 308, 309, 310, 311, 312, 313, 314
경로당 13, 24, 33, 90
경로 사상 13, 24, 90, 174
경상남도 24, 25, 100, 315, 373
경상북도 25, 26, 27, 100, 315, 373
경영 27, 77
경제 성장률 22, 27, 55, 60, 177

경제수역 27, 54, 234, 302
경제협력개발기구 28, 113, 126, 233, 359
경주 25, 28, 128, 188
경찰 28, 32, 144, 375
계룡산 29, 52, 168, 330
고등 법원 29, 143, 165, 175, 289
고등학교 29, 362, 363
고랭지 농업 16, 32, 91, 139
고문 32, 63, 201, 270
고발 28, 32, 142, 144, 289, 379
고소 28, 32, 142, 144, 289, 379
고속도로 30, 31, 40, 56, 102, 103
고속철도 32, 40, 219, 324, 345
고용보험 33, 168, 220
고인돌 128, 129, 188, 189, 190, 191, 192, 193, 292, 293, 294, 295
공공 시설 33, 24, 34, 36, 106, 316
공군 72
공기업 77
공립 도서관 106
공무원 33, 375
공산권 국가 33, 117, 156, 304, 340
공산주의 33, 117, 134, 285
공업 21, 34, 172, 305

395

공업 도시 34, 67, 94, 252
공원 33, 34, 52, 105, 178
공정거래법 11, 35, 114
공정거래위원회 11, 35, 114
공주 35, 128, 315, 330
공중 도덕 33, 36
공해 382, 383, 384, 385
공화제 36, 72, 130, 134
과테말라 36, 82, 154
관광업 36, 172
관세 및 무역에 관한 일반 협정 37, 185, 247
관혼상제 13, 21, 37, 287, 299
광고 37, 77, 140, 218
광복절 37, 54
광업 37, 172
광주광역시 38, 315, 373
광통신 39, 278, 325, 326
교육의 의무 57, 59, 125, 262, 326
교통 30, 31, 39, 40, 41, 102, 103, 324
교통 법규 39, 40, 41
교통 사고 39, 40, 41, 42, 147, 149
교통 안전 시설 39, 40, 42, 43, 44, 45
교포 372
교회 54, 322, 323, 338, 339
국가 48, 54, 234, 302
국가 권력 54, 98, 165, 284, 373
국가산업단지 46, 47, 67
국가정보원 54, 375
국가 지정 문화재 60, 128, 129, 147, 166, 320
국경없는의사회 54
국경일 19, 37, 54, 175, 302
국군의 날 55, 72
국기 48, 49, 50, 51, 54, 343
국내총생산 27, 55, 60, 177
국도 30, 31, 56, 102
국립공원 34, 52, 53, 105
국립 도서관 106
국립 묘지 56, 97, 178
국립중앙과학관 56, 95, 97
국립현충원 56, 97, 178
국무총리 57, 98, 373, 375
국무 회의 57, 98, 373, 375

국민 54, 58, 59, 60, 302
국민 경제 22, 27, 55, 60, 177, 206, 262
국민권익위원회 60, 375
국민성 57, 60
국민연금 57, 60, 168
국민의 권리 57, 58, 59
국민의 의무 57, 58, 59
국민총생산 27, 55, 60
국민훈장 386, 387
국방의 의무 59, 72
국보 60, 128, 129, 147
국세 조사 272
국정 감사 62, 68, 69, 284, 373
국정홍보처 62, 375
국제노동기구 62, 64
국제비정부기구 62, 64
국제사면위원회 63, 270
국제수지 63, 123, 210, 211, 212, 213
국제연합 62, 64, 65, 66, 120, 201
국제연합 교육과학문화기구 62, 64, 185, 188, 200
국제연합 식량농업기구 62, 64
국제연합 아동기금 62, 66
국제연합 평화유지군 62, 66, 297
국제연합 환경계획 62, 66
국제올림픽위원회 66
국제원자력기구 62, 66, 372
국제적십자사 70, 99, 297
국제 통화 70, 94, 257
국제통화기금 37, 70, 185
국토종합개발계획 46, 47, 52, 53, 67
국회 68, 69, 70, 71, 266, 284
국회 상임위원회 68, 69, 70, 71
국회의사당 68, 69, 70, 71
국회의원 68, 69, 70, 71, 164, 182
국회 청문회 68, 69, 70, 71
군대 54, 72, 297
군사 재판 54, 289
군주제 72, 73, 149
귀족 72, 73, 149
그루지야 73, 260
그리스 73, 137, 260
그린벨트 18, 208

그린피스 73, 297, 382
그림지도 308, 309, 310, 311, 312, 313, 314
극미세 기술 산업 73, 320, 321, 325
근로의 의무 57, 59, 87
금강 14, 74, 330, 332
금강산 74, 76, 156, 168
금강산 관광 36, 76, 100, 156
금리 76, 77, 264, 291
금융 기관 77, 264, 291, 364
기간 산업 77, 172, 305
기념 우표 250, 251, 259
기니 77, 226
기독교 338, 339
기상 특보 285, 286
기업 60, 77, 78, 219, 302
기차 40, 41
김포평야 22, 356, 357
김해평야 24, 356, 357

나

나이지리아 79, 226
나주평야 292, 356, 357
나토 152
낙농업 79, 91, 172, 330
낙동강 14, 24, 25, 79, 150
남극 대륙 81, 236
남대천 14, 15, 229
남북경제회담 80, 84
남북고위급회담 80, 84
남북적십자회담 84, 99, 267
남북정상회담 84
남아메리카 대륙 82, 83, 236
남아프리카공화국 84, 226
남한강 14, 84, 158, 361
남해 24, 85, 292, 326
남해대교 24, 85
납세의 의무 57, 59, 202
내각 책임제 85, 98, 266
내장산 52, 86, 168, 294
너와집 16, 86, 366

네덜란드 87, 257, 260
네티즌 87, 278
네팔 87, 224
노동 87, 88, 89, 177
노동 3권 87, 88, 89
노동법 87, 88, 89
노동자 87, 88, 89
노동 쟁의 87, 88, 89
노동조합 87, 88, 89
노르웨이 89, 149, 260
노벨 상 89
노숙자 문제 90, 168, 220, 270
노예제 90, 149
노인 복지 24, 90, 168
노인정 24, 90
논산평야 330, 356, 357
농업 91, 139, 146, 172, 328, 329, 356
뉴스 92, 140, 141, 218
뉴질랜드 92, 240
니카라과 82, 92, 154
님비 현상 318

다

다목적댐 14, 93, 137, 209, 290
다수결의 원칙 93, 130, 134, 182, 350
단결권 88, 89
단오 194, 195, 196, 197, 198
단체교섭권 88, 89
단체행동권 88, 89
달러 70, 94, 126, 335, 381
대가족 13, 334
대관령 16, 94, 342
대구광역시 94, 100, 315, 373
대기 오염 382, 383, 384, 385
대덕연구단지 95, 97, 325
대동강 14, 96, 156
대만 341
대법원 96, 142, 143, 165, 175
대서양 97, 236, 237, 238, 239
대승 불교 160
대안학교 97, 362, 363

대전광역시 97, 98, 100, 315, 373
대종교 19, 98
대통령 54, 98, 174, 373, 375
대통령제 85, 98
대통령 책임제 85, 98
대학 99, 362, 363
대한무역투자진흥공사 337
대한민국 16, 22, 24, 25, 38, 54, 94, 97, 100, 101, 156, 178, 292, 294, 300, 330, 332, 343, 373
대한적십자사 70, 80, 99
덕유산 14, 52, 104
덴마크 104, 260
도로 30, 31, 40, 56, 102, 103, 104
도로교통법 39, 42, 102, 103, 104
도립공원 34, 52, 105
도매 시장 104, 216, 217
도매업 104, 172, 216, 217
도미니카 82, 106
도서관 33, 106, 362
도시 38, 94, 106, 107, 108, 150, 178, 252
도시 문제 106, 107, 108, 214, 303, 382
도시화 106, 107, 108
도청 108, 315
독도 108, 109, 113, 249
독도의용수비대 108, 109, 113
독립기념관 37, 113, 136
독일 28, 113, 257, 260
독재 정치 114, 130, 337
독점 35, 114
동강 14, 16, 114
동남아시아국가연합 115, 117, 121, 127, 145, 220, 275, 335, 341, 360
동지 194, 195, 196, 197, 198, 199
동진강 16, 115, 294
동학 319
동해 16, 24, 115, 150, 252, 371
등고선 308, 309, 310, 311, 312, 313, 314
디노미네이션 22, 116, 282, 380
디플레이션 22, 116, 282

라

라디오 140, 141
라오스 115, 117, 224
라이베리아 117, 226
라틴아메리카 82, 83
러시아 33, 117, 120, 224, 248, 260
레바논 118, 224
레소토 118, 226
루마니아 118, 260
루브르 박물관 118, 127, 136, 359
룩셈부르크 118, 257, 260
르완다 118, 226
리비아 120, 226
리우 선언 64, 120, 382
리투아니아 117, 120, 260

마

마다가스카르 121, 226
막사이사이 상 121, 360
만경강 14, 121, 294
만주 121, 304, 372
말레이시아 115, 121, 224
메소포타미아 문명 186, 187, 266
멕시코 122, 154, 156
모로코 122, 226
모잠비크 122, 226
몰도바 117, 122, 260
몽골 122, 224
몽블랑 산 122, 168, 260
무공훈장 386, 387
무궁화대훈장 386, 387
무궁화위성 247
무당 123
무속 123
무역 123, 125
무형 문화재 123, 125, 128, 129
문맹 64, 125, 362, 365
문화 산업 126, 320, 321, 325
문화재 60, 128, 129, 147, 166, 320
문화훈장 386, 387

물가 11, 126, 176, 216, 217
물물 교환 126, 216, 217
미국 28, 126, 154, 156
미술관 118, 127, 136, 280
미얀마 115, 130, 224
민사 소송 205, 289
민사 재판 205, 289
민속 놀이 131, 132, 133
민족 57, 130
민족자결주의 57, 130
민주 정치 93, 130, 134, 174
민주주의 57, 93, 134, 174, 175
민주평화통일자문회의 134

바

바레인 135, 224
바자회 135, 216
바코드 135, 176, 262
바하마 82, 135, 154
박물관 21, 33, 118, 127, 136
반도체 산업 137, 320, 321, 325
발리 섬 36, 137, 275
발전소 93, 137, 230
발칸 반도 73, 137, 159, 202, 260
발트 해 97, 138, 260
방글라데시 138, 224
방송 92, 126, 140, 141
방위 도법 308, 309, 310, 311, 312, 313, 314
방조제 285, 286
방파제 139, 285, 286
밭농사 29, 91, 139
백두산 139, 156, 168
백중 194, 195, 196, 197, 198
백화점 144, 206, 216, 217
범죄 28, 142, 144, 379
법 142, 143, 144, 145, 165, 284, 379
법률 구조 제도 142, 145, 147, 289
법원 13, 29, 96, 142, 143, 165, 306, 350
법치주의 134, 142, 145

베네수엘라 82, 145
베트남 115, 145, 224
벤처 기업 77, 145, 325
벨기에 145, 257, 260
벨라루스 117, 146, 260
벼농사 91, 146, 356, 357
변호사 142, 145, 147, 289
병원 19, 147, 234
보너스 176
보물 60, 128, 129, 147
보스니아–헤르체고비나 137, 149, 260
보통 예금 291
보통 우표 250, 251, 259
보험 39, 149, 263
복지 국가 149, 168
볼리비아 82, 149
봉건제 72, 73, 149
봉수제 346, 347
부가가치 150, 176, 177
부가가치세 150, 177, 201
부동산 150, 165
부산광역시 100, 150, 151, 152, 315, 373
부여 152, 330
북극 153
북대서양조약기구 113, 126, 152, 233, 260, 269, 359
북미자유무역협정 122, 126, 156, 286, 335
북아메리카 대륙 122, 126, 154, 155, 335
북한 100, 156, 157, 158, 355, 371, 391
북한강 14, 84, 158, 361
북한산 52, 158, 168, 178
분교 159, 362, 363
분리 수거 290
분업 159, 177
불가리아 137, 159, 260
불교 160, 161
불국사 28, 128, 129, 188, 189, 190, 191, 192, 193
불매 운동 114, 164, 207
불쾌지수 326

불황 22, 177
브라질 82, 164
블루벨트 326
비례대표제 164, 182
비무장지대 100, 156, 164
비준 164
비행기 40, 41
빈곤 164, 168
빨래 202, 203

사

사기업 77, 302
사법부 96, 142, 143, 165, 174
사서 106
사서삼경 165, 174, 258, 259
사설 165, 218
사우디아라비아 165, 224
사유 재산 제도 165, 285
사이버 범죄 28, 144, 166, 278
사적 128, 129, 166
사춘기 167, 325
사하라 사막 120, 167, 226, 269
사할린 섬 117, 168, 224
사회권 58
사회 보장 제도 33, 60, 168, 263
사회 복지 91, 149, 168
사회주의 168, 285
산 12, 52, 74, 86, 105, 122, 139, 158, 168, 169, 170, 183, 204, 207, 235, 254, 256, 306, 333, 365
산맥 168, 170, 171, 206, 342, 392
산성비 174, 214, 382
산업 12, 21, 36, 77, 79, 172, 173, 177, 209, 230, 249, 283, 290, 298, 305, 330
산업단지 46, 47
산업 도로 102, 103
산업혁명 34, 172
산지 시장 216, 217
삼강오륜 165, 174, 258
삼권 분립 130, 165, 174, 284, 373

삼림욕 168, 174, 283
삼심 제도 29, 96, 165, 175, 289, 306
삼일절 54, 175
삼짇날 194, 195, 196, 197, 198
삼척 오십천 14, 16, 175
상수도 175, 209
상업 104, 172, 176, 204
상여금 176
상장 176, 302, 305
상품 11, 176, 177, 207
새마을금고 77, 177
새마을훈장 386, 387
생명 공학 산업 177, 262, 320, 321, 325
생산 176, 177, 206, 262
생산재 176, 177, 207
서비스업 36, 172, 176, 177
서울대공원 21, 34, 178
서울 올림픽경기대회 66, 178, 244
서울특별시 100, 178, 179, 180, 181, 208, 315, 373
서해 22, 100, 292, 294, 391
석굴암 28, 128, 129, 188, 189, 190, 191, 192, 193
선거 93, 130, 134, 182, 289, 350
선거관리위원회 181, 182, 350
선거구 71, 181, 182, 350
선거의 4대 원칙 93, 130, 134, 182, 350
선거 재판 181, 182, 289
선교사 181, 322, 338
설날 131, 132, 133, 181, 182, 194, 195, 196, 197, 198, 199
설악산 16, 52, 100, 168, 183
섬진강 24, 100, 168, 184, 292
성균관 99, 184, 258, 362
성 범죄 144, 185
세계 4대 문명 186, 187, 266, 269, 275
세계기록유산 64, 185, 188
세계무역기구 37, 123, 200
세계무형유산 64, 125, 188, 200
세계문화유산 64, 185, 188, 189, 190, 191, 192, 193
세계보건기구 64, 200

세계복합유산 64, 185, 188, 189, 190, 191, 192, 193
세계식량계획 64, 164, 200
세계어린이환경회의 64, 66, 201, 382
세계유산 64, 185, 188, 189, 190, 191, 192, 193, 200
세계인권선언 64, 201, 270
세계자연유산 64, 188, 189, 190, 191, 192, 193
세계지적소유권기구 352
세금 59, 201, 202
세네갈 202, 226
세르비아-몬테네그로 137, 202, 260
세무서 201, 202, 375
세시 풍속 131, 132, 133, 181, 194, 195, 196, 197, 198, 199, 327
세탁 202, 203
세탁 기호 202, 203
센서스 272
소말리아 204, 226
소매상 204, 206, 216, 262
소매 시장 204, 216, 217
소매업 204, 216, 262
소방서 204, 375
소백산 168, 169, 170, 204
소백산맥 170, 171, 206
소비 177, 206, 212, 262
소비자 물가 지수 126
소비자보호단체협의회 35, 114, 207
소비재 176, 177, 207
소송 32, 165, 205, 289
소승 불교 160
소음 382, 383, 384, 385
속리산 52, 168, 207, 332
송편 194, 327
수교훈장 386, 387
수단 209, 226
수도권 100, 107, 108, 178, 208, 280
수목원 21, 209
수산업 172, 209, 228, 230
수원 화성 22, 23, 128, 129, 188, 189, 190, 191, 192, 193
수입 123, 125, 210, 211, 212, 213
수자원 93, 175, 209, 286

수질 오염 209, 361, 382, 383, 384, 385
수출 123, 210, 211, 212, 213
수표 214, 380
수학여행 28, 214
스리랑카 214, 224
스모그 174, 214, 382
스웨덴 214, 257, 260
스위스 214, 257, 260
스페인 231, 260
슬로바키아 215, 260, 326
슬로베니아 202, 215, 260, 261
승경도놀이 131, 132, 133
시민권 58, 130, 134, 215
시베리아 횡단 철도 117, 219
시이오 77, 145, 219
시장 11, 60, 126, 144, 176, 216, 217
시장가격 11, 216
식목일 168, 219, 283
식품의약품안전청 219, 375
신문 140, 165, 218
신용조합 77, 219, 378
신용 카드 219
신칸센 32, 219, 282
신호등 42, 43, 44, 45
실업 33, 87, 220
싱가포르 115, 220, 224
쓰레기 종량제 220, 382

아

아라비아 반도 135, 165, 221, 224, 234, 340
아랍에미리트 221, 224
아르메니아 117, 221, 260
아르헨티나 82, 221
아마존 강 14, 82, 164, 221
아세안 115, 117, 121, 127, 145, 220, 275, 335, 341, 360
아시아 대륙 100, 145, 224, 225, 236, 237, 275, 282, 304, 340, 341
아시아·태평양경제협력체 100, 115,

126, 222, 235, 304, 334, 341, 353
아시아태풍위원회 223
아이슬란드 223, 260
아이엠티 2000 140, 223, 346
아일랜드 223, 260
아프가니스탄 223, 224
아프리카 대륙 11, 12, 79, 226, 227, 236, 269, 341, 350
알바니아 137, 223, 260
알제리 167, 223, 226
알프스 산맥 170, 171, 228, 260
압력 단체 89, 130, 207, 228
압록강 14, 156, 228
앰네스티 인터내셔널 32, 63, 201, 270
양강도 156, 371
양식업 85, 209, 228, 230
양양 남대천 14, 16, 229
어린이날 229
어린이대공원 34, 178, 229
어린이인권선언 201, 230, 270
어업 209, 228, 230
어음 77, 214, 230
에너지 자원 209, 230, 286, 320
에스키모 153, 154, 231
에스토니아 117, 231, 260
에스파냐 231, 260
에이즈 296, 392
에콰도르 82, 231
에티오피아 226, 231
엔지오 62, 64
엥겔 계수 206, 232
여론 130, 134, 140, 218, 232
여론 조사 130, 134, 232
여행자 수표 214
연날리기 131, 132, 133
열대 풍토병 232, 296
염전 233
영공 54, 57, 234
영국 27, 233, 257, 260
영덕 오십천 14, 25, 100, 233
영산강 14, 100, 234, 292
영토 54, 57, 234
영해 54, 57, 234
예금 264, 291

예당평야 356, 357
예멘 221, 224, 234
예방 접종 147, 232, 234, 296
예산 235, 284, 373
예성강 14, 156, 235, 391
오대산 16, 52, 168, 235
오대양 육대주 81, 82, 97, 154, 224, 226, 236, 237, 238, 239, 240, 275, 354
오만 221, 224, 235
오세아니아 대륙 92, 235, 240, 241
오스트레일리아 222, 235, 240, 241
오스트리아 242, 257, 260
오아시스 167, 242
오일펜스 242, 326, 382, 383
오존 주의보 242, 382, 383
온실 91, 242
온실 효과 243, 382, 383
올림픽경기대회 66, 178, 244, 245
외국인 노동자 문제 243, 270
외채 60, 70, 185, 246
외환 위기 60, 70, 185, 246
요르단 224, 246, 354
우간다 226, 246
우랄 산맥 170, 171, 224, 246, 260
우루과이 82, 247
우루과이 라운드 37, 185, 247
우리별위성 247
우역 제도 346, 347
우주 산업 247
우즈베키스탄 117, 248, 260
우체국 248, 250, 251, 346
우크라이나 117, 248, 260
우포늪 생태공원 24, 249
우표 248, 250, 251, 346
운송업 172, 249, 262
울릉도 25, 100, 249, 349
울산광역시 34, 100, 252, 253, 307, 373
원불교 254
원시공동체 90, 149, 254
원추 도법 308, 309, 310, 311, 312, 313, 314
원통 도법 308, 309, 310, 311, 312,
313, 314
월드컵축구대회 255, 370
월악산 52, 168, 254, 332
월출산 52, 168, 256, 292
위도 308, 309, 310, 311, 312, 313, 314
유고연방 202
유교 165, 174, 258, 259
유구 128, 256, 257, 262
유네스코 64, 185, 188, 200
유니세프 64, 66
유두 194, 195, 196, 197, 198, 199
유럽 대륙 113, 117, 137, 228, 231, 233, 236, 237, 257, 260, 261, 269, 359, 360
유럽연합 113, 231, 233, 257, 260, 261, 269, 359
유로화 70, 257, 380, 381
유목민 122, 130, 257
유물 128, 256, 262
유엔 64
유적 128, 256, 257, 262
유전자 조작 농산물 177, 262, 320, 325
유치원 59, 262, 362, 363
유통 177, 206, 216, 262
유통업 172, 206, 216, 262
유형 문화재 60, 128, 129, 147, 263
육군 72
윷놀이 131, 132, 133
은행 77, 264, 265
의료보험 168, 263
의무 교육 59, 262, 266, 326
의원 내각제 54, 85, 284
의회 68, 69, 266, 284
이라크 224, 266
이란 224, 267
이산가족 80, 99, 267, 297
이스라엘 224, 269, 354
이슬람교 268
이집트 226, 269
이집트 문명 186, 187, 269
이탈리아 257, 260, 269
인간 문화재 125, 128, 129
인구 21, 106, 108, 272, 274

인구 문제 21, 107, 108, 272, 273, 274
인구 밀도 106, 107, 108, 272, 274
인권 32, 201, 243, 270, 271
인더스 문명 186, 187, 275
인도 186, 187, 224, 275
인도네시아 115, 224, 275
인도양 236, 237, 238, 239, 275
인디언 82, 130, 154, 275
인류 275
인사동 거리 21, 127, 178, 280
인쇄 276, 277
인종 127, 130, 280
인종 문제 126, 280
인천광역시 208, 280, 281, 307, 373
인천국제공항 40, 280, 282
인터넷 39, 87, 278, 279, 282, 320, 325, 326
인터넷 뱅킹 264, 265, 282, 325
인플레이션 22, 126, 282
일본 28, 224, 282, 372
임금 88, 283
임업 168, 172, 283
임진강 14, 22, 284
입법부 68, 69, 266, 284
입헌 군주제 72, 73

자

자강도 156, 355, 371
자동차 40, 41
자메이카 82, 154, 285
자본주의 33, 165, 168, 285
자연 재해 93, 223, 285, 286
자원 209, 230, 286, 320
자원 영해 27, 54
자유권 58, 134
자유무역협정 37, 123, 156, 286
장관 57, 287, 375
장례 13, 37, 287, 299
장애인 문제 168, 270, 287, 288
장애인복지법 168, 270, 287, 288
장애인올림픽대회 288

재래 공업 12, 34, 172, 290
재일본대한민국거류민단 282, 290, 372
재판 32, 142, 143, 165, 175, 289
재화 176, 177, 207, 290
재활용품 220, 290, 382, 383
저수지 91, 93, 209, 290
저축 76, 77, 264, 291
적금 77, 264, 291
적성 292, 315
전라남도 52, 100, 292, 293, 307, 373
전라북도 52, 100, 294, 295, 307, 373
전세 150, 295, 303
전염병 147, 232, 234, 296
전자 도서관 106, 297
전자 상거래 278, 297, 320, 325, 326
전자 우편 278, 297, 320, 325, 326, 346
전쟁 72, 297
전차 40, 41
정기 예금 76, 77, 264, 291
정당 68, 130, 134, 298
정보 통신 산업 298, 320, 321, 325
정부 98, 299, 373, 375
제1금융권 77, 264, 265
제1차 산업 79, 91, 172, 173, 209, 283
제2금융권 77, 177
제2차 산업 34, 172, 173, 305
제3차 산업 77, 172, 173, 177
제기차기 131, 132, 133
제사 13, 37, 287, 299
제실박물관 127, 136
제주도 100, 300, 301, 307, 365, 373
제헌절 54, 302, 373
종묘 128, 129, 178, 179, 180, 181, 188, 189, 190, 191, 192, 193
종묘제례악 125, 128, 129, 188, 189, 190, 191, 192, 193
주권 54, 57, 130, 134, 302
주식 77, 176, 302, 305
주식 회사 77, 176, 302, 305
주왕산 25, 52, 168, 303
주택 문제 106, 107, 303
중국 121, 168, 224, 304, 372

중남미 82, 83, 154
중앙아프리카공화국 226, 304
중앙 은행 77, 264, 304, 364
중앙재해대책본부 285, 286
중양절 194, 195, 196, 197, 198, 199
중학교 305, 362, 363
중화학 공업 21, 34, 305
쥐불놀이 131, 132, 133
증권 77, 302, 305
증권거래소 77, 302, 305
증산교 305
지구 온난화 현상 243, 306, 382, 383
지도 308, 309, 310, 311, 312, 313, 314
지리산 24, 52, 168, 292, 294, 306
지방 법원 12, 143, 165, 289, 306
지방 은행 264, 265
지방 의회 68, 69, 130, 307
지방 자치 108, 130, 307
지방 자치 단체 108, 130, 307
지역 계획 67, 315
지역 이기주의 315
지중해 226, 236, 237, 260, 315
지폐 380, 381
지하철 316, 317
직업 315, 318
직업병 315, 318, 382, 383
직지심체요절 276, 277
짐바브웨 226, 318

차

차드 226, 319
차례 181, 194, 327
참정권 58, 182, 350
채권 246, 305, 319
천도교 319
천연기념물 128, 129, 320
천연 자원 209, 230, 286, 320
천주교 54, 322, 323, 338, 339
철도 32, 40, 41, 324
첨단 과학 기술 산업 137, 177, 247, 298, 320, 321, 325

첨단 기술 137, 177, 247, 298, 320, 321, 325
청구권 32, 58, 175, 289
청소년 문제 13, 167, 325
청소년보호위원회 13, 167, 325
청와대 98, 325, 373, 375
청정수역 85, 228, 326
청학동 258, 306, 326
체감온도 326
체육훈장 386, 387
체코 215, 260, 326
체험 학습 21, 127, 136
초고속 정보 통신망 39, 278, 298, 326
초등학교 266, 326, 362, 363
촌락 91, 106, 230, 328, 329
추석 194, 195, 196, 197, 198, 199, 327
축산업 79, 91, 172, 330
축적 308, 309, 310, 311, 312, 313, 314
충청남도 52, 307, 330, 331, 373
충청북도 52, 307, 332, 333, 373
치악산 16, 52, 168, 333
친족 13, 334
친척 13, 334
칠교놀이 131, 132, 133
칠레 82, 334

카

카메룬 226, 335
카자흐스탄 117, 260, 335
카타르 221, 224, 335
캄보디아 115, 224, 335
캐나다 28, 154, 156, 335
컴퓨터 통신 39, 278, 326, 336
케냐 226, 336
케이블 방송 126, 140, 141, 336
코리아 100, 336, 337
코리아타운 100, 336, 337, 372
코스타리카 82, 154, 337
코트디부아르 226, 337
코트라 123, 210, 211, 337

콜롬비아 82, 337
쿠데타 72, 114, 337
쿠바 82, 154, 340
쿠웨이트 221, 224, 340
크로아티아 202, 260, 340
크리스트교 54, 322, 323, 338, 339
키와니스 세계 봉사상 340
키프로스 224, 315, 340

타

타이 115, 224, 341
타이완 224, 304, 341
탄자니아 226, 341
탄핵 98, 130, 341, 378
탐진강 14, 292, 342
태극기 48, 100, 343
태백산맥 16, 170, 171, 342
태양열 주택 230, 325, 344
태평양 223, 236, 237, 238, 239, 345
터키 137, 224, 345
테제베 32, 345, 359
텔레뱅킹 264, 265, 325, 349
텔레비전 140, 141
텔레비전 홈쇼핑 216, 325, 336, 349
템플턴 상 349
토양 오염 382, 383, 384, 385
통신 39, 140, 141, 248, 278, 346, 347, 348
통일연구원 349
투르크메니스탄 117, 224, 349
투막집 249, 349, 366, 367
투자 77, 177, 206, 350
투표 93, 130, 182, 350
투호 131, 132, 133
툰자세계어린이환경회의 64, 201
튀니지 226, 315, 350
특산물 12, 351, 373
특수 법원 13, 306, 350, 352
특수 은행 77, 264, 265
특수 학교 287, 350, 362, 363
특용 작물 91, 351, 352

특허 350, 352
특허권 350, 352
특허 법원 350, 352

파

파나마 82, 154, 353
파라과이 82, 353
파발 제도 346, 347
파업 88, 89, 353
파키스탄 224, 353
파푸아뉴기니 240, 353
판례 142, 143, 289, 354
판사 142, 143, 165, 289, 354
팔레스타인해방기구 224, 269, 354
패럴림픽 288
페루 82, 354
페르시아 만 165, 221, 267, 275, 354
편의점 204, 216, 217, 354
평등 58, 130, 134, 168, 354
평등권 58, 354
평안남도 156, 355
평안북도 156, 355
평야 14, 106, 139, 146, 356, 357, 373
평양 156, 355
평택평야 356, 357
평화 58, 297, 358
포르투갈 257, 260, 359
폭력 144, 297, 359
폴란드 260, 359
품질 관리 77, 177, 359
프랑스 28, 118, 257, 260, 359
피지 240, 360
핀란드 138, 149, 260, 360
필리핀 115, 224, 360

하

하수 처리 107, 361, 382
하천 14

학교 29, 59, 99, 262, 305, 326, 362, 363
한강 14, 84, 93, 158, 361
한계령 16, 342, 361
한국국제협력단 364
한국소비자보호원 364
한국은행 77, 264, 304, 364, 380
한국조폐공사 364, 365, 380
한글날 54, 125, 362, 365
한라산 52, 168, 300, 365
한반도비핵화공동선언 80, 84, 370
한옥 349, 366, 367, 368, 369
한일 월드컵축구대회 255, 370
할인 판매점 204, 216, 217, 370
함경남도 156, 371
함경북도 156, 371
해군 72
해양 오염 242, 326, 382, 383, 384, 385
해외교포 57, 126, 282, 304, 372
해인사 24, 25, 128, 129, 188, 189, 190, 191, 192, 193
핵가족 13, 21, 334
핵확산금지조약 66, 372
행정 구역 16, 22, 24, 25, 38, 94, 97, 100, 150, 178, 252, 280, 292, 294, 300, 307, 330, 332, 373, 374, 376, 377
행정 기관 57, 98, 287, 373, 375
행정 법원 143, 289, 350
행정부 57, 98, 165, 284, 373, 375
행정 소송 205, 289, 350
행정 재판 205, 289, 350
헌법 54, 57, 142, 302, 373, 378
헌법소원심판 289, 373, 378
헌법재판소 54, 373, 378
헌혈 99, 147, 378
헝가리 260, 378

협동조합 77, 91, 177, 219, 378
형벌 142, 144, 289, 379
형사 소송 142, 144, 205, 289, 379
형사 재판 142, 144, 205, 289, 379
형산강 14, 25, 252, 379
호남평야 115, 121, 294, 356, 357
호주 235
호주제 13, 334, 379
호황 22, 27, 177
혼인 13, 21, 272, 334
홀트아동복지회 297, 379
홍해 221, 226, 275, 379
화상 전화 325, 346, 347, 388
화전 139, 168, 388
화폐 11, 70, 94, 126, 257, 364, 380, 381
확대 가족 13, 334
환경과 개발에 관한 리우데자네이루 선언 64, 120, 382, 383
환경마크 제도 290, 382, 383, 388
환경보전법 382, 383, 384, 388
환경 보존의 의무 59, 120, 382, 383
환경 산업 320, 321, 382, 383, 388, 389
환경 오염 174, 214, 243, 361, 382, 383, 384, 385, 389
환율 70, 246, 389
황사 현상 304, 382, 383, 389, 390
황하 문명 186, 187, 304
황해 22, 100, 292, 294, 330, 391
황해도 18, 156, 253, 391
회교 268
횡단보도 39, 42, 43, 44, 45, 102, 103, 391
후천성면역결핍증 296, 392
훈장 54, 386, 387
흑해 117, 224, 260, 315, 345, 392
히말라야 산맥 87, 170, 224, 392

AIDS 296, 392
APEC 100, 115, 126, 222, 235, 304, 334, 341, 353
ASEAN 115, 117, 121, 127, 145, 220, 275, 335, 341, 360
CATV 126, 140, 141, 336
DMZ 100, 156, 164
FAO 62, 64
GATT 37, 185, 247
GDP 27, 55, 60, 177
GNP 27, 55, 60
IAEA 62, 66, 372
ILO 62, 64
IMF 37, 70, 185
IMT 2000 140, 223, 346
IOC 66
KOICA 364
KOTRA 123, 210, 211, 337
NAFTA 122, 126, 156, 286, 335
NATO 113, 126, 152, 233, 260, 359
NGO 62, 64
NPT 66, 372
OECD 28, 113, 126, 233, 359
PKO 62, 66, 297
PLO 224, 269, 354
UN 62, 64, 65, 66, 120, 201
UNEP 62, 66
WFP 64, 164, 200
WHO 64, 200
WTO 37, 123, 185

*굵은 글씨의 숫자는 표제어가 있는 쪽을 가리킵니다. 그 외의 숫자는 관련 표제어가 있는 쪽입니다.

교과 관련 찾아보기

슬기로운 생활 1학년

1학기

1. 봄나들이
2. 나의 몸
3. 나의 하루 생활
4. 슬기롭게 여름나기

산과 들로 나갈 때에는 무엇을 준비해야 할까요?	견학, 국립공원, 도립공원, 수목원, 삼림욕
학교에 오고가는 길에는 무엇이 있을까요?	지도-그림지도 그리기, 시장, 편의점, 경찰, 우체국, 소방서, 병원, 은행, 새마을금고, 경로당
병원에 가서는 무엇을 하고 지켜야 할 일에는 어떤 것이 있을까요?	병원, 건강 진단, 예방 접종
학교 근처에 있는 교통 신호와 교통 표지판을 알아봅시다.	교통 안전 시설, 횡단보도
여러 가지 탈것의 종류로는 어떤 것들이 있을까요?	교통, 지하철, 철도, 고속철도

2학기

1. 생각하여 만들기
2. 화목한 우리 가족
3. 가을 마당
4. 우리들의 겨울맞이
5. 1학년 마무리

우리 가족을 소개해 봅시다.	가족, 친족
우리 집에서는 어떤 행사를 할까요?	설날, 추석, 제사, 세시 풍속, 친족

추석에는 무엇을 할까요?	추석, 민속 놀이, 세시 풍속
우리 가족은 어떤 일을 할까요?	가족, 직업, 산업
들이나 공원에 가서 식물과 동물을 관찰해 봅시다.	산, 강, 국립공원, 도립공원, 공원, 서울대공원, 어린이대공원, 우포늪 생태공원, 견학
우리 마을을 위하여 애쓰시는 분들로는 어떤 분들이 계실까요?	경찰, 소방서, 우체국, 지방 자치 단체, 지방 의회, 공무원

슬기로운 생활 2학년

1학기

1. 자라나는 우리들
2. 살기 좋은 우리 집
3. 더불어 사는 우리 이웃
4. 빛과 그림자
5. 내가 만든 장난감
6. 알찬 하루 보람찬 생활

우리는 자라면서 어떻게 달라질까요?	적성, 사춘기, 청소년 문제, 학교, 가족, 초등학교, 중학교, 고등학교, 대학, 직업, 결혼, 결혼식, 의무 교육
먼 훗날 나는 어떤 사람이 되어 있을까요?	직업, 적성
여러 가지 집의 같은 점과 다른 점을 알아봅시다.	너와집, 투막집, 한옥
이웃에 대해 생각해 봅시다.	지방 자치, 지역 계획, 촌락, 도시
지역에 문제가 생겼을 때 어떻게 해결하면 좋을까요?	지역 이기주의, 지방 자치, 지역 계획, 도시 문제, 도시화, 주택 문제, 인구 문제, 환경 오염
물의 쓰임새와 물을 아껴 쓰는 방법으로는 어떤 것이 있을까요?	수자원, 자원, 천연 자원, 상수도, 하수 처리

2학기

1. 우리 마을
2. 가게놀이
3. 주렁주렁 가을 동산
4. 겨울을 따뜻하게 보내려면

마을을 조사하려면 어디를 어떻게 살펴보면 좋을까요?	지도-관찰, 견학, 시장, 편의점, 경찰, 우체국, 소방서, 은행
우리 마을을 그림지도로 그려 봅시다.	지도-그림지도 그리기, 지도-관찰
가게에는 어떤 물건이 있을까요?	상품, 시장, 도매업, 소매업, 할인 판매점, 편의점
우리 생활에 필요한 물건은 어디에서 사야 할까요?	시장, 도매업, 소매업, 할인 판매점, 편의점, 백화점, 전자 상거래
채소와 생선은 우리 손에 어떻게 오게 될까요?	시장, 유통, 농업, 어업, 수산업, 밭농사, 산업, 도매업, 소매업, 할인 판매점
컴퓨터와 장난감은 우리 손에 어떻게 오게 될까요?	시장, 유통, 산업, 경공업, 공업, 첨단 과학 기술 산

물건을 고를 때는 무엇을 중요하게 생각해야 할까요?	업, 도매업, 소매업, 할인 판매점
	소비, 저축, 환경마크 제도, 신용 카드, 인터넷, 전자 상거래, 품질 관리
우리 마을에서는 어떤 일을 할까요?	도시, 촌락, 산업, 특산물, 가내 공업
열매나 씨앗이 생기기까지 사람들은 어떤 일을 할까요?	농업, 산업, 벼농사, 밭농사, 고랭지 농업, 노동
곡식이나 과일을 가꾸기 위해 애쓰신 분들은 누구일까요?	노동, 산업, 벼농사, 밭농사, 농업
옛 사람들은 추위를 어떻게 이겨 냈을까요?	한옥

3학년 1학기

1. 우리 고장의 모습

학교 앞의 큰 건물이 있어 뒷건물이 보이지 않으면 어떻게 관찰해야 할까요?	지도-관찰
학교 주변의 마을 모습을 그림지도로 그리려면 어떻게 해야 할까요?	지도-그림지도 그리기
그림지도는 어떤 순서로 그려야 할까요?	지도-그림지도 그리기
지도의 기호는 어떻게 만들면 될까요?	지도-지도기호
사람이 많이 모이는 이유는 무엇일까요?	강, 평야, 도시, 촌락, 교통, 시장
논밭이 많은 곳의 모습은 어떠할까요?	촌락, 평야, 강, 농업, 밭농사, 벼농사
산과 계곡, 도시나 공장 지역, 논밭이 많은 지역은 서로 어떻게 다를까요?	국가산업단지, 도시, 촌락, 산, 강, 평야
사진과 그림지도의 다른 점은 무엇일까요?	지도 🔍
그림지도가 사진보다 편리한 점은 무엇일까요?	지도 🔍

2. 우리 고장 사람들의 생활 모습

사람들은 자연을 어떻게 이용할까요?	농업, 낙농업, 밭농사, 벼농사, 온실, 어업, 수산업, 염전, 임업, 광업, 목축업, 다목적댐, 건설업, 촌락, 강, 산, 평야, 국립공원
옛날과 오늘날의 자연 이용 모습은 어떻게 다를까요?	강, 고랭지 농업, 관광업, 국립공원, 농업, 다목적댐, 도립공원, 산, 수목원, 양식업, 온실, 촌락, 평야
사람들은 생활 속에서 더위나 추위를 어떻게 이겨 낼까요?	한옥
우리 고장에는 어떤 종류의 산업이 발달했을까요?	가내 공업, 경공업, 국가산업단지, 산업, 재래 공업, 공업, 광업, 중화학 공업, 서비스업, 건설업, 운송업, 농업, 임업, 어업, 광업, 공업, 목축업, 중화학 공업
우리 고장에는 왜 이런 산업이 발달했을까요?	촌락, 특산물, 국가산업단지, 산업, 자원, 가내 공업, 재래 공업
백화점을 지으려면 어떤 곳이 적당할까요?	백화점 🔍, 시장, 도시

3. 고장 생활의 중심지

고장 사람들은 생활에 필요한 물건을 어디서 어떻게 구할까요?	시장, 할인 판매점, 백화점, 편의점, 소비, 전자 상거래, 인터넷, 텔레비전 홈쇼핑
시장이 없으면 어떤 점이 불편할까요?	시장, 유통
시장은 어떤 곳에 있을까요?	시장, 백화점 🔍, 도시
시장의 종류로는 어떤 것들이 있을까요?	시장, 백화점, 할인 판매점, 편의점, 텔레비전 홈쇼

역과 터미널에는 왜 사람들이 많이 모일까요? 핑, 전자 상거래, 도매업, 소매업
교통, 도시, 도로, 철도, 지하철
우리 고장과 이웃 고장을 연결하는 길이 없다면 어떤 점이 불편할까요? 교통, 도로, 고속도로, 국도, 철도, 고속철도

3학년 2학기

1. 고장 생활의 변화

교통 수단은 어떻게 변해 왔을까요?	교통, 지하철, 철도, 고속철도, 고속도로, 도로
철도 교통은 어떻게 변해 왔을까요?	철도, 교통, 고속철도
교통이 발달하면서 우리의 생활은 어떻게 달라졌을까요?	교통, 도시, 촌락, 도로, 고속도로
옛날과 오늘날의 통신 방법을 비교하고 통신이 발달해온 모습을 조사해 봅시다.	
	통신, 인터넷, 전자 우편, 컴퓨터 통신, 화상 전화, 광통신
통신 방법이 발달하면서 고장 사람들의 생활 모습은 어떻게 달라졌을까요?	통신, 인터넷, 화상 전화, 전자 상거래
옛날과 오늘날의 전화하는 모습은 어떻게 달라졌을까요?	통신 탐, 초고속통신망, 화상 전화

2. 우리 고장의 전통 문화

우리 고장에 전해 오는 민속 놀이로는 어떤 것들이 있을까요?	민속 놀이, 세시 풍속, 설날, 추석
어린이들이 즐기는 민속 놀이로는 어떤 것들이 있을까요?	민속 놀이-옛날 어린이들은 무엇을 하고 놀았을까?
우리 고장에서 해마다 하는 민속 놀이로는 어떤 것들이 있을까요?	민속 놀이, 세시 풍속, 설날, 추석
민속 놀이 중에서 누가 했는지에 따라 나누어 봅시다.	민속 놀이
결혼식의 모습은 옛날과 어떻게 달라졌을까요?	결혼식 탐, 관혼상제
오늘날의 제례와 장례 모습은 옛날과 어떻게 다를까요?	장례, 제사, 가정의례, 관혼상제
장례와 제례에 담긴 뜻은 무엇일까요?	장례, 제사, 가정의례, 관혼상제
제사는 어떻게 지내는 것일까요?	제사 탐

3. 살기 좋은 우리 고장

구청에서는 우리 고장을 위해 어떤 일들을 할까요?	지방 자치 단체, 공무원
구청에서 하는 일을 조사하는 방법으로는 어떤 것이 있을까요?	견학, 인터넷
우리 고장의 여러 기관은 어떤 일을 할까요?	경찰, 도청, 법원, 세무서, 소방서, 우체국, 지방 의회, 지방 자치 단체
우리는 왜 고장의 일에 참여해야 할까요?	지방 의회, 지방 자치, 지역 계획, 민주 정치, 지방 자치 단체, 다수결의 원칙
우리 고장에는 어떤 문제점이 있으며, 이를 해결하기 위해서는 어떻게 해야 할까요?	
	지역 이기주의, 환경 오염, 도시 문제, 도시화, 주택 문제, 인구 문제

4학년 1학기

1. 우리 시·도의 모습

지도는 언제 필요할까요?	지도, 견학
지도에는 어떤 기호들이 있을까요?	지도-지도 기호
지도에서 땅의 높낮이는 어떻게 나타낼까요?	지도-등고선
지도에서 거리는 어떻게 나타낼까요?	지도-축척
우리 시·도의 지형에 따른 특산물로는 어떤 것들이 있을까요?	특산물, 가내 공업, 재래 공업, 산, 산맥, 강, 평야
우리 시·도의 기후에 대한 정보는 어떻게 알 수 있을까요?	뉴스, 신문, 인터넷, 행정 기관, 자연 재해
우리 고장과 다른 고장의 기후에는 어떤 차이점이 있을까요?	광주광역시, 대구광역시, 대전광역시, 서울특별시, 인천광역시, 부산광역시, 울산광역시, 강원도, 경기도, 경상남도, 경상북도, 전라남도, 전라북도, 제주도, 충청남도, 충청북도
주민 생활에 주는 자연 재해와 그것을 극복하는 과정은 무엇일까요?	자연 재해, 다목적댐, 방파제, 저수지, 오일펜스, 아시아태풍위원회
우리 주변에서 볼 수 있는 재해 예방 시설에는 어떤 것이 있을까요?	다목적댐, 방파제, 저수지
댐 건설의 장단점은 무엇일까요?	다목적댐, 수자원
강수량에 따른 자연 재해로는 어떤 것들이 있을까요?	자연 재해, 아시아태풍위원회
우리 시·도의 모습은 어떻게 달라졌을까요?	행정 구역, 광주광역시 탐, 대구광역시 탐, 대전광역시 탐, 서울특별시 탐, 인천광역시 탐, 부산광역시 탐, 울산광역시 탐, 강원도, 경기도 탐, 경상남도, 경상북도, 전라남도, 전라북도, 제주도, 충청남도, 충청북도
시·도의 모습이 달라져서 좋은 점과 좋지 않은 점은 무엇일까요?	국가산업단지, 도시, 도시 문제, 도시화, 인구 문제, 주택 문제, 환경 오염
우리 시·도에는 어떤 문화재가 있을까요?	문화재, 국보, 보물, 유물, 유적, 사적, 유형 문화재, 무형 문화재, 천연 기념물, 세계 유산, 세계기록유산, 세계무형유산

2. 우리 시·도의 발전하는 경제

우리 시·도에서는 어떤 자원을 이용하여 생산 활동을 할까요?	광주광역시, 대구광역시, 대전광역시, 서울특별시, 인천광역시, 부산광역시, 울산광역시, 강원도, 경기도, 경상남도, 경상북도, 전라남도, 전라북도, 제주도, 충청남도, 충청북도, 국가산업단지, 산업, 특산물
시·도의 특산물과 전통 산업과는 어떤 관계가 있을까요?	특산물, 가내 공업, 재래 공업
시·도의 기업들은 세계 여러 나라와 어떻게 교류할까요?	무역, 수입과 수출
다른 나라에서 생산되어 우리 시·도로 들어온 물건에는 어떤 것들이 있을까요?	수입과 수출, 무역, 자유무역협정
우리 시·도의 생산품 중에서 수출하는 물건에는 어떤 것들이 있을까요?	수입과 수출, 자유무역협정
시·도의 주민들이 함께 이용하는 시설에는 어떤 것들이 있을까요?	공공 시설, 고속도로, 도로, 도서관, 박물관, 미술관, 법원, 상수도, 세무서, 지하철, 철도, 초등학교, 중학

	교, 고등학교, 경로당
공공 시설은 어떻게 이용해야 할까요?	공공 시설, 공중도덕
생산 활동에서 분업은 어떻게 이루어질까요?	분업, 노동, 생산
물건과 물건을 직접 바꾸면 어떤 점이 불편할까요?	물물 교환, 시장, 화폐
우리 고장의 큰 시장에서 볼 수 있는 것은 무엇일까요?	시장, 할인 판매점, 도매업, 소매업, 백화점, 상품, 소비재
우리 주변에 있는 물건들은 각각 어디에서 생산한 것일까요?	특산물, 산업, 자원, 국가산업단지, 수입과 수출, 농업, 공업, 경공업, 중화학 공업, 임업, 가내 공업
유통 단계가 줄어들면 생산자와 소비자에게는 어떤 점이 좋을까요?	유통, 생산, 소비, 시장
지역과 지역, 나라와 나라는 경제 생활에서 서로 어떠한 도움을 주고받을까요?	무역, 수입과 수출
농산물이나 수산물이 우리 가정에 오기까지에는 어떤 과정을 거칠까요?	유통 탐, 생산, 소비, 산업
소비자가 농산물이나 수산물을 더 싸게 살 수 있는 방법으로는 어떤 것이 있을까요?	유통 탐, 전자 상거래, 시장
교통 통신 시설은 시·도의 경제를 발전시키는 데 어떤 역할을 할까요?	교통, 통신, 인터넷, 도로, 고속도로, 국도, 철도, 고속철도
철광석이 나지 않는 포항에 제철소를 만든 까닭은 무엇일까요?	국가산업단지 탐

3. 새로워지는 우리 시·도

우리 시·도의 시청과 도청은 어디에 있을까요?	도청, 행정 구역, 광주광역시, 대구광역시, 대전광역시, 서울특별시, 인천광역시, 부산광역시, 울산광역시, 강원도, 경기도, 경상남도, 경상북도, 전라남도, 전라북도, 제주도, 충청남도, 충청북도
우리 시·도는 몇 개의 시, 군, 구로 나누어져 있을까요?	광주광역시, 대구광역시, 대전광역시, 서울특별시, 인천광역시, 부산광역시, 울산광역시, 강원도, 경기도, 경상남도, 경상북도, 전라남도, 전라북도, 제주도, 충청남도, 충청북도, 행정 구역
시·도 의회는 어떤 일을 할까요?	지방 의회, 지방 자치 단체
각각의 시·도를 상징하는 것에는 어떤 것들이 있을까요?	도청, 광주광역시, 대구광역시, 대전광역시, 서울특별시, 인천광역시, 부산광역시, 울산광역시, 강원도, 경기도, 경상남도, 경상북도, 전라남도, 전라북도, 제주도, 충청남도, 충청북도, 행정 구역
우리 시·도 주민들이 일상 생활에서 겪는 불편한 점은 무엇일까요?	도시 문제, 인구 문제, 쓰레기 종량제, 주택 문제, 환경 오염, 공공 시설, 공중 도덕
일상 생활에서 쓰레기 문제 말고 다른 어떤 문제들이 있을까요?	도시, 도시 문제, 인구 문제, 주택 문제, 환경 오염, 공공 시설
우리 고장과 다른 고장이 함께 해야 할 문제로는 어떤 것들이 있을까요?	지역 이기주의, 인구 문제, 환경 오염, 주택 문제
시·도 발전을 위해 주민들이 바라는 것은 무엇일까요?	국가산업단지, 국립공원, 도립공원, 문화재, 산업, 유물, 유적, 주택 문제, 특산물, 환경 오염, 지역 계획

4학년 2학기

1. 문화재와 박물관

옛 도읍지의 자연 환경은 어떤 모습이었을까요?	개성, 경주, 공주, 부여, 서울특별시, 평양
옛 도읍지에는 어떤 유물과 유적이 남아 있을까요?	개성, 경주, 공주, 부여, 서울특별시, 평양
박물관은 어떤 일을 하며, 어떤 종류가 있을까요?	박물관, 미술관
박물관 견학 계획을 세우고 박물관을 건학해 봅시다.	견학, 박물관
세계문화유산으로 지정된 우리 나라의 문화재로는 어떤 것들이 있을까요?	세계유산-우리 나라의 세계유산, 문화재
여러 문화재가 세계문화유산으로 지정된 까닭은 무엇일까요?	세계유산-우리 나라의 세계유산, 문화재
우리 고장의 문화재는 어떻게 세계문화유산으로 추천될 수 있을까요?	세계유산, 세계기록유산, 세계무형유산, 문화재
자랑스러운 우리 문화재로는 어떤 것들이 있을까요?	문화재, 국보, 보물, 사적, 유물, 유적, 유형 문화재, 무형 문화재, 천연기념물, 세계유산, 세계기록유산, 세계무형유산, 문화재

2. 가정 생활과 여가 생활

가정의 형태로는 어떤 것이 있을까요?	가족, 친족
가정은 왜 소중할까요?	가족, 친족
가족 구성원들의 역할이 옛날에는 어떠했으며 오늘날과는 어떤 차이가 있을까요?	가족 **탐**, 친족
우리 조상들은 여가를 어떻게 보냈을까요?	민속 놀이, 세시 풍속
조상들의 여가 생활로는 어떤 것들이 있었을까요?	민속 놀이, 세시 풍속
어떤 여가 생활이 바람직할까요?	국립공원, 도립공원, 산, 미술관, 박물관, 수목원, 삼림욕, 인사동 거리

3. 가정의 경제 생활

가지고 싶은 것을 모두 가질 수 없는 까닭은 무엇일까요?	소비, 자원, 천연 자원, 수자원, 에너지 자원, 상품
원하는 것은 많고 그것을 살 수 있는 돈이 없을 때에는 어떤 것을 먼저 사야 할까요?	소비, 저축
우리 생활에 필요한 물건은 어떻게 만들어지나요?	산업, 노동, 노동자, 자원, 분업, 생산, 생산재, 소비재
생산 활동에는 어떤 것들이 있을까요?	생산, 상품, 산업, 농업, 공업, 어업, 임업, 수산업, 양식업, 축산업, 서비스업, 상업, 관광업, 문화 산업
물건을 생산하는 데에는 어떤 것들이 필요할까요?	생산, 노동, 노동자, 자원, 소비재, 생산재, 상품, 기업
가정의 소득은 어떻게 얻어질까요?	임금, 상여금, 노동, 노동자, 생산, 자본주의
공연, 연구, 운전, 집안일들이 생산 활동이라고 할 수 있는 까닭은 무엇일까요?	생산 **탐**, 노동
가정에서 소득은 어떻게 쓰일까요?	가계부, 소비, 엥겔 계수, 저축
가정의 소득이 한정되었을 때 지출은 어떻게 하는 것이 현명할까요?	가계부, 소비, 신용 카드
은행에서는 어떤 일을 할까요?	은행, 금융 기관, 중앙 은행, 한국은행
예금의 종류와 필요성은 무엇일까요?	은행, 저축, 금융 기관
가정에서는 왜 저축을 해야 할까요?	저축, 소비, 생산, 금융 기관

금융 업무를 취급하는 기관에는 어떤 것들이 있을까요?	금융 기관, 은행, 우체국, 새마을금고, 저축
여러 금융 기관에서는 고객이 저축한 돈을 어떻게 활용할까요?	금융 기관, 은행, 저축, 기업, 생산
가계부에서는 무엇이 소득이고 무엇이 소비일까요?	가계부, 소비, 임금, 상여금

5학년 1학기

1. 우리 나라의 자연 환경과 생활

사람들이 사는 곳의 땅 모양은 어떻게 다를까요?	강, 산, 평야, 도시, 촌락
사람들은 지형을 어떻게 이용하며 살고 있을까요?	강, 산, 촌락, 도시, 평야, 농업, 벼농사, 밭농사, 어업, 수산업, 임업, 광업, 축산업, 염전, 국립공원, 관광업, 다목적댐
사람들이 많이 모여 살기 좋은 지형은 어떤 곳일까요?	강, 평야, 촌락, 도시
조상들은 여름나기 물건들을 어떻게 이용하여 더위를 이겨 냈을까요?	한옥 탐
조상들은 겨울나기 물건들을 어떻게 이용하여 추위를 이겨 냈을까요?	한옥 탐
우리 조상들은 추위와 더위를 막기 위하여 어떤 집을 지었을까요?	한옥
지방에 따라 집 모양은 어떻게 다를까요?	한옥-한옥의 구조, 너와집, 투막집
지방에 따른 집 모양과 기후는 어떤 관계가 있을까요?	한옥-한옥의 구조, 너와집, 투막집
바다와 섬에 있는 집들의 특징은 무엇이고 왜 그렇게 지었을까요?	한옥, 너와집, 투막집
한옥 마을에서 찾은 우리 조상들의 지혜로는 어떤 것이 있을까요?	한옥 탐
일반 초가집과 섬 지방의 초가집의 지붕에는 어떤 차이가 있으며 왜 차이가 생겼을까요?	한옥
염전과 비닐 하우스는 자연을 어떻게 이용한 것이고 지형과 기후와는 어떤 관계가 있을까요?	염전, 온실, 온실 탐
도시는 주로 어디에 있으며 왜 그곳에 생겼을까요?	도시, 강, 평야, 세계 4대 문명, 촌락
강원도 평창군에서는 어떻게 여름철에 가을 채소를 재배할 수 있을까요?	고랭지 농업, 농업

2. 우리가 사는 지역

도시 생활에는 어떤 특징이 있으며, 촌락의 모습과는 어떻게 다를까요?	도시, 촌락, 도시 문제, 도시화
우리 나라의 도시는 어떻게 발달해 왔을까요?	도시, 도시화, 도시 문제, 광주광역시, 대구광역시, 대전광역시, 부산광역시, 서울특별시, 수도권, 울산광역시, 인천광역시, 공업 도시
인구가 많이 분포하는 곳은 어떤 지형적 특징이 있을까요?	강, 평야, 도시, 촌락
도시에는 어떤 기능이 발달했을까요?	도시, 교통, 서비스업
우리 나라의 지역간 인구 이동의 모습과 특징으로는 어떤 것들이 있을까요?	인구, 인구 문제, 인구 밀도, 도시, 도시 문제, 도시화
사람들이 도시로 모여드는 까닭은 무엇일까요?	도시
사람들이 도시로 모여들면서 어떤 문제들이 생겼을까요?	도시 문제, 인구 문제, 주택 문제, 환경 오염, 도시화
부족한 주택은 어떻게 해결할까요?	주택 문제, 도시 문제, 도시
도시 환경 문제는 무엇이고, 해결 방법은 무엇일까요?	도시 문제, 주택 문제, 환경 오염
촌락의 자연 환경과 생활 모습은 어떠할까요?	촌락, 평야, 강, 농업, 밭농사, 벼농사, 어업, 임업,

촌락의 생활 모습은 어떻게 변해 왔을까요?	수산업, 광업, 축산업 촌락, 도시화, 도시
촌락의 문제점은 무엇일까요?	촌락, 인구 문제, 도시화
촌락의 문제와 도시의 문제에는 어떤 관계가 있을까요?	촌락, 도시, 도시 문제, 도시화, 인구 문제

3. 환경 보전과 국토 개발

자연은 우리 생활에 어떤 도움을 줄까요?	강, 산, 평야, 산맥, 수자원, 천연 자원, 에너지 자원
계절과 지역에 따라 자주 일어나는 자연 재해로는 어떤 것들이 있을까요?	자연 재해, 아시아태풍위원회
우리 지역에서 일어나는 자연 재해의 원인은 무엇일까요?	자연 재해 탐, 아시아태풍위원회
사람들은 자연 재해를 극복하기 위해서 어떤 노력을 할까요?	다목적댐, 방파제, 저수지
우리 주변에는 어떤 환경 문제가 있고 그 해결 방법은 무엇일까요?	환경 오염, 산성비, 스모그, 지구 온난화 현상, 황사 현상, 환경보전법, 청정수역, 오존 주의보
세계적으로 환경 보호 활동이 필요한 이유는 무엇일까요? 환경을 보전하기 위해 어떤 노력을 해야 할까요?	국제연합 환경계획, 리우 선언, 세계어린이환경회의 쓰레기 종량제, 재활용품, 환경마크 제도, 오존 주의보, 환경 산업, 청정수역, 국립공원, 도립공원, 세계어린이환경회의
환경 기초 시설 설치 때문에 발생하는 문제점과 그 해결 방법은 무엇일까요?	
	지역 이기주의, 환경 산업
국토 개발은 왜 필요할까요?	국토종합개발계획, 간척 사업, 국가산업단지, 다목적댐, 지역 계획
국토종합개발사업의 주요 성과는 무엇일까요?	국토종합개발계획, 도로, 고속도로, 국가산업단지
물이 부족하면 어떤 일이 생길까요? 또 어떻게 해결하면 좋을까요?	수자원, 다목적댐, 자원, 천연 자원, 환경 오염, 상수도, 하수 처리, 자연 재해, 환경보전법

5학년 2학기

1. 우리 나라의 경제 성장

우리 주변에서 이루어지는 경제 생활에는 어떤 특징이 있을까요?	자본주의, 사유 재산 제도, 시장, 가격, 경기, 경기 순환, 기업, 상품, 주식, 디플레이션, 디노미네이션
국가는 개인과 기업의 경제 생활에 어떤 도움을 줄까요?	국가 탐, 공정거래위원회, 특허, 코트라
우리 나라의 경제 발전 모습을 알 수 있는 자료로는 어떤 것들이 있을까요?	경제 성장률, 국내총생산, 국민총생산, 국제수지, 수입과 수출, 엥겔 계수
우리 나라의 산업은 어떻게 발달해 왔을까요?	건설업, 광업, 농업, 문화 산업, 반도체 산업, 산업, 생명 공학 산업, 수산업, 어업, 우주 산업, 임업, 정보 통신 산업, 경공업, 중화학 공업, 첨단 과학 기술 산업, 극미세 기술 산업, 기간 산업
우리 국민은 경제 위기를 극복하기 위해 어떤 노력을 해왔을까요?	외환 위기, 외채, 국제통화기금
경제가 성장한다는 것을 알 수 있는 구체적인 사례로는 어떤 것들이 있을까요?	
	경제 성장률, 국내총생산, 국민총생산, 국제수지, 수입과 수출, 무역
나라와 나라 사이에 무역이 필요한 까닭은 무엇일까요?	무역, 수입과 수출, 자원, 국민 경제

우리 나라와 세계 여러 나라 사이의 무역에서 우리는 주로 무엇을 수출했을까요?	무역, 수입과 수출, 산업
우리 나라의 주요 수출국과 수입국은 어느 나라이며, 주로 무엇을 수입했을까요?	무역, 수입과 수출
우리 나라의 수출과 수입은 어떻게 변화했을까요?	수입과 수출, 산업
외국에서 인정받고 있는 우리 나라의 기술에는 어떤 것들이 있을까요?	반도체 산업, 생명 공학 산업, 정보 통신 산업, 첨단 과학 기술 산업, 중화학 공업
우리 나라 기업이 해외로 진출한 사례로는 어떤 것이 있을까요?	기업 탐
우리 나라 기업이 해외에 공장을 짓는 까닭은 무엇일까요?	기업 ?
우리 나라의 주요 수출품과 수입품은 무엇일까요?	수입과 수출, 무역

2. 정보화 시대의 생활과 산업

생활에 필요한 다양한 정보는 어디에서 얻을까요?	방송, 신문, 인터넷, 뉴스, 텔레비전 홈쇼핑, 케이블 방송, 행정 기관, 도서관
초고속 정보 통신망은 우리 생활에 어떤 도움을 줄까요?	초고속 정보 통신망, 인터넷, 전자 상거래, 전자 우편, 컴퓨터 통신, 화상 전화, 첨단 과학 기술 산업 탐
정보화 사회에서 우리 생활은 어떻게 변화하고 있을까요?	정보화 사회, 인터넷, 전자 상거래
가정에서는 인터넷을 어떻게 이용하고 있을까요?	인터넷, 전자 우편, 전자 상거래, 전자 도서관, 첨단 과학 기술 산업
올바른 인터넷 사용 문화에는 어떤 것들이 있을까요?	인터넷, 사이버 범죄, 네티즌
농업과 수산업에서 첨단 기술은 어떻게 이용될까요?	첨단 과학 기술 산업 탐, 양식업, 온실
첨단 기술이 산업 발달에 미치는 영향은 무엇일까요?	첨단 기술, 첨단 과학 기술 산업, 극미세 기술 산업, 중화학 공업, 산업, 반도체 산업, 생명 공학 산업, 정보 통신 산업, 전자 상거래
첨단 기술을 이용하여 새롭게 성장할 산업으로는 어떤 것들이 있을까요?	극미세 기술 산업, 반도체 산업, 생명 공학 산업, 우주 산업, 정보 통신 산업, 첨단 과학 기술 산업, 아이엠티 2000
컴퓨터가 우리 생활에서는 어떻게 활용되고 있을까요?	인터넷, 첨단 과학 기술 산업 탐, 컴퓨터 통신
바퀴나 인쇄술이 우리 생활과 산업에 어떤 변화를 가져다 주었을까요?	교통, 인쇄

3. 우리 겨레의 생활 문화

전해 오는 건국 이야기들은 무엇이며 그 속에 나타난 공통점들은 무엇일까요?	건국 신화 탐
건국 이야기에 나타난 조상들의 생활 모습과 민족 정신은 무엇일까요?	건국 신화, 무속
우리 조상들이 함께 즐겼던 놀이나 노래는 무엇이며, 그 속에서 알 수 있는 생활 모습은 무엇일까요?	민속 놀이, 세시 풍속
우리 민족의 생활에 영향을 끼친 종교로는 어떤 것들이 있을까요?	대종교, 불교, 유교, 증산교, 천도교, 천주교, 크리스트교, 무속
종교는 우리 생활과 문화에 어떤 영향을 끼쳤을까요?	대종교, 불교, 유교, 증산교, 천도교, 천주교, 크리스트교, 무속
여러 종교의 주요 가르침과 종교가 일상 생활에 끼친 영향은 무엇일까요?	대종교, 불교, 유교, 증산교, 천도교, 천주교, 크리스트교, 무속

6학년 1학기

1. 우리 민족과 국가의 성립

최초의 국가인 고조선은 어떤 나라였을까요?	건국 신화 ^탑
삼국 문화의 특징은 무엇이며, 대표적인 유적과 유물은 무엇일까요?	개성, 경주, 공주, 부여, 서울특별시, 평양, 불교, 유적, 유물
통일 신라에 비해 고려는 어떤 점이 발전했을까요?	불교, 개성
고려 문화의 특징은 무엇이며, 문화재로는 어떤 것들이 있을까요?	개성, 문화재, 국보, 보물, 불교, 세계유산-우리 나라의 세계유산, 유물, 유적, 사적
조선이 세워진 후 백성들의 생활 모습은 어떻게 달라졌을까요?	유교, 경로 사상, 삼강오륜
조선 시대의 양반과 상민의 생활 모습은 어떠했을까요?	유교, 사서삼경, 삼강오륜
오늘날까지 이어지고 있는 조선 시대의 유교적 전통과 가르침에는 어떤 것들이 있을까요?	유교, 경로 사상, 삼강오륜, 제사 ^탑, 가정의례, 관혼상제, 호주제
선사 시대 이후 각 나라들은 나라를 어떻게 세웠고, 도읍지는 어디이며, 문화재로는 어떤 것들이 있을까요?	건국 신화 ^탑, 개성, 경주, 공주, 부여, 서울특별시, 평양, 유교, 불교, 문화재, 국보, 보물, 무형 문화재, 유물, 유적, 유형 문화재

2. 근대 사회로 가는 길

천주교와 동학이 당시 사람들에게 널리 받아들여진 까닭은 무엇일까요?	천도교, 천주교
나라에서 천주교를 금지한 까닭은 무엇일까요?	천주교
개화 정책의 추진과 근대 문물의 도입으로 어떤 변화가 있었을까요?	교통, 도로, 우체국, 철도, 통신, 학교, 선교사

3. 대한민국의 발전

대한민국 임시정부가 세워진 과정을 알아봅시다.	대한민국, 북한, 국제연합, 일본
한국전쟁의 전개 과정과 그 결과는 무엇일까요?	대한민국, 북한, 비무장지대, 전쟁, 이산가족, 분단 국가
한국전쟁으로 우리 민족은 어떤 고통을 당했을까요?	비무장지대, 이산가족, 분단 국가
1960년대의 한강의 기적이라 불린 경제 성장을 이루기까지 국민과 정부는 어떤 노력을 하였을까요?	노동자, 기업, 무역, 수입과 수출, 국가, 국토종합개발계획
통일을 위해 우리 정부와 국민들은 어떤 노력을 했을까요?	남북경제회담, 남북고위급회담, 남북적십자회담, 남북정상회담, 한반도비핵화공동선언, 이산가족, 금강산 관광
외환 위기를 맞은 후에 우리 정부와 기업, 국민들은 어떤 노력을 했을까요?	외환 위기, 외채

6학년 2학기

1. 우리 나라의 민주 정치

정치란 무엇일까요?	민주주의, 독재 정치, 민주 정치
민주적 절차에 따른 문제 해결은 어떤 과정을 거칠까요?	민주주의, 민주 정치, 법, 재판, 선거, 투표, 다수결의 원칙
국민이 정치에 참여하는 방법에는 어떤 것들이 있을까요?	선거, 투표, 인터넷, 여론 조사, 국민의 권리
국회의원은 어떤 과정을 거쳐 선출될까요?	국회의원, 선거, 투표, 비례대표제
국회 상임위원회는 어떤 일을 할까요?	국회, 국회 상임위원회
민주 선거의 네 가지 원칙은 무엇이며, 그런 원칙을 정한 까닭은 무엇일까요?	선거 탑, 투표, 민주 정치, 민주주의
국회에서는 어떤 일을 할까요?	국회, 국회 상임위원회, 국회 청문회, 국정 감사, 입법부
행정부의 대표인 대통령은 어떤 일을 할까요?	대통령, 대통령제, 행정부
청와대는 어떤 곳일까요?	청와대, 대통령
국무총리와 각 부 장관은 어떤 일을 할까요?	국무총리, 국무 회의, 행정부, 행정 기관 ?
행정부의 각 부처에서는 어떤 일을 할까요?	행정부, 행정 기관, 행정 기관 탑
국무 회의는 어떻게 진행될까요?	국무 회의, 대통령, 국무총리, 장관
법원은 왜 필요한가요?	법원, 법치주의, 소송, 재판, 법, 사법부
법원의 종류로는 어떤 것들이 있을까요?	법원, 대법원, 고등 법원, 지방 법원, 가정 법원, 특수 법원
재판의 종류와 공정한 재판을 위한 제도로는 어떤 것들이 있을까요?	법, 법치주의, 재판, 삼심 제도, 법원
각각의 법원은 어디에 있으며, 어떤 일을 할까요?	가정 법원, 고등 법원, 지방 법원, 대법원, 특수 법원, 법원
나라 일을 국회, 행정부, 법원에서 나누어 맡도록 한 까닭은 무엇일까요?	삼권 분립, 사법부, 입법부, 행정부, 법원, 민주 정치, 법치주의, 국회, 의회, 대통령
생활 속에서 누리는 권리들은 국민의 기본권과 어떤 관련이 있을까요?	국민의 권리, 국민, 헌법, 인권
국민의 기본권을 보장하기 위해 국가는 어떤 노력을 하고 있을까요?	국민의 권리, 헌법, 국민고충처리위원회, 법률구조제도, 인권, 국회
국민으로서 지켜야 할 의무에는 어떤 것들이 있을까요?	국민의 의무, 국민
각각의 의무는 국가의 유지 발전과 어떤 관계가 있을까요?	국민의 의무, 국민
인권을 지키기 위해 도움을 받아야 하는 사람은 누구일까요?	인권, 노인 복지, 노숙자 문제, 빈곤, 어린이인권선언, 외국인 노동자 문제, 장애인 문제
인권은 왜 소중하며 또 인권을 보호해야 하는 까닭은 무엇일까요?	인권, 세계인권선언
국민이 참여하는 선거에는 어떤 것이 있으며 그 사람들은 어떤 일을 할까요?	선거, 국회의원, 대통령, 지방 자치 단체, 지방 의회, 국민의 권리

2. 함께 살아가는 세계

세계 여러 나라의 모습은 어떻게 알 수 있을까요?	지도-세계 지도와 지구본, 오대양 육대주, 뉴스, 신문, 인터넷
가깝고 문화가 비슷한 중국, 일본과 우리 나라의 관계는 어떠할까요?	일본, 중국, 한일 월드컵축구대회, 수입과 수출,

질문	관련 어휘
어떤 점에서 한국과 중국의 교류는 늘어날까요?	무역 중국, 수입과 수출, 무역
한일 월드컵 이후 한일 관계를 위해 두 나라의 국민은 어떤 노력을 해야 할까요?	한일 월드컵축구대회, 독도 탈, 독도의용수비대, 일본
미국, 러시아와 우리 나라는 어떤 관계를 맺고 있을까요?	러시아, 미국, 수입과 수출, 무역
세계의 여러 나라는 어떻게 나누어 볼 수 있을까요?	남극 대륙, 남아메리카 대륙, 북극, 북아메리카 대륙, 아시아 대륙, 아프리카 대륙, 유럽 대륙, 오세아니아 대륙, 동남아시아국가연합, 아시아·태평양경제협력체, 유럽연합
우리 나라와 관계를 맺고 있는 나라들에는 어떤 나라들이 있을까요?	나이지리아, 네덜란드, 노르웨이, 뉴질랜드, 덴마크, 동남아시아국가연합, 독일, 라오스, 러시아, 룩셈부르크, 르완다, 말레이시아, 멕시코, 미국, 미얀마, 방글라데시, 베네수엘라, 베트남, 벨기에, 소말리아, 수입과 수출, 스웨덴, 스위스, 슬로바키아, 싱가포르, 아르헨티나, 아이슬란드, 에스파냐, 영국, 오스트레일리아, 오스트리아, 우루과이, 우크라이나, 인도네시아, 이탈리아, 일본, 중국, 체코, 칠레, 캄보디아, 캐나다, 포르투갈, 폴란드, 프랑스, 필리핀, 핀란드, 타이, 타이완, 터키, 헝가리, 바레인, 사우디아라비아, 아프가니스탄, 예멘, 요르단, 이라크, 이란, 이스라엘, 쿠웨이트
동남아시아와 남아메리카 대륙의 국가들은 어떤 자연 환경과 생활 모습일까요?	라오스, 말레이시아, 미얀마, 베네수엘라, 베트남, 볼리비아, 브라질, 싱가포르, 아르헨티나, 에콰도르, 우루과이, 인도네시아, 칠레, 캄보디아, 콜롬비아, 타이, 파라과이, 필리핀
유럽연합은 어떤 곳이고 어떤 일을 하는 곳일까요?	유럽연합, 유럽 대륙
학문과 문화 교류가 많은 유럽의 나라들로는 어떤 나라들이 있을까요?	독일, 영국, 이탈리아, 프랑스
사우디아라비아, 인도네시아, 일본, 핀란드의 자연 환경과 생활 모습은 어떠할까요?	사우디아라비아, 인도네시아, 일본, 핀란드
우리가 지구촌에 살고 있다고 하는 까닭은 무엇일까요?	교통, 통신, 인터넷, 오대양 육대주
교통, 통신, 과학 기술의 발달이 지구촌의 생활에 어떤 영향을 미칠까요?	교통, 인터넷, 정보 통신 산업, 반도체 산업, 우주 산업, 첨단 과학 기술 산업, 통신
지구촌에서 발생하는 여러 가지 문제로는 어떤 것들이 있을까요?	빈곤, 산성비, 인종 문제, 전쟁, 지구 온난화 현상, 스모그, 환경 오염, 황사 현상
지구촌의 문제를 해결하기 위해서는 어떤 노력을 해야 할까요?	국경없는의사회, 국제노동기구, 국제사면위원회, 국제연합 교육과학문화기구, 국제연합 식량농업기구, 국제연합 아동기금, 국제연합 평화유지군, 국제연합 환경계획, 국제적십자사, 국제통화기금, 세계보건기구, 세계식량기구, 세계어린이환경회의
교통 통신의 발달에 따른 좋은 점과 나쁜 점은 무엇일까요?	교통, 통신
국제연합 교육과학문화기구, 국제올림픽위원회, 국제연합 아동기금에서는 어떤 일을 할까요?	국제연합 교육과학문화기구, 국제연합 아동기금, 국제올림픽위원회, 올림픽경기대회, 세계유산, 빈곤

3. 새로운 세계에서 우리가 할 일

세계에 자랑할 만한 우리 문화로는 어떤 것들이 있을까요?	세계유산-우리 나라의 세계유산, 세계기록유산, 세계무형유산, 국보, 보물, 유형 문화재, 무형 문화재, 사적, 유물, 유적, 천연기념물, 인쇄
많은 외국인들이 한국의 대표 문화 유산으로 효 사상을 지적하고 있는 까닭은 무엇일까요?	유교, 경로 사상, 삼강오륜
외국인의 눈에 비친 우리 나라의 세계문화유산으로는 어떤 것들이 있을까요?	세계유산-우리 나라의 세계유산, 세계기록유산, 세계무형유산, 문화재
남북 분단 이후 남북한의 관계는 어떻게 변해 왔을까요?	북한 🔖, 금강산 관광, 비무장지대
남북한 사이에 이루어진 회담에는 어떤 것들이 있을까요?	남북경제회담, 남북고위급회담, 남북적십자회담, 남북정상회담
북한의 생활 모습은 어떠할까요?	북한, 평양, 개성
문화 유산 중에서 세계문화유산이나 자랑스러운 우리 문화로는 어떤 것들이 있을까요?	세계유산-우리 나라의 세계유산, 산, 세계무형유산, 세계기록유산, 국보, 보물, 유형 문화재, 무형 문화재, 사적, 유물, 유적, 천연기념물, 민속놀이

🔖 교과서에서 중요하게 다루는 부분을 스스로 찾아보고 익힐 수 있도록 〈탐구학습〉으로 정리한 것이다.

❓ 교과서 교육 과정과 관련하여 초등학생들이 궁금해하는 부분을 정리한 것이다.

교과 관련 참고 자료

참고 자료 차례

01 우리 나라의 수출과 수입
02 우리 나라와 10대 교역국과의 수출·수입
03 2004년 우리 나라와 세계 여러 나라와의 수출·수입
04 우리 나라의 국내총생산
05 세계 여러 나라의 국내총생산
06 연도별 우리 나라 인구
07 2004년 우리 나라 시·도별 인구
08 2003년 우리 나라 시·도별 인구 밀도
09 우리 나라의 대기 환경 기준
10 해외교포
11 우리 나라 주요 도시의 대기 오염도
12 우리 나라 주요 하천의 수질 현황
13 세계의 주요 강
14 세계의 주요 산
15 우리 나라 자동차 등록 대수
16 남북한 무역 현황
17 우리 나라의 시·도별 수출 현황
18 우리 나라 주요 하천의 유역 면적 및 거리
19 우리 나라 100대 명산
20 우리 나라 하천 수질 환경 기준
21 우리 나라 국립공원
22 우리 나라 도립공원

01 | 우리 나라의 수출과 수입

연도	수출	수입
1995	125,058.00	135,118.90
1996	129,715.10	150,339.10
1997	136,164.20	144,616.40
1998	132,313.10	93,281.80
1999	143,685.50	119,752.30
2000	172,267.50	160,481.00
2001	150,439.10	141,097.80
2002	162,470.50	152,126.20
2003	193,817.40	178,826.70
2004	253,844.70	224,462.70

(단위 : 100만 달러)　자료 : 관세청

02 | 우리 나라와 10대 교역국과의 수출·수입

나라	수입	수출
중국	29,585	49,763
미국	28,783	42,849
일본	46,144	21,701
홍콩	3,268	18,127
타이완	7,312	9,844
독일	8,486	8,334
사우디아라비아	11,800	1,708
오스트레일리아	7,438	3,378
말레이시아	5,679	4,480
싱가포르	4,461	5,654

(단위 : 100만 달러, 통관 기준)　자료 : 한국무역협회

03 | 2004년 우리 나라와 세계 여러 나라와의 수출·수입

나라	수출	수입
중국	49,763	29,585
미국	42,849	28,783
일본	21,701	46,144
홍콩	18,127	3,268
타이완	9,844	7,312
독일	8,334	8,486
싱가포르	5,654	4,461
영국	5,516	3,793
말레이시아	4,480	5,679
인도네시아	3,678	6,368
인도	3,632	1,849
이탈리아	3,408	2,500
캐나다	3,383	2,189
필리핀	3,379	2,120
오스트레일리아	3,378	7,438
베트남	3,256	673
타이	3,249	2,351
네덜란드	3,007	1,729
멕시코	2,994	411
에스파냐	2,809	562
프랑스	2,644	2,483
아랍에미리트	2,587	7,290
터키	2,356	104
러시아	2,339	3,671
이란	2,134	2,435
앙골라	1,814	137
브라질	1,784	2,195
라이베리아	1,708	26
사우디아라비아	1,708	11,800
파나마	1,264	293
남아프리카공화국	959	998
칠레	708	1,933
나이지리아	680	551
뉴질랜드	620	879
이집트	538	336
쿠웨이트	418	3,832

(단위 : 100만 달러)　자료 : 한국무역협회

04 | 우리 나라의 국내총생산

1994	3,402,083.00
1995	3,988,377.00
1996	4,485,964.00
1997	4,911,348.00
1998	4,841,028.00
1999	5,294,997.00
2000	5,786,645.00
2001	6,221,226.00
2002	6,842,635.00
2003	7,246,750.00
2004	7,784,446.00

GDP - 명목 (단위 : 억 원)　자료 : 한국은행 국민 계정

05 | 세계 여러 나라의 국내총생산

나라	국내총생산
미국	108,816
일본	43,264
독일	24,007
영국	17,949
프랑스	17,480
이탈리아	14,659
중국	14,099
에스파냐	8,361
캐나다	8,344
멕시코	6,261
대한민국	6,052

(단위 : 억 달러)　자료 : 세계은행, 한국은행

0 6 | 연도별 우리 나라 인구

1960	25,012,374
1965	28,704,674
1970	32,240,827
1975	35,280,725
1980	38,123,775
1985	40,805,744
1990	42,869,283
1995	45,092,991
2000	47,008,111
2004	48,082,163

자료 : 통계청

0 7 | 2004년 우리 나라 시·도별 인구

서울특별시	10,023,546
부산광역시	3,619,267
대구광역시	2,553,885
인천광역시	2,580,422
광주광역시	1,428,587
대전광역시	1,463,767
울산광역시	1,082,045
경기도	10,449,578
강원도	1,487,127
충청북도	1,490,344
충청남도	1,881,490
전라북도	1,841,564
전라남도	1,880,505
경상북도	2,676,095
경상남도	3,087,095
제주도	536,846

자료 : 통계청

0 8 | 2003년 우리 나라 시·도별 인구 밀도

전국	490.2
서울특별시	16,975.20
부산광역시	4,862.10
대구광역시	2,873.30
인천광역시	2,635.60
광주광역시	2,793.80
대전광역시	2,666.20
울산광역시	1,021.10
경기도	1,022.70
강원도	92.3
충청북도	201.9
충청남도	224.5
전라북도	243.8
전라남도	168.1
경상북도	144.1
경상남도	300.6
제주도	299.7

자료 : 통계청

0 9 | 우리 나라의 대기 환경 기준

설정 항목	기준	
아황산가스(SO_2)	연간	0.02ppm 이하
	24시간	0.05ppm 이하
	1시간	0.15ppm 이하
일산화탄소(CO)	8시간	9ppm 이하
	1시간	25ppm 이하
이산화질소(NO_2)	연간	0.05ppm 이하
	24시간	0.08ppm 이하
	1시간	0.15ppm 이하
미세먼지(PM_{10})	연간	$70\mu g/m^3$ 이하
	24시간	$150\mu g/m^3$ 이하
오존(O_3)	8시간	0.06ppm 이하
	1시간	0.1ppm 이하
납(Pb)	연간	$0.5\mu g/m^3$ 이하

* 2001년 1월 1일부터 적용되는 기준임.
*주 : 1. 1시간 평균치는 999천분위수의 값이 기준을 초과하면 안 되고, 8시간 및 24시간 평균치는 99백분위수의 값이 기준을 초과하면 안 된다.
2. 미세먼지는 입자의 크기가 10ppm 이하인 먼지를 말한다.

1 0 | 해외교포

과테말라	1,787
남아프리카공화국	371
네덜란드	386
뉴질랜드	17,600
독일	16,673
러시아	182,951
말라위	16
멕시코	3,710
미국	1,819,747
보츠와나	125
볼리비아	672
브라질	49,424
스웨덴	994
스위스	601
싱가포르	749
필리핀	400
아랍에미리트	349
아르헨티나	3,000
에스파냐	2,833
영국	3,500
오스트레일리아	36,989
우크라이나	12,711
인도	13
칠레	1,762

파라과이	7,000	
페루	645	
프랑스	1,255	

자료: 외교통상부 재외동포 현황 2003년 1월 1일 현재

11 | 우리 나라 주요 도시의 대기 오염도

도시	아황산가스 SO_2 (ppm)	오존 O_3 (ppm)	이산화질소 NO_2 (ppm)	미세먼지 PM_{10} ($\mu g/m^3$)
서울				
2003	0.005	0.014	0.038	69
1998	0.008	0.017	0.030	59
1993	0.023	0.013	0.032	-
부산				
2003	0.006	0.023	0.026	55
1998	0.015	0.022	0.024	67
1993	0.028	0.014	0.025	-
대구				
2003	0.006	0.020	0.026	59
1998	0.014	0.017	0.027	72
1993	0.035	0.013	0.024	-
인천				
2003	0.007	0.019	0.030	61
1998	0.009	0.016	0.026	57
1993	0.021	0.012	0.030	-
광주				
2003	0.004	0.018	0.019	36
1998	0.008	0.022	0.016	49
1993	0.014	0.015	0.017	-
대전				
2003	0.004	0.018	0.018	43
1998	0.009	0.018	0.018	58
1993	0.020	0.011	0.014	-
울산				
2003	0.011	0.021	0.016	40
1998	0.015	0.017	0.019	29
1993	0.032	0.014	0.026	-

12 | 우리 나라 주요 하천의 수질 현황

강	측정 지점	생물학적 산소 요구량 BOD (mg/l)	용존 산소 DO (mg/l)
한강	의암	1.2	9.4
	충주	0.9	11.4
	팔당	1.5	12.3
	노량진	5.3	11.0
	가양	5.2	11.1
낙동강	안동	0.7	12.7
	고령	4.1	11.7
	남지	4.8	12.3
	물금	3.7	12.0
	구포	3.8	12.4
	구미	2.0	11.0
금강	옥천	1.2	9.6
	대청	1.1	13.8
	청원	3.4	9.5
	공주	3.9	9.6
	부여	3.7	9.7
영산강	우치	3.5	11.4
	광주	5.9	12.2
	나주	8.5	11.8
	무안	2.0	13.7
	담양	2.0	13.3
	주암	1.0	11.0

시점: 2005년 4월 자료: 통계청

13 | 세계의 주요 강

강 이름	길이	유역 면적
아시아		
양쯔 강	6,380	1,175
황허 강	5,464	980
아무르 강	4,416	1,840
레나 강	4,400	2,420
인더스 강	3,180	960
브라마푸트라 강	2,840	1,730
갠지스 강	2,510	1,730
유럽		
볼가 강	3,688	1,380
다뉴브 강	2,850	815
드네프르 강	2,200	511
돈 강	1,870	430
아프리카		
나일 강	6,695	2,978
콩고 강	4,667	3,700
나이저 강	4,030	1,200
아메리카		
아마존 강	6,516	7,050
마시시피·미주리 강	6,019	3,250
매켄지 강	4,250	1,765
세인트로렌스 강	3,058	1,290
오리노코 강	2,500	945
오세아니아		
달링 강	3,750	910
머리 강	3,750	910

(길이 km, 유역 면적 km²)

14 | 세계의 주요 산

	산 이름	소재지	높이(미터)
아시아			
	에베레스트 산	히말라야 산맥	8,848
	고드윈 오스틴(K2) 산	카라코람 산맥	8,611
	칸첸중가 산	히말라야 산맥	8,586
	로체산	히말라야 산맥	8,516
	다울라기리 산	히말라야 산맥	8,167
	마나슬루 산	히말라야 산맥	8,163
	안나푸르나 산	히말라야 산맥	8,091
	가셔브룸 산	카라코람 산맥	8,068
	고사인탄 산	히말라야 산맥	8,012
	엘브루스 산	카프카스 산맥	5,642
	위산 산	타이완	3,997
	후지 산	일본	3,776
	마욘 산	필리핀	2,421
유럽			
	몽블랑 산	알프스 산맥	4,808
	몬테로자 산	알프스 산맥	4,634
	마터호른 산	알프스 산맥	4,477
	융프라우 산	알프스 산맥	4,158
	말라데타 산	피레네 산맥	3,404
	코르노 산	아펜니노 산맥	2,912
	나로드나야 산	우랄 산맥	1,894
아프리카			
	킬리만자로 산	케냐·탄자니아	5,895
	케냐 산	케냐	5,199
	루웬조리 산	우간다·자이르	5,110
	라스다샨 산	에티오피아	4,620
아메리카			
	아콩카과 산	안데스 산맥	6,960
	이얌프 산	볼리비아	6,485
	침보라소 산	에콰도르	6,310
	매킨리 산	알래스카 산맥	6,194
	로간 산	알래스카 산맥	5,959
	코토팍시 산	안데스 산맥	5,896
	포포카테페틀 산	멕시코	5,452
	레이니어 산	캐스케이드 산맥	4,392
오세아니아 남극			
	자야 산	뉴기니 섬	5,030
	빈손마시프 산	남극 대륙	4,897
	마우나케아 산	하와이 섬	4,205

15 | 우리 나라 자동차 등록 대수

	2004	2003	2002	2000	1995	1990	1985	1980	1975	1970
총계	14,934	14,587	13,949	12,059	8,469	3,395	1,113	528	194	127
승용자동차	10,621	10,279	9,737	8,084	6,006	2,075	557	249	84	61

화물자동차	3,062	3,016	2,894	2,511	1,817	925	413	227	83	49
승합자동차	1,204	1,247	1,275	1,427	613	384	128	42	22	16
이륜자동차	1,728	1,730	1,708	1,829	2,271	1,385	711	216	7	3
특수자동차	47	45	42	37	33	11	16	9	5	1

단위 : 1,000대 출처 : 통계청

1. 승용자동차 : 10인 이하를 운송하기에 적합하게 제작된 자동차(2000. 12. 31까지는 6인 이하)
2. 승합자동차 : 11인 이상을 운송하기에 적합하게 제작된 자동차(2000. 12. 31까지는 7인 이상)
3. 화물자동차 : 화물을 운송하기 적합하게 바닥 면적이 최소 1제곱미터 이상의 화물적재 공간을 갖춘 차
4. 이륜자동차 : 1인 또는 2인의 사람을 운송하기에 적합하게 제작된 2륜의 자동차
5. 특수자동차 : 다른 자동차를 견인하거나 구난 작업 또는 특수 작업을 수행하기에 적합하게 제작된 자동차

16 | 남북한 무역 현황

년도	2004	2003	2002	2001	2000	1997	1995	1994	1992	1991
반입금액	176,660	289,252	271,575	176,170	152,373	193,069	222,855	176,298	162,863	105,719
반출금액	315,997	434,965	370,155	226,787	272,775	115,270	64,436	18,249	10,563	5,547

단위 : 1,000달러 출처 : 통계청

1. 반입 : 북한에서 직접 남한으로 운송(제3국을 경유하는 물품의 이동을 포함)되는 것
2. 반출 : 남한에서 직접 북한으로 운송(제3국을 경유하는 물품의 이동을 포함)되는 것

17 | 우리 나라의 시·도별 수출 현황

지역	2004	2003	2002	2001	2000	1999	1998	1997
서울특별시	29,924.0	27,769.9	25,862.9	29,154.6	31,913.4	33,368.1	37,100.2	36,344.3
부산광역시	6,433.9	4,844.5	4,836.4	4,566.7	4,835.5	5,145.1	5,083.9	5,949.3
대구광역시	3,155.0	2,759.5	2,558.8	2,432.4	2,849.3	3,110.7	3,142.1	3,626.2
인천광역시	10,645.0	8,221.3	5,680.7	6,025.9	7,526.9	6,222.0	6,544.9	7,261.0
광주광역시	5,287.6	4,034.8	3,598.3	3,095.2	3,182.6	2,829.9	2,091.7	1,682.2
대전광역시	1,837.8	1,330.4	933.7	818.5	837.1	857.9	639.7	616.8
울산광역시	37,470.1	27,484.9	24,177.1	19,950.5	19,972.1	15,695.4	15,082.9	7,936.7
경기도	46,465.7	36,227.6	31,965.5	29,946.0	38,041.1	26,630.2	21,063.0	24,440.1
강원도	641.5	472.4	371.8	306.4	337.9	356.2	252.4	250.6
충청북도	7,545.7	4,731.9	4,019.4	3,450.5	4,747.8	3,926.1	3,196.1	3,838.7
충청남도	29,271.5	19,806.0	15,150.5	11,652.5	16,990.8	11,683.8	8,457.2	8,943.1
전라북도	4,224.5	2,866.1	1,943.1	2,219.6	2,881.1	2,661.5	2,653.1	2,301.0
전라남도	12,608.6	8,883.6	6,425.8	5,176.7	5,804.9	4,461.2	5,287.4	4,903.7
경상북도	33,951.2	25,088.5	17,565.8	14,462.2	15,652.5	13,511.1	10,374.8	10,195.8
경상남도	24,292.4	19,236.3	17,336.0	17,134.3	16,651.3	12,584.4	11,152.4	17,773.2
제주도	69.7	58.6	44.6	44.7	39.8	41.1	32.8	26.7
전 국	253,844.7	193,817.4	162,470.5	150,439.1	172,267.5	143,685.5	132,313.1	136,164.2

단위 : 100만 달러 출처 : 통계청

18 | 우리 나라 주요 하천의 유역 면적 및 거리

수계명	유역 면적(㎢)	최원거리(km)	하구로부터 최원거리에 위치한 발원지 위치
한 강	25,953.60 *35,770.41	494.44	강원도 태백시 창죽동 금태봉 북서쪽 계곡
낙동강	23,384.21	506.17	강원도 태백시 화전동 삼각점 동쪽 계곡
금 강	9,912.15	394.79	전북 장수군 장수읍 수분리 신무산 동쪽 계곡
섬진강	4,959.79	223.86	전북 진안군 백운면 신암리 팔공산 서쪽 계곡
영산강	3,467.83	138.49	전남 담양군 월산면 용흥리 병풍산 북쪽 계곡

안성천	1,655.73	75.54	경기도 용인시 이동면 묵리 시궁산 동쪽 계곡
삽교천	1,649.87	63.91	충남 청양군 화성면 장계리 백월산 북쪽 계곡
만경강	1,504.35	80.86	전북 완주군 동상면 사봉리 삼각점 남서쪽 계곡
형산강	1,132.96	63.34	경북 경주시 서면 도리 인내산 삼각점 동쪽 계곡
동진강	1,124.14	51.03	전북 정읍시 내장동 내장산의 까치봉 북쪽 계곡
태화강	643.96	46.02	울산광역시 울주군 상북면 덕현리 능동산 동쪽 계곡
탐진강	508.53	55.07	전남 영암군 금정면 세유리 궁성산 북쪽 계곡
양양 남대천	474.16	55.61	강원도 강릉시 연곡면 삼산리 두로봉 동쪽 계곡
삼척 오십천	393.78	55.76	강원도 삼척시 도계읍 구사리 백병산 북동쪽 계곡
영덕 오십천	374.50	55.18	경북 청송군 부동면 내룡리 삼각점 남쪽 계곡
서낙동강	285.08	26.40	경남 김해시 대동면 대감리 생명고개 동쪽 계곡
강릉 남대천	258.65	32.86	강원도 강릉시 왕산면 목계리 두리봉 남서쪽 계곡

한강 수계의 유역 면적 중 *표시는 북한 면적을 포함한 것이고, 낙동강 수계의 유역 면적은 서낙동강 유역 면적을 제외한 것임.

자료 : 건설교통부 한국하천일람

19 | 우리 나라 100대 명산

지역	산이름	높이	지역
서울특별시	관악산	629	서울특별시 관악구, 금천구, 경기도 안양시, 과천시
	도봉산	740	서울특별시 도봉구, 경기도 의정부시, 양주군
	북한산	837	서울특별시 도봉구, 성북구, 종로구, 은평구, 경기도 고양시
부산광역시	금정산	802	부산광역시 금정구
대전광역시	계룡산	845	대전광역시, 충청남도 공주시, 논산시
광주광역시	무등산	1,187	광주광역시, 전라남도 담양군, 화순군
대구광역시	비슬산	1,084	대구광역시 달성군 옥포면, 유가면, 가창면, 청도군 각북면
울산광역시	신불산	1,209	울산광역시 울주군 삼남면, 상북면, 경상남도 양산시 하북면, 원동면
	가지산	1,240	울산광역시 울주군, 경상북도 청도군, 경상남도 밀양시
인천광역시	마니산	469	인천광역시 강화군
경기도	감악산	675	경기도 양주군 남면, 연천군 전곡읍, 파주시 적성면
	명성산	923	경기도 포천군, 철원군
	명지산	1,267	경기도 가평군 북면
	백운산	904	경기도 포천군, 강원도 화천군
	소요산	587	경기도 동두천시, 포천군 신북면
	운악산	936	경기도 가평군 하면, 포천군 화현면
	유명산	862	경기도 가평군 설악면, 양평군 옥천면
	천마산	812	경기도 남양주시 화도면
	축령산	886	경기도 남양주시 수동면, 가평군 상면
	화악산	1,468	경기도 가평군 북면, 화천군 사내면
강원도	가리산	1,051	강원도 춘천시, 홍천군
	가리왕산	1,561	강원도 정선군 정선읍 회동리, 강원도 평창군 진부면, 북평면
	감악산	920	강원도 원주시 신림면, 충북 제천시 봉양면
	계방산	1,577	강원도 홍천군, 평창군
	공작산	887	강원도 홍천군 동면, 화촌면
	대암산	1,304	강원 양구군 동면 일부, 인제군 서화면
	덕항산	1,071	강원도 삼척시 신기면
	두타산	1,353	강원도 삼척시 미로면, 하장면, 동해시
	방태산	1,444	강원도 인제군 기린면, 상남면
	백덕산	1,350	강원도 영월군 수주면, 평창군 방림면
	백운산	883	강원도 정선군, 평창군
	삼악산	654	강원도 춘천시 서면

	설악산	1,708	강원도 인제군, 속초시, 양양군
	오대산	1,563	강원도 평창군 도암면, 진부면, 홍천군 내면
	오봉산	779	강원도 춘천시 북산면, 화천군 간동면
	용화산	878	강원도 화천군 간동면, 하남면, 춘천시 사북면
	응봉산	999	강원도 삼척시, 경상북도 울진군
	점봉산	1,424	강원도 양양군 서면 오색리, 인제군 기린면
	치악산	1,282	강원도 원주시, 횡성군
	태백산	1,567	강원도 태백시, 경상북도 봉화군 석포면
	태화산	1,207	강원도 영월군 영월읍
	팔봉산	302	강원도 홍천군 서면 팔봉리
경상남도	가야산	1,430	경상남도 합천군, 경상북도 성주군
	금산	681	경상남도 남해군 상주면, 삼동면
	무학산	761	경상남도 마산시 회원구, 내서읍
	미륵산	461	경상남도 통영시 산양면
	연화산	528	경상남도 고성군 개천면
	재약산	1,189	경상남도 밀양시 단장면 구천리 지내
	지이망산	398	경상남도 통영시 사량면
	천성산	811	경상남도 양산시 하북면, 웅상읍
	화왕산	757	경상남도 창녕군 창녕읍 옥천리 일대
	황매산	1,108	경상남도 합천군 대병면, 가회면, 산청군 차황면
	황석산	1,193	경상남도 함양군
경상북도	구병산	876	경상북도 상주시 화북면, 충청북도 보은군 내 외속리면
	금오산	976	경상북도 구미시, 칠곡군
	남산	494	경상북도 경주시 탑동, 배동, 내남면
	내연산	710	경상북도 영덕군, 포항시
	대야산	931	경상북도 문경시, 충청북도 괴산군
	성인봉	984	경상북도 울릉군
	소백산	1,440	경상북도 영주시, 충청북도 단양군
	속리산	1,058	경상북도 상주시 화북면, 충청북도 보은군 내속리면
	운문산	1,188	경상북도 청도군 운문면
	주왕산	721	경상북도 청송군
	주흘산	1,106	경상북도 문경시 문경읍
	청량산	870	경상북도 봉화군 명호면 북곡리
	팔공산	1,192	경상북도 칠곡군, 군위군, 영천시, 경산시, 대구광역시 동구
	황악산	1,111	경상북도 김천시 대항면 운수리
	황장산	1,077	경상북도 문경시 동로면
	희양산	999	경상북도 문경시 가은읍, 충청북도 괴산군 연풍면
전라남도	깃대봉	368	전라남도 신안 흑산면 홍도
	두륜산	700	전라남도 해남군 삼산면, 현산면
	방장산	743	전라남도 장성군
	백운산	1,218	전라남도 광양시 봉강면, 옥룡면, 진상면, 다압면
	월출산	809	전라남도 영암군 영암면, 군서면, 강진군 성전면
	조계산	884	전라남도 순천시 승주 송광면
	천관산	723	전라남도 장흥군 관산읍, 대덕
	추월산	726	전라남도 담양군 용면, 전라북도 순창군 복흥면
	팔영산	608	전라남도 고흥군 점암면 성기리
전라북도	강천산	584	전라북도 순창군 팔덕면, 전라남도 담양군 용면
	내장산	763	전라북도 정읍시, 순창군 복흥면
	덕유산	1,614	전라북도 무주군, 장수군, 경상남도 거창군, 함양군

	마이산	673	전라북도 진안군
	모악산	794	전라북도 김제시, 전라북도 전주시 완주군
	백암산	741	전라남도 장성군 북하면 약수리 26번지, 전라북도 순창군 복흥면
	변산	508	전라북도 부안군 변산면, 상서면, 진서면
	선운산	336	전라북도 고창군 아산면, 심원면
	운장산	1,126	전라북도 진안군 주천면, 부귀면, 정천면, 완주군 동상면
	장안산	1,237	전라북도 장수군 장수읍 덕산리
	적상산	1,029	전라북도 무주군 적상면
	지리산	1,915	전라북도 남원시, 전라남도 구례군 경상남도 하동군, 경상남도 산청군, 경상남도 함양군
제주도	한라산	1,950	제주도 제주시, 서귀포시, 북제주군, 남제주군
충청남도	대둔산	878	충청남도 논산시, 금산군, 전라북도 완주군
	덕숭산	495	충청남도 예산군 덕산면
	서대산	904	충청남도 금산군
	칠갑산	561	충청남도 청양군 대치면, 정산면
충청북도	금수산	1,016	충청북도 제천시 수산면, 단양군 적성면
	도락산	964	충청북도 단양군 단양읍, 대강면
	민주지산	1,241	충청북도 영동군 상촌면, 용화면, 전라북도 무주군, 경상북도 김천시 부항면
	월악산	1,094	충청북도 제천시 한수면, 덕산면
	천태산	715	충청북도 영동군 양산면, 충청남도 금산면 제원면

20 | 우리 나라 하천 수질 환경 기준

등급	기준					이용목적별 적용 대상	지표 생물	특징
	수소이온 농도 pH(mg/l)	생물학적 산소요구량 BOD(mg/l)	부유 물질량 SS(mg/l)	용존 산소량 DO(mg/l)	대장균 군수 (MPN/100mg/l)			
1	6.5~8.5	1이하	25이하	7.5이상	50이하	상수원수 1급 자연환경보전	버들치, 버들개, 가재, 어름치 갈겨니, 열목어, 강도래 산골플라나리아, 하루살이류	가장 맑고 깨끗한 물로 냄새가 나지 않고 그냥 마실 수 있다.
2	6.5~8.5	3이하	25이하	5이상	1,000이하	상수원수 2급 수산용수 1급 수영용수	쏘가리, 은어, 다슬기, 물장군 장구애비, 잠자리 애벌레, 소금쟁이, 날도래 애벌레	맑고 냄새나지 않는 물로, 그냥 마시지는 못하고 수영과 목욕은 할 수 있다.
3	6.5~8.5	6이하	25이하	5이상	5,000이하	상수원수 3급 수산용수 2급 공업용수 1급	붕어, 잉어, 메기, 우렁이 뱀장어, 미꾸라지, 거머리 달팽이, 조개류, 장구애비 잠자리 애벌레, 소금쟁이, 물장군	황갈색의 탁한 물로, 바다에 모래와 자갈이 깔려 있다.
4	6.0~8.5	8이하	100이하	2이상	-	공업용수 2급 농업용수	실지렁이, 나비 애벌레, 깔따구 피벌레, 거머리	심하게 오염된 물로, 물고기가 살 수 없다.
5	6.0~8.5	10이하	쓰레기 등이 떠 있지 아니할 것	2이상	-	공업용수 3급 생활환경보전	실지렁이, 나방 애벌레 깔따구, 피벌레	심하게 오염된 물

21 | 우리 나라 국립공원

이름	위치	면적(km²)	고적과 명소(국립공원 근처의 명소 포함)
지리산	전라북도 전라남도 경상남도	438.9	산 - 천왕봉, 노고단, 만복대, 반야봉, 벽소령, 세석평전 계곡·폭포 - 피아골, 뱀사골, 백무동, 한신계곡, 불일폭포 절 - 화엄사, 천은사, 연곡사, 실상사, 쌍계사, 대원사
경주	경상북도	138.2	산 - 토함산, 단석산, 남산, 낭산, 소금강산 절 - 불국사, 석굴암, 기림사, 감은사 터, 분황사 터 고적 - 첨성대, 안압지, 월성, 석빙고, 포석정 터, 오릉, 태종 무열왕릉, 천마총, 대왕암(문무왕릉)
계룡산	충청남도	60.98	산 - 천황봉, 쌀개봉, 삼불봉 절·탑 - 갑사, 동학사, 용화사, 신원사 오뉘탑
한려해상	전라남도 경상남도	478.6	해수욕장·해안 - 만성리, 상주, 구조라, 비진도해수욕장 섬 - 오동도, 학섬, 한산도 산·명소 - 금산, 보리암, 해금강, 남해대교 고적 - 충민사, 진남관, 제승당, 충렬사, 판대목, 이락포, 세병관
설악산	강원도	354.6	산 - 대청봉, 한계령, 마등령, 점봉산 계곡 - 십이선녀탕계곡, 천불동계곡, 토왕동, 백담계곡, 백운동계곡 폭포 - 토왕성, 비룡, 옥녀탕, 양폭포, 음폭포, 대승폭포 절 - 신흥사, 백담사, 봉정암, 계조암, 영시암, 낙산사, 오세암 명소·온천·약수 - 권금성, 금강굴, 척산온천, 오색약수
속리산	충청북도 경상북도	283.4	산·계곡·명소 - 천황봉, 비로봉, 문장대, 남산약수, 정이품송, 서원, 쌍곡, 화양계곡 절 - 법주사, 중사자암, 학소대
한라산	제주도	133.0	산(오름)·분화구 - 산방산, 송악산, 어승생오름, 윗세오름, 새별미오름, 성판악, 백록담 섬 - 추자도, 가파도, 마라도, 우도, 비양도, 차귀도 고적·명소 - 항몽 순의비, 추사 적거지, 하멜표류기념비, 삼성혈, 용두암, 용연, 영실기암, 외돌괴, 중문관광단지, 성읍민속마을, 제주목 관아 터 굴 - 만장굴, 협재굴, 김녕사굴 절 - 관음사, 산방굴사, 약천사 계곡·폭포 - Y계곡, 안덕계곡, 돈내코, 천제연폭포, 천지연폭포, 정방폭포
내장산	전라북도 전라남도	75.8	산·계곡·폭포 - 신선봉, 서래봉, 문필봉, 장군봉, 상왕봉, 금선대, 금선계곡, 금강폭포 절 - 내장사, 백양사
가야산	경상북도 경상남도	66.0	산·계곡 - 가야산, 두류봉, 비봉산, 매화산, 가야계곡, 용문폭포, 낙화담, 홍류동 명소 - 해인사, 청량사
덕유산	전라북도 경상남도	219.0	산 - 덕유산, 남덕유산, 적상산, 거칠봉 계곡·폭포·여울 - 구천동계곡, 안성계곡, 인월담, 추월담, 세심대, 명경담 절·사적·명소 - 백련사, 안국사, 적상산성, 나제통문, 무주 리조트
오대산	강원도	298.5	산·바위 - 비로봉, 노인봉, 상왕봉, 두로봉, 동대산, 황병산, 만물상, 백운대 절·사적 - 월정사, 상원사, 금강사, 사고 터 계곡·폭포·약수 - 소금강, 무릉계곡, 구룡폭포, 십자소, 방아다리약수
주왕산	경상북도	105.6	산·바위 - 주왕산, 태행산, 연화봉, 국사봉 계곡·약수·바위 - 내주왕계곡, 달기약수, 학소대, 옹기바위, 남매바위 굴 - 주왕굴, 무장굴, 연화굴 절 - 대전사, 광암사, 연화사, 백련암
태안해안	충청남도	328.9	해수욕장 - 만리포, 천리포, 연포, 몽산포 굴 - 용굴, 용혈 절·고적 - 태국사, 안파사 터, 안흥진성 터
다도해해상	전라남도	2,321.5	명소 - 신선바위, 남문바위, 땅끝, 구계동, 유달산, 울돌목, 소록도 해수욕장 - 나로도, 내발, 예송리, 관매도, 명사십리, 진리

			섬 - 홍보, 거문도, 백도, 만재도
			고적 - 세연정, 고금도 충무공 유적, 장보고 유적(장도), 남도석성
북한산	서울특별시 경기도	78.5	산 - 노적봉, 백운대, 인수봉, 비봉, 보현봉, 도봉산
			계곡 - 우이동, 정릉, 송추계곡, 도봉계곡
			고적 - 정릉, 석파정, 북한산성, 행궁 터, 대성문, 보국문, 대서문
			절 - 도선사, 승가사, 진관사, 망월사, 태고사, 문수암, 화계사
치악산	강원도	182.1	산·바위 - 비로봉, 남대봉, 매화봉, 향로봉, 입석대, 만경대, 선녀암
			폭포 - 구룡, 은선, 도토리폭포
			고적·절 - 구룡사, 상원사, 영원산성
월악산	충청북도 경상북도	284.5	산 - 월악산, 금수산, 신선봉, 마패봉
			계곡·폭포 - 산성·수옥폭포, 송계계곡, 용하구곡, 월광폭포
			고적 - 사자빈신사지석탑, 남문, 동문, 미륵리 석불입상, 미륵리 오층석탑, 덕주산성
			절·명소 - 미륵사 터, 덕주사, 구담봉, 상선암, 중선암, 하선암, 사인암, 옥순봉
소백산	충청북도 경상북도	322.4	산·계곡·폭포·바위 - 비로봉, 연화봉, 제2연화봉, 희방계곡, 천동계곡, 죽령폭포, 희방폭포, 비룡폭포, 벌바위, 봉바위
			절·명소 - 희방사, 비로사, 초암사, 구인사, 주목 군락, 백호암약수, 구봉 팔문, 죽령, 국립천문대
변산반도	전라북도	157.0	산·계곡·폭포 - 의상봉, 옥녀봉, 쌍선봉, 봉래구곡, 적벽강, 직소폭포, 와룡소
			해수욕장 - 변산해수욕장
			절·명소·고적 - 내소사, 개암사, 월명암, 고인돌(줄포), 원광서원, 도요지, 채석강, 하섬
월출산	전라남도	41.9	산·계곡·폭포 - 천황봉, 구정봉, 도갑산, 주지봉, 구절폭포, 바람계곡, 용추폭포
			절·고적 - 도갑사, 무위사, 천황사 터, 마애여래좌상, 왕인박사유적, 책굴

22 | 우리 나라 도립공원

이름	위치	면적(㎢)	고적과 명소
금오산	경상북도	37.91	금오산성, 채미정, 명금폭포, 금오서원
남한산성	경기도	34.45	남한산성, 수어장대, 서장대, 숭렬전, 매바위, 연무관
모악산	전라북도	42.22	모악산, 금산사, 대원사
무등산	광주·전라남도	30.23	입석재, 지공터널, 원효사, 증심사, 충장사, 충민사
덕산	충청남도	21.05	가야산, 덕숭산, 수덕사, 옥양폭포, 충의사, 윤봉길 의사 생가, 덕산 온천
칠갑산	충청남도	32.54	칠갑산, 지천구곡, 장곡사
대둔산	전라북도	38.10	대둔산, 영천대, 안심사
낙산	강원도	9.10	낙산사, 의상대, 하조대
마이산	전라북도	16.90	마이산, 은수사, 탑사
가지산	울산·경상남도	106.07	가지산, 석남사, 통도사, 얼음골, 영취산
조계산	전라남도	27.38	조계산, 송광사, 선암사, 주암호, 고인돌공원
두륜산	전라남도	34.64	두륜산, 대둔산, 대둔사(구 대흥사), 표충사
선운산	전라북도	43.70	선운사, 도솔암, 마애장육불, 낙조대, 동백나무 숲
팔공산	대구·경상북도	122.07	팔공산, 동화사, 은해사, 파계사, 가산산성, 군위삼존불
대둔산	충청남도	24.54	대둔산, 태고사, 선녀폭포, 이치대첩비, 용문골
문경새재	경상북도	5.30	주흘산, 혜국사, 조령 1, 2, 3관문, 수옥폭포
경포	강원도	9.40	경포, 경포대, 금란정, 선교장
청량산	경상북도	48.76	청량산, 청량사
연화산	경상남도	28.72	연화봉, 옥천사
태백산	강원도	7.44	태백산, 단군성전, 천제단, 단종비각, 망경사, 장군봉
팔영산	전라남도	9.88	팔영산, 능가사, 신선대, 강산폭포
천관산	전라남도	8.00	전관산, 천관사, 장흥 이조 백자 도요지

감사의 말

이 사전을 만드는 데 필요한 자료와 사진을 제공해 주신 많은 기관과 단체, 개인들에게 감사드립니다. 아래 별도로 표시한 내용은 이 사전에 실려 있는 사진의 저작권자입니다. 혹시 실수로 저작권자의 표시가 잘못되었거나 빠진 것이 있으면 다음 쇄를 찍을 때 반드시 수정하겠습니다. 다시 한번 귀한 사진을 실을 수 있도록 허락해 주신 것에 특별히 감사드립니다. (가나다순)

강원도청 377
경기도청 23 아래쪽, 35, 91 오른쪽, 102, 138 아래 왼쪽, 172 아래 왼쪽, 176 위쪽, 217 위 오른쪽, 231 오른쪽, 234 오른쪽, 243 오른쪽, 292, 370, 377, 385 아래쪽
경상남도청 377
경상북도청 377
광주광역시청 38 왼쪽, 376
국가인권위원회 271 오른쪽
국립광주박물관 136 아래 왼쪽
국립중앙박물관 61 아래 왼쪽, 136 위쪽, 148 가운데 오른쪽, 가운데 중앙, 272 위쪽
국립지리원 110, 312 위쪽, 309 가운데 오른쪽, 아래 가운데
국방부 55, 59 오른쪽, 72, 162, 163, 266 오른쪽
국정홍보처 84 왼쪽, 222
국제노동기구 63 왼쪽
국제사면위원회 63 오른쪽, 270, 271 왼쪽
국제연합 65 왼쪽 위
국제연합 환경계획 65 오른쪽 아래, 120, 201
국제연합 개발계획 65 오른쪽 위
국제연합 교육과학문화기구 65 오른쪽 가운데, 355 아래쪽
국토연구원 171 왼쪽
군산대박물관 132 가운데
군산시청 295 왼쪽
김성철 14, 17 왼쪽, 23 위쪽, 24, 29, 31, 53, 61 위쪽, 74, 86, 87, 105, 116, 123, 125, 129, 148, 150, 159, 160 위쪽, 166, 167 아래쪽, 168, 173, 175, 180 아래쪽, 184, 191, 193, 207, 228, 229, 232, 234 왼쪽, 249, 252, 256, 259, 263 오른쪽, 281 아래쪽, 284, 293, 301, 302, 303 아래쪽, 306, 331 왼쪽, 342, 344 위, 346 아래쪽, 349, 357 가운데, 아래쪽, 363 아래쪽, 366, 369 위쪽, 아래쪽
김재건 133 왼쪽 아래, 181
농촌진흥청 89 아래쪽, 172 위쪽, 177 왼쪽, 383
대구광역시청 27 왼쪽, 94, 95, 376
대구대박물관 133 위쪽, 가운데
대덕군청 98
대전광역시청 376
도로교통안전협회 42, 43, 44, 45
독도연구보존협회 112
동아대박물관 61 가운데
루브르 박물관 119 위쪽
문화관광부 124 , 131 위쪽, 194 아래쪽, 195, 197 , 198 위쪽, 가운데, 199
문화재청 152 오른쪽, 왼쪽, 190, 185 아래쪽, 196 아래쪽, 200 오른쪽, 245 위쪽, 262 오른쪽, 왼쪽, 273 위쪽, 320, 323 아래쪽
미국방성 244 오른쪽
미국항공우주국 81 위쪽, 100, 153 위 오른쪽, 154 위쪽, 189, 186, 224, 226, 259, 279, 237 위쪽, 318, 390
부산광역시청 77 오른쪽, 107 오른쪽, 151, 172, 195, 205 왼쪽, 243 왼쪽, 276, 283 오른쪽, 316 아래쪽, 376, 388 오른쪽, 389 왼쪽, 오른쪽
서울지방경찰청 28
서울시립대박물관 132 위쪽
서울특별시청 100 아래쪽, 129 가운데 오른쪽, 178, 180 위쪽, 255 아래쪽, 376
세종문화회관 157 가운데
우정박물관 250, 251
울산광역시청 376
울산소방서 205 오른쪽
유근종 169 아래쪽
윤영모 241, 287 오른쪽, 359
인천광역시청 376
전라남도청 377
전라북도청 377
제주도청 377
제주도민속자연사박물관 131 위 오른쪽, 132
철강협회 41 위쪽, 388 왼쪽
충청남도청 377
충청북도청 377
통일부 96, 157, 355 위쪽, 358 오른쪽
팬아시아박물관 132 가운데
포항시청 26 오른쪽, 왼쪽, 377
한국국제협력단 364 왼쪽
한국산업단지공단 47
한국어항협회 85, 328, 330
한국통신 132 아래쪽, 347
한국해양연구원 부설 극지연구소 81 가운데, 153
해인사 13
화폐박물관 380, 381, 386, 387
황인준 16 오른쪽, 18 왼쪽, 115, 294, 329 아래쪽, 331, 352, 367 위쪽
현대자동차 177 오른쪽, 210
CBS 방송국 18 오른쪽, 19 오른쪽, 27 오른쪽, 34, 56 오른쪽, 61, 69, 71, 78, 88 왼쪽, 오른쪽, 90, 104 왼쪽, 109, 126, 134, 136 아래 오른쪽, 147 위 왼쪽, 아래쪽, 158, 161 위쪽, 아래쪽, 172, 176 아래쪽, 211, 253 아래쪽, 291, 305 왼쪽, 348
SBS 방송국 92, 141

오픈키드 어린이사전 1

**교과서와 함께 보는
어린이 사회사전**

초판 1쇄 발행	2005년 12월 15일
개정판 1쇄 발행	2007년 3월 15일
개정판 3쇄 발행	2008년 10월 20일
지은이	오픈키드 어린이사전 편찬위원회
편집	김경희 김미경 김원숙 김은천 진선희 최수연 편은정
관리	권문혁 김미연
일러스트레이션	디자인 하늘소
펴낸이	최선숙
펴낸곳	열린어린이
출판등록	10-2296호
주소	121-819 서울시 마포구 동교동 198-22 승남빌딩 2층
전화	02-326-1284
전송	02-325-9941
ISBN	89-90396-81-6 71300
ISBN	89-90396-80-8(세트)

ⓒ Openkid, 2005

이 책은 저작권법에 따라 보호받는 저작물이므로 무단 전재와 무단 복제를 금하며,
이 책 내용의 전부 또는 일부를 재사용하려면 반드시 열린어린이의 서면 동의를 받아야 합니다.